Studien zum europäischen und deutschen Öffentlichen Recht

herausgegeben von

Christian Calliess und Matthias Ruffert

46

Raoul-Darius Veit

Einheit und Vielfalt im europäischen Datenschutzrecht

Mohr Siebeck

Raoul-Darius Veit, geboren 1990; Studium der Rechtswissenschaften an der Universität Hamburg und der Université de Strasbourg; 2016 Erste Juristische Prüfung; wissenschaftlicher Mitarbeiter am Lehrstuhl für Öffentliches Recht, Informations- und Kommunikationsrecht, Gesundheitsrecht und Rechtstheorie der Universität Hamburg; Forschungsaufenthalte in Porto Alegre und Rio de Janeiro (Brasilien); 2021 Promotion; Rechtsreferendariat am Hanseatischen Oberlandesgericht Hamburg.
orcid.org/0000-0002-5415-3796

ISBN 978-3-16-161462-0 / eISBN 978-3-16-161463-7
DOI 10.1628/978-3-16-161463-7

ISSN 2192-2470 / eISSN 2569-433X
(Studien zum europäischen und deutschen Öffentlichen Recht)

Die Deutsche Nationalbibliothek verzeichnet diese Publikation in der Deutschen Nationalbibliographie; detaillierte bibliographische Daten sind über *http://dnb.dnb.de* abrufbar.

Das Buch wurde von Gulde Druck in Tübingen auf alterungsbeständiges Werkdruckpapier gedruckt und von der Buchbinderei Nädele im Nehren gebunden.

Printed in Germany.

Vorwort

Dieses Buch basiert auf einem Manuskript, das im Sommersemester 2021 von der Fakultät für Rechtswissenschaft der Universität Hamburg als Dissertation angenommen wurde. Einschlägige Rechtsprechung und Literatur wurden bis Mitte 2022 berücksichtigt.

Die Arbeit ist während meiner Zeit als wissenschaftlicher Mitarbeiter an der Universität Hamburg entstanden. Zunächst möchte ich Frau Prof. Dr. Dipl.-Soz. Marion Albers für die Betreuung der Arbeit, insbesondere die vielen Diskussionen, die mein wissenschaftliches Verständnis und Arbeiten nachhaltig geprägt haben, herzlichen Dank aussprechen. Ihre wichtigen Ratschläge und ihre anregende Kritik waren ebenso wertvoll wie die Mitarbeit am Lehrstuhl mit dem gesamten Team.

Herrn Prof. Dr. Markus Kotzur, LL.M. (Duke Univ.) gilt mein Dank für die äußerst zügige Erstellung des weiteren Gutachtens sowie für die jederzeitige Bereitschaft, inhaltlich über meine Arbeit zu diskutieren.

Besonderer Dank gebührt zudem der Albrecht Mendelssohn Bartholdy Graduate School of Law (AMBSL). Die AMBSL hat diese Arbeit nicht nur finanziell, sondern durch das reichhaltige, inspirierende Programm an Vorlesungen und Kursen auch wissenschaftlich gefördert. Die Teilnahme hat meine Perspektive und damit meinen Zugriff auf das Recht in vielfältiger Hinsicht erweitert und – neben der finanziellen Förderung – auch dadurch maßgeblich zum Gelingen dieser Arbeit beigetragen.

Den Herren Prof. Dr. Christian Calliess LL.M. Eur und Prof. Dr. Matthias Ruffert danke ich für die Aufnahme in die Schriftenreihe Studien zum europäischen und deutschen Öffentlichen Recht.

Zum Dank verpflichtet bin ich darüber hinaus dem DAAD und der CAPES, die es mir im Rahmen des PROBAL-Projektes ermöglichten, zwei Forschungsaufenthalte in Brasilien zu realiseren. Besonderer Dank gilt in diesem Zusammenhang Herrn Prof. Dr. Ingo Wolfgang Sarlet von der Päpstlich-Katholischen Universität von Rio Grande do Sul (PUCRS), der das Projekt auf brasilianischer Seite leitete und mich mit den Gegebenheiten vor Ort vertraut machte.

Anna Schimke danke ich dafür, dass sie im Laufe meiner Promotionszeit nie müde geworden ist, mit mir über Datenschutz- und Verfassungsrecht zu diskutieren. Der persönliche und wissenschaftliche Austausch war für mich und diese Arbeit von unschätzbarem Wert.

Lukas Müller möchte ich herzlich dafür danken, dass er sich die Zeit genommen hat, das Manuskript akribisch korrekturzulesen. Auch im Übrigen möchte ich mich bei all meinen Freundinnen und Freunden bedanken, die mich während meiner Promotionszeit begleitet und unterstützt haben. Ohne den stetigen Zuspruch und die gelegentliche Aufmunterung wäre diese Arbeit vermutlich nicht zum Abschluss gekommen.

Mein größter Dank gilt meinen Eltern (meinem Vater besonders auch für das Korrekturlesen) und meinen Brüdern, die mich – wie in allem – auch während meiner Promotionszeit stets unterstützt und gefördert haben.

Ihnen ist diese Arbeit gewidmet.

Raoul-Darius Veit Hamburg, 2023

Inhaltsverzeichnis

Einführung

A. Kontextualisierung

Einheit und Vielfalt sind Schlagworte, die das europäische Integrationsprojekt schon lange begleiten. Die semantische Relation der Begriffe wird häufig genutzt, um den strukturellen Konflikt zu versinnbildlichen, in dem sich die Europäische Union befindet: Es fehlt an einem Grundkonsens über ihre Finalität,[1] namentlich im Verhältnis zu den Mitgliedstaaten.[2] Einigkeit dürfte hingegen darüber bestehen, dass gerade das dialektische Zusammenspiel von Einheit und Vielfalt ein – wenn nicht *das prägende* – Merkmal der europäischen Identität bildet.[3] Schließlich ist das Spannungsverhältnis zwischen den Gegenpolen in den Europäischen Verträgen selbst angelegt[4] und kommt auch im Leitspruch der Europäischen Union „In Vielfalt geeint" zum Ausdruck.[5] Es prägt die Union sowohl in politischer als auch in kultureller, sozialer und vor allem rechtlicher Hinsicht. Im rechtlichen Kontext manifestiert es sich insbesondere in der Debatte darüber, in welchem Maße sich das Unionsrecht zentral-einheitlich bzw. dezentral-vielfältig gestalten kann bzw. muss. Diese Debatte ist freilich nicht auf den Rechts*setzungs*kontext beschränkt, in dem sie sich meist um die Frage nach dem Harmonisierungsgrad[6] von Uni-

---

[1] Zu den sich kreuzenden Diskursen über die Finalität der Europäischen Union s. *Haltern*, Finalität, in: Bogdandy/Bast, Europäisches Verfassungsrecht, 2009, 279 (285 ff.). Für das Fehlen eines Grundkonsenses *Böckenförde/Gosewinkel*, Wissenschaft, Politik, Verfassungsgericht, 2011, S. 472 ff. S. a. *Dupeyrix*, Allemagne d'aujourd'hui, 2014, 170 (171).

[2] Exemplarisch *Eijsbouts/Claes*, European Constitutional Law Review, 2010, 1 (2): „It is no exaggeration to see the relationship between the Union and its member states as the dark and most contested continent of European Union scholarship." Die Vorstellung der stetig fortschreitenden Integration als *raison d'être* der EU wird zunehmend von (pluralistischen) Neukonzeptionen abgelöst, s. etwa *Bogdandy*, European Law Journal, 2016, 519 (526 ff.).

[3] Vgl. *Haratsch*, EuR, 2016, 131 (132). S. a. bereits *Häberle*, Europäische Rechtskultur, 1994, S. 26.

[4] Vgl. etwa *Bickenbach*, EuR, 2013, 523 (548) mit dem Verweis auf die gegensätzlichen Zielsetzungen von Art. 1 Abs. 2 EUV und Art. 5 EUV.

[5] Freilich soll dieses Motto eine harmonische Koexistenz bzw. eine Symbiose von Einheit und Vielfalt suggerieren.

[6] Auch in anderen wissenschaftlichen Disziplinen wird das Spannungsverhältnis von

onsrechtsakten bzw. den Grenzen europäischer Normgebung[7] dreht. Vielmehr findet der Diskurs um die Gestaltung des Unionsrechts zwischen Einheit und Vielfalt auch auf der nachgeschalteten Ebene der Rechtsanwendung statt und greift damit auf die institutionellen Strukturen aus.[8]

Ein aktuelles, kontrovers diskutiertes und gerade deshalb sehr anschauliches Referenzgebiet für den genannten Konflikt zwischen Einheit und Vielfalt ist das europäische Datenschutzrecht. Dessen zukünftige Gestaltung dreht sich, im gleichen Maße wie zuvor schon sein Reformprozess, im Kern um die Frage: „Wie viel Diversität braucht/verträgt der europäische Datenschutz?"[9] Im Mittelpunkt der Diskussion steht die im Mai 2016 in Kraft getretene und seit dem 25. Mai 2018 unionsweit geltende Datenschutz-Grundverordnung (DSGVO),[10] die am Ende eines zähen Gesetzgebungsprozesses steht[11] und das EU-Datenschutzrecht als Kernstück einer umfassenden Reform auf neue Füße stellt.

Eines der zentralen Anliegen des Rechtsakts ist ausdrücklich die umfassende Vollharmonisierung der mitgliedstaatlichen Datenschutzregime, deren heterogene Ausgestaltung und Anwendung sein Vorgänger, die EG-Datenschutzrichtlinie 95/46 (DSRL),[12] nicht vollständig habe verhindern können.[13] Dadurch sollen ein europaweit gleichmäßiges und hohes Datenschutzniveau

---

Einheit und Vielfalt in einen Zusammenhang mit dem Harmonisierungsbegriff gebracht, s. etwa *Blazek*, Einheit in Vielfalt: der Bologna-Prozess, 2018, S. 181.

[7] Dazu *König/Uwer* (Hrsg.), Grenzen europäischer Normgebung, 2015; s. a. *Möstl*, EuR, 2002, 318.

[8] Zur Rechtsdurchsetzungsdimension s. etwa *Schwarze/Müller-Graff* (Hrsg.), Europäische Rechtseinheit durch einheitliche Rechtsdurchsetzung, 1998. Mit Blick auf den „europäischen Verwaltungsverbund" s. etwa *Hwang*, DÖV, 2014, 681 (681 ff.). Konkret zur Kollision des Prinzips der einheitlichen Wirkung und dem nationalen Verfahrensrecht *Schroeder*, AöR, 2004, 3 (22 ff.). Zur Dimension der (verfassungs-)gerichtlichen Kontrolle bzw. der Grundrechtsmaßstäbe im Mehrebenensystem s. etwa *Danwitz/Paraschas*, Fordham International Law Journal, 2012, 1396 (1418 f.); s. a. *Masing*, JZ, 2015, 477.

[9] Die Europäische Akademie für Informationsfreiheit und Datenschutz veranstaltete im Januar 2017 eine Diskussionsrunde mit diesem Titel. Ein Bericht findet sich bei *Kipker*, ZD-aktuell, 2017, 4247.

[10] Verordnung (EU) 2016/679 des Europäischen Parlaments und des Rates vom 27. April 2016 zum Schutz natürlicher Personen bei der Verarbeitung personenbezogener Daten, zum freien Datenverkehr und zur Aufhebung der Richtlinie 95/46/EG (Datenschutz-Grundverordnung), ABl. EU L 119/1 v. 4.5.2016.

[11] Dem Zustandekommen der DSGVO ist mit David Bernets „Democracy – Im Rausch der Daten: Der Film über unsere digitale Zukunft" aus dem Jahr 2015 sogar ein Dokumentarfilm gewidmet worden.

[12] Richtlinie 95/46/EG des Europäischen Parlaments und des Rates vom 24. Oktober 1995 zum Schutz natürlicher Personen bei der Verarbeitung personenbezogener Daten und zum freien Datenverkehr.

[13] Vgl. u. a. Erwägungsgründe (im Folgenden: EG) 9 und 13 DSGVO.

gewährleistet und Handelshemmnisse beseitigt werden.[14] Besonders deutlich kommt diese Zielsetzung in der Wahl einer (Grund-)Verordnung als Handlungsform zum Ausdruck.[15] Diese, so könnte man meinen, markiere einen regulatorischen Paradigmenwechsel, weg von einer Rechtsangleichung mit Umsetzungsspielraum für die Mitgliedstaaten durch die Datenschutz*richtlinie*, hin zu einer umfassenden und unionsweiten Rechtsvereinheitlichung, einer vollständigen „Europäisierung des Datenschutzrechts"[16] durch eine (Grund-)*Verordnung*.[17]

Jedenfalls zwei Aspekte lassen sich dieser Annahme aber entgegenhalten. Auf der einen Seite die Tatsache, dass schon die Datenschutzrichtlinie nicht einen bloßen europäischen Minimalkonsens darstellte, sondern in der Auslegung durch den Europäischen Gerichtshof im Kern als Maßnahme zur Vollharmonisierung der heterogenen Datenschutzregeln in den Mitgliedstaaten angelegt war.[18] Auf der anderen Seite ist es die aus den zahlreichen und mannigfaltigen Öffnungen resultierende Durchlässigkeit der DSGVO (vor allem) für das Recht der Mitgliedstaaten, die dem Rechtsakt eine in ihrer konkreten Gestalt bisher wohl einzigartige Regelungsstruktur verleiht.

Diese „löchrige" Struktur und ihre Implikationen für die zukünftige Gestaltung des Datenschutzrechts in der EU zwischen Einheit und Vielfalt bilden einen zentralen Ausgangspunkt der grundlegenden rechtswissenschaftlichen Diskussion um die Datenschutz-Grundverordnung.[19] Soweit sich die

---

[14] Vgl. EG 10 DSGVO: „Um ein gleichmäßiges und hohes Schutzniveau für natürliche Personen zu gewährleisten und die Hemmnisse für den Verkehr personenbezogener Daten in der Union zu beseitigen, sollte das Schutzniveau für die Rechte und Freiheiten von natürlichen Personen bei der Verarbeitung dieser Daten in allen Mitgliedstaaten gleichwertig sein." Die Kommission hat beim Anstoß der Reform insbesondere die Zusatzkosten und den Verwaltungsaufwand als Handelshemmnisse hervorgehoben, vgl. KOM(2010) 609 endgültig, S. 11.

[15] Die Gesetzgeber betonen die Erforderlichkeit einer Verordnung zur Erreichung der genannten Ziele, vgl. EG 13.

[16] Unter dem Schlagwort „Europäisierung des Datenschutzrechts" wird häufig die Auswirkung verschiedener Aspekte der DSGVO auf vorherige (nationale) Strukturen diskutiert. S. etwa *Lewinski*, DuD, 2012, 564; *Kühling*, Die Europäisierung des Datenschutzrechts, 2014; *Lynskey*, Camb. Yearb. Eur. Legal Stud., 2017, 252.

[17] Diese Wahrnehmung dürfte im Hintergrund der mit Blick auf den Kommissionsentwurf geäußerten Sorgen gestanden haben, der Rechtsakt werde einen „Kompetenzsog Richtung Brüssel" respektive eine Verlagerung des einschlägigen Grundrechtsmaßstabs von den nationalen Verfassungen auf die Unionsebene nach sich ziehen, vgl. *Rogall-Grothe*, ZRP, 2012, 193 (193 f.) bzw. *Masing*, Süddeutsche Zeitung, 9. Januar 2012, 10.

[18] S. dazu noch unten, Teil 1, B., I., 2. Zu den kompetenziellen Implikationen der Rechtsprechung s. näher unten Teil 1, C., I., 1.

[19] S. nur *Benecke/Wagner*, DVBl., 2016, 600; *Kühling/Martini*, Die Datenschutz-Grundverordnung und das nationale Recht, 2016; *Kühling/Martini*, EuZW, 2016, 448; *Selmayr/Ehmann*, in: Ehmann/Selmayr, 2. Aufl., 2018, Datenschutz-Grundverordnung/DS-GVO,

Debatte nicht um einzelne, konkrete Bestimmungen dreht, sondern die Regelungsstruktur des Rechtsakts insgesamt betrifft, wird die Öffnung für das Recht der Mitgliedstaaten häufig mit der originären Zielsetzung der EU-Kommission kontrastiert, ein einheitliches Datenschutzrecht für die EU zu schaffen („one continent, one law").[20] Kritische Stimmen verweisen auf die Widersprüchlichkeit von (Voll-)Harmonisierungsanpruch und Öffnungen und sehen sehr weitreichende Gestaltungsmöglichkeiten. Diese enthielten die Gefahr, die Heterogenität der Datenschutzgesetze in den Mitgliedstaaten zu perpetuieren, wenn nicht gar zu vertiefen.[21] Teilweise wird dies mit der Forderung verbunden, die „Öffnungsklauseln" schrittweise abzubauen.[22] Vor allem seinerzeitige Vertreter der Europäischen Union betonen demgegen-

---

Einführung, Rn. 82 ff.; *Veil*, One continent, one data protection law?, CR-online.de Blog, https://www.cr-online.de/blog/2016/02/01/one-continent-one-data-protection-law/ (zuletzt abgerufen am 31.3.2022); *Roßnagel* (Hrsg.), Europäische Datenschutz-Grundverordnung: Vorrang des Unionsrechts – Anwendbarkeit des nationalen Rechts, 2017; *Laue*, ZD, 2016, 463. S., mit Fokus auf der „Ausfüllung" durch das deutsche BDSG, nunmehr auch *Weiß*, Öffnungsklauseln in der DSGVO und nationale Verwirklichung im BDSG, 2022. Aus der internationalen Fachpresse s. etwa *Fazlioglu*, What the GDPR Requires of and Leaves to the Member States, https://iapp.org/media/pdf/resource_center/GDPR-Derogations-Whitepaper-FINAL.pdf (zuletzt abgerufen am 31.3.2022); *Tomaszewski*, „Opening Clauses" and the GDPR – It Might Not Be As Easy As We Thought, https://www.globalprivacywatch.com/2017/07/opening-clauses-and-the-gdpr-it-might-not-be-as-easy-as-we-thought/ (zuletzt abgerufen am 31.3.2022).

[20] Zu dieser Zielsetzung s. *Europäische Kommission*, Agreement on Commission's EU data protection reform will boost Digital Single Market, Brüssel, http://europa.eu/rapid/press-release_IP-15-6321_en.htm (zuletzt abgerufen am 31.3.2022).

[21] *Roßnagel*, § 1 Einleitung: Das künftige Datenschutzrecht in Europa, in: Roßnagel, Das neue Datenschutzrecht, 2018, 1–62 (43) etwa bezeichnet die DSGVO als einen „schweizer Käse" mit einigen strukturierenden Elementen, der „vor allem aber durch die Löcher dazwischen auffällt", und fügt hinzu, dass die Unterschiede unter der Datenschutzrichtlinie an anderer Stelle fortbestehen werden, allerdings mit erheblicher Rechtsunsicherheit behaftet sein werden. Gar von einem „Harmonisierungsmärchen" spricht *Leucker*, PinG, 2015, 195 (195 ff.), die zu dem Schluss kommt, dass das Hauptargument, mit dem die Reform gegenüber der Wirtschaft gerechtfertigt wurde, ad absurdum geführt worden sei. *Giesen*, Euphorie ist kein Prinzip des Rechtsstaats, in: Stiftung Datenschutz, Zukunft der informationellen Selbstbestimmung, 2016, 23 (41) bewertet die Öffnungsklauseln als Belege der „*Unfähigkeit des Unionsgesetzgebers*, zu wirklich einheitlichen Lösungen zu kommen." S. a. *Peifer*, PinG, 2016, 222 (224 f.) sowie *Veil*, Datenschutz in der Mehrebenenfalle, https://www.cr-online.de/blog/2017/05/18/datenschutz-in-der-mehrebenenfalle/ (zuletzt abgerufen am 31.3.2022). Differenziert hingegen *Blume/Svanberg*, Cambridge Yearbook of European Legal Studies, 2013, 27 (38 f.), allerdings noch mit Blick auf den Kommissionsentwurf. Zur durch die Öffnungsklauseln gesteigerten Rechtsunsicherheit mit Blick auf das jeweils anwendbare mitgliedstaatliche Recht *Laue*, ZD, 2016, 463.

[22] So ausdrücklich *Kühling/Sackmann*, NVwZ, 2018, 681 (683 f.), die diese Forderung mit dem Erfordernis einer Komplexitätsreduktion begründen.

über, die Bedeutung der Öffnungen sei nicht zu überschätzen, weil die Bestimmungen einen sehr engen Anwendungsbereich hätten und entsprechend restriktiv auszulegen seien.[23]

In diesem Diskurs bisher kaum beleuchtet worden ist die Frage nach den Hintergründen der Regelungsstruktur der Datenschutz-Grundverordnung bzw. der zahlreichen und vielfältigen Öffnungen. Soweit der Grund für die Permeabilität der DSGVO Gegenstand rechtswissenschaftlicher Publikationen ist, wird dieser meist auf der politischen Ebene verortet. Die einschlägigen Bestimmungen werden überwiegend als Resultate der schwierigen Kompromissfindung im Gesetzgebungsverfahren präsentiert[24] oder gar als Teil einer politischen „Strategie der Verlagerung" des EU-Gesetzgebers gedeutet.[25] Dieses Narrativ soll in dieser Arbeit durch eine andere, komplexere Perspektive abgelöst werden, die auch für die mitgliedstaatliche „Ausfüllungs- und Umsetzungspraxis" sowie für deren gerichtliche Kontrolle anschlussfähig ist.

---

[23] S. etwa *Selmayr/Ehmann*, in: Ehmann/Selmayr, 2. Aufl., 2018, Datenschutz-Grundverordnung/DS-GVO, Einführung, S. 82 ff., die bereits den Begriff der „Öffnungsklauseln" für irreführend halten, weil sie als Ermächtigungen zur Abweichung vom Schutzniveau der DSGVO missinterpretiert werden könnten. Mit der Betonung auf die starke Begrenzung vieler der mitgliedstaatlichen Regelungsspielräume auch *Albrecht/Jotzo*, Das neue Datenschutzrecht der EU, 2017, S. 134, die es generell für verfehlt halten, von der Anzahl der Öffnungsklauseln auf den Harmonisierungsgrad der DSGVO zu schließen. S. im Übrigen etwa *Pötters*, RDV, 2015, 10 (12 f.).

[24] Vgl. *Albrecht/Jotzo*, Das neue Datenschutzrecht der EU, 2017, S. Teil 9, Rn. 3;. *Laue*, ZD, 2016, 463 (463 f.): „Die [...] beachtliche Zahl an Öffnungsklauseln dürfte vor allen Dingen den zahlreichen unterschiedlichen Interessen von Mitgliedstaaten und Industrie in den zeitlich ambitionierten Trilog-Verhandlungen geschuldet sein." S. a. *Chakarova*, EU Law Working Papers No. 41, Stanford-Vienna Transatlantic Technology Law Forum, 2019, 1 (9 f.): „Apparently, in the end they [the Member States] agreed to disagree, and instead left these issues as opening clauses." Differenzierter zu möglichen Hintergründen, allerdings sehr knapp, *Müller*, Die Öffnungsklauseln der Datenschutzgrundverordnung, 2018, S. 168 ff. S. a. *Hornung/Spiecker gen. Döhmann*, in: Simitis/Hornung/Spiecker gen. Döhmann, 2019, Datenschutzrecht, Einleitung, Rn. 227 ff., die konstatieren, dass die Bestimmungen *zum Teil* auch einer Kraftlosigkeit der Verhandlungspartner in einem endlos erscheinenden Verhandlungsmarathon unter erheblichem Zeitdruck geschuldet sein mögen, dass die Intentionen hinter ihnen jedoch grundsätzlich variierten. S. nunmehr auch *Sandhu*, Grundrechtsunitarisierung durch Sekundärrecht, 2021, S. 242 ff.

[25] *Forgó*, Datenschutz in der EU: Nach dem Spiel ist vor dem Spiel, https://www.heise.de/newsticker/meldung/Datenschutz-in-der-EU-Nach-dem-Spiel-ist-vor-dem-Spiel-3045740.html (zuletzt abgerufen am 31.3.2022). Im Anschluss daran auch *Veil*, One continent, one data protection law?, CR-online.de Blog, https://www.cr-online.de/blog/2016/02/01/one-continent-one-data-protection-law/ (zuletzt abgerufen am 31.3.2022). Von „delegated authority" sprechen auch *Blume/Svanberg*, Cambridge Yearbook of European Legal Studies, 2013, 27 (38 f.), ohne dies jedoch als bewusstes politisches Manöver zu bewerten.

B. Zielsetzungen der Arbeit

Die Regelungsstruktur der DSGVO ist nicht allein das Ergebnis der Rationalitäten und Eigendynamiken eines politischen Konsensfindungsprozesses und damit Ausdruck einer gewissen Willkür. Vielmehr wird in dieser Arbeit die These aufgestellt, dass hinter vielen der Öffnungen für das Recht der Mitgliedstaaten spezifische Flexibilitäts- und Vielfaltserfordernisse stehen, denen (auch) der Unionsgesetzgeber bei der Gestaltung des Datenschutzrechts Rechnung zu tragen hat. Sie ergeben sich teils aus den Charakteristika des Datenschutzes, teils aus den Funktionsanforderungen der datenschutzrechtlichen Regelungsmuster und Bausteine sowie aus der spezifischen Mehrebenenstruktur der EU. Dies wird deutlich, wenn man die Charakteristika des Regelungsgegenstands und die Anforderungen, die er gerade im Mehrebenensystem der EU an seine angemessene rechtliche Gestaltung stellt, bei der Analyse der Regelungsstruktur der Datenschutz-Grundverordnung mitdenkt. Vor dieser Folie präsentieren sich viele der Öffnungen in der DSGVO, zumal im gegenwärtigen verfassungsrechtlichen Rahmen, gar als funktionell notwendige Elemente eines Sekundärrechtsakts, der den Anspruch umfassender, sektorübergreifender Regulierung des Umgangs mit personenbezogenen Informationen und Daten bei unmittelbarer Geltung in allen Mitgliedstaaten hat.

Freilich sind nicht alle Öffnungen von denselben Erfordernissen und im gleichen Maße geprägt – die Flexibilitäts- und Vielfaltserfordernisse sind nicht statisch zu verstehen, ihr Einfluss ist vielmehr von Bestimmung zu Bestimmung variabel. Die aufgezeigte Perspektive sollte aber verdeutlichen, dass es jedenfalls zu kurz greift, die Öffnungen undifferenziert dem Harmonisierungsziel gegenüberzustellen und sie grundsätzlich als vermeidbare politische Verluste zu verbuchen oder aber umgekehrt pauschal auf ihren Ausnahmecharakter zu verweisen, um ihnen eine größere normative Relevanz abzusprechen. Die zentral-dezentrale Struktur der DSGVO ist, so die These weiter, vielmehr auch das Resultat der Herausforderung, die Harmonisierungsziele des EU-Datenschutzrechts mit den datenschutzspezifischen Bedürfnissen nach Flexibilität und Vielfalt in Einklang zu bringen. Das heißt auch, mit anderen Worten, dass eine lückenlose Vollharmonisierung aller Datenschutzvorschriften in den Mitgliedstaaten jenseits der politischen Widerstände[26] auch rechtlich kein gangbarer Regelungsansatz wäre. Im Ergebnis zeigt sich, auch mit Rücksicht auf die institutionellen Strukturen, dass

[26] Dass auch politische Rationalitäten erheblichen Einfluss auf die Gestaltung der DSGVO hatten, soll hier gar nicht bestritten werden. Ziel dieser Untersuchung ist es aber, aufzuzeigen, dass das Narrativ der Öffnungen als willkürliche Resultate politischer Konsensfindung deutlich zu kurz greift, weil es normative Gegebenheiten und Anforderungen ausblendet.

Einheit und Vielfalt gleichermaßen tragende Pfeiler für die Funktionalität des europäischen Datenschutzrechts bilden.

Mit dieser These wird zugleich an den o. g. Diskurs um die zukünftige Gestaltung des EU-Datenschutzrechts zwischen Einheit und Diversität angeknüpft. Zwar liegt der Fokus hier weniger auf der (abschließenden) Herausarbeitung der „Harmonisierungstiefe" der DSGVO im Einzelnen bzw. der verbleibenden Regelungsmöglichkeiten auf nationaler Ebene.[27] Im Zentrum stehen vielmehr auf abstrakterer Ebene die Hintergründe der zentral-dezentralen Struktur des Rechtsakts. Diese können allerdings – soweit sie bestehen – Aufschluss über die funktionale Bestimmung der Öffnungen geben und insoweit als Auslegungshilfe dienen, etwa auch zur Bestimmung der Reichweite der mitgliedstaatlichen Regelungsmöglichkeiten und -pflichten.[28]

Auf allgemein-übergreifender Ebene fügt sich diese Untersuchung durch ihren Fokus auf die Hintergründe der Regelungsstruktur der DSGVO außerdem in den facettenreichen Diskurs um das Verhältnis zwischen dem Unionsrecht und dem Recht der Mitgliedstaaten ein. Öffnungen in EU-Rechtsakten verweisen auf das durch die zunehmenden Verflechtungen immer komplexer werdende Verhältnis der Rechtsordnungen – eine Entwicklung, die sich durch alle normativen Schichten zieht und sich in entsprechend unterschiedlichen Diskussionskontexten widerspiegelt: Auf abstrakter Ebene zeigt sie sich in der Debatte zur Verhältnisbestimmung der beiden Rechtskreise, die der Rechtswissenschaft spätestens seit den Leitentscheidungen *Van Gend & Loos*[29] sowie *Costa/E.N.E.L.*[30] aus den frühen 1960er Jahren Kopfzerbrechen bereitet.[31] Auf einer konkreteren verfassungsrecht-

[27] Diese Frage hat die Diskussion um die Regelungsstruktur der DSGVO indessen vor allem in Deutschland bestimmt. Die Großzahl der einschlägigen Publikationen hat sich dem Thema aus der Perspektive verbleibender nationaler Regelungsmöglichkeiten genähert, s. nur *Benecke/Wagner*, DVBl., 2016, 600; *Kühling/Martini*, Die Datenschutz-Grundverordnung und das nationale Recht, 2016; *Roßnagel* (Hrsg.), Europäische Datenschutz-Grundverordnung: Vorrang des Unionsrechts – Anwendbarkeit des nationalen Rechts, 2017. Konkret dogmatische Umsetzungsfragen aus Sicht der Länder betreffend *Wolff*, BayVBl., 2017, 797.

[28] Dies ist von nicht zu unterschätzender Bedeutung, denn wenn Rechtsinstitute aus einer Rechtsordnung ohne Rücksicht auf ihren Kontext in andere Rechtsordnungen übertragen werden, können sie ihre Funktionen verlieren, dazu *Lohse*, Rechtsangleichungsprozesse in der Europäischen Union, 2017, S. 402 f. Auch für die Bestimmung des grundrechtlichen Prüfungsmaßstabs des BVerfG bei der Kontrolle der Anwendung des Datenschutzrechts durch die Fachgerichte können die funktionalen Hintergründe von Bedeutung sein, dazu noch unten, Teil 4, A., III., 1.

[29] EuGH, Rs. 26/62 – *Van Gend & Loos*, Slg. 1963, 7 (24 ff.).

[30] EuGH, Rs. 6/64 – *Costa/ENEL*, Slg. 1964, 1259 (1269 ff.).

[31] Der (Verfassungs-)Pluralismus als vermittelndes Konzept (jedenfalls) zur Beschreibung der Beziehungen hat in jüngerer Zeit Konjunktur. Grundlegend zum Begriff des Rechtspluralismus sowie zur Frage der Übertragbarkeit auf das Verhältnis von Unions-

lichen Ebene offenbart sie sich vor allem im unional-mitgliedstaatlichen Kompetenzgeflecht sowie in der pluralen Grundrechtsarchitektur im europäischen Rechtsraum, die von einer oftmals mit „europäischer Verfassungsgerichtsverbund" betitelten institutionellen Gemengelage überformt ist. Öffnungen in Unionsrechtsakten sind indes Erscheinungen, die die Verwobenheit der Rechtskreise auf der einfach-rechtlichen Ebene abbilden. Als multifunktionale Scharniere gewährleisten sie die (bisweilen notwendige) Permeabilität zwischen den Rechtsordnungen. Freilich können sie sich mit Blick auf ihre verschiedenen Funktionen mit der verfassungsrechtlichen Ebene überschneiden, soweit sie die primärrechtlichen „Membranen", die die Durchlässigkeit gewährleisten, einfach-rechtlich ausgestalten und „mit Leben füllen". Diese Funktion sekundärrechtlicher Öffnungen wird für den Bereich des Datenschutzrechts im Rahmen dieser Arbeit unter besonderer Berücksichtigung der Datenschutz-Grundverordnung herausgearbeitet.[32]

C. Gang der Untersuchung

Die Arbeit gliedert sich in vier Teile:

In *Teil 1* wird zunächst das EU-Datenschutzrecht bezüglich seiner Entwicklung zu einer eigenständigen Materie im Spannungsfeld zwischen Einheit und Vielfalt in den Blick genommen. Ziel dieses Teils ist es, darzulegen, dass der Konflikt zwischen Einheit und Vielfalt nicht erst im Zusammenhang mit der Datenschutz-Grundverordnung zu Tage getreten ist, sondern vielmehr das europäische Datenschutzrecht seit seinen Anfängen prägt. Zu die-

---

recht und mitgliedstaatlichem Recht *Wendel*, Permeabilität im europäischen Verfassungsrecht, 2011, S. 14 ff. S. a. *Franzius*, Rechtswissenschaft, 2016, 62 sowie *Mayer*, Verfassung im Nationalstaat: Von der Gesamtordnung zur europäischen Teilordnung?, in: VVDStRL, 75: Verfassung als Ordnungskonzept, 2016 (7 ff.). Zum Mehrwert des Pluralismus gegenüber eines Transfers domestischer Verfassungskonzepte auf die globale Sphäre im Sinne eines „global constitutionalism" in Zeiten „postnationalen Rechts" s. *Krisch*, Beyond Constitutionalism, 2010, S. 69 ff.

[32] Die Betrachtung erfolgt dabei norm- und (regelungs-)gegenstandsbezogen und dadurch holistisch in dem Sinne, dass sowohl die Rechtsordnung der EU als auch diejenigen der Mitgliedstaaten in die Analyse miteinbezogen werden. Leitend ist dabei das Ziel, die Funktionalität des EU-Datenschutzrechts im Sinne der größtmöglichen Realisierung seiner Schutzziele zu gewährleisten. Das erfordert – wie noch zu zeigen ist – zwingend eine norm- und (sach-)kontextbezogene Betrachtung. „Perspektivische" Analysen, also solche, die einseitig aus der Warte nur einer der Rechtsordnungen und angeleitet von den dort maßgeblichen Strukturprinzipien erfolgen, bergen demgegenüber die Gefahr undifferenzierter und damit gegenstandsunangemessener Ergebnisse. Grundlegend zu den Vorteilen eines normbezogenen Analyseansatzes gegenüber einem „perspektivischen" *Burchardt*, European Constitutional Law Review, 2019, 73.

sem Zweck werden zunächst die historischen Rahmenbedingungen der Entstehung des Datenschutzrechts auf europäischer Ebene beleuchtet (A.). Dabei wird deutlich, dass sich der Konflikt zwischen nationalstaatlichen Divergenzen und transnationalen Harmonisierungsbestrebungen im europäischen Rechtsraum schon früh zeigte und zu dieser Zeit erste, das spätere EU-Sekundärrecht prägende Pfadabhängigkeiten begründet wurden. Im Anschluss daran (B.) wird das Datenschutzsekundärrecht von seiner Genese bis zur jüngsten Reform in den Blick genommen, um darzulegen, dass auch dieses sich in seiner Gesamtentwicklung bis heute im Spannungsfeld zwischen Einheit und Vielfalt bewegt, was insbesondere auch für den Entstehungsprozess der Datenschutz-Grundverordnung gilt. Zum Abschluss des ersten Teils wird die primärrechtliche Verankerung des Datenschutzes analysiert, namentlich seine kompetenzielle Dimension und grundrechtliche Basis (C.). Dabei offenbart sich, dass diese unmittelbare Bedeutung für die Frage der zentral-einheitlich respektive dezentral-vielfältigen Gestaltung des unionalen Datenschutzrechts hat bzw. dass der Konflikt zwischen Einheit und Vielfalt auch im primärrechtlichen Rahmen des Datenschutzes angelegt ist.

Anknüpfend an die Betrachtung des rechtlichen Rahmens des unionalen Datenschutzes werden im abstrakteren *Teil 2* die Herausforderungen der Datenschutzregulierung auf EU-Ebene erörtert. Dafür wird, auch unter Bezugnahme auf seine Genese, zunächst aufgezeigt, dass das EU-Datenschutzrecht von gewissen Pfadabhängigkeiten geprägt ist, die eine konzeptionelle Neuorientierung erschweren (A.). Anschließend wird der Charakter des Datenschutzes als Querschnittsmaterie entfaltet (B.). Dafür wird zunächst herausgearbeitet, dass und weshalb der Gegenstand des Datenschutzes nicht nur personenbezogene *Daten* betrifft, sondern vielmehr in einem Netzwerk verschiedener Grundkategorien operiert und in der Konsequenz eine Querschnittsdimension des Rechts betrifft. Diese Perspektive ist notwendig, um die normativen Schutzziele und Schutzerfordernisse, die im Hintergrund des Datenschutzes stehen, angemessen beschreiben zu können. Sie hilft zudem dabei, die Funktionen der Regelungsmuster und Bausteine des EU-Datenschutzrechts zu verstehen. Darauf aufbauend wird herausgearbeitet, dass die Regulierung des Datenschutzes mit spezifischen Flexibilitätserfordernissen einhergeht, die im Unionskontext immer auch mit Vielfaltserfordernissen im Mehrebenensystem verbunden sind (C.). Die Berücksichtigung dieser Erfordernisse ist schon bei der Regulierung notwendig, damit das Datenschutzrecht Wirksamkeit entfalten kann und gleichzeitig Dysfunktionalitäten vermieden werden. Dabei liegt die spezifische Herausforderung der Regulierung auf Unionsebene darin, diese Erfordernisse mit den Harmonisierungszielen des EU-Datenschutzrechts in Einklang zu bringen. Ein Blick auf die Datenschutz-Grundverordnung und ihre Vorgängerin, die DSRL, offenbart, dass der Unionsgesetzgeber dieser Herausforderung mit einer zentral-dezentralen Gestaltung der Rechtsakte begegnet.

Ausgehend von den vorangegangenen Erörterungen wird in *Teil 3* untersucht, ob und inwieweit sich die Flexibilitäts- und Vielfaltserfordernisse in der Datenschutz-Grundverordnung manifestieren. Ziel ist es dabei, die Kernthese zu überprüfen, dass viele der Öffnungen für das Recht der Mitgliedstaaten diesen Erfordernissen Rechnung tragen. Zunächst werden zu diesem Zweck die Regelungsmuster und Bausteine des EU-Datenschutzrechts analysiert, wobei zugleich einschlägige Öffnungen herauskristallisiert und dadurch mittelbar funktionell ein- bzw. zugeordnet werden (A.). Im Anschluss wird die Perspektive umgekehrt und es werden die DSGVO-Öffnungen als solche in den Mittelpunkt gerückt (B.). Zunächst wird dabei herausgearbeitet, dass es sich bei den „Öffnungsklauseln" nicht um normsetzungstechnische Spezifitäten der Datenschutz-Grundverordnung handelt, die erstmals mit dem Rechtsakt aufgekommen sind. Sodann wird der These entgegengetreten, es handele sich bei den Bestimmungen um Resultate der Handlungsformenwahl. Schließlich wird aufgezeigt, dass sich die Öffnungen in verschiedener Hinsicht systematisieren lassen und die Systematisierung sich gerade nicht auf die Perspektive mitgliedstaatlicher Rechtssetzungsmöglichkeiten beschränken sollte. Vor der normativen Folie der herausgearbeiteten Flexibilitäts- und Vielfaltserfordernisse drängen sich vielmehr funktionale Systematisierungen auf, die mehr Ertrag bieten.

Zum Abschluss wird in *Teil 4* untersucht, ob und inwieweit sich die institutionellen Strukturen im Mehrebenensystem derart gestalten, dass sie den datenschutzspezifischen Flexibilitäts- und Vielfaltserfordernissen Rechnung tragen bzw. deren Manifestation in der DSGVO reflektieren und nicht durch unitarisierende Tendenzen konterkarieren. Dafür wird schwerpunktmäßig die Rolle der gerichtlichen Kontrolle für das Verhältnis von Einheit und Vielfalt im unionalen Datenschutzrecht betrachtet (A.). In diesem Zusammenhang geht es, wie zu zeigen ist, nicht nur um die respektiven Anwendungsbereiche der nationalen bzw. unionalen Grundrechtsordnungen. Die Stellschrauben für die Gestaltung des Datenschutzrechts zwischen Einheit und Vielfalt im Rahmen der gerichtlichen Kontrolle sind vielmehr mannigfaltig und stehen zum Teil in Wechselwirkung miteinander. Für die Effektivität des Datenschutzrechts muss sich die gerichtliche Kontrolle im Ergebnis so gestalten, dass die Flexibilitäts- und Vielfaltserfordernisse abgebildet werden. Abschließend wird im Rahmen eines Überblicks der reformierte institutionelle Rahmen der Datenschutzaufsicht betrachtet. Dies erfolgt ebenfalls unter dem Gesichtspunkt der Reflexion der Flexibilitäts- und Vielfaltserfordernisse. (B.).

Teil 1

Das EU-Datenschutzrecht als eigenständige Materie im Spannungsverhältnis zwischen Einheit und Vielfalt

Das Datenschutzrecht ist, jedenfalls mit Blick auf seinen genetischen Code, kein genuin europäisches bzw. unionales Regelungsfeld. Wenn vom EU-Datenschutzrecht als *eigenständige Materie* die Rede ist, sind damit implizit vor allem die Unterschiede zum Datenschutzrecht in anderen Rechtsordnungen angesprochen. Insoweit lässt sich, betrachtet man das EU-Datenschutzrecht[1] in seiner Gesamtentwicklung, ein zentrales, distinktives Charakteristikum ausmachen: Anders als die eingangs geschilderte kontroverse Diskussion im Kontext der Datenschutz-Grundverordnung vermuten lassen könnte, zieht sich der Konflikt zwischen Einheit und Vielfalt, die Frage also, wie zentral-einheitlich bzw. dezentral-vielfältig sich das Recht gestalten kann bzw. muss, wie ein roter Faden durch die Entwicklung der Materie auf Unionsebene. Dies herauszuarbeiten, ist Ziel dieses ersten Teils der Arbeit.

Die Ursprünge des Spannungsverhältnisses zwischen Einheit und Vielfalt offenbaren sich, wenn man die historischen Rahmenbedingungen der Entstehung des EU-Datenschutzrechts betrachtet (A.). Die vielen heterogenen Regelungskonzepte der (heutigen) Mitgliedstaaten trafen auf das mit steigendem grenzüberschreitendem Datenverkehr zunehmende Streben nach einem einheitlichen Rechtsrahmen.

Den tatsächlichen *normativen* Anfang des Datenschutzes auf EU-Ebene markierte die Verabschiedung der EG-Datenschutzrichtlinie als allgemeinem Rechtsrahmen für den Umgang mit personenbezogenen Daten in den Mitgliedstaaten. Auch aufgrund der damit initiierten Emanzipation von den historischen Wurzeln kann man von einem eigenständigen unionalen Datenschutzrecht sprechen. Eine Analyse der Entwicklung des Datenschutzsekun-

[1] Durch die begriffliche Festlegung auf den Datenschutz der Union soll eine Erörterung des europäischen Datenschutzrechts im weiteren Sinne, also inklusive auch der EMRK und des sonstigen Rechts des Europarats, ausgespart werden. Auch dort stellen sich Fragen nach dem Verhältnis von Einheit und Vielfalt, allerdings in einer anderen Dimension. Auf das Datenschutzrecht des Europarats wird deshalb nur insoweit eingegangen, als es für den unionalen Datenschutz und das ihn prägende Spannungsverhältnis von Einheit und Vielfalt relevant ist.

därrechts von diesen Anfängen bis zum noch anhaltenden Reformprozess offenbart die Omnipräsenz des Konflikts zwischen Einheit und Vielfalt (B.). Dies wird insbesondere anhand der Genese und Regelungsstruktur von sowohl DSRL als auch Datenschutz-Grundverordnung deutlich.

Die Eigenständigkeit des unionalen Datenschutzes und das dialektische Zusammenspiel von Einheit und Vielfalt manifestiert sich seit Inkrafttreten des Vertrags von Lissabon und der Grundrechtecharta auch im Primärrecht – dies vor allem in der weitreichenden, aber nach richtiger Lesart eben nicht unbegrenzten, EU-Gesetzgebungskompetenz für den Datenschutz sowie in seiner breiten normativen Basis in den europäischen Grundrechten, die weit über Art. 8 GRCh und dessen Verständnis als subjektives Abwehrrecht hinausgeht (C.).

A. Historische Rahmenbedingungen: Nationalstaatliche Divergenzen und erste transnationale Rechtsrahmen

I. Die anfängliche Ungewissheit mit nationalstaatlicher Vielfalt als Konsequenz

Um die Entwicklung des Datenschutzes zu einer autonomen Materie des Unionsrechts im Spannungsverhältnis zwischen Einheit und Vielfalt nachvollziehen zu können, ist ein Blick auf die historischen Rahmenbedingungen seiner Entstehung unumgänglich. Datenschutz hat sich als eigenständige Materie rechtlicher Regulierung überhaupt erstmals in den 1970er Jahren zunächst in einzelnen Staaten in Europa etabliert und ist damit ein verhältnismäßig junges Rechtsgebiet.[2] Ausgangspunkt war dabei der zunehmende Einsatz moderner Informationstechnologie zur automatisierten Verarbeitung von natürliche Personen betreffenden Daten, damals insbesondere zentraler Großrechenanlagen,[3] sowie die Überzeugung, dass diese Entwicklung

[2] Die Geburtsstunde der Datenschutzgesetzgebung in Deutschland markierte dabei das Hessische Datenschutzgesetz vom 30. September 1970, GVBl. I 1970, S. 625. Es war zugleich das erste Datenschutzgesetz der Welt, gefolgt vom ersten *nationalen* Gesetz zum Datenschutz, dem schwedischen *Datalagen*, im Jahr 1973, s. dazu *Burkert*, Privacy-Data Protection – A German/European Perspective, in: Engel/Keller, Governance of global networks in the light of differing local values, 2000, 43 (44). Ausführlich zur Entwicklung und Geschichte der nationalen Datenschutzgesetzgebung *Simitis/Hornung/Spiecker gen. Döhmann*, in: Simitis/Hornung/Spiecker gen. Döhmann, 2019, Datenschutzrecht, Einleitung, Rn. 1 ff.

[3] S. dazu *Abel*, 2.7 Geschichte des Datenschutzrechts, in: Roßnagel, Handbuch Datenschutzrecht, 2003, 1–54 (6). Zu dieser ersten Entwicklungsphase, die häufig unter dem Stichwort der *Zentralisierung* der Datenverarbeitung zusammengefasst wird, *Bizer*, Datenschutz durch Technikgestaltung, in: Bäumler/Mutius, „Datenschutzgesetze der dritten Generation", 1999, 28 (31 ff.).

neue Gefährdungslagen für die Rechte und Interessen der Betroffenen begründet.[4] Zwar war die Privatheit bzw. „privacy“ bis dato in verschiedenen Rechtsordnungen spezifisch geschützt.[5] Angesichts der (antizipierten) Entwicklungen im Sachbereich, vor allem bei der Informations- und Kommunikationstechnologie, wurde dieser Schutz jedoch als unzureichend bewertet und das Erfordernis von Vorschriften für den Umgang mit personenbezogenen Informationen und Daten postuliert.[6]

Datenschutz war seinerzeit ein neuartiger Regulierungsgegenstand, der – auch mangels Erfahrungswissens – mit einem hohen Maß an Ungewissheit behaftet war. So erklärt sich, dass verschiedene nationale Gesetzgeber durchaus unterschiedliche Regulierungskonzepte wählten. In den Datenschutzgesetzen Europas setzte sich in den 1970er und 80er Jahren indes, ungeachtet einiger Unterschiede im Detail, die umfassende rechtliche Determinierung des Umgangs mit personenbezogenen Daten als dominantes Modell durch.[7]

---

[4] Diese Überzeugung fußte dabei anfangs allein auf rein prospektiven Befürchtungen; einen konkreten Auslöser wie einen Datenskandal gab es seinerzeit nicht, *Abel*, 2.7 Geschichte des Datenschutzrechts, in: Roßnagel, Handbuch Datenschutzrecht, 2003, 1–54 (1 f.). Für einen Eindruck der damaligen Datenschutzdiskussion, insbesondere zu den Chancen und Risiken, die schon damals mit der elektronischen Datenverarbeitung assoziiert wurden sowie zu ersten gesetzgeberischen Reaktionen unter dem Stichwort „Datenschutz“, s. etwa *Simitis*, NJW, 1971, 673 (673 ff.). Zu diesen und weiteren Motiven der legislativen Intervention in der Anfangszeit *Simitis/Hornung/Spiecker gen. Döhmann*, in: Simitis/Hornung/Spiecker gen. Döhmann, 2019, Datenschutzrecht, Einleitung, Rn. 5 ff.

[5] Mit Art. 8 EMRK bestand insbesondere auch bereits eine verbindliche und überstaatliche menschenrechtliche Gewährleistung.

[6] *Hert/Papakonstantinou*, I/S: A Journal of Law and Policy for the Information Society, 2013, 271 (272 f.).

[7] § 3 des BDSG von 1977 etwa lautete: „Die Verarbeitung personenbezogener Daten, die von diesem Gesetz geschützt werden, ist in jeder ihrer in § 1 Abs. 1 genannten Phasen nur zulässig, wenn 1. Dieses Gesetz oder eine andere Rechtsvorschrift sie erlaubt oder 2. Der Betroffene eingewilligt hat.“, s. BGBl. I 1977, S. 201 ff. In § 6 des österreichischen DSG von 1978 hieß es: „Daten dürfen zum Zwecke des automationsunterstützten Datenverkehrs nur ermittelt und verarbeitet werden, wenn dafür eine ausdrückliche gesetzliche Ermächtigung besteht, oder soweit dies für den Auftraggeber zur Wahrnehmung der ihm gesetzlich übertragenen Aufgaben eine wesentliche Voraussetzung bildet.“, s. BGBl. Nr. 565/1978. Auch Art. 7 des französischen loi relative à l'informatique et libertés vom 6. Januar 1978 knüpfte an die Verarbeitung personenbezogener Daten („traitement de données à caractère personnel“) an und stellte deren Zulässigkeit u. a. unter den Vorbehalt der Einwilligung („consentement“). Die Modelle unterschieden sich allerdings im Detail, so wurde im schwedischen Gesetz anfangs jede Verarbeitung von einer präventiven Genehmigung abhängig gemacht. Dazu und für weitere Beispiele s. etwa *Simitis/Hornung/Spiecker gen. Döhmann*, in: Simitis/Hornung/Spiecker gen. Döhmann, 2019, Datenschutzrecht, Einleitung, Rn. 71 ff. Die Dominanz dieses Regelungsansatzes auch in den späteren Regelungswerken erklärt sich vor allem mit der 1981 verabschiedeten Datenschutzkonvention des Europarats. Dazu sogleich.

Ziel dieses Ansatzes war es nicht, den Einsatz neuer Technologien zur automatisierten Verarbeitung und damit die Datenverarbeitung als solche grundsätzlich zu beschränken. Es ging vielmehr darum, jeden (automatisierten) Verarbeitungsprozess von personenbezogenen Daten mit *rechtlichen* Garantien zu flankieren.[8] Der deutsche Gesetzgeber etwa ging davon aus, dass es keine Alternative zur umfassenden „Verrechtlichung" von Datenverarbeitungsvorgängen gebe und dass sich die Schutzbedürfnisse quer durch alle Verarbeitungszusammenhänge stellen, sodass ein einheitliches Gesetz mit umfassendem Regelungsanspruch ausreiche.[9]

Die Ungewissheit im Umgang mit dem Gegenstand Datenschutz äußerte sich auch in der Diskussion darüber, ob die öffentlichen und privaten Bereiche parallel reguliert oder aber unterschiedlichen Regelungsregimes unterworfen werden sollten. Diese Debatte, die auch heute noch geführt wird,[10] reicht tatsächlich bis zu den Anfängen zurück: Als in den späten 1960er Jahren erstmals über den rechtlichen Schutz im Kontext der automatisierten Verarbeitung personenbezogener Daten nachgedacht wurde, lag der Fokus auf der Datensammlung und -verarbeitung durch den Staat. Der Staat wurde mit seinen „elektronischen Gehirnen" von großen Teilen der Bevölkerung als die die Rolle des Orwell'schen „Big Brother" ausfüllende Hauptbedrohung wahrgenommen.[11] So erklärt sich, dass das Hessische Datenschutzgesetz von 1970 noch auf die staatliche Datenerhebung und -verarbeitung konzentriert war.[12] Im Laufe der Zeit änderte sich dieser Eindruck, und Regelungsbedarfe wurden zunehmend auch im Kontext der Datenverarbeitung durch Private identifiziert. Dies mündete schließlich in der mittlerweile traditionellen Einschätzung, dass die Gefahren und Risiken der Datenverarbeitung für die Rechte und Interessen der Betroffenen in beiden Sphären gleichwertig sind.[13]

---

[8] *Hustinx*, „EU-Datenschutzrecht: Die Überprüfung der Richtlinie 95/46/EG und die vorgeschlagene Datenschutz-Grundverordnung", https://edps.europa.eu/sites/edp/files/publication/14-09-15_article_eui_de.pdf, (S. 1) (zuletzt abgerufen am 31.3.2022). Bis dato lag der Fokus auf der Suche nach technisch-organisatorischen Lösungen für Probleme, die sich im Umfeld der technischen Entwicklung stellten („Datensicherung").

[9] Dazu näher *Simitis/Hornung/Spiecker gen. Döhmann*, in: Simitis/Hornung/Spiecker gen. Döhmann, 2019, Datenschutzrecht, Einleitung, Rn. 17 bzw. 19.

[10] Allgemein zu den unterschiedlichen Anforderungen im öffentlichen und privaten Bereich und resultierenden Flexibilitäts- und Vielfaltserfordernissen s. Teil 2, C., I., 2. Zu der Reflexion der Differenz in den DSGVO-Öffnungen Teil 3, B., III., 2., d).

[11] *Blume*, European Data Protection Law Review, 2015, 32 (32 f.).

[12] Das erste *Bundes*datenschutzgesetz von 1977 differenzierte zwar bereits ausdrücklich zwischen den beiden Bereichen, änderte jedoch nichts an dem staatszentrierten Ursprung des datenschutzrechtlichen Leitmodells. Dazu und zu der Verstärkung dieser Staatszentrierung durch die Rechtsprechung des BVerfG s. näher *Vesting*, Das Internet und die Notwendigkeit der Transformation des Datenschutzes, in: Ladeur, Innovationsoffene Regulierung des Internet, 2003, 155 (157 ff.).

[13] Dazu *Albers*, § 22 Umgang mit personenbezogenen Informationen und Daten, in:

Zugleich wurde eine zunehmende informationelle Diffusion zwischen öffentlichem und privatem Sektor ausgemacht.[14] Diese gegenüber den Anfängen gewandelten Einschätzungen fanden dann auch im ersten verbindlichen überstaatlichen Datenschutzregime, der Datenschutzkonvention des Europarats aus dem Jahr 1981, ihren Niederschlag.

II. Erste überstaatliche Rechtsrahmen: Das Streben nach Einheit

Den nationalen Initiativen zeitlich nachgeschaltet gab es erste Überlegungen zu einem etwaigen Regulierungsbedarf auch auf der transnationalen europäischen Ebene. Hintergrund dieser Erwägungen war allerdings weniger das Bedürfnis nach (höheren) Schutzstandards als die erhebliche Zunahme des grenzüberschreitenden Datenverkehrs,[15] vor allem zwischen Staaten mit zum Teil höchst divergenten nationalen Datenschutzregimes.[16] Diese Unterschiede führten zu wechselseitigen Beschränkungen von Informations- und Datenflüssen, was den Bedarf an einem harmonisierten Rechtsrahmen offenbarte. Die Harmonisierung sollte indessen kein Selbstzweck sein, sondern war doppelt motiviert: Durch einheitliche Regelungen in den jeweiligen Mitgliedstaaten sollte einerseits ein einheitlich (hohes) Datenschutzniveau geschaffen werden und zum anderen sollte dies, als Konsequenz, den freien grenzüberschreitenden Informations- und Datenfluss ermöglichen, indem gegenseitige Beschränkungen ausgeschlossen wurden.[17]

Die ersten Schritte auf dem Weg zu einem verbindlichen transnationalen Rechtsrahmen wurden dabei in nur kurzem zeitlichen Abstand zu den ersten

---

Hoffmann-Riem/Schmidt-Aßmann/Voßkuhle, Grundlagen des Verwaltungsrechts, 2012, 1–169 (90 f.). Angesichts der „Datafizierung" des alltäglichen gesellschaftlichen Lebens und der Macht und der Gatekeeper-Stellung einiger großer Internetkonzerne werden die größeren Risiken für die Grundrechte und Interessen Betroffener mittlerweile häufig im privaten Sektor verortet.

[14] S. nur *Trute*, JZ, 1998, 822 (823) m. w. N.

[15] Zur historischen Entwicklung des grenzüberschreitenden Datenverkehrs insbesondere auch in den frühen 1980er Jahren, in denen die ersten überstaatlichen Datenschutzinstrumente entstanden, s. *Ellger*, Der Datenschutz im grenzüberschreitenden Datenverkehr, 1990, S. 53 ff.

[16] Trotz der bereits geschilderten Dominanz des umfassenden Regelungsansatzes bestanden große Divergenzen, auch weil einige Mitgliedstaaten noch gar keine Datenschutzgesetze hatten. Dazu grundlegend *Ellger*, Der Datenschutz im grenzüberschreitenden Datenverkehr, 1990, S. 455 ff. S. a. *Simitis*, RDV, 1990, 3 (12 f.).

[17] Sowohl in der Einleitung zu den OECD-Richtlinien als auch in der Präambel der Datenschutzkonvention wird diese doppelte Motivation deutlich. In beiden Rechtsrahmen wird zunächst die Bedeutung einer Rechtsvereinheitlichung für einen hohen Datenschutzstandard betont und direkt im Anschluss auch die Notwendigkeit eines freien Informations- und Datenflusses hervorgehoben.

nationalen Datenschutzgesetzen getan. In zwei Entschließungen aus den Jahren 1973[18] bzw. 1974[19] richtete sich das Ministerkomitee des Europarats an dessen Mitgliedstaaten und empfahl diesen, alle Maßnahmen zu ergreifen, um die effektive Geltung bestimmter Prinzipien für den Privatheitsschutz des Einzelnen im privaten bzw. öffentlichen Sektor zu gewährleisten.[20] Diesen Entschließungen folgte im Jahr 1977 die Einsetzung eines Expertenkomitees zur Ausarbeitung einer Konvention zum Schutz personenbezogener Daten, die schließlich in der Verabschiedung der Datenschutzkonvention des Europarats[21] im Januar 1981 mündete, die im Jahr 1985 in Kraft trat.

Gemäß Art. 1 der Konvention war ihr Zweck, „im Hoheitsgebiet jeder Vertragspartei für jedermann ungeachtet seiner Staatsangehörigkeit oder seines Wohnorts sicherzustellen, dass seine Rechte und Grundfreiheiten, insbesondere sein Recht auf einen Persönlichkeitsbereich, bei der automatischen Verarbeitung personenbezogener Daten geschützt werden („Datenschutz")". Ihr Geltungsbereich erstreckte sich gem. Art. 3 Abs. 1 auf „automatisierte Dateien/Datensammlungen und automatische Verarbeitungen von personenbezogenen Daten im öffentlichen und privaten Bereich". Damit wählte die Konvention ebenfalls einen umfassenden Regelungsansatz, einschließlich sowohl des öffentlichen als auch des privaten Bereichs, und hatte in der Folge maßgeblichen Einfluss auf die Datenschutzgesetzgebung vieler Konventionsstaaten und die Dominanz des Modells umfassender rechtlicher Determinierung.[22] Das völkerrechtliche Abkommen setzte den ersten *verbindlichen*[23] Rechtsrahmen auf überstaatlicher Ebene, der den Datenschutz

---

[18] Resolution (73) 22 on the protection of the privacy of individuals vis-à-vis electronic data banks in the private sector v. 26.9.1973.

[19] Resolution (74) 29 on the protection of the privacy of individuals vis-à-vis electronic data banks in the public sector v. 20.9.1974.

[20] Diese Entschließungen gingen ihrerseits auf eine Empfehlung der Parlamentarischen Versammlung des Europarats aus dem Jahr 1968 zurück, in dem das Ministerkomitee aufgefordert wurde, den Regelungsbedarf mit Blick auf die EMRK und die mitgliedstaatlichen Rechtsordnungen zu überprüfen, vgl. Explanatory Report to the Convention for the Protection of Individuals with regard to Automatic Processing of Personal Data, ETS – No. 108, Nr. 4.

[21] Übereinkommen zum Schutz des Menschen bei der automatischen Verarbeitung personenbezogener Daten vom 28.1.1981, SEV 108.

[22] Für Beispiele maßgeblich durch die Datenschutzkonvention geprägter Datenschutzgesetze s. *Simitis/Hornung/Spiecker gen. Döhmann*, in: Simitis/Hornung/Spiecker gen. Döhmann, 2019, Datenschutzrecht, Einleitung, Rn. 78.

[23] Die OECD hatte kurz zuvor, im September 1980, ihre sog. „Richtlinien über Datenschutz und grenzüberschreitende Ströme personenbezogener Daten" verabschiedet, die ebenfalls den Datenschutz zum Regelungsgegenstand haben und als Inspirationsquelle für die Datenschutzkonvention dienten. Die OECD-Richtlinien sind ihrer Natur nach allerdings bloße Empfehlungen an die Mitgliedstaaten, ohne jegliche normative Bindungswirkung. Die OECD und der Europarat waren in den 1960ern und 70ern die zentralen Foren

explizit als Regelungsgegenstand in Bezug nahm. Die Datenschutzkonvention markiert zugleich den Anfang der Herauskristallisierung des Datenschutzrechts als eigenständiges Rechtsgebiet auch auf europäischer Ebene. Aus verfassungsrechtlicher Perspektive kann sie gleichermaßen als erster Schritt zur Emanzipation des Datenschutzes vom insoweit auf überstaatlich-europäischer Ebene bisher maßgeblichen in Art. 8 EMRK verbürgten Schutz des Rechts auf Privatleben und damit als Ausgangspunkt der Konstitutionalisierung des europäischen Datenschutzes gewertet werden.[24] Im Anschluss an die Annahme der Datenschutzkonvention wurden verschiedene Empfehlungen des Ministerkomitees zur Anwendung des Übereinkommens veröffentlicht, die maßgeblichen Einfluss auf die nationalstaatlichen Gesetze und auf andere internationale Abkommen hatten.[25]

Dem Zeitpunkt seiner Entstehung entsprechend war das völkerrechtliche Abkommen nach wie vor von Mustern geprägt, in deren Hintergrund das damalige Bild der erhöhten Gefährdungslage durch automatisierte Datenverarbeitungen durch Großrechenanlagen steht;[26] auch das Zusatzprotoll aus dem Jahr 2001 änderte daran nichts.[27] Das Ministerkomitee hat aber im

---

für den Austausch unter den Staaten, die personenbezogene Daten verarbeiteten, was auch der Grund für die strukturelle Ähnlichkeit der ersten nationalen Datenschutzgesetze in Europa war. Dazu und zur Entwicklung der OECD-Richtlinien *Hert/Papakonstantinou*, I/S: A Journal of Law and Policy for the Information Society, 2013, 271 (275 ff.).

[24] Während diese Emanzipation in Gestalt der Datenschutzkonvention deutlich sichtbar war, konnte sie sich auf Ebene der EMRK nicht derart klar vollziehen; der Katalog enthält schließlich keine entsprechende Bestimmung, die ausdrücklich ein Recht auf Datenschutz vermittelt. Der EGMR hat aber, insbesondere unter Rückgriff auf die Datenschutzkonvention, im Laufe der Zeit eine Reihe von Schutzvorgaben für den Umgang mit personenbezogenen Daten in Art. 8 EMRK hineingelesen, sodass auch die EMRK nunmehr einen gewissen Schutz vermittelt. Zu dieser Entwicklung in der Rechtsprechung des EGMR s. ausführlich etwa *Siemen*, Datenschutz als europäisches Grundrecht, 2006, S. 51–133. Ein eigenständiges „Datenschutzgrundrecht", welches grundsätzlich jede Datenverarbeitung erfasst, besteht auf Ebene der EMRK gleichwohl nicht, s. dazu mit Begründungsansätzen etwa *Marsch*, Das europäische Datenschutzgrundrecht, 2018, S. 14 ff. Deutlich herausgestellt ist die Eigenständigkeit des Datenschutzes auch auf verfassungsrechtlicher Ebene hingegen in der EU-Grundrechtecharta, die mit Art. 8 GRCh ein Grundrecht auf Schutz personenbezogener Daten enthält. Dessen Verhältnis zu Art. 7 GRCh, der Art. 8 EMRK entspricht, ist indessen nach wie vor unklar. Zum Ganzen s. näher unten, Teil 1, C., II., 2., a).

[25] *Hustinx*, „EU-Datenschutzrecht: Die Überprüfung der Richtlinie 95/46/EG und die vorgeschlagene Datenschutz-Grundverordnung", https://edps.europa.eu/sites/edp/files/publication/14-09-15_article_eui_de.pdf, (7 f.) (zuletzt abgerufen am 31.3.2022).

[26] Vgl. Explanatory Report to the Convention for the Protection of Individuals with regard to Automatic Processing of Personal Data v. 28.1.1981, Nr. 1: „There is a need for such legal rules in view of the increasing use made of computers for administrative purposes."

[27] Zusatzprotokoll zum Übereinkommen zum Schutz des Menschen bei der automati-

Rahmen seiner 128. Sitzung im Mai 2018 eine konsolidierte Textfassung für eine modernisierte Datenschutzkonvention[28] vorgelegt sowie ein entsprechendes Protokoll[29] verabschiedet, das ab Juni 2018 zur Unterzeichnung durch die Konventionsstaaten offen ist. Gem. Art. 37 Abs. 1 des Protokolls ist für sein Inkrafttreten die Unterzeichnung und Ratifikation durch alle Konventionsparteien erforderlich. Anlass für die Modernisierungsbestrebungen waren die neuen Gefahren für das Recht auf Privatleben, die aus der zunehmenden Nutzung neuer Informations- und Kommunikationstechnologien sowie aus der Globalisierung von Datenverarbeitungsprozessen resultieren.[30] Die modernisierte Konvention führt einige Neuerungen ein, bleibt insgesamt substantiell jedoch deutlich hinter der DSGVO zurück;[31] für das Datenschutzrecht in den EU-Mitgliedstaaten wird die Ratifikation der Konvention deshalb zu keinen substanziellen Änderungen im Schutzniveau führen.

Gleichwohl ist die Datenschutzkonvention für die EU bzw. ihre Mitgliedstaaten nicht unbedeutsam. Letztere nutzen ihre Regeln häufig in Bereichen, in denen bewusst nicht der höhere Schutzstandard des unionalen Datenschutzrechts angestrebt wird, insbesondere, wenn es um den Abschluss internationaler Abkommen geht, in die auch Nicht-EU-Staaten einbezogen werden sollen, wie etwa bei der Cybercrime-Konvention.[32]

---

schen Verarbeitung personenbezogener Daten bezüglich Kontrollstellen und grenzüberschreitendem Datenverkehr v. 8.9.2001, SEV 181. Dieses Protokoll führte lediglich die Verpflichtung ein, nationale Kontrollstellen für die Einhaltung der Konventionsbestimmungen zu schaffen und etablierte zusätzlich das aus der EG-Datenschutzrichtlinie bekannte „adequacy regime“, wonach Datentransfers in Nichtkonventionsstaaten nur dann zulässig ist, wenn diese ein angemessenen Schutzniveau aufweisen.

[28] Modernised Convention for the Protection of Individuals with Regard to the Processing of Personal Data – Consolidated text v. 18.5.2018, CM/Inf(2018)15-final.

[29] Protocol amending the Convention for the Protection of Individuals with regard to Automatic Processing of Personal Data (ETS No. 108), Explanatory report v. 18.5.2018, CM(2018)2-final.

[30] Vgl. Protocol amending the Convention for the Protection of Individuals with regard to Automatic Processing of Personal Data (ETS No. 108) CM(2018)2-addfinal.

[31] Für eine Gegenüberstellung der materiellen Anforderungen der modernisierten Datenschutzkonvention und jener der DSGVO s. *Greenleaf*, University of New South Wales Law Research Series, 2017, 1 (2 f.).

[32] *Simitis/Hornung/Spiecker gen. Döhmann*, in: Simitis/Hornung/Spiecker gen. Döhmann, 2019, Datenschutzrecht, Einleitung, Rn. 118.

B. Einheit und Vielfalt in der Entwicklung des Sekundärrechts

Auch wenn die historischen Rahmenbedingungen für die Entwicklung des Datenschutzes zu einer eigenständigen Materie des Rechts der EU retrospektiv weiter zurückreichen, kann man erst ab Inkrafttreten der Datenschutzrichtlinie 95/46/EG von einem genuin *unionalen* Datenschutzrecht sprechen. Wie im Folgenden zu zeigen sein wird, ist der Datenschutz in der Union nämlich ausgehend von diesem Sekundärrechtsakt als erstem allgemeinen Rechtsrahmen schrittweise ausgebaut und weiterentwickelt worden, teils durch die Rechtsprechung des Europäischen Gerichtshofs, teils durch bereichsspezifische Ergänzungen und Konkretisierungen. Es war auch dieser Rechtsakt, mit dem das heute charakteristische Spannungsverhältnis zwischen Einheit und Vielfalt im Datenschutzrecht der Europäischen Union erstmals auf eine normative Grundlage im Unionsrecht gestellt wurde.

Darüber hinaus hat das Datenschutzsekundärrecht, insbesondere die DSRL, über verschiedene Verflechtungen auch eine zentrale Rolle bei der Entwicklung des primärrechtlichen Rahmens gespielt bzw. in großem Maße auf das datenschutzbezogene Primärrecht zurückgewirkt.[33] War das Verhältnis von grundrechtlicher Gewährleistung und sekundärrechtlicher Konkretisierung in den Anfängen der Rechtsprechung noch diffus, so hatte sich das Sekundärrecht in den späteren Jahren der DSRL als „grundrechtliche Interpretationshilfe“[34] etabliert. In dieser Funktion könnte auch das reformierte Datenschutzsekundärrecht zukünftig von erheblicher Bedeutung für die Entwicklung des unionsgrundrechtlichen Schutzstandards sein.[35]

Den Ausgangspunkt des sekundärrechtlichen Datenschutzes und seiner Gestaltung zwischen Einheit und Vielfalt bildete die Datenschutzrichtlinie als erster allgemeiner Rechtsrahmen (I.). Dieser wurde im Laufe der Zeit um immer weitere sektorspezifische Rechtsakte erweitert, was eine erhebliche Ausdifferenzierung des unionalen Datenschutzrechts bewirkt hat (II.). Nach Inkrafttreten des Vertrags von Lissabon und der Einführung von Art. 16

---

[33] S. *Wagner*, Datenschutz in der EU, 2015, S. 21 ff. der darauf hinweist, dass die DSRL zum einen als Konkretisierung des grundrechtlich verbürgten Schutzes personenbezogener Daten verstanden werden könne und sie zum anderen den impliziten Maßstab für die Reichweite der Datenschutzkompetenz gebildet habe.

[34] *Schneider*, Die Verwaltung, 2011, 499 (515).

[35] Dies gilt umso mehr, als Art. 8 Abs. 1 GRCh durch seine Abstraktionshöhe ein Einfallstor für die Aufnahme sekundärrechtlicher Ausgestaltungsentscheidungen in den primärrechtlichen Schutzgehalt bietet, der fortan den Maßstab jeglicher Datenschutzgesetzgebung bilden könnte. S. dazu im Einzelnen noch unten Teil 1, C., II., 1., b). Auch in jüngeren Entscheidungen wird die Auslegung datenschutzsekundärrechtlicher Bestimmungen mit der Grundrechtsprüfung teilweise vermengt, sodass die genaue normative Verortung der jeweiligen vom EuGH aufgestellten materiellen Maßstäbe unklar bleibt. S. dazu noch unten, Teil 4, A., II.

Abs. 2 AEUV als Kompetenzgrundlage für den Datenschutz wurde eine umfassende Reform des Datenschutzsekundärrechts angestoßen. Diese ist teilweise bereits vollzogen, teilweise steht sie aber auch noch bevor (III.). Wie ein Blick auf die Genese der Datenschutz-Grundverordnung offenbaren wird, stand dort insbesondere auch die Ausbalancierung des Verhältnisses von Einheit und Vielfalt im Mittelpunkt.

I. Die EG-Datenschutzrichtlinie als erster allgemeiner Rechtsrahmen

1. Der Entstehungshintergrund: Strukturelle Zwänge

Die Europäische Union bzw. Gemeinschaft ist als Regulator des Datenschutzes verhältnismäßig spät auf den Plan getreten. Das Europäische Parlament hatte sich zwar bereits in den 1970ern zum Regelungsbedarf auch auf Ebene der EU in Form mehrerer Entschließungen geäußert.[36] Die Kommission sah seinerzeit allerdings noch keine akute Notwendigkeit für einen eigenständigen Rechtsrahmen und wies die Vorschläge des Parlaments noch 1981 u. a. mit der Begründung zurück, Datenschutz sei eine Materie, die primär dem öffentlichen Sektor zuzuordnen sei, wofür es der Kommission an der Regelungskompetenz fehle.[37] Die Kommission richtete schließlich lediglich die Empfehlung[38] an die Mitgliedstaaten, die Datenschutzkonvention des Europarats bis zum Ende des Jahres 1982 zu ratifizieren. Diesem Aufruf kamen indessen nur sehr wenige der Mitgliedstaaten nach und unter jenen wenigen, die der Empfehlung gefolgt waren, divergierten die Datenschutzvorschriften teilweise erheblich,[39] was wiederum zu einseitigen Schutzmaßnahmen seitens der Mitgliedstaaten für den grenzüberschreitenden Datenverkehr führte.[40] In Abwesenheit einer Bestimmung in den Verträgen, mit der

---

[36] S. Entschließung v. 13.3.1975, ABl. EG C 60/48, Entschließung v. 3.5.1976, ABl. EG C 100/27, Entschließung v. 8.5.1979, ABl. EG C 140/34 und Entschließung v. 9.3.1982, ABl. EG C 87/39.

[37] Dies war zumindest die Position der damaligen Generaldirektion Binnenmarkt. Zusätzlich wurde in Bezug auf den privaten Sektor befürchtet, eine Harmonisierung werde mit erheblichen Mehrkosten für die Wirtschaft einhergehen. S. dazu *Newman*, Protectors of Privacy, 2008, S. 84 f. m. w. N.

[38] 81/679/EWG: Empfehlung der Kommission vom 29. Juli 1981 betreffend ein Übereinkommen des Europarats zum Schutz des Menschen bei der automatischen Verarbeitung personenbezogener Daten, I, 5.: „[Die Kommission] hält dieses Übereinkommen für geeignet, auf europäischer Ebene ein einheitliches Datenschutzniveau herbeizuführen."

[39] Vor Inkrafttreten der EG-Datenschutzrichtlinie beschränkte sich das Datenschutzrecht einiger Staaten auf die Umsetzung der Datenschutzkonvention, während es in anderen – wie der Bundesrepublik Deutschland und Frankreich – aus einem komplexen System allgemeiner und bereichsspezifischer Vorschriften bestand, vgl *Simitis*, Vom Markt zur Polis: Die EU-Richtlinie zum Datenschutz, in: Tinnefeld/Philipps/Heil, Informationsgesellschaft und Rechtskultur in Europa, 1995, 51 (56) mit weiteren Beispielen.

[40] *Brühann*, in: Groeben/Schwarze/Hatje, 7. Aufl., 2015, Europäisches Unionsrecht, Art. 16 AEUV, Rn. 6 ff.

Hindernisse für den freien Datenverkehr ganz grundsätzlich im Wege sog. „negativer Integration" hätten beseitigt werden können, erwies sich die Harmonisierung der mitgliedstaatlichen Bestimmungen durch Schaffung eines einheitlichen Rechtsrahmens als alternativlos.

Vor allem vor dem Hintergrund dieser Erkenntnis und als Ausdruck des seinerzeitigen Strukturwandels der EU von einer rein wirtschaftlichen zu einer zunehmend auch politischen Union,[41] legte die Kommission Ende 1990 ein Bündel verschiedener Gesetzesvorschläge vor.[42] Dieses umfasste u. a. auch einen Vorschlag für eine „Richtlinie des Rates zum Schutz von Personen bei der Verarbeitung personenbezogener Daten".[43] Mit der Vorlage einer zweiten, überarbeiteten Fassung im Oktober 1992[44] wurde ein dreijähriger Verhandlungsprozess in Gang gesetzt, der schließlich in der Annahme des ersten Datenschutzrechtsakts der heutigen EU, der Richtlinie 95/46/EG (Datenschutzrichtlinie – DSRL),[45] im Oktober 1995 mündete. Eine der zentralen Änderungen gegenüber dem ersten Vorschlag war die Tatsache, dass die formale Unterscheidung von Regeln für den öffentlichen und für den privaten Sektor aufgegeben wurde.[46] Dass der Gesetzgeber den Rechtsakt dabei „insbesondere"[47] auf die Binnenmarktquerschnittskompetenz (heute

[41] Dazu etwa *Simitis*, Vom Markt zur Polis: Die EU-Richtlinie zum Datenschutz, in: Tinnefeld/Philipps/Heil, Informationsgesellschaft und Rechtskultur in Europa, 1995, 51 (51 ff.). In Parallelität zu dem zunehmenden Bedürfnis der Binnenmarktverwirklichung auch im Bereich des Datenverkehrs entwickelte sich auf unionaler Ebene ein stärkeres Bewusstsein für den Schutzbedarf der Individuen im Kontext von Datenverarbeitungen, dazu *Lynskey*, The foundations of EU data protection law, 2015, S. 50 f.

[42] Zu diesem Zeitpunkt existierten datenschutzbezogene Vorgaben auf EU-Ebene bereits im Rahmen des Schengener-Informationssystems, das mit dem Schengen-Durchführungsübereinkommen eingeführt wurde. Dabei handelte es sich seinerzeit jedoch um einen gewöhnlichen völkerrechtlichen Vertrag, der nicht zum unionalen Datenschutzrecht „im engeren Sinne" gezählt werden kann. Erst mit dem Vertrag von Amsterdam wurde das Abkommen in das Unionsrecht integriert. S. dazu *Siemen*, Datenschutz als europäisches Grundrecht, 2006, S. 43.

[43] KOM(90) 314 endg. – SYN 287–288 v. 13.9.1990. In der Begründung führt die Kommission drei verschiedene Zusammenhänge auf, in denen die grenzüberschreitende Dimension von Datenflüssen zutage trete, vgl. KOM(90) 314 endg., S. 16.

[44] KOM (92) 422 endg. – SYN 287 v. 15.10.1992.

[45] Richtlinie 95/46/EG des Europäischen Parlaments und des Rates vom 24. Oktober 1995 zum Schutz natürlicher Personen bei der Verarbeitung personenbezogener Daten und zum freien Datenverkehr.

[46] Zeitgenössische Kritik zur Trennung noch im ersten Entwurf etwa bei *Simitis*, RDV, 1990, 3 (15), der auf die Interdependenzen der Sektoren hinwies. Mit der Veröffentlichung des zweiten Vorschlags verlagerte sich der Schwerpunkt der Diskussion auf den Rat und die Verhandlungen standen unter den Vorzeichen deutlich widersprüchlicher Haltungen innerhalb der Mitgliedstaaten, dazu *Simitis/Hornung/Spiecker gen. Döhmann*, in: Simitis/Hornung/Spiecker gen. Döhmann, 2019, Datenschutzrecht, Einleitung, Rn. 135 f.

[47] S. zur Gesetzgebungskompetenz der EU für den Datenschutz bis zum Vertrag von Lissabon näher unten Teil 1, C., I., 1.

Art. 114 AEUV) stützte, zeigt, dass die Einbeziehung des Datenschutzes in den Regelungsbereich der EU ursprünglich vor allem eine Reaktion auf die zunehmende wirtschaftliche Verflechtung der Mitgliedstaaten war.[48]

In seiner Grundstruktur spiegelte die Datenschutzrichtlinie in gewisser Weise den datenschutzrechtlichen Status quo in Europa Ende der 1980er Jahre wider. Die Europäische Union führte mit dem Rechtsakt kein neues Regelungssystem ein. Ein konzeptioneller Neustart wurde tatsächlich zu keinem Zeitpunkt des Gesetzgebungsprozesses ernsthaft erwogen.[49] Vielmehr knüpften bereits die ersten Entwürfe der Kommission aus dem Jahr 1990 an die „Verarbeitung personenbezogener Daten, die in Dateien enthalten sind" an und verbanden den Grundrechtsschutz mit dem freien Datenverkehr.[50] Dies lässt sich zum einen damit erklären, dass der Datenschutz seinerzeit auch von der Kommission primär als Handelshemmnis verstanden wurde[51] und mit der Datenschutzkonvention bereits ein transnationaler Rechtsakt existierte, der das Harmonisierungsziel mit dem Datenschutz verknüpfte und insoweit als Vorbild herangezogen werden konnte.[52] Zum anderen handelte es sich, wie gezeigt, beim Datenschutz um keine Materie, die auf nationaler Ebene zuvor vollkommen unreguliert gewesen war. Vielmehr gab es in einigen der Nationalstaaten schon Datenschutzgesetze, die historisch gewachsen waren und um deren größtmögliche Beibehaltung die Mitgliedstaaten im Rahmen des Gesetzgebungsverfahrens energisch bemüht waren.[53] Insbesondere die Beratungen im Ministerrat offenbarten, wie unterschiedlich die Anforderungen an die Regulierung der Verarbeitung personenbezogener Daten in den verschiedenen Staaten waren.[54] Die Gründe hierfür waren vielschichtig und freilich nicht nur rechtlicher, sondern auch (wirtschafts-)politischer Natur.[55] In ihrer Zusammenschau erklären sie aber, dass die EU bei der Verabschiedung von Harmonisierungsmaßnahmen oft – wie auch bei der DSRL – keinen völlig neuen Weg beschreiten kann, sondern darauf beschränkt ist, die

---

[48] So auch *Wagner*, Datenschutz in der EU, 2015, S. 10.

[49] *Dammann/Simitis*, in: Dammann/Simitis, 1997, EG-Datenschutzrichtlinie, Einleitung, Rn. 11.

[50] KOM (90) 314 endg.- SYN 287 und SYN 288.

[51] Vgl. KOM (90) 314 endg.- SYN 287, EG 5 bzw. SYN 288, EG 12.

[52] Die Vorschriften der Richtlinie waren ausdrücklich als Konkretisierungen und Erweiterungen der Grundsätze der Datenschutzkonvention konzipiert, vgl. EG 11 DSRL.

[53] *Simitis*, Vom Markt zur Polis: Die EU-Richtlinie zum Datenschutz, in: Tinnefeld/Philipps/Heil, Informationsgesellschaft und Rechtskultur in Europa, 1995, 51 (53 ff.). Tatsächlich drehte sich der Gesetzgebungsprozess im Wesentlichen um die Frage, wie die verschiedenen Regelungen der Mitgliedstaaten in ein kohärentes Gesamtsystem zusammengeführt werden können, vgl. *Simitis*, NJW, 1997, 281 (282). S. a. EG 9 DSRL.

[54] *Simitis*, Vom Markt zur Polis: Die EU-Richtlinie zum Datenschutz, in: Tinnefeld/Philipps/Heil, Informationsgesellschaft und Rechtskultur in Europa, 1995, 51 (66 f.).

[55] Dazu *Bodenschatz*, Der europäische Datenschutzstandard, 2010, S. 135 ff.

bis dato in den Mitgliedstaaten etablierten Modelle auf Unionsebene zu einem möglichst konsistenten Konzept zusammenzuführen.[56] Die Datenschutzrichtlinie ist ein Beispiel par excellence für ein Resultat dieser strukturellen Zwänge. Sie kombinierte verschiedene nationalstaatliche Ansätze, wobei das zugrundeliegende Konzept vor allem von den französischen und deutschen Datenschutzgesetzen sowie der Datenschutzkonvention des Europarats geprägt war.[57]

Diese Umstände der Gesetzesgenese legen den Schluss nahe, die DSRL sei als politischer Kompromiss lediglich als Instrument zur Mindestharmonisierung gedacht gewesen. Dieser Deutungsweise ist der EuGH jedoch schon bald nach Gültigwerden des Rechtsakts in den Mitgliedstaaten entschieden entgegengetreten. Der Gerichtshof stellte klar, die Richtlinie dürfe nicht als bloßer Minimalkonsens im Sinne des kleinsten gemeinsamen Nenners der heterogenen Datenschutzregelungen in den Mitgliedstaaten verstanden werden, sondern sie sei als Maßnahme einer grundsätzlich umfassenden Harmonisierung angelegt.[58] Methodisch wurde dies erreicht, indem der EuGH unter Vernachlässigung des Erfordernisses eines Binnenmarktbezugs den Anwendungsbereich der DSRL sehr weit absteckte und sie damit von ihrer kompetenziellen Grundlage löste.[59] Diese Rechtsprechung ist zugleich Ausdruck der generellen Tendenz des EuGH, die Binnenmarktkomponente der grundsätzlich doppelt motivierten DSRL bis zum Inkrafttreten des Vertrags von Lissabon bzw. der Grundrechtecharta einseitig zu betonen.

2. *Schutzinhalte, Regelungsmuster und Regelungsstruktur*

Der sachliche Anwendungsbereich der DSRL war sehr breit gefasst und erstreckte sich gem. Art. 3 Abs. 1 DSRL auf jede automatisierte und nicht automatisierte Datenverarbeitung sowie auf die nicht automatisierte Verarbeitung personenbezogener Daten, die in einer Datei gespeichert sind oder gespeichert werden sollen. Ausgenommen waren hingegen solche Verarbei-

---

[56] Zu den Gründen übergreifend und mit weiteren Beispielen *Lohse*, Rechtsangleichungsprozesse in der Europäischen Union, 2017, S. 278 f. sowie 424 ff. zu den damit verbundenen Problemen.

[57] *Jacob*, DuD, 1994, 480 (481); *Tinnefeld*, DuD, 1995, 18 (19). Mit dieser Kombination verschiedener Ansätze wurde ein Pfad beschritten, von dem das EU-Datenschutzrecht, namentlich die DSGVO, bis heute nicht abgewichen ist. In die Form einer grundsätzlich unmittelbar und allgemein geltenden Verordnung gegossen, lösen die gleichen Regelungsmuster und Bausteine aber stärkere Flexibilitäts- und Vielfaltserfordernisse aus. S. dazu noch unten, Teil 2, C., III.

[58] Vgl. erstmals *EuGH* Urteil, 20.5.2003 – C-465/00, C-138/01 und C-139/01, *Österreichischer Rundfunk*, Rn. 42; *EuGH* Urteil, 6.11.2003 – C-101/01, *Lindqvist*, Rn. 96.

[59] Für eine kritische Analyse der ersten einschlägigen Rechtsprechung s. *Ruffert*, EuGRZ, 2004, 466 (468 ff.).

tungen, die für die Ausübung von Tätigkeiten erfolgen, die nicht in den Bereich des Gemeinschaftsrechts fallen sowie solche, die von einer natürlichen Person zur Ausübung einer ausschließlich familiären oder privaten Tätigkeit vorgenommen wird.[60] Durch die Formulierung von Art. 3 DSRL kam zum Ausdruck, dass die Vorschriften für alle für die Datenverarbeitung verantwortlichen Stellen sowohl des privaten als auch öffentlichen Sektors galten und der alleinige Anknüpfungspunkt somit die Verarbeitung personenbezogener Daten war.[61]

Die zwei zentralen Zielsetzungen, die die Kommission mit der DSRL verfolgte, waren in Art. 1 prominent platziert: Abs. 1 verpflichtete die Mitgliedstaaten, „den Schutz der Grundrechte und Grundfreiheiten und insbesondere den Schutz der Privatsphäre natürlicher Personen bei der Verarbeitung personenbezogener Daten" zu gewährleisten. Abs. 2 verbat es ihnen zugleich, den freien Datenverkehr untereinander aus Gründen des Schutzniveaus zu beschränken. Auch wenn die Harmonisierung der mitgliedstaatlichen Datenschutzvorschriften zwecks Abbaus von Handelshemmnissen im Binnenmarkt die Hauptmotivation für die Annahme des Rechtsakts war,[62] wurde das Ziel des Grundrechtsschutzes durch seine systematische Stellung in Abs. 1 in den Vordergrund gerückt. Die DSRL war damit zugleich der erste Rechtsakt, der unmittelbar und ausdrücklich den Schutz von Grund- und Freiheitsrechten zum Gegenstand hatte.[63]

Als Schutzgut rückte die Richtlinie die „Privatsphäre natürlicher Personen bei der Verarbeitung personenbezogener Daten" in den Mittelpunkt, ohne sich allerdings auf diese zu beschränken. Sie nahm vielmehr auf alle Grundrechte und Grundfreiheiten Bezug, die im Zusammenhang mit der Verarbeitung personenbezogener Daten potenziell tangiert sind. Der Rechtsakt erschöpfte sich nicht darin, die Datenschutzkonvention lediglich inhaltlich zu wiederholen, sondern ging darüber hinaus und konkretisierte und

---

[60] Art. 3 Abs. 2 DSRL.

[61] Vgl. auch EG 12 DSRL. Damit war die Diskussion um die getrennte bzw. parallele Regelung der Sektoren entschieden, s. bereits oben Teil 1, A., I. aE. Angesichts der Kompetenzgrundlage wurde die mit der DSRL intendierte Vollharmonisierung auch im öffentlichen Sektor teilweise als primärrechtswidrig bewertet, s. *Marsch*, Das europäische Datenschutzgrundrecht, 2018, S. 330 f.

[62] GEMEINSAMER STANDPUNKT (EG) Nr. 1/95 vom Rat festgelegt am 20. Februar 1995 im Hinblick auf den Erlaß der Richtlinie 95/. . ./EG des Europäischen Parlaments und des Rates vom … zum Schutz natürlicher Personen bei der Verarbeitung personenbezogener Daten und zum freien Datenverkehr, ABl. C 93 v. 13.4.1995, S. 19, wonach die Richtlinie auf die Sicherstellung des freien Datenverkehrs und die Beseitigung von Wettbewerbsverzerrungen abzielte und *zu diesem Zweck* ein gleichwertig hoher Schutz natürlicher Personen in allen Mitgliedstaaten eingerichtet werden sollte.

[63] *Burkert*, 2.3 Internationale Grundlagen, in: Roßnagel, Handbuch Datenschutzrecht, 2003, 1–104 (45).

erweiterte die dort niedergelegten Grundsätze.[64] Die zentrale „Weiterentwicklung“ war dabei der der Richtlinie zugrunde liegende in Art. 7 DSRL zum Ausdruck kommende Ansatz einer umfassenden rechtlichen Determination jeder Verarbeitung personenbezogener Daten, im Gegensatz zu Regelungsansätzen, die auf die bloße Verhinderung von Datenmissbrauch gerichtet waren.[65] Diese allgemeine Bestimmung wurde in Art. 8 DSRL durch spezifische Vorgaben für sog. besondere Kategorien personenbezogener Daten ergänzt, deren Verarbeitung grundsätzlich verboten und nur ausnahmsweise zulässig sein sollte.[66] Ferner wurden in der Richtlinie verschiedene Verarbeitungskontexte privilegiert.[67] Weitere zentrale Bausteine des Rechtsakts waren Informations- und Transparenzpflichten der Datenverarbeiter, die mit Auskunfts- und Einflussrechten der Betroffenen korrespondierten,[68] Vorgaben zur Datensicherheit[69] sowie die Verpflichtung zur Einrichtung von unabhängigen Stellen zur Kontrolle der Einhaltung der mitgliedstaatlichen Vorschriften.[70] Hinzu trat ein Kapitel mit Bestimmungen zur Übermittlung von Daten in Drittstaaten, das den innerunionalen Datenschutz um eine externe Dimension ergänzte.[71]

---

[64] Dies war auch die ausdrückliche Intention des Gesetzgebers, vgl. EG 11 DSRL.

[65] *Albers*, § 22 Umgang mit personenbezogenen Informationen und Daten, in: Hoffmann-Riem/Schmidt-Aßmann/Voßkuhle, Grundlagen des Verwaltungsrechts, 2012, 1–169 (48). Zentrale Elemente eines solchen Ansatzes sind insbesondere auch der Zweckfestlegungs- und Zweckkompatibilitätsgrundsatz (Art. 6 Abs. 1 lit. b DSRL) sowie ein entsprechendes institutionelles Kontrollsystem (Art. 28 DSRL). S. zu diesem (pfadabhängigen) Regelungsmuster in der DSGVO noch unten, Teil 3, A., I. 3.

[66] Dieses Sonderregime für bestimmte Datenkategorien war indessen keine Innovation der DSRL, sondern fand sich bereits in der Datenschutzkonvention und auch in einigen mitgliedstaatlichen Rechtsregimes.

[67] Hervorzuheben ist insoweit Art. 9 DSRL, der den Mitgliedstaaten den Auftrag zuwies, Abweichungen und Beschränkungen von den Vorgaben der DSRL in dem Umfang vorzusehen, wie es nötig ist, um das Recht auf Privatsphäre mit der Meinungsfreiheit in Einklang zu bringen. Privilegierungen gab es zudem für Datenverarbeitungen zu historischen, statistischen oder wissenschaftlichen Zwecken, vgl. insb. Art. 6 Abs. 1 lit. b S. 2; lit. e S. 2, Art. 11 Abs. 2 und Art. 13 Abs. 2 DSRL.

[68] Vgl. Art. 10 ff. DSRL. Eine zentrale Innovation der Richtlinie war dabei die in Art. 15 DSRL niedergelegte Verpflichtung für die Mitgliedstaaten, den Betroffenen ein Recht einzuräumen, grundsätzlich nicht einer automatisierten Einzelfallentscheidung unterworfen zu werden.

[69] Art. 17 DSRL.

[70] Art. 28 DSRL. Bei der Wahrnehmung ihrer Aufgaben und Befugnisse sollten die Kontrollstellen zusammenarbeiten, entweder bilateral oder im Rahmen der eigens durch die Richtlinie eingerichteten Artikel-29-Datenschutzgruppe, vgl. Art. 28 Abs. 6 bzw. Art. 29 und Art. 30 DSRL.

[71] Art. 25 und Art. 26 DSRL. Auch die vorher verabschiedeten Datenschutzkonvention und die OECD-Richtlinien enthalten Bestimmungen für den grenzüberschreitenden Datenverkehr, die die einseitige Beschränkung von Datenübermittlung im Falle eines nicht

Entsprechend ihrer Handlungsform war die DSRL allein zur Umsetzung an die Mitgliedstaaten adressiert und hat dementsprechend das Leitbild des mitgliedstaatlichen Datenschutzrechts nachhaltig geprägt.[72] Die Regelungsstruktur der Richtlinie war allerdings von zahlreichen Öffnungen für das Recht der Mitgliedstaaten gekennzeichnet, und zwar unter ausdrücklicher Inkaufnahme von „Auswirkungen für den Datenverkehr".[73] Der Rechtsakt sah neben dem generellen handlungsformbedingten Umsetzungsspielraum bzgl. der konkretisierungsbedürftigen Tatbestandsmerkmale an verschiedenen Stellen auch explizite Regelungsspielräume[74] sowie Regelungsaufträge vor.[75] Für die Hintergründe und Funktionen dieser Öffnungen gibt es unterschiedliche Erklärungsansätze.[76]

---

gleichwertigen Schutzes zulassen. Die DSRL ging jedoch insoweit über die Bestimmungen hinaus, als sie jedwede Übermittlung untersagte, soweit sie nicht in Konformität mit den Vorgaben der Art. 25, 26 DSRL erfolgte. Nicht zuletzt aufgrund dieser Bestimmungen und ihrer Interpretation in der Rechtsprechung des EuGH ist das unionale Datenschutzregime zum international einflussreichsten geworden. S. dazu etwa *Veit*, Safeguarding regional data protection rights on the global Internet – The European approach under the GDPR, in: Albers/Sarlet, Personality and Data Protection Rights on the Internet, 2022, 445 (454 ff.).

[72] Zum Einfluss der Datenschutzrichtlinie auf das deutsche Datenschutzecht s. *Brühann*, 2.4 Europarechtliche Grundlagen, in: Roßnagel, Handbuch Datenschutzrecht, 2003, 1–84.

[73] Vgl. EG 9 S. 5 DSRL. Etwas zu kurz greift deshalb die (freilich überspitzte) Einschätzung, die Bedeutung des nationales Datenschutzrechts habe sich bereits unter der DSRL „in weiten Teilen auf eine Lückenfüllungs- und Ausgestaltungskompetenz verkürzt", s. *Wagner*, Datenschutz in der EU, 2015, S. 23

[74] Vgl. etwa Art. 5 (Präzisierung und Einpassung), Art. 8 Abs. 4 (Ausnahmen) oder Art. 13 Abs. 1 (Abweichungen) bzw. EG 9 und 68 DSRL. Zu den mitgliedstaatlichen Spielräumen und Öffnungsklauseln in der DSRL s. eingehend *Schneider*, Einrichtungsübergreifende elektronische Patientenakten, 2016, S. 439 ff.

[75] S. insbesondere Art. 8 Abs. 7 und 9 DSRL. Für einen systematisierenden Überblick, jeweils mit Beispielen, s. *Brühann*, EuZW, 2009, 639 (643 f.). Eine andere Terminologie wählt *Raab*, Die Harmonisierung des einfachgesetzlichen Datenschutzes, 2015, S. 19 f.

[76] Teilweise werden sie auf das Drängen des Rates, seine Kompetenzen zu respektieren, zurückgeführt, s. *Simitis*, NJW, 2006, 2011 (2012). Zum Teil werden sie aber auch damit erklärt, dass sich die heterogenen Datenschutzkonzepte der Mitgliedstaaten nur so zusammenführen ließen, vgl., mit den Beispielen des Art. 13 Abs. 1 und Art. 8 Abs. 3 DSRL, *Simitis*, Vom Markt zur Polis: Die EU-Richtlinie zum Datenschutz, in: Tinnefeld/Philipps/Heil, Informationsgesellschaft und Rechtskultur in Europa, 1995, 51 (56). S. a. *Kilian*, Europäisches Datenschutzrecht – Persönlichkeitsrecht und Binnenmarkt, in: Tinnefeld/Philipps/Heil, Informationsgesellschaft und Rechtskultur in Europa, 1995, 98 (107 f.). Zur Deutung der zentral-dezentralen Regelungsstruktur als Lösungsansatz für den Konflikt von Harmonisierungszielen und Flexibilitäts- und Vielfaltserfordernissen s. noch unten, Teil 2, C., III.

Die resultierende zentral-dezentrale Struktur der DSRL löste eine Diskussion darüber aus, inwieweit die Richtlinie eine Vollharmonisierung anstrebte. Der EuGH hatte wiederholt über diese Frage zu befinden und stellte fest, dass die DSRL zu Recht Vorschriften enthalte, die durch eine gewisse Flexibilität gekennzeichnet seien, und sie es den Mitgliedstaaten in vielen Fällen überlasse, die Einzelheiten zu regeln oder zwischen Optionen zu wählen.[77] Der Rechtsakt sei aber als Maßnahme zur Vollharmonisierung angelegt[78] und der aus den Öffnungen resultierende weite Handlungsspielraum dürfe nur in der in der DSRL vorgesehenen Art und Weise und im Einklang mit dem Ziel, ein Gleichgewicht zwischen dem freien Datenverkehr und dem Datenschutz herzustellen, wahrgenommen werden.[79] Diese Ausführungen zum Verhältnis von Einheit und Vielfalt wurden in späteren Entscheidungen dahingehend konkretisiert, dass zwischen zulässigen Präzisierungen und unzulässigen Erweiterungen der DSRL-Vorgaben zu differenzieren sei.[80]

Neben den Rechtsordnungen der Mitgliedstaaten hat die Datenschutzrichtlinie auch die Vorgaben für den Umgang mit personenbezogenen Informationen und Daten durch die Institutionen der Union maßgeblich beeinflusst: Mit dem Vertrag von Amsterdam wurde über Art. 286 EGV aF der Anwendungsbereich der DSRL auch auf die Organe und Einrichtungen der Union ausgeweitet[81] und die später zur Regelung dieses Bereichs erlassene Datenschutzverordnung (DatenschutzVO)[82] hat im Wesentlichen ihre Regelungsmuster übernommen. Ferner gilt die DSRL auch im internationalen Datenschutzrecht als das mit Abstand einflussreichste Regelungsinstrument.[83]

Mit der Richtlinie 95/46/EG ist der Datenschutz endgültig zu einer eigenständigen Regelungsmaterie des Unionsrechts avanciert, die partiell eigene und neue Elemente enthält, im Kern aber auf bereits zuvor etablierten Regelungsmustern aufbaut. Die zentralen Prinzipien und Bausteine, die das

---

[77] *EuGH* Urteil, 6.11.2003 – C-101/01, *Lindqvist*, Rn. 83.

[78] Vgl. erstmals *EuGH* Urteil, 6.11.2003 – C-101/01, *Lindqvist*, Rn. 96.

[79] *EuGH* Urteil, 6.11.2003 – C-101/01, *Lindqvist*, Rn. 97.

[80] *EuGH* Urteil, 24.11.2011 – C-468/10 und C-469/10, *ASNEF*, Rn. 35; *EuGH* Urteil, 19.10.2016 – C-582/14, *Breyer*, Rn. 58. Zu dieser Rechtsprechung s. noch unten, Teil 4, A., II., 2., a), aa).

[81] S. dazu näher *Haratsch*, EuR, 2000, 42 (42 ff.).

[82] Verordnung (EG) Nr. 45/2001 des Europäischen Parlaments und des Rates vom 18. Dezember 2000 zum Schutz natürlicher Personen bei der Verarbeitung personenbezogener Daten durch die Organe und Einrichtungen der Gemeinschaft und zum freien Datenverkehr.

[83] Dazu und zu den Hintergründen s. *Veit*, Safeguarding regional data protection rights on the global Internet – The European approach under the GDPR, in: Albers/Sarlet, Personality and Data Protection Rights on the Internet, 2022, 445 (454 f.).

heutige EU-Datenschutzrecht prägen,[84] waren bereits in der DSRL enthalten. In erheblichem Maße zur rechtspraktischen Bedeutung der Datenschutzrichtlinie sowie ihrer Weiterentwicklung und Anpassung an Veränderungen im Realbereich hat auch die umfangreiche einschlägige Rechtsprechung der Europäischen Gerichtsbarkeit beigetragen.[85] Ein markantes Charakteristikum der DSRL war zudem ihre zentral-dezentrale Regelungsstruktur, die einerseits auf eine größtmögliche Harmonisierung der mitgliedstaatlichen Datenschutzregimes abzielte, andererseits aber den Mitgliedstaaten vielfältige legislative Spielräume einräumte.

Viele Rechtsakte (auch) des bereichsspezifischen Datenschutzrechts enthalten auch nach ihrem Außerkrafttreten Verweise auf die DSRL. Diese gelten gemäß Art. 94 Abs. 2 DSGVO nunmehr als Verweise auf die Datenschutz-Grundverordnung.

II. Sektorspezifische Ausdifferenzierung und Fragmentierung

Die EG-Datenschutzrichtlinie bildete bis zu ihrer Ablösung durch die DSGVO im Mai 2018[86] zwar den Kern des unionsrechtlichen Datenschutzregimes.[87] Sie war jedoch explizit auf bereichs- bzw. gefährdungsspezifische Ergänzungen und Differenzierungen ausgelegt.[88] Dementsprechend wurden bereits kurz nach der Verabschiedung der DSRL weitere Legislativakte mit datenschutzrechtlichen Inhalten erlassen, insbesondere um die allgemeinen Vorgaben der DSRL bereichsspezifisch zu ergänzen oder um den Datenschutz in Sektoren zu regeln, die vom Anwendungsbereich der Richtlinie nicht erfasst wurden.[89] Einige dieser Maßnahmen hatten spezifisch den Da-

---

[84] Vgl. zu den Regelungsmustern und Bausteinen des EU-Datenschutzrechts in der DSGVO noch unten, Teil 3, A.

[85] Zur Maßstabentwicklung des EuGH im Hinblick auf die Auslegung und Anwendung des Datenschutzsekundärrechts s. unten, Teil 4, A., II., 2.

[86] Zum langwierigen Entstehungsprozess der DSGVO s. unten Teil 1, B., III., 1.

[87] Die DatenschutzVO wurde nach Einführung einer entsprechenden Kompetenzgrundlage als Sonderregime für die Verarbeitung durch Unionsorgane geschaffen. Sie ist mittlerweile durch eine Neufassung ersetzt worden, s. näher unten Teil 1, B., III, 2., b).

[88] Vgl. EG 68 DSRL: „Die in dieser Richtlinie enthaltenen Grundsätze des Schutzes der Rechte und Freiheiten der Personen und insbesondere der Achtung der Privatsphäre bei der Verarbeitung personenbezogener Daten können – besonders für bestimmte Bereiche – durch spezifische Regeln ergänzt oder präzisiert werden, die mit diesen Grundsätzen in Einklang stehen.“ EG 23 DSRL stellte es den Mitgliedstaaten darüber hinaus frei, den Datenschutz sowohl in einem allgemeinen Gesetz oder in Gestalt „gesetzliche[r] Regelungen für bestimmte Bereiche“ umzusetzen. Dieser Ansatz deckt sich mit der Beobachtung, dass die bereichsspezifische Ausdifferenzierung ein prägendes Element von Datenschutzregimes ist, die dem *omnibus*-Modell folgen, s. dazu *Schwartz*, Harvard Law Review, 2013, 1966 (1974).

[89] Dass die Datenschutzrichtlinie einige Felder von ihrem Anwendungsbereich aus-

tenschutz zum Regelungsgegenstand, andere sahen datenschutzbezogene Regelungen vor, die im Zusammenhang mit der Regulierung anderer Sachfragen notwendig waren.

1. Telekommunikationsrecht

Hervorzuheben ist in diesem Kontext der Bereich der Telekommunikation. Als Reaktion auf die bereits seinerzeit rasante Entwicklung der Informations- und Kommunikationstechnologie und den Ausbau der entsprechenden Infrastruktur wurde schon kurze Zeit nach Inkrafttreten der DSRL die sog. ISDN-Richtlinie[90] verabschiedet, die allerdings bereits fünf Jahre später von der sog. ePrivacy-Richtlinie (ePrivacyRL)[91] abgelöst wurde.

Die ePrivacyRL ist ausdrücklich zur Detaillierung und Ergänzung der allgemeinen DSRL ergangen[92] und als solche spezifisch auf den Schutz der Grundrechte und Grundfreiheiten in Bezug auf die Verarbeitung personenbezogener Daten im Bereich der elektronischen Kommunikation zugeschnitten.[93] Sie greift dementsprechend die Charakteristika des Telekommunikationssektors und dessen spezifische Schutzerfordernisse auf und verpflichtet die Mitgliedstaaten, die Vertraulichkeit der öffentlichen Kommunikationsnetze und -dienste zu gewährleisten.[94] Sie statuiert im Einzelnen Pflichten für die Netz- und Dienstbetreiber, u. a. die Datensicherheit[95] und die Verarbeitung von Verkehrs- und anderen Standortdaten von Teilnehmern und Nutzern betreffend.[96] Darüber hinaus macht sie detaillierte Vorgaben zur

klammerte, war auch der ehemaligen Säulenstruktur der Europäischen Union geschuldet. Zur Datenschutzkompetenz der EU vor dem Inkrafttreten des Vertrags von Lissabon sowie zur entsprechenden Sekundärrechtslage s. etwa *Wagner*, Datenschutz in der EU, 2015, S. 8 ff.

[90] Richtlinie 97/66/EG über die Verarbeitung personenbezogener Daten und den Schutz der Privatsphäre im Bereich der Telekommunikation. Zu den Inhalten der Richtlinie s. etwa *Brühann*, 2.4 Europarechtliche Grundlagen, in: Roßnagel, Handbuch Datenschutzrecht, 2003, 1–84 (56 ff.).

[91] Richtlinie 2002/58/EG über die Verarbeitung personenbezogener Daten und den Schutz der Privatsphäre in der elektronischen Kommunikation, zuletzt geändert durch Richtlinie 2009/136/EG.

[92] Vgl. Art. 1 Abs. 2 ePrivacyRL. Diesen Charakter hat der EuGH kürzlich auch im Hinblick auf die DSGVO bestätigt, vgl. *EuGH* Urteil, 6.10.2020 – C-623/17, *Privacy International*, Rn. 47 aE.

[93] Entsprechend ihrer Rechtsgrundlage (Art. 95 EGV aF, nunmehr Art. 114 AEUV) hat auch sie zugleich zum Ziel, den freien Verkehr der entsprechenden Daten sowie von elektronischen Kommunikationsgeräten und -diensten in der EU zu gewährleisten. Vgl. auch Art. 14 ePrivacyRL.

[94] Art. 5 ePrivacyRL.

[95] Art. 4 ePrivacyRL.

[96] Art. 6 bzw. 9 ePrivacyRL.

Technikgestaltung, wie etwa zur Ermöglichung der Rufnummerunterdrückung.[97] In ihren Schlussbestimmungen verweist die ePrivacyRL auf verschiedene Bestimmungen der DSRL, was insbesondere die Möglichkeiten der Einschränkung von Rechten und Pflichten betrifft.[98] Auf diese Weise werden die bereichsspezifischen Bestimmungen mit den allgemeinen Vorgaben des europäischen Datenschutzes verzahnt. Der Europäische Datenschutzausschuss hat sich ausführlich zu dem Verhältnis der ePrivacyRL zur DSGVO geäußert, insbesondere in Bezug auf die Kompetenzen der Aufsichtsbehörden.[99] Die ePrivacyRL wird zusätzlich von insbesondere vier weiteren Richtlinien flankiert, die die Regulierung der öffentlichen Kommunikationsnetze und -dienste zum Gegenstand haben und zum Teil ebenfalls datenschutzrechtliche Komponenten beinhalten.[100] Sie stammt aus dem Jahr 2002 und wurde zuletzt im Jahr 2009 geändert bzw. aktualisiert. Gerade im Bereich der elektronischen Kommunikation hat sich das tatsächliche Umfeld seither jedoch erheblich verändert, was auch die Europäische Kommission erkannt hat und deshalb einen Prozess für eine umfassende Novellierung des Rechtsregimes in Gang gesetzt hat.[101]

2. Unionales Sicherheitsrecht

Ein weiterer prominenter Bereich, in dem der europäische Gesetzgeber sektorspezifische Datenschutzbestimmungen geschaffen hat, ist das ehemals der dritten Säule zugeordnete europäische Sicherheitsrecht. Der Rahmenbeschluss 2008/977/JI[102] war dabei als allgemeiner Rechtsrahmen in Gestalt eines Mindeststandards für den Datenschutz im Bereich der polizeilichen

---

[97] Vgl. insb. Art. 8 ff. ePrivacyRL.

[98] Art. 15 ePrivacy-RL. Zur Unzulässigkeit einer allgemeinen und unterschiedslosen Vorratsdatenspeicherung auf Grundlage dieser Vorschrift s. *EuGH* Urteil, 21.12.2016 – C-203/15 und C-698/15, *Tele2 Sverige AB*, Rn. 71 ff.

[99] *EDSA*, Stellungnahme 5/2019 zum Zusammenspiel zwischen der e-Datenschutz-Richtlinie und der DSGVO, insbesondere in Bezug auf die Zuständigkeiten, Aufgaben und Befugnisse von Datenschutzbehörden, 12.3.2019.

[100] Dies sind namentlich die Richtlinien 2002/19/EG (Zugangsrichtlinie), 2002/20/EG (Genehmigungsrichtlinie), 2002/21/EG (Rahmenrichtlinie) und Richtlinie 2002/22/EG (Universaldienstrichtlinie). Mittlerweile wurden die Rechtsakte durch die Richtlinie über den Europäischen Kodex für die elektronische Kommunikation ersetzt, s. dazu näher unten, Teil 1, B., III., 2., c).

[101] Im Zentrum dieser Novellierungsbestrebungen steht der im Januar 2017 veröffentlichte Vorschlag für eine ePrivacy-Verordnung, vgl. COM(2017) 10 final. Zu Reformierungsprozessen und -überlegungen mit Blick auf bereichsspezifische Datenschutzvorschriften der EU s. im Einzelnen unten Teil 1, B., III., 2.

[102] Rahmenbeschluss 2008/977/JI des Rates vom 27. November 2008 über den Schutz personenbezogener Daten, die im Rahmen der polizeilichen und justiziellen Zusammenarbeit in Strafsachen verarbeitet werden.

und justiziellen Zusammenarbeit in Strafsachen konzipiert.[103] Tatsächlich bildete er jedoch nur ein Element im vielfältigen Geflecht aus Datenschutzvorgaben im ehemaligen Bereich der dritten Säule.[104] Inhaltlich und strukturell spiegelte der Rahmenbeschluss die DSRL in ihren wesentlichen Zügen wider und enthielt u. a. ebenfalls allgemeine Grundsätze für die Verarbeitung,[105] Vorgaben zur Datensicherheit,[106] individuelle Informations- und Einflussnahmerechte für die Betroffenen[107] sowie Bestimmungen zur institutionellen Kontrolle.[108] In Deutschland wurde er nie umgesetzt; ein entsprechender Gesetzesentwurf aus dem Jahr 2015[109] wurde nicht weiter verfolgt, was wohl darauf zurückzuführen ist, dass sich zu diesem Zeitpunkt bereits die Ersetzung des Rahmenbeschlusses durch eine Richtlinie im Rahmen der europäischen Datenschutzreform abzeichnete.[110] Weitere datenschutzbezogene Rechtsakte aus dem Bereich des europäischen Sicherheitsrechts sind etwa die Richtlinie zur Verhinderung von Geldwäsche und Terrorismusfinanzierung[111] sowie die Verordnung über biometrische Daten in Reisedokumenten.[112] Die ebenfalls diesem Regelungsgebiet zuzuordnende Vorratsdatenspeicherungsrichtlinie aus dem Jahr 2006[113] wurde vom EuGH aufgrund

---

[103] Vgl. Art. 1 Abs. 5 Rahmenbeschluss 2008/977/JI, wonach die Mitgliedstaaten strengere Regelungen erlassen durften.

[104] *Hijmans/Scirocco*, Common Market Law Review, 2009, 1485 (1494 ff.).

[105] Art. 3 Rahmenbeschluss 2008/977/JI.

[106] Art. 22 Rahmenbeschluss 2008/977/JI.

[107] Art. 16 ff. Rahmenbeschluss 2008/977/JI.

[108] Art. 25 Rahmenbeschluss 2008/977/JI.

[109] BR-Drs. 365/15 v. 14.8.2015.

[110] Vgl. nunmehr Art. 59 Richtlinie (EU) 2016/680. Dazu näher unten Teil 1, B., III., 2., a).

[111] Richtlinie (EU) 2015/849 des Europäischen Parlaments und des Rates vom 20. Mai 2015 zur Verhinderung der Nutzung des Finanzsystems zum Zwecke der Geldwäsche und der Terrorismusfinanzierung, zur Änderung der Verordnung (EU) Nr. 648/2012 des Europäischen Parlaments und des Rates und zur Aufhebung der Richtlinie 2005/60/EG des Europäischen Parlaments und des Rates und der Richtlinie 2006/70/EG der Kommission (Text von Bedeutung für den EWR), vgl. insbesondere Art. 40 ff.

[112] Verordnung (EG) Nr. 2252/200 des Rates vom 13.12.2004 über Normen für Sicherheitsmerkmale und biometrische Daten in von den Mitgliedstaaten ausgestellten Pässen und Reisedokumenten, zuletzt geändert durch Verordnung (EG) Nr. 444/2009. Zur formellen und materiellen Verfassungsmäßigkeit der Verordnung, insbesondere zur Grundrechtsmäßigkeit der Erfassung und Speicherung von Fingerabdrücken, s. *EuGH* Urteil, 17.10.2013 – C-291/12, *Schwarz*.

[113] Richtlinie 2006/24/EG des Europäischen Parlaments und des Rates vom 15. März 2006 über die Vorratsspeicherung von Daten, die bei der Bereitstellung öffentlich zugänglicher elektronischer Kommunikationsdienste erzeugt oder verarbeitet werden, und zur Änderung der Richtlinie 2002/58/EG.

der Unvereinbarkeit verschiedener Bestimmungen mit den Grundrechten aus Art. 7 und 8 GRCh im Jahr 2014 für ungültig erklärt.[114]

Mit den genannten Beispielen aus dem Telekommunikations- und dem Sicherheitsrecht sind freilich nur die zentralen bereichsspezifischen Regelungen des unionalen Datenschutzrechts angesprochen und auch nur jene, die ausdrücklich auf die Regulierung des Datenschutzes gerichtet sind. Neben die erwähnten Vorschriften treten vielfältige Datenschutzbestimmungen in sektorspezifischen Sekundärrechtsakten, die inhaltlich über die reine Regulierung des Datenschutzes hinausgehen.[115] Gleichwohl sollten die oben beschriebenen Beispiele die differenzierte Ausgestaltung des Datenschutzrechts auch auf der Ebene der EU verdeutlicht und zu erkennen gegeben haben, dass und wie auch auf Unionsebene allgemeine Bestimmungen mit bereichsspezifischen Vorgaben zusammenwirken. Zudem sollte die Fragmentierung des Datenschutzrechts insbesondere im Sicherheitsrecht deutlich geworden sein.

III. Die Datenschutzreform auf Grundlage des Vertrags von Lissabon

Jede Datenschutzgesetzgebung steht unter dem Vorbehalt der Passgenauigkeit (vor allem) mit der sich ständig weiterentwickelnden Informations- und Kommunikationstechnologie.[116] Damit geht ein stetiger Anpassungsdruck auf das grundsätzlich träge Recht einher.[117]

[114] *EuGH* Urteil, 8.4.2014 – C-293/12 und C-594/12, *Digital Rights Ireland.*

[115] Vgl. *Schneider*, in: Wolff/Brink, 2013, Datenschutzrecht in Bund und Ländern, Syst. B. Europäische Datenschutzrichtlinie, Rn. 3 mit den Beispielen der Sekundärrechtsakte zur Errichtung europäische Informationssysteme bzw. zur wechselseitigen Informationshilfe. Zu den Novellierungen des sektorspezifischen Datenschutzrechts s. noch unten Teil 1, B., III., 2.

[116] *Hornung/Spiecker gen. Döhmann*, in: Simitis/Hornung/Spiecker gen. Döhmann, 2019, Datenschutzrecht, Einleitung, Rn. 306. Zum Bedarf der Lernfähigkeit des Datenschutzrechts und damit verbundenen Flexibilitäts- und Vielfaltserfordernissen Teil 2, C., I., 1., d).

[117] Dies lässt sich anhand der Entwicklung der Datenschutzgesetze in Deutschland anschaulich nachvollziehen. In der Bundesrepublik gab es seit Inkrafttreten der ersten Datenschutzgesetze bis zur Neuregelung infolge der DSGVO drei größere Novellierungswellen, die von zunehmender Dringlichkeit gezeichnet waren. Die ersten beiden wurden dabei allerdings nicht unmittelbar durch den technischen Fortschritt ausgelöst, sondern waren Reaktionen auf die verfassungsrechtlichen Vorgaben des Volkszählungsurteils des BVerfG einerseits und auf die Umsetzungsbedürftigkeit der EU-Datenschutzrichtlinie andererseits, s. dazu im Einzelnen, *Simitis/Hornung/Spiecker gen. Döhmann*, in: Simitis/Hornung/Spiecker gen. Döhmann, 2019, Datenschutzrecht, Einleitung, Rn. 28 ff. Allein die dritte Novellierung des BDSG aus dem Jahr 2009 war eine Reaktion auf wenige spezifische Probleme, führte aber zu keinen Änderungen am Grundkonzept, dazu etwa *Roßnagel*, NJW, 2009, 2716.

Vor diesem Hintergrund mag es überraschen, dass es auf europäischer Ebene lange Zeit keine elaborierte Debatte über einen etwaigen Reformbedarf des Datenschutzsekundärrechts gab. Immerhin wurde die Datenschutzrichtlinie bereits im Jahr 1995 angenommen, also zu einem Zeitpunkt, als die technologischen, wirtschaftlichen und gesellschaftlichen Entwicklungen, die sich insbesondere als Konsequenz der Kommerzialisierung des Internets in den frühen 1990er Jahren einstellten[118] und die damit korrespondierenden Gefahrenpotenziale sich noch nicht in ihrer Gänze abzeichneten.[119] Dies gilt umso mehr, als in Deutschland für das nationale Recht um die Jahrtausendwende die Notwendigkeit einer „Modernisierung" breit diskutiert wurde.[120] Der fehlende Diskurs auf Unionsebene mag indessen damit zu erklären sein, dass die Umsetzung der Vorgaben durch die Mitgliedstaaten teilweise deutlich mehr Zeit beanspruchte, als dafür vorgesehen war, und die Priorität deshalb darauf lag, die Implementierung in allen Mitgliedstaaten sicherzustellen.[121]

Als im Jahr 2009 schließlich die Reformbestrebungen für das Datenschutzrecht auch auf Ebene der Europäischen Union einsetzten, waren die Gründe freilich vielschichtig.[122] Gleichwohl betonte die Kommission, die Grundausrichtung auf „zwei der ältesten, gleichermaßen wichtigen Ziele des europäischen Integrationsprozesses: einerseits den Schutz der Grundrechte und Grundfreiheiten des Einzelnen, insbesondere des Grundrechts auf Datenschutz, und andererseits die Vollendung des Binnenmarkts – in diesem Fall den freien Verkehr personenbezogener Daten" – gelte unverändert.[123]

---

[118] Zu den Anfängen und Hintergründen der Entstehung des kommerziellen Internets in den USA *Weis*, Electronic Networking, 1992, 7 (7 ff.).

[119] Im Rahmen eines Vortrags zum Reformbedarf wies die seinerzeitige Justizkommissarin Viviane Reding darauf hin, dass zum Zeitpunkt der Annahme der DSRL lediglich 1 % der EU-Bevölkerung das Internet nutzte und Google noch nicht gegründet war, *Reding*, Outdoing Huxley: Forging a high level of data protection for Europe in the brave new digital world.

[120] Dabei gab es im Wesentlichen zwei gegensätzliche Grundpositionen. Auf der einen Seite wurde der Bedarf an neuen Regelungen in Reaktion auf genau jene technischen und gesellschaftlichen Entwicklungen betont und auf der anderen Seite wurde gefordert, das komplexe und differenzierte Datenschutzrecht zu „entschlacken", s. dazu m. w. N. für die jeweiligen Positionen *Albers*, § 22 Umgang mit personenbezogenen Informationen und Daten, in: Hoffmann-Riem/Schmidt-Aßmann/Voßkuhle, Grundlagen des Verwaltungsrechts, 2012, 1–169 (88).

[121] Der Großteil der Mitgliedstaaten verpasste die dreijährige Umsetzungsfrist bis zum 24. Oktober 1998; Frankreich setzt die Vorgaben als letzter Mitgliedstaat erst im Jahr 2004 um. Zur Implementierung der Datenschutzrichtlinie in den Mitgliedstaaten s. a. *Simitis*, in: Simitis, 8. Aufl., 2014, Bundesdatenschutzgesetz, Einleitung, Rn. 228 f.

[122] Zu den verschiedenen Faktoren im Einzelnen m. w. N. *Selmayr/Ehmann*, in: Ehmann/Selmayr, 2. Aufl., 2018, Datenschutz-Grundverordnung/DS-GVO, Einführung, S. 18 ff.

[123] *Europäische Kommission*, Mitteilung der Kommission an das Europäische Parla-

Der entscheidende *normative* Katalysator des Reformprozesses war vor diesem Hintergrund eindeutig der mit dem Vertrag von Lissabon eingeführte Art. 16 Abs. 2 AEUV. Diese Bestimmung weist der EU erstmals eine Kompetenz bzw. einen Auftrag zu, Vorschriften zum Schutz natürlicher Personen bei der Verarbeitung personenbezogener Daten sowie zum freien Datenverkehr zu erlassen. Die doppelte Finalität des bisherigen Datenschutzsekundärrechts wurde damit erstmals auch primärrechtlich verankert, und zwar in Gestalt des legislativen Auftrags, beiden Zielsetzungen in Gestalt von Rechtsvorschriften gleichermaßen zur Geltung zu verhelfen. Im Einzelnen sind sowohl Inhalt als auch Reichweite der Bestimmung jedoch umstritten.[124]

Diese neue Kompetenzbestimmung war nicht nur ein treibender Faktor für den Prozess der Novellierung der DSRL in Gestalt der DSGVO (1.). Sie bildete oft auch den Ausgangspunkt für Reformen bzw. Reformbestrebungen bezüglich Unionsrechtsakten des sektorspezifischen Datenschutzrechts (2.).

1. Die Genese der Datenschutz-Grundverordnung zwischen Einheit und Vielfalt

Der Prozess der Reformierung der Datenschutzrichtlinie setzte beinahe zeitgleich zum Inkrafttreten der neuen Gesetzgebungskompetenz in Art. 16 Abs. 2 AEUV ein. Im Dezember 2009 rief der Rat der Europäischen Union im Rahmen des sog. Stockholmer Programms[125] die Europäische Kommission dazu auf, den bisherigen Rechtsrahmen einer Überprüfung zu unterziehen. Daraufhin initiierte die Kommission, auch als Teil ihrer Digitalen Agenda für Europa,[126] einen Prozess der Überprüfung des EU-Datenschutzregimes, der u. a. eine zweistufige öffentliche Konsultation[127] und eine Mitteilung der Kommission an die anderen EU-Institutionen bzgl. eines „Ge-

---

ment, den Rat, den Europäischen Wirtschafts- und Sozialausschuss und den Ausschuss der Regionen, Gesamtkonzept für den Datenschutz in der Europäischen Union, 4.11.2010, KOM (2010) 609 endgültig, S. 1.

[124] Das Verständnis von Art. 16 Abs. 2 AEUV ist auch für die Analyse der Regelungsstruktur der DSGVO von zentraler Bedeutung. Zu Genese, Inhalt und (strittiger) Reichweite der Norm s. näher unten, Teil 1, C., I., 2.

[125] *Europäische Union*, Stockholmer Programm, 4.5.2010, ABl. EU C 115.

[126] *Europäische Kommission*, Mitteilung der Kommission an das Europäische Parlament, den Rat, den Europäischen Wirtschafts- und Sozialausschuss und den Ausschuss der Regionen, Eine Digitale Agenda für Europa, 19.5.2010, KOM (2010)245 endgültig, S. 13 ff.

[127] Für die entsprechenden Nachweise auch mit detaillierten Angaben zu den Antworten s. *Europäische Kommission*, Vorschlag für eine Verordnung des Europäischen Parlaments und des Rates zum Schutz natürlicher Personen bei der Verarbeitung personenbezogener Daten und zum freien Datenverkehr (Datenschutz-Grundverordnung), 25.1.2012, KOM (2012) 011 endgültig, S. 2 f.

samtkonzept[s] für den Datenschutz in der Europäischen Union"[128] umfasste.[129] Auf die Mitteilung der Kommission folgten Stellungnahmen verschiedener Institutionen, u. a. auch des Europäischen Parlaments, das mit einer fast einstimmig beschlossenen Entschließung reagierte,[130] in der die Abgeordneten sich für ein einheitliches Datenschutzrecht für die Europäische Union aussprachen. Die durch den Überprüfungsprozess angestoßene Debatte zur Erforderlichkeit der Reformierung des europäischen Datenschutzrechts kulminierte schließlich in der Veröffentlichung eines Vorschlags für eine Datenschutz-Grundverordnung durch die Europäische Kommission im Januar 2012,[131] die das eigentliche Gesetzgebungsverfahren in Gang setzte.

Von der Publikation des Gesetzesvorschlags durch die Kommission bis zum Inkrafttreten der Endfassung der DSGVO im Mai 2016 vergingen mehr als vier Jahre, was auf die zum Teil konträren Ausgangspunkte und Interessen der am ordentlichen Gesetzgebungsverfahren beteiligten Organe, Kommission, Europäisches Parlament und Rat zurückzuführen ist.[132] Zwischen den drei Institutionen entfachte sich ein Machtkampf, der sich nicht nur um die Inhalte, sondern auch und vor allem um die Rolle bei der Gestaltung des

---

[128] *Europäische Kommission*, Mitteilung der Kommission an das Europäische Parlament, den Rat, den Europäischen Wirtschafts- und Sozialausschuss und den Ausschuss der Regionen, Gesamtkonzept für den Datenschutz in der Europäischen Union, 4.11.2010, KOM (2010) 609 endgültig. Für eine Erörterung dieses Gesamtkonzepts inklusive weiterer Nachweise zum damaligen Diskussionsstand *Schneider*, Die Verwaltung, 2011, 499 (517 ff.).

[129] Erste Konsultationen hatte die Kommission bereits vor dem Ersuchen des Rats im Mai 2009 gestartet, vgl. *Albrecht/Jotzo*, Das neue Datenschutzrecht der EU, 2017, S. 40.

[130] Europäisches Parlament, Entschließung v. 6.7.2011, P7_TA(2011)0323. Zu den wesentlichen Inhalten der Resolution s. *Albrecht*, ZD, 2013, 587 (588 f.).

[131] *Europäische Kommission*, Vorschlag für eine Verordnung des Europäischen Parlaments und des Rates zum Schutz natürlicher Personen bei der Verarbeitung personenbezogener Daten und zum freien Datenverkehr (Datenschutz-Grundverordnung), 25.1.2012, KOM (2012) 011 endgültig.

[132] Das gem. Art. 16 Abs. 2 AEUV für den Datenschutz maßgebliche ordentliche Gesetzgebungsverfahren ist in Art. 294 AEUV geregelt. Dieses Verfahren sieht die Beteiligung der drei Institutionen Kommission, Parlament und Rat vor. Zu den unterschiedlichen Rollen und Interessen der Organe, insbesondere in Bezug auf das Datenschutzrecht, s. näher *Hijmans*, The European Union as Guardian of Internet Privacy, 2016, S. 270 ff. Im Rahmen dieses Verfahrens haben sich informelle Treffen der Institutionen, sog. „Triloge", etabliert, in denen die Inhalte der Rechtsakte verhandelt und anschließend formell beschlossen werden. Dazu und zur Ambivalenz einer EuG-Entscheidung, wonach ein Recht auf Zugang zu den Trilog-Dokumenten besteht, *Achenbach*, Triloge: Vom effizienten Geheimnis zum Normalverfahren der EU-Gesetzgebung, Zur Geschäftsordnung, http://zur geschaeftsordnung.de/triloge-vom-effizienten-geheimnis-zum-normalverfahren-der-eu-g esetzgebung (zuletzt abgerufen am 31.3.2022). Zum vielschichtigen Begriff des „Trilogs" s. im Einzelnen auch noch unten, Teil 1, Fn. 202.

künftigen Datenschutzes drehte.[133] Zudem war der Gesetzgebungsprozess der DSGVO von einem erheblichen Lobbyeinfluss geprägt.[134] Die unterschiedlichen Positionen der Institutionen werden besonders deutlich, wenn man die jeweiligen Entwürfe vergleichend betrachtet und hierbei den Fokus darauf richtet, wem in welchem Umfang die nähere Konkretisierung des Rechtsakts bzw. die Ausgestaltung des Datenschutzrechts obliegen sollte.[135]

a) Der Kommissionsentwurf: Weitgehende Zentralisierung der Datenschutzpolitik in Brüssel

Die Europäische Kommission legte ihren Entwurf für eine Datenschutz-Grundverordnung für die Europäische Union am 25. Januar 2012 vor.[136] Betrachtet man die Erwägungsgründe des Vorschlags, so zeigen sich drei zentrale Zielsetzungen der Kommission. Demnach sollte mit dem DSGVO-Entwurf (im Folgenden: DSGVO-E) erstens dem Erfordernis eines „soliden, kohärenten und durchsetzbaren Rechtsrahmen[s] im Bereich des Datenschutzes in der Union"[137] entsprochen werden, wofür eine Verordnung erforderlich sei, weil sie für Wirtschaftsteilnehmer Rechtssicherheit und Transparenz schaffe, die natürlichen Personen mit gleichen Rechten ausstatte und den Verantwortlichen die gleichen Pflichten in allen Mitgliedstaaten auferlege.[138] Dadurch sollte der Entwurf zweitens den Binnenmarkt stärken, indem Unterschiede beim Schutzniveau abgebaut werden, die sich als Resultat der unterschiedlichen Umsetzung und Anwendung der Datenschutzrichtlinie in den Mitgliedstaaten ergeben hatten und die den Wettbewerb verzerren können.[139] Drittens sollte der Kommissionsvorschlag das europäische Daten-

---

[133] Dazu auch *Roßnagel*, § 1 Einleitung: Das künftige Datenschutzrecht in Europa, in: Roßnagel, Das neue Datenschutzrecht, 2018, 1–62 (15 ff.).

[134] Vgl. „aus erster Hand" *Albrecht*, CR, 2016, 88 (89); s. a. *Selmayr/Ehmann*, in: Ehmann/Selmayr, 2. Aufl., 2018, Datenschutz-Grundverordnung/DS-GVO, Einführung, S. 46 ff. Dem Zustandekommen der DSGVO ist mit David Bernets „Democracy – Im Rausch der Daten: Der Film über unsere digitale Zukunft" aus dem Jahr 2015 ein Dokumentarfilm gewidmet worden, der ebenfalls Einblicke in die Einflussnahme von Interessenvertretern gibt.

[135] Das bayerische Landesamt für Datenschutz hat eine Synopse der verschiedenen Fassungen inklusive des Trilog-Ergebnisses veröffentlicht.

[136] Neben diesem Entwurf enthielt das Reformpaket der Kommission auch den Vorschlag für die sog. JI-Richtlinie, die den Datenschutz im Bereich Justiz und Inneres zum Gegenstand hatte. Vgl. *Europäische Kommission*, Vorschlag für eine Richtlinie des Europäischen Parlaments und des Rates zum Schutz natürlicher Personen bei der Verarbeitung personenbezogener Daten durch die zuständigen Behörden zum Zwecke der Verhütung, Aufdeckung, Untersuchung oder Verfolgung von Straftaten oder der Strafvollstreckung sowie zum freien Datenverkehr, 25.1.2012, KOM (2012) 10 endgültig.

[137] EG 6 DSGVO-E.

[138] Vgl. EG 11 DSGVO-E.

[139] Vgl. EG 7 und 8 DSGVO-E.

schutzregime vor dem Hintergrund des raschen technologischen Fortschritts und der Globalisierung, die den Datenschutz vor neue Herausforderungen stellen, modernisieren[140] und seine Anpassung an die gewandelte wirtschaftliche und gesellschaftliche Realität bewirken. Bei genauerer Betrachtung wird deutlich, dass im Hintergrund dieser drei expliziten Zielsetzungen die doppelte Finalität des europäischen Datenschutzes steht.

In seiner Struktur war der DSGVO-Entwurf der Europäischen Kommission, entsprechend seiner Bezeichnung, tatsächlich als *Grund*verordnung angelegt.[141] Er war als regulatorische Basis konzipiert, als datenschutzrechtlicher Rumpf, der im Laufe der Zeit durch weiteres, ihn komplementierendes „Tertiärrecht"[142] ergänzt und spezifiziert werden sollte.[143] Dieses Bild ergibt sich aus der Tatsache, dass der Gesetzesvorschlag an zahlreichen Stellen Befugnisse für die Kommission vorsah, delegierte Rechtsakte i. S. v. Art. 290 Abs. 1 AEUV bzw. Durchführungsrechtsakte i. S. v. Art. 291 Abs. 2 AEUV zu erlassen.[144] Art. 86 Abs. 2 DSGVO-E enthielt eine Auflistung aller 26 Bestimmungen, die eine Befugnis zum Erlass delegierter Rechtsakte statuierten. Erwägungsgrund 130 DSGVO-E listete indessen alle materiellen Gehalte auf, in deren Zusammenhang der Kommission Durchführungsbefugnisse übertragen werden sollten, „[u]m einheitliche Bedingungen für die Anwendung dieser Verordnung sicherzustellen". In Art. 87 DSGVO-E waren insoweit verfahrensrechtliche Anforderungen festgelegt. Angesichts der Fülle dieser Ermächtigungen gab es kaum einen Bereich, der nicht der näheren Ausgestaltung durch Kommissionsrechtsetzung unterlag.

Neben diesen Kommissionsbefugnissen waren, anders als die von der Kommission proklamierte Zielsetzung „one continent, one law" vermuten ließ, bereits im Kommissionsvorschlag auch genuine Regelungsspielräume für die Mitgliedstaaten (bzw. die Union) an zentralen Stellen vorgesehen.[145] Im Vergleich zur Endfassung des Rechtsakts waren es zwar deutlich weniger,

---

[140] Vgl. EG 5 DSGVO-E.

[141] Zur Handlungsform „Grundverordnung" und der Frage, ob die DSGVO in ihrer nunmehr geltenden Fassung als solche eingestuft werden kann, s. noch unten Teil 3, B., II.

[142] Zum Begriff s. etwa *Nettesheim*, in: Grabitz/Hilf/Nettesheim, 65. Ergänzungslieferung, 2018, Das Recht der Europäischen Union, Art. 288 AEUV, Rn. 31. Zur Bedeutung europäischer exekutiver Rechtsetzung grundsätzlich *Sydow*, JZ, 2012, 157 (157 ff.).

[143] Ähnlich wie hier *Piltz/Krohm*, PinG, 2013, 56 (57). Dieser zwei- bzw. mehrstufige Regulierungsansatz ist dabei in der europäischen Rechtsetzungspraxis nicht ungewöhnlich. Laut *Nettesheim*, in: Grabitz/Hilf/Nettesheim, 65. Ergänzungslieferung, 2018, Das Recht der Europäischen Union, Art. 288 AEUV, Rn. 94 sei mit Blick auf Verordnungen gar generell zwischen Grund- und Durchführungsverordnungen zu unterscheiden.

[144] Zu dem funktionalen Unterschied von delegierten Rechtsakten und Durchführungsrechtsakten grundsätzlich *EuGH* Urteil, 18.3.2014 – C-427/12, *Kommission vs. Parlament und Rat*, Rn. 38 ff.

[145] *Kuner*, Bloomberg BNA Privacy and Security Law Report, 2012, 1 (3) erwartete deshalb bereits im Falle des Inkrafttretens der Kommissionsfassung „some degree of di-

ihre qualitative Vielfalt hat indes Systematisierungen bereits für den Kommissionsvorschlag hervorgebracht.[146] Dennoch erweckte der DSGVO-Entwurf insgesamt den Eindruck, als wolle die Kommission die Ergänzung und Konkretisierung der abstrakten Bestimmungen vornehmlich bei sich selbst zentrieren.

Der Vorstoß der Kommission wurde sowohl in den Medien[147] als auch in der nationalen wie internationalen Fachliteratur[148] eingehend rezipiert, wobei die Urteile durchwachsen ausfielen. Lob und Kritik bezogen sich auf grundsätzliche Aspekte, etwa die Wahl einer (Grund-)Verordnung als Handlungsform, und auf spezifische Detailfragen gleichermaßen. Die gewählte Regelungstechnik mit den vielfältigen Rechtsetzungsbefugnissen für die Kommission ist überwiegend negativ aufgenommen worden.[149] Im Vordergrund stand dabei der Vorwurf, die Inhaltsleere des DSGVO-E in Verbindung mit den zahlreichen Konkretisierungsbefugnissen für die Kommission führe zu Rechtsunsicherheit[150] und verletze den Bestimmtheits- sowie den Wesentlichkeitsgrundsatz.[151] Auch wurde die Stellung der Kommission innerhalb des Kohärenzverfahrens kritisiert, die die Unabhängigkeit der Auf-

---

versity among national systems". Kritisch auch *Traung*, CRi, 2012, 33 (34). Von einem „Harmonisierungsmärchen" angesichts auch der bereits im Kommissionsvorschlag enthaltenen Öffnungsklauseln spricht *Leucker*, PinG, 2015, 195 (195 f.).

[146] Vgl. etwa *EDSB*, Opinion of the European Data Protection Supervisor on the data protection reform package, 7.3.2012, S. 9 ff. mit dem Hinweis, dass nicht immer klar sei, welchen Raum der Vorschlag den Mitgliedstaaten belässt.

[147] S. nur *Masing*, Süddeutsche Zeitung, 9. Januar 2012, 10 einerseits und *Reding/Heilmann*, Kleinstaaterei im Datenschutz muss aufhören, Die Welt, https://www.welt.de/wirtschaft/article119780583/Kleinstaaterei-im-Datenschutz-muss-aufhoeren.html (zuletzt abgerufen am 31.3.2022) andererseits.

[148] Vgl. u. a. *Hornung*, ZD, 2012, 99; *Lewinski*, DuD, 2012, 564; *Ronellenfitsch*, DuD, 2012, 561; *Hert/Papakonstantinou*, Computer Law & Security Review, 2012, 130. Aus der Perspektive des internationalen Datenschutzes s. etwa *Kuner*, Bloomberg BNA Privacy and Security Law Report, 2012, 1. Konkret mit Blick auf die Auswirkungen des Entwurfs auf das Verhältnis von US-amerikanischem und europäischem Datenschutzrecht, s. *Schwartz*, Harvard Law Review, 2013, 1966 (1992 ff.).

[149] Vgl. *Schneider*, in: Wolff/Brink, 2013, Datenschutzrecht in Bund und Ländern, Syst. B. Europäische Datenschutzrichtlinie, Rn. 7 m. w. N. Positiv bewerteten den Ansatz indessen *Sydow/Kring*, ZD, 2014, 271 (273 ff.), weil er gleichermaßen den Problemen der Innovationsgeschwindigkeit der Technologie und der Abstraktionshöhe der DSGVO-Vorschriften begegne. S. a. *Kuner*, Bloomberg BNA Privacy and Security Law Report, 2012, 1 (15), der die Delegationstechnik grundsätzlich begrüßte, weil sie zeitgerechte und transparente Maßnahmen erlaube sowie den Akteuren die Möglichkeit biete, Input zu geben.

[150] *Art. 29 Datenschutzgruppe*, WP 191, 23.3.2012, S. 7, vgl. auch die Subsidiaritätsrüge des deutschen Bundesrats, BR-Drs. 52/12, Punkt 7.; *Lynskey*, The foundations of EU data protection law, 2015, S. 73 ff.

[151] Vgl. *Roßnagel*, § 1 Einleitung: Das künftige Datenschutzrecht in Europa, in: Roßnagel, Das neue Datenschutzrecht, 2018, 1–62 (19) m. w. N. Die Regelungstechnik als

sichtsbehörden unverhältnismäßig beschneide.[152] Rückblickend wird behauptet, die im Gesetzesvorschlag angelegte Konzentration der Datenschutzgestaltung bei der Kommission sei ein im EU-Gesetzgebungsverfahren üblicher strategischer Kniff gewesen, um Verhandlungsspielräume gegenüber Parlament und Rat zu schaffen.[153]

Neben die Kritik an der Machtzentralisierung bei der Kommission innerhalb des institutionellen Gefüges der EU traten kompetenzverteilungsbezogene Bedenken auch in vertikaler Hinsicht. Verschiedene nationale Parlamente, darunter der deutsche Bundesrat,[154] erhoben gegen den Legislativvorschlag jeweils eine Subsidiaritätsrüge nach Art. 12 lit. b EUV.[155] Einer der Hauptkritikpunkte war, dass der DSGVO-E in seiner Harmonisierungswirkung, insbesondere im öffentlichen Sektor, zu weit gehe.[156] Die weitestgehend parallele Regelung vom öffentlichen und privaten Bereich wurde auch in der Fachliteratur kritisiert, vor allem in Deutschland[157] aber auch im Ausland.[158]

---

inakzeptabel, weil dem Demokratieprinzip essenziell widersprechend, bezeichnend *Wagner*, DuD, 2012, 676 (677). Konkret mit dem Verweis auf die „Wesentlichkeitsvorgaben der Art. 291 und 292 AEUV" *Kühling/Martini*, EuZW, 2016, 448 (449). Kritisch auch *Kuner*, Bloomberg BNA Privacy and Security Law Report, 2012, 1 (13 f), der indessen auf die Ressourcenkosten hinwies, die es benötigen würde, die vielen, teilweise komplexe und hoch umstrittene Fragen betreffenden Tertiärrechtsakte zu erlassen.

[152] S. *Caspar*, ZD, 2012, 555 (556 f.); *Giesen*, CR, 2012, 550 (556) sowie eingehend *Kahler*, RDV, 2013, 69.

[153] *Selmayr/Ehmann*, in: Ehmann/Selmayr, 2. Aufl., 2018, Datenschutz-Grundverordnung/DS-GVO, Einführung, Rn. 56.

[154] Vgl. BR-Drs. 52/12. Ausführlich dazu sowie zu der Frage, inwieweit die vorgetragenen Bedenken überhaupt tauglicher Gegenstand der Subsidiaritätsrüge sind, *Nguyen*, ZEuS, 2012, 277. S. a. die Stellungnahme des Bundestags, BT-Drs. 17/11325, S. 2 f.

[155] Aus einer legislativen Entschließung des Europäischen Parlaments vom 12. März 2014 ergibt sich, dass es neben dem deutschen Bundesrat die belgische Abgeordnetenkammer, der französische Senat, das italienische Abgeordnetenhaus und der schwedische Reichstag waren, die entsprechende begründete Stellungnahmen vorgelegt haben, vgl. P7_TA(2014)0212.

[156] BR-Drs. 52/12, Punkte 2, 4, 5 und 6.

[157] S. etwa *Masing*, Herausforderungen des Datenschutzes, NJW 2012, 2305 (2310 f.). Für die Einführung einer vollharmonisierenden Verordnung nur für den privaten Bereich und die Beibehaltung einer Richtlinie für den öffentlichen Sektor *Gola*, EuZW, 2012, 332 (333). Mit Betonung des Bedarfs, mitgliedstaatliche Spielräume im öffentlichen Sektor zu erhalten, *Rogall-Grothe*, ZRP, 2012, 193 (194 f.). Für die Beschränkung der DSGVO auf den nicht-öffentlichen Bereich *Schneider/Härting*, CR, 2014, 306 (307). Auch die deutschen Datenschutzbehörden sprachen sich für eine Richtlinie als adäquates Instrument im öffentlichen Bereich aus, s. 83. Konferenz der Datenschutzbeauftragten des Bundes und der Länder am 21./22. März 2012, online abrufbar unter: https://www.datenschutz-bayern.de/dsbk-ent/DSK_83-EU_Rechtsrahmen.html.

[158] S. etwa *Blume/Svanberg*, Cambridge Yearbook of European Legal Studies, 2013, 27 (30 ff.).

Der Harmonisierungsbedarf sei im Bereich der Wirtschaft evident, während eine Rechtsvereinheitlichung auch im öffentlichen Sektor nicht – zumindest nicht in gleichem Maße – plausibel sei. Es wurde die Frage aufgeworfen, ob ein Unionsbürger tatsächlich erwartet bzw. vernünftigerweise erwarten kann, dass personenbezogenen Informationen und Daten auf die gleiche Art und Weise und unter den gleichen rechtlichen Standards von Behörden in Finnland und Italien verarbeitet werden.[159]

Von Unionsseite wurde entgegnet, dass die Einteilung in öffentliche und nicht öffentliche Bereiche in den Mitgliedstaaten divergiere und sich eine Unterscheidung ohnehin nicht mehr trennscharf vollziehen lasse.[160] Zudem sei auch in Schlüsselbereichen des öffentlichen Sektors wie Besteuerung, soziale Sicherheit und Gesundheit sowie Banken- und Finanzmarktaufsicht eine Harmonisierung erforderlich, weil der grenzüberschreitende Datenverkehr dort zunehmen werde.[161]

Der Kritik an den Zentralisierungsbestrebungen des Kommissionsvorschlags haben sich Parlament und Rat im Rahmen ihrer Verhandlungen in verschiedenem Maße angenommen und in ihren Verhandlungsdokumenten auf unterschiedliche Art und Weise reagiert.

b) Der Standpunkt des Europäischen Parlaments: Dezentralisierung und Konkretisierung

Der Kommissionsvorschlag wurde im Europäischen Parlament über zwei Jahre diskutiert, bevor es im März 2014 seinen legislativen Standpunkt i. S. v. Art. 294 Abs. 3 AEUV festlegte,[162] der unter Federführung des Ausschusses für bürgerliche Freiheiten, Justiz und Inneres (LIBE) entworfen wurde.[163] Dieses Verhandlungsdokument (im Folgenden: DSGVO-LIBE) enthielt über 200 Änderungsanträge, die sowohl die Artikel als auch die Erwägungsgründe betrafen.

---

[159] *Blume/Svanberg*, Cambridge Yearbook of European Legal Studies, 2013, 27 (31).

[160] *Reding*, ZD, 2012, 195 (197). In diese Richtung auch *Selmayr/Ehmann*, in: Ehmann/Selmayr, 2. Aufl., 2018, Datenschutz-Grundverordnung/DS-GVO, Einführung, Rn. 50. S. a. *Hustinx*, „EU-Datenschutzrecht: Die Überprüfung der Richtlinie 95/46/EG und die vorgeschlagene Datenschutz-Grundverordnung“, https://edps.europa.eu/sites/edp/files/publication/14-09-15_article_eui_de.pdf, (S. 36) (zuletzt abgerufen am 31.3.2022) mit dem Hinweis, insbesondere Dienstleistungen würden oft an der Trennlinie verlaufen.

[161] Rat der Europäischen Union, Dok. 16525/12 vom 26.11.2012, Ziffer 20.

[162] P7_TA-PROV(2014)0212. Zum damaligen Stand des Gesetzgebungsverfahrens etwa *Roßnagel/Kroschwald*, ZD, 2014, 495.

[163] Der Standpunkt entsprach dem bereits im Oktober 2013 vom LIBE-Ausschuss vorgelegten Entwurf. Für eine kritische Betrachtung des Entwurfs s. *Koós*, ZD, 2014, 9. Zu den Einzelheiten des Ablaufs innerhalb des Europäischen Parlaments *Albrecht*, in: Simitis/Hornung/Spiecker gen. Döhmann, 2019, Datenschutzrecht, Einleitung, Rn. 193 ff.

Neben verschiedenen materiell-rechtlichen Modifizierungen, darunter der Ausbau der Verarbeitungsgrundsätze,[164] der Betroffenenrechte,[165] der Anforderungen an die Einwilligung,[166] aber auch die Umbenennung des „Rechts auf Vergessenwerden"[167] und die Streichung des Rechts auf Datenportabilität, verfolgte der Standpunkt erkennbar den Abbau der Zentralisierung der künftigen Datenschutzgestaltung bei der Europäischen Kommission. Das Parlament schien darauf bedacht zu sein, die insofern in Bezug auf den Kommissionsentwurf geäußerte Kritik zu berücksichtigen. So betraf ein großer Teil der Änderungsvorschläge die Ermächtigungen der Kommission zum Erlass delegierter Rechtsakte, die weitestgehend gestrichen[168] oder durch entsprechende Befugnisse des Datenschutzausschusses ersetzt wurden.[169] Von den verbleibenden Kommissionsermächtigungen wurde die Mehrzahl zudem um das Erfordernis einer Stellungnahme des Datenschutzausschusses ergänzt.[170] Neben dem Abbau der Kommissionsbefugnisse zeigte das Verhandlungsdokument des Europäischen Parlaments auch in anderer Hinsicht eine dezentralistische Stoßrichtung: Obschon in geringerem Maße, wurden auch die Öffnungen zugunsten mitgliedstaatlichen Rechts gegenüber dem Kommissionsentwurf ausgebaut bzw. spezifiziert.[171] Die bereits im Kommissionsvorschlag nicht lückenlos realisierte Zielsetzung eines einheitlichen europäischen Datenschutzrechts wurde also durch das Europäische Parlament weiter relativiert. Es ergab sich insgesamt das Bild, dass das Europäische Parlament es sich zur Aufgabe gemacht hatte, die abstrakten Vorschriften des

[164] Vgl. Art. 5 lit. ea und eb DSGVO-LIBE.

[165] Vgl. insbesondere den klarstellenden Art. 10a, den neuen Art. 13a sowie die erweiterten Art. 13, 14 und 15 DSGVO-LIBE.

[166] Vgl. Art. 7 Abs. 4 DSGVO-LIBE.

[167] Art. 17 DSGVO-LIBE war mit „Recht auf Löschung" überschrieben, wurde jedoch materiell-rechtlich erheblich erweitert, indem auch die Löschung aller Querverweise auf die personenbezogenen Daten bzw. aller Kopien und Replikationen vom Recht erfasst sein sollten.

[168] Insgesamt räumte der Standpunkt des Europäischen Parlaments der Europäischen Kommission noch zehn Ermächtigungen zum Erlass delegierter Rechtsakte ein, vgl. Art. 86 Abs. 3 DSGVO-LIBE. Hinzu traten zwei Befugnisse zum Erlass von Durchführungsrechtsakten, Art. 62 Abs. 1, Art. 85b Abs. 1 DSGVO-LIBE.

[169] Entsprechende Befugnisse des Datenschutzausschuss finden sich etwa in Art. 8 Abs. 3, Art. 9 Abs. 3, Art. 20 Abs. 5a, Art. 31 Abs. 5 oder Art. 55 Abs. 10 DSGVO-LIBE. S. auch *Dehmel/Hullen*, ZD, 2013, 147 (151 f.).

[170] Dies betraf die meisten der verbliebenen Kommissionsbefugnisse, vgl. Art. 17 Abs. 9, Art. 38 Abs. 4, Art. 39 Abs. 2, Art. 41 Abs. 3 und 5 (jeweils i.V.m. Abs. 6a), Art. 81 Abs. 3 und Art. 82 Abs. 3 DSGVO-LIBE.

[171] Vgl. insbesondere den ergänzten Art. 6 Abs. 3 UAbs. 2 sowie Art. 21, Art. 80a, Art. 81 Abs. 1 lit. c, Abs. 1a, Abs. 2a, Art. 82, insb. Abs. 1c, Art. 82a oder Art. 83a DSGVO-LIBE. *Leucker*, PinG, 2015, 195 (196) etwa zählt 46 gegenüber 36 solcher Bestimmungen im Kommissionsentwurf.

Kommissionsvorschlags selbst zu konkretisieren und die Ausgestaltung durch Tertiärrecht durch eine Einbindung des europäischen Datenschutzausschusses zu demokratisieren und im Übrigen insbesondere den Mitgliedstaaten zu überlassen.

In der Literatur wurde der Standpunkt des Europäischen Parlaments überwiegend als Verbesserung gegenüber dem Kommissionsvorschlag gesehen, wenngleich immer noch gravierende Mängel identifiziert wurden.[172] In materiell-rechtlicher Hinsicht wurde die Präzisierung vieler der abstrakten Vorschriften positiv hervorgehoben, etwa bezüglich der Auskunfts- und Informationspflichten, die zu erhöhter Transparenz beitrügen.[173] Auch die verstärkte Integration risikoorientierter Elemente wurde begrüßt.[174] In struktureller Hinsicht wurde die weitreichende Zurückdrängung des Kommissionseinflusses sowohl mit Blick auf die delegierten Rechtsakte als auch bzgl. ihrer Stellung im Kohärenzverfahren überwiegend positiv bewertet,[175] wobei allerdings auch auf das normative Vakuum hingewiesen wurde, das durch die ersatzlose Streichung der Kommissionsbefugnisse entstehe.[176] Die Kritik richtete sich vor allem an grundlegende Aspekte, die bereits mit Blick auf den Kommissionsvorschlag moniert worden waren, etwa die Handlungsformenwahl[177] und die gemeinsame Regulierung des öffentlichen und privaten Sektors.[178] Auch materiell-rechtliche Elemente wurden kritisch betrachtet. In

---

[172] *Härting*, CR, 2013, 715; *Roßnagel/Kroschwald*, ZD, 2014, 495 (500 f.) bewerteten ihn als insgesamt enttäuschend. *Koós*, ZD, 2014, 9 (15) sah Argumente für die Primärrechtswidrigkeit des Rechtsakts in der Fassung des Standpunkts.

[173] *Härting*, CR, 2013, 715 (715 f.); *Albrecht*, in: Simitis/Hornung/Spiecker gen. Döhmann, 2019, Datenschutzrecht, Einleitung, Rn. 194 mit Hinweisen auf weitere Verbesserungen. *Roßnagel*, § 1 Einleitung: Das künftige Datenschutzrecht in Europa, in: Roßnagel, Das neue Datenschutzrecht, 2018, 1–62 (21) kommt rückblickend zu dem Schluss, dass das Parlament sich in Einzelheiten verloren habe und die Unterkomplexität der Verordnung nicht habe beseitigen können.

[174] *Veil*, ZD, 2015, 347 (349 f.), der Elemente des risikobasierten Ansatzes sowohl im Parlaments- als auch im Ratsdokument identifiziert und bewertend gegenüberstellt.

[175] *Roßnagel/Kroschwald*, ZD, 2014, 495 (500); *Härting*, CR, 2013, 715 (716); s. a. *Koós*, ZD, 2014, 9 (14), der aufgrund der Änderungen im Kohärenzverfahren insbesondere keinen Verstoß (mehr) gegen Art. 5 Abs. 4 EUV sah. Kritisch indessen *Sydow/Kring*, ZD, 2014, 271 (273 f.), die in den Delegationsermächtigungen technikadäquate Regelungsinstrumente sehen und die Kritik an dieser Regelungstechnik als Ausdruck von Denkmustern der deutschen Rechtsdogmatik bewerten.

[176] *Härting*, CR, 2013, 715 (716) der dabei zu Grunde legt, dass nur der europäische Gesetzgeber zur Ergänzung der DSGVO berufen sei. *Koós*, ZD, 2014, 9 (13 f.) erwog zur Füllung einer möglicherweise entstehenden „Schutzlücke“ eine weite Auslegung des Art. 6 Abs. 3 UAbs. 2 S. 2, die er jedoch im Ergebnis verneinte.

[177] Eine modernisierte Richtlinie als möglicherweise bessere Alternative erwogen *Roßnagel/Kroschwald*, ZD, 2014, 495 (500).

[178] *Schneider/Härting*, CR, 2014, 306 (307) sprachen sich für die Beschränkung auf den

grundsätzlicher Hinsicht wurde etwa das „Verbotsprinzip“[179] bzw. die Ausgestaltung der Zulässigkeitstatbestände[180] als verfehlt bezeichnet, in spezifischer Hinsicht etwa die (Un-)Vereinbarkeit des LIBE-Entwurfs mit epidemiologischer Forschung.[181]

c) Das Ratsdokument: Weitergehende Dezentralisierung durch Ausweitung mitgliedstaatlicher Spielräume

Der Rat der Europäischen Union benötigte mehr Zeit als das Europäische Parlament, um sich auf eine allgemeine Ausrichtung der Mitgliedstaaten bzgl. des Kommissionsentwurfs zu einigen. Die zuständige Arbeitsgruppe DAPIX (Data Protection and Information Exchange) beschäftigte sich seit der Veröffentlichung des Vorschlags im Januar 2012 über drei Jahre mit der Erarbeitung eines Mandats für den Ratsvorsitz, um Verhandlungen mit dem Europäischen Parlament aufnehmen zu können. Die Verzögerung des Prozesses wird insbesondere auf den Widerstand verschiedener Mitgliedstaaten, darunter die Bundesrepublik Deutschland, zurückgeführt, die den Rechtsakt immer wieder in vielen Bereichen grundsätzlich in Frage gestellt hätten.[182] Im Juni 2015 legte der Rat schließlich seinen Standpunkt i. S. v. Art. 294 Abs. 5 AEUV vor (im Folgenden: DSGVO-Rat).[183]

Wie zuvor schon das Europäische Parlament hielt auch der Rat am Grundkonzept des Kommissionsvorschlags inklusive der Handlungsformwahl der (Grund-)Verordnung fest. Gleichwohl enthielt die allgemeine Ausrichtung des Rats zahlreiche Änderungs- und Konkretisierungsvorschläge: In materiell-rechtlicher Hinsicht sah der Ratsentwurf etwa einen weitreichenden Zulässigkeitstatbestand für Weiterverarbeitungen zu mit dem Erhebungszweck inkompatiblen Zwecken sowie einen Katalog mit Kriterien zur Beurteilung der Zweckkompatibilität vor.[184] Zudem zeichnete sich das Dokument insgesamt durch eine gegenüber dem Parlamentsdokument noch stärkere Integration des sog. risikobasierten Ansatzes aus.[185] Mit Bezug auf

---

nichtöffentlichen Bereich aus; *Koós*, ZD, 2014, 9 (13) wies darauf hin, dass bis dato nicht hinreichend erläutern worden war, weshalb auch im öffentlichen Sektor Harmonisierungsbedarf besteht.

[179] *Schneider/Härting*, CR, 2014, 306 (308 f.).

[180] *Roßnagel/Kroschwald*, ZD, 2014, 495 (497).

[181] *Nyrén/Stenbeck/Grönberg*, European Journal of Epidemiology, 2014, 227.

[182] *Albrecht*, in: Simitis/Hornung/Spiecker gen. Döhmann, 2019, Datenschutzrecht, Einleitung, Rn. 196 f., der zugleich darauf hinweist, dass dies den Vorteil gehabt habe, dass der Rat in seinen Verhandlungen bereits den LIBE-Entwurf habe berücksichtigen können.

[183] Rat der Europäischen Union, Dok. 9565/15 vom 11.6.2015.

[184] Art. 6 Abs. 4 bzw. Abs. 3a DSGVO-Rat. Dazu auch *Richter*, DuD, 2015, 735 (739 f.). Die Zweckkompatibilitätskriterien orientierten sich dabei an den entsprechenden Vorschlägen der Art. 29-Gruppe, s. *Art. 29 Datenschutzgruppe*, WP 203, 2.4.2013, S. 23 ff.

[185] Die Einführung des risikobasierten Ansatzes wurde auf Nachfrage des Ratsvorsitzes

die Normstruktur verfolgte auch der Rat die Dekonzentration der Datenschutzgestaltungs- und Konkretisierungsbefugnisse bei der Kommission, wobei er noch rigoroser vorging als zuvor das Parlament.[186] Während im LIBE-Entwurf zwölf Ermächtigungen zum Erlass von Tertiärrecht enthalten waren,[187] beließ das Ratsdokument der Kommission lediglich drei solcher Befugnisse.[188]

Noch deutlicher zum Ausdruck kam die dezentralistische Agenda des Rates im erheblichen Ausbau der mitgliedstaatlichen Rechtsetzungsbefugnisse, insbesondere im öffentlichen Sektor.[189] Dem waren intensive ratsinterne Diskussionen vorausgegangen. Verschiedene Mitgliedstaaten hatten das Erfordernis von Flexibilität für den nationalen öffentlichen Sektor betont bzw. etwaige intendierte Flexibilisierung begrüßt, darunter Dänemark,[190] Frankreich,[191] Estland[192] und die Slowakei.[193] Es war auch diskutiert worden, in

---

von den Mitgliedstaaten schon früh als Maßnahme vorgeschlagen, um den Verwaltungsaufwand zu senken und gleichzeitig das erforderliche Schutzniveau zu gewährleisten. S. Rat der Europäischen Union, Dok. 16525/12 v. 26.11.2012 Ziffern 15 ff. Zum sog. risikobasierten Ansatz im Datenschutzrecht sowie für eine detaillierte Darstellung der einschlägigen Vorschriften s. *Veil*, ZD, 2015, 347 (348 f.). Dieser verweist insbesondere auf Kapitel IV DSGVO-Rat und erkennt angesichts der Fülle der risikobezogenen Normen ein durchgängiges Konzept.

[186] Die entsprechende Absicht zeichnete sich schon früh im Gesetzgebungsprozess ab. Aus einem Vermerk des Ratsvorsitzes aus November 2012 geht hervor, dass die klare Mehrheit der Mitgliedstaaten sich gegen die Befugnisse ausgesprochen hatte. Vgl. Rat der Europäischen Union, Dok. 16525/12 vom 26.11.2012 Ziffern 5 ff.

[187] S. oben Teil 1, Fn. 168.

[188] Vgl. Art. 38 Abs. 4, Art. 39a Abs. 7 i.V.m. Abs. 8 sowie Art. 41 Abs. 3 DSGVO-Rat.

[189] *Leucker*, PinG, 2015, 195 (196) etwa zählt im Ratsdokument 68 Öffnungsklauseln gegenüber 46 im Parlamentsentwurf bzw. 36 im Kommissionsvorschlag.

[190] Die dänische Delegation trug vor, in Dänemark gebe es zahlreiche teils striktere, teils mildere sektorspezifische Regelungen und es sei wichtig, diese aufrecht erhalten zu können und gleichzeitig die Möglichkeit zu haben, neue Regelungen einzuführen. Es wurde deshalb vorgeschlagen, in den Erwägungsgründen klarzustellen, dass die Mitgliedstaaten einen generelleren „margin of maneuvre" haben, vgl. Rat der Europäischen Union, Dok. 11640/14 v. 7.7.2014, S. 1 ff. Dieser Vorschlag hat es, in abgeänderter Form, in die Endfassung geschafft. EG 10 S. 5 DSGVO lautet in der englischen Sprachfassung: „This Regulation also provides a margin of manoeuvre for Member States to specify its rules […]".

[191] Frankreich forderte mehr Flexibilität für die Datenverarbeitung im öffentlichen Bereich, hielt eine Mindestharmonisierungsklausel allerdings nicht für zwingend erforderlich, s. Rat der Europäischen Union, Dok. 14098/1/14 Rev 1 v. 20.10.2014, S. 17 f.

[192] Die Vertreter Estlands trugen vor, dass die Möglichkeit der Spezifizierung von Vorschriften insb. im öffentlichen Sektor für Estland wichtig sein, weniger hingegen die Option für striktere Regelungen, vgl. Rat der Europäischen Union, Dok. 14786/14 v. 28.10.2014, S. 2.

[193] Die slowakische Republik begrüßte die Mindestharmonisierung im öffentlichen Sektor, vgl. Rat der Europäischen Union, Dok. 14098/1/14 Rev 1 v. 20.10.2014, S. 44.

welchem Maße auf welche rechtssetzungstechnische Weise diese Forderung in die DSGVO integriert werden kann.[194] Im Ergebnis wurden verschiedene Techniken kombiniert.

Der Nachdruck, mit dem der Rat das Anliegen verfolgte, die Mitgliedstaaten in deutlich größerem Umfang an der Ausgestaltung und Konkretisierung des Rechtsakts insbesondere im öffentlichen Bereich zu beteiligen, kam besonders anschaulich im neu eingefügten Art. 1 Abs. 2a DSGVO-Rat zur Geltung.[195] Im direkten Anschluss an die Erläuterung des Regelungsgegenstands und der Regelungsziele ordnete dieser an, dass die Mitgliedstaaten grundsätzlich spezifischere Bestimmungen zur Anpassung der Anwendung der DSGVO-Vorschriften in Bezug auf die Zulässigkeitstatbestände in Art. 6 Abs. 1 UAbs. lit. c und e beibehalten oder einführen können.[196] Die beabsichtigte Stärkung der Rolle der Mitgliedstaaten bzgl. der Gestaltung des Datenschutzrechts zeigte sich neben vielen weiteren Bestimmungen auch in den Erwägungsgründen, allen voran[197] EG 35a DSGVO-Rat: „Diese Verordnung enthält allgemeine Vorschriften über den Datenschutz und sieht vor, dass in besonderen Fällen die Mitgliedstaaten auch befugt sind, einzelstaatliche Vorschriften über den Datenschutz zu erlassen."

In der Konzeption des Ratsentwurfs sollte der europäische Datenschutz also trotz der Wahl einer Verordnung auch weiterhin ko-regulativ gestaltet werden. Die allgemeine Entschließung des Rats stand somit aus normstruktureller Perspektive in Kontrast zum Kommissionsvorschlag.

---

[194] Die italienische Ratspräsidentschaft schlug in einer Notiz an die zuständige Arbeitsgruppe DAPIX einen dreigliedrigen Ansatz vor. Dieser bestand aus einer horizontalen Mindestharmonisierungsklausel (Art. 1 Abs. 2a), einer detaillierteren Festlegung der legislativen Befugnisse der Mitgliedstaaten in Bezug auf Art. 6 Abs. 1 UAbs. 1 lit. c und e sowie einer Festlegung spezifischer Datenschutzregimes in Kapitel XI, vgl. Rat der Europäischen Union, Dok. 13355/14 v. 22.9.2014, Ziffer 9 ff. Diese Vorschläge wurden im Anschluss von den Delegationen und der Kommission vielfach diskutiert und teils beibehalten, teils abgeändert, teils gestrichen.Für eine spätere Version, die einige der Vorschläge und die Kritik der Delegationen und Kommission berücksichtigt, s. Rat der Europäischen Union, Dok. 15389/14 v. 13.11.2014.

[195] Die Einführung dieser Vorschrift geht auf einen entsprechenden Vorschlag der italienischen Ratspräsidentschaft zurück, eine horizontale Mindestharmonisierungsklausel für den öffentlichen Sektor einzuführen. S. Rat der Europäischen Union, Dok. 13355/14 v. 22.9.2014 Ziffer 18. Die Vertreter Kroatiens sprachen sich zusätzlich für die Möglichkeit der Abweichung zugunsten höherer Schutzstandards im privaten Sektor aus, s. Rat, Dok. 14098/1/14 Rev 1, S. 28. Kritik kam indessen von den irischen und luxemburgischen Delegationen, vgl. Rat der Europäischen Union, Dok. 14098/14 v. 13.10.2014, S. 3 bzw. S. 30.

[196] Diese Vorschrift ist Resultat und Ausdruck der Forderung vieler Mitgliedstaaten nach mehr Flexibilität im öffentlichen Sektor, um die DSGVO-Vorgaben an ihre innerstaatlichen Vorschriften anpassen zu können. Vgl. Rat der Europäischen Union, Dok. 16525/12 v. 26.11.2012 Ziffern 20 ff.

[197] Vgl. auch EG 8 S. 2 und 3, 16 S. 5 sowie 16a DSGVO-Rat.

Das Ratsdokument wurde, wie die Entwürfe von Kommission und Parlament, eingehend rezipiert. Soweit bereits Kritik an der Grundkonzeption des Kommissionsentwurfs geübt wurde, setzte diese sich – mangels fundamentaler Änderungen am Konzept – freilich fort.[198] Im Einzelnen wurden die neu eingeführten Regelungen zur Zweckkompatibilität sowie zur Zulässigkeit zweckinkompatibler Weiterverarbeitungen in der Fachliteratur differenziert bewertet.[199] In normstruktureller Hinsicht wurde die Zurückdrängung des Kommissionseinflusses im Ratsdokument, in Parallelität zum Parlamentsentwurf, grundsätzlich begrüßt. Allerdings wurde auch dem Rat das Versäumnis attestiert, die abstrakten Verordnungsbestimmungen hinreichend zu konkretisieren, was zu einem Mangel an vollzugsfähigen Regelungen führe und damit Rechtsunsicherheit nach sich ziehe.[200] Der umfangreiche Ausbau der Öffnungen zugunsten der Mitgliedstaaten wurde gleichermaßen ambivalent gesehen. In positiver Hinsicht wurde ihr normatives Potenzial zur Reduktion der Unterkomplexität bzw. zur Füllung des rechtlichen Vakuums betont. Auf der Verlustseite wurde indessen das zentrale Regelungsanliegen der Vollharmonisierung verortet, das durch die umfangreiche Aufnahme weiterer Öffnungen weitgehend aufgegeben worden sei.[201]

d) Der Trilog und die Endfassung – zentral-dezentrale Regulierung des europäischen Datenschutzes

Nachdem auch der Rat seine Position vorgelegt hatte, galt es, die drei Fassungen in einem Kompromiss zusammenzuführen. Noch im Juni 2015 trat der Rat mit dem Europäischen Parlament und der Kommission dafür in sog. Trilogverhandlungen[202] ein. Diese erstreckten sich über zahlreiche Runden,

---

[198] S. etwa *Härting/Schneider*, CR, 2015, 819.

[199] S. etwa *Grafenstein*, DuD, 2015, 789 (795); *Richter*, DuD, 2015, 735 (739 f.).

[200] *Roßnagel/Nebel/Richter*, ZD, 2015, 455 (455) mit der Bemerkung, dass die entstehende Lücke nach dem Ratsentwurf durch die Mitgliedstaaten zu schließen sei.

[201] *Roßnagel/Nebel/Richter*, ZD, 2015, 455 (460) bzw. *Leucker*, PinG, 2015, 195 (197). Insgesamt kommen *Roßnagel/Nebel/Richter*, ZD, 2015, 455 (460) aber zu dem Schluss, dass der Ratsentwurf eine „in der Weiterentwicklung des Datenschutzrechts […] sinnvolle Arbeitsteilung zwischen Union und Mitgliedstaaten [andeute]."

[202] Der Begriff des Trilogs wird uneinheitlich gebraucht und ist deshalb mit Verwirrungspotenzial behaftet. Klassischerweise wurde als „Trilog" die in den Verträgen geregelte Zusammenarbeit der EU-Institutionen im Gesetzgebungsverfahren bezeichnet, vgl. mit Blick auf Art. 149 Abs. 2 EWGV *Wuermeling*, Legislativer Trilog im institutionellen Dreieck der Europäischen Gemeinschaft: das Verfahren der Zusammenarbeit nach Artikel 149 Absatz 2 EWGV, 1990, S. 37 ff. Mittlerweile hat sich jedoch etabliert, den Begriff v. a. in Bezug auf informelle nichtöffentliche Sitzungen zwischen Rat, Parlament und Kommission zu verwenden, die parallel zu verschiedenen Phasen des ordentlichen Gesetzgebungsverfahrens stattfinden. Dazu im Einzelnen *Achenbach*, Der Staat, 2016, 1 (5 ff.); zur Kritik und Empfehlungen der EU-Bürgerbeauftragten für mehr Transparenz *Stöbener de Mora*,

bis die Vertreter der drei Institutionen sich am 15. Dezember 2015 schließlich auf einen Kompromisstext einigten.[203] Die finale, konsolidierte Fassung passierte am 7. April 2016 den Rat, und am 14. April 2016 wurde er vom Europäischen Parlament in zweiter Lesung angenommen.[204] Nach Unterzeichnung und Verkündung im Amtsblatt trat sie am 25. Mai 2016 in Kraft und ist seit dem 25. Mai 2018 unionsweit geltendes Recht.[205] Die in Kraft getretene Endfassung enthält gegenüber dem Trilogtext keine inhaltlichen Änderungen, sondern wurde lediglich redaktionell überarbeitet, wodurch sich insbesondere die Nummerierung der Artikel verschoben hat.[206]

Neben materiell-rechtlichen Aspekten wie der Integration des risikobasierten Ansatzes, der Form der Einwilligung oder der Möglichkeit zweckändernder Weiterverarbeitungen waren zentrale Streitpunkte in den Trilogverhandlungen erwartungsgemäß auch die Einschränkungsmöglichkeiten und Ausgestaltungsspielräume für die öffentliche Verwaltung.[207] Die Lektüre der Endfassung der DSGVO macht deutlich, dass sich der Rat mit seinen Anliegen in den Verhandlungen überwiegend durchsetzen konnte, insbesondere auch bezüglich des Ausbaus des mitgliedstaatlichen Einflusses bei der zukünftigen Datenschutzgestaltung.[208] Die Datenschutz-Grundverordnung hat

---

Patricia Sarah, EuZW, 2016, 721 (721 f.). Angesichts dieser unterschiedlichen Konnotation des Begriffs findet sich in der Literatur die Differenzierung zwischen dem formellen und dem informellen Trilog. Als formeller Trilog werden dabei die Verhandlungen im Rahmen des Vermittlungsausschusses gem. Art. 294 Abs. 10–12 AEUV bezeichnet, als informeller Trilog hingegen die besagten informellen Treffen. Dazu, sowie für eine bewertende Gegenüberstellung, s. *Dauner/Sohn*, Gesetzgebung im Trilog, https://www.cep.eu/Studien/cepInput_Trilog/cepInput_Gesetzgebung_im_Trilog.pdf, (3 ff.) (zuletzt abgerufen am 31.3.2022). Bei den genannten Verhandlungen zur DSGVO handelte es sich nach dieser Terminologie um informelle Triloge.

[203] S. Rat der Europäischen Union, Dok. 15039/15 v. 15.12.2015.

[204] *Albrecht*, in: Simitis/Hornung/Spiecker gen. Döhmann, 2019, Datenschutzrecht, Einleitung, Rn. 202.

[205] Vgl. Art. 99 Abs. 2 DSGVO.

[206] Aus diesem Grund beschränkt sich die Strukturanalyse im Folgenden auf die Endfassung. Lediglich vereinzelt, soweit die redaktionellen Änderungen für die Normstruktur von Bedeutung sind, wird vergleichend auf die Trilogfassung verwiesen. Für eine Synopse der deutschen Übersetzung des Kompromisstexts und der Endfassung s. *Roßnagel* (Hrsg.), Arbeitshilfe zur Datenschutz-Grundverordnung – Synopse der deutschen Übersetzung der DSGVO in der Entwurfsfassung vom 28. Januar 2016 zur verkündeten Fassung, 2016

[207] *Albrecht*, in: Simitis/Hornung/Spiecker gen. Döhmann, 2019, Datenschutzrecht, Einleitung, Rn. 199 ff., der auch darauf hinweist, dass ein Kompromiss über Kapitel V zu Bestimmungen über den internationalen Datenverkehr noch im Juli erzielt werden konnte. Näher zu Kapitel V, auch im Vergleich zu den Vorgängerregelungen, *Veit*, Safeguarding regional data protection rights on the global Internet – The European approach under the GDPR, in: Albers/Sarlet, Personality and Data Protection Rights on the Internet, 2022, 445 (469 ff.).

[208] *Albrecht*, in: Simitis/Hornung/Spiecker gen. Döhmann, 2019, Datenschutzrecht,

weitestgehend die im Ratsdokument eingeführten Öffnungsklauseln für mitgliedstaatliche Rechtsetzung übernommen, was ihr eine – soweit ersichtlich – singuläre Regelungsstruktur in der Landschaft des europäischen Sekundärrechts verleiht. Ebenfalls wie in der allgemeinen Ausrichtung des Rats vorgesehen, sind die Kommissionsbefugnisse zur näheren Konkretisierung qua Tertiärrecht fast vollständig gestrichen worden. Verblieben sind entsprechende Befugnisse allein im Kontext von Bildsymbolen,[209] der Verbindlicherklärung von Verhaltensregeln[210] und der Festlegung technischer Standards und Verfahren für Zertifizierungen, Datenschutzsiegel und -prüfzeichen.[211] Diese Befugnisse sind jedoch ihrerseits von verfahrensrechtlichen Anforderungen flankiert, die den Kommissionseinfluss auch in diesen Bereichen relativieren. Der Erlass von Tertiärrechtsakten durch die Kommission wird in der DSGVO an die Beteiligung von Rat und Parlament bzw. der Mitgliedstaaten geknüpft.[212] Außerdem haben Rat und Parlament teilweise die Möglichkeit, die Befugnisübertragung zu widerrufen und die Kommission damit vollständig von der Konkretisierung des Rechtsakts auszuschließen.[213]

Die Regelungsstruktur der DSGVO bildet dementsprechend seit der Veröffentlichung des Trilogtextes[214] einen der zentralen Diskussionspunkte um den Rechtsakt. Wie bereits bei der Ratsfassung[215] wird die große Anzahl der Öffnungsklauseln meist mit dem Anspruch der Schaffung eines kohärenten Rechtsrahmens[216] mit einem gleichwertigen Schutzniveau in allen Mitgliedstaaten[217] und seiner unionsweit gleichmäßigen und einheitlichen Anwendung und Durchsetzung[218] kontrastiert. In diesem Zusammenhang wird der Datenschutz-Grundverordnung teilweise auch ihr Verordnungs- bzw. *Grund*verordnungscharakter abgesprochen.[219] Einerseits werden die mit-

---

Einleitung, Rn. 201 betont indessen, dass auch das Europäische Parlament seine Position durchzusetzen vermochte, u. a. mit Hinweis auf die engen Grenzen und hohen Rechtfertigungsanforderungen, an die die Öffnungen geknüpft seien.

[209] Art. 12 Abs. 8 DSGVO.

[210] Art. 40 Abs. 9 DSGVO.

[211] Art. 43 Abs. 8 und 9 DSGVO.

[212] Vgl. Art. 92 bzw. Art. 93 Abs. 2 DSGVO.

[213] Vgl. Art. 92 Abs. 3 DSGVO.

[214] Erste Untersuchungen der Öffnungen bezogen sich bereits auf die Trilogfassung und entsprechende veraltete Artikelnummerierungen, vgl. etwa *Benecke/Wagner*, DVBl., 2016, 600; *Kühling/Martini*, Die Datenschutz-Grundverordnung und das nationale Recht, 2016, die allerdings sowohl die alte als auch die neue Nummerierung berücksichtigen.

[215] S. oben Fn. 201.

[216] Vgl. EG 7 S. 1.

[217] Vgl. EG 10 S. 1 und EG 13 S. 1.

[218] Vgl. EG 7 S. 2, 10 S. 2, 11 und 13 S. 1.

[219] Zur Einordnung der DSGVO in das Handlungsformensystem des Unionsrecht im Einzelnen näher unten Teil 3, B., II., 2.

gliedstaatlichen Regelungsmöglichkeiten als sinnvoll bzw. sogar erforderlich erachtet, um das durch den Wegfall der Kommissionsbefugnisse entstandene rechtliche Vakuum zu füllen[220] bzw. um mit unterschiedlichen Regelungskonzepten zu experimentieren und so auf noch unbekannte Herausforderungen reagieren zu können.[221] Andererseits wird die Komplexität der Regelungslandschaft, die durch die vielen Öffnungen der DSGVO zu erwarten ist, kritisch gesehen und es wird für einen Abbau der Öffnungsklauseln plädiert.[222] Unstreitig ist jedenfalls, dass die DSGVO aufgrund ihrer Regelungsstruktur mit einem erheblichen Anpassungs- und Umsetzungsdruck auf die mitgliedstaatlichen Datenschutzregimes einhergeht. Ab dem Zeitpunkt seines Inkrafttretens gewährte der Rechtsakt den Mitgliedstaaten zwei Jahre Zeit, um ihre nationalen Datenschutzvorschriften anzupassen und die Vorgaben der Verordnung umzusetzen. Die meisten der Mitgliedstaaten haben es geschafft, erste Implementierungsgesetze noch vor Ablauf der Frist am 25. Mai 2018 zu verabschieden.[223]

Zusammenfassend ist in Bezug auf die Genese der DSGVO zweierlei zu konstatieren: Einerseits hat sich gezeigt, dass sich die Pfadabhängigkeit des unionalen Datenschutzrechts unter der Geltung des Rechtsakts fortsetzt und viele mit der DSRL eingeführte Strukturen erhalten geblieben sind.[224] Andererseits hat die Analyse offenbart, dass sich die DSGVO im Laufe des Gesetzgebungsverfahrens immer weiter von dem Ziel der unionsweiten Vereinheitlichung des Datenschutzrechts, einem der ursprünglichen Kernanliegen der Kommission, entfernt hat.[225] Die zur Erreichung dieser Zielsetzung vorgeschlagene Regelungskonstruktion, wonach die nähere Ausgestaltung und Konkretisierung wesentlicher Verordnungsbestimmungen durch Tertiärrecht erfolgen sollte, wurde weder vom Parlament noch vom Rat akzeptiert. In ihrer Endfassung ist die DSGVO mehr oder weniger ausdrücklich auf eine zentral-dezentrale Regulierung des europäischen Datenschutzes ausgelegt.[226] Zu beachten ist allerdings, dass viele der Öffnungsklauseln ne-

---

[220] *Veil*, One continent, one data protection law?, CR-online.de Blog, https://www.cr-online.de/blog/2016/02/01/one-continent-one-data-protection-law/ (zuletzt abgerufen am 31.3.2022).

[221] *Roßnagel*, § 9 Das europäische Datenschutzrecht zukunftsfähig weiterentwickeln, in: Roßnagel, Das neue Datenschutzrecht, 2018, 1–11 (5), der in dem Modell der DSGVO eine „sinnvolle Arbeitsteilung zwischen Union und Mitgliedstaaten" sieht.

[222] Vgl. *Kühling/Sackmann*, NVwZ, 2018, 681 (683 f.).

[223] Die Bundesrepublik Deutschland machte dabei den Anfang. Bereits am 5. Juli 2017 wurde das Datenschutz-Anpassungs und -Umsetzungsgesetz EU (DSAnpUG-EU) im Bundesgesetzblatt veröffentlich.

[224] Zu den Pfadabhängigkeiten s. unten Teil 2, A.

[225] Dies gilt vor allem, aber nicht nur, für den öffentlichen Sektor. S. dazu auch *Blume*, Journal of Data Protection & Privacy, 2016, 53 (60 ff.).

[226] So auch *Roßnagel*, § 9 Das europäische Datenschutzrecht zukunftsfähig weiterent-

ben den Mitgliedstaaten auch die Union adressieren und dadurch auch für den Unionsgesetzgeber Ausgestaltungs- und Konkretisierungsspielräume bestehen. Damit sind Novellierungen und Reformbestrebungen auch im sektorspezifischen europäischen Datenschutzrecht angesprochen.

2. Novellierungen des sektorspezifischen Datenschutzrechts: Weiterhin ein fragmentiertes Bild?

Mit der Verabschiedung der Datenschutz-Grundverordnung wurde auf dem Weg der Reformierung des europäischen Datenschutzrechts ein bedeutender Zwischenschritt erreicht. Von einem Abschluss der Reform kann indes schon angesichts des fortdauernden durch die DSGVO ausgelösten Umsetzungs- und Anpassungsprozesses in den Mitgliedstaaten kaum die Rede sein. Davon abgesehen bildet die DSGVO lediglich eines der Fundamente des digitalen Binnenmarkts,[227] der nun im Laufe der Zeit durch weitere Rechtsakte schrittweise vollendet werden soll.[228] Dementsprechend soll auch das bereichsspezifische Datenschutzrecht in der EU nach und nach auf neue Füße gestellt werden, was teilweise bereits realisiert wurde, teilweise noch bevorsteht. Dies betrifft zunächst die Überarbeitung bzw. Neuregelung von Rechtsakten, die ausdrücklich den Datenschutz zum Regelungsgegenstand haben. Der Reformprozess umfasst indessen gleichermaßen legislative Maßnahmen, die auf den ersten Blick zwar nicht originär datenschutzrechtlicher Natur sind, die aber spezifisch datenschutzbezogene Regelungsinhalte ha-

---

wickeln, in: Roßnagel, Das neue Datenschutzrecht, 2018, 1–11 (5), der konstatiert, die Verordnung strebe eine Ko-Regulierung des Datenschutzes zwischen der Union und den Mitgliedstaaten an. Dabei sei es nicht nur im Bereich der Öffnungsklauseln, dass der Gesetzgeber nationales Recht setzen bzw. beibehalten könne. Vielmehr könne er daneben auch abstrakte Vorgaben der DSGVO präzisieren oder unfertige Regelungen im Verordnungstext konkretisieren, s. *Roßnagel*, Notwendige Schritte zu einem modernen Datenschutzrecht, in: Roßnagel/Friedewald/Hansen, Die Fortentwicklung des Datenschutzes, 2018, 361 (380ff.).

[227] Als Weiterentwicklung der „Digitalen Agenda für Europa" legte die Kommission im Mai 2015 eine „Strategie für einen digitalen Binnenmarkt für Europa" vor, die u. a. die Revision der ePrivacy-RL sowie verschärfte Cybersicherheitsgesetze als Maßnahmen vorsieht. S. *Europäische Kommission*, Mitteilung der Kommission an das Europäische Parlament, den Rat, den Europäischen Wirtschafts- und Sozialausschuss und den Ausschuss der Regionen, Strategie für einen digitalen Binnenmarkt für Europa, 6.5.2015, KOM (2015) 192 final, S. 14f.

[228] *Albrecht*, CR, 2016, 88 (89). Dass die DSGVO nur ein Fundament des digitalen Binnenmarkts ist, kommt auch im Rechtsakt selbst zum Ausdruck. Zum Teil wird dies schon aus der Bezeichnung als *Grund*verordnung abgeleitet. Jedenfalls aber weist Art. 98 S. 1 DSGVO der Kommission den Auftrag zu, Vorschläge zur Änderung anderer datenschutzbezogener Rechtsakte der Union vorzulegen, „damit ein einheitlicher und kohärenter Schutz natürlicher Personen bei der Verarbeitung sichergestellt wird."

ben. Mit der grundsätzlich breiten Kompetenzgrundlage in Art. 16 Abs. 2 AEUV[229] wurde in diesem Zusammenhang die Hoffnung verbunden, die Zersplitterung des Datenschutzsekundärrechts werde sich zugunsten eines kohärenten Bildes auflösen. Diese hat sich – wie im Folgenden zu zeigen ist – jedoch nur begrenzt verwirklicht.

a) Unionales Sicherheitsrecht

Die Aufmerksamkeit, die der DSGVO (auch) international zuteilwurde, ließ in den Hintergrund rücken, dass die EU zeitlich parallel zwei weitere unmittelbar datenschutzbezogene Rechtsakte verabschiedet hat. Dies ist zum einen die Richtlinie für den Datenschutz im Bereich Justiz und Inneres (JI-RL),[230] die den bis dato maßgeblichen Rahmenbeschluss 2008/977/JI[231] ersetzt. Dies ist zum anderen die Richtlinie über die Verwendung von Fluggastdatensätzen (PNR-Daten) (PNR-RL).[232] Beide Rechtsakte haben die Verarbeitung personenbezogener Daten zum Zwecke der Verhütung, Aufdeckung, Ermittlung und Verfolgung von Straftaten zum Gegenstand. Die PNR-RL ist in ihrem sachlichen Anwendungsbereich auf terroristische Straften und schwere Kriminalität begrenzt,[233] die JI-RL erstreckt sich indessen auch auf die Strafvollstreckung einschließlich des Schutzes vor und der Abwehr von Gefahren für die öffentliche Sicherheit.[234] Die beiden Richtlinien ergänzen die DSGVO

---

[229] Zu Inhalt, Grenzen und der überschießenden Dynamik der Norm s. näher unten, Teil 1, C., I., 2., b).

[230] Richtlinie (EU) 2016/680 des Europäischen Parlaments und des Rates vom 27. April 2016 zum Schutz natürlicher Personen bei der Verarbeitung personenbezogener Daten durch die zuständigen Behörden zum Zwecke der Verhütung, Ermittlung, Aufdeckung oder Verfolgung von Straftaten oder der Strafvollstreckung sowie zum freien Datenverkehr und zur Aufhebung des Rahmenbeschlusses 2008/977/JI des Rates, ABl. L 119, vom 4.5.2016, S. 89–131. Zutreffend identifiziert *Tinière*, in: Picod/Drooghenbroeck, 2018, Charte des droits fondamentaux de l'Union européenne, Art. 8, Rn. 14 die höhere Flexibilität einer Richtlinie als Hintergrund für die Wahl dieser Handlungsform.

[231] S. dazu bereits oben, Teil 1, B., II., 2. Art. 59 JI-RL legt nunmehr fest, dass der Rahmenbeschluss mit Wirkung vom 6. Mai 2018 aufgehoben wird und dass Verweise auf ihn als Verweise auf die JI-RL gelten.

[232] Richtlinie (EU) 2016/681 des Europäischen Parlaments und des Rates vom 27. April 2016 über die Verwendung von Fluggastdatensätzen (PNR-Daten) zur Verhütung, Aufdeckung, Ermittlung und Verfolgung von terroristischen Straftaten und schwerer Kriminalität, ABl. L 119 vom 4.5.2016, S. 132–149.

[233] Art. 1 Abs. 2 PNR-RL.

[234] Art. 1 Abs. 1 JI-RL. Die bipolare Finalität des europäischen Datenschutzes wird auch in der JI-RL deutlich. Art. 2 legt fest, dass die Mitgliedstaaten die Grundrechte, insbesondere das Recht auf Schutz personenbezogener Daten, zu schützen haben, dass sie gleichzeitig aber auch sicherzustellen haben, dass der Austausch solcher Daten – also der freie Datenverkehr – nicht aus Datenschutzgründen eingeschränkt oder verboten werden darf.

demnach im Bereich des Strafverfolgungs- und Gefahrenabwehrrechts, das laut Art. 2 Abs. 2 lit. d DSGVO ausdrücklich von deren Anwendungsbereich ausgenommen ist. Inhaltlich enthalten die Richtlinien teilweise sachgebietsbedingte Sondervorschriften, insbesondere spezifische Rechtmäßigkeitsanforderungen,[235] teilweise aber für den jeweiligen Bereich konkretisierte Ausprägungen der allgemeinen Vorgaben der DSGVO.[236] Insbesondere die JI-RL ist mit Blick auf den Inhalt und die Struktur ihrer Vorschriften stark an die DSGVO angelehnt. Beide Rechtsakte enthalten Vorschriften, die ihr Verhältnis zum sonstigen europäischen Datenschutzrecht bestimmen. Art. 9 Abs. 1 S. 1 JI-RL legt fest, dass personenbezogene Daten von den zuständigen Behörden zu anderen als den in Art. 1 Abs. 1 JI-RL genannten Zwecken nur dann erhoben und verarbeitet werden dürfen, wenn dies im Recht der Mitgliedstaaten oder der Union vorgesehen ist. Art. 9 Abs. 1 S. 2 JI-RL legt präzisierend fest, dass in diesem Falle generell die DSGVO gilt, es sei denn, die Verarbeitung erfolgt im Rahmen einer Tätigkeit, die nicht in den Anwendungsbereich des Unionsrechts fällt.[237] Das Verhältnis der PNR-RL zum sonstigen Datenschutzsekundärrecht ist in ihrem Art. 13 geregelt. Art. 13 Abs. 1 PNR-RL weist den Mitgliedstaaten grundsätzlich den Auftrag zu, sicherzustellen, dass die datenschutzbezogenen Rechte jedes Fluggasts im Zusammenhang mit der Verarbeitung personenbezogener Daten nach der PNR-RL denjenigen entsprechen, die nach dem Unionsrecht und nationalem Recht sowie – in bestimmten Umfang – zur Umsetzung der JI-RL festgelegt sind.[238] Art. 13 Abs. 3 stellt konkretisierend klar, dass die PNR-RL die Anwendbarkeit der DSRL auf die Datenverarbeitung durch Fluggesellschaften nicht berührt.[239] Sowohl die JI-RL als auch die PNR-RL enthalten also Öffnungen zugunsten des Rechts der EU und des mitgliedstaatlichen Rechts, wobei jeweils die Geltung der DSGVO besonders hervorgehoben wird. Insbesondere in Bezug auf die Schnittstelle zwischen der DSGVO und der JI-RL ergeben sich für die Mitgliedstaaten weitreichende Gestaltungs-

---

[235] Vgl. Art. 8 JI-RL; Art. 6 PNR-RL.

[236] Art. 5 PNR-RL etwa verpflichtet die nach Art. 4 PNR-RL einzurichtende „PNR-Zentralstelle" zur Ernennung eines Datenschutzbeauftragten, eine Vorgabe, die Art. 37 Abs. 1 lit. a DSGVO für öffentliche Stellen generell statuiert. Ebenso weist Art. 15 PNR-RL, in Parallelität zu Art. 51 DSGVO, den Mitgliedstaaten die Aufgabe zu, „nationale Kontrollstellen" einzurichten. Damit sind Aufsichtsbehörden gemeint; die abweichende Terminologie geht auf den (veralteten) Verweis auf den Rahmenbeschluss 2008/977/JI zurück. Auch die insoweit nunmehr maßgebliche JI-RL (vgl. Art. 59 Abs. 2 JI-RL) kennt diesen Begriff nicht und verwendet stattdessen – in Einklang mit der DSGVO – den Terminus „Aufsichtsbehörde", vgl. Kapitel VI JI-RL.

[237] Eine korrespondierende Regelung enthält die DSGVO in Erwägungsgrund 19 S. 4.

[238] Tatsächlich verweist Art. 13 Abs. 1 PNR-RL auf den Rahmenbeschluss 2008/977/JI. Über Art. 59 Abs. 2JI-RL gilt dies jedoch als Verweis auf die JI-RL.

[239] Dieser Verweis gilt als Verweis auf die DSGVO, vgl. Art. 94 Abs. 2 DSGVO.

spielräume, weil sie durch die Zuweisung der Aufgaben an die mitgliedstaatlichen Behörden steuern können, unter welches Regime eine spezifische Verarbeitung personenbezogener Daten fällt.

Jenseits der genannten, parallel zur DSGVO erlassenen Richtlinien hat die EU weiteres datenschutzbezogenes Sekundärrecht im Bereich des Sicherheitsrechts verabschiedet. Die Tiefe der datenschutzrechtlichen Gehalte der Rechtsakte gestaltet sich dabei durchaus unterschiedlich. Die Verordnung (EU) 2016/794 (Europol-VO)[240] etwa enthält umfassende Vorgaben bezüglich des Umgangs mit Informationen inklusive personenbezogenen Daten durch Europol, insbesondere die Verarbeitungszwecke und den Zugang zu gespeicherten Informationen und Daten betreffend.[241] Dies gilt auch für die Verordnung (EU) 2018/1727 (Eurojust-VO).[242] Die RL 2014/41/EU über die Europäische Ermittlungsanordnung in Strafsachen (EEA-RL)[243] beschränkt sich indessen im Wesentlichen auf die Verpflichtung der Mitgliedstaaten, bei der Durchführung der Richtlinie sicherzustellen, „dass personenbezogene Daten geschützt werden und nur im Einklang mit dem Rahmenbeschluss 2008/977/JI des Rates sowie den Grundsätzen [der Datenschutzkonvention] und dem dazugehörigen Zusatzprotokoll verarbeitet werden dürfen."[244] In der Verordnung (EU) 2019/1896 über die Europäische Grenz- und Küstenwache (Frontex-VO)[245] findet sich neben verschiedenen Einzelbestimmungen ein genereller Verweis auf die DatenschutzVO-neu,[246] die bei der Verarbeitung personenbezogener Daten anzuwenden ist.[247] Im Anschluss formuliert der

---

[240] Verordnung (EU) 2016/794 des Europäischen Parlaments und des Rates vom 11. Mai 2016 über die Agentur der Europäischen Union für die Zusammenarbeit auf dem Gebiet der Strafverfolgung (Europol) und zur Ersetzung und Aufhebung der Beschlüsse 2009/371/JI, 2009/934/JI, 2009/935/JI, 2009/936/JI und 2009/968/JI des Rates, ABl. L 135 vom 24.5.2016, S. 53–114.

[241] S. Art. 17 ff. Europol-VO.

[242] Verordnung (EU) 2018/1727 des Europäischen Parlaments und des Rates vom 14. November 2018 betreffend die Agentur der Europäischen Union für justizielle Zusammenarbeit in Strafsachen (Eurojust) und zur Ersetzung und Aufhebung des Beschlusses 2002/187/JI des Rates, ABl. L 295 vom 21.11.2018, S. 138–183. S. insbesondere Art. 26 ff. Eurojust-VO.

[243] Richtlinie 2014/41/EU des Europäischen Parlaments und des Rates vom 3. April 2014 über die Europäische Ermittlungsanordnung in Strafsachen, ABl. L 130 vom 1.5.2014, S. 1–36.

[244] Art. 20 EEA-RL.

[245] Verordnung (EU) 2019/1896 des Europäischen Parlaments und des Rates vom 13. November 2019 über die Europäische Grenz- und Küstenwache und zur Aufhebung der Verordnungen (EU) Nr. 1052/2013 und (EU) 2016/1624, ABl. L 295 vom 14.11.2019, S. 1–131. Die Verordnung regelt im Kern die Aufgaben und Befugnisse der Europäischen Agentur für die Grenz- und Küstenwache, die kurz auch „Frontex" genannt wird.

[246] S. dazu sogleich, Teil 1, B., III., 2., b).

[247] Vgl. Art. 86 Abs. 1 Frontex-VO.

Rechtsakt jedoch spezifischere Anforderungen, etwa mit Blick auf die zulässigen Verarbeitungszwecke[248], die Kategorien von personenbezogenen Daten, deren Verarbeitung zulässig ist[249] oder auch Datenspeicherungsfristen.[250] Die Liste der Rechtsakte, die die Datenverarbeitung im Bereich der polizeilichen und justiziellen Zusammenarbeit regeln und entweder bereits reformiert wurden oder deren Überarbeitung noch bevorsteht, ist lang.[251] Gleichwohl sind Novellierungen von europäischen Rechtsakten mit datenschutzbezogenen Inhalten bzw. entsprechende Bestrebungen freilich nicht auf diesen Bereich beschränkt.

b) Datenschutz gegenüber EU-Organen

Konkret für die Verarbeitung personenbezogener Daten durch die Organe und Einrichtungen der EU statuiert Art. 2 Abs. 3 i.V.m Art. 98 S. 2 DSGVO den Regelungsauftrag, den bisher maßgeblichen Rechtsrahmen an die Vorschriften der DSGVO anzupassen. Die Kommission hat dementsprechend im Januar 2017 einen Vorschlag für eine Verordnung zur Regelung der Datenverarbeitung durch EU-Organe zur Ablösung der bisherigen DatenschutzVO vorgelegt.[252] Im Oktober 2018 ist die auf dem Vorschlag basierende Verordnung (EU) 2018/1725 (DatenschutzVO-neu)[253] in Kraft getreten und gilt gemäß Art. 2 Abs. 1 DatenschutzVO-neu für die Datenverarbeitung durch alle Organe und Einrichtungen der Union. In inhaltlicher Hinsicht spiegelt die Verordnung weitestgehend die Vorgaben der DSGVO. Sie enthält jedoch auch darüberhinausgehende Vorschriften, etwa für die Verarbeitung „operativer personenbezogener Daten",[254] auf die anderes Sekundärrecht, das den Datenschutz bereichsspezifisch regelt, wiederum verweist.[255] Auch

---

[248] Art. 87 Frontex-VO.

[249] Art. 88 Frontex-VO.

[250] Art. 91 Frontext-VO. Die Fristen sind dabei abgestuft gestaltet.

[251] S. für weitere Beispiele (insbesondere auch aus dem Sicherheitsrecht) *Albrecht/Jotzo*, Das neue Datenschutzrecht der EU, 2017, S. 139 ff.

[252] Vorschlag für eine Verordnung des Europäischen Parlaments und des Rates zum Schutz natürlicher Personen bei der Verarbeitung personenbezogener Daten durch die Organe, Einrichtungen und sonstigen Stellen der Union, zum freien Datenverkehr und zur Aufhebung der Verordnung (EG) Nr. 45/2001 und des Beschlusses Nr. 1247/2002/EG, COM(2017) 8 final.

[253] Verordnung (EU) 2018/1725 des Europäischen Parlaments und des Rates vom 23. Oktober 2018 zum Schutz natürlicher Personen bei der Verarbeitung personenbezogener Daten durch die Organe, Einrichtungen und sonstigen Stellen der Union, zum freien Datenverkehr und zur Aufhebung der Verordnung (EG) Nr. 45/2001 und des Beschlusses Nr. 1247/2002/EG (Text von Bedeutung für den EWR.), ABl. L 295 vom 21.11.2018, S. 39–98.

[254] Vgl. Art. 70 ff. DatenschutzVO-neu. Der Begriff ist in Art. 3 Nr. 3 DatenschutzVO-neu definiert.

[255] S. etwa Art. 26 Abs. 1 Eurojust-VO.

für die Vertraulichkeit der elektronischen Kommunikation (ePrivacy) enthält die DatenschutzVO-neu spezifische Bestimmungen.[256] Die doppelte Finalität des europäischen Datenschutzes ist auch in der DatenschutzVO-neu verankert.[257]

c) Telekommunikationsrecht

In Kongruenz mit ihrer Strategie für einen digitalen Binnenmarkt sowie einem entsprechenden Regelungsauftrag in der DSGVO[258] hat die EU-Kommission auch für den Datenschutz im Bereich der elektronischen Kommunikation, der bisher im Wesentlichen von der ePrivacy-RL determiniert ist, eine Neuregelung angestoßen. Im Januar 2017 veröffentlichte sie einen Vorschlag für eine Verordnung über die Achtung des Privatlebens und den Schutz personenbezogener Daten in der elektronischen Kommunikation (ePrivacy-VO-E).[259] Das Europäische Parlament legte bereits im Oktober 2017 seinen Standpunkt vor[260] und erteilte damit das Mandat, in Trilogverhandlungen einzutreten. Im Rat wurde lange verhandelt, bis sich die Mitgliedstaaten im Februar 2021 schließlich auf ein gemeinsames Verhandlungsdokument einigen konnten.[261] Nunmehr gilt es, die verschiedenen Positionen der EU-Gesetzgebungsorgane miteinander in Einklang zu bringen. Der im Folgenden gegebene grobe Überblick über die Regelungsinhalte bezieht sich deshalb noch auf den Kommissionentwurf.

Gemäß Art. 1 Abs. 1 ePrivacy-VO-E legt der Rechtsakt Vorschriften zum Schutz von Grundrechten und Grundfreiheiten bei der Bereitstellung und Nutzung elektronischer Kommunikationsdienste fest und regelt insbesondere die Rechte auf Achtung des Privatlebens und der Kommunikation und den Schutz natürlicher Personen bei der Verarbeitung personenbezogener Daten. Zugleich soll er gem. Art. 1 Abs. 2 ePrivacy-VO-E den freien Verkehr elektronischer Kommunikationsdaten und -dienste in der Union gewährleisten und schließt deshalb Beschränkungen aus Gründen des Schutzes der genannten Grundrechte aus. Wie bereits in der ePrivacy-RL kommt die bipolare Finalität des europäischen Datenschutzes auch im ePrivacy-VO-E also deutlich zum Ausdruck. Die Bestimmungen der ePrivacy-VO dienen ausdrücklich der Präzisierung und Ergänzung der DSGVO in Hinsicht auf

[256] Vgl. Art. 36 ff. DatenschutzVO-neu.

[257] Vgl. Art. 1 Abs. 1 DatenschutzVO-neu.

[258] Vgl. EG 173 S. 2 und 3 DSGVO.

[259] Vorschlag für eine Verordnung des Europäischen Parlaments und des Rates über die Achtung des Privatlebens und den Schutz personenbezogener Daten in der elektronischen Kommunikation und zur Aufhebung der Richtlinie 2002/58/EG (Verordnung über Privatsphäre und elektronische Kommunikation), COM(2017) 10 final.

[260] PE 606.011v02–00 vom 20.10.2017.

[261] Vgl. Rat der Europäischen Union, Dok. 6087/21 vom 10.2.2021.

die in Art. 1 Abs. 1 und Abs. 2 ePrivacy-VO-E genannten Zwecke.[262] Dass die ePrivacy-VO nicht als in sich geschlossenes System konzipiert ist, sondern als bereichsspezifische Ergänzung der DSGVO, zeigt sich auch an verschiedenen Bestimmungen, die ausdrücklich an DSGVO-Vorgaben anknüpfen: Art. 11 Abs. 1 ePrivacy-VO-E etwa enthält die Befugnis für die Union und die Mitgliedstaaten, durch Gesetzgebungsmaßnahmen zentrale Pflichten und Rechte einzuschränken, soweit die Gesetzgebungsmaßnahmen den Voraussetzungen von Art. 23 Abs. 1 DSGVO entsprechen. Ferner wird mit Blick auf die institutionelle Kontrolle sowie das Haftungs- und Sanktionsregime weitestgehend auf die DSGVO verwiesen.[263] In inhaltlicher Hinsicht baut der ePrivacy-VO-E auf der ePrivacy-RL auf und entwickelt diese weiter. Art. 5 ePrivacy-VO-E statuiert ein generelles Verbot für „Eingriffe in elektronische Kommunikationsdaten", worunter u. a. auch die Verarbeitung dieser Daten gefasst wird, „sofern sie [die Eingriffe] nicht durch diese Verordnung erlaubt werden.". Art. 6 enthält einen differenzierten Katalog mit Zulässigkeitsgründen, der deutlich enger als Art. 6 DSGVO gefasst ist. Ein zentraler Unterschied zum bisherigen Regime liegt im personellen Anwendungsbereich, der sich nunmehr auf sog. „Over-the-Top-Kommunikationsdienste" erstreckt.[264] Die infrastrukturelle Dimension der elektronischen Kommunikation war bisher in vier verschiedenen Richtlinien geregelt.[265] Diese sind mittlerweile im Rahmen der Strategie für einen digitalen Binnenmarkt in einen einheitlichen Rechtsakt, die Richtlinie (EU) 2018/1972 über den europäischen Kodex für die elektronische Kommunikation (Kodex-RL),[266] zusammengeführt worden. Auch auf diesen Rechtsakt verweist der ePrivacy-VO-E in verschiedenen Vorschriften, u. a. auch in Bezug auf zentrale Begriffsbestimmungen.[267] Es zeigt sich also insgesamt eine zum Teil engmaschige Verflechtung der allgemeinen Vorgaben mit den bereichsspezifischen Bestimmungen.

d) IT-Sicherheitsrecht

Weitere Novellierungen, die die infrastrukturelle Ebene betreffen und daher auf den ersten Blick nicht originär dem Datenschutz zuzuordnen sind, sind etwa die NIS-Richtlinie (IT-Sicherheit)[268] oder auch die neu gefasste Zah-

---

[262] Vgl. Art. 1 Abs. 3 ePrivacy-VO-E.

[263] Vgl. Art. 18 ff. ePrivacy-VO-E.

[264] S. EG 11 ePrivacy-VO-E. Allerdings ist kritisch angemerkt worden, dass der Vorschlag in dieser Hinsicht unzureichend ist, weil peer-to-peer basierte Angebote nicht erfasst werden, s. *Maier/Schaller*, ZD, 2017, 373.

[265] S. bereits oben Fn. 100.

[266] Richtlinie (EU) 2018/1972 des Europäischen Parlaments und des Rates vom 11. Dezember 2018 über den europäischen Kodex für die elektronische Kommunikation (Neufassung), Text von Bedeutung für den EWR, ABl. L 321 vom 17.12.2018, S. 36–214.

[267] Vgl. Art. 4 Abs. 1 lit. b ePrivacy-VO-E.

[268] Richtlinie (EU) 2016/1148 des Europäischen Parlaments und des Rates vom 6. Juli

lungsdiensterichtlinie (PSD2).[269] Sie sind nicht als Datenschutzgesetzgebung gekennzeichnet, wirken aber in hohem Maße auf den Datenschutz zurück oder bilden einen Teil davon – entweder indem sie eine fundamentale Voraussetzung für einen effektiven Datenschutz bilden oder weil sie selbst datenschutzbezogene Inhalte haben. So enthält Art. 67 Abs. 2 PSD2 etwa einen Katalog mit verschiedenen Pflichten, die den Umgang mit personenbezogenen, zum Teil auch „sensiblen" Informationen und Daten betreffen. Art. 94 Abs. 1 PSD2 weist den Mitgliedstaaten den Regelungsauftrag zu, die Verarbeitung personenbezogener Daten durch Zahlungssysteme und Zahlungsdienstleister zu gestatten, sofern dies zur Verhütung, Ermittlung und Feststellung von Betrugsfällen im Zahlungsverkehr notwendig ist. Die Norm betrifft also die sektorspezifische Festlegung von Zulässigkeitstatbeständen und beschränkt dabei die Ausgestaltungsmöglichkeiten durch einen engen Verantwortlichenkreis und enge Zwecke.[270] Gleichzeitig können sich Kohärenzprobleme ergeben, wenn sich Datenschutzrecht im Anwendungsbereich mit anderen Rechtsakten überschneidet und es zu einer Parallelität von Verpflichtungen kommt. Beispielweise statuiert Art. 32 Abs. 1 DSGVO für Verantwortliche und Auftragsverarbeiter unmittelbar die Verpflichtungen, geeignete technische und organisatorische Maßnahmen zu treffen, „um ein dem Risiko angemessenes Schutzniveau zu gewährleisten". Art. 16 Abs. 1 NIS-RL weist den Mitgliedstaaten den Regelungsauftrag zu, sicherzustellen, dass die Anbieter digitaler Dienste „geeignete und verhältnismäßige technische und organisatorische Maßnahmen ergreifen, um die Risiken für die Sicherheit der Netz- und Informationssysteme, die sie [...] nutzen, zu bewältigen."[271] Auch dies verweist auf den engen Zusammenhang von Datenschutz und solchen Rechtsakten, die die Infrastrukturen von Informations- und Kommunikationssystemen und -netzwerken regeln.

2016 über Maßnahmen zur Gewährleistung eines hohen gemeinsamen Sicherheitsniveaus von Netz- und Informationssystemen in der Union, ABl. L 194 vom 19.7.2016, S. 1–30.

[269] Richtlinie (EU) 2015/2366 des Europäischen Parlaments und des Rates vom 25. November 2015 über Zahlungsdienste im Binnenmarkt, zur Änderung der Richtlinien 2002/65/EG, 2009/110/EG und 2013/36/EU und der Verordnung (EU) Nr. 1093/2010 sowie zur Aufhebung der Richtlinie 2007/64/EG (Text von Bedeutung für den EWR), ABl. L 337 vom 23.12.2015, S. 35–127.

[270] Zum Verhältnis der PSD2 zur DSGVO s. näher auch *Sander*, BKR, 2019, 66 (70 ff.). S. nunmehr auch die entsprechenden Leitlinien des Europäischen Datenschutzausschusses, *EDSA*, Leitlinien 06/2020 zum Zusammenspiel zwischen der zweiten Zahlungsdiensterichtlinie und der DSGVO, 15.12.2020.

[271] Die Vorschrift ist in Deutschland in § 8c BSIG umgesetzt worden.

e) Fazit

Die Darstellung der bereichsspezifischen Novellierungen bzw. Novellierungsbestrebungen ist keinesfalls abschließend. Es gibt zahlreiche weitere Neufassungen von Rechtsakten und Reformvorhaben, die entweder ausdrücklich datenschutzrechtliche Inhalte haben, mit Datenschutzrecht in Wechselwirkung stehen oder zumindest auf das Datenschutzrecht zurückwirken.[272] Als weiteres Beispiel sei an dieser Stelle die Richtlinie (EU) 2019/1024 über offene Daten und die Weiterverwendung von Informationen des öffentlichen Sektors genannt.[273] Die Vielzahl datenschutzbezogener Rechtsakte ist Ausdruck und Folge des Querschnittscharakters ihres Regelungsgegenstands.[274]

Die genannten Beispiele sollten zudem zweierlei verdeutlich haben: Erstens zeichnet sich insgesamt eine erhöhte Komplexität mit Blick auf die angemessene Ausgestaltung des Verhältnisses von allgemeinen und bereichsspezifischen Vorgaben ab. Neben die durch die Regelungsstruktur der DSGVO induzierten Koordinations- und Konkretisierungserfordernisse auf vertikaler Ebene im Verhältnis zu den Mitgliedstaaten treten zusätzliche Abstimmungsbedürfnisse der allgemeinen Vorgaben mit dem bereichsspezifischen Sekundärrecht. Die sektorspezifischen Rechtsakte enthalten teils wechselseitige Verweise bzw. Öffnungen zugunsten des Rechts der Union und/oder des Rechts der Mitgliedstaaten, teils nehmen sie konkret andere (datenschutzbezogene) Rechtsakte in Bezug. Mit den resultierenden Koordinierungs- und Abstimmungserfordernissen zwischen den allgemeinen Vorgaben und bereichsspezifischen Bestimmungen hat sich der Europäische Datenschutzausschuss schon wiederholt beschäftigt.[275] Zweitens bieten diese In-

[272] Zu aus diesen Interdependenzen mitunter erwachsenden Koordinierungs- und Abstimmungserfordernissen s. noch unten, Teil 2, C., I., 1., a), dort auch mit weiteren Beispielen.

[273] Richtlinie (EU) 2019/1024 des Europäischen Parlaments und des Rates vom 20. Juni 2019 über offene Daten und die Weiterverwendung von Informationen des öffentlichen Sektors, ABl. L 172 vom 26.6.2019, S. 56–83.

[274] Mit der Beschreibung des Datenschutzes als Querschnittsmaterie ist nicht gemeint, dass dieser in verschiedenen bereichsspezifischen Gesetzen zu regeln ist, sondern vielmehr, dass der Gegenstand Grundkategorien betrifft, die sich querschnittsartig über alle Sachbereiche erstrecken. Die (bereichsspezifische) Ausdifferenzierung des Datenschutzrechts ist gerade eine Konsequenz des Querschnittscharakters des Gegenstands. Zum Regelungsgegenstand des Datenschutzes als Querschnittsmaterie s. näher unten, Teil 2, B. Zum resultierenden Erfordernis der Regulierung durch funktional aufeinander abgestimmte allgemeine und bereichsspezifische Vorgaben s. u. Teil 2, C., I., 3.

[275] Vgl. etwa *EDSA*, Stellungnahme 3/2019 zu den Fragen und Antworten zum Zusammenspiel der Verordnung über klinische Prüfungen und der Datenschutz-Grundverordnung (DSGVO) (Artikel 70 Absatz 1 Buchstabe b), 23.1.2019; *EDSA*, Stellungnahme 5/2019 zum Zusammenspiel zwischen der e-Datenschutz-Richtlinie und der DSGVO, ins-

bezugnahmen und Verweise im reformierten sektorspezifischen Recht zwar die Möglichkeit für mehr Kohärenz innerhalb des europäischen Datenschutzrechts. Insgesamt bleibt es aber bei einem uneinheitlichen Bild.[276] Die Heterogenität mit Blick auf die Regelungsmuster und die Praktiken der Verarbeitung oder des Informationsaustauschs wurde insbesondere im Bereich der polizeilichen und justiziellen Zusammenarbeit, der ehemaligen dritten Säule, bereits vor der Reform vielfach als unübersichtlich kritisiert.[277] Vor allem die separate Regelung des Datenschutzes in diesem Bereich verweist auf die Kompetenz der EU im Bereich des Datenschutzes und damit auf seine Verankerung im Primärrecht insgesamt.

C. Die Rolle des Primärrechts für das Spannungsverhältnis

Dass der Datenschutz sich zu einer autonomen Materie des Rechts der Europäischen Union entwickelt hat, manifestiert sich nicht nur im komplexen und immer vielfältiger ausdifferenzierten Sekundärrecht. Seine Eigenständigkeit sowie das charakteristische Spannungsfeld zwischen Einheit und Vielfalt kommen auch und besonders deutlich im Primärrecht zum Ausdruck. Dabei erhielt der Datenschutz erst verhältnismäßig spät, im Rahmen des Vertrags von Amsterdam, Einzug in das europäische Verfassungsrecht. Der vertragliche Rahmen der Europäischen Union hat sich seither jedoch grundlegend geändert und der Datenschutz hat auch im Primärrecht einen erheblichen Bedeutungszuwachs erfahren. Dieser lässt sich insbesondere mit zwei

---

besondere in Bezug auf die Zuständigkeiten, Aufgaben und Befugnisse von Datenschutzbehörden, 12.3.2019; *EDSA-EDSB*, Gemeinsame Stellungnahme 5/2021 zum Vorschlag für eine Verordnung des Europäischen Parlaments und des Rates zur Festlegung harmonisierter Vorschriften für künstliche Intelligenz (Gesetz über künstliche Intelligenz) und zur Änderung bestimmter Rechtsakte der Union, 18.6.2021, S. 20 ff.

[276] Insofern kritisch, weil die sektorspezifischen Vorschriften zu repetitiv seien und nicht ausreichend die sektorspezifischen Regelungserfordernisse reflektierten *Oliveira*, Os regimes especiais de proteção de dados pessoais: exemplos de poluição legislativa da União Europeia?, in: Pereira Coutinho/Canto Moniz, Anuário de Proteção de Dados, 2019, 157 (157 ff.).

[277] Konkret am Beispiel der Weitergaben von Flugpassagierdaten s. *Hanschmann*, Das Verschwinden des Grundrechts auf Datenschutz gegen hoheitliche Maßnahmen in der Pluralität von Rechtsregimen, in: Matz-Lück/Hong, Grundrechte und Grundfreiheiten im Mehrebenensystem – Konkurrenzen und Interferenzen, 2012, 293 (314 ff.). *Siemen*, Datenschutz als europäisches Grundrecht, 2006, S. 212 führt die Unübersichtlichkeit vor allem auf die wirtschaftliche Ausrichtung der Union zurück, die seinerzeit den Schutz der Menschenrechte und Grundfreiheiten nicht – jedenfalls nicht grundsätzlich – umfasst habe. Zum Flickwerk des Datenschutzrechts im Rahmen der ehemaligen dritten Säule s. a. *Hijmans/Scirocco*, Common Market Law Review, 2009, 1485 (1493 ff.).

zentralen Neuerungen erklären, die mit dem Vertrag von Lissabon respektive der EU-Grundrechtecharta eingeführt wurden.

Zum einen (I.) besteht mit Art. 16 Abs. 2 AEUV auf Unionsebene nunmehr eine sehr weitreichende Kompetenzvorschrift für den Datenschutz. Diese hat eine erhebliche Ausweitung unionaler Datenschutzrechtsetzung auf neuer Legitimationsgrundlage ermöglicht und bildete dementsprechend meist auch den Ausgangspunkt der genannten Novellierungen und Reformbestrebungen im europäischen Datenschutzrecht. Die Reichweite der Bestimmung ist im Einzelnen jedoch, insbesondere mit Blick auf die verbleibenden mitgliedstaatlichen Regelungsbefugnisse, umstritten.

Zum anderen (II.) steht der Datenschutz mit der Gewährleistung eines Rechts auf Schutz personenbezogener Daten in Art. 8 GRCh mittlerweile auf einer normativ eigenständigen Basis in den Unionsgrundrechten. Dessen Schutzgut, Schutzziele und Schutzdimensionen sowie seine Wechselwirkungen mit anderen europäischen Grundrechten sind indessen trotz zunehmender einschlägiger EuGH-Rechtsprechung noch immer von Unklarheiten und Inkohärenzen geprägt. Daneben tritt die Frage des Anwendungsbereichs im Verhältnis zu den nationalen Grundrechten. Die Erschließung dieser Probleme und die Erarbeitung einer gefestigten unionalen Grundrechtsdogmatik durch Rechtspraxis und Wissenschaft befinden sich noch in der Entwicklung.

Sowohl der kompetenzielle Rahmen als auch die grundrechtliche Fundierung des EU-Datenschutzrechts sind für seine einfach-rechtliche Gestaltung zwischen Einheit und Vielfalt von zentraler Bedeutung.

I. Die Gesetzgebungskompetenz der Europäischen Union für den Datenschutz

1. Die Kompetenz für den Datenschutz bis zum Vertrag von Lissabon

Der Datenschutz blieb lange Zeit ohne jegliche Erwähnung im europäischen Primärrecht. Dies änderte sich erst im Jahr 1999 mit Inkrafttreten des Vertrags von Amsterdam, mit dem Art. 286 EGV eingeführt wurde. Diese Bestimmung wurde aufgenommen, um eine Schutzlücke zu schließen, die dadurch entstanden war, dass die bis dato erlassenen Datenschutzrichtlinien sich allein an die Mitgliedstaaten richteten:[278] Zu diesem Zweck erstreckte Art. 286 Abs. 1 EGV den Anwendungsbereich der bisher verabschiedeten Datenschutzrechtsakte auch auf die Datenverarbeitung durch die Organe und Einrichtungen der Union. Abs. 2 enthielt darüber hinaus die Pflicht zur Errichtung einer unabhängigen Kontrollinstanz auf Unionsebene sowie eine

[278] *M. Schröder*, in: Streinz, 3. Aufl., 2018, EUV/AEUV, Art. 16 AEUV, Rn. 2. Näher zu Art. 286 EGV s. a. *Haratsch*, EuR, 2000, 42.

befristete Rechtsgrundlage für den Erlass von Datenschutzbestimmungen für die Datenverarbeitung durch Unionsorgane.[279]

Mit Art. 286 EGV bestand nunmehr zwar eine erste primärrechtliche Kompetenzbestimmung für den Erlass von Rechtsakten im Bereich des Datenschutzes. Diese war jedoch inhaltlich auf die Anpassung der Datenschutzstandards für die Verarbeitung durch Organe und Einrichtungen der Union an jene vor allem der DSRL und der ePrivacy-RL beschränkt[280] und zudem zeitlich begrenzt. Für die Datenverarbeitung durch die und in den Mitgliedstaaten existierte eine vergleichbare Rechtsgrundlage nach wie vor nicht. Die seinerzeit der „ersten Säule" zugeordneten EG-Datenschutzrichtlinien waren zuvor „insbesondere"[281] auf die Binnenmarktquerschnittskompetenz in Art. 100a bzw. 95 EGV (nunmehr Art. 114 AEUV) gestützt worden. Wegen der Ausrichtung dieser Bestimmung auf die Errichtung und das Funktionieren des Binnenmarkts waren (und sind) jeglicher (Datenschutz-)Gesetzgebung auf dieser Basis jedoch Grenzen gesetzt. Dessen waren sich auch die Richter des EuGH bewusst, die die DSRL wohl deshalb von ihrer kompetenziell induzierten Binnenmarktakzessorietät entkoppelten[282] und damit faktisch eine weitreichende Regelungskompetenz der Union begründeten, die auch eine Verlagerung des Grundrechtsmaßstabs mit sich brachte.[283] Auch für den Datenschutz im Kontext der GASP (ehemals zweite Säule) und der PJZS (ehemals dritte Säule) begründete Art. 286 EGV keine Kompetenz für den Datenschutz.[284] Dass Datenschutzrechtsakte im Bereich des Sicher-

[279] Auf der Grundlage von Art. 286 Abs. 2 EGV wurde, nach Ablauf der Frist, die DatenschutzVO als Sonderregime erlassen, mit dem auch der Europäische Datenschutzbeauftragte eingeführt wurde, vgl. bereits oben Fn. 82.

[280] Vgl. etwa *Sobotta*, in: Grabitz/Hilf/Nettesheim, 40. Ergänzungslieferung, 2009, Das Recht der Europäischen Union, Art. 286 EGV, Rn. 32.

[281] Die DSRL, die ePrivacy und die VorratsdatenspeicherungsRL enthielten bzw. enthalten in ihrer Begründung den Passus „gestützt auf den Vertrag zur Gründung der Europäischen Gemeinschaft, insbesondere auf Art. 95 [bzw. 100a]". Durch diese Formulierung wurde deutlich gemacht, dass es sich zwar um den wichtigsten, nicht jedoch den einzigen Anknüpfungspunkt handelte, s. dazu und zu den Kompetenzkonflikten sowohl zwischen den Institutionen als auch innerhalb der Institutionen, vgl. m. w. N. *Simitis/Hornung/Spiecker gen. Döhmann*, in: Simitis/Hornung/Spiecker gen. Döhmann, 2019, Datenschutzrecht, Einleitung, Rn. 139.

[282] Vgl. erstmals *EuGH* Urteil, 20.5.2003 – C-465/00, C-138/01 und C-139/01, *Österreichischer Rundfunk*, Rn. 41 ff. sowie im Anschluss *EuGH* Urteil, 6.11.2003 – C-101/01, *Lindqvist*, Rn. 40 ff. Die Richter entschieden damit ausdrücklich in Abweichung von den Schlussanträgen des Generalanwalts Tizzano, der in beiden Fällen zum Ergebnis kam, die Sachverhalte fielen mangels Binnenmarktbezugs nicht in den Anwendungsbereich der DSRL.

[283] Kritisch dazu *Britz*, EuGRZ, 2009, 1 (4 f.). S. a. *Ruffert*, EuGRZ, 2004, 466 (469 f.). Die Rechtsprechung retrospektiv als sachgebietsspezifisch angemessen bewertend *Marsch*, Das europäische Datenschutzgrundrecht, 2018, S. 313 ff.

[284] Allein im Kontext der dritten Säule fand der Datenschutz primärrechtlich Erwäh-

heitsrechts mangels einschlägiger Rechtsgrundlage ebenfalls auf Art. 114 AEUV gestützt wurden, ist daher nicht ohne Kritik geblieben.[285]

2. Art. 16 Abs. 2 AEUV: Eine unbeschränkte Kompetenz für den Bereich des Datenschutzes?

Vor dem Hintergrund dieser normativen Ausgangslage erklärt sich, dass mit der Einführung von Art. 16 Abs. 2 AEUV durch den Vertrag von Lissabon schon früh ein erhebliches Innovationspotenzial für den Bereich des Datenschutzrechts verbunden wurde.[286] Mit der Bestimmung besteht auf Unionsebene erstmals eine explizite weitreichende Kompetenzgrundlage zum Erlass von Vorschriften über den Schutz natürlicher Personen bei der Verarbeitung personenbezogener Daten und über den freien Datenverkehr.[287] Nach wie vor ausgenommen ist allein der Bereich der GASP, für den Art. 39 EUV eine wortlautidentische Bestimmung vorsieht, allerdings für den Erlass eines *Beschlusses* durch den *Rat*.[288] Beide Bestimmungen nehmen einerseits die Grundrechtsdimension, insbesondere durch die systematische Verknüpfung mit Art. 16 Abs. 1 AEUV, und andererseits die Binnenmarktdimension („und

---

nung. Art. 30 Abs. 1 lit. b EUV a.F. statuierte die Verpflichtung zur Beachtung der „entsprechenden Vorschriften über den Schutz personenbezogener Daten".

[285] Die Tauglichkeit des heutigen Art. 114 AEUV als Kompetenzgrundlage für datenschutzbezogene Rechtsakte war mehrfach Verfahrensgegenstand vor dem EuGH. Das erste Mal ging es um einen Beschluss, der als Teil eines Abkommens die Übermittlung von PNR-Daten an die USA regelte. Der Gerichtshof urteilte, Art. 95 EGV könne eine entsprechende Zuständigkeit der EU nicht begründen, vgl. *EuGH* Urteil, 30.5.2006 – verb. Rs. C-317/04 und C-318/04, *PNR-Beschluss*. Ein anderes Mal wurde die auf Art. 95 EGV gestützte Vorratsdatenspeicherungsrichtlinie von Irland mit der Begründung angegriffen, sie beruhe auf keiner geeigneten Rechtsgrundlage. Hier kam der EuGH zum gegenteiligen Ergebnis, vgl. *EuGH* Urteil, 10.2.2009 – C-301/06, *Vorratsdatenspeicherungsrichtlinie*. *Simitis*, NJW, 2006, 2011 (2011 ff.) wertet sowohl den PNR-Beschluss als auch die Vorratsdatenspeicherungsrichtlinie als Anzeichen sich wandelnder Kooperationsformen zwischen Kommission und Rat und spricht vor diesem Hintergrund von einer „überspielten Kompetenzfrage".

[286] Vgl. *Hijmans*, ERA Forum, 2010, 219 (220); *Spiecker gen. Döhmann/Eisenbarth*, JZ, 2011, 169 (172).

[287] Teilweise wird die Ansicht vertreten, Art. 16 Abs. 2 AEUV habe keinen innovativen Charakter, weil der EuGH auf Grundlage der DSRL bereits eine umfassende Kompetenz für den Datenschutz angenommen habe, s. etwa *Marsch*, Das europäische Datenschutzgrundrecht, 2018, S. 333 f. Zwar mögen die teleologischen Erwägungen des Gerichtshofs nachvollziehbar sein. Die Ausweitung des Anwendungsbereichs der DSRL, die auf die Binnenmarktkompetenz gestützt war, entbehrte gleichwohl einer expliziten (verfassungs-)rechtlichen Legitimationsgrundlage, was bei der Einordnung des normativen Potenzials von Art. 16 AEUV nicht unterschlagen werden sollte.

[288] Zu Art. 39 EUV und der beschränkten Jurisdiktion des EuGH in diesem Bereich s. näher *Wagner*, Datenschutz in der EU, 2015, S. 168 ff.

über den freien Datenverkehr") des unionalen Datenschutzrechts in Bezug. Die doppelte Finalität des EU-Datenschutzrechts[289] ist nunmehr also auch primärrechtlich verankert, und zwar nicht nur in Gestalt eines Kompetenztitels. Angesichts der Formulierung der Bestimmungen wird zumindest Art. 16 Abs. 2 AEUV, insbesondere in Verbindung mit Art. 8 GRCh, als umfassende Schutz- bzw.- Gewährleistungsverpflichtung gelesen.[290] Dabei fungiert Art. 16 Abs. 2 UAbs. 1 AEUV als Kompetenzbestimmung, auf deren Grundlage der gesetzgeberische Ausgestaltungsauftrag aus Art. 8 GRCh realisiert werden kann bzw. muss.[291] Die Gestaltung des Datenschutzrechts zwischen Einheit und Vielfalt richtet sich nicht zuletzt auch nach Art. 16 Abs. 2 AEUV, wie ein Blick auf dessen Inhalt und Reichweite offenbaren wird.

a) Die Genese von Art. 16 Abs. 2 AEUV

Das Innovationspotenzial der Bestimmung ist, wie angedeutet, vor dem Hintergrund der historischen Ausgangslage zu sehen: Die mit dem Vertrag von Amsterdam eingeführte Kompetenz für den Bereich des Datenschutzes war mehrfach beschränkt[292] und das Datenschutzsekundärrecht entsprechend der damaligen Säulenstruktur fragmentiert. Angesichts der geplanten Auflösung der Säulenstruktur wurde im Rahmen des Verfassungskonvents diskutiert, ob der Datenschutz zukünftig eine einheitliche Rechtsgrundlage erhalten soll oder aber für die jeweiligen Bereiche gesonderte Kompetenzbestimmungen geschaffen werden sollten.[293] Im Ergebnis entschied man sich für eine einheitliche umfassende Kompetenznorm im europäischen Verfassungsvertrag

---

[289] Zur Manifestation der doppelten Finalität in der DSGVO s. noch unten, Teil 3, A., I., 1.

[290] Vgl. *Spiecker gen. Döhmann/Eisenbarth*, JZ, 2011, 169 (172). S. a. *Hijmans*, The European Union as Guardian of Internet Privacy, 2016, S. 265 ff.

[291] Die Norm ist auch verfassungsrechtlich notwendig, weil sich aus den Unionsgrundrechten, hier v.a. Art. 8 GRCh, keine Gesetzgebungsbefugnisse ableiten lassen, vgl. Art. 6 Abs. 2 UAbs. 1 EUV, Art. 51 Abs. 2 GRCh. Art. 8 GRCh bildet indessen auch eine Schranke des Ausgestaltungsermessens aus Art. 16 Abs. 2 AEUV, vgl. dazu *Hustinx*, „EU-Datenschutzrecht: Die Überprüfung der Richtlinie 95/46/EG und die vorgeschlagene Datenschutz-Grundverordnung", https://edps.europa.eu/sites/edp/files/publication/14-09-15_article_eui_de.pdf, (53 ff.) (zuletzt abgerufen am 31.3.2022).

[292] S.o., Teil 1, C., I., 1.

[293] Konkret zur Frage einer einheitlichen Kompetenzgrundlage für die erste und dritte Säule s. CONV 614/03, 14.3.2003, S. 1–33, (S. 31): „Jedoch scheint es logischer, nach der Abschaffung der Säulen die Schaffung einer allgemeinen Regelung zum Schutz personenbezogener Daten zu ermöglichen, die sowohl die derzeitige Gemeinschaftsregelung […] als auch das Tätigwerden im Rahmen der jetzigen dritten Säule abdeckt, ohne dass es in diesem Kapitel für den Datenschutz noch einer besonderen Rechtsgrundlage bedürfte."

(EVV),[294] deren Text ausdrücklich auf die DSRL gestützt wurde.[295] Nach dem Scheitern des Vertrags wurde der Wortlaut dieser Bestimmung zwar weitestgehend identisch in Art. 16 AEUV übernommen. Im Rahmen des Vertrags von Lissabon (VvL) wurde aber dennoch ein Mittelweg gewählt, indem mit Art. 39 EUV eine gesonderte Kompetenzbestimmung das mitgliedstaatliche Handeln im Bereich der GASP betreffend aufgenommen wurde.[296] Zudem wurde in den Erklärungen zu der Schlussakte der Regierungskonferenz darauf hingewiesen, dass die Besonderheiten des Bereichs der PJZS u. U. spezifische, wenn auch auf Art. 16 AEUV gestützte Vorschriften erfordern könnte.[297]

Auf diese Erläuterung stützte sich dann auch die Kommission, als sie Anfang 2012 neben dem DSGVO-Entwurf einen separaten Vorschlag für eine JI-RL veröffentlichte,[298] nachdem sich ihre Ausführungen zum Bedarf nach einer kohärenteren Regelung für den Datenschutz im Rahmen ihres „Gesamtkonzepts für den Datenschutz in der Europäischen Union" noch im Sinne eines einheitlichen Rechtsakts interpretieren ließen.[299] Dieses Vorgehen ist freilich von Art. 16 Abs. 2 AEUV gedeckt, der zwar die Möglichkeit einer Zusammenfassung in einem einheitlichen Datenschutzrechtsakt bietet, eine solche aber nicht verbindlich vorgibt.[300] Mit Art. 16 Abs. 2 AEUV wurde die Lösung des Datenschutzes von seiner ursprünglich kompetenziell bedingten Binnenmarktakzessorietät – also dem Erfordernis einer Grenzüberschrei-

---

[294] Vgl. Art. I-51 EVV, Vertrag über eine Verfassung für Europa. ABl. EU C 310, 16.12.2004, S. 1–474, (36).

[295] CONV 650/03, 2.4.2003, S. 1–13, (S. 11).

[296] Diese kompetenzielle Aufspaltung ist erst verhältnismäßig spät im Rahmen der Verhandlungen zum VvL festgeschrieben worden und ist wohl als Reaktion auf die Bedenken gegen eine Ausdehnung der EU-Kompetenzen zu verstehen, die als einer der Gründe für das Scheitern des EVV ausgemacht wurden, s. *Brühann*, in: Groeben/Schwarze/Hatje, 7. Aufl., 2015, Europäisches Unionsrecht, Art. 39 EUV, Rn. 4.

[297] Vgl. Nr. 21 der Erklärungen zur Schlussakte der Regierungskonferenz, die den am 13. Dezember 2007 unterzeichneten Vertrag von Lissabon angenommen hat. ABl. EU C 326, 26.10.2012, S. 337–361, (S. 347).

[298] *Europäische Kommission*, Vorschlag für eine Richtlinie des Europäischen Parlaments und des Rates zum Schutz natürlicher Personen bei der Verarbeitung personenbezogener Daten durch die zuständigen Behörden zum Zwecke der Verhütung, Aufdeckung, Untersuchung oder Verfolgung von Straftaten oder der Strafvollstreckung sowie zum freien Datenverkehr, 25.1.2012, KOM (2012) 10 endgültig, S. 2.

[299] Vgl. *Europäische Kommission*, Mitteilung der Kommission an das Europäische Parlament, den Rat, den Europäischen Wirtschafts- und Sozialausschuss und den Ausschuss der Regionen, Gesamtkonzept für den Datenschutz in der Europäischen Union, 4.11.2010, KOM (2010) 609 endgültig, S. 4 f.: „Gestützt auf die neue Rechtsgrundlage kann die EU den Datenschutz einheitlich regeln, auch in den Bereichen der polizeilichen und justiziellen Zusammenarbeit in Strafsachen."

[300] So auch *Wagner*, Datenschutz in der EU, 2015, S. 167.

tung – primärrechtlich verankert und damit auf eine eigenständige normative Legitimationsgrundlage gestellt.[301] Dessen ungeachtet bleibt die Binnenmarktdimension eine zentrale Komponente des EU-Datenschutzrechts, wie Art. 16 Abs. 2 UAbs. 1, S. 1 AEUV auch selbst zum Ausdruck bringt.

b) Inhalt, horizontale und vertikale Grenzen und überschießende Dynamik

Mit Blick auf seinen Inhalt lässt sich der etwas sperrig formulierte Art. 16 Abs. 2 UAbs. 1, S. 1 AEUV in drei tatbestandliche Komponenten gliedern. Gemäß dem Wortlaut der Norm erlässt der Unionsgesetzgeber „Vorschriften über den Schutz natürlicher Personen bei der Verarbeitung personenbezogener Daten" erstens „durch die Organe, Einrichtungen oder sonstigen Stellen der Union sowie" zweitens „durch die Mitgliedstaaten im Rahmen der Ausübung von Tätigkeiten, die in den Anwendungsbereich des Unionsrechts fallen". Daneben erlässt die EU-Legislative drittens Vorschriften „über den freien Datenverkehr". Diese Aufteilung dient nicht allein der besseren Übersicht, sondern ist auch von normativer Relevanz, wie im Folgenden zu zeigen ist.

aa) Weitreichende Zuständigkeit für die Regelung des Datenschutzes in der EU

In seiner ersten Variante statuiert Art. 16 Abs. 2 UAbs. 1, S. 1 bezüglich der Datenverarbeitung unmittelbar durch die Union eine umfassende und ausschließliche Kompetenz i. S. v. Art. 2 Abs. 1 AEUV. Die Mitgliedstaaten sind nicht für die Gestaltung der Datenschutzvorschriften für Unionsorgane zuständig, auch nicht in Form einer geteilten Zuständigkeit. Dieser Kompetenztitel ist letztlich eine Fortführung von Art. 286 Abs. 2 EGV und bildete die Grundlage etwa für die Reform der Datenschutzverordnung.[302] Die Kompetenz der EU für den Erlass von Vorschriften zum Schutz natürlicher Personen bei der Verarbeitung durch ihre Organe ist akzessorisch zu den der EU in den Verträgen übertragenen Zuständigkeiten. Diese Akzessorietät entfaltet jedoch auch eine limitierende Wirkung, denn der Unionsgesetzgeber kann gem. Art. 5 Abs. 2 EUV nur innerhalb der Grenzen der Zuständigkeiten tätig werden, die die Mitgliedstaaten der EU in den Verträgen übertragen haben.[303]

---

[301] *Marsch*, Das europäische Datenschutzgrundrecht, 2018, S. 333 vertritt indessen die Ansicht, Legitimationsdefizite und Binnenmarktzwang hätten auch schon vorher nicht bestanden.

[302] S. dazu oben Teil 1, B., III., 2., b).

[303] So auch *Wagner*, Datenschutz in der EU, 2015, S. 158.

bb) Begrenzte Kompetenz für die Regelung des Datenschutzes in den Mitgliedstaaten

In seiner zweiten Variante formuliert Art. 16 Abs. 2 UAbs. 1, S. 1 AEUV, dass die Union für den Datenschutz im Kontext von mitgliedstaatlichem Handeln nur insoweit zuständig ist, als dieses Handeln in den *Anwendungsbereich des Unionsrechts* fällt. Betreffen Datenverarbeitungstätigkeiten von mitgliedstaatlichen Stellen diesen Anwendungsbereich *nicht*, sind im Umkehrschluss allein die Mitgliedstaaten für den Datenschutz zuständig. Es besteht allerdings Unklarheit darüber, wann eine mitgliedstaatliche Datenverarbeitung sich im „Anwendungsbereich des Unionsrechts" bewegt. Teilweise wird dem Tatbestandsmerkmal eine eigenständige Bedeutung gänzlich abgesprochen. Zur Begründung heißt es, mit Art. 16 AEUV sei der EU eine umfassende Befugnis zur Regelung des Datenschutzes übertragen worden, sodass Mitgliedstaaten bei jeder Verarbeitung personenbezogener Daten per definitionem im Anwendungsbereich des Unionsrechts handelten.[304] Was Art. 16 Abs. 2 AEUV betrifft, ist dieses Verständnis jedoch kurzschlüssig, weil es vom (Grund-)Recht auf Schutz personenbezogener Daten auf eine umfassende Zuständigkeit schließt. Zwar beinhaltet Art. 8 GRCh primär einen objektiv-rechtlichen Ausgestaltungsauftrag.[305] Dieser kann sich aber nur auf jene Bereiche erstrecken, die innerhalb des unionalen Kompetenzrahmens liegen.[306] Bei der Auslegung des Merkmals „Anwendungsbereich des Unionsrechts" geht es gerade darum, festzustellen, wie weit die Kompetenz der EU zur Ausgestaltung dieses Grundrechts in vertikaler Hinsicht – also gegenüber den Mitgliedstaaten – reicht.[307]

---

[304] *Hijmans*, The European Union as Guardian of Internet Privacy, 2016, S. 130 f.: „Article 16 TFEU also means that privacy and data protection fall, by definition, within the scope of EU law." Gegen verbleibende Kompetenzgrenzen jenseits der allgemeinen Grundsätze *Rüpke/Lewinski/Eckhardt*, Datenschutzrecht, 2018, S. 98. In diese Richtung dürfte auch *Kingreen*, in: Calliess/Ruffert, 6. Aufl., 2022, EUV/AEUV, Art. 16 AEUV, Rn. 6 zu verstehen sein, der in Art. 16 Abs. 2 AEUV eine „sachgebietsunabhängige Gesetzgebungskompetenz für den Datenschutz" sieht. Auch die Europäische Kommission scheint ihrem Handeln eine umfassende Regelungsbefugnis auf dem Bereich des Datenschutzrechts zugrunde zu legen, vgl. *Europäische Kommission*, Mitteilung der Kommission an das Europäische Parlament, den Rat, den Europäischen Wirtschafts- und Sozialausschuss und den Ausschuss der Regionen, Gesamtkonzept für den Datenschutz in der Europäischen Union, 4.11.2010, KOM (2010) 609 endgültig, S. 5.

[305] Dazu sowie zu seinem Verhältnis zu Art. 16 Abs. 1 AEUV näher unten Teil 1, C., II., 1.

[306] Grundrechtliche Schutzpflichten sind stets akzessorisch zu den Kompetenzen und können keine neuen Zuständigkeiten begründen, s. Art. 6 Abs. 1 UAbs. 2 EUV, Art. 51 Abs. 2 GRCh. Zur Kompetenzakzessorietät grundrechtlicher Schutzpflichten s. a. *Suerbaum*, EuR, 2003, 390 (409 ff.).

[307] Der EuGH neigt in seiner Rechtsprechung, insbesondere im Bereich des Verhältnis-

Zur Bestimmung dieser Reichweite gibt es im Wesentlichen zwei Ansätze. Einerseits wird der Passus als Verweis auf die Kompetenzen der EU verstanden, sodass mitgliedstaatliche Stellen immer dann im Anwendungsbereich des Unionsrechts handeln, wenn ihre Tätigkeiten in Bereiche fallen, für die der Union in den Verträgen abstrakt eine (zumindest geteilte) Zuständigkeit zugewiesen ist.[308] Ein anderer Ansatz besteht darin, auf die rechtliche Bindung der mitgliedstaatlichen Stellen bei der Datenverarbeitung abzustellen und die Formulierung mit dem Anwendungsbereich der Unionsgrundrechte gem. Art. 51 Abs. 1 GRCh zu koordinieren.[309] Demnach fielen mitgliedstaatliche Datenverarbeitungen immer dann unter Art. 16 Abs. 2 UAbs. 1, S. 1 AEUV, wenn sie als „Durchführung von Unionsrecht" zu werten wären, wobei insoweit die einschlägige Rechtsprechung des EuGH heranzuziehen wäre.[310]

Letzteres Verständnis, jedenfalls soweit es auf kompetenzgemäß erlassene EU-Rechtsakte abstellt, führt indes zwangsläufig zu dem Ergebnis, dass das Sekundärfachrecht die Reichweite der primärrechtlichen Kompetenzbestimmung abstecken würde. Betrachtet man sektorspezifische Rechtsakte, mag diese Sichtweise noch plausibel sein: Wird der Unionsgesetzgeber auf einem sachlichen Regelungsfeld tätig, etwa im Bereich der Zahlungsdienste, so kann er den Datenschutz als Annex mitregulieren, soweit die Mitgliedstaaten auf Grund des erlassenen Rechtsakts *in diesem Bereich* an die Unionsgrundrechte gebunden sind. Legt man diesen Ansatz indes einer Analyse der Datenschutz-Grundverordnung in Bezug auf die Kompetenzgemäßheit ihres

---

ses zum Sicherheitsrecht, zu einer (zu) extensiven Auslegung. S. dazu noch unten, Teil 4, A., II., 2., a), cc).

[308] In diesem Sinne *Brühann*, in: Groeben/Schwarze/Hatje, 7. Aufl., 2015, Europäisches Unionsrecht, Art. 16 AEUV, Rn. 65; *Nguyen*, ZEuS, 2012, 277 (286 f.); *Marsch*, Das europäische Datenschutzgrundrecht, 2018, S. 337. Auf die Kompetenztitel der Union abstellend auch *Kühling/Raab*, in: Kühling/Buchner, 3. Aufl., 2020, Datenschutz-Grundverordnung BDSG, Einführung, Rn. 8. Für ein Verständnis von Art. 16 Abs. 2 AEUV als akzessorisch zu den Sachkompetenzen s. a. *Sandhu*, Grundrechtsunitarisierung durch Sekundärrecht, 2021, S. 148 ff.

[309] *Klement*, JZ, 2017, 161 (165 f.); *Wagner*, Datenschutz in der EU, 2015, S. 158 f.; S. a. *Schröder*, in: Streinz, 3. Aufl., 2018, EUV/AEUV, Art. 16 AEUV, Rn. 9. In diese Richtung zu verstehen sind wohl auch *Schantz/Wolff*, Das neue Datenschutzrecht, 2017, Rn. 23, wonach der Anwendungsbereich noch nicht eröffnet sein dürfte, „wenn die Union zwar Rechtsnormen erlassen könnte, aber noch nicht erlassen hat und die Grundfreiheiten nicht eingeschränkt werden."

[310] *Klement*, JZ, 2017, 161 (165) differenziert dahingehend, dass die Bereiche nicht immer zwingend deckungsgleich seien. Der EuGH tendiert insoweit zu einem sehr extensiven Verständnis, vgl. *EuGH* Urteil, 26.2.2013 – C-617/10, *Åkerberg Fransson*, Rn. 19 ff. Zu den unionsgrundrechtlichen „Bindungskonstellationen" i.R. von Art. 51 Abs. 1 GRCh näher *Franzius*, ZaöRV, 2015, 383 (386 ff.). Zum Anwendungsbereich der Unionsgrundrechte in Öffnungskonstellationen im Einzelnen noch unten, Teil 4, A., I.

Erlasses zu Grunde, so zeigen sich Probleme. Zur Bestimmung der Primärrechtskonformität eines allgemeinen Datenschutzrechtsrahmens wie der DSGVO unter kompetenziellen Gesichtspunkten wäre ein Blick auf sämtliches Sekundärrecht erforderlich, um zu bestimmen, wie weit dieser reichen kann. Für jeden einzelnen Bereich der DSGVO müsste überprüft werden, ob einschlägiges Fach-Sekundärrecht existiert, das die Mitgliedstaaten beim Umgang mit personenbezogenen Informationen und Daten „durchführen", sodass der Datenschutz auf Grund dessen – als Annex – *im Umfang der DSGVO-Vorgaben* mitgeregelt werden könnte. Das ist schon angesichts des umfassenden, sektorübergreifenden Regelungsansatzes der DSGVO[311] kaum zu leisten. Hinzu kommt, dass die extensive Rechtsprechung des EuGH zur Reichweite von Art. 51 GRCh kaum handhabbare Kriterien zur Abgrenzung der Kompetenzbereiche bietet.[312] Auch soweit innerhalb dieses Ansatzes nicht zwingend auf bereits erlassenes Sekundärrecht abgestellt wird,[313] führt er – paradoxerweise, zumal er dieses Phänomen gerade einzuhegen sucht – zu einer erheblichen Ausweitung des Anwendungsbereich des Unionsrechts – und damit der EU-Kompetenz für die Regelung des Datenschutzrechts in den Mitgliedstaaten. Er lässt sich aber erklären mit einem Vorverständnis der sachlichen EU-Kompetenzen als stets umfassende (Annex-)Datenschutzkompetenzen im jeweiligen Bereich.[314] Hier wird indessen bereits ein anderes Verständnis vom Verhältnis der sachlichen Kompetenzen zu Art. 16 Abs. 2 AEUV zugrunde gelegt, sodass das Erfordernis der (vermeintlichen) Einschränkung über Art. 51 GRCh entfällt.[315] Aus den vorstehend erörterten Gründen ist es überzeugender, den „Anwendungsbereich des Unionsrechts" als Verweis auf die der EU in den Verträgen übertragenen Zuständigkeiten zu verstehen. Der Unionsgesetzgeber ist daher für den Erlass von Datenschutz-

---

[311] S. dazu noch unten, Teil 3, A., I., 2 und 3.

[312] Dazu noch unten, Teil 4, A., I. Die Reichweite der Bindungswirkung der Unionsgrundrechte gegenüber den Mitgliedstaaten ist zudem gerade einzelfallbezogen zu bestimmen, was bei der Festlegung der (abstrakten) Kompetenzgrenzen nicht passt.

[313] S. etwa *Klement*, JZ, 2017, 161 (166), nach dem für die Bejahung des Handelns im Anwendungsbereich des Unionsrechts „eine unionsrechtliche ‚Veranlassung' des Akts, seine Förderlichkeit für eine unionsrechtlich (auch nur primärrechtlich) vorgegebene Aufgabe, und sei es auch nur in einzelnen Fallkonstellationen" genügt.

[314] Vgl. *Klement*, JZ, 2017, 161 (165): „Im Anwendungsbereich des Unionsrechts handeln die Mitgliedstaaten mithin schon dann, wenn die mit der Datenverarbeitung wahrgenommene Aufgabe einem Sachgebiet zugeordnet ist, für das eine geteilte Zuständigkeit von Union und Mitgliedstaaten besteht."

[315] Nach hiesigem Verständnis fügt sich Art. 16 Abs. 2 AEUV in den vorhandenen EU-Kompetenzrahmen ein und stülpt sich nicht über diesen. Dann aber besteht auch kein Bedarf, den Anwendungsbereich über eine Verknüpfung mit Art. 51 Abs. 1 GRCh (vermeintlich) einzugrenzen. Zur Frage des Verhältnisses von Art. 16 Abs. 2 AEUV zu den sachlichen Kompetenzen s. sogleich.

vorschriften auch hinsichtlich der Verarbeitung durch Mitgliedstaaten zuständig, *soweit* diese in einem Bereich erfolgt, für den die Union eine Gesetzgebungskompetenz besitzt. Für diese Interpretation spricht auch die innere Kohärenz zur ersten Variante, die ebenfalls als akzessorische Annexkompetenz gelesen wird. Im Unterschied zur ersten Variante handelt es sich bezüglich der mitgliedstaatlichen Datenverarbeitung jedoch um eine geteilte Kompetenz i. S. d. Art. 2 Abs. 2 AEUV.[316]

Dies hat zum einen zur Folge, dass die Mitgliedstaaten ihre Zuständigkeit nur in dem Maße wahrnehmen können, in dem die Union sie (noch) nicht ausgeübt hat – ein generelles Prinzip, das allerdings im Datenschutzrecht komplizierte Folgefragen aufwirft.[317] Eine weitere Folge ist die Begrenzung der Zuständigkeit des Unionsgesetzgebers durch die Kompetenzausübungsschranken.

Aus dem Annexcharakter der Kompetenznorm ergibt sich in der zweiten Variante zudem ein Abstimmungserfordernis: Aufgrund der Abstraktionshöhe des Datenschutzes als Regelungsgegenstand mit ausgeprägtem Querschnittscharakter[318] ermöglicht Art. 16 Abs. 2 AEUV grundsätzlich die Schaffung von Datenschutzvorschriften, die weit in andere Politikbereiche hineinreichen. Angesichts der vielen Zuständigkeiten, die der EU in den Verträgen übertragen sind, stellt sich deshalb die Frage, wie sich die Bestimmung zu den jeweiligen sachbereichsspezifischen Kompetenztiteln verhält bzw. wie weit der Annexcharakter von Art. 16 Abs. 2 EUV reicht.[319] Dies ist vor allem dann von Bedeutung, wenn der EU für ein Politikfeld nur eine beschränkte Kompetenz übertragen wurde, wie etwa für den Bereich des Arbeitsrechts, weil die Heranziehung von Art. 16 Abs. 2 AEUV diese inhaltlichen Schranken dann unterlaufen könnte.[320]

---

[316] S. a. *Hijmans*, The European Union as Guardian of Internet Privacy, 2016, S. 132.

[317] Vgl. Art. 2 Abs. 2, S. 2 AEUV sowie Protokoll Nr. 25 zum VvL. Ist der Unionsgesetzgeber, wie mit der DSGVO, tätig geworden, stellt sich die schwierige Frage, wie die verbleibende autonome Kompetenz der Mitgliedstaaten *jenseits* expliziter Öffnungsklauseln und Spielräumen im jeweiligen Unionsrechtsakt zu bestimmen ist, vgl. *Hijmans*, The European Union as Guardian of Internet Privacy, 2016, S. 132. Dies ist ferner zu unterscheiden von der Frage, ob Mitgliedstaaten auch in den durch den Unionsrechtsakt determinierten Bereichen jenseits expliziter Befugnisse weiterhin (ergänzend) rechtssetzend tätig werden können, insb. um einen höheren Schutzstandard einzuführen. Dies in Bezug auf Art. 16 Abs. 2 AEUV verneinend *Hijmans*, The European Union as Guardian of Internet Privacy, 2016, S. 281.

[318] Zum Datenschutz als Querschnittsdimension des Rechts und den resultierenden Herausforderungen seiner Regulierung umfassend Teil 2.

[319] S. a. *Hornung/Spiecker gen. Döhmann*, in: Simitis/Hornung/Spiecker gen. Döhmann, 2019, Datenschutzrecht, Einleitung, Rn. 159, die zutreffend darauf hinweisen, dass sich bisher keine Regeln herausgebildet hätten, um Art. 16 Abs. 2 AEUV gegen die speziellen Kompetenztitel abzugrenzen.

[320] Übergreifend zu dem Problem „asymmetrischer Integration“ angesichts verschieden

In diesem Zusammenhang wird einerseits vertreten, die Norm statuiere eine umfassende Kompetenz für den Datenschutz, gerade weil ihr Regelungsgegenstand eine Querschnittsdimension sei.[321] Andere räumen den sektorspezifischen Zuständigkeitsnormen den Vorrang ein.[322] Der Schluss vom Querschnittscharakter auf eine umfassende Regelungskompetenz auch für die Datenverarbeitung durch die Mitgliedstaaten ist zirkulär. Aus dem Querschnittscharakter des Umgangs mit personenbezogenen Informationen und Daten resultiert die Notwendigkeit, Datenschutzerfordernissen in vielfältigen (Regelungs-)Kontexten Rechnung zu tragen, nicht aber, dass dafür per se allein die Union zuständig ist. Vielmehr geht es gerade darum, festzustellen, wie weit die Kompetenz der EU reicht, auch die mitgliedstaatliche Datenverarbeitung in den jeweiligen Sachbereichen zu regeln. Art. 16 Abs. 2 AEUV ist deshalb so zu lesen, dass die Norm einen Kompetenzrahmen vorfindet, in den sie sich einfügt, indem sie *in diesem Rahmen* den Erlass von Datenschutzvorschriften für die Mitgliedstaaten durch die EU ermöglicht. Ein anderes Verständnis würde faktisch eine umfassende „Superkompetenz" der EU im Bereich des Datenschutzes statuieren, die das zwischen der EU und den Mitgliedstaaten ausgehandelte Kompetenzregime unterliefe.[323]

Der so verstandene Art. 16 Abs. 2 AEUV wird – wie das gesamte Unionsrecht – allerdings von dem Grundsatz der praktischen Wirksamkeit flankiert, wodurch die Kompetenznorm eine gewisse überschießende Dynamik gewinnt. Diese kommt zum Vorschein, wenn die effektive Regulierung von Datenverarbeitungen *innerhalb* des Anwendungsbereichs des Unionsrechts schlechterdings nicht möglich ist, ohne dass einzelne Bereiche, die prima facie nicht vom Anwendungsbereich erfasst sind, mitreguliert werden.[324] Ein an-

---

ausgeprägter Integrationsgrade in unterschiedlichen Politikbereichen *Chalmers/Jachtenfuchs/Joerges*, The retransformation of Europe, in: Chalmers/Jachtenfuchs/Joerges, The end of the Eurocrats' dream, 2016, 1 (14 ff.).

[321] Für eine umfassende Supranationalisierungskompetenz in Bezug auf das Datenschutzrecht, die unabhängig von den Spezifika der Zuständigkeiten in den jeweiligen Sektoren bestehe, *Kühling/Raab*, in: Kühling/Buchner, 3. Aufl., 2020, Datenschutz-Grundverordnung BDSG, Einführung, Rn. 8, dort auch m. w. N. für die Gegenansicht. In diese Richtung auch *Sobotta*, in: Grabitz/Hilf/Nettesheim, 65. Ergänzungslieferung, 2018, Das Recht der Europäischen Union, Art. 16 AEUV, Rn. 31.

[322] Konkret bezogen auf die DSGVO *Franzen*, DuD, 2012, 322 (325 f.), nach dem für die Bestimmungen der DSGVO zum Arbeitnehmerdatenschutz die Sozialvorschriften im AEUV, insb. Art. 153 AEUV, einschlägig seien. Nicht für einen Vorrang, aber dafür, „dass sich das Harmonisierungsniveau maßgeblich nach dem jeweiligen Politikbereich bestimmt", *Sandhu*, Grundrechtsunitarisierung durch Sekundärrecht, 2021, S. 152.

[323] Die Gefahr eines „gigantische[n] Kompetenzstaubsauger[s]" in der Regelungskompetenz für das Datenschutzrecht sieht etwa auch *Bäcker*, vgl. https://www.bundestag.de/webarchiv/textarchiv/2012/40998184_kw43_pa_inneres-209676 (zuletzt abgerufen am 31.3.2022).

[324] Es war dieses Telos, das den EuGH auch bei der Interpretation der Binnenmarkt-

schauliches Beispiel für diese dynamische Interpretation von Art. 16 Abs. 2 AEUV ist neben der DSGVO die JI-RL. Sie erfasst grundsätzlich auch rein innerstaatliche Datenverarbeitungen, die per se nicht in den Anwendungsbereich des Unionsrechts fallen.[325] Die insoweit überschießende Regulierung wird auf zwei Argumente gestützt: Erstens sei zum Zeitpunkt der Datenerhebung oft unklar, ob die sich anschließenden Verarbeitungen rein innerstaatlich oder aber grenzüberschreitend erfolgen werden. Zweitens müsse die Rechtmäßigkeit der einzelnen Verarbeitungsschritte im Verarbeitungszusammenhang beurteilt werden, wofür es eines einheitlichen Regimes bedürfe, um datenschutzbezogene Defizite zu vermeiden.[326]

Hinter dieser Argumentationslinie steht erkennbar die Effektivität des Datenschutzes und damit der Gedanke der praktischen Wirksamkeit. Freilich rechtfertigt dieser Grundsatz eine Erstreckung nur in dem Maß, in dem sie erforderlich ist, was auch über Art. 4 Abs. 2 und Art. 5 Abs. 3 und 4 EUV abgesichert ist. Dem trägt die JI-RL insoweit Rechnung, als man sie als Mindestharmonisierungsmaßnahme zu verstehen hat.[327] Um die Grenzen der überschießenden Dynamik zu eruieren, ist ein Blick auf die Charakteristika des Regelungsgegenstands hilfreich.[328] Auch die Datenschutz-Grundverordnung ist überschießend geregelt, was in verschiedenen ihrer Bestimmungen,

---

kompetenz und der extensiven Auslegung des Anwendungsbereich der DSRL anleitete, vgl. *EuGH* Urteil, 20.5.2003 – C-465/00, C-138/01 und C-139/01, *Österreichischer Rundfunk*, Rn. 41 ff. Grundrechtsdogmatisch ließe sich dies auch mit dem grundrechtlichen Ausgestaltungsauftrag begründen, der im Einzelfall über die Kompetenz hinausreichende Wirkungen entfaltet. Dazu, dass Sekundärrechtsakte, die die Regelung eines Grundrechts zum Gegenstand haben, mit besonders ausgeprägten „spillover effects in domestic legal orders" einhergehen, *Muir*, Common Market Law Review, 2014, 219 (229 ff.).

[325] Vgl. Art. 2 Abs. 2 JI-RL, in der sich keinerlei Begrenzung findet. So auch ausdrücklich in der Begründung des Kommissionsvorschlags, vgl. *Europäische Kommission*, Vorschlag für eine Richtlinie des Europäischen Parlaments und des Rates zum Schutz natürlicher Personen bei der Verarbeitung personenbezogener Daten durch die zuständigen Behörden zum Zwecke der Verhütung, Aufdeckung, Untersuchung oder Verfolgung von Straftaten oder der Strafvollstreckung sowie zum freien Datenverkehr, 25.1.2012, KOM (2012) 10 endgültig, S. 7.

[326] Vgl. *Albers*, in: Wolff/Brink, 38. Edition, 2021, BeckOK Datenschutzrecht, Syst. L. Datenschutzbestimmungen der Polizei- und Nachrichtendienstgesetze des Bundes, Rn. 30 m. w. N. Zum zweiten Argument im Kontext der Vorratsdatenspeicherungsrichtlinie s. auch *GA Cruz Villalón* Schlussanträge, 12.12.2013 – C-293/12, *Digital Rights Ireland*, Rn. 123.

[327] Art. 1 Abs. 3 JI-RL: „Diese Richtlinie hindert die Mitgliedstaaten nicht daran, zum Schutz der Rechte und Freiheiten der betroffenen Person bei der Verarbeitung personenbezogener Daten durch die zuständigen Behörden Garantien festzulegen, die strenger sind als die Garantien dieser Richtlinie."

[328] So steht hinter den genannten Argumentationssträngen für die überschießende Regelung der JI-RL ersichtlich der Prozesscharakter von Datenverarbeitungen und Informationsflüssen, s. dazu unten, Teil 2., B., III.

gerade auch in Öffnungen wie Art. 23 Abs. 1 oder Art. 85 DSGVO, zum Ausdruck kommt. Soweit Vorschriften des Datenschutzsekundärrechts das Ergebnis dieser überschießenden Dynamik sind, muss dies auch im Rahmen der gerichtlichen Kontrolle (kompensatorisch) berücksichtigt werden. Denn der Anspruch der Einheitlichkeit des Unionsrechts ist an diesen Stellen gerade weniger legitimiert.[329]

cc) Die Kompetenz für die Regelung des freien Datenverkehrs

Die dritte Komponente in Art. 16 Abs. 2 UAbs. 1, S. 1 AEUV weist den Unionsgesetzgebern den Auftrag zu, Vorschriften über den freien Datenverkehr zu erlassen. Es handelt sich, wie bei der zweiten Variante, um eine geteilte Kompetenz i. S. v. Art. 2 Abs. 2 AEUV mit den gleichen normativen Konsequenzen. Die Bestimmung verpflichtet zum Erlass von Vorschriften über den freien Verkehr personenbezogener Daten[330] und stellt damit die Binnenmarktdimension des EU-Datenschutzrechts heraus.

Bei der Ausgestaltung des freien Datenverkehrs ist der Gesetzgeber wegen Art. 16 Abs. 1 AEUV bzw. Art. 8 GRCh verpflichtet, auch die (grundrechtlichen) Belange des Datenschutzes in Rechnung zu stellen. Aus der Verklammerung der beiden Komponenten folgt, dass die dritte Variante neben der Regelung des privaten Daten*verkehrs* auch die Ausgestaltung des privaten Datenschutzrechts insgesamt umfasst,[331] freilich innerhalb des unionalen Zuständigkeitsrahmens.[332] Auch im Bereich des privaten Datenschutzrechts findet Art. 16 Abs. 2 AEUV einen Kompetenzrahmen vor, in den er sich einfügt.

---

[329] Konkret ist diesem Umstand bei der Gestaltung des konkurrierenden Grundrechtsschutzes sowie bei der Konzeption der Kontrolldichte des EuGH in Form von mitgliedstaatlichen Freiräumen Rechnung zu tragen. Andernfalls würde das Datenschutzrecht auch in jenen Bereichen vereinheitlicht, die gerade nicht in den Anwendungsbereich des Unionsrechts i. S. v. Art. 16 Abs. 2 AEUV fallen und dessen Begrenzung liefe leer. S. dazu noch unten, Teil 4, A., I., 2. sowie II.

[330] Dass mit der Formulierung „freier Datenverkehr" die von den ersten beiden Tatbestandsvarianten in Bezug genommenen personenbezogenen Daten gemeint sind, geht aus der deutschen Formulierung nicht ohne Weiteres hervor. Eindeutig hingegen ist etwa die englische Fassung: „relating to the free movement of *such* data" (Herv. d. Verf.). Dementsprechend hat die Kommission ihren Verordnungsvorschlag über einen Rahmen für den freien Verkehr nicht personenbezogener Daten in der Europäischen Union auf Art. 114 AEUV gestützt, vgl. COM(2017) 495 final, S. 5.

[331] Vgl. *Schröder*, in: Streinz, 3. Aufl., 2018, EUV/AEUV, Art. 16 AEUV, Rn. 10; *Sobotta*, in: Grabitz/Hilf/Nettesheim, 65. Ergänzungslieferung, 2018, Das Recht der Europäischen Union, Art. 16 AEUV, Rn. 32. S. a. *Wagner*, Datenschutz in der EU, 2015, S. 161: „Kompetenzgrundlage für die Ausgestaltung der Drittwirkungsdimension des Schutzes personenbezogener Daten".

[332] Vgl. Art. 6 Abs. 1 UAbs. 2 EUV, Art. 51 Abs. 2 GRCh. Jenseits der unionalen Zuständigkeiten sind ggf. die Mitgliedstaaten nach Maßgabe ihrer nationalen Grundrechte verpflichtet, flankierende Vorschriften zu schaffen.

Ausgehend vom undifferenzierten Wortlaut könnte man zudem meinen, die Vorschrift beziehe sich auch auf den freien Datenverkehr zwischen mitgliedstaatlichen (öffentlichen) Stellen. Ein solches Verständnis stünde aber in Widerspruch zur Begrenzung der Kompetenz für die Regelung des Datenschutzes in der zweiten Variante. Diese bringt zum Ausdruck, dass Art. 16 Abs. 2 AEUV für die Regulierung von Datenverarbeitungen durch mitgliedstaatliche Stellen gerade einen Bezug zum Unionsrecht verlangt.[333] Es kommt hinzu, dass der freie Datenverkehr eine Komplementärfunktion gegenüber den sonstigen Grundfreiheiten hat, die allerdings die Bürger (und damit Private), nicht aber die Mitgliedstaaten berechtigen.[334] Das Merkmal „freier Datenverkehr" ist daher aus teleologischen und systematischen Gründen restriktiv auszulegen und umfasst den Datenverkehr zwischen Hoheitsträgern nicht. Dieser ist vielmehr von der (begrenzten) zweiten Variante abgedeckt.[335] Die Ausdehnung der Binnenmarktkompetenz über das Erfordernis eines Binnenmarktbezugs hinaus hat mit der Einführung von Art. 16 Abs. 2 AEUV endgültig ihre Legitimationsgrundlage verloren.[336] Die Vorschrift ist für den Bereich des Datenschutz- und Datenverkehrsrechts gerade lex specialis gegenüber Art. 114 AEUV.[337]

In Bezug auf die Regelung des Datenschutzrechts in den Mitgliedstaaten und des freien Datenverkehrs, also im Bereich der geteilten Zuständigkeit, ist der Unionsgesetzgeber in der Ausgestaltung des Auftrags aus Art. 16 Abs. 2 AEUV darüber hinaus durch die Grundsätze über die Kompetenzausübung beschränkt, namentlich durch Art. 4 Abs. 2 und 5 EUV. Soweit der Union die Kompetenz für die Regelung des Datenschutzes und des freien Datenverkehrs zusteht, verpflichten diese Bestimmungen die EU-Legislative zusätzlich darauf, auszuloten, in welchem Maße die Regulierung auf Unions- respektive auf mitgliedstaatlicher Ebene sinnvoll und sachgerecht ist.[338] Dabei

---

[333] So auch *Schneider*, Einrichtungsübergreifende elektronische Patientenakten, 2016, S. 410. AA *Wagner*, Datenschutz in der EU, 2015, S. 161 sowie wohl auch *Marsch*, Das europäische Datenschutzgrundrecht, 2018, S. 335 f., der in der Variante auch die Grundlage für eine Mindestharmonisierung des öffentlichen Datenschutzrechts sieht. Die Deutung als Grundlage für die „Kreation administrativer Datenverbünde zur wirksameren und effizienteren Erfüllung öffentlicher Aufgaben" findet sich bei *Klement*, JZ, 2017, 161 (164).

[334] Darauf zurecht hinweisend *Schneider*, Einrichtungsübergreifende elektronische Patientenakten, 2016, S. 411.

[335] So auch *Schwabenbauer*, G. Informationsverarbeitung im Polizei- und Strafverfahrensrecht, in: Bäcker/Denninger/Graulich, Handbuch des Polizeirechts, 2018, 1–386 (349).

[336] Vgl. zu dieser extensiven Auslegung nur *EuGH* Urteil, 20.5.2003 – C-465/00, C-138/01 und C-139/01, *Österreichischer Rundfunk*, Rn. 41. Für das Erfordernis einer Grenzüberschreitung *Giesen*, CR, 2012, 550 (554).

[337] *Kingreen*, in: Calliess/Ruffert, 6. Aufl., 2022, EUV/AEUV, Art. 16 AEUV, Rn. 8.

[338] Die beschränkte Kompetenz der EU im Bereich des Datenschutzes und die Kom-

ist Art. 16 Abs. 2 AEUV auch in dieser Variante eine überschießende Dynamik immanent.

Neben den Grundsätzen über die Kompetenzverteilung und -ausgestaltung ergeben sich Vorgaben und Grenzen für die Gestaltung des Datenschutzrechts durch den Gesetzgeber ferner aus den Unionsgrundrechten,[339] insbesondere auch aus Art. 8 GRCh. Damit ist die grundrechtliche Dimension des unionalen Datenschutzes angesprochen.

II. Datenschutz als Gegenstand europäischer Grundrechte

Der Datenschutz in der Europäischen Union ist mittlerweile in großem Maße grundrechtsgeprägt. Dies kommt seit der letzten Primärrechtsreform in der Gewährleistung eines eigenständigen *Rechts jeder Person auf Schutz der sie betreffenden Daten* auch explizit zur Geltung.[340] Dessen textliche Verankerung sowohl in Art. 8 Abs. 1 GRCh als auch in Art. 16 Abs. 1 AEUV stellt nicht nur die Bedeutung des Datenschutzes in der EU heraus. Sie ist auch und vor allem Ausdruck und Konsequenz der in den 1970er Jahren einsetzenden Entwicklung des Datenschutzes zu einer eigenständigen Materie europäischer Regulierung.[341]

Den Anfang der Grundrechtsdimension des Datenschutzes auf Unionsebene markierte die Aufnahme eines (Grund-)Rechts auf Schutz personenbezogener Daten indessen nicht. Der grundrechtliche Datenschutz wurde vielmehr bereits zuvor in der Rechtsprechung des Europäischen Gerichtshofes schrittweise entfaltet, zunächst über die normative Brücke des Art. 6 Abs. 3 EUV und im Kontext von Art. 8 EMRK,[342] später, ab den 2000er

---

petenzausübungsschranken gehen mit Flexibilitäts- und Vielfaltserfordernissen hinsichtlich der Gestaltung des Datenschutzsekundärrechts einher. Dazu noch näher unten, Teil 2, C., II., 1.

[339] *Hustinx*, „EU-Datenschutzrecht: Die Überprüfung der Richtlinie 95/46/EG und die vorgeschlagene Datenschutz-Grundverordnung", https://edps.europa.eu/sites/edp/files/publication/14-09-15_article_eui_de.pdf, (53 ff.) (zuletzt abgerufen am 31.3.2022) S. a. *Klement*, JZ, 2017, 161 (166 f.).

[340] Hinzu kommt, dass bereits dem Datenschutzsekundärrecht angesichts der Ausgestaltung seiner Vorschriften teilweise „Grundrechtscharakter" zugesprochen wird. Vgl. *Lynskey*, The foundations of EU data protection law, 2015, S. 38 ff. Dieses normative Verständnis liegt wohl auch der Annahme zu Grunde, mit der DSGVO regele die EU erstmals ein Grundrecht und dessen Durchsetzung, s *Albrecht*, CR, 2016, 88 (89). Zur Rolle des Sekundärrechts im Rahmen der Grundrechtsprüfung s. a. *Kingreen*, in: Calliess/Ruffert, 6. Aufl., 2022, EUV/AEUV, Art. 8 GRCh, Rn. 6 ff.

[341] Dazu im Einzelnen oben, Teil 1, A. und B.

[342] *Spiecker gen. Döhmann/Eisenbarth*, JZ, 2011, 169 (170 f.). Für eine Analyse der datenschutzbezogenen EuGH-Judikate vor Erlass der Datenschutzrichtlinie s. *Siemen*, Datenschutz als europäisches Grundrecht, 2006, S. 213 ff. Zur entsprechenden Methodik des EuGH *Britz*, EuGRZ, 2009, 1 (6 ff.).

Jahren, vermehrt unter Zuhilfenahme des Datenschutzsekundärrechts.[343] Ebenso wenig bildet die Verankerung des „Datenschutzgrundrechts" allerdings den Schlusspunkt der Konstitutionalisierung des Datenschutzes in der Union. Die Einführung von Art. 8 GRCh hat vielmehr eine Diskussion über die Schutzziele bzw. das konkrete Schutzgut sowie die Schutzdimensionen der Gewährleistung einerseits und ihr Verhältnis zu und ihr Zusammenwirken mit anderen Grundrechten andererseits ausgelöst. Diese befindet sich trotz mittlerweile umfangreicher EuGH-Rechtsprechung[344] noch im Fluss.[345]

Vor diesem Hintergrund soll im Folgenden das Grundrecht auf Schutz personenbezogener Daten in Bezug auf sein Schutzgut sowie seine Schutzdimensionen untersucht werden, was notwendigerweise auch die Beleuchtung der datenschutzbezogenen Schutzbedürfnisse miteinschließt (1.). Deren Vielschichtigkeit wirkt einerseits auf Schutzgut und Schutzdimensionen zurück und ist andererseits – im gleichen Maße wie Letztere – für die diese Arbeit anleitende Frage nach den Hintergründen der Regelungsstruktur der DSGVO respektive ihrer Öffnungen von Bedeutung. Im Anschluss wird das Verhältnis von Art. 8 GRCh zu und seine Wechselwirkungen mit anderen (Unions-)Grundrechten in den Blick genommen (2.). Die Grundrechtsprägung des unionalen Datenschutzes kommt zwar besonders anschaulich in Art. 8 GRCh zur Geltung. Gleichwohl ist die normative Basis des Datenschutzes in den europäischen Grundrechten breiter, was nicht nur in der DSGVO zum Ausdruck kommt,[346] sondern teilweise auch in der Rechtsprechung des EuGH anklingt. Dies betrifft insbesondere, aber nicht nur das in Art. 7 GRCh verankerte Recht auf Achtung des Privatlebens.

---

[343] Eine Analyse der ersten einschlägigen Entscheidungen findet sich bei *Siemen*, Datenschutz als europäisches Grundrecht, 2006, S. 251 ff. Zum „Datenschutzgrundrecht" als allgemeinem Rechtsgrundsatz s. a. *Wagner*, Datenschutz in der EU, 2015, S. 3 ff. Hintergrund des Ausbaus der Datenschutzrechtsprechung ab den 2000er Jahren war zweierlei: Zum einen lief die Umsetzungsfrist der Datenschutzrichtlinie Ende 1998 ab. Zum anderen wurde Ende 2000 die Grundrechtecharta verkündet, die ursprünglich als bloßes politisches Dokument geplant war, im Ergebnis jedoch einen erheblichen Konstitutionalisierungsschub brachte. Zu letzterem *Hustinx*, „EU-Datenschutzrecht: Die Überprüfung der Richtlinie 95/46/EG und die vorgeschlagene Datenschutz-Grundverordnung", https://edps.europa.eu/sites/edp/files/publication/14-09-15_article_eui_de.pdf, (18 f.) (zuletzt abgerufen am 31.3.2022).

[344] Eine Nachzeichnung der Leitlinien der EuGH-Rechtsprechung zum Datenschutz findet sich bei *Skouris*, NVwZ, 2016, 1359.

[345] Ein Grund dafür ist sicherlich die Tatsache, dass der EuGH in seinen Entscheidungsbegründungen nicht zur einer übergreifenden System- bzw. Dogmatikbildung neigt, sondern sich vielmehr auf das für die konkrete Entscheidung Notwendige beschränkt. Auf Grundlage einer vergleichenden Analyse der Grundrechtsrechtsprechung des EGMR und des EuGH kommt zu diesem Ergebnis *Senden*, Interpretation of fundamental rights in a multilevel legal system, 2011, S. 314 ff.

[346] Vgl. insbesondere Art. 1 Abs. 2 DSGVO.

Die daneben tretende, unmittelbar das Verhältnis von Einheit und Vielfalt im unionalen Datenschutzrecht betreffende Frage nach der Reichweite des EU-Datenschutzgrundrechts gegenüber mitgliedstaatlichen Gewährleistungen wird im Einzelnen später in einem anderen Kontext beleuchtet.[347]

1. Das „Recht auf Schutz personenbezogener Daten“ in Art. 8 GRCh

Gemäß Art. 8 Abs. 1 GRCh hat jede Person das Recht auf Schutz der sie betreffenden personenbezogenen Daten. Mit Art. 16 Abs. 1 AEUV wurde eine wortlautidentische Norm auch unmittelbar in die Europäischen Verträge aufgenommen. Die parallele Regelung hat die Frage nach dem Verhältnis der Bestimmungen provoziert.[348] Die Formulierung von Art. 8 GRCh gibt Aufschluss weder über die Interessen und Werte, deren Schutz das Recht zu dienen bestimmt ist, noch – jenseits der Konkretisierungen in Abs. 2 und 3 – über seine konkreten Schutzinhalte. Durch die bloße Inbezugnahme der Kategorie „personenbezogene Daten“ bewegt sie sich vielmehr auf einer hohen Abstraktionsebene und ist insoweit deutungsoffen gefasst. Deutlich wird auf Grund der Relevanz des Personenbezugs allein, dass die Norm nicht den Schutz von Daten als solche im Blick hat, sondern den Schutzbedarf der Personen, auf die die Daten verweisen. Dieser liegt indes nicht schon in dem Umstand begründet, dass ein Datum auf eine Person verweist.[349] Vielmehr ergeben sich die Schutzbedürfnisse vor allem aus den auf unterschiedlichen

---

[347] Wegen der Verklammerung des grundrechtlichen Mehrebenensystems mit seiner institutionellen Überformung wird dieser Aspekt ausführlich im Zusammenhang mit der Frage erörtert, wie für den Bereich des Datenschutzes der konkurrierende Grundrechtsschutz gegenstandsadäquat ausgestaltet werden kann, s. unten Teil 4, A., I., 2. Zu den vertikalen Grenzen von Art. 8 GRCh s. indes sogleich, Teil 1, C., II., 1., c).

[348] Zu den sich ergebenden Kohärenzproblemen schon früh *Schneider*, Die Verwaltung, 2011, 499 (502 ff.). Ein Blick auf die Genese der (identischen) Vorgängervorschrift in Art. I-51 Abs. 1 EVV legt nahe, dass die Vertragsparteien Art. 16 Abs. 1 AEUV keine gegenüber Art. 8 GRCh selbstständige normative Bedeutung zuweisen wollten, sondern die Norm vielmehr als Wiederholung von Art. 8 GRCh eingefügt haben, um eine innere Kohärenz zur Kompetenzbestimmung in Abs. 2 herzustellen, s. dazu auch *Brühann*, in: Groeben/Schwarze/Hatje, 7. Aufl., 2015, Europäisches Unionsrecht, Art. 16 AEUV, Rn. 30 ff. Art. 16 Abs. 1 AEUV stellt mit anderen Worten klar, dass die Kompetenz in Abs. 2 AEUV der Ausgestaltung des (Grund-)Rechts auf Schutz personenbezogener Daten dient. Auch die Rechtsprechung des EuGH deutet in diese Richtung, wenn der Gerichtshof bei der Überprüfung der Verfassungsmäßigkeit eines Abkommens ausdrücklich auf einen Rückgriff auf Art. 16 Abs. 1 AEUV verzichtet, weil die „Voraussetzungen, unter denen solche Daten verarbeitet werden dürfen, […] allein in Art. 8 der Charta, und zwar in dessen Abs. 2, näher geregelt [sind]“, s. *EuGH* Gutachten, 26.7.2017 – Gutachten 1/15, *PNR-Abkommen Kanada*, Rn. 120.

[349] Zum Fokus auf die Personenbezogenheit und dessen Grenzen s. noch unten im Kontext der Regelungsmuster der DSGVO, Teil 3, A., I., 2.

Abstraktionsebenen liegenden (potenziellen) nachteiligen Folgen aus dem Umgang mit personenbezogenen Daten und den daraus gewonnenen Informationen.[350]

Vor diesem Hintergrund ist die Diskussion um das Schutzgut und die Schutzdimensionen von Art. 8 GRCh zu sehen, die freilich keine Partikularität des unionalen „Rechts auf Schutz personenbezogener Daten" bildet, sondern vielmehr eine Konsequenz der Aufnahme der Informations- und Datendimension in die Sphäre des Grundrechtsschutzes ist.[351] Sie wird im Folgenden aufgegriffen und es wird aufgezeigt, dass angesichts der Vielfalt der Schutzbedürfnisse hinsichtlich des Umgangs mit personenbezogenen Informationen und Daten jede Reduktion auf ein einzelnes Schutzgut verkürzt ist (a). Gleichzeitig ist eine grundrechtsdogmatisch mehrdimensionale Konzeption erforderlich, deren Entwicklung angesichts der supranationalen, mehrere Ebenen einbeziehenden Struktur der Europäischen Union besonders anforderungsreich ist (b). Aufgrund der Einbettung auch von Art. 8 GRCh in die spezifische Mehrebenenstruktur der EU, sind der Bestimmung in ihrer vertikalen Reichweite gegenüber den Mitgliedstaaten Grenzen gesetzt, die es auszuloten gilt (c).

a) Schutzbedürfnisse und Schutzgut

Die Debatte um das Schutzgut des Datenschutzgrundrechts fußt auf dem Anliegen, die Schutzerfordernisse beim Umgang mit Informationen und Daten auf ein (singuläres) normatives Fundament zurückzuführen, um ausgehend von diesem die inhaltlichen und dogmatischen Fragen des grundrechtlichen Datenschutzes zu beantworten.[352] Zu diesen Fragen zählen u. a. die Schaffung klarer Abwägungsmaßstäbe, die Herauskristallisierung der Schutzdimensionen sowie die Abgrenzung zu anderen Grundrechtsgewährleistungen und deren Tragweite, die im pluralen europäischen Grundrechtsraum eine zusätzliche (vertikale) Dimension gewinnt.

Konkret in Bezug auf Art. 8 GRCh wird die Schutzgutdiskussion nicht zuletzt dadurch befeuert, dass der Gehalt der Gewährleistung auch in der Rechtsprechung der Europäischen Gerichtsbarkeit weitestgehend konturenlos geblieben ist.[353] Der EuGH stellt zur Eröffnung des sachlichen Schutz-

---

[350] S. dazu, mit Beispielen für nachteilige Beeinträchtigungen, und zu den unterschiedlichen Kategorien, mit denen der Gegenstand des Datenschutzes operiert, noch unten, Teil 2, B.

[351] Vgl. *Reinhardt*, AöR, 2017, 528 (531) m. w. N. zu der entsprechenden Diskussion um die normative Basis und die dogmatische Konstruktion des deutschen Rechts auf informationelle Selbstbestimmung. Grundlegend zur Information als eigenständige Kategorie im Recht *Albers*, Rechtstheorie, 2002, 61.

[352] Treffend: *Reinhardt*, AöR, 2017, 528 (534).

[353] Zur Unklarheit des Schutzguts des europäischen Datenschutzgrundrechts in der Rechtsprechung des EuGH schon früh *Britz*, EuGRZ, 2009, 1 (8 ff.).

bereichs von Art. 8 GRCh darauf ab, ob ein Handeln als eine „Verarbeitung personenbezogener Daten" zu werten ist.[354] Eine Aussage über die Interessen, deren Schutzbedürftigkeit Art. 8 GRCh im Kontext einer Verarbeitung personenbezogener Daten akzentuiert sowie über ein etwaiges übergreifendes Schutzgut des Grundrechts, ist damit noch nicht verbunden. Nur vereinzelt finden sich in den einschlägigen Entscheidungen Ausführungen zu den spezifischen Gefährdungslagen und Risiken, die aus dem Umgang mit personenbezogenen Informationen und Daten resultieren.[355] Dazu gehört auch, dass der Wesensgehalt von Art. 8 GRCh Anforderungen an die Gesetzgeber hinsichtlich Systemgestaltung und Datensicherheit stellt.[356]

Das alleinige Anknüpfen an die Personenbezogenheit eines Datums bewirkt indessen die Entgrenzung des Grundrechts angesichts des limitierten Differenzierungspotenzials des Kriteriums in Zeiten allgegenwärtiger Datenverarbeitung und umfassender Verknüpfungsmöglichkeiten von Informationen und Daten.[357] Auch die Inbezugnahme der gesetzgeberischen Definition des Begriffs als „alle Informationen, die sich auf eine identifizierte oder identifizierbare natürliche Person […] beziehen"[358] führt zu keiner signifikanten Eingrenzung.[359] Konzipiert man Art. 8 GRCh (primär) eingriffsabwehrrecht-

---

[354] St.Rspr., s. nur *EuGH* Urteil, 9.11.2010 – C-92/09 und C-93/09, *Schecke & Eifert*, Rn. 60; *EuGH* Urteil, 8.4.2014 – C-293/12 und C-594/12, *Digital Rights Ireland*, Rn. 29. *EuGH* Urteil, 6.10.2015 – C-362/14, *Schrems*, Rn. 51; *EuGH* Gutachten, 26.7.2017 – Gutachten 1/15, *PNR-Abkommen Kanada*, Rn. 123.

[355] Zur Gefahr einer Profilbildung *EuGH* Urteil, 13.5.2014 – C-131/12, *Google Spain*, Rn. 80 und *EuGH* Urteil, 21.12.2016 – C-203/15 und C-698/15, *Tele2 Sverige AB*, Rn. 99; zum Gefühl, dass das Privatleben Gegenstand einer ständigen Überwachung ist *EuGH* Urteil, 8.4.2014 – C-293/12 und C-594/12, *Digital Rights Ireland*, Rn. 37; *EuGH* Urteil, 21.12.2016 – C-203/15 und C-698/15, *Tele2 Sverige AB*, Rn. 100; zur Gefahr der Missbilligung durch die Gesellschaft bzw. der Stigmatisierung der von der Verarbeitung betroffenen Person *EuGH* Urteil, 22.6.2021 – C-439/19, *B*, Rn. 92; 112. Weil der Gerichtshof die Prüfung von Art. 7 und 8 GRCh zu vermengen pflegt, lässt sich allerdings nur schwer beurteilen, inwieweit die genannten Schutzerfordernisse dem Privatleben respektive dem Datenschutz zugeordnet werden. Generell weist der EuGH vereinzelte Schutzerfordernisse auch speziellen Freiheitsgarantien zu oder nutzt diese, um die Eingriffsintensität in Art. 8 GRCh zu beschreiben, dazu sogleich unten Teil 1, C, II, 2. S. aber nun auch *EuGH* Urteil, 6.10.2020 – C-623/17, *Privacy International*, Rn. 71, wo der Gerichtshof verschiedene Gefährdungslagen nunmehr allein Art. 7 GRCh zuweist.

[356] *EuGH* Urteil, 8.4.2014 – C-293/12 und C-594/12, *Digital Rights Ireland*, Rn. 40.

[357] Zu den Grenzen einer solchen „technischen" Definition s. *Reinhardt*, AöR, 2017, 528 (532 ff.). Gleichzeitig bedeutet das Kriterium eine Engführung, die den Charakter des Datenschutzes als Querschnittsmaterie nicht hinreichend abbildet. Dazu und zum Erfordernis der Perspektiverweiterung unten Teil 2, B. Zur Personenbezogenheit als Kriterium des sachlichen Anwendungsbereichs des Datenschutzsekundärrechts und der Kritik daran Teil 3, A., I., 2.

[358] Vgl. nunmehr Art. 4 Nr. 1 DSGVO.

[359] In der Literatur wird zur Bestimmung des Begriffs „personenbezogener Daten" in

lich und belässt es bei der weiten Fassung des Schutzbereichs, hat dies eine Überdehnung der Rechtfertigungsebene zur Folge, mit weitreichenden Implikationen nicht nur für die dogmatische Stabilität der verfassungsrechtlichen Anforderungen, sondern auch für die Gestaltung des einfachen Datenschutzrechts.[360] Deshalb sind die spezifischen Schutzerfordernisse und potenziellen Gefährdungen, die sich aus dem Umgang mit personenbezogenen Informationen und Daten ergeben, schon im Rahmen des Schutzbereichs präzise herauszuarbeiten.

In der Literatur gibt es verschiedene Ansätze, Art. 8 GRCh durch die Zuweisung *eines* spezifischen Schutzguts schärfere Konturen zu geben. Prominent sind in diesem Zusammenhang die Erhebung der Privatheit bzw. Privatsphäre zum Leitgedanken[361] sowie die Deutung als unionales Recht auf informationelle Selbstbestimmung[362] bzw. – als Ausfluss dessen – die Kon-

---

Art. 8 GRCh immer wieder auf das Sekundärrecht verwiesen. S. nur *Wagner*, Datenschutz in der EU, 2015, S. 38 m. w. N. Ein solcher Rückgriff auf sekundärrechtliche Definitionen zur Erläuterung des Gehalts einer primärrechtlichen Bestimmung, insbesondere eines Grundrechts mit objektiv-rechtlicher Ausgestaltungsdimension (dazu sogleich), ist problematisch. Methodisch zulässig könnte man die Begriffsdefinition in Art. 4 Nr. 1 DSGVO aber als eine sich im Rahmen von Art. 8 GRCh bewegende Ausgestaltungsentscheidung des Gesetzgebers interpretieren. Keinesfalls kann diese Definition aber bedeuten, dass der Begriff in Art. 8 GRCh zukünftig stets identisch auszulegen wäre. Dies würde die Normenhierarchie auf den Kopf stellen.

[360] Die praktischen Konsequenzen eines umfassenden, undifferenzierten Schutzbereichs lassen sich anhand des deutschen Rechts auf informationelle Selbstbestimmung beobachten, dazu etwa *Ladeur*, DÖV, 2009, 45 (47 ff.). Der dogmatischen Gestaltung dieses Grundrechts wird vorgeworfen, sie führe zu einer Überfrachtung des Übermaßverbots mit inhaltlichen Anforderungen, die jederzeit „hervorgezaubert“ werden könnten und deshalb nicht hinreichend stabilisierbar seien, vgl. *Albers*, Informationelle Selbstbestimmung als vielschichtiges Bündel von Rechtsbindungen und Rechtspositionen, in: Friedewald/Lamla/Roßnagel, Informationelle Selbstbestimmung im digitalen Wandel, 2017, 11 (20 f.). Für die Unionsebene s. *Wagner*, Datenschutz in der EU, 2015, S. 105, der zu dem Schluss kommt, dass aus dem umfassenden Schutzanspruch „allerdings gleichsam die Notwendigkeit der Beschränkung von Art. 8 GRCh auf Rechtfertigungsebene [folge]“ und die Vorgaben aus Art. 8 Abs. 2 GRCh als „Ausdruck einer verdichteten und konkretisierten Verhältnismäßigkeitsprüfung“ einordnet. Ein anderer Kritikpunkt richtet sich an die Auswirkungen auf das einfache Datenschutzrecht: Die weitreichenden Anforderungen an die Beachtung des Gesetzesvorbehalts habe in einer umfassenden „Verrechtlichung“ des Datenschutzrechts resultiert, vgl. *Hoffmann-Riem*, AöR, 1998, 513 (514 ff.). S. a., am konkreten Beispiel des Gesundheitsdatenschutzrechts, *Kingreen/Kühling*, JZ, 2015, 213.

[361] *Stentzel*, PinG, 2015, 185 (189 f.) kommt auf Grundlage einer Rechtsprechungsanalyse des EuGH zu dem Schluss, der Gerichtshof habe das in Art. 7 GRCh niedergelegte Grundrecht zum eigentlichen Schutzgut von Art. 8 GRCh erhoben und bewertet dies, in Abgrenzung zu alternativen Interpretationsansätzen, als richtig.

[362] Vgl. *Kugelmann*, § 4 Grundrechte, in: Niedobitek/Gruber, Grundlagen der Union, 2014, 1–129 (103); s. a. implizit *Bernsdorff*, in: Meyer/Hölscheidt, 5. Aufl., 2019, Charta der Grundrechte der Europäischen Union, Art. 8 GRCh, Rn. 13.

zeption als Herrschafts- oder Kontrollrecht des Betroffenen über „seine“ Daten.[363] All diesen Ansätzen ist jedoch gemein, dass sie die Komplexität des Umgangs mit personenbezogenen Informationen und Daten und die Vielschichtigkeit der mit ihm verbundenen Schutzbedürfnisse nicht angemessen abzubilden vermögen. Der Annahme, die Privatheit bzw. das Recht auf Privatleben in Art. 7 GRCh sei das Schutzgut von Art. 8 GRCh, steht schon der historische Entstehungshintergrund des grundrechtlichen Datenschutzes entgegen. Dessen Entwicklung liegt gerade auch in der Erkenntnis begründet, dass sich Schutzerfordernisse und Gefährdungspotenziale in Bezug auf den Umgang mit personenbezogenen Daten nicht (mehr) allein den Sphären des „Privaten“ zuordnen lassen.[364] Der Versuch, Art. 8 GRCh als – wie auch immer geartetes – unionales Recht auf informationelle Selbstbestimmung respektive als individuelles Herrschaftsrecht über die „eigenen“ Daten zu konzipieren, steht nicht nur im Widerspruch zu seiner Formulierung als „Recht auf Schutz“. Er ignoriert auch die Genese der Gewährleistung im Grundrechtekonvent. Dort wurde die Aufnahme eines in seiner Formulierung stark an die Konzeption des BVerfG angelehnten[365] „right to informational self-determination“ zunächst erwogen, im Ergebnis aber ausdrücklich verworfen.[366] Ganz unabhängig von Wortlaut und Genese sprechen aber vor

[363] Vgl. etwa *Kingreen*, in: Calliess/Ruffert, 6. Aufl., 2022, EUV/AEUV, Art. 8 GRCh, Rn. 10: „Das grundrechtlich geschützte Verhalten beinhaltet vor allem die Herrschaft über die eigenen Daten“; s. a. *Roßnagel*, NJW, 2019, 1 (2). Für einen Überblick über die Debatte s. *Pearce*, European Data Protection Law Review, 2018, 190 (197 ff.), der das unionale Datenschutzrecht in die Kategorien Persönlichkeits- und Eigentumsschutz einzuordnen versucht.

[364] Bis zur „Schaffung“ des Rechts auf informationelle Selbstbestimmung hatte die Daten- und Informationsebene nie selbstständig, sondern stets akzessorisch zu anderen Schutzgütern, namentlich zum Recht auf Achtung der Privatsphäre und zum allgemeinen Persönlichkeitsrecht, grundrechtliche Relevanz erlangt. Zu dessen Genese und seiner Emanzipation vom Recht auf Achtung der Privatsphäre *Albers*, Informationelle Selbstbestimmung, 2005, S. 178 ff. Diese Erkenntnis war es auch, die die Verabschiedung der Datenschutzkonvention veranlasste, s. *Pearce*, European Data Protection Law Review, 2018, 190 (194 f.). Für den Unionskontext s. a. *Kranenborg*, in: Peers, 2014, The EU charter of fundamental rights, Art. 8 GRCh, Rn. 176: „This makes the right to data protection different from the right to privacy, and gives it a nature which goes beyond informational self-determination.“

[365] Ein Entwurf des Präsidiums sah eine mit „Data protection“ überschriebene Gewährleistung mit folgendem Wortlaut vor: „Everyone has the right to determine for himself whether his personal data may be disclosed and how they may be used.“, vgl. *Praesidium Note*, Charte 4284/00 Convent 28, 5.5.2000, S. 19.

[366] Dazu *Hustinx*, „EU-Datenschutzrecht: Die Überprüfung der Richtlinie 95/46/EG und die vorgeschlagene Datenschutz-Grundverordnung“, https://edps.europa.eu/sites/edp/files/publication/14-09-15_article_eui_de.pdf, (20 f.) (zuletzt abgerufen am 31.3.2022) Zur Genese insgesamt s. a. *Marsch*, Das europäische Datenschutzgrundrecht, 2018, S. 72 ff.

allem die Charakteristika seines Regelungsgegenstands gegen ein rein individualistisches, eigentumsanaloges Verständnis des grundrechtlichen Datenschutzes.[367]

Eine sachgerechte Konzeption des grundrechtlichen Datenschutzes setzt voraus, dass man die spezifischen Charakteristika seines Schutzgegenstands in die Betrachtung miteinbezieht. Namentlich muss der Grundrechtsschutz reflektieren, dass „Daten"schutz insofern eine Querschnittsdimension des Rechts betrifft, als er sich in einem Netzwerk zentraler Grundkategorien bewegt, das neben Informationen und Daten auch u. a. Wissen, Prozesse, Infrastrukturen sowie Handlungen und Entscheidungen miteinschließt.[368] Er hat nicht (nur) die Verhaltensfreiheit des Grundrechtsträgers, sondern dessen Sozialität im Blick.[369] Daraus folgt, dass sich die datenschutzrelevanten Schutzerfordernisse und Gefährdungen nur in begrenztem Maße generell-übergreifend typisieren lassen und sich häufig erst kontextbezogen aus den jeweils erwartbaren Beeinträchtigungen ergeben.[370] Die Interessen, Werte und Rechte, deren Schutz der grundrechtliche Datenschutz im Kontext des (automatisierten) Umgangs mit personenbezogenen Daten bezweckt, fächern sich in der Konsequenz weit auf.[371] Sie stehen zudem schon aufgrund

[367] Die Erwägungen aus der entsprechenden Diskussion zum deutschen Recht auf informationelle Selbstbestimmung sind insoweit übertragbar. Es liegt in der Natur von Daten und Informationen begründet, dass sich diese nicht einer Person im Sinne einer Eigentumsbeziehung zuordnen lassen. Es kann deshalb auch kein Recht auf das „Haben" von Informationen geben, s. *Trute*, 2.5 Verfassungsrechtliche Grundlagen, in: Roßnagel, Handbuch Datenschutzrecht, 2003, 1–67 (19). Hier zeigt sich auch die Verklammerung von Schutzgut und Schutzdimensionen.

[368] Zum Regelungsgegenstand Datenschutz als Querschnittsmaterie s. näher unten Teil 2, B. Die lose Anknüpfung an die „Verarbeitung personenbezogener Daten" ist angesichts dessen unzureichend, jedenfalls bei einem formalistischen Verständnis. Die Anforderungen des Gegenstands können allerdings bei der Auslegung des Begriffs mitgedacht werden.

[369] Mit anderen Worten steht weniger das Handeln des Grundrechtsträgers als dessen Behandeltwerden im Vordergrund, s. *Grimm*, JZ, 2013, 585 (585).

[370] Als übergreifende Datenschutzinteressen lassen sich etwa legitim gehegte Privatheitserwartungen, die Integrität von Kommunikationsmedien- und -partnern oder die Transparenz von Verarbeitungsprozessen insb. unter Einbeziehung von Algorithmen und künstlicher Intelligenz nennen, vgl *Reinhardt*, AöR, 2017, 528 (537) sowie *Albers*, § 62 Datenschutzrecht, in: Ehlers/Fehling/Pünder, Besonderes Verwaltungsrecht, 2019, 1–84 (4) mit weiteren Beispielen.

[371] Anschaulich etwa *Albers*, Informationelle Selbstbestimmung als vielschichtiges Bündel von Rechtsbindungen und Rechtspositionen, in: Friedewald/Lamla/Roßnagel, Informationelle Selbstbestimmung im digitalen Wandel, 2017, 11 (26 ff.), die die Schutzerfordernisse zudem auf unterschiedlichen Ebenen verortet und deshalb eine grundrechtliche Zwei-Ebenen-Konzeption vorschlägt. Eine Beschreibung von Schutzbedürfnissen findet sich auch bei *Marsch*, Das europäische Datenschutzgrundrecht, 2018, S. 90 ff. Die Vielfalt der Schutzbedürfnisse des Datenschutzes wird, zumindest im Ansatz, vom brasilianischen Datenschutzgesetz (*Lei Geral de Proteção de Dados Pessoais, Lei n° 13.709/2018 – LGPD)*

der Dynamik des technischen Fortschritts und damit einhergehenden Veränderungen im gesellschaftlichen Leben unter dem Vorbehalt stetiger Überprüfung.

Unabhängig von der Frage, in welchem Maße diese Schutzbedürfnisse bereits auf grundrechtlicher Ebene anzusiedeln sind, griffe es angesichts dieser Vielfalt und Heterogenität normativ deutlich zu kurz, den grundrechtlichen Datenschutz auf ein einheitliches Schutzgut, wie etwa die Privatheit, zu reduzieren. Vielmehr lässt er sich treffend als vielschichtiges Bündel von Rechtsbedingungen und Rechtspositionen beschreiben.[372]

Durch seine offene Formulierung gibt Art. 8 GRCh jenseits der konkretisierenden Vorgaben aus Abs. 2 und 3 noch kein konkretes Datenschutzkonzept vor und setzt ein solches auch nicht voraus. Gerade aufgrund dieses Abstraktionsgrads bietet die Bestimmung aber das Potenzial, die geschilderten gegenstandbedingten Anforderungen auf der Grundrechtsebene angemessen abzubilden – insbesondere auch deshalb, weil mit Art. 8 GRCh nicht notwendigerweise eine Engführung des grundrechtlichen Datenschutzes im Sinne einer Abschirmung gegenüber den speziellen Freiheitsgarantien verbunden ist. Vielmehr erlaubt es die Bestimmung, den auf unterschiedlichen Ebenen liegenden Schutzbedürfnissen in Kooperation mit anderen Grundrechtsgewährleistungen gegenstandsgerecht Rechnung zu tragen.[373]

Dies erfordert indes eine Ausdifferenzierung des Datenschutzes auch auf grundrechtsdogmatischer Ebene. Eine rein individualistische Konzeption in Gestalt eines Abwehr- oder Verfügungsrechts ist schon aufgrund der strukturellen Beteiligung staatlicher und privater Stellen an der Verarbeitung von Informationen und Daten nicht tragfähig.[374] Konkret für den Unionskontext

---

reflektiert. Art. 2 LGDP enthält einen Katalog der Fundamente, auf die sich der Datenschutz stützt.

[372] *Albers*, Informationelle Selbstbestimmung als vielschichtiges Bündel von Rechtsbindungen und Rechtspositionen, in: Friedewald/Lamla/Roßnagel, Informationelle Selbstbestimmung im digitalen Wandel, 2017, 11. *Marsch*, Das europäische Datenschutzgrundrecht, 2018, S. 107 ff. schreibt Art. 8 GRCh eine „Schutzkonzeption“ zu, die aus drei verflochtenen Ebenen besteht: Freiheitsakzessorischer, instrumenteller und objektiv-institutioneller Schutz.

[373] Dies könnte etwa in Gestalt einer Zwei-Ebenen-Konzeption erfolgen, s. dazu grundlegend – allerdings auf Basis der deutschen Grundrechtsgewährleistungen – *Albers*, Informationelle Selbstbestimmung, 2005, S. 454 ff. Für die europäische Ebene nunmehr auch *Albers*, § 22 Umgang mit personenbezogenen Informationen und Daten, in: Voßkuhle/Eifert/Möllers, Grundlagen des Verwaltungsrechts, 2022, 1–113 (26). Der EuGH greift zur Konkretisierung der grundrechtlichen Anforderungen zum Teil auf spezielle Freiheitsgarantien zurück und verbindet diese mit dem Datenschutzgrundrecht. Dazu sogleich, Teil 1, C., II., 2., a).

[374] *Albers*, § 22 Umgang mit personenbezogenen Informationen und Daten, in: Hoffmann-Riem/Schmidt-Aßmann/Voßkuhle, Grundlagen des Verwaltungsrechts, 2012, 1–169 (69). In Bezug auf Art. 8 GRCh s. etwa *Wielsch*, JZ, 2020, 105 (111 ff.). In Deutsch-

stellt sich angesichts der Pluralität der Gewährleistungen und der Flexibilitäts- und Viefaltserfordernisse, denen bei der Regulierung des Datenschutzes Rechnung zu tragen ist,[375] zudem die Frage, in welchem Maße der grundrechtliche Datenschutz sich unional-einheitlich respektive national-vielfältig zu gestalten hat.

b) Multiple Schutzdimensionen

Die Frage nach den Schutzdimensionen steht insoweit mit den vielfältigen Schutzbedürfnissen des Datenschutzes im Zusammenhang, als Erstere den grundrechtsdogmatischen Rahmen vorgeben, innerhalb dessen Letzteren Rechnung getragen werden kann. Die dogmatische Struktur von Art. 8 GRCh ist indes keinesfalls geklärt,[376] was wohl auch auf den insoweit deutungsoffenen Wortlaut zurückzuführen ist: Im Unterschied zu einem als Verfügungsrecht über die Preisgabe und Verwendung der „eigenen" Daten gestalteten Grundrecht, gibt die Formulierung von Art. 8 GRCh als „Recht auf Schutz" mit Blick auf seine Schutzdimensionen keine eindeutige Richtung vor.[377] Ihr können gleichermaßen objektiv-rechtliche Gehalte entnommen wie subjektive Rechtspositionen zugewiesen werden.

Dieser Befund korrespondiert mit gewissen Ambivalenzen in der Rechtsprechung des Europäischen Gerichtshofs. Eine nähere Analyse der ein-

---

land wird die Konstruktion des Rechts auf informationelle Selbstbestimmung als subjektives Entscheidungsrecht über die Preisgabe und Verwendung der „eigenen" Daten angesichts der gegenstandsbedingten Anforderungen des Datenschutzes seit Langem kritisiert. S. etwa *Hoffmann-Riem*, AöR, 1998, 513 (521), der die Konzeption als Abwehrrecht ablehnt und dem Recht auf informationelle Selbstbestimmung die Funktion zuweist, „dem einzelnen eine selbstbestimmte Teilhabe an Kommunikationsprozessen und dadurch die Entfaltung seiner Persönlichkeit zu ermöglichen". Problematisch ist dabei, dass er zur Begründung auf die Schrankenerwägungen des BVerfG im Volkszählungsurteil zurückgreift.

[375] Dazu im Einzelnen unten, Teil 2, C.

[376] Für weiterführende Überlegungen insoweit aus der jüngeren Zeit *Marsch*, Das europäische Datenschutzgrundrecht, 2018, S. 127 ff. sowie insbesondere in Bezug auf die horizontalen Wirkung *Reinhardt*, AöR, 2017, 528 (540 ff.). Laut *Fuster González/Gutwirth*, Computer Law & Security Review, 2013, 531 (532 f.) ließen sich in der Literatur im Wesentlichen zwei Lesarten ausmachen, eine, nach der Art. 8 GRCh einen prohibitiven Charakter habe, die andere, nach der Art. 8 GRCh permissiver Natur sei.

[377] Es wird hier allein vom Wortlaut ausgegangen. Freilich geht die Diskussion um die Schutzdimensionen auch des Rechts auf informationelle Selbstbestimmung über ein Festklammern an der Wortwahl des BVerfG hinaus. Die Konstruktion als eigentumsanaloges Verfügungsrecht der betroffenen Person über „ihre" Daten wird seit jeher als angesichts des Gegenstands unterkomplex kritisiert. Schon früh ist darauf hingewiesen worden, dass das Grundrecht neben dieser abwehrrechtlichen Komponente auch eine objektiv-rechtliche Gewährleistungsdimension in Form eines staatlichen Ausgestaltungsauftrags beinhalten muss, s. etwa *Hoffmann-Riem*, AöR, 1998, 513 (522 ff.).

schlägigen Entscheidungen offenbart, dass neben den Schutzinhalten auch die dogmatische Konstruktion des Datenschutzgrundrechts noch auf keiner konsolidierten Grundlage steht. Der grundsätzliche Prüfungsmodus des Gerichtshofs deutet insoweit zunächst auf ein primär abwehrrechtliches Verständnis von Art. 8 GRCh hin: Eine Handlung, die als Verarbeitung personenbezogener Daten zu werten ist, wird als Eingriff verstanden, der einer Rechtfertigung bedarf.[378] Teilweise werden die Vorgaben aus Art. 8 Abs. 2 GRCh dabei als gegenüber Art. 52 Abs. 1 GRCh zusätzliche Schrankenbestimmungen gelesen.[379] Darüber hinaus anerkennen die EuGH-Richter auch eine leistungsrechtliche Komponente von Art. 8 GRCh, wenn sie Art. 8 Abs. 1 und 3 GRCh das Recht der von der Verarbeitung Betroffenen entnehmen, „sich mit einer Eingabe zum Schutz ihrer Grundrechte an die nationalen Kontrollstellen zu wenden".[380]

In der einschlägigen Rechtsprechung, bisweilen gar in denselben Entscheidungen, finden sich gleichzeitig aber auch Passagen, in denen der EuGH Art. 8 GRCh objektiv-rechtliche Gehalte zuweist. So hat der Gerichtshof etwa in Bezug auf verschiedene Vorschriften der DSRL festgestellt, dass diese die Anforderungen aus Art. 8 Abs. 2 und 3 GRCh, die das Recht auf Schutz personenbezogener Daten präzisieren, *durchführten*.[381] An anderer Stelle konstatierten die Luxemburger Richter, Art. 25 Abs. 6 DSRL, der die Kommission zum Erlass eines Angemessenheitsbeschlusses ermächtigte,[382] setze „die in Art. 8 Abs. 1 GRCh ausdrücklich vorgesehene Pflicht zum Schutz personenbezogener Daten um".[383] Im Rahmen der Beurteilung der Verfassungsmäßigkeit der Vorratsdatenspeicherungsrichtlinie hat der EuGH den Unionsgesetzgebern konkrete Erfordernisse für die Datenschutzgesetzgebung aufgegeben (u. a. „klare und präzise Regelung für die Tragweite und die

---

378 Vgl. nur *EuGH* Urteil, 9.11.2010 – C-92/09 und C-93/09, *Schecke & Eifert*, Rn. 55 ff.; *EuGH* Urteil, 8.4.2014 – C-293/12 und C-594/12, *Digital Rights Ireland*, Rn. 31 ff. Mit dem Fokus auf der Möglichkeit der Profilbildung durch die Nutzung der Suchfunktion einer Suchmaschine zur Begründung des Eingriffscharakters *EuGH* Urteil, 13.5.2014 – C-131/12, *Google Spain*, Rn. 80 f. Anschaulich auch *EuGH* Urteil, 17.10.2013 – C-291/12, *Schwarz*, Rn. 23 ff.

379 Dies vor allem in den frühen Judikaten, s. etwa *EuGH* Urteil, 9.11.2010 – C-92/09 und C-93/09, *Schecke & Eifert*, Rn. 49; *EuGH* Urteil, 5.5.2011 – C-543/09, *Deutsche Telekom*, Rn. 52; *EuGH* Urteil, 17.10.2013 – C-291/12, *Schwarz*, Rn. 31 ff.

380 *EuGH* Urteil, 6.10.2015 – C-362/14, *Schrems*, Rn. 57 f.

381 *EuGH* Urteil, 13.5.2014 – C-131/12, *Google Spain*, Rn. 69.

382 Näher zum „adequacy regime" des unionalen Datenschutzrechts mit vergleichenden Bezüge auf DSRL und DSGVO sowie zur „U.S.-Ausnahme" *Veit*, Safeguarding regional data protection rights on the global Internet – The European approach under the GDPR, in: Albers/Sarlet, Personality and Data Protection Rights on the Internet, 2022, 445 (471 ff.).

383 *EuGH* Urteil, 6.10.2015 – C-362/14, *Schrems*, Rn. 72.

Anwendung der fraglichen Maßnahme") und dies damit begründet, dass „der Schutz personenbezogener Daten, zu dem Art. 8 Abs. 1 der Charta ausdrücklich verpflichtet, für das in ihrem Art. 7 verankerte Recht auf Achtung des Privatlebens von besonderer Bedeutung ist."[384] In ähnlicher Weise hat der Gerichtshof herausgestellt, dass der EU-Gesetzgeber mit der Verabschiedung der ePrivacy-RL die Grundrechte aus Art. 7 und 8 GRCh konkretisiert hat.[385] Auch das in Art. 8 Abs. 3 GRCh vorgesehene Erfordernis einer institutionellen Kontrolle durch eine unabhängige Stelle sei als „wesentlicher Bestandteil der Wahrung des Schutzes der Betroffenen bei der Verarbeitung personenbezogener Daten" bei der Ausgestaltung eines Rechtsakts zu beachten.[386] Als weitere Komponente tritt die horizontale Wirkung von Art. 8 GRCh im Verhältnis zwischen Privaten hinzu. Deren grundrechtsdogmatische Basis ist ebenfalls unklar und Gegenstand rechtswissenschaftlicher Diskussion.[387]

Bereits bei einer Zusammenschau der hier analysierten Judikate zeigt sich, dass der EuGH Art. 8 GRCh gleichermaßen subjektiv- wie objektiv-rechtliche Elemente entnimmt. Ein kohärentes grundrechtsdogmatisches Konzept für das Datenschutzgrundrecht ist zwar (noch) nicht zu erkennen, was auch[388]

---

[384] *EuGH* Urteil, 8.4.2014 – C-293/12 und C-594/12, *Digital Rights Ireland*, Rn. 53 f. Daneben werden Art. 8 GRCh auch gewisse Anforderungen an die Datensicherheit entnommen. Konkret seien hinreichende Garantien dafür vorzusehen, dass die gespeicherten Daten wirksam vor Missbrauchsrisiken sowie vor jedem unberechtigten Zugang und jeder unberechtigten Nutzung geschützt sind, s. *EuGH* Urteil, 8.4.2014 – C-293/12 und C-594/12, *Digital Rights Ireland*, Rn. 66.

[385] *EuGH* Urteil, 6.10.2020 – C-623/17, *Privacy International*, Rn. 57.

[386] *EuGH* Urteil, 8.4.2014 – C-293/12 und C-594/12, *Digital Rights Ireland*, Rn. 68. Diese Verpflichtung bindet die EU auch beim Abschluss völkerrechtlicher Abkommen, s. *EuGH* Gutachten, 26.7.2017 – Gutachten 1/15, *PNR-Abkommen Kanada*, Rn. 123.

[387] Die horizontale Wirkung wird teilweise als Ausprägung einer Schutzpflichtdimension von Art. 8 GRCh gelesen, teilweise aber auch im Sinne einer mittelbaren oder unmittelbaren Drittwirkung verstanden. S. dazu etwa *Reinhardt*, AöR, 2017, 528 (544 ff.); *Marsch*, Das europäische Datenschutzgrundrecht, 2018, S. 247 ff.; *Roßnagel*, NJW, 2019, 1 (3). Konkret zur Wirkung im deutschen Privatrecht *Streinz/Michl*, EuZW, 2011, 384. Zu den unterschiedlichen dogmatischen Begründungsmustern in der Rechtsprechung des deutschen Bundesverfassungsgerichts *Albers*, L'effet horizontal des droits fondamentaux dans le cadre d'une conception à multi-niveaux, in: Hochmann/Reinhardt, L'effet horizontal des droits fondamentaux, 2018, 177 (179 ff.). Für eine Konzeption als Schutzpflicht im Sinne einer „staatliche[n] Pflicht zu beobachten und notfalls durch rechtliche Interventionen zu gewährleisten, dass rechtsgeschäftliche Ordnungsbildung in Verfahren stattfindet, die für alle jeweils betroffenen und grundrechtlich geschützten Autonomien eine hinreichende Berücksichtigung ihrer Entwicklungsbedingungen sicherstellen" *Bunnenberg*, Privates Datenschutzrecht, 2020, S. 161 ff., dort (vorstehend) auch zu verschiedenen Konzeptionalisierungen der Horizontalwirkung von Grundrechten.

[388] Ein weiterer Aspekt, der die Einordnung der Datenschutzrechtsprechung in grundrechtsdogmatische Kategorien erschwert, ist die für den EuGH typische Verklammerung

damit zusammenhängt, dass der Gerichthof die objekt-rechtliche Dimension in der Grundrechtsprüfung oft mit subjektiv-rechtlichen Komponenten vermengt.[389] Zumindest im Ausgangspunkt entspricht diese mehrdimensionale Konzeption jedoch den Anforderungen an eine angemessene Gestaltung des (grundrechtlichen) Datenschutzes: Denkt man bei der Konzeption des grundrechtlichen Datenschutzes die Charakteristika seines Gegenstands mit,[390] so wird deutlich, dass eine rein abwehrrechtliche Konzeption unterkomplex und bereits angesichts kollidierender Interessen am Umgang mit personenbezogenen Informationen und Daten unangemessen ist. Die vielfältigen normativen Schutzerfordernisse des Datenschutzes liegen auf unterschiedlichen Ebenen und werden von einer punktuellen, individualistischen Schutzkonzeption nicht hinreichend reflektiert. Die relevanten Prozesse der Informationsgewinnung und -verarbeitung verlaufen aufseiten der Verarbeiter und damit größtenteils außerhalb des Einflussbereichs der betroffenen Person. Eine sachgerechte Grundrechtskonzeption muss schon deshalb Mechanismen einschließen, die den Umgang mit personenbezogenen Informationen und Daten grundlegenden Beschränkungen unterstellen und ihn transparent gestalten, etwa indem Wissens- und Partizipationsrechte gewährleistet werden.[391]

---

von Prüfungsgegenstand und Prüfungsmaßstab im Rahmen der Grundrechtsprüfung. Deren Grenzen verschwimmen, wenn der EuGH feststellt, Bestimmungen des Datenschutzsekundärrechts seien im Lichte der Charta auszulegen und führten gleichzeitig die grundrechtlichen Anforderungen durch. Diese Erwägungen provozieren die Frage, ob der EuGH die Aussagen der sekundärrechtlichen Vorschriften als Prüfungsgegenstand aus der Perspektive des Grundrechts beleuchtet oder aber ihnen unmittelbar grundrechtliche Gehalte entnimmt und sie damit selbst zum Prüfungsmaßstab erhebt. S. etwa *EuGH* Urteil, 13.5.2014 – C-131/12, *Google Spain*, Rn. 68 f.

[389] In der Rs. *Digital Rights* etwa werden im Rahmen der Prüfung der Erforderlichkeit eines Eingriffs in Art. 8 bzw. 7 GRCh die Anforderungen an die Ausgestaltung durch den Unionsgesetzeber aufgestellt und im Anschluss wird festgestellt, dass die Vorratsdatenspeicherungsrichtlinie diesen Anforderungen nicht genüge und *deshalb* Eingriffe in die Grundrechte beinhalte, vgl. *EuGH* Urteil, 8.4.2014 – C-293/12 und C-594/12, *Digital Rights Ireland*, Rn. 52 ff. bzw. 65 und 69. Zudem legt der EuGH das eingriffsabwehrrechtliche Muster auch über Sachverhalte, in denen die horizontale Wirkung von Art. 8 GRCh zwischen Privaten betroffen ist, wodurch die „Mehrpoligkeit" des Grundrechtsschutzes nicht angemessen abgebildet werden kann, s. dazu *Reinhardt*, AöR, 2017, 528 (561 ff.), der am Beispiel der Rs. *Google Spain* aufzeigt, dass die öffentliche Kommunikationsordnung insgesamt nicht hinreichend in die grundrechtliche Abwägung eingestellt wurde.

[390] Zum Gegenstand des Datenschutzes, seinen verschiedenen Bezugspunkten und resultierenden Herausforderungen bei der Regulierung s. noch unten, Teil 2.

[391] Zum datenschutzrechtlichen Baustein der Betroffenenrechte sowie anderen Bausteinen, ihren Funktionen und ihrer Manifestation in der DSGVO s. noch unten, Teil 3, A., II.

Vor diesem Hintergrund ist Art. 8 GRCh multidimensional zu entfalten und der grundrechtliche Datenschutz zudem insgesamt auf eine breite normative Basis zu stellen.[392] Im Rahmen einer solchen gegenstandsangemessenen Konzeption statuiert Art. 8 GRCh in erster Linie einen Ausgestaltungsauftrag an die Gesetzgeber der EU und der Mitgliedstaaten, den Umgang mit personenbezogenen Informationen und Daten auf einer grundlegenden, konkreten Konstellationen vorgelagerten Ebene in Gestalt eines angemessenen Rechtsrahmens zu strukturieren.[393] Diese Grundregulierung begrenzt Datenverarbeitungsprozesse und trägt dazu bei, dass für den Betroffenen einigermaßen abschätzbar wird, in welchen Kontexten aus welchen Informationsgrundlagen Informationen erzeugt und wie und zu welchen Zwecken sie genutzt werden. Sie zielt darauf, die Einschätzung der erwartbaren nachteiligen Folgen in konkreten Konstellationen zu ermöglichen.[394] In den Worten der DSGVO erhalten die Betroffenen die „Kontrolle über die eigenen Daten“.[395] Für auf diese Weise transparent gewordene Gefährdungslagen treten in einem zweiten, nachgeschalteten Schritt die speziellen Freiheitsgewährleistungen mit Schutzpositionen und materiellen Maßstäben ergänzend hinzu.[396] Für den Datenschutz im Verhältnis zwischen Privaten besteht ein

---

[392] Ausführlich zum Ganzen im Kontext des deutschen Verfassungsrechts *Albers*, § 22 Umgang mit personenbezogenen Informationen und Daten, in: Hoffmann-Riem/Schmidt-Aßmann/Voßkuhle, Grundlagen des Verwaltungsrechts, 2012, 1–169 (70 ff.). S. a. *Franzius*, ZJS, 2015, 259 (265 f.), der auch auf das Abstimmungserfordernis mit anderen informationsbezogenen Verfassungsvorgaben hinweist.

[393] Dies umfasst als Folge freilich auch Bindungen der öffentlichen Datenverarbeiter. Vgl. *Albers*, § 22 Umgang mit personenbezogenen Informationen und Daten, in: Voßkuhle/Eifert/Möllers, Grundlagen des Verwaltungsrechts, 2022, 1–113 (26). Zur Ausgestaltungsdimension als Kern von Art. 8 GRCh umfassend auch *Marsch*, Das europäische Datenschutzgrundrecht, 2018, S. 128 ff. Für ein mehrdimensionales Verständnis von Art. 8 GRCh unter Einbezug eines Ausgestaltungsauftrags auch *Reinhardt*, AöR, 2017, 528 (540 ff.).

[394] *Albers*, § 22 Umgang mit personenbezogenen Informationen und Daten, in: Hoffmann-Riem/Schmidt-Aßmann/Voßkuhle, Grundlagen des Verwaltungsrechts, 2012, 1–169 (83). S. a. *Trute*, 2.5 Verfassungsrechtliche Grundlagen, in: Roßnagel, Handbuch Datenschutzrecht, 2003, 1–67 (32).

[395] Vgl. EG 7 S. 2: „Natürliche Personen sollten die Kontrolle über ihre eigenen Daten besitzen.“ S. auch EG 68 S. 1, in dem das Recht auf Datenübertragbarkeit aus Art. 20 DSGVO damit begründet wird, dass es der betroffenen Person „eine bessere Kontrolle über die eigenen Daten“ ermögliche.

[396] Für Art. 8 GRCh als freiheits*akzessorische* Schutzergänzung spezieller Verhaltensfreiheiten demgegenüber *Marsch*, Das europäische Datenschutzgrundrecht, 2018, S. 108. Grundlegend zu dieser Kooperation im Rahmen einer Zwei-Ebenen-Konzeption, allerdings für die deutschen Grundrechtsgewährleistungen, *Albers*, Informationelle Selbstbestimmung, 2005, S. 589 ff. Zu Schutzpositionen und materiellen Maßstäben aus den speziellen Grundrechtsgewährleistungen s. näher unten Teil 1, C., II., 2.

Ausgestaltungsauftrag im Sinne einer abstrakten, von einzelnen Dreieckskonstellationen losgelösten Schutzpflicht.[397] Die grundrechtlichen Maßstäbe für den privaten und öffentlichen Bereich sind dabei freilich nicht deckungsgleich, auch wenn sie sich überschneiden mögen.[398] Wenn der Gesetzgeber nicht oder nicht hinreichend tätig wird, können sich der Ausgestaltungsauftrag bzw. die Schutzpflicht im Einzelfall zu einem subjektiven Recht auf Erlass eines angemessenen Datenschutzrechtsrahmens konkretisieren.[399] Die objektiv-rechtlichen Komponenten gewinnen auf diese Weise eine subjektiv-individualrechtliche Dimension.

Art. 8 Abs. 1 GRCh ist in Bezug auf die materiellen Maßstäbe für die Ausgestaltung offen formuliert und belässt den EU-Gesetzgebern damit einen weiten Spielraum.[400] Konkretisierende Vorgaben ergeben sich allerdings aus Abs. 2 und 3: Der Gesetzgeber hat bei der Wahrnehmung seines Ausgestaltungsauftrags sicherzustellen, dass Daten nur nach Treu und Glauben, für festgelegte Zwecke und mit Einwilligung oder auf einer sonstigen gesetzlich geregelten Grundlage verarbeitet werden (Abs. 2, S. 1) und hat zudem Auskunfts- und Berichtigungsansprüche für die Betroffenen vorzusehen

---

[397] Für die Konzeptionalisierung als staatliche Beobachtungspflicht zur Gewährleistung der Reflexivität des Privat(-datenschutz-)rechts *Bunnenberg*, Privates Datenschutzrecht, 2020, S. 154 ff.

[398] Instruktiv zu den (grundrechtsdogmatisch) unterschiedlichen Anforderungen an den öffentlichen und privaten Datenschutz *Masing*, NJW, 2012, 2305 (2306 ff.); *Bäcker*, Der Staat, 2012, 91 (97 ff.). Zur schwachen Maßstäblichkeit im privaten Bereich *Marsch*, Das europäische Datenschutzgrundrecht, 2018, S. 265 ff. Zu den dogmatischen Grundlagen der horizontalen Wirkung von Art. 8 GRCh sowie Überlegungen zu Maßstäben für die Datenverarbeitung durch Private auch *Reinhardt*, AöR, 2017, 528 (544 ff.). *Bunnenberg*, Privates Datenschutzrecht, 2020, S. 200 ff., insb. 216 ff. weist zurecht darauf hin, dass bei der Gestaltung des privaten Datenschutzrechts ein Wechselverhältnis zwischen privater Selbstorganisation und staatlicher Intervention erforderlich ist. In der DSGVO spiegelt sich dies etwa in den Art. 40 ff. DSGVO wider. Zu den mit den unterschiedlichen Anforderungen verbundenen, bei der Regulierung zu beachtenden Flexibilitäts- und Vielfaltserfordernissen s. unten, Teil 2, C., I., 2.

[399] Für das nationale Verfassungsrecht s. *Albers*, § 22 Umgang mit personenbezogenen Informationen und Daten, in: Hoffmann-Riem/Schmidt-Aßmann/Voßkuhle, Grundlagen des Verwaltungsrechts, 2012, 1–169 (77 Fn. 289). In diese Richtung konkret für Art. 8 GRCh zu verstehen wohl auch *Hustinx*, „EU-Datenschutzrecht: Die Überprüfung der Richtlinie 95/46/EG und die vorgeschlagene Datenschutz-Grundverordnung", https://edps.europa.eu/sites/edp/files/publication/14-09-15_article_eui_de.pdf, (S. 60) (zuletzt abgerufen am 31.3.2022), der konstatiert, ein Eingriff in Art. 8 GRCh liege normalerweise nur vor, wenn eines oder mehrere der Elemente von Art. 8 Abs. 2 und 3 GRCh nicht gewahrt wurden. Für Art. 8 GRCh als „Recht auf eine grundrechtsadäquate Datenschutzgesetzgebung" *Marsch*, Das europäische Datenschutzgrundrecht, 2018, S. 130 ff.

[400] Überlegungen zu einer Ausgestaltungsdogmatik finden sich bei *Marsch*, Das europäische Datenschutzgrundrecht, 2018, S. 181 ff.

(Abs. 2, S. 2). Daneben tritt die spezifische Pflicht, die Überwachung der Einhaltung dieser Vorschrift durch eine unabhängige Stelle zu gewährleisten (Abs. 3).[401] Weitere Maßstäbe für die Ausgestaltung sind in der Rechtsprechung des EuGH entwickelt worden,[402] allerdings ohne dass sich eine gefestigte Dogmatik zur funktionellen Abgrenzung gegenüber der Legislative etabliert hätte. Dies gilt insbesondere im Verhältnis zu den Gesetzgebern der Mitgliedstaaten.[403] Die gerichtliche Kontrolldichte gegenüber den Unionsgesetzgebern wird u. a. in Abhängigkeit von der Eingriffsintensität bestimmt.[404] Zudem werden erhöhte Anforderungen an die Begründung eines Rechtsakts gestellt.[405]

Soweit der Gerichtshof die Einschätzungsprärogative des Gesetzgebers beschränkt, hat er sich bei der Maßstabbildung an den Funktionen und Schutzerfordernissen des Datenschutzes zu orientieren,[406] hat aber – insbe-

---

[401] Die Sicherstellung der institutionellen Kontrolle stellt auch nach der Rechtsprechung des EuGH einen wesentlichen Bestandteil des Datenschutzes dar, s. nur *EuGH* Urteil, 9.3.2010 – C-518/07, *Kommission/Deutschland*, Rn. 23 ff.; *EuGH* Urteil, 16.10.2012 – C-614/10, *Kommission/Österreich*, Rn. 36 ff. Ihre unzulängliche Gewährleistung bei der Gestaltung von Unionsrechtsakten hat der EuGH wiederholt zum Anlass genommen, deren Nichtigkeit auszusprechen. Vgl. *EuGH* Urteil, 8.4.2014 – C-293/12 und C-594/12, *Digital Rights Ireland*, Rn. 68; *EuGH* Urteil, 6.10.2015 – C-362/14, *Schrems*, Rn. 99 ff. Zur organisationsrechtlichen Dimension von Art. 8 Abs. 3 GRCh s. *Kibler*, Datenschutzaufsicht im europäischen Verbund, 2021, S. 54 ff.

[402] Detaillierte Vorgaben hat der Gerichtshof insbesondere, wie angedeutet, im Rahmen der Prüfung der Vorratsdatenspeicherungsrichtlinie aufgestellt. S. *EuGH* Urteil, 8.4.2014 – C-293/12 und C-594/12, *Digital Rights Ireland*, Rn. 53 ff. Zu den eigenständigen Komponenten von Art. 8 GRCh in der Rechtsprechung des EuGH s. auch *Reinhardt*, AöR, 2017, 528 (540 ff.).

[403] Zur uneinheitlichen Kontrolldichte gegenüber den mitgliedstaatlichen Gesetzgebern bzw. Behörden und Gerichten s. noch näher unten, Teil 4, A., II., 2. bzw. III.

[404] Vgl. *EuGH* Urteil, 8.4.2014 – C-293/12 und C-594/12, *Digital Rights Ireland*, Rn. 47 f.: „Was die gerichtliche Überprüfung der Einhaltung dieser Voraussetzungen anbelangt, kann, da Grundrechtseingriffe in Rede stehen, der Gestaltungsspielraum des Unionsgesetzgebers anhand einer Reihe von Gesichtspunkten eingeschränkt sein; zu ihnen gehören u. a. der betroffene Bereich, das Wesen des fraglichen durch die Charta gewährleisteten Rechts, Art und Schwere des Eingriffs sowie dessen Zweck". *Reinhardt*, AöR, 2017, 528 (549) kommt zu der Einschätzung, dass der EuGH sich weitreichende Beurteilungskompetenzen einräume. Übergreifend zur Kontrolldichte im Verhältnis zum Unionsgesetzgeber *Bilz*, Margin of appreciation der EU-Mitgliedstaaten, 2020, S. 78 ff. Zur (variablen) Kontrolldichte des Gerichtshofs im Hinblick auf Datenschutzsekundärrecht als Stellschraube für das Verhältnis von Einheit und Vielfalt s. noch unten, Teil 4, A., II.

[405] *EuGH* Urteil, 9.11.2010 – C-92/09 und C-93/09, *Schecke & Eifert*, Rn. 79 ff. S. a. *Schneider*, Die Verwaltung, 2011, 499 (517), der zu dem Schluss kommt, dass der EuGH die Gestaltungsspielräume der Gesetzgeber berücksichtige, indem er eher prozedurale denn materielle Maßstäbe aufstelle.

[406] Dies setzt voraus, dass der Gegenstand des Datenschutzes seiner Komplexität angemessen beschrieben wird, s. dazu Teil 2, B.

sondere bei der Ausgestaltung des privaten Datenschutzrechts – auch gegenläufige Interessen und Rechtspositionen zu berücksichtigen.[407] Dafür kann er auch auf die gegenstandsbezogen entwickelten Bausteine des einfachen Datenschutzrechts zurückgreifen,[408] ohne jedoch darauf beschränkt zu sein. Diese Bausteine dürfen nicht als in Stein gemeißelte „feste" Komponenten von Art. 8 GRCh missverstanden werden. Sie sind Ausgestaltungsentscheidungen der Unionsgesetzgeber, die diese im Rahmen von Art. 8 GRCh getroffen haben, nicht aber in jedem Einzelfall in der konkreten Form mussten.[409] Aufgrund der flexiblen Konzeption der Gewährleistung können freilich neue, ggf. auf komplexe neue Herausforderungen reagierende Elemente zum Maßstab werden, wobei stets der Gestaltungsspielraum des Gesetzgebers vorrangig zu berücksichtigen ist. Eine faktische Grenze ziehen die Pfadabhängigkeiten des EU-Datenschutzrechts.[410] Zu beachten ist auch, dass die sekundärrechtlichen Komponenten nicht im gleichen Maße geeignet sind, als Konkretisierungen grundrechtlicher Maßstäbe für die Ausgestaltung des öffentlichen und des privaten Datenschutzrechts zu dienen.[411]

---

[407] Die Flexibilitäts- und Vielfaltserfordernisse können insoweit richterliche Zurückhaltung (insbesondere) gegenüber den nationalen Gesetzgebern und Gerichten gebieten. Dazu noch unten, Teil 4, A., II., 2.

[408] In diese Richtung auch *Hustinx*, „EU-Datenschutzrecht: Die Überprüfung der Richtlinie 95/46/EG und die vorgeschlagene Datenschutz-Grundverordnung", https://edps.europa.eu/sites/edp/files/publication/14-09-15_article_eui_de.pdf, (S. 60) (zuletzt abgerufen am 31.3.2022), der konstatiert, es könne nicht ausgeschlossen werden, „dass auch Artikel 8 Absatz 1 als Quelle anderer Anforderungen dient, die zwar schon im EU-Datenschutzrecht vorgesehen sind, in der Charta aber noch nicht ausdrücklich verankert wurden.". S. a. *Britz*, EuGRZ, 2009, 1 (9), die die sekundärrechtlichen Komponenten als Ergebnisse des verfassungsrechtlichen Ausgestaltungsauftrags bewertet. Sie weist aber zugleich auch auf das methodische Problem hin, dass die Maßstabfunktion des Grundrechtes abhandenkommt, wenn zu dessen Konkretisierung auf Sekundärrecht rekurriert wird, vgl. *Britz*, EuGRZ, 2009, 1 (7). Zu den Regelungsmustern und Bausteinen in der DSGVO s. unten, Teil 3, A.

[409] Insbesondere ist die für das unionalen Datenschutzrecht charakteristische weitgehende Parallelisierung der Vorschriften für den öffentlichen und privaten Bereich aus grundrechtlicher Perspektive keinesfalls zwingend. Wenn auch gegenüber Privaten grundsätzlich ein Bedürfnis nach gleich*wertigem* Schutz besteht, so bedeutet das nicht, dass alle grundrechtlichen Maßstäbe für die Datenverarbeitung durch öffentliche Stellen im gleichen Maße für Private gelten, s. hierzu *Reinhardt*, AöR, 2017, 528 (556). Der Differenz zwischen öffentlichen und privaten Bereichen ist bei der Gestaltung des Datenschutzrechts Rechnung zu tragen, s. dazu Teil 2, C., I., 2. Bei genauerer Betrachtung zeigt sich, dass die DSGVO an vielen Stellen differenziert. Zur relativen Trennung der Sektoren über Öffnungen für das Recht der Mitgliedstaaten s. noch unten Teil 3, B., III., 2., d).

[410] S. dazu unten, Teil 2., A.

[411] Vgl. *Marsch*, Das europäische Datenschutzgrundrecht, 2018, S. 259 f.

c) Vertikale Grenzen

Im Unionskontext ist bei der transparenzsichernden Gestaltung und Begrenzung des Umgangs mit personenbezogenen Informationen und Daten ferner zu beachten, dass man es – anders als im nationalen Nexus – mit einem Mehrebenensystem zu tun hat, und sich somit die Frage stellt, in welchem Maße die Ebenen bei der Gestaltung eines angemessenen Datenschutzrechtsrahmens einbezogen werden können bzw. müssen. Auch insoweit ist Art. 8 Abs. 1 GRCh offen formuliert und belässt der Legislative einen weiten Spielraum.[412] Gleichwohl sind den Unionsgesetzgebern bei der Ausgestaltung in vertikaler Hinsicht verschiedene Grenzen gesetzt.

Die EU-Legislative ist bei der Wahrnehmung des Ausgestaltungsauftrags bzw. der Schutzpflicht insbesondere in den unionalen Kompetenzrahmen eingebunden, denn Art. 8 GRCh begründet gerade keine Gesetzgebungszuständigkeit.[413] Für den Bereich des Datenschutzes wird dieser von Art. 16 Abs. 2 AEUV sowie den allgemeinen Grundsätzen in Art. 4 und 5 EUV abgesteckt. Diese Normen bestimmen *in kompetenzieller Hinsicht* erstens, mit welcher Regelungstiefe der Querschnittsgegenstand Datenschutz im Kontext spezifischer Sachmaterien geregelt werden kann, sowie zweitens, in welchem Maße sich das Datenschutzrecht unionsweit-einheitlich gestalten kann respektive auf mitgliedstaatlicher Ebene gestaltet werden muss.[414] Sie ziehen den Unionsgesetzgebern bei der Ausgestaltung von Art. 8 GRCh also sowohl in horizontaler als auch in vertikaler Hinsicht Grenzen. Mit der überschießenden Dynamik von Art. 16 Abs. 2 AEUV[415] korrespondiert freilich eine entsprechende Dynamik auch des Ausgestaltungsauftrags aus Art. 8 GRCh. Diese schließt die Möglichkeit ein, den datenschutzrechtlichen *Rahmen* für Sachbereiche zu ziehen, die tatsächlich (überwiegend) im Kompetenzbereich der Mitgliedstaaten liegen, dessen nähere Ausgestaltung dann aber den Mitgliedstaaten anhand mitgliedstaatlicher Grundrechtsstandards überlassen werden muss.[416]

---

[412] Insbesondere äußert sich Art. 8 GRCh nicht zum Verhältnis von Einheit und Vielfalt oder einem etwaigen konkret anzustrebenden Harmonisierungsgrad des Datenschutzsekundärrechts. Ausdrücklich anders die EU-Kommission, die in ihrem DSGVO-Vorschlag – freilich ohne nähere Begründung – behauptet, Art. 8 GRCh verlange „ein unionsweit einheitliches Datenschutzniveau", s. *Europäische Kommission*, Vorschlag für eine Verordnung des Europäischen Parlaments und des Rates zum Schutz natürlicher Personen bei der Verarbeitung personenbezogener Daten und zum freien Datenverkehr (Datenschutz-Grundverordnung), 25.1.2012, KOM (2012) 011 endgültig, S. 6.

[413] Vgl. Art. 51 Abs. 1 S. 2 und Art. 52 Abs. 2 GRCh.

[414] Die Bestimmungen stecken also den primärrechtlichen Rahmen ab. Zum Inhalt und der umstrittenen Reichweite von Art. 16 Abs. 2 AEUV s. näher oben, Teil 1, C., I., 2., b).

[415] S. dazu oben, Teil 1, C., I., 2., b), bb).

[416] Näher dazu noch im Kontext der adäquaten Ausgestaltung des konkurrierenden Grundrechtsschutzes unten, Teil 4, A., I., 2.

Neben der Einbindung in das Kompetenzgefüge muss der Unionsgesetzgeber hinsichtlich der Frage, in welchem Maße der Umgang mit personenbezogenen Informationen und Daten auf welcher Ebene gestaltet werden muss bzw. kann, auch die Charakteristika des Gegenstands des Datenschutzes berücksichtigen. Dazu zählen insbesondere die aus den Interdependenzen zwischen datenschutzrechtlichen Vorschriften und den sachlichen Regelungsfeldern resultierenden Anforderungen,[417] die sich mit dem Kompetenzgefüge überschneiden.[418] Die EU-Legislative muss den Mitgliedstaaten insofern hinreichende Mitwirkungs- und Gestaltungmöglichkeiten einräumen, um die notwendige Koordination und Differenzierung im mitgliedstaatlichen Recht zu gewährleisten.[419] Die Art. 4 Abs. 2, Art. 5 EUV sowie Art. 51 Abs. 1 S. 2 GRCh beschränken den Ausgestaltungsauftrag der Unionsgesetzgeber aus Art. 8 GRCh im Verhältnis zu den Mitgliedstaaten also auch insoweit.[420]

Über Art. 16 Abs. 2 AEUV wird dieser vertikal begrenzte Ausgestaltungsauftrag der Regulierung des Datenschutzes mit dem Ziel der Gewährleistung des freien Datenverkehrs verklammert. Der Konflikt zwischen Harmonisierungszielen und Berücksichtigung der Flexibilitäts- und Vielfaltserfordernisse im EU-Datenschutzrecht ist somit schon auf der primärrechtlichen Ebene vorgezeichnet.

2. Art. 8 GRCh in Wechselwirkung mit anderen Gewährleistungen

Fragt man konkret nach der normativen Basis des Datenschutzes in den europäischen Grundrechten, so ist der Blick allein auf Art. 8 GRCh verkürzt.[421] Zum einen sind auch die anderen, speziellen Grundrechtsgewährleistungen in die Betrachtung miteinzubeziehen, weil diese ebenfalls Vorgaben für den Umgang mit personenbezogenen Informationen und Daten hergeben und den Grundrechtsschutz durch Art. 8 GRCh insoweit ergänzen (a). Zum anderen sind die Gesetzgeber bei der Ausgestaltung des einfachen Datenschutzes auch an gegenläufige Rechtspositionen und Interessen, die sich auch aus den Grundrechten ergeben, gebunden (b).

---

[417] S. dazu unten, Teil 2, C, I.

[418] Dazu Teil 2, C., II., 1.

[419] In welcher Form der Unionsgesetzgeber dies realisiert, unterliegt der legislativen Einschätzungsprärogative. In der bisherigen Rechtssetzungspraxis hat sich, wie noch zu zeigen ist, die zentral-dezentrale Gestaltung des Datenschutzsekundärrechts etabliert, s. dazu unten, Teil 2, C., III.

[420] S. zu den bei der Gestaltung des Datenschutzrechts zu berücksichtigenden Flexibilitäts- und Vielfaltserfordernissen im Einzelnen noch unten, Teil 2, C.

[421] Dies kommt auch in Art. 1 Abs. 2 DSGVO zum Ausdruck: „Diese Verordnung schützt die Grundrechte und Grundfreiheiten natürlicher Personen und *insbesondere* deren Recht auf Schutz personenbezogener Daten.“ (Herv. d. Verf.).

a) Schutzpositionen und materielle Maßstäbe aus anderen Grundrechtsgewährleistungen

Wie gezeigt, sind die Gefährdungslagen und Schutzbedürfnisse, die aus dem Umgang mit personenbezogenen Informationen und Daten resultieren, vielfältig und ergeben sich häufig auch erst kontextbezogen.[422] Entnähme man kontextspezifische Schutzpositionen mit Blick auf nachteilige Folgen aus der Daten- und Informationsverarbeitung sowie Maßstäbe für die Ausgestaltung des Datenschutzrechts allein Art. 8 GRCh, würde diese abstrakt formulierte Gewährleistung normativ unangemessen überfrachtet. Als grundrechtliche Basis bieten sich insoweit vielmehr die speziellen Grundrechtsgewährleistungen an.[423]

In diesem Zusammenhang ist insbesondere Art. 7 GRCh zu nennen, der das Recht jeder Person auf Achtung ihres Privat- und Familienlebens, ihrer Wohnung sowie ihrer Kommunikation schützt. Die Bestimmung ergänzt Art. 8 GRCh um Schutzpositionen und Ausgestaltungsmaßstäbe hinsichtlich des Umgangs mit personenbezogenen Informationen und Daten zum einen mit Blick auf deren räumliche (Wohnung) und mediale (Kommunikation) Herkunftskontexte[424] und zum anderen in Bezug auf deren Zuordenbarkeit zu den sozialen Kontexten des Privat- bzw. Familienlebens.[425] Die Bedeutung von Art. 7 GRCh für den grundrechtlichen Datenschutz kommt

---

[422] S. dazu oben Teil 1, C., II., 1., a). Zu dem Netzwerk aus Grundkategorien, in dem sich der Datenschutz bewegt und das auf die Anforderungen des Grundrechtsschutzes zurückwirkt, unten Teil 2, B.

[423] Zu grundrechtlichen Vorgaben einzelner spezieller Freiheitsgarantien *Albers*, § 22 Umgang mit personenbezogenen Informationen und Daten, in: Voßkuhle/Eifert/Möllers, Grundlagen des Verwaltungsrechts, 2022, 1–113 (26 aE) sowie – für das nationale Verfassungsrecht – *Albers*, Informationelle Selbstbestimmung, 2005, S. 357 ff.; *Trute*, 2.5 Verfassungsrechtliche Grundlagen, in: Roßnagel, Handbuch Datenschutzrecht, 2003, 1–67 (63 ff.) sowie, allerdings mit Fokus auf abwehrrechtliche Gehalte, *Franzius*, ZJS, 2015, 259 (266). S. a. *Ladeur*, DÖV, 2009, 45 (54) mit dem Vorschlag, u. a. in Bezug auf die Verarbeitung mit Gesundheitsdaten dem Recht auf Gesundheit eine prozedurale Komponente des Datenschutzes zuzuweisen. Zur Erforderlichkeit des Rückgriffs auf spezielle Freiheitsgarantien zur Bestimmung der Eingriffsintensität sowie der Beurteilung der Verhältnismäßigkeit von Informationsmaßnahmen *Reinhardt*, AöR, 2017, 528 (538 ff.).

[424] Vgl. für Art. 10 und 13 GG insoweit *Albers*, § 22 Umgang mit personenbezogenen Informationen und Daten, in: Hoffmann-Riem/Schmidt-Aßmann/Voßkuhle, Grundlagen des Verwaltungsrechts, 2012, 1–169 (71). Für ein „Grundrecht auf e-Privacy" aus Art. 7 und 8 GRCh im Sinne eines Regulierungsauftrags an den Staat, den Schutz der Privatheit im Internetzeitalter aufrecht zu erhalten, *Eichenhofer*, EuR, 2016, 76 (77 f.).

[425] Bisweilen kombiniert der EuGH Art. 7 und 8 GRCh zu einem Recht auf „Achtung des Privatlebens hinsichtlich der Verarbeitung personenbezogener Daten", s. *EuGH* Urteil, 9.11.2010 – C-92/09 und C-93/09, *Schecke & Eifert*, Rn. 52. Vgl. aber nunmehr auch *EuGH* Urteil, 6.10.2020 – C-623/17, *Privacy International*, Rn. 71 f., wo der Gerichtshof allein auf Art. 7 GRCh abstellt.

schon darin zum Ausdruck, dass die Diskussion um die Schutzinhalte von Art. 8 GRCh in der Literatur meist in dessen Abgrenzung zu Art. 7 GRCh eingebettet ist.[426] Allerdings bereitet die Differenzierung der Bestimmungen Schwierigkeiten, die auch daraus resultieren, dass der EuGH im Rahmen seiner Grundrechtsprüfung dazu neigt, Art. 7 und 8 GRCh als gemeinsamen Prüfungsmaßstab heranzuziehen.[427]

Bei näherer Analyse der einschlägigen Rechtsprechung lassen sich dennoch vereinzelt spezifische Gehalte von Art. 7 GRCh erkennen. Methodisch hat der Gerichtshof die von Art. 7 GRCh geschützte Privatheit wiederholt herangezogen, um die Eingriffsintensität zu bestimmen und die Abwägung zu strukturieren.[428] In inhaltlicher Hinsicht hat er festgestellt, dass ein genereller behördlicher Zugriff auf Inhalte elektronischer Kommunikation mit dem Wesensgehalt von Art. 7 GRCh unvereinbar ist[429] und dass der Schutz von Art. 7 GRCh bezüglich des Umgangs mit personenbezogenen Informa-

---

[426] Abgrenzungserfordernisse zwischen Art. 8 GRCh und 7 GRCh ergeben sich vor allem daraus, dass die Chartagrundrechte gem. Art. 52 Abs. 3 GRCh „die gleiche Bedeutung und Tragweite“ haben wie die Konventionsrechte, der Datenschutz in der EMRK aber mangels spezifischer Gewährleistung vom EGMR in Art. 8 EMRK hineingelesen wird, auf dem wiederum Art. 7 GRCh basiert, vgl. Erläuterungen zur Charta der Grundrechte. ABl. EU C 303, 14.12.2007, S. 17–35, (S. 20). Zu den Kohärenzproblemen schon früh etwa *Schneider*, Die Verwaltung, 2011, 499 (500 ff.) sowie *Britz*, EuGRZ, 2009, 1 (2 f.). Zur Unterscheidung des Rechts auf Achtung des Privatlebens und des Datenschutzgrundrechts konkret in der Rechtsprechung des EuGH und des EGMR *Kokott/Sobotta*, International Data Privacy Law, 2013, 222. Überwiegend werden die Gewährleistungen in ein Spezialitätsverhältnis gesetzt, vgl. nur *Jarass*, in: Jarass, 4. Aufl., 2021, Charta der Grundrechte der Europäischen Union, Art. 8 GRCh, Rn. 4; *Bernsdorff*, in: Meyer/Hölscheidt, 5. Aufl., 2019, Charta der Grundrechte der Europäischen Union, Art. 8 GRCh, Rn. 13; zustimmend *Augsberg*, in: Groeben/Schwarze/Hatje, 7. Aufl., 2015, Europäisches Unionsrecht, Art. 8 GRCh, Rn. 1. S. a. *Michl*, DuD, 2017, 349 (352 f.). Für verschiedene Interpretationsansätze zum Verhältnis der Gewährleistungen *Wagner*, Datenschutz in der EU, 2015, S. 112 ff. S. a. *Lynskey*, International and Comparative Law Quarterly, 2014, 569, die den Mehrwert (added value) eines eigenständigen Rechts auf Datenschutz untersucht.

[427] Die Erörterung der Eingriffe und deren Rechtfertigung erfolgt dann jedoch meist getrennt, s. etwa *EuGH* Urteil, 9.11.2010 – C-92/09 und C-93/09, *Schecke & Eifert*, Rn. 55 ff.; *EuGH* Urteil, 17.10.2013 – C-291/12, *Schwarz*, Rn. 23 ff.; *EuGH* Urteil, 8.4.2014 – C-293/12 und C-594/12, *Digital Rights Ireland*, Rn. 24 ff., wobei der Gerichtshof die Grundrechte hier bereits auf Ebene des Schutzbereichs getrennt prüft. In Fallkonstellationen, in denen der Datenschutz als Gegenposition in die Grundrechtsabwägung eingestellt wurde, hat der EuGH indessen allein auf Art. 8 GRCh rekurriert, vgl. *EuGH* Urteil, 24.11.2011 – C-70/10, *Scarlet Extended*, Rn. 50 f.; *EuGH* Urteil, 16.2.2012 – C-360/10, *SABAM*, Rn. 48 f.

[428] Vgl. *Reinhardt*, AöR, 2017, 528 (539) in Bezug auf die Rs. Google Spain und Digital Rights Ireland.

[429] *EuGH* Urteil, 6.10.2015 – C-362/14, *Schrems*, Rn. 94.

tionen über das Privatleben nicht voraussetzt, dass diese einen sensiblen Charakter haben.[430] Auch den Schutz vor dem Gefühl, dass das Privatleben Gegenstand dauerhafter Überwachung ist, ordnet der Gerichtshof Art. 7 GRCh zu.[431] Dass Art. 7 GRCh zudem eine objektiv-rechtliche Ausgestaltungsdimension enthält, hat der EuGH kürzlich klargestellt.[432]

Abzuwarten bleibt, inwieweit die vom EGMR anhand von Art. 8 EMRK entwickelten Maßstäbe für den Datenschutz[433] im Rahmen von Art. 7 GRCh Berücksichtigung finden werden. Vor Inkrafttreten der Charta deutete sich eine Konvergenz der Schutzinhalte von Art. 8 EMRK und dem EU-Datenschutzgrundrecht an.[434] In jüngerer Zeit hat der EuGH jedoch betont, dass Unionsrechtsakte allein am Maßstab der Chartagrundrechte zu beurteilen sind, und hat dabei auch die Eigenständigkeit von Art. 8 GRCh und 7 GRCh hervorgehoben.[435]

Garantien und Rechte hinsichtlich des Umgangs mit personenbezogenen Informationen und Daten enthalten neben Art. 7 GRCh auch die speziellen Freiheitsgewährleistungen. Dies folgt schon daraus, dass grundrechtlich geschütztes Verhalten immer auch in Abhängigkeit der Erwartungen an das Wissen Anderer stattfindet.[436] Jemand, der sich unbeobachtet und unbelauscht fühlt, ist in seinem Freiheitsgebrauch tendenziell unbefangener, als wenn er oder sie wüsste, dass sein bzw. ihr Verhalten durch Andere registriert wird, auch angesichts potenziell nachteiliger Folgen.[437] Um die entsprechen-

---

[430] Vgl. *EuGH* Urteil, 8.4.2014 – C-293/12 und C-594/12, *Digital Rights Ireland*, Rn. 33. Eine Entkopplung vom Erfordernis des Bezugs zum Privatleben ist damit allerdings nicht verbunden. Dieses weite Verständnis des Begriffs des Privatlebens geht auf die Rechtsprechung des EGMR zu Art. 8 EMRK zurück, s. *EuGH* Urteil, 20.5.2003 – C-465/00, C-138/01 und C-139/01, *Österreichischer Rundfunk*, Rn. 73 ff.

[431] *EuGH* Urteil, 6.10.2020 – C-623/17, *Privacy International*, Rn. 71. Der Gerichtshof verweist auf seine Entscheidungen zu *Digital Rights Ireland* und *Tele2 Sverige*, in denen dieses Schutzerfordernis noch Art. 7 und 8 GRCh gemeinsam zugewiesen wurde.

[432] *EuGH* Urteil, 6.10.2020 – C-623/17, *Privacy International*, Rn. 57.

[433] Eine ausführliche Analyse dieser Rechtsprechung findet sich bei *Siemen*, Datenschutz als europäisches Grundrecht, 2006, S. 51 ff., insb. 97 ff. Für unterschiedliche Teilaspekte s. a. *Grabenwarter/Pabel*, Europäische Menschenrechtskonvention, 6. Aufl., 2016, S. 284 f.

[434] Vgl. anschaulich *EuGH* Urteil, 20.5.2003 – C-465/00, C-138/01 und C-139/01, *Österreichischer Rundfunk*, Rn. 71 ff.

[435] S. *EuGH* Urteil, 21.12.2016 – C-203/15 und C-698/15, *Tele2 Sverige AB*, Rn. 127 ff.; *EuGH* Urteil, 16.7.2020 – C-311/18, *Schrems II*, Rn. 98 f. Zur Grundrechtecharta als alleinigem Maßstab, allerdings im Kontext von Art. 6 GRCh, auch *EuGH* Urteil, 15.2.2016 – C-601/15 PPU, *J.N.*, Rn. 44 ff.

[436] Dazu *Rössler*, Der Wert des Privaten, 2001, S. 201 ff.

[437] Vgl. *BVerfG* Urteil, 15.12.1983 – E 65, *Volkszählung*, S. 42 f. In Bezug auf die Meinungsfreiheit bzw. konkret den Gebrauch elektronischer Kommunikationsmittel auch EuGH, *EuGH* Urteil, 8.4.2014 – C-293/12 und C-594/12, *Digital Rights Ireland*, Rn. 28;

den Schutzbedürfnisse grundrechtlich angemessen einzufangen, muss man die Perspektive bei der Grundrechtsanwendung erweitern: Nicht nur die Aufschlüsselung der jeweiligen Verarbeitungsprozesse und -kontexte, in denen personenbezogene Informationen gewonnen, ggf. gespeichert und eventuell in anderen Zusammenhängen verwendet werden, ist von Bedeutung. Auch die Sachverhalte, die die Informationsgrundlage bilden, oder die konkrete soziale Position des betroffenen Grundrechtsträgers sind einzubeziehen. Als Konsequenz ergeben sich Schutzerfordernisse hinsichtlich des Umgangs mit Informationen und Daten, für die die klassischen Freiheitsrechte Schutzpositionen und Ausgestaltungsmaßstäbe beinhalten.[438]

b) Ausgestaltung unter Berücksichtigung gegenläufiger Rechtspositionen und Interessen

Bei der Ausgestaltung des einfachen Datenschutzrechts hat der EU-Gesetzgeber spezielle Grundrechtsgewährleistungen und sonstige informationsbezogene Verfassungsvorgaben auch insofern zu berücksichtigen, als diese auf den Schutz gegenläufiger Rechtspositionen und Interessen zielen. Diese ziehen dem Ausgestaltungsauftrag Grenzen.[439]

Konfliktpotenzial besteht immer dann, wenn sich verfassungsrechtlich geschützte Interessen am Umgang mit personenbezogenen Informationen und Daten und Datenschutz gegenüberstehen. Solche lassen sich primär im Bereich der privaten Datenverarbeitung identifizieren,[440] aber auch dem Datenschutz im öffentlichen Bereich stehen Informations- und Datenverarbeitungsinteressen gegenüber. Dementsprechend vielfältig gestalten sich auch die gegenläufigen Rechtspositionen. Sie reichen vom Interesse an der unbefangenen Meinungsäußerung unter Verarbeitung von Informationen und Daten, einschließlich journalistischer Arbeit, über das Interesse am Zugang zu (personenbezogenen) Informationen und Daten sowie deren Verarbeitung zur Durchsetzung grundrechtlich geschützter (z. B. Urheber-)Rechte, inklusive der grundrechtlich geschützten Realisierung daten- und informati-

EuGH Urteil, 21.12.2016 – C-203/15 und C-698/15, *Tele2 Sverige AB*, Rn. 101. S. mit konkreten Beispielen auch *Trute*, 2.5 Verfassungsrechtliche Grundlagen, in: Roßnagel, Handbuch Datenschutzrecht, 2003, 1–67 (64 ff.).

[438] Zum Ganzen *Albers*, § 22 Umgang mit personenbezogenen Informationen und Daten, in: Hoffmann-Riem/Schmidt-Aßmann/Voßkuhle, Grundlagen des Verwaltungsrechts, 2012, 1–169 (72) mit den Beispielen u. a. zur nationalverfassungsrechtlichen Gewissens-, Informations- und Berufsfreiheit.

[439] Auf Regulierungsebene sind damit schon in der horizontalen Dimension Abstimmungserfordernisse verbunden, s. näher unten Teil 2, C., I., 1., b).

[440] Die Erhebung, Verarbeitung, Systematisierung und Weitergabe von Informationen und Daten sind gerade auch Teil der rechtsstaatlichen, von verschiedenen Grundrechten gewährleisteten Freiheit, vgl. *Masing*, NJW, 2012, 2305 (2307).

onsbasierter Geschäftsmodelle, bis hin zu Verarbeitungsinteressen zu Zwecken wissenschaftlicher Forschung und der öffentlichen Sicherheit, insbesondere der Gefahrenabwehr, Kriminalitätsbekämpfung und nachrichtendienstlichen Tätigkeiten.

Bereits im Rahmen der legislativen Ausgestaltung sind die kollidierenden Belange und der Datenschutz einem angemessenen Ausgleich zuzuführen, wobei im Unionskontext freilich auch in diesem Zusammenhang das Kompetenzregime zu beachten ist: Neben das Erfordernis, die Anforderungen des Datenschutzes mit etwaigen gegenläufigen Rechten und Interessen in Einklang zu bringen, tritt im Mehrebenensystem die Frage, auf welcher *Ebene* die jeweilige Abwägung vorzunehmen ist. Weil Art. 8 GRCh und auch die sonstigen Unionsgrundrechte keine neuen Zuständigkeiten für die EU begründen können, muss sich die Aufgabe der Herstellung eines Einklangs zwischen Datenschutzerfordernissen und zumindest jenen kollidierenden Rechtspositionen, die nicht in den alleinigen Kompetenzbereich der Union fallen, notwendigerweise auch auf die mitgliedstaatliche Ebene verlagern.[441]

In diesem Zusammenhang von großer Bedeutung ist gewiss auch die Dimension der gerichtlichen Kontrolle des zentral-dezentralen Datenschutzrechts. Denn je weiter der (exklusive) Geltungsbereich der Unionsgrundrechte als Kontrollmaßstab reicht und je strenger die Maßstabentwicklung des EuGH im Hinblick auf die Auslegung und Anwendung des Datenschutzsekundärrechts, desto weniger Raum bleibt für die Ausgestaltung und Abwägung auf der mitgliedstaatlichen Ebene.[442] Darüber hinaus dürften auch die mit der DSGVO neu geschaffenen Verfahren der Zusammenarbeit und Kohärenz, die der Koordination des Vorgehens der Aufsichtsbehörden dienen, künftig zur Klärung von Abwägungsfragen beitragen.[443]

Der EuGH eröffnet allerdings Ausgestaltungs- und Abwägungsspielräume im Hinblick auf gegenläufige Rechtspositionen und Interessen, indem er in ständiger Rechtsprechung betont, dass 8 GRCh keine uneingeschränkte Geltung beanspruchen kann, sondern im Hinblick auf seine gesellschaftliche Funktion gesehen werden muss.[444] In seinen bisherigen Entscheidungen hatte

---

[441] Zu mit dem Kompetenzgefüge verbundenen Flexibilitäts- und Vielfaltserfordernissen in der vertikalen Dimension s. unten, Teil 2., C., II., 1. Dies schließt nicht aus, dass in anderen Bereichen, wie dem Wettbewerbsrecht, die Abstimmungen in größerem Maße bereits durch den Unionsgesetzgeber vorgenommen werden. Die Rechtsprechung des EuGH zu diesem Problemfeld ist nicht einheitlich. Es bedarf insoweit der Entwicklung gegenstandsangemessener Spielraumtechniken, s. dazu unten, Teil 4, A., III.

[442] Dazu im Einzelnen noch unten, Teil 4, A., I. und II.

[443] Vgl. dazu auch *EuGH* Urteil, 24.9.2019 – C-507/17, *CNIL*, Rn. 68 f. Näher zur institutionellen Aufsicht und ihrer Rolle für das Verhältnis von Einheit und Vielfalt noch unten, Teil 4, B.

[444] Gegenüber dem Unionsgesetzgeber vgl. nur *EuGH* Urteil, 9.11.2010 – C-92/09 und C-93/09, *Schecke & Eifert*, Rn. 48; *EuGH* Gutachten, 26.7.2017 – Gutachten 1/15, *PNR-Abkommen Kanada*, Rn. 136 m. w. N.

er sich mit Ausgestaltungs- und Abwägungsentscheidungen sowohl der Mitgliedstaaten als auch des Unionsgesetzgebers zu beschäftigen. Als kollidierende Interessen waren dabei u. a. die Meinungsfreiheit,[445] der Schutz des (geistigen) Eigentumsrechts,[446] „wirtschaftliche Interessen" an der Bereitstellung von Diensten sowie das Interesse der breiten Öffentlichkeit bzw. einzelner Internetznutzer am Informationszugang,[447] die demokratischen Grundsätze der Kontrolle und Transparenz[448] und Belange der Kriminalitätsbekämpfung bzw. der öffentlichen Sicherheit[449] betroffen.[450]

Eine nähere Analyse der einschlägigen Judikate offenbart zum einen, dass der Gerichtshof bei der Abwägung und Maßstabbildung keine systematische Methode verfolgt. Dem selbst postulierten Erfordernis der einzelfallbezogenen Abwägung stehen Entscheidungen gegenüber, in denen die Luxemburger Richter dem Datenschutzgrundrecht mehr oder weniger undifferenziert den Vorrang einräumen.[451] Insbesondere wird das Spektrum widerstreitender Grundrechtspositionen nicht immer angemessen in die Betrachtung eingestellt.[452] Zum anderen zeigt sie, dass sich weder im Verhältnis zu den

---

[445] *EuGH* Urteil, 6.11.2003 – C-101/01, *Lindqvist*, Rn. 86 ff.; *EuGH* Urteil, 16.12.2008 – C-73/07, *Satamedia*, Rn. 53 ff.

[446] *EuGH* Urteil, 29.1.2008 – C-275/06, *Promusicae*, Rn. 61 ff.; *EuGH* Urteil, 24.11.2011 – C-70/10, *Scarlet Extended*, Rn. 43 ff.

[447] Der EuGH spricht pauschal von „wirtschaftlichen Interessen" des Suchmaschinenbetreibers bzw. vom „berechtige[n] Interesse von potenziell am Zugang zu der Information interessierten Internetnutzern", ohne diese jeweils normativ näher zu verorten, vgl. *EuGH* Urteil, 13.5.2014 – C-131/12, *Google Spain*, Rn. 81; 97. Zur Zuordenbarkeit in Art. 16 GRCh bzw. 11 GRCh *GA Niilo Jääskinen* Schlussanträge, 25.6.2013 – C-131/12, *Google Spain*, Rn. 95; 120 ff.

[448] *EuGH* Urteil, 29.6.2010 – C-28/08 P, *Bavarian Lager*, Rn. 49 ff.; *EuGH* Urteil, 9.11.2010 – C-92/09 und C-93/09, *Schecke & Eifert*, Rn. 67 ff.

[449] Vgl. nur *EuGH* Urteil, 8.4.2014 – C-293/12 und C-594/12, *Digital Rights Ireland*, Rn. 41 ff.; *EuGH* Urteil, 21.12.2016 – C-203/15 und C-698/15, *Tele2 Sverige AB*, Rn. 94 ff.

[450] Eine Darstellung der EuGH-Rechtsprechung in Bezug auf gegenläufige Rechtspositionen findet sich bei *Lynskey*, The foundations of EU data protection law, 2015, S. 131 ff. Für eine Analyse unter dem Gesichtspunkt der Kontrolldichte in Bezug auf Datenschutzsekundärrecht s. im Einzelnen noch unten, Teil 4, A., II., insbesondere II., 2., a) und b).

[451] Vgl. insbesondere *EuGH* Urteil, 13.5.2014 – C-131/12, *Google Spain*, Rn. 81, wo der Gerichtshof feststellt, dass wirtschaftliche Interessen des Suchmaschinenbetreibers allein einen Eingriff in Art. 7 und 8 GRCh nicht rechtfertigen könnten. Auch überwögen die durch die durch diese Artikel geschützten Rechte der betroffenen Person „im Allgemeinen gegenüber dem Interesse der Internetnutzer" am Zugang zu den Informationen. Auch im Rahmen der Rs. *Bavarian Lager* stellt der EuGH im Ergebnis den Vorrang des Rechts auf Datenschutz fest, ohne eine differenzierte Abwägung zwischen Transparenz- und Datenschutzinteressen vorzunehmen, vgl. *EuGH* Urteil, 29.6.2010 – C-28/08 P, *Bavarian Lager*, Rn. 56 ff. S. im Einzelnen noch unten, Teil 4, A., II.

[452] S., in Bezug auf die Google-Entscheidung, *Reinhardt*, AöR, 2017, 528 (562 f.), der die

Gesetzgebern noch gegenüber den nationalen (Verfassungs-)Gerichten eine gefestigte Dogmatik zur Abgrenzung der jeweiligen funktionalen Grenzen herausgebildet hat.[453] Insbesondere unterscheiden sich die Kontrolldichten gegenüber den Gesetzgebern der Mitgliedstaaten einerseits und der EU-Legislative andererseits, wobei sich bisher keine einheitliche Linie abgezeichnet hat.[454]

Insgesamt wird bereits hier erkennbar, dass die Ausgestaltung des Datenschutzrechts unter Berücksichtigung von Interessen am Umgang mit personenbezogenen Informationen eine anforderungsreiche Aufgabe ist, die gerade auf Grund der zusätzlichen vertikalen Dimension des Unionsrechts weiter an Komplexität gewinnt.[455] Dies schlägt sich auch in der Rechtsprechung des EuGH zu Ausgestaltungsentscheidungen der Mitgliedstaaten und der Union nieder. Vor dem Hintergrund des vielschichtigen Koordinierungs- und Differenzierungsbedarfs bei der rechtlichen Gestaltung des Umgangs mit personenbezogenen Informationen und Daten[456] bietet es sich häufig an, die gerichtliche Kontrolldichte zugunsten von relativ offen formulierten Ausgestaltungsaufträgen an die Legislative zu lockern, anstatt die Abwägungen im Einzelnen auf zentraler Ebene vorzunehmen und auch im Hinblick auf gegenläufige Interessen detaillierte Vorgaben zu machen. Dies gilt insbesondere, nicht zuletzt aufgrund der vertikalen Kompetenzgrenzen aber auch mit Blick auf die sonstigen Flexibilitäts- und Vielfaltserfordernisse, im Verhältnis zu den Mitgliedstaaten und damit für Unionsrechtsakte, die Öffnungen für mitgliedstaatliches Recht enthalten respektive auf Umsetzung in nationales Recht angewiesen sind und damit auf eine zentrale-dezentrale Regulierung zielen.[457]

Strukturierung der Abwägung nach eingriffsabwehrrechtlichen Maßstäben als Ursprung des Problems sieht. Das scheint insoweit plausibel, als der EuGH in anderen Prüfungskonstellationen die Auswirkungen von Informationsmaßnahmen auf die Kommunikationsordnung insgesamt besser in den Blick bekommen hat, s. insoweit anschaulich etwa *EuGH* Urteil, 24.11.2011 – C-70/10, *Scarlet Extended*, Rn. 40 ff.

[453] Es zeichnen sich allmählich erste Konturen ab, die aber – so die hier vertretene These – im Hinblick auf den jeweiligen Regelungsgegenstand zugeschnitten und präzisiert werden müssen. Dazu Teil 4, A., I., 2.

[454] S. für eine detaillierte Analyse der EuGH-Rechtsprechung, insbesondere der Kontrolldichte(n), noch unten, Teil 4, A., II.

[455] Zu den Herausforderungen in der vertikalen Dimension, Teil 2, C., II.

[456] Zu den aus den Interdependenzen von Datenschutzvorschriften mit den sachlichen Regelungsfeldern resultierenden Anforderungen an die Regulierung s. unten Teil 2, C, I.

[457] Insoweit kritisch zum Urteil des EuGH zur Vorratsdatenspeicherungsrichtlinie *Classen*, EuR, 2014, 441 (445 f.): „Vorliegend wird im Ergebnis das gleich mehrfach postulierte Verbot, aus Grundrechten Kompetenzen abzuleiten […], zumindest faktisch in nicht unerheblichem Maße entwertet, um nicht zu sagen unterlaufen." Konkret zur Frage, ob und inwieweit die institutionellen Strukturen im Mehrebenensystem den Flexibilitäts- und Vielfaltserfordernissen Rechnung tragen, noch unten, Teil 4.

Weshalb sich die grundrechtliche Konzeption, insbesondere die sachgerechte Beschreibung der Schutzgüter auf Grundrechtsebene sowie die Reichweite in vertikaler Hinsicht, so schwierig gestaltet, wird besonders deutlich, wenn man sich die spezifischen Herausforderungen vor Augen führt, die sich bei der Regulierung des Datenschutzes auf Unionsebene stellen.

Teil 2

Die Herausforderungen der Regulierung des Datenschutzes auf Unionsebene

Datenschutz ist eine Materie, die sich durch verschiedene Merkmale von anderen Gegenständen rechtlicher Regulierung unterscheidet. Der Zugriff auf sowie der Umgang mit dem Rechtsgebiet „Datenschutzrecht" erweist sich deshalb als äußerst voraussetzungsvoll. Anders als sein Name vermuten lassen mag, ist der Datenschutz nicht auf den Schutz von Daten gerichtet, sondern zielt auf den Schutz von Personen im Kontext des Umgangs mit Informationen und Daten. Er operiert also mit fundamentalen Kategorien und betrifft damit eine Querschnittsdimension des Rechts. Die Verarbeitung personenbezogener Informationen und Daten prägt heute praktisch alle Bereiche des gesellschaftlichen Lebens und ist für entsprechend viele Handlungsfelder rechtlicher Regulierung von Bedeutung. Gerade auch deshalb lässt sich das Datenschutzrecht nicht als ein in sich geschlossenes, anderen Materien gegenüber abgeschottetes Rechtsgebiet begreifen, das sich ohne Weiteres in Kategorien wie „allgemeines" bzw. „besonderes Verwaltungsrecht" oder auch „Privatrecht" einordnen ließe.[1] Im Zuge des Aufstiegs von Computer- und Informationstechnologien und in Zeiten von „ubiquitous computing", der davon begleiteten „elektronische[n] Eigenaufrüstung der Gesellschaft",[2] sowie der Entwicklung globaler Informations- und Kommunikationsinfrastrukturen, allen voran des Internets, hat der (automatisierte) Umgang mit personenbezogenen Informationen und Daten einen erheblichen Wandel und zugleich einen großen Bedeutungszuwachs erfahren.

---

[1] In Bezug auf das Verwaltungsrecht s. etwa *Masing*, Gesetz und Gesetzesvorbehalt – zur Spannung von Theorie und Dogmatik am Beispiel des Datenschutzrechts, in: Hoffmann-Riem, Offene Rechtswissenschaft, 2010, 468 (492): Datenschutzrecht ist „nicht als partikulare Sondermaterie, sondern als grundlegende rechtliche Herausforderung der Moderne mit Bedeutung für alle Handlungsbereiche der öffentlichen Verwaltung anzusehen". Bereits die Einordnung in ein abstrakt gefasstes „Informationsrecht" bzw. in eine „Informationsordnung" bereitet Schwierigkeiten, vgl. dazu *Albers*, Rechtstheorie, 2002, 61 (82). Ein Plädoyer für die Zuordnung des Rechts der *behördlichen* Datenverarbeitung zum allgemeinen Verwaltungsrecht i. S. eines „Verwaltungsdatenschutzrechts" findet sich bei *Reimer*, DÖV, 2018, 881 (881 ff.).

[2] *Vesting*, Das Internet und die Notwendigkeit der Transformation des Datenschutzes, in: Ladeur, Innovationsoffene Regulierung des Internet, 2003, 155 (161).

Diese Charakteristika des Datenschutzes und die Entwicklungen im Sachbereich stellen jeden Gesetzgeber vor Herausforderungen. Auf der Ebene der Europäischen Union gestaltet sich die angemessene Regulierung des Umgangs mit personenbezogenen Informationen und Daten allerdings aus verschiedenen Gründen besonders anspruchsvoll. Welche Gründe dies sind und wie der Gesetzgeber der Europäischen Union den spezifischen Herausforderungen begegnet, soll in diesem zweiten Teil beleuchtet werden.

Dafür wird zunächst (A.) aufgezeigt, dass insbesondere die Entstehungsgeschichte des EU-Datenschutzrechts zu gewissen Pfadabhängigkeiten geführt hat, von denen es bis heute geprägt ist. Mit ihnen lässt sich erklären, dass ein konzeptioneller Neustart im Rahmen des Reformprozesses nie erwogen wurde und vielmehr an etablierten Regelungsmustern und Bausteinen der DSRL festgehalten wurde.

Im Anschluss (B.) wird der Gegenstand des Datenschutzes in den Blick genommen. Dieser erweist sich bei näherer Betrachtung als komplexe Querschnittsmaterie, die sich in einem Netzwerk verschiedener Grundkategorien bewegt. Deren vielschichtiges Zusammenwirken erfordert ein Denken in Kontexten und insbesondere auch die Berücksichtigung der jeweiligen Entscheidungs- und Handlungszusammenhänge. Nur durch diese Perspektiverweiterung über (personenbezogene) Daten hinaus wird es möglich, die Schutzziele, vielfältigen Schutzerfordernisse und Funktionen des Datenschutzes angemessen zu beschreiben. Zudem wird deutlich, dass die Schwierigkeit seiner Regulierung auf Unionsebene nicht nur den politisch-strukturellen Zwängen geschuldet, sondern auch mit dem Gegenstand zu erklären ist.

Daran anknüpfend (C.) wird abschließend dargelegt, dass und weshalb das Datenschutzrecht für seine angemessene und funktionale Gestaltung auf dogmatische Koordinierung und inhaltliche Differenzierung angewiesen ist, was mit verschiedenen Flexibilitätserfordernissen im Hinblick auf die Regulierung einhergeht. Im spezifischen Mehrebenenkontext der EU sind diese Flexibilitätserfordernisse wiederum mit Vielfaltserfordernissen im Sinne von Bedürfnissen nach mitgliedstaatlicher Diversität verbunden. Die Kollision dieser Flexibilitäts- und Vielfaltserfordernisse mit dem grundsätzlichen Anspruch der umfassenden Harmonisierung stellt den Unionsgesetzgeber bei der Regulierung des Datenschutzes vor Herausforderungen. Eine Betrachtung der DSRL und der DSGVO zeigt, dass er diesen Herausforderungen durch eine zentral-dezentrale Ausgestaltung der Rechtsakte begegnet.

A. Die Pfadabhängigkeiten des EU-Datenschutzrechts

Als Datenschutz ab den 1970ern Bestandteil der Politik verschiedener Staaten vor allem in Europa wurde, bestand die Herausforderung zunächst darin, seinen Gegenstand und den normativen Schutzbedarf zu erfassen und ein angemessenes Schutzkonzept zu finden. Wie bereits dargelegt, setzte sich als dominantes Regelungsmodell schließlich die umfassende rechtliche Determinierung der Verarbeitung personenbezogener Daten in der Mehrzahl der europäischen Staaten durch, wenn auch mit vielen Unterschieden im Detail.[3]

Die Anfänge der Regulierung des Datenschutzes auf EU-Ebene waren freilich ebenfalls von dem Bestreben geprägt, angemessene rechtliche Mechanismen zu finden. Allerdings verlief die Suche nach einem Regelungskonzept weniger unbefangen als zuvor noch im nationalen Kontext. Denn zum einen existierten seinerzeit bereits verschiedene nationale Datenschutzgesetze sowie die Datenschutzkonvention des Europarats, die ihrerseits die nationalen Datenschutzregime beeinflusst hatte.[4] Zum anderen stand für die Union das Anliegen im Vordergrund, die Datenschutzvorschriften der Mitgliedstaaten zu harmonisieren, um Divergenzen abzubauen, den freien Datenverkehr zu ermöglichen und dadurch den Binnenmarkt zu stärken. Dies war das für die EU wichtigste Ziel, dem sich alle anderen regulatorischen Bestrebungen unterzuordnen hatten.[5] Die gegenüber den (nationalen) Anfängen der Materie geänderte Ausgangslage stellte sich als Hindernis für eine Harmonisierung in Verbindung mit einem konzeptionellen „Neuanfang" heraus.[6]

So erklärt sich, dass der erste Datenschutzrechtsakt der EU, die im Jahr 1995 verabschiedete EG-Datenschutzrichtlinie, denn auch kein neues innovatives Regelungsmodell einführte. Um einen konsensfähigen allgemeinen Rechtsrahmen für alle Mitgliedstaaten schaffen zu können, wurden vielmehr weitestgehend jene Regelungsmuster und Bausteine in den Rechtsakt aufgenommen, die zuvor schon die nationalen Datenschutzgesetze und die Datenschutzkonvention geprägt hatten, und im Sinne größtmöglicher Konsistenz miteinander kombiniert.[7] So wurde etwa der Ansatz der umfassenden recht-

---

[3] Näher dazu bereits oben im Kontext der historischen Rahmenbedingungen, Teil 1, A., I.

[4] Dazu bereits oben im Rahmen des Entstehungshintergrunds, Teil 1, B., I., 1.

[5] *Simitis*, NJW, 1997, 281 (282).

[6] S. zu diesen strukturellen Zwängen bereits oben, Teil 1, B., I., 1. S. a. *Rüpke*, ZRP, 1995, 185 (186) sowie ausführlich *Simitis*, Vom Markt zur Polis: Die EU-Richtlinie zum Datenschutz, in: Tinnefeld/Philipps/Heil, Informationsgesellschaft und Rechtskultur in Europa, 1995, 51 (53 ff.).

[7] Zu den Schutzinhalten, Regelungsmustern und der Regelungsstruktur der DSRL s. bereits oben, Teil 1, B., I., 2.

lichen Determinierung der Verarbeitung personenbezogenen Daten in Verbindung mit einem sektorübergreifenden Anwendungsbereich in der Datenschutzrichtlinie übernommen,[8] zugleich aber um Sonderregelungen für „sensitive Daten" ergänzt und mit Instrumenten kontrollierter Selbstregulierung zusammengeführt. Diese Regelungsmuster und Bausteine unterschiedlicher (vor allem mitgliedstaatlicher) Provenienz wurden in der DSRL wiederum mit den Harmonisierungszielen verknüpft, durch die bereits die Datenschutzkonvention gekennzeichnet war. Daraus resultierte ein bis heute typisches Charakteristikum des EU-Datenschutzrechts: Die doppelte Finalität hinsichtlich der Schutzziele.[9]

Mit der Datenschutzrichtlinie hat die Europäische Union hinsichtlich des Datenschutzregelungskonzepts einen spezifischen Pfad eingeschlagen. Berücksichtigt man die geschilderten Rahmenbedingungen der Genese des Rechtsakts,[10] so muss man konstatieren, dass dieser Pfad de facto im Wesentlichen bereits vorgezeichnet war und der Spielraum der Union bezüglich der Gestaltung eines angemessenen Datenschutzkonzepts von vornherein begrenzt war.[11] Die Regelungsansätze, -muster und Bausteine, die mit der DSRL etabliert wurden, lassen sich also auch auf die strukturellen Zwänge zurückführen, denen der Unionsgesetzgeber seinerzeit ausgesetzt war. Das Gesetzgebungsverfahren zur DSRL war von Beginn an vom Konflikt zwischen Einheit und Vielfalt geprägt, allerdings in einer spezifischen Gestalt: Auf der einen Seite stand das Ziel der Union, einen möglichst einheitlichen Rechtsrahmen zu schaffen, um Handelshemmnisse abzubauen. Auf der anderen Seite standen die Mitgliedstaaten mit dem Anliegen, die jeweils eigenen nationalen Datenschutzkonzepte möglichst umfassend auf die Unionsebene zu übertragen.

Trotz anhaltender Kritik sind die überwiegend historisch gewachsenen Regelungsmuster und Bausteine des unionalen Datenschutzrechts im Reformprozess zu keinem Zeitpunkt grundsätzlich in Frage gestellt worden. Wie noch im Rahmen einer näheren Analyse des Rechtsakts zu zeigen ist, manifestiert sich der einst mit den datenschutzrechtlichen Regelungsmustern und Bausteinen eingeschlagene Pfad vielmehr auch in der Datenschutz-Grundverordnung, auch wenn freilich neue Elemente hinzugetreten sind.[12]

---

[8] *Rüpke*, ZRP, 1995, 185 (187) weist auf die terminologische Übereinstimmung von Art. 7 DSRL (i.d.F. des gemeinsamen Standpunkts) und § 4 BDSG a.F. hin, um die Rolle von § 4 BDSG a.F. als Schablone hervorzuheben.

[9] Zu diesem Regelungsansatz und seiner Manifestation in der DSGVO s. näher unten, Teil 3., A., I., 1.

[10] S. bereits oben, Teil 1, B., I., 1.

[11] *Bodenschatz*, Der europäische Datenschutzstandard, 2010, S. 189 f. m. w. N. So auch das Resümee von *Wuermeling*, Handelshemmnis Datenschutz, 2000, S. 16.

[12] Zur Manifestation der Regelungsmuster und Bausteine des EU-Datenschutzrechts in

Auch dies dürfte nicht zuletzt darauf zurückzuführen sein, dass an dem einst gefundenen Kompromiss so wenig wie möglich gerüttelt werden sollte. Insoweit ist das EU-Datenschutzrecht also auch Ausdruck von Pfadabhängigkeiten.

B. Der Regelungsgegenstand Datenschutz als Querschnittsmaterie

Um zu verstehen, warum die Schaffung eines unionalen Rechtsrahmens für den Datenschutz sich so schwierig gestaltet(e), ist – neben der Analyse der Entstehungsgeschichte – auch ein Blick auf den Regelungsgegenstand aufschlussreich. Dieser erweist sich bei genauerer Betrachtung nämlich als komplexe Querschnittsmaterie, bei deren Regulierung verschiedene Grundkategorien mitzudenken sind, was seine rechtliche Gestaltung besonders anforderungsreich macht.

Der Gegenstand des „Daten"schutzes zielt nicht auf den Schutz von Daten, sondern auf den Schutz vor den Folgen, die der Umgang mit personenbezogenen Daten und den daraus gewonnen Informationen für die jeweils davon Betroffenen haben kann.[13] Die möglichen Beeinträchtigungen für Rechte und Interessen – und damit die Schutzziele des Datenschutzrechts – sind vielschichtig und unterscheiden sich je nach Abstraktionsebene und Bezugskontext.[14] Sie reichen von einem grundsätzlichen Gefühl des Überwachtseins, das auch mit Selbstbeschränkung im Freiheitsgebrauch einhergehen kann („gläserner Bürger", „Big Brother"), über nachteilige bzw. diskriminierende Entscheidungen bis hin zum fehlenden Zugang zum (tatsächlichen oder potenziell entwickelbaren) Wissen anderer über einen selbst oder kursierenden Falschinformationen, die aus normativer Sicht korrekturbedürftig sind („Recht auf Vergessenwerden"?). Wie schon im Zusammenhang mit der Diskussion um das datenschutzrechtliche Schutzgut dargelegt worden ist, geht es dabei gerade nicht nur um die Bewahrung des Privaten.[15]

---

der DSGVO s. unten Teil 3, A. Auch die Genese der DSGVO war vom Konflikt zwischen Einheit und Vielfalt geprägt, allerdings in einer anderen Form: Es ging weniger um die möglichst ganzheitliche „Hochzonung" des eigenen nationalen Datenschutzkonzepts als um die Beibehaltung mitgliedstaatlicher Regelungsmöglichkeiten, s. dazu oben, Teil 1, B., III., 1.

[13] *Simitis/Hornung/Spiecker gen. Döhmann*, in: Simitis/Hornung/Spiecker gen. Döhmann, 2019, Datenschutzrecht, Einleitung, Rn. 2 m. w. N.

[14] Hierzu und zum Folgenden *Albers*, § 62 Datenschutzrecht, in: Ehlers/Fehling/Pünder, Besonderes Verwaltungsrecht, 2019, 1–84 (6).

[15] S. oben im Kontext von Art. 8 GRCh, Teil 1, C., II., 1., a).

Angesichts dieser Mannigfaltigkeit normativ relevanter Folgen lässt sich der – ausgehend von diesen zu beschreibende – Gegenstand des Datenschutzes, also dessen, was es zu regulieren gilt, mit dem Fokus allein auf die Kategorien „Daten“ bzw. „Datenverarbeitungen“ nicht angemessen erfassen. Dieser Fokus ist gleichzeitig zu eng und zu weit. Um die kontextabhängig variierenden normativen Schutz- und damit Ausgestaltungserfordernisse in der notwendigen Differenziertheit beschreiben zu können, ist vielmehr eine Perspektivenerweiterung erforderlich. Insbesondere ist es hilfreich, zwischen Informationen und Daten zu differenzieren. Das unionale Datenschutzrecht behandelt Daten und Informationen indes als Synonyme: Art. 4 Nr. 1 DSGVO definiert personenbezogene Daten als „alle Informationen, die sich auf eine identifizierte oder identifizierbare natürliche Person [...] beziehen“.[16] Normative Schutzbedürfnisse für die betroffenen Personen bestehen aber in unterschiedlicher Ausprägung u. a. sowohl auf der Informations- als auch auf der Datenebene.[17] Diese Differenzierung verweist sodann auch auf die Relevanz weiterer Grundkategorien als Bezugspunkte der Regulierung, ohne deren Berücksichtigung sich die datenschutzbezogenen Schutzbedürfnisse nicht angemessen erfassen und folglich auch nicht adäquat regulieren lassen. Im Ergebnis bewegt sich der Gegenstand des Datenschutzes in einem Netzwerk verschiedener, sich wechselseitig beeinflussender Elemente.[18]

---

[16] S. dazu und zu resultierenden Problemen näher unten im Kontext des sachlichen Anwendungsbereichs, Teil 3, A., I., 2.

[17] Hierzu und zum Folgenden ausführlich *Albers*, Informationelle Selbstbestimmung, 2005, S. 141 ff. Auch wenn die Differenzierung zwischen Informationen und Daten vom Recht nicht hinreichend reflektiert wird, ist sie in der rechtswissenschaftlichen Literatur mittlerweile verbreitet. S. etwa *Trute*, 2.5 Verfassungsrechtliche Grundlagen, in: Roßnagel, Handbuch Datenschutzrecht, 2003, 1–67 (16 ff.); *Vesting*, § 20 Die Bedeutung von Information und Kommunikation für die verwaltungsrechtliche Systembildung, in: Hoffmann-Riem/Schmidt-Aßmann/Voßkuhle, Grundlagen des Verwaltungsrechts, 2012, 1–57 (11 ff.); *Augsberg*, Informationsverwaltungsrecht, 2014, S. 30 ff. Für den privaten Datenschutz s. *Bäcker*, Der Staat, 2012, 91 (92 f.). Synonyme Verwendung hingegen etwa bei *Giesen*, Euphorie ist kein Prinzip des Rechtsstaats, in: Stiftung Datenschutz, Zukunft der informationellen Selbstbestimmung, 2016, 23 (25 ff.), der zugleich die Substitution des Begriffs der Daten durch jenen der Information fordert. Dies würde den normativen Schutzbedürfnissen des Datenschutzes jedoch – aufgrund der normativen Schutzerfordernisse auch auf der Datenebene – gerade nicht gerecht.

[18] Diese treffende Metapher geht – soweit ersichtlich – zurück auf *Marion Albers*. Vgl. nur *Albers*, § 22 Umgang mit personenbezogenen Informationen und Daten, in: Voßkuhle/Eifert/Möllers, Grundlagen des Verwaltungsrechts, 2022, 1–113 (4).

I. Die Differenz von Daten und Informationen

Der Begriff „Daten" erfasst ein weites, heterogenes semantisches Spektrum.[19] Aus diesem steuert das Datenschutz*recht* nicht ein singuläres einheitliches Beschreibungsmuster an, sondern verschiedenartige. Der normative Schutzbedarf (im Hinblick auf die betroffenen Personen) in der jeweiligen Regelungs- bzw. Fallkonstellation im Realbereich bestimmt das jeweils adäquate Begriffsverständnis.[20] Eine in diesem Zusammenhang zentrale (aber eben nicht die einzig maßgebliche) Beschreibung ist diejenige von Daten als Zeichen, die in der (analogen wie digitalen) Form von Zahlen, Text, Sprache oder Bildern gefasst und damit in der Regel auf einem Datenträger verkörpert sind.[21] Ein simples Beispiel ist die Niederschrift der Zahl „1" auf einem Stück Papier. Auf Grund dieser „Verdinglichung" sind Daten gegenüber Informationen eigenständig fassbar und bieten einen selbstständigen Anknüpfungspunkt rechtlicher Regulierung.[22] Gleichzeitig stehen sie insoweit mit Informationen im Zusammenhang, als sie als Informations*grundlagen* fungieren können. Insbesondere aufgrund dieser (potenziellen) informationellen Bedeutung sind sie aus der Perspektive des Datenschutzrechts weniger als einzelnes Datum von Bedeutung, sondern – und das verweist auf den Netzwerkcharakter des Gegenstands – mit Blick auf wissensrelevante Speicher-

[19] S. nur, mit Fokus auf der Abgrenzung zum Begriff „Informationen", *Spiecker gen. Döhmann*, Rechtswissenschaft, 2010, 247 (253).

[20] Vgl. *Albers*, § 22 Umgang mit personenbezogenen Informationen und Daten, in: Voßkuhle/Eifert/Möllers, Grundlagen des Verwaltungsrechts, 2022, 1–113 (6), dort auch zu verbreiteten Beschreibungsmustern.

[21] *Trute*, 2.5 Verfassungsrechtliche Grundlagen, in: Roßnagel, Handbuch Datenschutzrecht, 2003, 1–67 (17); mit einer Verengung auf dieses Begriffsverständnis *Vesting*, § 20 Die Bedeutung von Information und Kommunikation für die verwaltungsrechtliche Systembildung, in: Voßkuhle/Eifert/Möllers, Grundlagen des Verwaltungsrechts, 2022, 1–71 (14 ff.). Unabhängig von ihrer Verkörperung ist für die Relevanz von Daten aus der Perspektive des Datenschutzrechts entscheidend, dass sie als Grundlage für die Erzeugung von Informationen dienen können – auch, wenn dies nur in Verbindung mit weiteren Daten und Wissen oder auf Grund des jeweiligen Verarbeitungs*prozesses* (etwa im Kontext von Big-Data-Analysen) möglich ist. Dies kann mitunter komplexe Prognosen und Antizipationen erfordern und verweist auf die Bedeutung der eingesetzten Verarbeitungsmedien, -techniken und -infrastrukturen.

[22] Die Zugriffsebene des (Datenschutz-)Rechts – Informationen und/oder Daten – hängt von den Regelungsbedürfnissen ab. Normative Schutzerfordernisse im Hinblick auf *Daten* können sich insbesondere aus deren Art und Beschaffenheit ergeben, die durch die jeweils eingesetzten Techniken und Netze der Kommunikation und Verarbeitung geprägt sind. Konkret kann etwa eine bestimmte technisch bedingte Codierung zur Folge haben, dass Daten nur lückenhaft aufgenommen werden und dadurch eine unrichtige Datenbasis als Informationsgrundlage etwa für Entscheidungen entsteht. Zum Ganzen *Albers*, Informationelle Selbstbestimmung, 2005, S. 141.

und Verknüpfungsformen in der Strukturdimension und auf Datenverarbeitungsprozesse in der Zeitdimension.[23] Daten selbst, ihre Speicher- und Verknüpfungsformen sowie die Verarbeitungsprozesse sind ihrerseits durch die jeweils eingesetzten Techniken und Infrastrukturen (insb. Netze) geprägt.[24] Aufgrund dieser Verflechtung von Daten mit den genannten Grundkategorien ist es zur Ermittlung des jeweils (aus der Perspektive der Schutzziele des Datenschutzrechts) maßgeblichen Begriffsverständnisses stets auch erforderlich, diese mitzudenken. So ist das Stück Papier mit der Zahl „1" für sich betrachtet datenschutzrechtlich irrelevant. Das kann sich ändern, wenn der Ziffer z. B. im Kontext einer gesellschaftlichen Debatte (bspw.: 1-Kind-Politik – ja oder nein?) eine Bedeutung zugewiesen wird und das Stück Papier von einer Person auf einer Demonstration hochgehalten wird.

Informationen sind demgegenüber Sinnelemente, die durch eine zweigliedrige Struktur gekennzeichnet sind. Informationsinhalte knüpfen erstens an Informationsgrundlagen, also Beobachtetes, Mitteilungsinhalte oder vor allem Daten, an und werden zweitens erst durch die Interpretationsleistung der empfangenden Person oder Stelle in einem bestimmten sozialen Kontext vollendet.[25] Informationen können also interpretierte Daten sein.[26] Sie sind aber schon deshalb strikt von Daten zu unterscheiden, weil sie kontextabhängig sind. Indem sie eine Deutungsleistung voraussetzen, die im jeweiligen Wissens- und Interpretationskontext und in Abhängigkeit von den je situativen Interpretationsbedingungen erfolgt, verweisen Informationen auf die Strukturen und Prozesse, in deren Rahmen sie überhaupt erst gebildet und weitergeführt werden können.[27] Dies ermöglicht auch den Anschluss an Ka-

---

[23] *Albers*, Informationelle Selbstbestimmung als vielschichtiges Bündel von Rechtsbindungen und Rechtspositionen, in: Friedewald/Lamla/Roßnagel, Informationelle Selbstbestimmung im digitalen Wandel, 2017, 11 (23). Zur Rolle von Wissen und von Wissensgrundlagen s. sogleich unten, Teil 2, B., II.

[24] *Albers*, § 22 Umgang mit personenbezogenen Informationen und Daten, in: Voßkuhle/Eifert/Möllers, Grundlagen des Verwaltungsrechts, 2022, 1–113 (6). Zur Bedeutung u. a. von Netzen, Techniken und Infrastrukturen s. noch unten, Teil 2, B., IV. Technologiebedingt entstehen immer neue Arten der Datenerhebung, die eine Differenzierung verschiedener Datenkategorien erlauben, an die wiederum die Regulierung anknüpfen kann. S. dazu *Broemel/Trute*, Alles nur Datenschutz?, in: Ritschel/Müller, Big data als Theorieersatz, 2016, 50 (52 ff.).

[25] Zur Entfaltung dieses Informationsbegriffs grundlegend *Albers*, Rechtstheorie, 2002, 61 (67 ff.) in Anknüpfung an *Bateson*, Steps to an ecology of mind, 2000, S. 315. S. a. *Trute*, 2.5 Verfassungsrechtliche Grundlagen, in: Roßnagel, Handbuch Datenschutzrecht, 2003, 1–67 (18). Ausdrücklich aA *Rüpke/Lewinski/Eckhardt*, Datenschutzrecht, 2018, S. 38 ff. S. a., im Anschluss daran, *Bunnenberg*, Privates Datenschutzrecht, 2020, S. 207 ff.

[26] *Trute*, JZ, 1998, 822 (825) formuliert: „Informationen sind interpretierte Daten". Tatsächlich sind Daten jedoch nicht die einzigen möglichen Informationsgrundlagen.

[27] Vgl. *Albers*, § 22 Umgang mit personenbezogenen Informationen und Daten, in: Voßkuhle/Eifert/Möllers, Grundlagen des Verwaltungsrechts, 2022, 1–113 (7).

tegorien wie etwa diejenigen des Erinnerns und Vergessens.[28] Informationen lassen sich also nicht isoliert verstehen.

II. Wissen und Wissensgrundlagen

Mit den Strukturen ist insbesondere die Rolle des Wissens der interpretierenden Person oder Stelle angesprochen.[29] Zwar bilden (personenbezogene) Daten den sachlichen Anknüpfungspunkt des Datenschutzrechts. Wissen ermöglicht aber erst die notwendige Interpretation von ihnen und anderen Informationsgrundlagen und begrenzt zugleich die Anzahl möglicher Deutungen. Es stützt sich auf Wissensgrundlagen, also Speicherformen wie Texte, Archive und vor allem Datenbanken,[30] auf die immer wieder (selektiv) im jeweiligen sozialen Kontext nach Maßgabe der spezifischen Erkenntnisinteressen zurückgegriffen wird.[31] Es steht in einem reflexiven Zusammenhang mit Informationen, indem es einerseits als eine aus einer Vielzahl von Beobachtungen kondensierte Erwartungsstruktur die notwendige Interpretationsleistung beeinflusst und andererseits in den jeweiligen abgerufenen Kontexten bestätigt, aktualisiert oder verändert wird.[32] Folge dieser reflexiven Beziehung ist auch, dass nicht nur Neuigkeiten ein Informationsgehalt zukommt, sondern auch etwa solchen Daten (oder anderen Informations-

---

[28] Dazu grundlegend *Schimke*, Netz-Gedächtnis und Recht (MS).

[29] Zum komplexen Wissensbegriff, insbesondere in Abgrenzung zu Informationen und Daten, s. *Trute*, Wissen – Einleitende Bemerkungen, in: Röhl, Wissen – Zur kognitiven Dimension des Rechts, 2010, 11 (13 ff.). Dort auch weitere Nachweise für die rechtswissenschaftliche Rezeption der interdisziplinären Kategorie. Multidisziplinäre und interdisziplinäre Analysen der Kategorien Wissen, Nichtwissen und Ungewissheit finden sich bei *Engel u. a.* (Hrsg.), Wissen, Nichtwissen, unsicheres Wissen, 2002

[30] Zu den verschiedenen Formen von „Wissensspeichern" der Verwaltung und deren Wandel im Zuge der Digitalisierung s. *Augsberg*, Informationsverwaltungsrecht, 2014, S. 157 ff. Zu verschiedenen Formen von Datenbanken und zu den Faktoren, die ihre Leistungsfähigkeit bestimmen, *Wischmeyer*, § 24 Informationsbeziehungen in der Verwaltung, in: Voßkuhle/Eifert/Möllers, Grundlagen des Verwaltungsrechts, 2022, 1–97 (90 ff.).

[31] *Albers*, Informationelle Selbstbestimmung als vielschichtiges Bündel von Rechtsbindungen und Rechtspositionen, in: Friedewald/Lamla/Roßnagel, Informationelle Selbstbestimmung im digitalen Wandel, 2017, 11 (24). Wenn etwa eine Polizeibeamtin ein Verdächtigenfoto mit einer Datenbank abgleicht, so wird sie bei der Interpretation nicht ihr gesamtes Wissen abrufen (z. B. ihr Geburtsdatum oder wie ihr Nachbar heißt), sondern nur den für das Erkenntnisinteresse (=ist der Verdächtige in der Datenbank gelistet?) relevanten Teil. Dabei wird sie auch auf Wissensspeicher wie die polizeiinterne Verdächtigendatenbank zurückgreifen. Zur Relativität von Wissen s. a. *Scherzberg*, Wissen, Nichtwissen und Ungewissheit im Recht, in: Engel/Halfmann/Schulte, Wissen, Nichtwissen, unsicheres Wissen, 2002, 113 (119).

[32] *Trute*, Wissen – Einleitende Bemerkungen, in: Röhl, Wissen – Zur kognitiven Dimension des Rechts, 2010, 11 (14 f.).

grundlagen), die eine Erwartung bestätigen und/oder Wissen aktualisieren.[33] Mit den dynamischen Veränderungen im Sachbereich korrespondiert die Entwicklung immer neuerer Typen des Wissens, die dann den Rahmen für staatliche und private Handlungen und Entscheidungen setzen.[34] Ausdruck dessen ist auch, dass das Wissensmanagement – einschließlich Informationsvorsorge – mittlerweile ein ganz zentrales Ziel der Gestaltung der inneradministrativen Informationsbeziehungen darstellt.[35] Die Bestimmung der Möglichkeiten und Grenzen des in einem Verarbeitungskontext entwickelbaren Wissens wird in Zeiten von Big Data und algorithmenbasierten Analysetechniken sowie aufgrund des Einsatzes von Maschinen und Programmen zur Datenverarbeitung und -analyse, die beim Echtzeitbetrieb ständig selbst lernen, schwieriger.

Ungeachtet dessen wird deutlich, dass sich normative Schutzerfordernisse im Hinblick auf den Umgang mit Informationen und Daten auch in Abhängigkeit des jeweils bereits vorhandenen oder entwickelbaren Wissens und dessen Speicherformen bestimmen.[36] Umgekehrt wirkt die Regulierung von Wissensgrundlagen sowie von den Bedingungen der Produktion und Übermittlung von Wissen immer auch auf den Datenschutz zurück.[37] Primär für den Gesetzgeber ergeben sich daraus ggf. Koordinierungserfordernisse hinsichtlich der mitunter auch gegenläufigen Zielsetzungen.

---

[33] Vgl. *Albers*, § 22 Umgang mit personenbezogenen Informationen und Daten, in: Voßkuhle/Eifert/Möllers, Grundlagen des Verwaltungsrechts, 2022, 1–113 (7). Anders wohl *Vesting*, § 20 Die Bedeutung von Information und Kommunikation für die verwaltungsrechtliche Systembildung, in: Voßkuhle/Eifert/Möllers, Grundlagen des Verwaltungsrechts, 2022, 1–71 (18): Eine Information sei „das, was auf Grundlage schon vorhandenen Wissens als neu erkannt wird. Der Begriff der Information sollte daher für Momente der Veränderung des Zustands von Kenntnissen reserviert werden."

[34] Vgl. zum Datenschutz im Verhältnis zu neuen Wissenstechnologien *Ladeur*, DÖV, 2009, 45 (46 ff.) mit dem Plädoyer für eine Zuordnung des Datenschutzes zum Risikorecht. Zu verschiedenen Wissensformen auch *Trute*, Wissen – Einleitende Bemerkungen, in: Röhl, Wissen – Zur kognitiven Dimension des Rechts, 2010, 11 (16 ff.).

[35] Dazu *Wischmeyer*, § 24 Informationsbeziehungen in der Verwaltung, in: Voßkuhle/Eifert/Möllers, Grundlagen des Verwaltungsrechts, 2022, 1–97 (4 f.).

[36] Wissen verweist auch immer auf die Kategorie des Nichtwissens und die Frage nach dem Umgang mit Ungewissheit. Zum Nichtwissensmanagement durch die öffentliche Verwaltung bzw. das Verwaltungsrecht s. *Augsberg*, Informationsverwaltungsrecht, 2014, S. 237 ff.

[37] Konkret zu den Wechselwirkungen des Datenschutzrechts mit der Pflicht zur Amtshilfe im Sinne kooperativer Wissensgenerierung durch behördlichen Informationsaustausch *Augsberg*, Informationsverwaltungsrecht, 2014, S. 85 ff. mit Beispielen aus dem allgemeinen und besonderen Verwaltungsrecht.

III. Datenverarbeitungen und Informationsflüsse als Prozesse

Die angemessene Erfassung des Gegenstands des Datenschutzes erfordert zudem die Berücksichtigung des Prozesscharakters von Datenverarbeitungsvorgängen und Informationsflüssen.[38] Zum einen hängt die Beschreibung der relevanten Phasen von den eingesetzten Techniken und vom Kontext ab. Nicht alle Verarbeitungsprozesse verlaufen linear und sind an einer im Vorfeld festgelegten Nutzung der Daten als Informationen orientiert. Zum anderen begründen einzelne Datenverarbeitungsphasen, also etwa Erhebung, Speicherung oder Veränderung, nicht aus sich heraus bereits einen normativen Schutzbedarf.[39] Für diese Beurteilung ist vielmehr der jeweils relevante und denkbare Verarbeitungs*zusammenhang* zu berücksichtigen, der u. a. auch die (potenzielle) Gewinnung und anschließende Verwendung von Informationen auf Grundlage der Datenbasis miteinschließt. Man muss also, um die normative Relevanz z. B. einer Datenerhebung beurteilen zu können, immer auch berücksichtigten, in welchen Kontexten die jeweils erhobenen Daten zu welchen Informationen führen können und, im weiteren Verlauf, in welche Entscheidungen und Handlungen diese Informationen umgesetzt werden können.[40] Für Datenverarbeitungen im öffentlichen Sektor sind deshalb die jeweiligen sachlichen Kompetenzen sowie die eingesetzten Verfahren der Verwaltung von zentraler Bedeutung, weil sie mitunter Aufschluss über die möglichen Verarbeitungs- und schließlich Entscheidungs- und Handlungskontexte geben.[41] Für den privaten Sektor sind insbesondere die Tätig-

[38] Dazu *Albers*, § 22 Umgang mit personenbezogenen Informationen und Daten, in: Voßkuhle/Eifert/Möllers, Grundlagen des Verwaltungsrechts, 2022, 1–113 (11 f.).

[39] Dies wird von Art. 4 Nr. 2 DSGVO, der verschiedene Phasen dem Begriff der „Verarbeitung“ flexibel zuweist, besser reflektiert, als dies etwa noch im BDSG a. F. der Fall war. Dort waren für die Erhebung, die Speicherung, Veränderung und Nutzung sowie für die Übermittlung von Daten jeweils eigenständige Rechtmäßigkeitstatbestände vorgesehen.

[40] Dies kann im Unionskontext, wo die Kompetenzverteilung zwischen Union und Mitgliedstaaten mitunter „quer“ über den Informationsflüssen und Datenverarbeitungszusammenhängen liegt, zu komplexen Problemen führen. Besonders anschaulich ist dies im Zusammenhang mit der Vorratsdatenspeicherung, wo eine rechtmäßige Speicherungspflicht durch an sie anknüpfende Zugriffs- und Verarbeitungsbefugnisse nationaler Sicherheitsbehörden die Unrechtmäßigkeit des Gesamtprozesses begründen kann, s. dazu (und zur unzureichenden Reflexion dieses Umstands seitens des Gerichtshofs) unten, Teil 4, A., II., 2., a), cc).

[41] Die gesetzgeberische Gestaltung der sachlichen Kompetenzen wirkt deshalb auch in hohem Maße auf datenschutzrechtliche Vorgaben zurück, indem sie die möglichen Verarbeitungskontexte herstellt und begrenzt. Aus dieser Interdependenz zwischen der Gestaltung datenschutzrechtlicher Vorgaben und der Gestaltung der sachlichen Aufgaben und Befugnisse der Verwaltung ergeben sich Koordinierungserfordernisse. S. noch unten, Teil 2, C., I., 1., c).

keitsfelder des Verarbeiters zu berücksichtigen, um die potenziellen Erhebungs- und Verwendungsszenarien von Informationen und Daten abzuschätzen.[42]

IV. Die Bedeutung von Netzen, Techniken, Infrastrukturen und der Handlungs- und Entscheidungsdimension

Weitere Bezugspunkte des Datenschutzes sind die jeweils eingesetzten Netze und Techniken der Kommunikation und Datenverarbeitung sowie die jeweils zugrundeliegenden Infrastrukturen. Das Datenschutzrecht ist ursprünglich in Antizipation neuartiger Grundrechtsgefährdungslagen infolge des vermehrten Einsatzes automatisierter Datenverarbeitungstechniken entwickelt worden.[43] Die Regulierung von Fortschritten im Bereich der Kommunikations- und Datenverarbeitungstechnik ist also Teil des genetischen Codes des Datenschutzrechts, was sich auch in der Datenschutz-Grundverordnung widerspiegelt.[44] Techniken und Netze stehen insoweit im Zusammenhang mit Informationen, Daten und Wissen, als sie sich auf die Art und Beschaffenheit der Datenbasis und damit zugleich auch auf die Produktion von Informationen auswirken.[45] Die eingesetzten Techniken, Netze und Infrastrukturen beeinflussen etwa die Quantität und Qualität der zugriffsbe-

[42] Die Erhebung der Wohnanschrift einer Person löst für sich genommen noch keinen Schutzbedarf aus – sie ist aus normativer Sicht neutral. Dies kann sich ändern, wenn die Adresse etwa von einem Kreditinstitut erhoben wird, das diese im Rahmen eines Scoring-Verfahrens berücksichtigt und schließlich die Entscheidung trifft, einen Kredit nicht zu vergeben. Im öffentlichen Bereich ist die Konstellation denkbar, dass die Adresse einer Person auf Grund einer Rasterfahndung in das Visier der Ermittlungsbehörden gerät und die Person in der Folge Freiheitsbeeinträchtigungen zu befürchten hat.

[43] S. zur Genese des Datenschutzrechts bereits oben, Teil 1, A., I.

[44] Die DSGVO ist ausdrücklich als Antwort auf die neuen Herausforderungen konzipiert, die sich angesichts der raschen technologischen Entwicklungen stellen, vgl. insbesondere EG 6 und 7. Die in EG 15 S. 1 festgehaltene „Technologieneutralität" des Rechtsakts meint nicht, dass Techniken für den Datenschutz irrelevant sind, sondern dass ein effektives Datenschutzrecht flexibel auf diese reagieren können muss. Gegenstand einer ausführlichen Diskussion ist dabei, inwieweit es unter Geltung der DSGVO möglich ist, die immer neuen Technologien zu regulieren. S. dazu etwa *Hornung*, Sind neue Technologien datenschutzrechtlich regulierbar? Herausforderungen durch „Smart Everything", in: Roßnagel/Friedewald/Hansen, Die Fortentwicklung des Datenschutzes, 2018, 315. Damit ist der Bedarf an einer lernfähigen Ausgestaltung des Datenschutzrechts angesprochen. S. dazu noch unten, Teil 2., C., I., 1., d).

[45] S. im Einzelnen näher *Albers*, Informationelle Selbstbestimmung, 2005, S. 103 ff. Zu den technischen Infrastrukturen der administrativen Binnenkommunikation und ihrer Bedeutung für die Gestaltung der verwaltungsinternen Informationsbeziehungen *Wischmeyer*, § 24 Informationsbeziehungen in der Verwaltung, in: Voßkuhle/Eifert/Möllers, Grundlagen des Verwaltungsrechts, 2022, 1–97 (27 ff.).

reiten Daten, ihr Verständnis und ihre Formate, die denkbare Speicherdauer und -kapazität und auch die Mechanismen der Übermittlung.[46] Dieser Einfluss auf die Datenbasis in qualitativer, quantitativer und zeitlicher Hinsicht wirkt wiederum auf die Möglichkeiten der Informationsgewinnung und deren Verwendung in bestimmten Entscheidungs- und Handlungskontexten zurück. Anders als zu Zeiten der Genese des Datenschutzrechts ist das gesellschaftliche Leben heute von allgegenwärtiger, rechnergestützter und zunehmend (weltweit) vernetzter Datenverarbeitung geprägt.[47] In immer mehr Lebensbereichen entstehen durch den Einsatz vernetzter „Smart"-Geräte neue Daten- und Informationsquellen, die über digitale Infrastrukturen durch moderne Auswertungstechnologien wie algorithmenbasierte Big-Data-Analysen bisweilen in Echtzeit verarbeitet werden.[48] Daraus resultieren zum einen neue Gefährdungslagen, die technikspezifische Schutzerfordernisse auslösen.[49] Zum anderen rückt die Rolle von Techniken, Netzen und Infrastrukturen gerade auch zur Realisierung von Datenschutz in den Fokus.[50]

[46] Vgl., mit Betonung auf die Transformation im Zuge von Digitalisierung und künstlicher Intelligenz, *Albers*, § 22 Umgang mit personenbezogenen Informationen und Daten, in: Voßkuhle/Eifert/Möllers, Grundlagen des Verwaltungsrechts, 2022, 1–113 (13).

[47] Zur Rolle der technologischen Weiterentwicklung s. bereits *Trute*, JZ, 1998, 822 (823 f.).

[48] *Roßnagel*, Notwendige Schritte zu einem modernen Datenschutzrecht, in: Roßnagel/Friedewald/Hansen, Die Fortentwicklung des Datenschutzes, 2018, 361 (362 ff.). Freilich muss man sich hier stets fragen, ob es sich tatsächlich um personenbezogene Daten handelt, die verarbeitet werden. Insbesondere anhand von Big-Data-Analysen zeigt sich, dass der Personenbezug als Abgrenzungskriterium für die normative Relevanz eines Datums die Schutzbedürfnisse nicht umfassend abdeckt. Dazu noch unten, Teil 3, A., I., 2.

[49] Beispiele finden sich bei *Albers*, § 62 Datenschutzrecht, in: Ehlers/Fehling/Pünder, Besonderes Verwaltungsrecht, 2019, 1–84 (4).

[50] Die Idee des in Technik implementierten Datenschutzes ist in der datenschutzrechtlichen Debatte insbesondere in den 1990ern populär geworden und hat verschiedene begriffliche Ausprägungen, wie u. a. „Privacy-Enhancing-Technologies", „Privacy by Design", „Datenschutz durch Technik". S. dazu näher *Hansen*, in: Simitis/Hornung/Spiecker gen. Döhmann, 2019, Datenschutzrecht, Art. 25 DSGVO, Rn. 5 ff. Die DSGVO richtet in Art. 25 DSGVO entsprechende Verpflichtungen an den oder die Verantwortlichen. Für Überlegungen zur Konkretisierung der sehr abstrakten Vorgaben dieser Vorschrift *Thies/Knote/Jandt u. a.*, Anforderungs- und Entwurfsmuster als Instrumente des Privacy by Design, in: Roßnagel/Friedewald/Hansen, Die Fortentwicklung des Datenschutzes, 2018, 175. Zum Baustein der System- und Technikgestaltung und seinen Funktionen s. noch unten, Teil 3, A., II., 2.

V. Konsequenzen für die Regulierungsebene

Die vorstehende Analyse sollte gezeigt haben, dass es sich beim Datenschutz um einen äußerst komplexen und vielschichtigen Gegenstand handelt, der sich angesichts seiner verschiedenen grundkategorialen Bezugspunkte auf einem hohen Abstraktionsniveau bewegt. Die Erweiterung der Perspektive über einen Fokus allein auf (personenbezogene) Daten hinaus ist indes notwendig, um die vielfältigen normativen Schutzbedürfnisse, die der Datenschutz im Blick hat, sachgerecht beschreiben und angemessene Regelungsansätze entwickeln zu können. Auch ermöglicht sie, normativ relevante Kontexte von (datenschutzrechtlich) Irrelevantem zu unterscheiden. Richtet man davon ausgehend den Blick auf die Regulierungsebene, so geben diese Befunde freilich noch kein zwingendes rechtliches Datenschutzkonzept vor. Zwar sind die Ziele der Datenschutzregulierung durch die normativen Schutzbedürfnisse vorbestimmt. Es liegt aber gerade in den Händen des Gesetzgebers, diesen auf rechtlicher Ebene angemessen Rechnung zu tragen. Hinsichtlich der Wahl der Mittel, also der Regulierungsinstrumente und -muster, ist die Legislative allerdings – im Rahmen der verfassungsrechtlichen Grenzen – grundsätzlich frei.

Wenn die Datenschutzgesetzgebung aber, wie auf der hier fokussierten Ebene der Europäischen Union, von Pfadabhängigkeiten geprägt ist, die bestimmte Regelungsmuster und Bausteine vorzeichnen, können auf der Kehrseite wiederum spezifische Anforderungen an die Gestaltung eines Datenschutzrechtsakts erwachsen. Wie im Folgenden zu zeigen ist, geht es dabei vor allem um die funktional sinnvolle Einbettung des Datenschutzrechts in und seine Abstimmung mit den sonstigen rechtlichen Sachstrukturen. Denn aus den geschilderten Charakteristika des Regelungsgegenstands resultieren vielfältige Interdependenzen. Im Mehrebenenkontext der Europäischen Union betrifft dies in großem Maße auch die Gestaltung des Rechts zwischen Einheit und Vielfalt.

C. Flexibilitäts- und Vielfaltserfordernisse

Eine spezifische Herausforderung der Regulierung des Datenschutzes im Unionskontext liegt darin, dass die datenschutzrechtlichen Vorgaben für ihre Wirksamkeit und Funktionalität darauf angewiesen sind, dass sie nicht statisch und ohne jede Differenzierung allgemein und unmittelbar für alle Mitgliedstaaten verbindlich in einem Rechtsakt festgeschrieben werden. Die angemessene und sachgerechte Begrenzung und Gestaltung des Umgangs mit personenbezogenen Daten auf Unionsebene setzt, so die im Folgenden zu erörternde These, vielmehr voraus, dass schon die Gesetzgeber bei der Schaffung eines für alle Mitgliedstaaten gleichermaßen geltenden Datenschutzrechtsrahmens verschiedenen Bedürfnissen nach Flexibilität und (mitgliedstaatlicher) Vielfalt Rechnung tragen. Diese Erfordernisse resultieren teils aus den vorstehend geschilderten Charakteristika des Gegenstands des Datenschutzes und den Funktionsanforderungen der (pfadabhängigen) Regelungskomponenten des EU-Datenschutzrechts, teils ergeben sie sich aus der spezifischen Mehrebenenstruktur der Europäischen Union. Man kann dabei grob zwischen der allgemeinen horizontalen und der unionsspezifischen vertikalen Dimension unterscheiden, wobei beide Ebenen eng miteinander verwoben sind und in Wechselwirkung miteinander stehen.

In der *horizontalen Dimension* muss die Legislative bei der Gestaltung des Rechts konkret zunächst und zuvörderst die Interdependenzen der datenschutzrechtlichen Vorgaben mit den Regelungsregimen in den sachlichen Regelungsfeldern berücksichtigen (I.). Die angemessene, transparenzsichernde Begrenzung und Gestaltung des Umgangs mit personenbezogenen Informationen und Daten setzen voraus, dass die datenschutzrechtlichen Bestimmungen und Elemente nicht die jeweiligen sachlichen Strukturen, in die sie ausgreifen, ignorieren, indem sie sich undifferenziert über sie stülpen. Die datenschutzrechtlichen Vorgaben respektive die in ihrem Hintergrund stehenden Regelungsmuster und Bausteine[51] müssen vielmehr mit Blick auf ihre Funktionen mit den mannigfaltig gestalteten sachlichen Regelungsbereichen – je nach Anforderungen und Bedingungen – dogmatisch koordiniert und inhaltlich differenziert werden. Bei der rechtlichen Gestaltung muss zudem berücksichtigt werden, dass der öffentliche und der private Sektor – trotz einer zunehmenden Diffusion der ehemals klaren Trennlinie zwischen ihnen – schon konstitutiv nach wie vor unterschiedliche Anforderungen an die rechtliche Regulierung des Umgangs mit personenbezogenen Daten stellen. Im Ergebnis dürfte diesen Anforderungen nur eine Konzeption gerecht werden, die allgemeine und bereichsspezifische Vorschriften gleichermaßen einschließt.

Diese Interdependenzen des Datenschutzrechts mit den sachlichen Regelungsfeldern erfordern eine Flexibilisierung schon im nationalen Nexus.[52] Die besondere Herausforderung der Regulierung des Datenschutzrechts auf der Ebene der Union besteht allerdings darin, dass diese Interdependenzen in der vertikalen Dimension zusätzlich von der Mehrebenenstruktur der EU überlagert werden. Diese muss bei der Koordinierung und Abstimmung der Datenschutzvorgaben mit den jeweiligen sachlichen Regelungsfeldern stets mitgedacht werden bzw. ist die Koordinierung und Abstimmung in diese einge-

---

[51] Für eine Analyse der Regelungsmuster und Bausteine des EU-Datenschutzrechts in ihrer Manifestation in der DSGVO im Hinblick auf ihre datenschutzbezogenen Funktionen s. unten, Teil 3., A.

[52] Zu den Interdependenzen grundlegend *Albers*, Informationelle Selbstbestimmung, 2005, S. 477 ff.

bettet. Die geschilderten Flexibilitätserfordernisse sind im Unionskontext häufig zugleich auch Vielfaltserfordernisse in dem Sinne, dass sie eine Relativierung des Einheitlichkeitsanspruchs zugunsten mitgliedstaatlicher Gestaltungsmöglichkeiten erfordern.[53] Damit ist die unionsspezifische *vertikale Dimension* angesprochen (II.). Insoweit ist zunächst zu berücksichtigen, dass die Zuständigkeiten für die Ausgestaltung der sachlichen Regelungsfelder nicht selten bei den Mitgliedstaaten liegen. Es stellt sich damit das Problem, dass auf EU-Ebene datenschutzrechtliche Regelungsmuster und Bausteine vorgegeben werden, die einer Abstimmung mit jenen sachlichen Strukturen bedürfen, für deren Ausgestaltung die Mitgliedstaaten zuständig sind. Mit anderen Worten werden die Interdependenzen zwischen Datenschutzvorschriften und den sachlichen Regelungsgebieten im Unionskontext durch das Kompetenzgefüge zwischen EU und Mitgliedstaaten überlagert, was insbesondere auch die Ausbalancierung mit gegenläufigen Interessen und Rechtspositionen einschließt. Zusätzlich stellt sich in der vertikalen Dimension das Problem, dass der Unionsgesetzgeber keine 27 homogen konstituierten Mitgliedstaaten vorfindet: Die Rechtstraditionen und -kulturen, Regelungsansätze und Dogmatiken, aber auch die institutionellen Rahmen und Staatsorganisationsstrukturen gestalten sich mitunter vollkommen verschieden. Welche betroffenen Sachgebiete es gibt, wie öffentliche und private Bereiche abzugrenzen sind, welche Regelungsprobleme und -bedürfnisse in welchen Kontexten bestehen, lässt sich deshalb kaum einheitlich beantworten. Um ein gleichmäßiges „Schutzniveau" gewährleisten und zugleich effektiv auf die jeweiligen Regelungsanforderungen und -probleme reagieren zu können, muss das Datenschutzrecht aber für alle diese Rechtsordnungen gleichermaßen passgenau sein. Aus alldem resultieren Flexibilitäts- und Vielfaltserfordernisse, denen der Gesetzgeber der Union Rechnung zu tragen hat.

Diese Flexibilitäts- und Vielfaltserfordernisse stehen in einem offensichtlichen Konflikt mit den Harmonisierungszielen des EU-Datenschutzrechts. Die zentral-dezentrale Struktur der EU-Datenschutzrechtsakte ist als Ansatz der Unionsgesetzgeber zu verstehen, diesen Konflikt aufzulösen (III).

[53] Denn die Koordinierung und Abstimmung des Datenschutzrechts mit den sachlichen Strukturen kann in der nötigen Komplexität nicht auf zentralisierter Ebene, sondern nur „sachnah" durch die Mitgliedstaaten geleistet werden. Zu dieser vertikalen Dimension im Einzelnen näher unten, Teil 2, C., II.

I. Horizontale Dimension: Interdependenzen von Datenschutzrecht mit den sachlichen Regelungsfeldern

1. Koordinierungs- und Differenzierungsbedarfe entsprechend den sachlichen Strukturen

Zunächst und zuvörderst ergeben sich Flexibilisierungserfordernisse aus dem Umstand, dass sich die Vorgaben einer sachgerechten und transparenzsichernden Strukturierung des Umgangs mit Informationen und Daten ohne Rücksicht auf den jeweiligen Regelungsbereich, den sie betreffen, und ohne Abstimmung mit den dort jeweils bereits vorhandenen anderweitigen Strukturen nicht angemessen bzw. funktional sinnvoll realisieren lassen.[54] Der Gegenstand des Datenschutzes operiert in einem Netzwerk verschiedener Grundkategorien,[55] die ihrerseits von den jeweiligen Sachgebieten auf verschiedene Art und Weise und in unterschiedlichem Maße angesteuert werden. Die sachlichen Regelungsgebiete prägen also die Kontexte des Umgangs mit Informationen und Daten, die Wissensgrundlagen und -speicher, die Kommunikations(infra)strukturen sowie Handlungs- und Entscheidungsmöglichkeiten – und damit auch die jeweiligen Schutzbedarfe. Dementsprechend müssen die datenschutzrechtlichen Vorgaben, die vor allem auf die transparenzsichernde Gestaltung und Begrenzung des Umgangs mit personenbezogenen Informationen und Daten zielen,[56] inhaltlich entsprechend den Schutzerfordernissen differenziert und dogmatisch mit den jeweiligen Gegebenheiten und (Norm-)Strukturen koordiniert werden. Nur durch entsprechende Abstimmungen und Einbettungen können Dysfunktionalitäten und Redundanzen (wie etwa eine übermäßige, redundante „Verrechtlichung“) vermieden und ein effektiver Datenschutz gewährleistet werden.

So gut wie alle Lebensbereiche – und somit auch Materien rechtlicher Regulierung – sind vom Umgang mit personenbezogenen Informationen und Daten und damit verflochtenen Handlungen und Entscheidungen geprägt. Angesichts des sehr breiten sachlichen Anwendungsbereichs des EU-Datenschutzrechts – es schließt die Verarbeitung personenbezogener Daten grundsätzlich umfassend und sektorübergreifend in allen Mitgliedstaaten ein[57] – ergeben sich vielfältige Abstimmungserfordernisse auf verschiedenen Ebenen.

---

[54] *Albers*, Informationelle Selbstbestimmung, 2005, S. 477.

[55] S. oben, Teil 2., B.

[56] Dazu als Kern der objektiv-rechtlichen Dimension von Art. 8 GRCh s. bereits oben, Teil 1, C., II., 1. a) und b).

[57] S. zum breiten Anwendungsbereich als Regelungsmuster in der DSGVO noch unten, Teil 3, A., I., 2.

a) Koordinierungs- und Abstimmungsbedarf mit anderweitigen sachlichen und informations- und datenbezogenen Rechtsregimen

In Anbetracht dieses Querschnittscharakters der Materie mag man schnell den Eindruck gewinnen, als sei „alles nur Datenschutz“[58], als handele es sich beim Datenschutzrecht um ein „law of everything“.[59] Das ist freilich nicht der Fall, denn nicht jeder Lebenssachverhalt bzw. jede soziale Praxis mit Informations- und Datenbezug ist notwendigerweise immer auch durch datenschutzrechtliche Maßstäbe zu regeln. Vielmehr gehört es – auf abstrakter Ebene – gerade zu den genannten Abstimmungserfordernissen, zu analysieren, welchen Gefährdungslagen und Risiken in welchem Maße sinnvollerweise mit datenschutzrechtlichen Vorgaben zu begegnen ist – und mit Blick auf welche das Datenschutzrecht mit anderen, ggf. überlappenden Rechtsregimes abzustimmen ist oder sogar zurückzustehen hat.[60]

Dabei kann es sich um sachliche Regelungsfelder handeln, die ihrerseits die Grundkategorien des Datenschutzes in Bezug nehmen, also ebenfalls etwa den Umgang mit Informationen und Daten, die Wissensgenerierung oder die Regulierung von Techniken, Netzen oder Infrastrukturen zum Gegenstand haben. Es kann sich aber auch um Materien handeln, die mit Figuren und Mustern arbeiten, die jenen des Datenschutzrechts ähneln oder gar (dogmatisch und/oder schutzzielbezogen) funktionale Äquivalente bilden.[61] Dies sei kurz anhand einiger Beispiele verdeutlicht: Mit Blick auf große Konzerne mit datenbasierten Geschäftsmodellen und etwaige damit verbundene normative Schutzbedürfnisse kann man sich etwa fragen, inwieweit datenschutzrechtliche oder aber kartell- bzw. verbraucherschutzrechtliche Regelungen greifen sollten.[62] Gerade hinsichtlich der eingesetzten Instru-

---

[58] Zutreffend kritisch mit Blick auf die Grenzen des Datenschutzes im Kontext der Regulierung von Big-Data-Anwendung *Broemel/Trute*, Alles nur Datenschutz?, in: Ritschel/Müller, Big data als Theorieersatz, 2016, 50 (53 ff.), die für bestimmte Datenkategorien einen Perspektivenwechsel hin zur Regulierung algorithmenbasierter Wissensgenerierung vorschlagen.

[59] *Purtova*, Law, Innovation and Technology, 2018, 40.

[60] Solche Erfordernisse bestehen gleichermaßen auf unionaler wie auf mitgliedstaatlicher Ebene, weil die Rechtsmaterien teils auf unterschiedlichen, teils auf beiden Ebenen geregelt werden. Dies verweist auf das komplexe Kompetenzgefüge zwischen EU und Mitgliedstaaten, s. dazu unten Teil, 2, C., II., 1.

[61] Die präzise Herausarbeitung der im jeweiligen Überlappungsbereich maßgeblichen Schutzziele des Datenschutzrechts und deren Abgleichung mit den Schutzzielen des jeweils betroffenen anderen Regelungsregimes ist unerlässlich, um eine sachgerechte Koordinierung vornehmen zu können, die gleichermaßen dysfunktionalen Doppelungen vorbeugt und den normativen Schutzerfordernissen Rechnung trägt. Dazu am Beispiel der Überschneidung von Äußerungsrecht und Datenschutzrecht noch unten, Teil 3, B., III., 2., c), cc).

[62] Abstimmung bedeutet dabei nicht notwendigerweise, dass ein Exklusivitätsverhältnis

mente gibt es große Schnittmengen zwischen Daten- und Verbraucherschutzrecht.[63] Institutionelle Zuständigkeitskonflikte, die unmittelbar auf das Verhältnis von Einheit und Vielfalt im europäischen Datenschutzrecht zurückwirken, sind dabei vorprogrammiert.[64] Koordinierungserfordernisse datenschutzrechtlicher Bestimmungen bestehen zudem auch in vielfältiger Hinsicht mit dem allgemeinen Privatrecht.[65] Dies gerät in den Blick, wenn man sich verdeutlicht, dass das Datenschutzrecht etwa mit dem „Vertrag"[66] oder auch „Treu und Glauben"[67] Rechtsbegriffe in Bezug nimmt, die in großem Maße (auch) privatrechtlich determiniert sind. Insbesondere im Kontext der (verbraucher-)rechtsgeschäftlichen Verarbeitung personenbezogener Daten ergeben sich Überschneidungen, die einer Koordinierung bedürfen. Konkret

---

anzustreben wäre, sondern schließt freilich auch die Sichtung und Nutzung möglicher Synergien der verschiedenen Materien im Sinne der jeweiligen maximalen Effektivität ein. S. zu diesem Themenkomplex *Bakhoum u. a.* (Hrsg.), Personal Data in Competition, Consumer Protection and Intellectual Property Law, 2018. S. a. *Lynskey*, International Data Privacy Law, 2018, 179 (179 f.) sowie die vorläufige Stellungnahme des *EDSB*, Privatsphäre und Wettbewerbsfähigkeit im Zeitalter von „Big Data": das Zusammenspiel zwischen Datenschutz, Wettbewerbsrecht und Verbraucherschutz in der digitalen Wirtschaft, https://edps.europa.eu/sites/edp/files/publication/14-03-26_competitition_law_big_data_de.pdf (zuletzt abgerufen am 31.3.2022). Spezifisch zum Verhältnis von Datenschutzrecht und Wettbewerbs- und Kartellrecht *Costa-Cabral/Lynskey*, Common Market Law Review, 2017, 11 (11 ff.). Zu den sich überlappenden Schutzzielen s. auch *Bunnenberg*, Privates Datenschutzrecht, 2020, S. 238 ff.

[63] Dies betrifft insbesondere die jeweiligen Informationspflichten, subjektive Rechte sowie den Rechtsschutz, dazu *Ratti*, Personal-Data and Consumer Protection: What Do They Have in Common?, in: Bakhoum/Conde Gallego/Mackenrodt u. a., Personal Data in Competition, Consumer Protection and Intellectual Property Law, 2018, 377 (378 ff.). Zur möglichen Komplementarität in der Durchsetzungsdimension *Rott*, EuCML, 2017, 113 (113 ff.).

[64] Das OLG Düsseldorf hat dem EuGH jüngst u. a. die Frage vorgelegt, ob es mit den Art. 51 ff. DSGVO vereinbar ist, wenn eine nationale Behörde, wie das Bundeskartellamt, die nicht Aufsichtsbehörde im Sinne der Art. 51 ff. DSGVO ist, für die kartellrechtliche Missbrauchsaufsicht einen Verstoß von Vertragsbedingungen und deren Durchführung gegen die DSGVO feststellt und eine Verfügung zur Abstellung dieses Verstoßes erlässt, s. *OLG Düsseldorf* Vorlagebeschluss, 24. März 2021 – Kart 2/19 (V), *Facebook Ireland*. Die Sache ist beim EuGH unter dem Aktenzeichen C-252/21 anhängig.

[65] Dazu *Richter*, The Power Paradigm in Private Law, in: Bakhoum/Conde Gallego/Mackenrodt u. a., Personal Data in Competition, Consumer Protection and Intellectual Property Law, 2018, 527 (527 ff.), der als Schnittstelle zwischen Datenschutzrecht und verschiedenen Bereichen des Privatrechts die Regulierung von Machtgefällen zwischen Privaten ausmacht und auf dieser Basis einen holistischen (Analyse- und Regulierungs-) Ansatz vorschlägt. Monografisch nunmehr auch *Hacker*, Datenprivatrecht, 2021, insb. S. 313 ff.

[66] S. nur Art. 6 Abs. 1 UAbs. 1 lit. b) DSGVO oder auch Art. 28 Abs. 3 DSGVO.

[67] Vgl. Art. 5 Abs. 1 lit. a) DSGVO.

mag man sich etwa fragen, ob die Missbräuchlichkeit einer Vertragsgestaltung, die die Verarbeitung mit personenbezogenen Informationen und Daten betrifft, nicht nach den allgemeinen Regeln des Zivilrechts statt nach datenschutzrechtlichen Maßstäben bewertet werden sollte.[68] Auch die Rechtsnatur der datenschutzrechtlichen Einwilligung bzw. ihr Verhältnis zur allgemeinen Rechtsgeschäftslehre wirft Fragen auf.[69] Koordinierungsbedarf aufgrund von Überschneidungen bestehen, jedenfalls mit Blick auf die deutsche Rechtsordnung, nicht zuletzt auch zwischen Datenschutz- und Äußerungsrecht[70] sowie Datenschutz- und Kunsturheberrecht.[71]

Darüber hinaus stellen sich Abstimmungsfragen im Hinblick auf anderweitige informations- und datenbezogene Rechtsregime auch angesichts des von der EU geplanten „Aufbaus eines gemeinsamen europäischen Daten-

---

[68] Dies betrifft auch die Frage, wie man das Merkmal der Erforderlichkeit im Rahmen der Prüfung von Art. 6 Abs. 1 UAbs. 1 lit. b) DSGVO interpretiert. Dabei handelt es sich um das zentrale normative Scharnier. S. dazu noch unten, Teil 3, B., III., 2., c), aa). Weiterführende Überlegungen zur möglichen Koordinierung von datenschutzrechtlichen Maßstäben und dem AGB-Recht finden sich bei *Bunnenberg*, Privates Datenschutzrecht, 2020, S. 220 ff.

[69] Dass es zu Überschneidungen zwischen dem Datenschutzrecht und der Zivilrechtsdogmatik kommt, die Koordinationsbedarf auslösen, äußert sich in verschiedenen Vorschriften. Dass der Unionsgesetzgeber sich des Problems bewusst war, wird z. B. anhand von Art. 8 Abs. 3 DSGVO deutlich. S. im Einzelnen noch unten im Rahmen der funktionalen Systematisierung der Öffnungen, Teil 3, B., III., 2., c), aa) und bb). Für eine Einordnung der datenschutzrechtlichen Einwilligung in das System der verschiedenen „Gestattungsformen" im deutschen Zivilrecht sowie zur Möglichkeit eines Rückgriffs auf die allgemeine Rechtsgeschäftslehre s. *Funke*, Dogmatik und Voraussetzungen der datenschutzrechtlichen Einwilligung im Zivilrecht, 2017, S. 44 ff.

[70] Vgl., allerdings ohne Begründung, *Pötters*, RDV, 2015, 10 (15): „Medienrechtliche Fragen sollten nicht oder allenfalls nur am Rande durch das Datenschutzrecht geregelt werden." Weiterführende Überlegungen hierzu finden sich mit Blick auf Art. 85 DSGVO bei *Schimke*, Das Medienprivileg als Koordinationsmechanismus. Zum Verhältnis von Datenschutz- und Äußerungsrecht im Internet, in: Albers/Katsivelas, Recht & Netz, 2018, 155 (155 ff.). Kritisch zur Rechtslage noch unter Geltung der DSRL *Erdos*, International and Comparative Law Quarterly, 2016, 139. Im Rahmen der DSGVO wird die Koordination insbesondere über Art. 85 DSGVO ermöglicht. S. im Einzelnen unten, Teil 3, B., III., c), cc).

[71] Teilweise wird das KUG dem Äußerungsrecht zugeordnet. Im deutschen Kunsturhebergesetz sind die Bedingungen für die Rechtmäßigkeit der Verbreitung und Veröffentlichung von Bildnissen natürlicher Personen geregelt. Da es sich dabei zugleich um personenbezogene Daten handelt, kann es zu einer redundanten Doppelung rechtlicher Maßstäbe kommen. Wie damit umzugehen ist, ist – insbesondere mit Blick auf Art. 85 DSGVO – strittig. Aus der Gerichtspraxis s. nur OLG Köln, ZD 2018, 434 (434 f.). Auch dazu noch unten, Teil 3, B., III., c), cc).

raums“[72] und der „europäischen Datenstrategie“.[73] Im Hintergrund dieser Pläne steht das Anliegen, das Potenzial einer effizienten Nutzung von Daten u. a. für ökonomisches Wachstum und gesellschaftlichen Forschritt fruchtbar zu machen. Zu den zentralen Säulen der EU-Datenstrategie zählen der Entwurf eines Daten-Governance-Gesetzes (DGG-E)[74] sowie die Schaffung gemeinsamer europäischer Datenräume in strategischen Sektoren und Bereichen von öffentlichem Interesse, darunter ein Mobilitäts-, ein Gesundheits- und ein Datenraum für die öffentliche Verwaltung.[75] Der DGG-E soll einen vertrauensvollen Datenaustausch ermöglichen, auch, indem er gewährleistet, dass im europäischen Datenraum „der Schutz personenbezogener Daten [...] uneingeschränkt geachtet“ wird.[76] Inwieweit dieser Anspruch vom DGG-E tatsächlich eingelöst wird, ist fraglich. Trotz sog. „Unberührtheitsklauseln“, einschließlich für das Datenschutzrecht,[77] liegen Überschneidungen, die Koordinierungserfordernisse auslösen, auf der Hand.[78] Deutlich wird dies etwa in Art. 5 DGG-E, der verschiedene, teils zwingende, teils fakultative, (Datenschutz-)Anforderungen an die Zugänglichmachung von Daten seitens öffentlicher Stellen zur Weiterverarbeitung vorsieht. Ähnliches gilt im Hinblick auf die Abgrenzung von personenbezogenen zu nicht-personenbezogenen

[72] S. die Mitteilung der Kommission an das Europäische Parlament, den Rat, den Europäischen Wirtschafts- und Sozialausschuss und den Ausschuss der Regionen „Aufbau eines gemeinsamen europäischen Datenraums“ vom 25.4.2018, COM(2018) 232 final.

[73] Mitteilung der Kommission an das Europäische Parlament, den Rat, den Europäischen Wirtschafts- und Sozialausschuss und den Ausschuss der Regionen „Eine europäische Datenstrategie“ vom 19.2.2020, COM(2020) 66 final.

[74] Vorschlag für eine Verordnung des Europäischen Parlaments und des Rates über europäische Daten-Governance (Daten-Governance-Gesetz) v. 25.11.2020, COM(2020) 767 final.

[75] Zu diesen und den anderen Säulen sowie näher zu den verschiedenen Datenräumen s. Mitteilung der Kommission an das Europäische Parlament, den Rat, den Europäischen Wirtschafts- und Sozialausschuss und den Ausschuss der Regionen „Eine europäische Datenstrategie“ vom 19.2.2020, COM(2020) 66 final, S. 13 ff.

[76] Mitteilung der Kommission an das Europäische Parlament, den Rat, den Europäischen Wirtschafts- und Sozialausschuss und den Ausschuss der Regionen „Eine europäische Datenstrategie“ vom 19.2.2020, COM(2020) 66 final, S. 6.

[77] Vgl. Art. 1 Abs. 2 DGG-E; EG 3 DGG-E.

[78] *Spindler*, CR, 2021, 98 (108) konstatiert, auch im Hinblick auf das Verhältnis des DGG-E zur DSGVO, dass „[d]as Geflecht an einzuhaltenden Regeln [...] immer unübersichtlicher [wird]“. Zur resultierenden wechselseitigen Abhängigkeit von Regelungsregimen s. a. *Richter*, ZEuP, 2021, 634 (663 ff.), dort auch zum Begriff „Unberührtheitsklauseln“. Zu Ungereimtheiten, die sich aus dem Zusammenspiel von DSGVO, Richtlinie (EU) 2019/1024 und DGG-E ergeben, s. a. *EDSA-EDSB*, Gemeinsame Stellungnahme 03/2021 des EDSA und des EDSB zum Vorschlag für eine Verordnung des Europäischen Parlaments und des Rates über europäische Daten-Governance (Daten-Governance-Gesetz), 9.6.2021, S. 20 ff.

Daten, zumal bei letzteren der freie Datenverkehr im Zentrum stehen soll[79] und die Personenbezogenheit von Informationen und Daten auch in Bezug auf Open-Data-Konzepte das zentrale Abgrenzungskriterium bildet.[80] Koordinierungs- und Abstimmungsbedarf mit dem Datenschutzrecht besteht mit Blick auf die vorstehend genannten Kommissionspläne bzw. zum Teil schon in Kraft getretenen Rechtakte also auf verschiedenen Ebenen.

b) Abstimmungsbedarf mit gegenläufigen Rechten und Interessen

Jenseits der Frage, welche Lebenssachverhalte inwieweit durch datenschutzrechtliche Maßstäbe oder aber (vorrangig) durch andere Rechtsregime zu regeln sind, besteht auf der gleichen Abstraktionsebene Koordinierungs- und Differenzierungsbedarf, auch mit Blick auf gegenläufige Rechtspositionen und Interessen.[81] Die abstrakten Bezugspunkte des Datenschutzrechts, insbesondere Daten und Informationen, werden auch von Bestimmungen in Bezug genommen, die zum Teil gegenläufige Schutzziele verfolgen und mit Informations- und Datenverarbeitungsinteressen verbunden sein können.

Ein augenscheinlicher Konflikt etwa besteht zwischen dem Datenschutzrecht und dem oben erwähnten Open-Data-Ansatz sowie den allgemeinen Daten- und Informations(zugangs)rechten: Während diese den Zugang zu Informationen und Daten weitestgehend voraussetzungslos gewährleisten,[82] zielt jenes mit seinen verschiedenen Komponenten vor allem darauf, die Entstehung von und den Umgang mit personenbezogenen Informationen und

[79] Vgl. die Verordnung (EU) 2018/1807 des Europäischen Parlaments und des Rates über einen Rahmen für den freien Verkehr nicht-personenbezogener Daten in der Europäischen Union vom 14. 11. 2018, ABl. EU L 303, 28.11.2018, S. 59 ff. S. a. die Mitteilung der Kommission an das Europäische Parlament und den Rat „ Leitlinien zur Verordnung über einen Rahmen für den freien Verkehr nicht-personenbezogener Daten in der Europäischen Union“ vom 29.5.2019, COM(2019) 250 final, S. 4 ff., die sich u. a. zum Zusammenwirkung der Verordnung (EU) 2018/1807 mit der DSGVO im Hinblick auf gemischte Datensätze äußert.

[80] Vgl. Art. 2 Abs. 1 lit. h der RL 2019/1024/EU des Europäischen Parlaments und des Rates vom 20. Juni 2019 über offene Daten und die Weiterverwendung von Informationen des öffentlichen Sektors, ABl. L 172/56 v. 26.6.2019.

[81] Zur grundrechtlichen Dimension dieses Aspekts s. bereits oben Teil 1, C., II., 2, b). S. zu diesem Aspekt auch *Hijmans*, The European Union as Guardian of Internet Privacy, 2016, S. 284 ff.

[82] Vgl. nur § 1 Abs. 1, S. 1 IFG oder § 1 Abs. 2 HambTG. Freilich sind in den Gesetzen verschiedene Ausnahmen vorgesehen. Etwas anderes gilt für die in der jüngeren Vergangenheit geschaffenen Datenzugangsrechte aus dem Wettbewerbsrecht, vgl. § 19 Abs. 2 Nr. 4 bzw. § 20 Abs. 1a GWB. Auf auch europäischer Ebene werden ähnliche Rechte gegenüber sog. „Gatekeepern“ im Zusammenhang mit dem Kommissionsentwurf für ein „Gesetz über digitale Märkte“ diskutiert. Für eine vergleichende Analyse s. etwa *Gerpott*, NZKart, 2021, 273 (273 ff.).

Daten begrenz- und überschaubar zu halten.[83] Den Ausgleich versuchen die Informationszugangsgesetze durch striktere Regeln für den Zugang zu *personenbezogenen* Daten herzustellen, die u. a. die Einwilligung oder ein überwiegendes Informationsinteresse fordern.[84] Andere, bereichsspezifische Gesetze stellen den Zugang unter den Vorbehalt der Einhaltung der Datenschutzvorschriften.[85]

Einem angemessenen Ausgleich zuzuführen sind daneben auch das Datenschutzrecht und das Sicherheitsrecht. Auch hier steht ein eklatantes Spannungsverhältnis im Raum: Auf der einen Seite steht das Ziel der transparenzsichernden Gestaltung und Begrenzung des (auch und vor allem staatlichen) Umgangs mit personenbezogenen Informationen und Daten, auf der anderen Seite stehen erhebliche Interessen an der Sammlung, Speicherung und Verarbeitung ebendieser zu Zwecken der öffentlichen Sicherheit, insbesondere der Gefahrenabwehr sowie der Straftatenverfolgung und -bekämpfung. Besonders deutlich wird der Konflikt anhand der Diskussion um die Vorratsdatenspeicherung.[86] Eine Zusammenschau der einschlägigen bereichsspezifischen EU-Rechtsakte zeigt, dass diese den Umgang mit personenbezogenen Informationen und Daten weniger aus der Perspektive des Datenschutzes als mit Blick auf die jeweiligen Informationsbedürfnisse zur Erfüllung öffentlicher Aufgaben in Bezug nehmen.[87] Insgesamt bedarf es hier einer sehr

---

[83] Dieses Schutzziel bildet den Kern der objektiv-rechtlichen Dimension von Art. 8 GRCh, s. oben, Teil 1, C., II., 1., b). Einfach-rechtlich kommt dies insbesondere in den in Art. 5 DSGVO verankerten Grundsätzen der Zweckbindung, Datenminimierung und Speicherbegrenzung zum Ausdruck. S. zu den Grundsätzen als Ausdruck des Ansatzes einer umfassenden rechtlichen Determination noch unten, Teil 3, A., I., 3. Zum deutschen Recht auf informationelle Selbstbestimmung vgl. nur *BVerfG* Urteil, 15.12.1983 – E 65, *Volkszählung*, S. 43.

[84] § 5 IFG bzw. § 3 Abs. 3 HambTG. Eine fundierte Interessenabwägung setzt indes voraus, dass Geheimhaltungs- und Informationsinteressen bestimmt und gewichtet werden, was auf beiden Seiten eine präzise Herausarbeitung erfordert, vgl. *Albers*, § 22 Umgang mit personenbezogenen Informationen und Daten, in: Hoffmann-Riem/Schmidt-Aßmann/Voßkuhle, Grundlagen des Verwaltungsrechts, 2012, 1–169 (96). Zu undifferenziert insoweit die einschlägige Entscheidung des EuGH, s. *EuGH* Urteil, 29.6.2010 – C-28/08 P, *Bavarian Lager*, Rn. 49 ff. S. zum Ganzen auch *Roßnagel*, MMR, 2007, 16 (16 ff.).

[85] Vgl. Art. 4 Abs. 2 lit. f der Richtlinie 2011/24/EU des Europäischen Parlaments und des Rates vom 9. März 2011 über die Ausübung der Patientenrechte in der grenzüberschreitenden Gesundheitsversorgung.

[86] Zum Begriff und zur rechtlichen Entwicklung in Deutschland und in der EU *Albers*, Surveillance and Data Protection Rights: Data Retention and Access to Telecommunications Data, in: Albers/Sarlet, Personality and Data Protection Rights on the Internet, 2022, 69 (80 ff.).

[87] An dieser Einschätzung von *Albers*, § 22 Umgang mit personenbezogenen Informationen und Daten, in: Hoffmann-Riem/Schmidt-Aßmann/Voßkuhle, Grundlagen des Ver-

differenzierten Koordinierung der Schutzziele, die im Unionskontext besonders anforderungsreich ist.[88]

c) Koordinierungsbedarf angesichts der sachlichen (Norm-)Strukturen

Neben diesen Abstimmungen auf abstrakter Ebene sind die Vorgaben für den Umgang mit personenbezogenen Informationen und Daten auf einer konkreteren Ebene auch mit den sachlichen Normstrukturen zu koordinieren.[89] Für den öffentlichen Bereich ist etwa zu berücksichtigen, dass das jeweilige (Fach-)Verwaltungsrecht Zuständigkeiten, Aufgaben und Befugnisse festlegt, die den – ferner in Organisationsstrukturen und Verfahrensregelungen eingebetteten – Handlungs- und Entscheidungsrahmen für öffentliche Stellen setzen. Für die Ausgestaltung des Datenschutzrechts bedeutet das zum einen, dass den dadurch geprägten Schutzerfordernissen sachnah Rechnung zu tragen ist, und zum anderen, dass der jeweils in die Wahrnehmung der administrativen Aufgaben eingebundene und insofern erforderliche Umgang mit personenbezogenen Informationen und Daten zu ermöglichen ist.[90] Daneben gilt es auch im privaten Sektor, die datenschutzrechtlichen Vorgaben entsprechend ihren Funktionen mit spezifischen Tätigkeitsbereichen und den dortigen Gegebenheiten und Anforderungen abzustimmen. Ganz konkret schließt das etwa auch den passgenauen Zuschnitt der Anwendungsbereiche der verschiedenen Rechtmäßigkeitstatbestände in Art. 6 Abs. 1 UAbs. 1 DSGVO (insb. lit. a, b und f im Bereich der rechtsgeschäftsbasierten Datenverarbeitung) ein. Freilich sind die (datenschutz-)rechtlichen Anforderungen hier schon angesichts der stärker ausgeprägten grundrechtlich geschützten Interessen am Umgang mit personenbezogenen Daten im Grundsatz weitaus weniger strikt. Sektorübergreifend schließt diese Koordinierung auf konkreter Ebene die angemessene und sachnahe Ausgestaltung der datenschutzrechtlichen Bausteine ein. Wie noch zu zeigen ist, ist diese relativ kontingent[91]

---

waltungsrechts, 2012, 1–169 (54), die noch die Rechtslage vor Veröffentlichung der Kommissionsentwürfe zur DSGVO und JI-RL betraf, dürfte sich wenig geändert haben.

[88] Dies liegt daran, dass die Kompetenz für die nationale Sicherheit weitestgehend bei den Mitgliedstaaten liegt. Zum komplexen Kompetenzgefüge und resultierenden Flexibilisierungs- und Vielfaltserfordernissen s. unten, Teil 2, C., II., 1. Zum (unterkomplexen) Umgang des EuGH mit der Problematik s. noch Teil 4, A., II., 2., a), cc).

[89] Differenzierte Überlegungen hierzu in Bezug auf das deutsche Verwaltungsrecht finden sich bei *Albers*, § 22 Umgang mit personenbezogenen Informationen und Daten, in: Voßkuhle/Eifert/Möllers, Grundlagen des Verwaltungsrechts, 2022, 1–113 (67).

[90] Die sachlichen (Norm-)Strukturen variieren in den verschiedenen Bereichen des besonderen Verwaltungsrechts ebenso wie der jeweilige Bedarf an personenbezogenen Informationen und Daten zur Aufgabenerfüllung. Zur Verwobenheit der administrativen Aufgaben und Befugnisse mit der Informations- und Datendimension auch *Blume*, Journal of Data Protection & Privacy, 2016, 53 (54).

[91] S. unten, Teil 3, A., II., 7.

und erfordert eine fundierte Analyse der Anforderungen und Gegebenheiten des jeweiligen Sachbereichs und der dort jeweils relevanten Kontexte.

d) Der Bedarf einer lernfähigen Gestaltung des Rechts

Es kommt hinzu, dass der Datenschutz als Konsequenz seiner Bezugspunkte ein Gegenstand ist, der von einer ausgeprägten Dynamik im Sachbereich gekennzeichnet ist: Daten- und Informationsquellen, Wissensformen und -grundlagen, Verarbeitungstechniken, Speicherformen aber auch die netzbasierte Infrastruktur entwickeln sich – eingebettet in soziale Kontexte und Praktiken ihrer Nutzung – fortwährend weiter,[92] was auch Einfluss auf das Spektrum von Entscheidungs- und Handlungsmöglichkeiten hat.[93] Damit können neue Schutz- und Regelungserfordernisse einhergehen, die teils dem Datenschutz, teils aber auch anderen Sachbereichen zuordenbar sein könnten, woraus wiederum fortlaufend Koordinierungs- und Differenzierungserfordernisse resultieren können.[94] Um adäquat und sachnah auf diese dynamischen Innovationszyklen im Sachbereich und resultierende Koordinierungserfordernisse reagieren zu können, ist das Datenschutzrecht auf eine flexible Gestaltung angewiesen, die seine Lernfähigkeit gewährleistet.[95] Dabei geht es im Unionskontext aber nicht nur um die Gewährleistung der Reflexivität des Rechts, die freilich ebenfalls einen (spezifischen) Aspekt der

[92] Zu den Herausforderungen, die aus neuen Datenquellen, neuen Infrastrukturen und neuen Auswertungsmöglichkeiten resultieren s. *Roßnagel*, Notwendige Schritte zu einem modernen Datenschutzrecht, in: Roßnagel/Friedewald/Hansen, Die Fortentwicklung des Datenschutzes, 2018, 361 (362 ff.). Lösungsvorschläge für Probleme beim Einsatz von Big Data finden sich bei *Hoffmann-Riem*, Rechtliche Rahmenbedingungen für und regulative Herausforderungen durch Big Data, in: Hoffmann-Riem, Big Data – Regulative Herausforderungen, 2018, 11 (53 ff.).

[93] S. am Beispiel von Big Data etwa *Oermann*, Rechts(durch)setzung durch Informationsintermediäre: Big Data als Entscheidungs- und Handlungsressource, in: Hoffmann-Riem, Big Data – Regulative Herausforderungen, 2018, 145 (152 ff.).

[94] Als Beispiel sei genannt, dass die EU-Kommission in ihrem im Dezember 2018 vorgelegten koordinierten Plan für die Entwicklung und Nutzung künstlicher Intelligenz „made in Europe" das Erfordernis der Vereinbarkeit mit der DSGVO herausgestellt hat, vgl. COM(2018) 795 final, 7.12.2018, S. 9, S. 15 ff.

[95] Pointiert *Hornung/Spiecker gen. Döhmann*, in: Simitis/Hornung/Spiecker gen. Döhmann, 2019, Datenschutzrecht, Einleitung, Rn. 306: „[J]ede Datenschutzgesetzgebung [steht] unter dem Vorbehalt der Passgenauigkeit mit einer sich ständig weiterentwickelnden Informations- und Kommunikationstechnologie". Es gibt verschiedene Instrumente, die zur Lernfähigkeit des Rechts beitragen können. Beispiele sind die Delegation von Rechtssetzungskompetenzen, die Verwendung unbestimmter, abstrakter Norminhalte, die konkretisierungsbedürftig sind, aber auch die Integration entwicklungsoffener Begriffe wie „Stand der Technik", dazu *Albers*, Realizing the Complexity of Data Protection, in: Gutwirth/Leenes/Hert, Reloading Data Protection, 2014, 213 (232).

Lernfähigkeit betrifft,[96] sondern gerade auch um dessen Flexibilisierung im Sinne einer Ausgestaltung, die mitgliedstaatliche Vielfalt ermöglicht.[97]

Für sämtliche vorstehend geschilderten Koordinierungs- und Differenzierungsbedürfnisse bei der Gestaltung des Datenschutzrechts ist im Unionskontext zu beachten, dass sie in das Mehrebenensystem eingebettet sind, was zusätzliche unionsspezifische Herausforderungen mit sich bringt.[98] Hier zeigt sich die erwähnte Verzahnung der horizontalen und der vertikalen Dimension.

2. Datenschutz in der Differenz zwischen öffentlichen und privaten Bereichen

Flexibilisierungserfordernisse bestehen auch im Hinblick auf unterschiedliche Regelungsanforderungen und -probleme beim Umgang mit personenbezogenen Informationen und Daten durch öffentliche respektive private Verantwortliche. Die Rechtssysteme der meisten Mitgliedstaaten differenzieren zwischen öffentlichem und privatem Recht, und diese Unterscheidung ist

---

[96] Dazu gehört etwa die datenschutzrechtliche Regelfindung „von unten" vor allem im privaten Bereich, vgl. *Bunnenberg*, Privates Datenschutzrecht, 2020, S. 204 ff. mit Verweis auf *Buchner*, Informationelle Selbstbestimmung im Privatrecht, 2006, S. 110, der die „Notwendigkeit eines dezentralen Interessensausgleichs" sieht.

[97] Mit Betonung der Bedeutung mitgliedstaatlicher Vielfalt in diesem Zusammenhang s. a. *Masing*, NJW, 2012, 2305 (2310 f.): „Gerade das Datenschutzrecht [...] bedarf eines lebendigen Laboratoriums für die Entdeckung und Erprobung neuer, bereichsspezifisch unterschiedlicher Lösungsansätze. [...] Die neue Regelung sollte bewusst darauf bedacht sein, Freiräume zu erhalten und teilweise auch neu zu schaffen." *Roßnagel*, FAZ, 1. Juni 2011, 7: „Angesichts der Dynamik der technischen Entwicklung müssen jedoch Freiräume für gesetzgeberische Experimente in den Mitgliedstaaten offengehalten werden." Zum mit den Öffnungen verbundenen Potenzial in dieser Hinsicht *Roßnagel*, DuD, 2018, 471 (471 f.), der indessen zurecht zu dem Ergebnis kommt, dass der deutsche Gesetzgeber dieses Potenzial mit den Anpassungs- und Umsetzungsgesetzen nicht ausgeschöpft hat. Zur grundrechtlichen Dimension s. a. *Teetzmann*, EuR, 2016, 90 (103 f.). Dafür, dass die EU den Mitgliedstaaten im Sinne der Subsidiarität Raum für Experimente lassen müsse, auch *Schwartz*, Harvard Law Review, 2013, 1966 (2004 f.). In ihrem Vorschlag zur DSGVO hatte die Kommission versucht, diese Lernfähigkeit über zahlreiche Ermächtigungen zur delegierten Rechtssetzung zu gewährleisten. Sie konnte sich damit aber nicht durchsetzen, s. dazu bereits oben im Kontext der Genese, Teil 1, B., III., 1., a). Zur Vielfalt der Instrumente in der DSGVO zur Fortentwicklung des Datenschutzrechts s. a. *Sydow*, in: Sydow, 2. Aufl., 2018, Europäische Datenschutz-Grundverordnung, Einleitung, Rn. 35.

[98] In dieser vertikalen Dimension gilt es zum einen stets das Kompetenzgefüge zwischen EU und Mitgliedstaaten, das gewissermaßen „quer" über den sachlichen Strukturen liegt, mitzudenken. Zum anderen ist dem Umstand Rechnung zu tragen, dass die betroffenen Sachgebiete in den jeweiligen Rechtssystemen der Mitgliedstaaten mitunter vollkommen anders strukturiert sind. Zu den Flexibilitäts- und Vielfaltserfordernissen in der vertikalen Dimension im Einzelnen unten, Teil 2, C., II.

jeweils auch – u. a. aus Rechtsschutzgründen – von großer Bedeutung.[99] Das Unionsrecht orientiert sich demgegenüber grundsätzlich nicht an dieser Dichotomie, sondern ist vielmehr funktional ausgerichtet.[100] Dementsprechend gehört es zu den typischen Charakteristika des EU-Datenschutzrechts, dass es – anders als nationale Datenschutzregime – in seinem Anwendungsbereich nicht formal zwischen Verarbeitungen durch öffentliche respektive private Stellen unterscheidet:[101] „Verantwortlicher" im Sinne des Datenschutzrechts ist gem. Art. 4 Nr. 7 DSGVO jede natürliche oder juristische Person, Behörde, Einrichtung oder andere Stelle, die allein oder gemeinsam mit anderen über die Zwecke und Mittel der Verarbeitung von personenbezogenen Daten entscheidet.[102] Diese beide Sektoren umspannende Definition hat, in Verbindung mit dem weiten sachlichen Anwendungsbereich, *im Grundsatz* zur Folge, dass alle Vorgaben der DSGVO in allen öffentlichen wie privaten Bereichen im gleichen Maße Geltung beanspruchen.[103] Der sektorübergreifende Ansatz wird häufig schlicht damit begründet, dass der Schutzstandard unionsweit in allen Gesellschaftsbereichen gleich sein müsse.[104] Ein effektives Datenschutzrecht ist allerdings nicht damit erreicht, dass Regelungen, die für einen Sektor passen, undifferenziert auch in allen anderen Regelungsfeldern

---

[99] S. *Mańko*, Zuständigkeit der EU im Bereich des Privatrechts, http://www.europarl.europa.eu/RegData/etudes/IDAN/2015/545711/EPRS_IDA%282015%29545711_DE.pdf, (S. 1) (zuletzt abgerufen am 31.3.2022). Dass die Trennlinien dabei in den Mitgliedstaaten mitunter an unterschiedlichen Stellen verlaufen oder die Dichotomie gar nicht so sehr im Mittelpunkt steht, ist auf die unterschiedlich strukturierten Rechtssysteme zurückzuführen. Für eine Gegenüberstellung der kontinentaleuropäischen Rechtsstaatskultur und der angelsächsischen Public-Interest-Kultur s. *Kuhlmann/Vollmann*, Verwaltung und Verwaltungsreformen in Europa, 2013, S. 21. Diesen Aspekt gilt es in der vertikalen Dimension zu berücksichtigen. Dazu noch unten, Teil 2, C., II., 2.

[100] S. nur *Semmelmann*, Maastricht Faculty of Law Working Paper, No. 2012/12, 1 (12 ff.).

[101] Schon im Rahmen des Gesetzgebungsverfahrens zur EG-Datenschutzrichtlinie bildete die Frage, ob der öffentliche und private Sektor parallel reguliert oder aber separaten Regelungsregimes unterworfen werden sollte, einen zentralen Diskussionspunkt, s. bereits oben Teil 1, B., I., 1. Die Veröffentlichung des Kommissionswurfs der Datenschutz-Grundverordnung hatte die Diskussion neu entflammt, s. oben, Teil 1, B., III., 1., a). Die Unterscheidung anhand der Normadressaten ist dabei gewiss nur eine von vielen Anknüpfungspunkten, s. zu den verschiedenen Ansätzen innerhalb der deutschen Rechtswissenschaft *Somek*, Kategoriale Unterscheidung von Öffentlichem Recht und Privatrecht?, in: VVDStRL, 79: Öffentliches Recht und Privatrecht, 2020, 7 (12 ff.).

[102] Vgl. auch den fast identischen Wortlaut in Art. 2 lit. d DSRL.

[103] Zur relativen Trennung der Sektoren innerhalb der DSGVO (auch) durch Öffnungen für das Recht der Mitgliedstaaten s. noch unten Teil 3, B., III., 2., d).

[104] Statt vieler *Hijmans*, The European Union as Guardian of Internet Privacy, 2016, S. 136: „For the individual who is entitled to protection it should not make a difference whether his or her data are processed by the private sector or by the public sector."

zum Einsatz kommen. Vielmehr bedarf es einer flexiblen Ausgestaltung, die gerade auch den strukturellen Unterschieden zwischen öffentlichem und privatem Bereich Rechnung trägt. Auch insoweit bestehen Koordinierungs- und Differenzierungserfordernisse hinsichtlich der Regulierung.[105]

Das Erfordernis der Unterscheidung zwischen öffentlichem und privatem Bereich ergibt sich vor allem aus deren strukturell unterschiedlicher Konstitution:[106] Dem (Rechts-)Staat sind Kompetenzen zugewiesen, die seine Handlungs- und Entscheidungsmöglichkeiten prägen und – aufgrund der Verwobenheit dieser mit jener – auch auf die Informations- und Datenebene zurückwirken.[107] Praktisch alle staatlichen Aktivitäten und Interaktionen mit den Bürgern sind durch demokratisch legitimierte Gesetze determiniert.[108] Dies schließt auch die mannigfaltigen Pflichten ein, staatlichen Stellen personenbezogene Informationen und Daten mitzuteilen (bzw. deren Erhebung und Speicherung zu dulden), etwa im Rahmen von polizeilichen Maßnahmen oder im Steuer-, Sozial oder Prozessrecht.[109] Im privaten Bereich bestehen indes per se keine solche Vorgaben für die Möglichkeiten und Grenzen der Verarbeitung personenbezogener Daten – der Umgang mit Informationen und Daten (insbesondere auch die Rezeption, Nutzung und der Austausch) steht den Privaten vielmehr grundsätzlich frei[110] und wird von verschiedenen Grundrechten gewährleistet.[111] Es existieren, jedenfalls grundsätzlich, keine Regelungen, die bestimmten privaten Akteuren spezifische Aufgaben und Befugnisse zuweisen und es gibt auch keine allgemeinen Verfahrensvorschriften, die Handlungs- und Entscheidungsspektren abstecken und bestimmen, welche Informationen und Daten zu welchen Zwecken verarbeitet wer-

[105] Zu Recht stellen *Blume/Svanberg*, Cambridge Yearbook of European Legal Studies, 2013, 27 (31) die Frage: „Do citizens really expect that their personal data will be processed in the same way and under the same legal standards by the local authority in Italy as it will by a similar authority in Finland? And if they do, is this a reasonable expectation given the relatively large societal and economic differences between the two countries […]?“

[106] Hierzu übergreifend *Schmidt-Aßmann*, Das Allgemeine Verwaltungsrecht als Ordnungsidee, 2. überarbeitete und erweiterte Aufl., 2006, S. 15. Im Kontext des Datenschutzrechts s. *Albers*, Informationelle Selbstbestimmung, 2005, S. 477 f. sowie *Blume/Svanberg*, Cambridge Yearbook of European Legal Studies, 2013, 27 (30 ff.) und *Blume*, Journal of Data Protection & Privacy, 2016, 53 (54 f.). Zur grundrechtsdogmatischen Dimension etwa *Masing*, NJW, 2012, 2305 (2306 ff.).

[107] Zur Verwobenheit s. o., Teil 2, B., I. und IV.

[108] Für den Bereich der Eingriffsverwaltung folgt das bereits zwingend aus Art. 20 Abs. 3 GG.

[109] Vgl. beispielsweise § 93 Abs. 1 AO, § 81b StPO oder § 48 Abs. 1 S. 2 StPO.

[110] S. ausdrücklich *BVerfG* Beschluss, 6.11.2019 – 1 BvR 16/13, *Recht auf Vergessen I*, Rn. 87: „[Dem Recht auf informationelle Selbstbestimmung] steht die Freiheit gegenüber, selbst Informationen aufzugreifen, zu verarbeiten und nach eigenen, auch wechselnden Zwecken zu nutzen.“

[111] Für das deutsche Verfassungsrecht *Masing*, NJW, 2012, 2305 (2307).

den dürfen.[112] Zudem erfolgt der Umgang mit personenbezogenen Informationen und Daten durch private Akteure nicht selten spontan; der Gesetzgeber kann gar nicht umfassend vorhersehen, zu welchen Zwecken Private Informationen über andere Private benötigen.[113] Zwar können auch im privaten Bereich faktisch Zwänge zur Mitteilung personenbezogener Informationen und Daten bestehen, etwa wenn ein Unternehmen in einem bestimmten Bereich eine Monopolstellung hat (vor allem sog. „Gatekeeper")[114] und die Nutzung seiner Dienste an die Angabe personenbezogener Daten koppelt („take it or leave it").[115] Es handelt sich dabei jedoch immer noch um faktischen Zwang, nicht um eine rechtliche Pflicht.

Weil beide Sektoren schon im Ausgangspunkt so unterschiedlich strukturiert sind, findet der Gesetzgeber, der den Datenschutz regelt, völlig unterschiedliche Anknüpfungspunkte vor, mit denen die Vorgaben des Datenschutzrechts zu koordinieren sind.[116] Dabei ist es nicht so, dass es sich beim öffentlichen und privaten Bereich um jeweils homogene, stets klar abgegrenzte Sphären handelt. Zum einen werden die Trennlinien zunehmend dif-

---

[112] Zutreffend *Blume/Svanberg*, Cambridge Yearbook of European Legal Studies, 2013, 27 (31).

[113] *Bäcker*, Der Staat, 2012, 91 (100). Zum Grundkonflikt zwischen Zweckfestlegung, Zweckbindung und auf Innovationsoffenheit angelegten Prozessen s. *Grafenstein*, The Principle of Purpose Limitation in Data Protection Laws, 2018, S. 32 ff., der diesen Konflikt auch auf die Unklarheit über das Schutzgut des Datenschutzrechts zurückführt. Diese Beispiele offenbaren, dass bestimmte datenschutzrechtliche Instrumente und Bausteine teilweise im öffentlichen, teilweise im privaten Bereich besser passen. Im privaten Bereich ist eine strikte Zweckfestlegung und -bindung häufig das falsche Instrument und normativ auch gar nicht gewollt, dafür kommt der Figur der Einwilligung eine zentrale Funktion zu. Diese soll nach dem Willen des Unionsgesetzgebers hingegen im öffentlichen Bereich nur begrenzt zur Anwendung kommen, s. EG 43 S. 1. Auch die vertragsbasierte Datenverarbeitung trägt der (rechtsgeschäftlichen) Privatautonomie Rechnung. Allerdings zieht das datenschutzrechtliche Element der Erforderlichkeit – wie bei allen von Art. 6 Abs. 1 UAbs. 1 DSGVO genannten Rechtmäßigkeitsgründen – dem Umfang der zulässigerweise verarbeitbaren Daten Grenzen, s. dazu *Albers/Veit*, in: Wolff/Brink, 38. Edition, 2021, BeckOK Datenschutzrecht, Art. 6 DSGVO, Rn. 44.

[114] Der Begriff ist in Art. 2 und 3 des Kommissionsentwurfs für ein Gesetz über digitale Märkte definiert, s. COM(2020) 842 final.

[115] Um diesem faktischen Zwang entgegenzuwirken, wird teilweise die Notwendigkeit gesehen, substantielle (Datenschutz-)Standards aufzustellen, die das Einwilligungsmodell flankieren, s. *Bunnenberg*, Privates Datenschutzrecht, 2020, S. 220 ff. Eine empirische Analyse der Frage, inwieweit die Einwilligung, die Facebook von seinen Nutzern für die Erstellung und Nutzung eines Profils einfordert, tatsächlich „freiwillig" und „informiert" erfolgt, findet sich bei *Rothmann*, Ungewollte Einwilligung? Die Rechtswirklichkeit der datenschutzrechtlichen Willenserklärung im Fall von Facebook, in: Roßnagel/Friedewald/Hansen, Die Fortentwicklung des Datenschutzes, 2018, 59 (59 ff.).

[116] Hierzu und zum Folgenden näher *Albers*, Informationelle Selbstbestimmung, 2005, S. 478.

fuser,[117] zum anderen sind die Sachstrukturen auch innerhalb dieser Sektoren durchaus mannigfaltig:

Die Regelungsbereiche auf staatlicher Seite umfassen etwa traditionell hoheitlich geprägte Aufgaben wie jene der Polizei und (der oft im Geheimen operierenden) Nachrichtendienste, der Finanz- und Leistungsverwaltung (inklusive u. a. Sozialleistungen), aber auch planungsrechtliche Tätigkeitsfelder etwa von Umwelt- oder Baubehörden. Die Aufgaben, Befugnisse und Verfahren sind dabei auf die normativen Anforderungen und Ziele der jeweiligen Sachbereiche abgestimmt und daher mitunter vollkommen unterschiedlich gestaltet. Die Aufgabenfelder staatlicher Akteure erweitern sich fortlaufend, nicht zuletzt auf Grund des zunehmend erforderlichen Umgangs mit Ungewissheit.

Im privaten Bereich sind die Regelungsfelder indes nicht weniger vielfältig. Im Kontext des allgemeinen Privatrechts ist an komplexe zivilrechtliche Konstellationen wie Verträge jeglicher Gestalt (und deren Anbahnung), Haftungsbeziehungen oder arbeitsrechtliche Sachverhalte zu denken. Erfasst sind daneben aber auch etwa der Bankensektor u. a. mit Kreditverträgen, die Versicherungsbranche oder Dienstleistungen jeglicher Art, z. B. im Telekommunikationssektor, sowie private Medien- und Presseunternehmen. Viele der Tätigkeiten in diesen Branchen setzen in großem Maße einen Umgang mit personenbezogenen Informationen und Daten voraus, und dieser ist dabei häufig – in gewissen Grenzen – auch normativ erwünscht. Das schließt auch die großen, international tätigen Konzerne ein, deren Geschäftsmodell darin besteht, Leistungen im Austausch für die Erhebung und Verarbeitung personenbezogener Daten anzubieten. Die Vielzahl der Tätigkeitsbereiche und die Dynamik ihrer Entwicklung lösen freilich auch unterschiedliche, teils neue Schutzbedürfnisse aus.

Jenseits der umschriebenen Handlungsfelder gibt es gewiss auch Regelungsbereiche, die sich weder nur dem öffentlichen noch nur dem privaten Bereich zurechnen lassen, etwa bei öffentlich-privaten Kooperationen.[118]

---

[117] Zu den Grenzen einer kategorialen Unterscheidung s. *Krüper*, Kategoriale Unterscheidung von Öffentlichem Recht und Privatrecht?, in: VVDStRL, 79: Öffentliches Recht und Privatrecht, 2020, 43 (48 ff.). Ein Faktor dieser Diffusität sind auch wechselseitige Verschränkungen von öffentlich-rechtlichen und privatrechtlichen Regimen, wie etwa zwischen dem Privatrecht und dem Umweltverwaltungsrecht, s. dazu *Schlacke*, Verschränkungen öffentlich-rechtlicher und privatrechtlicher Regime im Verwaltungsrecht, in: VVDStRL, 79: Öffentliches Recht und Privatrecht, 2020, 170 (175 ff.). Zum Erfordernis, der Interdependenz der beiden Bereiche konkret bei der Gestaltung des *Datenschutzrechts* Rechnung zu tragen, s. bereits *Simitis*, RDV, 1990, 3 (15). Zu konkreten Problemen mit Blick auf den Wortlaut von Vorschriften in DSGVO und der UK Data Protection Bill *Butler*, European Public Law, 2018, 555.

[118] Bisweilen ist schon die präzise Einordnung eines sachlichen Regelungsfelds in eine der Kategorien schwierig; es kommt insoweit zu funktionalen Kooperationen der beiden

Dennoch dürfte ein Großteil der Informations- und Datenverarbeitungen in beiden Sektoren nach wie vor eindeutig den traditionellen Sphären zuzuordnen sein.[119]

Es zeigt sich also, dass das Datenschutzrecht einer flexiblen Ausgestaltung bedarf, die es ermöglicht, die Vorgaben mit den diversen Strukturen und auf die unterschiedlichen Regelungsanforderungen und Schutzbedürfnisse abzustimmen. Übergreifende Bestimmungen für beide Sektoren passen deshalb nur dann, wenn sie sich auf einer relativ hohen Abstraktionsebene bewegen und zugleich sachbereichsbezogene Konkretisierungen ermöglichen.[120] Sie sind aber keinesfalls per se ausgeschlossen; sektorübergreifende datenschutzrechtliche Vorgaben können sich insbesondere in Bereichen anbieten, in denen ehemals durch öffentliche Träger wahrgenommene hoheitliche Tätigkeiten privatisiert wurden. In diesem Kontext ist die Diskussion darüber zu sehen, ob der grundsätzlich übergreifende Ansatz des EU-Datenschutzrechts, der beide Sektoren einschließt, angemessen ist.[121] Im spezifischen Kontext des EU-Datenschutzrechts resultiert zusätzlicher Flexibilisierungsbedarf aus der Tatsache, dass die Gesetzgeber 27 bisweilen völlig unterschiedlich strukturierte Rechtsordnungen vorfinden, in denen sich (auch) die Differenzierungen zwischen öffentlichem und privatem Bereich unterschiedlich gestalten.[122]

3. *Datenschutzrecht zwischen allgemeinen und bereichsspezifischen Vorgaben*

Ein weiterer Faktor, mit dem hinsichtlich der Gestaltung des Datenschutzrechts Flexibilisierungserfordernisse verbunden sind, ist die Notwendigkeit eines funktionalen Zusammenspiels von allgemeinen und bereichsspezifi-

---

Sektoren, vgl. *Krüper*, Kategoriale Unterscheidung von Öffentlichem Recht und Privatrecht?, in: VVDStRL, 79: Öffentliches Recht und Privatrecht, 2020, 43 (53 ff.).

[119] So auch die Einschätzung von *Blume/Svanberg*, Cambridge Yearbook of European Legal Studies, 2013, 27 (31 f.). Es dürfte kaum empirische Erkenntnisse geben, die die Behauptung stützen, dass man „[s]pätestens seit den Snowden-Enthüllungen […] davon ausgehen [muss], dass praktisch alle Daten, die sich in den Händen privater datenverarbeitender Unternehmen befinden, potenziell stets auch Daten sind, auf die staatliche Datenverarbeiter […] Zugriff nehmen", so aber *Buchner*, 2 Grundsätze des Datenschutzrechts, in: Tinnefeld/Buchner/Petri u. a., Einführung in das Datenschutzrecht, 2018, 215 (216).

[120] *Albers*, § 22 Umgang mit personenbezogenen Informationen und Daten, in: Voßkuhle/Eifert/Möllers, Grundlagen des Verwaltungsrechts, 2022, 1–113 (60). S. a. *Masing*, NJW, 2012, 2305 (2310): „Eine Regelungssystematik, die zwischen beiden nicht unterscheidet, ist unglücklich".

[121] Im Rahmen der DSGVO wird die strukturelle Differenz von öffentlichem und privatem Bereich vor allem von Öffnungen zu Gunsten des Rechts der Mitgliedstaaten reflektiert, s. dazu noch unten, Teil 3, B., III., 2., d).

[122] Zu diesem Aspekt der vertikalen Dimension s. im Einzelnen unten, Teil 2, C., II., 2.

schen Vorschriften. Die Relation von allgemeinen und sektorspezifischen Vorgaben für den Datenschutz ist – im national- wie im europarechtlichen Fachdiskurs – immer wieder thematisiert worden. Unter dem – freilich negativ konnotierten – Stichwort „Verrechtlichung des Datenschutzes“ findet man in diesem Zusammenhang häufig die Forderung, den Bestand bereichsspezifischer Vorschriften zugunsten einer besseren Übersichtlichkeit zu reduzieren.[123]

Tatsächlich lassen sich die Interdependenzen von Datenschutzrecht mit den sachlichen Regelungsfeldern aber nur sehr begrenzt mit abstrakten, relativ unbestimmten Vorschriften rechtlich abbilden. Die vorstehend skizzierten Erfordernisse der Koordinierung und Differenzierung sowie die bedarfsadäquate Ausgestaltung der Bausteine sind gerade auf ein funktionales Zusammenwirken allgemein-übergreifender und sektor- und sachbezogener Vorschriften angewiesen.[124] Eine Regulierung des Datenschutzes, die sachbezogen und problemorientiert sein soll, muss – zumindest partiell – auch sachnah im Sinne von bereichsspezifischen Vorschriften erfolgen. Denn die betroffenen Regelungsfelder sind im Hinblick auf die Schutzerfordernisse und Verarbeitungskontexte derart mannigfaltig, dass sie sich in einem einheitlichen Gesetz nicht hinreichend detailliert einfangen ließen.[125] Gleichwohl

[123] Differenzierte Überlegungen finden sich bei *Hoffmann-Riem*, AöR, 1998, 513 (526 ff.). Kritisch am Beispiel des Gesundheitsdatenschutzrechts *Kingreen/Kühling*, JZ, 2015, 213 (213 ff.). Für die europäische Ebene s. etwa *Oliveira*, Os regimes especiais de proteção de dados pessoais: exemplos de poluição legislativa da União Europeia?, in: Pereira Coutinho/Canto Moniz, Anuário de Proteção de Dados, 2019, 157 (157 ff.), die in Bezug auf das Nebeneinander von allgemeinem und bereichsspezifischem Datenschutzsekundärrecht von einer „legislativen Verschmutzung der Europäischen Union“ spricht.

[124] *Albers*, Informationelle Selbstbestimmung, 2005, S. 479 f. Schon früh zur Notwendigkeit bereichsspezifischer Regelungen am Beispiel des Melderechts *Simitis*, Datenschutz und Melderecht – Von der Abstraktion der Generalklauseln zur Konkretheit bereichsspezifischer Regelungen, in: Triffterer/Zezschwitz, Festschrift für Walter Mallmann, em. o. ö. Professor des öffentlichen Rechts an der Justus Liebig-Universität Giessen zum 70. Geburtstag, 1978, 259 (259 ff.). Für den Bereich der polizeilichen und justiziellen Zusammenarbeit s. *Blas*, ERA Forum, 2010, 233 (240 ff.). Das funktionale Zusammenspiel allgemeiner und bereichsspezifischer Vorschriften ist keine Partikularität des deutschen oder europäischen Datenschutzrechts, sondern kennzeichnet alle sog. „omnibus-regime“, vgl. *Schwartz*, Harvard Law Review, 2013, 1966 (1974): „Under the omnibus approach, sectoral laws are a backup used to increase the specificity of regulatory norms stemming from the initial statutory framework.“ Auch der DSGVO liegt diese Erkenntnis zugrunde, vgl. EG 10 S. 4 ff.

[125] Prägnant *Simitis*, RDV, 1990, 3 (17): „Der Schwerpunkt muß vielmehr nach wie vor bei eindeutig bereichsspezifischen Vorgaben liegen. Nur solange dieser Weg konsequent befolgt wird, erscheint es möglich, jenes Maß an Affinität zum jeweiligen Verarbeitungsprozeß zu erreichen, das allein die um der Wirksamkeit der beabsichtigten Regelungen willen unbedingt erforderliche Genauigkeit der einzelnen Verarbeitungsanforderungen zu gewährleisten vermag.“

sind allgemein-übergreifende Vorgaben keinesfalls ausgeschlossen. Sofern und soweit sich bestimmte Regelungsbedürfnisse sachgebietsübergreifend stellen und sinnvoll zusammengefasst in abstrakter Form regulieren lassen, ist ein Auffanggesetz sogar die naheliegende Lösung.[126] Viele Probleme und Regelungsanforderungen stellen sich aber auch nur in spezifischen Sachzusammenhängen. So fallen Bestands-, Verkehrs- und Nutzungsdaten vor allem im Telekommunikationssektor an und Regelungen für „Smart Meter" sind kaum in einer Grundregulierung sinnvoll. Hier drängt es sich nahezu auf, entsprechende Regelungen gesondert in den spezifischen Regelungswerken mitzuregeln, also z. B. im Messstellenbetriebsgesetz.[127] Dies zu analysieren und die datenschutzrechtlichen Vorschriften entsprechend zu gestalten, gehört – auf abstrakter Ebene – zur datenschutzrechtlichen Systemgestaltung.[128] Dazu zählt nicht zuletzt auch der adäquate Einsatz der datenschutzrechtlichen Bausteine.

Ein funktionales Zusammenspiel allgemeiner und bereichsspezifischer Determinanten im Sinne eines effektiven Datenschutzes besteht freilich nicht darin, dass im jeweiligen Fachrecht die allgemeinen Muster starr wiederholt werden, ohne dass damit ein normativer Mehrwert verbunden wäre.[129] Das normative Potenzial des sektorspezifischen Datenschutzrechts entfaltet sich gerade in Ergänzungen und/oder Präzisierungen in Abhängigkeit von den jeweiligen inhaltlichen und dogmatischen Anforderungen und Gegebenhei-

---

[126] Zu Recht, mit Betonung auf dessen Bündelungs-, Entlastungs-, Harmonisierungs- und Systembildungsfunktion, *Albers*, Informationelle Selbstbestimmung, 2005, S. 480.

[127] Für diese Beispiele *Hornung*, Sind neue Technologien datenschutzrechtlich regulierbar? Herausforderungen durch „Smart Everything", in: Roßnagel/Friedewald/Hansen, Die Fortentwicklung des Datenschutzes, 2018, 315 (329).

[128] S. zur Systemgestaltung noch unten, Teil 3, A., II., 2. Der Baustein der Systemgestaltung setzt zudem seinerseits bereichsspezifische Vorschriften voraus, weil die Gestaltungserfordernisse und -möglichkeiten sich erst im jeweiligen Sachbereich erschließen, s. *Albers*, § 22 Umgang mit personenbezogenen Informationen und Daten, in: Voßkuhle/Eifert/Möllers, Grundlagen des Verwaltungsrechts, 2022, 1–113 (71). Im öffentlichen Bereich können auf Basis differenzierter sachlicher Kompetenzen Verarbeitungszusammenhänge zugeordnet und gegeneinander abgeschottet werden, Organisations- oder Verfahrensmaßnahen getroffen oder Anonymisierungs- oder Pseudonymisierungsmöglichkeiten genutzt werden, *Albers*, § 22 Umgang mit personenbezogenen Informationen und Daten, in: Voßkuhle/Eifert/Möllers, Grundlagen des Verwaltungsrechts, 2022, 1–113 (75 f.).

[129] Insoweit kritisch mit Blick auf das bereichsspezifische Datenschutzsekundärrecht *Oliveira*, Os regimes especiais de proteção de dados pessoais: exemplos de poluição legislativa da União Europeia?, in: Pereira Coutinho/Canto Moniz, Anuário de Proteção de Dados, 2019, 157 (157 ff.), die auf Grundlage der Betrachtung verschiedener EU-Datenschutzrechtsakte zu dem Schluss kommt, dass deren Besonderheiten gegenüber der DSGVO nicht derart signifikant seien, dass sie eigenständige Rechtsregimes rechtfertigen würden. S. a. im Kontext der seinerzeitigen Modernisierungsdebatte *Bull*, RDV, 1999, 148 (153).

ten, etwa in Form einer höheren Bestimmtheit, näherer Ausgestaltung der Betroffenenrechte oder auch detaillierterer Vorgaben hinsichtlich der zulässigen Zwecke oder der Art der Daten.[130] Zudem können in bereichsspezifischen Gesetzen auch vollkommen andere Lösungsansätze realisiert werden, sofern diese den Funktionen des Datenschutzes in den jeweiligen Kontexten besser Rechnung tragen.[131] Der Rückgriff auf sektororientierte Bestimmungen bedeutet damit keinesfalls, dass mit diesen zwangsläufig eine „Überregulierung" bzw. eine übermäßige „Verrechtlichung" verbunden ist. Ein effektiver Datenschutz ist vielmehr auf ein funktionales Zusammenspiel sowohl allgemeiner als auch bereichsspezifischer Vorgaben angewiesen. Im Unionskontext stellt sich allerdings die Frage, welche Koordinierungen, Abstimmungen, Präzisierungen und Ergänzungen auf welcher Ebene (EU oder Mitgliedstaaten) vorgenommen werden können bzw. müssen. Dies verweist auf die vertikale Dimension.

II. Vertikale Dimension: Die Interdependenzen im EU-Mehrebenensystem

Vorstehend ist herausgearbeitet worden, dass es für die angemessene transparenzsichernde Begrenzung und Gestaltung des Umgangs mit personenbezogenen Informationen und Daten in großem Maße darauf ankommt, datenschutzrechtliche Vorgaben mit den strukturellen und inhaltlichen Anforderungen und Gegebenheiten der Sachbereiche inklusive der öffentlichen und privaten Bereiche abzustimmen. Aus den Interdependenzen des Datenschutzrechts mit den sachlichen Regelungsfeldern ergeben sich – aus Regulierungsperspektive – in der horizontalen Dimension vielfältige Flexibilitätserfordernisse, denen vor allem die Legislative bei der Ausgestaltung der Da-

[130] Das Melderecht ist insoweit ein anschauliches Beispiel. Im Bundesmeldegesetz (BMG) finden sich nähere Vorgaben zur Art der Daten (§ 3), zur inhaltlichen Organisation der Melderegister (§ 4) sowie zur Zweckbindung (§ 5). Auf EU-Ebene finden sich u. a. in der JI-RL entsprechende sektorspezifische Konkretisierungen: Die Einführung von Speicherfristen verbunden mit verfahrensrechtlichen Mechanismen zur Sicherstellung deren Einhaltung (Art. 5), die Differenzierung verschiedener Datenkategorien (Art. 6 und 7) sowie genauere Vorgaben zur Rechtmäßigkeit und zu den zulässigen Verarbeitungszwecken (Art. 8).

[131] Dies schließt auch Lösungen ein, in denen das Datenschutzrecht gar nicht zur Anwendung kommt, etwa weil bereits Regelungsregimes existieren, die dieselben oder äquivalente Schutzziele verfolgen, dabei aber auf andere (dogmatische) Instrumente setzen, die den sachlichen Gegebenheiten besser Rechnung tragen. Dies setzt indessen eine präzise Herausarbeitung der Schutzziele der jeweiligen Rechtsregime voraus. Exemplarisch für das Verhältnis von deutschem Äußerungsrecht und Datenschutzrecht: *Schimke*, Das Medienprivileg als Koordinationsmechanismus. Zum Verhältnis von Datenschutz- und Äußerungsrecht im Internet, in: Albers/Katsivelas, Recht & Netz, 2018, 155 (173 ff.; 178 ff.).

tenschutzgesetze Rechnung zu tragen hat, um deren Effektivität zu gewährleisten.

Bezieht man diese Befunde nun auf die Europäische Union als Regulierungsebene, gilt es zusätzlich die vertikale Dimension zwischen EU und Mitgliedstaaten zu berücksichtigen. Hier muss die Gesetzgebung bei der Gestaltung des Datenschutzrechts reflektieren, dass die geschilderten Interdependenzen und die daraus resultierenden Flexibilitätserfordernisse zusätzlich in ein Mehrebenensystem eingebettet sind, was seinerseits Anforderungen an die Ausgestaltung stellt. Durch diese Verschleifung von horizontaler und vertikaler Dimension wird deutlich, weshalb die erörterten Flexibilitätserfordernisse im Unionskontext häufig auch mit Vielfaltserfordernissen einhergehen. Konkret stellt sich die Frage, in welchem Maße auf welcher Ebene den Interdependenzen Rechnung zu tragen ist. Dabei gilt es zum einen das spezifische EU-Mitgliedstaaten-Kompetenzgefüge zu beachten (1.). Zum anderen ist zu berücksichtigen, dass der Unionsgesetzgeber nicht nur unterschiedliche Sachbereiche, sondern zusätzlich 27 rechtskulturell heterogen geprägte Rechtssysteme vorfindet (2.).

1. Die Interdependenzen und das EU-Mitgliedstaaten-Kompetenzgefüge

Flexibilitäts- und Vielfaltserfordernisse sind in der vertikalen Dimension zunächst mit der Verteilung der Gesetzgebungskompetenzen zwischen der Europäischen Union und ihren Mitgliedstaaten verbunden. Dies rührt daher, dass – wie im Folgenden zu entfalten ist – die gegenstandsbedingten Anforderungen an die Gestaltung des Datenschutzrechts im Unionskontext, anders als im nationalen Nexus, auf eine komplexe kompetenzielle Gemengelage treffen, die sich gewissermaßen „quer" über die Interdependenzen der Datenschutzvorschriften mit den sachlichen Regelungsfeldern erstreckt. Sämtliche Flexibilitätserfordernisse der horizontalen Dimension werden von dieser überlagert.

In der deutschen Unionsrechtswissenschaft[132] ist zur Beschreibung der Rechtsnatur der Europäischen Union der vom Bundesverfassungsgericht geprägte Begriff des „Staatenverbundes" sehr prominent.[133] Dieses Verständ-

[132] Es ist eine systemimmanente Besonderheit des Unionsrechts, dass seine Erforschung, Auslegung und Anwendung stark national geprägt sind. Dies gilt auch für Begrifflichkeiten, die sich im jeweiligen nationalen Diskurs mit Blick auf Phänomene des Unionsrechts etabliert haben. Um diese Tatsache nicht dadurch zu überspielen, dass man von *der einen* Europarechtswissenschaft spricht, lässt sich die nationale „Einfärbung" der Perspektive des jeweiligen Betrachters begrifflich dadurch erfassen, dass man von verschiedenen „nationalen Unionrechten" spricht, zu denen demnach auch das „deutsche Unionsrecht" bzw. die „deutsche Unionsrechtswissenschaft" zählt. S. dazu *Hatje/Mankowski*, EuR, 2014, 155 (155 ff.).

[133] Das deutsche BVerfG verwendete den Begriff, soweit ersichtlich, erstmals im Maas-

nis der Union als Verbund wird maßgeblich durch die Frage der Kompetenzverteilung geprägt, weil die Machtverhältnisse der EU respektive der Mitgliedstaaten nicht zuletzt durch die jeweiligen Zuständigkeitsbereiche bestimmt werden.[134] In keinem anderen Bereich des europäischen Verfassungsrechts kommt der strukturelle Grundkonflikt zwischen Einheit und Vielfalt wohl so deutlich zum Ausdruck wie im Kompetenzregime der Union.[135] Dies liegt auch daran, dass die präzise Abgrenzung der Zuständigkeitsbereiche von EU und Mitgliedstaaten sich seit jeher äußerst schwierig gestaltet.[136] In Ermangelung eines umfassenden Katalogs, der die respektiven Kompetenzkreise eindeutig und abschließend absteckt, und angesichts der eher ziel- als sachbereichsbezogenen Formulierung der Kompetenzbestimmungen in den EU-Verträgen[137] ergibt sich ein Bild, das sich metaphorisch mit den Wendungen verflochtener Zuständigkeiten bzw. eines Kompetenz*gefüges* gut einfangen lässt.

---

tricht-Urteil, s. *BVerfG* Urteil, 12.10.1993 – E 90, 155, *Maastricht*, S. 187 ff. Für die Rechtslage unter dem Vertrag von Lissabon hat das Verfassungsgericht den Begriff bestätigt, s. *BVerfG* Urteil, 30.6.2009 – E 123, *Lissabon*, S. 348. S. zuletzt auch *BVerfG* Urteil, 5.5.2020 – 2 BvR 859/15, *PSPP*, Rn. 111. Zur Übertragung des Begriffs auf die europäischen Verfassungsgerichte s. *Voßkuhle*, NVwZ, 2010, 1 (1 ff.). Der „Staatenverbund" ist freilich nur eine von vielen Konzeptionen; die staatstheoretische Einordnung der EU wird seit langem kontrovers diskutiert. S. dazu etwa *Pechstein*, in: Streinz, 3. Aufl., 2018, EUV/AEUV, Art. 1 EUV, Rn. 9 ff.

[134] S. etwa *Calliess*, in: Calliess/Ruffert, 6. Aufl., 2022, EUV/AEUV, Art. 5 EUV, Rn. 1, dort auch zur Entstehungsgeschichte von Art. 5 EUV.

[135] Freilich sind die Kompetenzen auch Faktoren dieses Konflikts.

[136] Vgl. nur *Craig*, European Law Review, 2004, 323 (323) im Zusammenhang einer Analyse der Kompetenzvorschriften des Entwurfs des Europäischen Verfassungsvertrags. Aus diesem Grund wird dem Kompetenzregime bisweilen auch die Eignung als Analysegegenstand zur Bestimmung des Einflusses des Unionsrechts auf nationale Rechtsregimes abgesprochen, vgl. *Brink*, Cambridge Yearbook of European Legal Studies, 2017, 211 (216). Zur Schwierigkeit der Kompetenzabgrenzung im Bereich des Medienrechts s. *Knodel*, Medien und Europa, 2018, S. 193 ff.

[137] Die Kompetenzvorschriften in den EU-Verträgen gewähren der Union in der Regel nicht generell die Zuständigkeit für eine bestimmte Regelungsmaterie, sondern verknüpfen diese meist mit einem bestimmten Ziel (häufig: Binnenmarktverwirklichung). Mit dieser finalen Ausrichtung wird teilweise erklärt, dass Unionsrechtsakte sich inhaltlich auch auf Bereiche erstrecken, die in sachlicher Hinsicht im Kompetenzbereich der Mitgliedstaaten liegen, s. etwa *Streinz*, in: Streinz, 3. Aufl., 2018, EUV/AEUV, Art. 5 EUV, Rn. 12; konkret für den Bereich der Medien m. w. N. *Knodel*, Medien und Europa, 2018, S. 112 ff.; 115. Die dynamische Interpretation der Zielsetzungen als Problem identifizierend *Schlösser*, Die Sperrwirkung sekundären Gemeinschaftsrechts, 2002, S. 23. In diesem Zusammenhang ist zu beachten, dass die bloße Formulierung eines Ziels ohne jeglichen textlichen Anhaltspunkt für eine Kompetenzübertragung auf die EU mit Blick auf Art. 3 Abs. 6 EUV gerade nicht als Zuständigkeitstitel gewertet werden kann. Zum Unterschied zwischen sektoralen und horizontalen Kompetenzen sowie für eine Einordnung des Datenschutzes s. *Brühann*, EuZW, 2009, 639 (639 f.).

Den verfassungsrechtlichen Ausgangspunkt der Kompetenzverteilung und -abgrenzung in der Europäischen Union bildet das in Art. 5 Abs. 2 EUV verankerte Prinzip der begrenzten Einzelermächtigung.[138] Danach kann die Union nur innerhalb der Grenzen der Zuständigkeiten tätig werden, „die die Mitgliedstaaten ihr in den Verträgen zur Verwirklichung der darin niedergelegten Ziele übertragen haben". Negativ formuliert bleiben alle nicht übertragenen Kompetenzen nach Maßgabe von Art. 5 EUV bei den Mitgliedstaaten, wie Art. 4 Abs. 1 EUV hervorhebt. In den beiden Vorschriften kommt zum Ausdruck, dass die Union gerade keine Kompetenz-Kompetenz hat, sondern ihre Legitimation als supranationale Organisation über die EU-Verträge als völkerrechtliche Grundlage von den Mitgliedstaaten ableitet.[139]

Welche Zuständigkeiten in welchem Umfang von den Mitgliedstaaten auf die Union übertragen wurden, ergibt sich indes, wie angedeutet, nicht aus einem gebündelten Katalog. Art. 2 AEUV definiert zwar die verschiedenen *Arten* von Kompetenzen (insbesondere ausschließliche und geteilte Zuständigkeit), denen in den Art. 3 ff. AEUV jeweils bestimmte Sachbereiche zugewiesen sind. Dabei handelt es sich aber nicht um tatsächliche Kompetenztitel, auf Grundlage derer die Union legislativ tätig werden könnte. Die genuinen Zuständigkeiten der EU ergeben sich vielmehr aus den Bestimmungen der Verträge zu den einzelnen Sachbereichen und diese bestimmen auch den Umfang und die Einzelheiten ihrer Ausübung, wie Art. 2 Abs. 6 AEUV klarstellt.[140] Die EU kann also nur insoweit rechtssetzend tätig werden, als die Verträge ihr die Verbandskompetenz einräumen und dies auch nur in der in der jeweilige Kompetenzgrundlage festgelegten Form.[141]

---

[138] Vgl. auch *Calliess*, Rechtsangleichung in der EU – wie weit reicht die Einzelermächtigung zur Binnenmarktharmonisierung?, in: König/Uwer, Grenzen europäischer Normgebung, 2015, 13 (15): Art. 5 EUV als „Schlüsselnorm des europäischen Kompetenzgefüges".

[139] Vgl. auch Art. 1 Abs. 2 AEUV. Vor diesem Hintergrund erklärt sich die Bedeutung des Prinzips aus nationalverfassungsrechtlicher Perspektive, s. dazu exemplarisch *BVerfG* Urteil, 5.5.2020 – 2 BvR 859/15, *PSPP*, Rn. 158: „Es bildet die maßgebliche Rechtfertigung für den Einschnitt in das demokratische Legitimationsniveau der durch die Europäische Union ausgeübten öffentlichen Gewalt [...]. Die Wahrung der kompetenziellen Grundlagen der Europäischen Union hat daher entscheidende Bedeutung für die Gewährleistung des demokratischen Prinzips." Trotz dieser abgeleiteten Legitimation unterscheidet sich die EU durch verschiedene Charakteristika von sonstigen internationalen Organisationen, dazu grundlegend *EuGH* Urteil, 15.7.1964 – Rs. 6/64, *Costa/E.N.E.L.*, S. 1269 f.

[140] Den Katalogen in Art. 3 ff. AEUV wird deshalb lediglich die Funktion als Interpretationshilfen bei der Anwendung der eigentlichen Kompetenznormen zugesprochen, vgl. *Calliess*, in: Calliess/Ruffert, 6. Aufl., 2022, EUV/AEUV, Art. 5 EUV, Rn. 3.

[141] *Streinz*, in: Streinz, 3. Aufl., 2018, EUV/AEUV, Art. 5 EUV, Rn. 8 f. Das deutsche Bundesverfassungsgericht hat kürzlich erstmals entschieden, dass Handlungen von EU-Organen den in den EU-Verträgen abgesteckten Kompetenzrahmen überschritten haben, s. *BVerfG* Urteil, 5.5.2020 – 2 BvR 859/15, *PSPP*, Rn. 117 ff.

Soweit danach für ein bestimmtes Sachgebiet ein Kompetenztitel in den Verträgen besteht, bedeutet dies noch nicht, dass der EU-Gesetzgeber in diesem Bereich unbeschränkt tätig werden darf. Grenzen in vertikaler Hinsicht werden für die Ausübung der Kompetenz durch den Grundsatz der Verhältnismäßigkeit in Art. 5 Abs. 4 EUV und – sofern es sich um eine geteilte Zuständigkeit handelt – zusätzlich durch den Grundsatz der Subsidiarität in Art. 5 Abs. 3 EUV gezogen. Das Subsidiaritätsprinzip betrifft die Frage, *ob* die EU auf einem bestimmten Sachgebiet geteilter Zuständigkeit tätig werden kann. Hinter dem Prinzip steht der Gedanke, dass den Mitgliedstaaten als der kleineren Einheit – nach Maßgabe ihrer Leistungsfähigkeit – grundsätzlich Vorrang gegenüber der Union als der größeren Einheit zukommt.[142] Seine konkreten (materiellen) Inhalte[143] und seine praktische Bedeutung sind im Einzelnen indes umstritten.[144] Der Verhältnismäßigkeitsgrundsatz in Art. 5 Abs. 4 EUV betrifft demgegenüber die nachgeschaltete Frage der inhaltlichen und formalen Regelungstiefe, also das „Wie" der konkreten Ausgestaltung eines EU-Rechtsakts.[145] Es verpflichtet den Unions-

---

[142] Vgl. *Calliess*, in: Calliess/Ruffert, 6. Aufl., 2022, EUV/AEUV, Art. 5 EUV, Rn. 20; 24.

[143] Ein Überblick über die verschiedenen Versuche seitens der Union, das Prinzip inhaltlich zu präzisieren und konkretisieren, findet sich bei *Streinz*, in: Streinz, 3. Aufl., 2018, EUV/AEUV, Art. 5 EUV, Rn. 21. Teilweise wird dem Subsidiaritätsprinzip ein materieller Gehalt abgesprochen und es wird als politischer Verständigungsauftrag gedeutet, so etwa *Nettesheim*, Subsidiarität durch politische Verhandlung – Art. 5 Abs. 3 EUV als Verständigungsauftrag, in: König/Uwer, Grenzen europäischer Normgebung, 2015, 35 (35 ff.). Zur (prozeduralen) Aufwertung durch die Einführung von Subsidiaritätsrüge und -klage *Bickenbach*, EuR, 2013, 523. Zur kommissionsinternen Handhabung des Prinzips, insbesondere zum „Impact Assessment" und der Programmplanung der Kommission, s. *Ladenburger*, ZEuS, 2011, 389 (400 ff.).

[144] Mangels einer stringenten Prüf- und Anwendungspraxis durch die Europäische Gerichtsbarkeit wird der wesentliche Wirkbereich des Subsidiaritätsprinzips im Gesetzgebungsprozess gesehen. Für eine umfassende Analyse der EuGH-Rechtsprechung mit Blick auf die Anwendung und Durchsetzung des Subsidiaritätsgrundsatzes sowie zur Bedeutung im Rahmen des Gesetzgebungsprozesses s. *Moens/Trone*, Journal of Legislation, 2015, 65 (65 ff.). Für die Ungeeignetheit des Subsidiaritätsprinzips als durch die Gerichte anzuwendender Grundsatz *Grimm*, Europe's legitimacy problem and the courts, in: Chalmers/Jachtenfuchs/Joerges, The end of the Eurocrats' dream, 2016, 241 (260): „Subsidiarity is suitable for designing political systems, not for deciding concrete conflicts about the allocation of powers." Zum praktischen Umgang mit den Prinzipen der Subsidiarität und Verhältnismäßigkeit durch die EU-Kommission *Ladenburger*, ZEuS, 2011, 389 (396 ff.).

[145] Vgl. *Pieper*, DVBl., 1993, 705 (709), allerdings mit Bezug auf die Vorgängervorschrift im Maastrichter Vertrag. In der Bestimmung kommt zum Ausdruck, dass der Verhältnismäßigkeitsgrundsatz nicht nur grundrechtliche Über- und Untermaßverbote enthält, sondern im Rahmen eines Staatenverbundes wie der EU auch die Regelungsintensität von Unionsrechtsakten beschränken und so die nationale Identität der Mitgliedstaaten gegen ein „Übermaß" europäischer Regelungen wahren kann, s. ausdrücklich BVerfGE 89, 155 (212) – Maastricht.

gesetzgeber dazu, bei der Gestaltung eines Rechtsakts mit Blick auf Regelungsinhalt, -Umfang, -Intensität, -dichte, Reichweite sowie Handlungsform nicht über das zur Erreichung der vertraglichen Ziele erforderliche Maß hinaus zu gehen.[146] In Bezug auf die Handlungsformenwahl wird der Grundsatz von Art. 296 UAbs. 1 AEUV konkretisiert.[147] Dem Grunde nach hat die Legislative zu prüfen, inwieweit ohne Gefährdung des jeweiligen Ziels den Mitgliedstaaten Spielräume gegeben werden können.[148] Je nach dem jeweiligen Verständnis bestehen zwischen den Grundsätzen der Subsidiarität und Verhältnismäßigkeit Überschneidungen.

Der zentrale Kompetenztitel der Union für die Regelung des Datenschutzes und des freien Datenverkehrs ist seit Inkrafttreten des Vertrags von Lissabon in Art. 16 Abs. 2 AEUV verankert.[149] Konkret in Bezug auf den Schutz natürlicher Personen bei der Verarbeitung personenbezogener Daten *durch die Mitgliedstaaten* kann die Union demnach Vorschriften nur im Rahmen der Ausübung von Tätigkeiten erlassen, die in den Anwendungsbereich des Unionsrechts fallen. Im vertikalen Verhältnis zu den Mitgliedstaaten richtet sich die Reichweite der Unionszuständigkeit für den Datenschutz damit nach dem Umfang der EU-Kompetenzen für die jeweiligen Sachbe-

---

[146] *Calliess*, in: Calliess/Ruffert, 6. Aufl., 2022, EUV/AEUV, Art. 5 EUV, Rn. 44 m. w. N. Der Grundsatz bindet nicht nur den EU-Gesetzgeber, sondern sämtliche Organe der Union. Kürzlich hat das deutsche Bundesverfassungsgericht in Bezug auf ein EuGH-Urteil erstmals angenommen, dass in diesem der Grundsatz der Verhältnismäßigkeit nicht hinreichend geprüft worden sei, wodurch das Prinzip der begrenzten Einzelermächtigung „im Grunde" leerlaufe, vgl. *BVerfG* Urteil, 5.5.2020 – 2 BvR 859/15, *PSPP*, Rn. 123 ff.

[147] In den letzten Jahren ist eine deutliche Tendenz der Europäischen Kommission erkennbar, vermehrt auf das Instrument der Verordnung zurückzugreifen, und zwar insbesondere auch in Bereichen, die bisher durch Richtlinien geprägt waren. Die Kommission macht daraus bisweilen keinen Hehl und hat in einer Mitteilung etwa ganz offen zugestanden, „[a]ls bevorzugtes Instrument für die Umsetzung der EU-Harmonisierungsvorschriften […] Verordnungen anstatt Richtlinien" zu nutzen, s. *Europäische Kommission*, Mitteilung der Kommission an das Europäische Parlament, den Rat, den Europäischen Wirtschafts- und Sozialausschuss, Eine Vision für den Binnenmarkt für Industrieprodukte, 22.1.2014, COM (2014) 25 final, S. 9. Dazu kritisch und mit Beispielen *Wunderlich/Pickartz*, EuR, 2014, 659 (659 ff.), die im Ergebnis für einen Regelvorrang der Richtlinie plädieren. Zu den Hintergründen s. auch *Gundel*, in: Pechstein/Nowak/Häde, 2017, Frankfurter Kommentar zu EUV, GRC und AEUV, Art. 288 AEUV, Rn. 15.

[148] *Streinz*, in: Streinz, 3. Aufl., 2018, EUV/AEUV, Art. 5 EUV, Rn. 48 mit dem Hinweis darauf, dass sich dies konkret etwa in einer geringeren Harmonisierungsintensität äußern könnte.

[149] Für den Bereich der GASP gilt die Sonderbestimmung des Art. 39 EUV, vgl. Art. 16 Abs. 2 UAbs. 2. Vgl. zur – strittigen – Kompetenz der EU im Bereich des Datenschutzes näher oben, Teil 1, C., I., 2.

reiche.[150] Aufgrund dieser Akzessorietät gestaltet sich die Bestimmung der Reichweite aber zusätzlich kompliziert, weil die Zuständigkeiten der EU für die Sachbereiche unterschiedlich stark ausgeprägt sind.[151] Dennoch: Auch wenn die vertikale Abgrenzung nicht immer präzise möglich ist, so zeigt ein Blick auf einige Bereiche gleichwohl, dass die Kompetenzen für die sachlichen Regelungsfelder in großen Teilen bei den Mitgliedstaaten verblieben sind. Ausgehend von den Formulierungen der spezifischen Kompetenztitel in den EU-Verträgen liegen im mitgliedstaatlichen Zuständigkeitsbereich überwiegend etwa die nationale Sicherheit,[152] die Sozialpolitik,[153] das Gesundheitswesen,[154] das Arbeitsrecht[155] oder auch das Medien- und Presse-

---

[150] Dies ist umstritten. S. dazu bereits ausführlich oben, Teil 1, C., I., 2., b), bb). Dort auch dazu, dass es sich um eine geteilte Zuständigkeit handelt.

[151] Als Resultat dieser fragmentarischen Kompetenzstruktur stellt sich häufig ein Phänomen ein, das als „asymmetrische Integration" bezeichnet wird: Oftmals sind Politikbereiche nicht bis ins letzte Detail unionsrechtlich determiniert; die Unionszuständigkeit erstreckt sich nur auf Teilaspekte eines Handlungsfeldes. Binnenmarktharmonisierungsmaßnahmen überschneiden sich indes oft mit anderen Politikbereichen, die eher schwach oder gar nicht vom Unionsrecht geprägt sind, wie vor allem die Bereiche der Kultur oder der Gesundheit, s. dazu übergreifend *Chalmers/Jachtenfuchs/Joerges*, The retransformation of Europe, in: Chalmers/Jachtenfuchs/Joerges, The end of the Eurocrats' dream, 2016, 1 (14 f.).

[152] Dies wurde von den Vertragsparteien sogar in den Erklärungen zum AEUV aufgenommen, wenn auch in einer eher vagen Formulierung. S. Erklärungen zur Schlussakte der Regierungskonferenz, die den am 13. Dezember 2007 unterzeichneten Vertrag von Lissabon angenommen hat. ABl. EU C 326, 26.10.2012, S. 337–361, (S. 347), Erklärung 20: „immer dann, wenn Bestimmungen über den Schutz personenbezogener Daten, die auf der Grundlage von Artikel 16 zu erlassen sind, direkte Auswirkungen auf die nationale Sicherheit haben könnten, [ist] dieser Umstand gebührend zu berücksichtigen". Übergreifend kommt dies in Art. 4 Abs. 2 EUV zum Ausdruck. Tatsächlich tendiert der EuGH dazu, die EU-Zuständigkeit auch in diesem Bereich nicht vollständig auszuschließen, s. dazu *Hijmans*, The European Union as Guardian of Internet Privacy, 2016, S. 139 ff. Für eine Analyse der datenschutzbezogenen Rechtsprechung s. noch unten, Teil 4, A., II., 2., a), cc).

[153] Art. 153 Abs. 1 AEUV stellt klar, dass die Union im Bereich der Sozialpolitik nur unterstützend und ergänzend tätig wird. Die Hauptverantwortung für die Gestaltung des Sozialrechts liegt weiterhin bei den Mitgliedstaaten, s. a. *Benecke*, in: Grabitz/Hilf/Nettesheim, 65. Ergänzungslieferung, 2018, Das Recht der Europäischen Union, Art. 151 AEUV, Rn. 10.

[154] Die EU-Verträge statuieren vereinzelte Zuständigkeiten für die Union, diese sind aber sehr begrenzt, s. vor allem Art. 168 Abs. 4 und 5 AEUV. Eine ausführliche Analyse der Zuständigkeit der EU für die Regelung des Datenschutzes im Bereichs des Gesundheitswesen mit spezifischem Zuschnitt auf elektronische Patientenakten findet sich bei *Schneider*, Einrichtungsübergreifende elektronische Patientenakten, 2016, S. 415 ff.

[155] Hierzu *Franzen*, DuD, 2012, 322 (325 f.), der für Datenschutzregelungen im Kontext des Arbeitsrechts (nur) Art. 153 Abs. 1 lit. b) AEUV als maßgebliche Kompetenzgrundlage sieht, sodass die EU für diesen Bereich nur mindestharmonisierende Maßnahmen erlassen dürfe.

recht.[156] Hierbei handelt es sich um Sachgebiete, die in besonderem Maße vom Umgang mit personenbezogenen Informationen und Daten geprägt sind und mit Blick auf welche schon deshalb Koordinierungsbedarf mit datenschutzrechtlichen Vorschriften besteht. Auch sind es Regelungsfelder, die teils dem öffentlichen, teils dem privaten Bereich zuzuordnen sind. Daneben gibt es unzählige weitere Sachbereiche, für die sich in den EU-Verträgen jeweils unterschiedlich weitgehende Kompetenztitel finden. Schon die wenigen genannten Beispiele sollten aber verdeutlicht haben, dass sich die Interdependenzen der datenschutzrechtlichen Vorgaben mit den sachlichen Regelungsfeldern und die daraus resultierenden Flexibilitätserfordernisse gewissermaßen „quer" über die miteinander verwobenen Kompetenzkreise der Union bzw. der Mitgliedstaaten erstrecken.

Gerade daraus ergibt sich aber, vor allem mit Blick auf einen mitunter kompetenziell überschießend geregelten Rechtsakt, das Erfordernis von Vielfalt im Sinne einer „Öffnung" zugunsten mitgliedstaatlicher Rechtssetzung. Denn soweit die Mitgliedstaaten nach den geschilderten Regeln für ein sachliches Regelungsfeld zuständig sind, muss die Koordinierung und Differenzierung der datenschutzrechtlichen Vorschriften und Bausteine entsprechend der jeweiligen Anforderungen und Gegebenheiten (einschließlich der Differenz zwischen öffentlichen und privaten Bereichen) sowie ihre Abstimmung mit (kollidierenden) verfassungsrechtlichen Rechtsgütern und Interessen notwendigerweise auf mitgliedstaatlicher Ebene erfolgen.[157] Mit Blick auf letzteren Aspekt ergibt sich dies schon daraus, dass die Reichweite der grundrechtlichen (Ausgestaltungs- und Abwägungs-)Maßstäbe akzessorisch zur Reichweite der Verbandskompetenz ist.[158] Im Übrigen offenbart sich die Not-

[156] Zur komplizierten Verteilung der Kompetenzen zwischen Mitgliedstaaten und EU in Bezug auf Medienrecht s. *Knodel*, Medien und Europa, 2018, S. 103 ff., die allerdings in Abwesenheit einer ausdrücklichen Kompetenzgrundlage in den EU-Verträgen kein zwingendes Hindernis für EU-Rechtssetzung sieht.

[157] In diese Richtung, wenn auch weniger vom Gegenstand aus gedacht, auch *Hijmans*, The European Union as Guardian of Internet Privacy, 2016, S. 269, der zwar grundsätzlich von einem umfassenden Mandat („complete mandate") der EU-Legislative ausgeht, gleichzeitig aber zugesteht: „Member States remain an essential player in this area. Privacy and data protection as guaranteed by EU law have an impact on core competences of Member States and, therefore, the Member States also have a legitimate role to play […]." S. a. S. 284, auf der er sich ausdrücklich für die Zuständigkeit der Mitgliedstaaten für die Abwägung des Datenschutzes mit kollidierenden Verfassungsgütern ausspricht. Mit Blick auf die Abwägungserfordernisse (noch unter Geltung der DSRL) vgl. auch *EuGH* Urteil, 6.11.2003 – C-101/01, *Lindqvist*, Rn. 82: „Die Mechanismen, die eine Abwägung der verschiedenen Rechte und Interessen ermöglichen, sind zum einen in der Richtlinien 95/46 selbst festgelegt, […] [z]um anderen resultieren sie aus dem Erlass nationaler Regelungen zur Umsetzung dieser Richtlinie durch die Mitgliedstaaten sowie aus der möglichen Anwendung dieser Regelungen durch die nationalen Behörden."

[158] Vgl. Art. 51 Abs. 2 GRCH; Art. 6 Abs. 1 UAbs. 2 EUV. Zur grundrechtlichen Dimension s. bereits oben, Teil 1., C., II., 1., c).

wendigkeit der Koordinierung auf mitgliedstaatlicher Ebene, wenn man sich klar macht, dass die erforderliche Reflexion der geschilderten Interdependenzen im und durch das Recht auf zwei Wegen erfolgen kann: einerseits durch einen sachnahen Zuschnitt und die Integration der datenschutzrechtlichen Vorgaben und Bausteine[159] und andererseits durch eine entsprechende Steuerung und Gestaltung der sachlichen Regelungsfelder.[160] Welche Alternative passgenauer ist und den Regelungsproblemen und -anforderungen besser gerecht wird, lässt sich nur unter Berücksichtigung des jeweiligen Kontexts beurteilen – die Entscheidung muss dem Gesetzgeber gerade deshalb frei stehen.[161] Daraus folgt aber, dass die vielschichtige Aufgabe der Abstimmung nur durch einen Gesetzgeber erfolgen kann, der zur Ausgestaltung sowohl des Datenschutzrechts als auch der jeweiligen sachlichen Regelungsfelder befugt ist. Wie vorstehend geschildert, sind das in großen Teilen die mitgliedstaatlichen Gesetzgeber.

Der Unionsgesetzgeber muss diese Anforderungen bei der Ausgestaltung des Datenschutzsekundärrechts berücksichtigen, indem er den Mitgliedstaaten die Möglichkeit eröffnet, den Interdependenzen Rechnung zu tragen. Wie die EU-Legislative das im Einzelnen realisiert, bleibt ihr überlassen, solange sie die Funktionalität des Datenschutzes gewährleistet.[162] Die hier postulierte Notwendigkeit der Koordinierung durch die Mitgliedstaaten ließe sich auch bei einem Verständnis von Art. 16 Abs. 2 AEUV als unbeschränkte Kompetenzgrundlage über Art. 4 Abs. 2 EUV[163] und die Kompetenzausübungs-

---

[159] Etwa durch Präzisierung der Zweckbindung, die Festlegung bestimmter Datenarten oder erhöhte technisch-organisatorische Anforderungen. S. zur Kontingenz der Ausgestaltung der datenschutzrechtlichen Bausteine noch unten, Teil 3, A., II., 7.

[160] Die Steuerung der sachlichen Regelungsfelder kann im öffentlichen Bereich etwa durch eine spezifische Ausgestaltung der sachlichen Kompetenzen von Behörden erfolgen. Je enger das Aufgabenfeld einer Behörde gezogen wird, desto weniger Raum bleibt dieser bei der Festlegung legitimer Zwecke. Im privaten Sektor mag man etwa an vertragsrechtliche Instrumente denken, die datenschutzbezogenen Schutzzielen bereits Rechnung tragen, sodass ein zusätzlicher (datenschutzrechtlicher) Regelungsbedarf ggf. entfällt.

[161] S. in diesem Zusammenhang auch *Hornung*, Sind neue Technologien datenschutzrechtlich regulierbar? Herausforderungen durch „Smart Everything", in: Roßnagel/Friedewald/Hansen, Die Fortentwicklung des Datenschutzes, 2018, 315 (332 f.), der allerdings eine mögliche „Strategie" der Mitgliedstaaten darin sieht, dass diese über ihre Zuständigkeit für die sachlichen Materien die Konkretisierungshoheit über die DSGVO-Vorgaben „an sich ziehen".

[162] Entscheidet er sich, wie mit der DSRL und der DSGVO, für einen grundsätzlich umfassenden, sektorübergreifenden Ansatz, so kann er dies etwa über Spielräume und Öffnungen erreichen. S. hierzu sogleich, Teil 2, C., III.

[163] In diese Richtung wohl auch *Hijmans*, The European Union as Guardian of Internet Privacy, 2016, S. 138 f., der im Zusammenhang mit Art. 4 Abs. 2 EUV – wenig konkret – ausführt, dass zwar keine Kernelemente des Rechts auf Datenschutz den Mitgliedstaaten zur Regulierung überlassen werden sollten, die Bestimmung aber zur Folge habe, dass der

regeln aus Art. 5 EUV begründen, die dem EU-Gesetzgebern insoweit Grenzen ziehen.[164] Angesichts der geschilderten datenschutzspezifischen Regelungsanforderungen dürfte nur schwer zu begründen sein, dass die Ziele des Datenschutzes in ihrer Gänze „wegen ihres Umfangs oder ihrer Wirkungen auf Unionsebene besser zu verwirklichen sind", wie Art. 5 Abs. 3 EUV es verlangt.

Allerdings sind auch die Mitgliedstaaten bei der Wahrnehmung der vielschichtigen Koordinierungs-, Differenzierungs- und Abstimmungsaufgabe, soweit sie ihnen zugewiesen wird, nicht vollkommen ungebunden. Aufgrund ihrer verfassungsrechtlichen Einbindung in die Union sind sie dieser zu Loyalität verpflichtet[165] und müssen bei der Ausfüllung von Öffnungen ihrerseits auf die Ziele des Unionsrechts größtmögliche Rücksicht nehmen. Konkret in Bezug auf das Datenschutzrecht muss also Harmonisierungszielen und den Schutzzielen des Datenschutzes gleichermaßen größtmöglich Rechnung getragen werden. Maßstab der Zulässigkeit mitgliedstaatlicher Rechtssetzung muss dabei die Funktionalität und maximale Effektivität des Rechts sein.[166] Damit dieser Maßstab trotz der doppelten Finalität des EU-Daten-

---

EU-Gesetzgeber bei der Wahrnehmung seiner Kompetenz aus Art. 16 Abs. 2 AEUV bestimmten berechtigten Interessen der Mitgliedstaaten Rechnung tragen müsse.

[164] Die Bedeutung von Art. 5 EUV für die Gestaltung des Datenschutzsekundärrechts zwischen Einheit und Vielfalt kommt auch darin zum Ausdruck, dass Subsidiaritäts- und Verhältnismäßigkeitsgrundsatz während des gesamten Entstehungsprozesses der DSGVO immer wieder Diskussionsgegenstand waren. Zu den Subsidiaritätsrügen verschiedener nationaler Parlamente s. bereits oben, Teil 1, B., III., 1., a) aE. S. aus der Literatur *Nguyen*, ZEuS, 2012, 277 (277 ff.), der in dem Kommissionsvorschlag keinen Verstoß gegen das Subsidiaritätsprinzip sieht.; *Koós*, ZD, 2014, 9 (12 ff.) mit dem Ergebnis, der LIBE-Entwurf verstoße angesichts seines breiten Anwendungsbereichs gegen Art. 5 EUV; *Kühling/Martini*, Die Datenschutz-Grundverordnung und das nationale Recht, 2016, S. 3 f. „Die Öffnungsklauseln sind Ausfluss des Respekts der Union vor den mitgliedstaatlichen [...] Kompetenzen und dem mit einer Verordnung als Regelungsinstrument einhergehenden intensiven Einwirken der Union in diesen Kompetenzbereich. Mit ihnen erfüllt die Union ihrerseits ihre Pflicht zur loyalen Zusammenarbeit und wahrt das Subsidiaritäts- und Verhältnismäßigkeitsprinzip". *Albrecht/Jotzo*, Das neue Datenschutzrecht der EU, 2017, S. 44 ff. mit dem Ergebnis, beide Grundsätze seien gewahrt. Die Subsidiaritäts- und Verhältnismäßigkeitsgrundsätze werden zudem auch argumentativ bemüht, um die Primärrechtswidrigkeit einer Vollharmonisierung des Datenschutzrechts im öffentlichen Sektor zu begründen, vgl. *Marsch*, Das europäische Datenschutzgrundrecht, 2018, S. 340; *Ronellenfitsch*, DuD, 2012, 561 (562), der zusätzlich auch die Betroffenheit des Souveränitätsvorbehalts des BVerfG annimmt, weil die Möglichkeit einer systemimmanenten Fortbildung der Grundrechteordnung zur nationalen Identität gehöre.

[165] Vgl. Art. 4 Abs. 3 EUV; Art. 291 Abs. 1 AEUV. Die nationalen Gesetzgeber können insbesondere dazu verpflichtet sein, ergänzende Vorschriften zu EU-Verordnungen zu erlassen, wenn diese erforderlich sind, um deren praktische Wirksamkeit sicherzustellen, dazu *Streinz*, in: Streinz, 3. Aufl., 2018, EUV/AEUV, Art. 4 EUV, Rn. 48.

[166] Zu undifferenziert ist deshalb die Abgrenzung des EuGH, wonach zu unterscheiden

schutzrechts handhabbar wird, ist eine einzelfallbezogene Analyse dahingehend erforderlich, ob eine DSGVO-Vorschrift eher den Flexibilitäts- und Vielfaltserfordernissen Rechnung trägt oder aber in ihrem Bereich der Harmonisierungsanspruch und -bedarf überwiegt.[167]

Bedürfnisse nach Flexibilität bzw. Vielfalt in EU-Datenschutzrechtsakten bestehen in der vertikalen Dimension auch jenseits des Kompetenzgefüges. Sie sind weniger kompetenziell bedingt und resultieren eher aus Erwägungen der Effektivität des Datenschutzes angesichts der strukturellen Heterogenität der Mitgliedstaaten.

2. Die Interdependenzen und die heterogenen Rechtskulturen der Mitgliedstaaten

Auch jenseits des Kompetenzgefüges zeigt sich, dass in der vertikalen Dimension Flexibilitäts- auch mit Vielfaltserfordernissen einhergehen. Bereits im Vorfeld der Verabschiedung der Datenschutz*richtlinie* wurde angemerkt, dass das EU-Datenschutzrecht mit seinen Regelungen unstreitig in unterschiedliche historische Erfahrung der kulturellen Identität der Mitgliedstaaten und in Traditionen im Umgang mit dem Persönlichkeitsschutz eingreifen werde.[168] Diese Feststellung verweist auf ein strukturelles Merkmal der Europäischen Union, mit dem in der vertikalen Dimension hinsichtlich der Gestaltung des Datenschutzrechts ebenfalls Flexibilitäts- und Vielfaltserfordernisse verbunden sind: Der Unionsgesetzgeber findet bei der Regelung des Datenschutzes nicht nur unterschiedliche sachliche und dogmatische Anknüpfungspunkte vor, sondern – zusätzlich – 27 Mitgliedstaaten, die in verschiedener Hinsicht und auf verschiedenen Ebenen relativ heterogen strukturiert sind. Ihre *Vielfalt* kommt insbesondere auch in den historisch gewach-

---

sei „zwischen nationalen Maßnahmen, die zusätzliche Bedingungen vorsehen, mit denen die Tragweite eines in Art. 7 der Richtlinie 95/46/EG enthaltenen Grundsatzes verändert wird, einerseits und nationalen Maßnahmen, die nur einen dieser Grundsätze näher bestimmen, andererseits [...]. Die zuerst genannte Art von nationalen Maßnahmen ist verboten", *EuGH* Urteil, 24.11.2011 – C-468/10 und C-469/10, *ASNEF*, Rn. 35. Dieses Differenzierungskriterium berücksichtigt die potenziellen Kompensationswirkungen der Ausgestaltung der Bausteine nicht hinreichend, erklärt sich aber mit Blick auf die Harmonisierungsziele des EU-Datenschutzrechts.

[167] Die Aufgabe, insoweit operable Kriterien aufzustellen, fällt insbesondere dem EuGH und dem EDSA zu, dazu im Einzelnen noch Teil 4. Neben dem Vorhandensein von Öffnungen kann auch die Differenzierung zwischen dem öffentlichen und dem privaten Sektor einen ersten Orientierungspunkt bieten. Diese ist in unterschiedlicher Form auch in der DSGVO angelegt, s. dazu noch Teil 3, B., III., 2., d).

[168] Vgl. *Kilian*, Europäisches Datenschutzrecht – Persönlichkeitsrecht und Binnenmarkt, in: Tinnefeld/Philipps/Heil, Informationsgesellschaft und Rechtskultur in Europa, 1995, 98 (107).

senen Rechtssystemen mit ihren jeweils eigenen Rationalitäten, (Rechts-) Kulturen und Dogmatiken[169] zum Ausdruck.[170]

Man mag einwenden, dass es gerade zu den primären Zielen des Unionrechts gehöre, diese Divergenzen im Sinne der Binnenmarktintegration zu beseitigen. Dabei würde aber übersehen, dass die mitgliedstaatliche Vielfalt aus der Perspektive des (heutigen) Unionsrechts keineswegs nur einen zu vermeidenden Störfaktor bildet. Sie ist vielmehr prägender Bestandteil der Identität der Europäischen Union, was nicht nur in ihrem Motto „In Vielfalt geeint" anklingt, sondern auch rechtlich an vielen Stellen in den EU-Verträgen zum Ausdruck kommt: Art. 3 Abs. 3 UAbs. 4 EUV etwa lautet: „[Die Union] wahrt den Reichtum ihrer kulturellen und sprachlichen Vielfalt und sorgt für den Schutz und die Entwicklung des kulturellen Erbes Europas.". Mit dieser Zielbestimmung korrespondiert der in Art. 167 Abs. 1 AEUV verankerte Auftrag, „einen Beitrag zur Entfaltung der Kulturen der Mitgliedstaaten unter Wahrung ihrer nationalen und regionalen Vielfalt" zu leisten. Im Kontext der Sozialpolitik heißt es in ähnlicher Weise in Art. 151 UAbs. 2 AEUV, dass Union und Mitgliedstaaten Maßnahmen durchführen, „die der Vielfalt der einzelstaatlichen Gepflogenheiten [...] Rechnung tragen.". Auch der Bereich des Grundrechtsschutzes ist auf Vielfalt ausgelegt, wie an verschiedenen Stellen im Primärrecht sowie in der Rechtsprechung des EuGH zum Ausdruck kommt.[171] Allgemein-übergreifend verpflichtet Art. 4 Abs. 2 EUV die EU zudem zur Achtung der „Gleichheit der Mitgliedstaaten vor den Verträgen und ihre[r] jeweilige[n] nationale[n] Identität, die in ihren grundlegenden politischen und verfassungsmäßigen Strukturen einschließlich der regionalen und lokalen Selbstverwaltung zum Ausdruck kommt."[172]

Die von den zitierten Vorschriften adressierte Vielfalt und die die „nationale Identität" prägenden politischen und verfassungsmäßigen Strukturen

---

[169] Dogmatiken sind stark national geprägt und eng mit der Historie des jeweiligen Mitgliedstaats verknüpft. Dies rührt daher, dass sie „mit ihren gesetzesbezogenen oder gesetzesübergreifenden Begriffen, Bausteinen und Strukturen Wissensgrundlagen des Rechtssystems [speichern]", vgl. *Albers*, Höchstrichterliche Rechtsfindung und Auslegung gerichtlicher Entscheidungen, in: VVDStRL, 71: Grundsatzfragen der Rechtsetzung und Rechtsfindung, 2012, 258 (270). Zu verschiedenen Funktionen der Rechtsdogmatik s. *Stark*, Interdisziplinarität der Rechtsdogmatik, 2020, S. 115 ff sowie S. 158 ff. zu den begrifflichen und funktionalen Unterschieden von „Dogmatiken" in verschiedenen Rechtssystemen.

[170] Dieser Umstand steht freilich in Wechselwirkung mit dem Kompetenzgefüge; das Zuständigkeitsregime ist zugleich Faktor und Resultat der rechtlichen Vielfalt der Mitgliedstaaten.

[171] Vgl. mit Beispielen für Vorschriften, anhand derer die Vielgestaltigkeit deutlich wird, *BVerfG* Beschluss, 6.11.2019 – 1 BvR 16/13, *Recht auf Vergessen I*, Rn. 48.

[172] Hierzu, mit einer pluralistischen Interpretation als „Öffnungsklausel für mitgliedstaatliches Verfassungsrecht", *Bogdandy/Schill*, ZaöRV, 2010, 701 (702 ff.).

der Mitgliedstaaten werden freilich auch von den nationalen Rechtssystemen reflektiert. Diese stehen in Wechselwirkung mit dem jeweiligen Recht der Mitgliedstaaten, in dem sich dementsprechend verschiedene, oft soziokulturell untermauerte Prinzipien und Wertvorstellungen, Regelungsmuster aber auch institutionelle Arrangements finden, die sich teils über Jahrhunderte entwickelt haben.[173] Mit anderen Worten sind die nationalen Rechtsordnungen Ergebnis relativ heterogener kultureller Wachstumsprozesse; der einzelne Rechtssatz, seine Schaffung und seine Auslegung sind immer auch ein Stück (nationaler) Kultur.[174] Die damit angesprochene *rechtliche* bzw. *rechtskulturelle* Vielfalt wird deutlich, wenn man exemplarisch verschiedene Rechtsgebiete und unterschiedliche Abstraktionsebenen vergleichend betrachtet.

Im Rahmen einer umfassenden vergleichenden Analyse der Verwaltungsrechtsordnungen der Mitgliedstaaten etwa ist aufgezeigt worden, dass innerhalb der Europäischen Union verschiedenste Verwaltungsrechtssysteme existieren, die sich – ungeachtet vieler Konvergenzen – z. B. in Bezug auf die Verwaltungsorganisation, die Handlungsformen, die Ermessenslehren oder auch den Rechtsschutz mitunter sehr heterogen gestalten.[175] Angesichts der verschiedenen Verwaltungsrechts*typen* in der EU wird prägnant resümiert: „Europa ist ein Kontinent der Vielfalt. Dies lässt sich insbesondere mit Blick auf die Verwaltungsrechtsordnungen der europäischen Staaten konstatie-

[173] *Holmes*, The common law, Dover ed., 1991, S. 1 fasste diesen Umstand wie folgt zusammen: „The life of law has not been logic: it has been experience. The felt necessities of the time, the prevalent moral and political theories, institutions of public policy, avowed or unconscious, even the prejudices which judges share with their fellow-men, have had a good deal more to do than the syllogism in determining the rules by which men should be governed. The law embodies the story of a nation's development through many centuries [...]." S. in diese Richtung konkret im Kontext des DSGVO-E auch *Blume/Svanberg*, Cambridge Yearbook of European Legal Studies, 2013, 27 (37 f.). Zur Divergenz der Verwaltungskulturen mit einer Typologie europäischer „Verwaltungsprofile" *Kuhlmann/Vollmann*, Verwaltung und Verwaltungsreformen in Europa, 2013, S. 25 ff. Für die „grobe" Unterscheidung der vier Rechtskreise deutscher Raum, romanischer Raum, Common Law und skandinavisches Recht s. *Oppermann/Classen/Nettesheim*, Europarecht, 8. Aufl., 2018, S. 525.

[174] S. *Häberle*, Europäische Rechtskultur, 1994, S. 17 ff. mit dem Hinweis, dass es häufig auch Gedanken, Taten und Werke großer Künstler waren, die die Rechtsentwicklung im jeweiligen Staat wesentlich mitgeprägt haben.

[175] Vgl. *Bogdandy u. a.* (Hrsg.), Handbuch Ius Publicum Europaeum, 2010 bzw. 2011. Das Werk umfasst Länderberichte und vergleichende Perspektiven gleichermaßen. Als die zwei zentralen, weite Teile von Europa prägenden Modelle des Verwaltungsrechts und der Verwaltungsrechtsdogmatik werden das deutsche und das französische Modell herausgearbeitet, s. im Einzelnen *Jouanjan*, § 69 Die Belle époque des Verwaltungsrechts: Zur Entstehung der modernen Verwaltungsrechtswissenschaft in Europa (1880–1920), in: Bogdandy/Cassese/Huber, Handbuch Ius Publicum Europaeum, 2011, 1–77 (47 ff.).

ren."[176] Die Untersuchung offenbart, dass verwaltungsrechtliche Regelungsmuster, dogmatische Zugriffe sowie der organisatorische und institutionelle Unterbau bisweilen sehr unterschiedlich ausgestaltet sind. Dies ist wiederum Ausdruck verschiedener Verwaltungs*kulturen*.[177] Das Verhältnis von organisationsrechtlicher Vielfalt der Mitgliedstaaten und Einheitlichkeitsanspruch des EU-Datenschutzrechts war zudem bereits mehrfach Gegenstand von Gerichtsverfahren vor dem EuGH.[178]

Die mitgliedstaatlichen Differenzen sind nicht auf das „allgemeine" Verwaltungsrecht bzw. die allgemeine Verwaltungsrechtsdogmatik beschränkt.[179] So ist die Sozialpolitik ein Handlungsfeld, das in vielen Bereichen von nationalstaatlicher Heterogenität geprägt ist, insbesondere mit Blick auf die sozialen Sicherungssysteme.[180] Diese Vielfalt liegt u. a. in unterschiedlichen ökonomischen und sozialen Priorisierungen sowie heterogenen Sozialstaatsstrukturen begründet.[181] Auch die Vielfalt der Steuerrechtssysteme der verschiedenen Mitgliedstaaten, die freilich viele Schnittstellen mit dem Sozialrecht haben, ist auf spezifische Eigenschaften der jeweiligen nationalen Gegebenheiten, insbesondere die Steuerstruktur und die Struktur der Volks-

---

[176] *Fromont*, § 55 Typen staatlichen Verwaltungsrechts in Europa, in: Bogdandy/Cassese/Huber, Handbuch Ius Publicum Europaeum, 2010, 1–76 (1); für einen typologischen Überblick über die Verwaltungssysteme und -traditionen in Europa *Kuhlmann/Vollmann*, Verwaltung und Verwaltungsreformen in Europa, 2013, S. 61 ff.

[177] Für den Versuch einer Definition aus der deutschen Perspektive s. bereits *Thieme*, Die Verwaltung, 1987, 277 (277 ff.).

[178] S. dazu noch unten, Teil 4, A., II., 2., a), dd).

[179] Bereits die – in der deutschen Rechtswissenschaft gebräuchliche und hier vorausgesetzte – Unterscheidung zwischen allgemeinem und besonderem Verwaltungsrecht gibt es so in vielen Mitgliedstaaten nicht. S. dazu etwa *Groß*, Die Verwaltung, Beiheft 2, 1999, 57 (67 ff.).

[180] Dazu instruktiv, inklusive einer Tabelle, die den Harmonisierungsgrad nach Sachbereichen differenzierend aufschlüsselt, *Schmidt*, Europäische und nationale Sozialpolitik, in: Atkinson/Huber/James u. a., Nationalstaat und Europäische Union, 2016, 201 (214 ff.). Für einen Vergleich der sozialen Sicherheitssysteme in den EU-Mitgliedstaaten s. a. die Datenbank des Gegenseitigen Informationssystems für soziale Sicherheit (MISSOC), online abrufbar unter: https://www.missoc.org/missoc-information/?lang=de (zuletzt abgerufen am 31.3.2022). Die Vielfalt der Verwaltungsrechtssysteme bedingt sicher auch die Vielfalt der Materien des – in der deutschen Terminologie – besonderen Verwaltungsrechts.

[181] S. näher *Schmidt*, Europäische und nationale Sozialpolitik, in: Atkinson/Huber/James u. a., Nationalstaat und Europäische Union, 2016, 201 (220 ff.), der insbesondere auf die ökonomische Kluft zwischen West- und Osteuropa hinweist. Zudem werden Mitgliedstaaten und Union in den EU-Verträgen dazu verpflichtet, bei der Durchführung von sozialpolitischen Maßnahmen „der Vielfalt der einzelstaatlichen Gepflogenheiten, insbesondere in den vertraglichen Beziehungen, […] Rechnung [zu] tragen.", Art. 151 UAbs. 2 AEUV.

wirtschaft,[182] zurückzuführen.[183] Der Jugendschutz ist ein weiteres Rechtsgebiet, das von heterogenen Regelungen geprägt ist, besonders mit Blick auf etwaige Altersgrenzen.[184]

Jenseits des Verwaltungsrechts lassen sich die mitgliedstaatlichen Divergenzen vor allem auch am Zivilrecht exemplifizieren. Die Feststellung, ein etwaiges gemeineuropäisches Zivilrecht sei „nur in nationalstaatlichen Kodifikationen greifbar",[185] spricht für sich. Konkreter wird es, wenn man beispielsweise den zivilrechtlichen Schutz des Persönlichkeitsrechts in den Blick nimmt: Die verschiedenen Aspekte des Persönlichkeitsrechtsschutzes sind tief im materiellen Recht der jeweiligen Mitgliedstaaten verwurzelt und jeweils von sozialen, kulturellen, philosophischen und historischen Partikularitäten geprägt.[186] Diese Vielfalt schlägt sich auch in der rechtsdogmatischen Konstruktion des Schutzes nieder: Während in Deutschland die verschiedenen Ausprägungen des (zivilrechtlichen) Persönlichkeitsrechts als „Rahmenrecht" vor allem über die Generalklausel des § 823 Abs. 1 BGB geschützt werden, gibt es in Frankreich oder England kein vergleichbares „allgemeines" Persönlichkeitsrecht. Die verschiedenen Facetten werden dort vielmehr von unterschiedlichen Instrumenten erfasst, teils von Richterrecht, teils von positivem Recht.[187] Auch die allgemeinen Generalklauseln im jeweiligen bürgerlichen Recht, etwa §§ 242, 826 BGB, Art. 1104 Code Civil oder Art. 1337 Codice Civile, die freilich in jeder Zeit von den sich wandelnden Wertungen mitgeprägt werden, bilden als „Nahtstellen" zwischen Recht und Kultur einen Spiegel der rechtskulturellen Vielfalt der Mitgliedstaaten.[188]

Als ein letzter, auf übergreifender Ebene angesiedelter Aspekt mitgliedstaatlicher Vielfalt sei die (dogmatische) Differenzierung zwischen öffentlichen und privaten Bereichen genannt.[189] Auch wenn die Rechtssysteme der

---

[182] Zur wirtschaftskulturellen Vielfalt in Europa s. *Abelshauser*, Europa in Vielfalt einigen, in: Atkinson/Huber/James u. a., Nationalstaat und Europäische Union, 2016, 275 (282 ff.).

[183] Vgl. *Kellermann/Kammer*, Stillstand in der europäischen Steuerpolitik, Berlin, http://library.fes.de/pdf-files/id/ipa/06258.pdf, (5 ff.) (zuletzt abgerufen am 31.3.2022), die auch auf die Bedeutung der Unterschiede hinsichtlich des administrativen Unterbaus hinweisen.

[184] Eine interaktive Karte der Mitgliedstaaten mit einem jeweiligen Überblick über die nationalstaatlichen Besonderheiten findet sich auf http://www.protection-of-minors.eu/ (zuletzt abgerufen am 31.3.2022).

[185] *Schmidlin*, Der Vertrag im europäischen Zivilrecht, 2011, S. 1.

[186] Vgl. *Márton*, Violations of personality rights through the Internet, 2016, S. 37.

[187] Für einen rechtsvergleichenden Blick auf Ungarn, Deutschland, Frankreich und England s. *Márton*, Violations of personality rights through the Internet, 2016, S. 39 ff.

[188] Vgl. *Häberle*, Europäische Rechtskultur, 1994, S. 18 f.

[189] Deren Bedeutung für die Gestaltung des Datenschutzrechts in der horizontalen Dimension ist bereits erörtert worden, s. dazu oben, Teil 2, C., I., 2.

meisten Mitgliedstaaten mit dieser Differenzierung operieren, so gestaltet sich die Abgrenzung in den verschiedenen Staaten keinesfalls einheitlich.[190] Die unterschiedliche dogmatische Konzeption wirkt freilich auch auf die jeweilige Zuordnung eines Sachbereichs zurück – ein bestimmtes Handlungsfeld mag in einem Mitgliedstaat typischerweise dem öffentlichen, in einem anderen typischerweise dem privaten Bereich zugeordnet sein, mit ggf. jeweils unterschiedlichen Regelungsmustern und divergenten gerichtlichen Zuständigkeiten.[191] Dass die Trennlinie in den verschiedenen Mitgliedstaaten unterschiedlich verläuft, zeigt sich etwa auch daran, dass die tatsächliche relative Trennung der Bereiche in der DSGVO[192] von Rechtswissenschaftlern unterschiedlicher Provenienz verschieden bewertet wird.[193] Die unterschiedliche Differenzierung kam zudem in den Ratsverhandlungen zur DSGVO zum Ausdruck, in denen viele Mitgliedstaaten mit verschiedenen Argumenten für mehr Flexibilität im öffentlichen Sektor eintraten, andere hingegen nicht.[194]

Die genannten Beispiele sollten gezeigt haben, dass die (rechtliche und rechtskulturelle) Vielfalt der Mitgliedstaaten vielschichtig ist und auf verschiedenen Ebenen zum Ausdruck kommt: Sie umfasst sowohl konkrete normative Fragen wie etwa die rechtliche Zulässigkeit eines Verhaltens (z. B. beleidigende Äußerungen, Altersgrenzen im Jugendschutz oder Transparenzerwartungen hinsichtlich Vermögensverhältnissen) als auch grundlegend-übergreifende Aspekte wie dogmatische Zugriffe (z. B. öffentlicher vs. privater Bereich), Regelungsmuster, Rechtssetzungsformen oder institutionelle Rahmen.[195] Auch Fragen wie die verfassungsgerichtliche Kontrolle

---

[190] Für einen vergleichenden Überblick s. etwa *Semmelmann*, Maastricht Faculty of Law Working Paper, No. 2012/12, 1 (10 f.). Dies war auch eines der Argumente, mit denen sich die Kommission seinerzeit gegen die Kritik verteidigte, es sei verfehlt, beide Sektoren in einem einheitlichen Rechtsakt zu regeln, vgl. etwa die damalige Justizkommissarin *Reding*, ZD, 2012, 195 (197).

[191] Dazu, dass die Differenzierung zwischen öffentlichem und privatem Recht sich in Frankreich und England historisch bedingt erheblich unterscheiden, wobei sich in England auch zunehmend eine Art „public law" herausbildet, *Birkinshaw*, European public law, Second Edition, 2014, S. 128 f. Dort auch die pointierte Feststellung: „What strikes a French lawyer, however, is that the new system of administrative law in England is still, albeit in a modified fashion, under the control of the ordinary courts."

[192] S. dazu näher unten Teil 3, B., III., 2., d).

[193] Die Öffnungsklauseln als Entschärfungen für den Diskurs um den Bedarf der Vollharmonisierung im öffentlichen Bereich sowie als „politische Strategie" bewertend *Marsch*, Das europäische Datenschutzgrundrecht, 2018, S. 340 ff. Kritisch demgegenüber *Butler*, European Public Law, 2018, 555 (557 ff.).

[194] Dazu bereits oben, Teil 1, B., III., 1., c).

[195] Das EU-Datenschutzrecht selbst bildet diese Vielfalt anschaulich ab: Die Datenschutzrichtlinie – als bisheriges Leitmodell – war in ihrer inhaltlichen Zusammensetzung ein Kompromiss verschiedener mitgliedstaatlicher Regelungsmodelle, s. dazu bereits oben

(bzw. Kontrolldichte) gegenüber parlamentarischen Entscheidungen werden von Mitgliedstaat zu Mitgliedstaat nicht zuletzt vor dem Hintergrund historischer Erfahrungen und/oder bewusster Systementscheidungen unterschiedlich beantwortet.[196]

Diese rechtssystemische und kulturelle Heterogenität bleibt nicht ohne Wirkung für die in der horizontalen Dimension zu berücksichtigenden Interdependenzen der Datenschutzvorschriften mit den sachlichen Regelungsbereichen in den Mitgliedstaaten:[197] Angesichts der – vielschichtig zu verstehenden – Vielfalt der Mitgliedstaaten gestalten sich auch die hinsichtlich der Ausgestaltung des Datenschutzrechts zu berücksichtigenden Koordinierungs- und Differenzierungserfordernisse heterogen. Der Datenschutz ist aufgrund seines Querschnittscharakters ein Gegenstand, der eng mit rechtlichen Systementscheidungen der Mitgliedstaaten verknüpft ist[198] bzw. sich jedenfalls auf diese auswirkt. Verschiedene Rechtssysteme, in denen schon die sachlichen Regelungsfelder und die Trennung zwischen öffentlichem und privatem Bereich nicht einheitlich gestaltet sind, in denen aber auch verschiedene Wertevorstellungen zum Ausdruck kommen,[199] stellen unterschiedliche Anforderungen etwa hinsichtlich zulässigen Verarbeitungszwecken, Zweckbindung, Verarbeitungsverfahren, Arten von Daten, Speicherdauer oder auch Betroffenenrechten.[200] Wie Informationen und Daten verarbeitet

---

Teil 1, B., I, 1. Die Heterogenität dieser Datenschutzkonzepte wiederum ist sicherlich auch mit dem unterschiedlichen Zugriff auf den Datenschutz entsprechend den historisch gewachsenen Rechtstraditionen zu erklären.

[196] Vgl., mit Beispielen, *Masing*, JZ, 2015, 477 (487). Weitere Beispiele für die „Pluralität der nationalen Rechte" als Teil der europäischen Rechtskultur finden sich bei *Häberle*, Europäische Rechtskultur, 1994, S. 26 ff.

[197] Dazu und zu den resultierenden Flexibilitäts- und Vielfaltserfordernissen s. bereits oben, Teil 2, C., I., 1.

[198] *Lohse*, Rechtsangleichungsprozesse in der Europäischen Union, 2017, S. 414 weist – übergreifend – auf die Bedeutung des Grades der Verknüpfung eines Gegenstands mit rechtlichen Systementscheidungen für die Frage seiner Geeignetheit für die Angleichung hin.

[199] S. in diesem Sinne ausdrücklich auch *EuGH* Urteil, 24.9.2019 – C-507/17, *CNIL*, Rn. 67: „Es ist jedoch festzustellen, dass das öffentliche Interesse am Zugang zu einer Information auch innerhalb der Union von Mitgliedstaat zu Mitgliedstaat variieren kann, so dass das Ergebnis der Abwägung zwischen diesem Interesse einerseits und dem Recht der betroffenen Person auf Achtung des Privatlebens und auf Schutz personenbezogener Daten andererseits nicht unbedingt für alle Mitgliedstaaten gleich ist". Zur national-historischen Prägung der deutschen Grundrechte s. mit Beispielen *Kirchhof*, NVwZ, 2014, 1537 (1539 f.).

[200] Eine Besonderheit des schwedischen Datenschutzrechts etwa, die im Hinblick auf die Umsetzung der DSGVO eine Herausforderung darstellt, ist der Umstand, dass die meisten der von öffentlichen Stellen geführten Datenbanken und Register traditionell eigenständigen Regelungswerken unterliegen, deren Anzahl auf über 200 geschätzt wird. Dazu *Storr*/*Storr*, European Data Protection Law Review, 2018, 97 (98).

werden, richtet sich auch danach, wie das Verhältnis von Staat und Bürger respektive Bürger und privaten Unternehmen in der jeweiligen Gesellschaft verstanden wird, was wiederum durch politische, kulturelle und rechtliche Traditionen mitbestimmt wird.[201]

Die sachgerechte und transparenzsichernde Gestaltung des Umgangs mit personenbezogenen Informationen und Daten in den Mitgliedstaaten durch Unionsrecht lässt sich schlicht nicht wirksam realisieren, ohne dass diese Differenzen rechtlich reflektiert werden. Mit anderen Worten resultieren aus der (relativen) Heterogenität der mitgliedstaatlichen Rechtssysteme bezüglich der Ausgestaltung eines EU-Datenschutzrechtsakts, der die Materie in allen Mitgliedstaaten möglichst einheitlich regeln soll, also spezifische Vielfaltserfordernisse.[202] Denn ein EU-Datenschutzrechtsakt, der jede Verarbeitung personenbezogener Daten zu jedem Zweck mit rechtlichen Vorgaben flankiert, birgt die Gefahr in sich, angesichts der Auswirkungen auf die nationalen Rechtskulturen zu Friktionen zu führen.[203] Ein Rechtsakt, der sich „blind" über diese divergenten Strukturen erstreckte, wäre dysfunktional. Es geht bei der Berücksichtigung der mitgliedstaatlichen Divergenzen nicht notwendigerweise (nur) um kompetenzielle Grenzen, sondern vielmehr um die Funktionalität des (EU-)Datenschutzrechts, also die Gegenstandsadäquanz der rechtlichen Gestaltung, die – wie bereits erörtert wurde – eine Abstimmung mit den sachlichen Regelungsfeldern erfordert. Weil Letztere sich aber nicht in allen Mitgliedstaaten gleich gestalten, muss das Unionsrecht flexibel und in diesem Sinne „vielfaltsoffen" gestaltet werden. Der Unionsgesetzgeber vermag es nicht, zentralisierte Regelungen für sämtliche Mitgliedstaaten mit dem erforderlichen Präzisionsgrad zu schaffen. Dies würde eine Sichtung sämtlicher Gegebenheiten in allen Mitgliedstaaten erfordern und eine For-

---

201 *Blume/Svanberg*, Cambridge Yearbook of European Legal Studies, 2013, 27 (37).

202 In diese Richtung, mit Fokus auf die *kulturellen* Differenzen zwischen den Mitgliedstaaten, wohl auch *Hijmans*, The European Union as Guardian of Internet Privacy, 2016, S. 145 f., der darauf hinweist, dass diesen bei der Wahrnehmung der Kompetenz aus Art. 16 Abs. 2 AEUV in Form von mitgliedstaatlichen Spielräumen Rechnung zu tragen sei. Als Beispiel werden unterschiedliche Vorstellungen über das Bedürfnis nach Transparenz von Vermögensverhältnissen angeführt.

203 Vgl., im Zusammenhang mit der Veröffentlichung des Kommissionsvorschlags für die DSGVO, *Blume/Svanberg*, Cambridge Yearbook of European Legal Studies, 2013, 27 (37 f.). *Kuner*, Bloomberg BNA Privacy and Security Law Report, 2012, 1 (15) hat die grundsätzlichen Unterschiede in den Rechtsordnungen und Verwaltungsstrukturen der Mitgliedstaaten im Vorfeld als eines der größten Risiken für den Erfolg der DSGVO bewertet. Aus Unternehmerperspektive ist die Befürchtung freilich nachvollziehbar, denn Rücksichtnahme auf Flexibilitäts- und Vielfaltserfordernisse mag u. U. dem Ziel der Binnenmarktintegration entgegenstehen. Es ist jedoch zu beachten, dass deren Berücksichtigung gerade auch dem Ziel eines hohen, gleichmäßigen Datenschutzniveaus entspricht, weil ohne deren Reflexion ein effektiver Datenschutz nicht zu leisten wäre.

mulierung jeweils zugeschnittener Vorschriften erfordern, wie etwa: „Wenn in einem Mitgliedstaat ein System der sozialen Sicherung ausgestaltet ist wie X und sich dort (Grund-)Rechtsgefährdungen des Typs Y ergeben, dann gelten folgenden Datenschutzregelungen Z.“. Es zeigt sich, dass der Datenschutz wegen seines Querschnittscharakters ein Gegenstand ist, der eng mit rechtlichen „Systementscheidungen“ verknüpft ist, weshalb sich seine Harmonisierung schwierig gestaltet.

Unionsverfassungsrechtlich ist dieses Bedürfnis nach Flexibilität und Vielfalt zum einen von Art. 4 Abs. 2 EUV gedeckt, der die EU-Kompetenzen insoweit begrenzt, als er zur Achtung der nationalen Identität der Mitgliedstaaten verpflichtet, die u. a. in ihren grundlegenden politischen und verfassungsmäßigen Strukturen zum Ausdruck kommt.[204] Zum anderen ergibt auch sie sich aus dem Kompetenzgefüge, wozu – wie oben gezeigt – auch Art. 5 EUV zählt, denn die strukturelle Eigenständigkeit der Mitgliedstaaten im Staatenverbund der Union korrespondiert weitestgehend mit deren vertikalen Kompetenzgrenzen.

Bei der Gestaltung der Datenschutz-Grundverordnung hat der Unionsgesetzgeber das Erfordernis der Einpassung in die mitgliedstaatlichen Regelungsstrukturen bewusst berücksichtigt, was sich schon aus den Erwägungsgründen ergibt.[205] Hier wird auch die Aufgabenverteilung bei der Ausgestaltung und Koordinierung der datenschutzrechtlichen Bausteine[206] deutlich: „In den betreffenden Bestimmungen können die Auflagen für die Verarbeitung personenbezogener Daten durch diese zuständigen Behörden für jene anderen Zwecke präziser festgelegt werden, wobei der verfassungsmäßigen, organisatorischen und administrativen Struktur des betreffenden Mitgliedstaats Rechnung zu tragen ist.“[207]

---

[204] Für die Konzeption eines Strukturprinzips garantierter Verfassungsidentität auf der Metaebene, das die Interrelationen zwischen Rechtsnormen im europäischen Kontext zu steuern hilft, s. *Burchardt*, European Constitutional Law Review, 2019, 73 (94 ff.). Für Art. 4 Abs. 2 EUV und andere primärrechtliche Anknüpfungspunkte für eine Pflicht des EuGH, auf die verfassungsgerichtlich geprägten nationalen Grundrechtsstandards Rücksicht zu nehmen, *Ludwigs*, EuGRZ, 2014, 273 (279).

[205] Vgl. nur EG 8, 10 S. 3 ff, 19 S. 4, 5. S. auch noch die Systematisierung der Öffnungen in funktionaler Hinsicht unten, Teil 3, B., III., 2.

[206] Zu den Bausteinen des EU-Datenschutzrecht und der Kontingenz ihrer Ausgestaltung s. noch unten, Teil 3, A., II.

[207] EG 19 S. 5. Der Begriff „Auflage“ ist dabei – zumindest aus deutscher Perspektive – unglücklich gewählt, zumal er im deutschen Verwaltungsverfahrensrecht bereits besetzt ist und entsprechende Assoziationen auszulösen geeignet ist, vgl. etwa § 36 Abs. 2 Nr. 4 VwVfG. Als Teil eines Unionsrechtsakts ist EG 19 S. 5 indessen autonom auszulegen und hat eine andere Bedeutung, was auch an der englischen Fassung deutlich wird: „Such provisions may determine more precisely specific *requirements* for the processing of data […]“ (Herv. d. Verf.).

III. Fazit: Zentral-dezentrale Regelungsstruktur als Lösungsansatz

Es liegt auf der Hand, dass die vorstehend als vom EU-Gesetzgeber bei der Gestaltung des Datenschutzrechts zu berücksichtigend postulierten Flexibilitäts- und Vielfaltserfordernisse in Konflikt stehen mit dem Anspruch der Union, einen möglichst einheitlichen Datenschutzrechtsrahmen für alle Mitgliedstaaten zu schaffen. Denn die Ermöglichung mitgliedstaatlicher Rechtssetzung birgt stets die Gefahr, dass unterschiedliche Vorschriften in den Mitgliedstaaten geschaffen bzw. aufrechterhalten werden, sodass das angestrebte „eine Gesetz für einen Kontinent" gerade nicht erreicht und der Binnenmarkt beeinträchtigt wird.[208] Die spezifische Herausforderung der Regulierung des unionalen Datenschutzes liegt gerade darin, die Flexibilitäts- und Vielfaltserfordernisse und den Anspruch, einen einheitlichen Rechtsrahmen für alle Mitgliedstaaten zu schaffen, schon auf Rechtssetzungsebene miteinander in Einklang zu bringen. Hierfür bieten sich verschiedene Wege an.

Eine erste Stellschraube, um Flexibilitäts- und Vielfaltserfordernissen Rechnung zu tragen, ist die Handlungsformenwahl. Legt man jeweils die in Art. 288 AEUV legaldefinierten idealtypischen Regelungsstrukturen zugrunde,[209] ist die Richtlinie auf Umsetzung ihrer Vorgaben durch die Mitgliedstaaten angewiesen, wobei die Mitgliedstaaten hinsichtlich der Formen und Mittel der Umsetzung freie Wahl haben. Die Handlungsform der Verordnung wirkt hingegen unmittelbar und allgemein für alle und in allen Mitgliedstaaten, sie bedarf grundsätzlich keiner Umsetzung, sondern statuiert vielmehr selbst verbindliche Rechte und Pflichten. Während mit der Verordnung eine deutliche stärkere Harmonisierungswirkung verbunden ist, bietet die Handlungsform zugleich auch weniger Flexibilität.[210] Ausgehend von den

[208] Die Beseitigung von Beeinträchtigungen des Funktionierens des Binnenmarkts, die aus den Unterschieden zwischen den nationalen Datenschutzregelungen resultieren können, war gerade eine maßgebliche Motivation für die Schaffung der DSRL und der DSGVO, s. EG 7 DSRL, EG 9 DSGVO.

[209] Freilich entspricht die tatsächliche Regelungsstruktur eines mit „Richtlinie" bzw. „Verordnung" überschriebenen Rechtsakts nicht (immer) dieser Typenbeschreibung. Zum System der europäischen Handlungsformen im Allgemeinen sowie zur begrenzten Aussagekraft der konkreten Handlungsformenwahl für die Regelungsstruktur eines Rechtsakts im Besonderen s. noch unten Teil 3, B., II.

[210] Diese idealtypische Beschaffenheit von Verordnungen bot Anlass für Kritik am Kommissionsentwurf der DSGVO. Es gab viele Stimmen, die mehr Flexibilität – insbesondere im öffentlichen Sektor – einforderten und sich aus diesem Grund für eine Richtlinie als geeigneteres Mittel aussprachen. Im Rahmen der Ratsverhandlungen wurde indes deutlich, dass die Mehrheit der Mitgliedstaaten die Handlungsform akzeptierte, aber dennoch darauf bedacht war, auf einen ausreichenden Spielraum für die Festlegung des Datenschutzrechts im öffentlichen Sektor hinzuwirken, vgl. Rat der Europäischen Union, Dok. 13355/14 v. 22.9.2014, Ziffer 2. Zu den Verhandlungen im Rat s. bereits oben, Teil 1, B., III., 1., c).

legaldefinierten Idealtypen ist die Richtlinie aufgrund ihrer Umsetzungsbedürftigkeit und den damit verbundenen mitgliedstaatlichen Gestaltungsfreiheiten das Instrument, mit dem sich Flexibilitäts- und Vielfaltserfordernissen besser Rechnung tragen lässt. Dies belegt auch die Tatsache, dass die Union in vielen Regelungsgebieten, etwa im Bereich des Gesellschafts-, des Verbraucherschutz- und des Strafrechts, bevorzugt (bzw. ausschließlich) auf das Mittel der Richtlinie zurückgreift, um es den Mitgliedstaaten zu ermöglichen, die unionsrechtlichen Vorgaben in kohärenter Weise in ihre nationalen Rechtsrahmen (in Deutschland z. B. BGB, StGB etc.) zu integrieren.[211] Die Wahl einer Richtlinie hätte allerdings auch zur Folge, dass die Zielsetzung des Abbaus von Handelshemmnissen durch einheitliche Regelungen in den Mitgliedstaaten vollkommen in den Hintergrund rücken würde.

Ein anderer Ansatzpunkt für die Berücksichtigung von Flexibilitäts- und Vielfaltserfordernissen jenseits der Handlungsformenwahl ist die Gestaltung des Anwendungsbereichs eines Rechtsakts. Dieser kann mit Rücksicht auf die Flexibilitäts- und Vielfaltserfordernisse differenziert zugeschnitten werden.[212] Konkret im Hinblick auf den Datenschutz wäre es in diesem Zusammenhang etwa denkbar, den öffentlichen und den privaten Sektor angesichts der heterogenen Anforderungen und Gegebenheiten in unterschiedlichen Rechtsakten zu regeln[213] oder sich auf Sachbereiche oder Adressaten, mit

---

[211] Zu diesen Beispielen s. *Brink*, Cambridge Yearbook of European Legal Studies, 2017, 211 (218). Übergreifend zu Umsetzungsspielräumen in Richtlinien als Instrumente faktischer Flexibilisierung *Thym*, § 5 Einheit in Vielfalt: Binnendifferenzierung der EU-Integration, in: Hatje/Braun, Europäisches Organisations- und Verfassungsrecht, 2014, 1–121 (16). S. a., konkret im Kontext des Datenschutzrechts, *Kühling*, Die Europäisierung des Datenschutzrechts, 2014, S. 12 f.: „Der Regelungsansatz in Form von Richtlinie kann [...] auf die großen Vorteile der flexibleren Einpassung in das nationale Recht und das Aufrechterhalten eines größeren, Erkenntnis stiftenden regulatorischen Wettbewerbs zwischen den Mitgliedstaaten verweisen."

[212] Diesen Weg hat der Unionsgesetzgeber bei der Gestaltung der Dienstleistungsrichtlinie gewählt. S. hierzu *Brink*, Cambridge Yearbook of European Legal Studies, 2017, 211 (229 f.) mit dem Hinweis: „The reason to exclude the application of the Directive in other areas, however, has been the desire to protect national autonomy.". Konkret in Bezug auf Richtlinien s. a. *Lohse*, Rechtsangleichungsprozesse in der Europäischen Union, 2017, S. 329, wonach die Grenzen der Angleichungskompetenz der EU regelmäßig „durch Mindestharmonisierung oder Beschränkung des Anwendungsbereichs der Richtlinie" eingehalten würden.

[213] Dieser Ansatz wurde während des Gesetzgebungsprozesses zur DSGVO breit diskutiert, wobei insbesondere in Frage gestellt wurde, ob im öffentlichen Bereich nicht eine Mindestharmonisierung ausreichend gewesen wäre, s. dazu bereits oben im Kontext der Genese, Teil 1, B., III., 1. S. a. *Ehmann*, ZD, 2015, 6 (8 f.), der zwischen drei möglichen „Wegen" zur Realisierung weitergehender Regelungsmöglichkeiten im öffentlichen Sektor unterscheidet. Unterschiedliche Wege wurden auch bereits im Rahmen des Gesetzgebungsverfahrens erwogen, s. nur Rat der Europäischen Union, Dok. 13355/14 v. 22.9.2014, Ziffer 5 ff.

denen typischerweise besondere Gefährdungslagen und Risiken verbunden sind, zu konzentrieren und andere Bereiche anderen Regelungen zu unterwerfen.[214]

Betrachtet man die zentralen Datenschutzrechtsakte der EU, die den Datenschutz in den Mitgliedstaaten regeln, so zeigt sich, dass die Union einen anderen Lösungsansatz bevorzugt: Sowohl Datenschutzrichtlinie als auch DSGVO sind durch eine zentral-dezentrale Regelungsstruktur gekennzeichnet. Zum einen verfolgen die Rechtsakte einen zentralisierenden, vollharmonisierenden Ansatz, haben einen breiten sachlichen Anwendungsbereich, der allein an die „Verarbeitung personenbezogener Daten" anknüpft, und regeln mit sehr abstrakten Vorschriften beinahe ausnahmslos sämtliche Sachbereiche sowie den öffentlichen und privaten Sektor gleichermaßen. Zum anderen enthalten sie zahlreiche und vielgestaltige Öffnungen für das Recht der Mitgliedstaaten und ermöglichen somit dezentrale Regelungen auf nationaler Ebene. Der Ansatzpunkt des Unionsgesetzgebers ist demnach die Handlungsformenwahl, allerdings in spezifischer Gestalt.

Die gewählte Regelungsstruktur lässt sich auch damit erklären, dass andere „Wege der Flexibilisierung und Vielfaltsermöglichung" gerade nicht beschritten wurden. Denn in einem Sekundärrechtsakt, der im Sinne des Harmonisierungsziels die Verarbeitung personenbezogener Daten umfassend und sektorübergreifend erfasst und etwa nicht in seinem Anwendungsbereich nach Sachbereichen, Sektoren oder Adressaten differenziert, manifestieren sich die Flexibilitäts- und Vielfaltserfordernisse, so die These, in Bedürfnissen nach „Öffnung" zugunsten des Rechts der Mitgliedstaaten. Dies gilt umso mehr dort, wo die Regulierung kompetenziell überschießend ist. Diesen Bedürfnissen hat der Unionsgesetzgeber in der DSRL und in der DSGVO durch mannigfaltige Spielräume und Öffnungen Rechnung getragen. Freilich ist die Regelungsstruktur in den Rechtsakten nicht identisch. Die DSRL bot schon aufgrund ihrer Handlungsform einen grundsätzlichen Spielraum für die Mitgliedstaaten, den Koordinierungs- und Differenzierungserfordernissen bei der Umsetzung Rechnung zu tragen. Davon abgesehen enthielt aber auch die DSRL bereits weitere explizite Öffnungen für die Mitgliedstaaten.[215] In der Datenschutz-Grundverordnung wurden diese ex-

---

[214] S. in diese Richtung *Masing*, NJW, 2012, 2305 (2311), der die Frage aufwirft, ob es sinnvoll ist, global agierende Konzerne wie Facebook den gleichen Vorschriften zu unterwerfen wie kleine lokale Unternehmen in allen Mitgliedstaaten. S. a. *Schwartz*, Harvard Law Review, 2013, 1966 (2004) mit dem Vorschlag, dass der Anwendungsbereich des Kommissionsentwurfs der DSGVO deutlich enger gefasst und darauf beschränkt werden sollte, übergreifende „field definitions" für grundlegende konzeptionelle Kategorien (wie personenbezogene Daten oder Einwilligung) aufzustellen. Kritisch zum „one-size-fits-all-Ansatz" der DSGVO etwa *Veil*, NVwZ, 2018, 686 (693 f.).

[215] Vgl. ausdrücklich in Bezug auf Art. 5 DSRL *Dammann/Simitis*, in: Dammann/Si-

pliziten Öffnungen gegenüber der Vorgängerregelung indes erheblich ausgebaut. Dies lässt sich auch damit erklären, dass die DSGVO wegen ihrer unmittelbaren Geltung, aber auch durch ihre größere Detailliertheit eine gegenüber der DSRL stärkere Harmonisierungswirkung entfaltet und tiefer in den mitgliedstaatlichen Rechtsordnungen „vordringt“, gleichzeitig aus denselben Gründen aber auch weniger Flexibilität bietet. Die Öffnungen fungieren insoweit als Kompensate.[216]

Auch der Europäische Gerichtshof hat mitgliedstaatliche Spielräume im Datenschutzsekundärrecht wiederholt als Kompensate für den weiten sachlichen Anwendungsbereich verstanden. In Bezug auf die DSRL und die ePrivacy-RL führte er allgemein aus: „Die Bestimmungen der genannten Richtlinien sind verhältnismäßig allgemein gehalten, da sie auf viele unterschiedliche Situationen in allen Mitgliedstaaten Anwendung finden sollen. Sie enthalten daher sinnvollerweise Regelungen, die den Mitgliedstaaten den erforderlichen Beurteilungsspielraum beim Erlass der Umsetzungsmaßnahmen lassen, die an die verschiedenen denkbaren Sachverhalte angepasst werden können“.[217]

Darüber hinaus hat der EuGH kürzlich hervorgehoben, dass die Öffnungen (partiell) auch der erforderlichen Abstimmung des Datenschutzes mit gegenläufigen Rechtspositionen durch die Mitgliedstaaten dienen.[218] Im

---

mitis, 1997, EG-Datenschutzrichtlinie, Art. 5 DSRL, Rn. 1: „Die Richtlinie bekennt sich damit indirekt zu einer Vielfalt von Lösungsformen und zu differenzierten Wertungen, mit denen die Mitgliedstaaten ihrer unterschiedlichen Rechtskultur und -tradition Rechnung tragen können“. Für eine Systematisierung der Öffnungen in der DSRL s. etwa *Schneider*, Einrichtungsübergreifende elektronische Patientenakten, 2016, S. 439 ff., der u. a. zwischen „expliziten Öffnungsklauseln“ und einem gewissen „Umsetzungsermessen bei der allgemeinen Normkonkretisierung“ differenziert. Zur Regelungsstruktur der DSRL insgesamt s. bereits oben, Teil 1, B., I., 2.

[216] Die Öffnungen sind häufig multifunktional. Für eine funktionale Systematisierung s. noch unten, Teil 3, B., III. Bereits der Kommissionsvorschlag der DSGVO enthielt gegenüber der DSRL deutlich mehr Öffnungen für das Recht der Mitgliedstaaten, s. dazu bereits oben, Teil 1, B., III., 1., a).

[217] *EuGH* Urteil, 29.1.2008 – C-275/06, *Promusicae*, Rn. 67. Mit Blick auf die DSRL s. a. *EuGH* Urteil, 6.11.2003 – C-101/01, *Lindqvist*, Rn. 83; *EuGH* Urteil, 24.11.2011 – C-468/10 und C-469/10, *ASNEF*, Rn. 35.

[218] S., in Bezug auf Art. 9 DSRL bzw. Art. 85 DSGVO, *EuGH* Urteil, 24.9.2019 – C-507/17, *CNIL*, Rn. 67: „Es ist jedoch festzustellen, dass das öffentliche Interesse am Zugang zu einer Information auch innerhalb der Union von Mitgliedstaat zu Mitgliedstaat variieren kann, so dass das Ergebnis der Abwägung zwischen diesem Interesse einerseits und dem Recht der betroffenen Person auf Achtung des Privatlebens und auf Schutz personenbezogener Daten andererseits nicht unbedingt für alle Mitgliedstaaten gleich ist, zumal es nach Art. 9 der Richtlinie 95/46 und Art. 85 der Verordnung 2016/679 Sache der Mitgliedstaaten ist, etwa für die Datenverarbeitung allein zu journalistischen, künstlerischen oder literarischen Zwecken, die Abweichungen und Ausnahmen vorzusehen, die

Kontrast zu diesen Aussagen stehen viele Urteile, in denen die Richter in Luxemburg die funktionalen Hintergründe von datenschutzsekundärrechtlichen Öffnungen nicht hinreichend berücksichtigen.[219]

Insgesamt zeigt sich, dass der Unionsgesetzgeber den Herausforderungen der Regulierung des Datenschutzes auf EU-Ebene mit einer zentral-dezentralen Regelungsstruktur begegnet. Öffnungen und Spielräume wirken dabei (zumindest partiell) als notwendige Kompensate für einen umfassenden, vollharmonisierenden Ansatz, mit denen der Gesetzgeber den Flexibilitäts- und Vielfaltserfordernissen Rechnung trägt. Dieser Befund wird im folgenden Teil 3 anhand einer Analyse der Regelungsstruktur der DSGVO weiter vertieft. Inwieweit manifestieren sich die Flexibilitäts- und Vielfaltserfordernisse in der Datenschutz-Grundverordnung?

erforderlich sind, um diese Rechte u. a. mit der Informationsfreiheit in Einklang zu bringen.".

[219] Die Diskrepanzen in der Rechtsprechung verdeutlichen, dass der EuGH angemessene Spielraumtechniken für das zentral-dezentrale Datenschutzrecht noch entwickeln muss. S. dazu im Einzelnen unten, Teil 4, A., III.

Teil 3

Die Manifestation der Flexibilitäts- und Vielfaltserfordernisse in der DSGVO

Die Öffnung für das Recht bzw. „die Rechte“ der Mitgliedstaaten ist zunächst einmal keine Partikularität des EU-Datenschutzrechts im Allgemeinen respektive der Datenschutz-Grundverordnung im Besonderen. Öffnungen zugunsten der Mitgliedstaaten in EU-Sekundärrechtsakten finden sich vielmehr rechtsgebietsübergreifend in verschiedensten Ausprägungen.[1] Dies kommt nicht zuletzt auch in der Existenz der EU-Implementationsforschung als eigene Disziplin zum Ausdruck.[2] Warum also, mag man sich fragen, steht die Regelungsstruktur der DSGVO mit ihrer Durchlässigkeit (auch) für mit-

[1] Für eine vergleichende Betrachtung dreier Referenzgebiete *Brink*, Cambridge Yearbook of European Legal Studies, 2017, 211 (220 ff.) mit dem Ergebnis, dass die „national discretion“ je nach Sachgebiet unterschiedlich ausgestaltet ist. Beispiele aus verschiedenen Politikfeldern finden sich auch bei *Müller*, Die Öffnungsklauseln der Datenschutzgrundverordnung, 2018, S. 77 ff. Insbesondere das EU-Umweltrecht ist ein besonders anschauliches Referenzgebiet für Öffnungen in Unionsrechtsakten. Ein Überblick über entsprechende mitgliedstaatliche Rechtssetzungsmöglichkeiten findet sich bei *Meßerschmidt*, Europäisches Umweltrecht, 2011, S. 156 ff., der allerdings auch Öffnungen im Primärrecht in Gestalt sog. Schutzverstärkungsklauseln miteinschließt. Als konkretes Beispiel aus dem EU-Sekundärrecht sei die Umwelthaftungsrichtlinie 2004/35/EG genannt, in der sich in den Art. 2 Nr. 3 lit. c, Art. 8 Abs. 4 oder Art. 12 Abs. 5 unterschiedlich gestaltete Öffnungen finden. Für eine Systematisierung von Spielräumen im umweltspezifischen Richtlinienrecht s. *Schlösser*, Die Sperrwirkung sekundären Gemeinschaftsrechts, 2002, S. 112 ff. Für das eCommerce-Recht s. *Schultze*, Europarechtliche Grenzen für die nationale Gesetzgebung im Bereich des Electronic Commerce, 2010, S. 128 ff., die den Harmonisierungsrad verschiedener Richtlinien in diesem Bereich untersucht und dabei unterschiedlich stark ausgeprägte Öffnungen für das Recht der Mitgliedstaaten identifiziert.

[2] Die Implementationsforschung betrifft nicht nur explizite Öffnungen in Richtlinien und Verordnungen, sondern auch und vor allem die Umsetzung von Richtlinien. Ein Aspekt ist etwa die „non-compliance“-Forschung, die sich damit auseinandersetzt, inwieweit und weshalb Unionsrecht durch die Mitgliedstaaten nicht umgesetzt wird, s. etwa *Falkner/Hartlapp/Leiber u. a.*, West European Politics, 2004, 452. Andere Untersuchungen nehmen die Varianzen bei der (rechtskonformen) Umsetzung unionsrechtlicher Regelungen durch die Mitgliedstaaten in den Blick, vgl. *Grohs/Gröbe*, Verwaltungsstile und die „Entdeckung“ politisch-administrativer Gestaltungsspielräume bei der Implementierung von EU-Recht, in: Fraenkel-Haeberle/Galetta/Sommermann, Europäisierung und Internationalisierung der nationalen Verwaltungen im Vergleich, 2017, 149 (149 ff.).

gliedstaatliches Recht gleichwohl so sehr im Fokus der rechtswissenschaftlichen Diskussion um den Rechtsakt?

Als Hintergründe dieser spezifischen Aufmerksamkeit lassen sich vor allem die besondere Quantität und mannigfaltige Qualität der Öffnungen identifizieren. Ihr Umfang und ihre Vielgestaltigkeit im Rahmen einer Verordnung werden, ebenso wie die damit einhergehenden Konsequenzen für die künftige Gestaltung des europäischen Datenschutzrechts zwischen Einheit und Vielfalt, vielerseits als Novum bewertet.[3] Auf konkreter Ebene wird die Frage diskutiert, in welchem Maße die einzelnen Bestimmungen Raum für nationales Datenschutzrecht lassen bzw. – umgekehrt – inwieweit schon erlassenes nationales Ausfüllungsrecht unionsrechtskonform ausgestaltet ist.[4] Auf einer abstrakteren – gewiss damit verklammerten – Ebene haben die Öffnungen eine Diskussion über den Harmonisierungsgrad der DSGVO angestoßen.

Wie eingangs dieser Untersuchung angedeutet, verweisen Kritiker in diesem Zusammenhang auf den Widerspruch zwischen den vielen und mannigfaltigen Öffnungen einerseits und dem manifesten Anspruch der umfassenden Harmonisierung durch einen unionsweit einheitlich geltenden Rechtsakt andererseits.[5] Sie befürchten, die DSGVO werde die Heterogenität der mitgliedstaatlichen Datenschutzregimes perpetuieren, wenn nicht gar vertiefen. Teilweise kommt die Kritik zugespitzt in Bezeichnungen des Rechtsakts als „Richtlinie im Verordnungsgewand“[6], „Diregula-

---

[3] Vgl. exemplarisch die Begründung zum ersten deutschen Umsetzungs- und Anpassungsgesetz: „Im Umfang dieser legislativen Spielräume ist [die DSGVO] ein Novum und ähnelt in wesentlichen Teilen einer Richtlinie. Durch die zahlreichen Ausgestaltungsspielräume für den nationalen Gesetzgeber beschränkt bereits der Unionsgesetzgeber selbst die unmittelbare Wirkung. Bislang bekannte, vom nationalen Gesetzgeber auf der Grundlage einer Verordnung zu treffende Regelungen […] bleiben erheblich hinter den komplexen Abwägungsentscheidungen zurück, zu denen der nationale Gesetzgeber im Rahmen der Öffnungsklauseln der [DSGVO] befugt bzw. verpflichtet ist“, vgl. BR-Drs. 110/17, S. 68. S. a. bereits in Bezug auf den DSGVO-E *Pötters*, RDV, 2015, 10 (11), wonach die EU mit einer Verordnung mit derart vielen Öffnungsklauseln und Konkretisierungsvorbehalten Neuland betrete.

[4] Erste Untersuchungen zu (verbleibenden) mitgliedstaatlichen Regelungsmöglichkeiten gab es schon früh, s. etwa *Benecke/Wagner*, DVBl., 2016, 600; *Kühling/Martini*, Die Datenschutz-Grundverordnung und das nationale Recht, 2016; *Körner*, Wirksamer Beschäftigtendatenschutz im Lichte der Europäischen Datenschutz-Grundverordnung (DS-GVO), 2017, S. 67 ff.; *Roßnagel* (Hrsg.), Das neue Datenschutzrecht, 2018. Für einen vergleichenden Blick auf verschiedene mitgliedstaatliche Umsetzungsgesetze mit der teilweisen Feststellung der Unionsrechtswidrigkeit *Mc Cullagh u. a.* (Hrsg.), National Adaptations of the GDPR, 2019.

[5] Vgl. zu letzterer Zielsetzung insbesondere die Erwägungsgründe 9, 10, 13.

[6] *Kühling/Martini*, EuZW, 2016, 448 (448 f.), die der DSGVO zudem einen „fragmentarischen Verordnungscharakter“ attestieren. Für eine „Verordnung mit Richtliniencharakter“ indes *Peifer*, PinG, 2016, 222 (224).

tion",[7] „unüblicher Hybrid",[8] bloßer „hybride[r] Zwischenschritt"[9] oder „directive in disguise"[10] zum Ausdruck. Vor allem (seinerzeitige) EU-Vertreter betonen demgegenüber den Ausnahmecharakter der Vorschriften und relativieren die Abschwächung der Harmonisierungsdichte durch die Öffnungen. Als Ausnahmen seien die Bestimmungen grundsätzlich restriktiv auszulegen.[11] Die teilweise Vervollständigungsbedürftigkeit der DSGVO ändere nichts an der unmittelbaren Geltung aller ihrer Vorschriften und ihrem Charakter als Verordnung.[12] Wie bereits erwähnt, entbehrt diese Diskussion bisher einer vertieften Auseinandersetzung mit möglichen Hintergründen der DSGVO-Öffnungen. Die Bestimmungen werden überwiegend als Ergebnisse politischer Konsensfindungszwänge gedeutet.

Hier setzt dieser dritte Teil der Untersuchung an. Anknüpfend an die abstrakte Erörterung der Herausforderungen der Datenschutzregulierung auf Unionsebene und des in diesem Zusammenhang postulierten Öffnungserfordernisses wird nun die kontrovers diskutierte „löchrige" Regelungsstruktur der Datenschutz-Grundverordnung in den Blick genommen. Konkret soll dargelegt werden, dass die Öffnungen nicht allein[13] willkürliche Ergebnisse politischer Aushandlungsprozesse sind, sondern vielmehr auch den zuvor herausgearbeiteten Flexibilitäts- und Vielfaltserfordernissen geschuldet sind und ihnen Rechnung tragen.

Zu diesem Zweck werden zunächst (A.) die Regelungsmuster und Bausteine des EU-Datenschutzrechts, wie sie sich in der DSGVO manifestieren, betrachtet und mit Blick auf ihre Funktionen analysiert. Bei dieser Analyse werden zugleich auch einschlägige Öffnungen für das Recht der Mitgliedstaaten herauskristallisiert und funktional ein- bzw. zugeordnet.

---

[7] Vgl. *Marosi*, One (smart) size fits all?, in: Taeger, Smart World – Smart Law?, 2016, 435 (446). Das Wort setzt sich zusammen aus den englischen Begriffen *Directive* (für Richtlinie) und *Regulation* (für Verordnung).

[8] *Mayer-Schönberger/Padova*, The Columbia Science & Technology Law Review, 2016, 315 (324) sprechen in Bezug auf die DSGVO, auch mit Blick auf das Verhältnis von Zentralisierung und mitgliedstaatlichen Spielräumen, von einem „unusual hybrid of old and new".

[9] *Kühling/Raab*, in: Kühling/Buchner, 3. Aufl., 2020, Datenschutz-Grundverordnung BDSG, Einführung, Rn. 2.

[10] *Blume*, Journal of Data Protection & Privacy, 2016, 53 (54).

[11] *Albrecht/Janson*, CR, 2016, 500 (501).

[12] *Selmayr/Ehmann*, in: Ehmann/Selmayr, 2. Aufl., 2018, Datenschutz-Grundverordnung/DS-GVO, Einführung, S. 88. In diese Richtung dürfte auch *Müller*, Die Öffnungsklauseln der Datenschutzgrundverordnung, 2018, S. 202 zu verstehen sein.

[13] Dass politische Machtkämpfe einen Einfluss auf die Regelungsstruktur der DSGVO hatten, liegt auf der Hand und soll hier auch nicht bestritten werden. Jedes in einem parlamentarischen Verfahren beschlossene Gesetz ist immer auch das Ergebnis eines politischen Verhandlungsprozesses, zumal auf der supranationalen Ebene der EU. Es griffe aber eben deutlich zu kurz, die Öffnungen per se als vermeidbare politische Zugeständnisse an den Rat (bzw. die Mitgliedstaaten) zu verstehen.

Im Anschluss (B.) wird die Perspektive umgekehrt und die Öffnungen werden als Untersuchungsgegenstand in den Fokus gerückt. Hierbei wird zunächst aufgezeigt, dass die „Öffnungsklauseln" keine Partikularität der DSGVO bilden und sie sich, anders als teilweise behauptet wird, auch nicht allein mit der Handlungsformenwahl bzw. der Bezeichnung des Rechtsakts als „Grundverordnung" erklären lassen. Daran schließt sich eine systematisierende Betrachtung der Öffnungen an. Es wird herausgearbeitet, dass die bisher dominierende Systematisierung nach Regelungsmodi aus der Perspektive des nationalen Gesetzgebers nur eine von vielen Möglichkeiten ist. Denkt man indes bei der Analyse die Flexibilitäts- und Vielfaltserfordernisse mit, so verbreitert sich der Zugriff auf die Öffnungen und es offenbaren sich alternative Möglichkeiten der Systematisierung. Diese bieten mehr Ertrag und sind auch für die legislative „Ausfüllungspraxis" der Mitgliedstaaten sowie für die Praxis der gerichtlichen Kontrolle anschlussfähig.

A. Regelungsmuster und Bausteine des EU-Datenschutzrechts in der DSGVO

Bis zu ihrer Ablösung durch die Datenschutz-Grundverordnung bildete die Datenschutzrichtlinie das Leitmodell des europäischen Datenschutzrechts.[14] Mit ihr wurde auf EU-Ebene ein Regelungssystem etabliert, mit dem der Umgang personenbezogener Informationen und Daten in allen Mitgliedstaaten grundsätzlich einheitlich, sektorübergreifend angemessen und transparenzsichernd rechtlich strukturiert und zugleich der freie Datenverkehr gewährleistet werden sollte.[15] Ungeachtet anhaltender Kritik an verschiedenen Komponenten dieses Regelungskonzepts[16] bringt die Datenschutz-Grundverordnung keinen fundamentalen Systemwechsel. Vielmehr wird

---

[14] Ausdruck dieses Leitmodellcharakters ist es, dass viele Regelungsmuster der DSRL sich auch in anderen Datenschutzrechtsakten der Union fanden respektive nach wie vor finden. Sie diente insbesondere als Vorlage für die Datenschutzverordnung (Verordnung (EG) Nr. 45/2001), die das Datenschutzrecht in Bezug auf die Verarbeitung personenbezogener Daten durch die Unionsorgane regelte.

[15] Zu den Inhalten, Regelungsmustern und der Regelungsstruktur der DSRL s. bereits oben, Teil 1, B., I., 2.

[16] Die Kritik erstreckte sich auch auf den Reformprozess, s. etwa *Härting/Schneider*, CR, 2015, 819 (819 ff.), die pauschal Art. 5 und 6 DSGVO kritisieren und insbesondere das häufig als solches bezeichnete „Verbotsprinzip" für verfassungswidrig halten. Für dessen Abschaffung etwa auch *Bull*, Hat die „informationelle Selbstbestimmung" eine Zukunft?, in: Stiftung Datenschutz, Zukunft der informationellen Selbstbestimmung, 2016, 13 (14 f.). Zur Kritik am „Verbotsprinzip" s. a. *Buchner/Petri*, in: Kühling/Buchner, 3. Aufl., 2020, Datenschutz-Grundverordnung BDSG, Art. 6, Rn. 14.

ausdrücklich an dem bisherigen Modell festgehalten[17] und die mit der DSRL eingeführten Regelungsmuster (I.) und Bausteine (II.) kommen, wie im Folgenden zu zeigen ist, auch in der DSGVO zum Einsatz. Dies dürfte zumindest auch mit den Pfadabhängigkeiten des EU-Datenschutzrechts[18] sowie den veränderten primärrechtlichen Rahmenbedingungen zu erklären sein, die nunmehr einige dieser Elemente verbindlich vorgeben, was die Gestaltungsfreiheit der Unionsgesetzgeber beschränkt.[19]

I. Regelungsmuster

1. Doppelte Finalität: Zwischen Datenschutz und freiem Datenverkehr

Zu den distinktiven Charakteristika des EU-Datenschutzrechts gehört die doppelte Finalität hinsichtlich der Schutzziele. In der Datenschutz-Grundverordnung kommt diese in Art. 1 Abs. 1 zum Ausdruck, wonach der Rechtsakt „Vorschriften zum Schutz natürlicher Personen bei der Verarbeitung personenbezogener Daten *und* zum freien Verkehr solcher Daten" enthält.[20] Die DSGVO stellt damit eingangs klar, dass sie nicht allein den Schutz hinsichtlich der Verarbeitung personenbezogener Daten zum Gegenstand hat,[21] sondern auch die Gewährleistung des freien Verkehrs personenbezogener Daten innerhalb des Binnenmarkts bezweckt. Die Formulierung dieser Zielbestimmung korrespondiert mit dem Wortlaut der unionalen Kompetenznormen für den Bereich des Datenschutzes, wonach die jeweiligen Unionsgesetzgeber „Vorschriften über den Schutz natürlicher Personen bei der Verarbeitung personenbezogener Daten [...] und über den freien Datenverkehr" festlegen.[22] Diese zweipolige Finalität des unionalen Datenschutzregimes als „Datenverkehrs- und Datenschutzrecht"[23] ist keinesfalls eine Innovation des Ver-

---

[17] Vgl. EG 9: „Die Ziele und Grundsätze der Richtlinie 95/46/EG besitzen nach wie vor Gültigkeit".

[18] S. dazu oben, Teil 2, A.

[19] Art. 8 Abs. 2 und 3 GRCh geben gewisse Strukturen für das europäische Datenschutzkonzept verbindlich vor und über die Kompetenznorm für den Datenschutz, Art. 16 Abs. 2 AEUV, werden diese Vorgaben mit der Zielsetzung des freien Datenverkehrs verknüpft, s. zur Rolle des Primärrechts für das Spannungsverhältnis zwischen Einheit und Vielfalt im EU-Datenschutzrecht insgesamt oben, Teil 1, C.

[20] Herv. d. Verf.

[21] Art. 1 Abs. 2 DSGVO benennt als Schutzgüter die Grundrechte und Grundfreiheiten natürlicher Personen, *insbesondere* deren Recht auf Schutz personenbezogener Daten. Durch diesen Passus vermeidet der Rechtsakt eine Verengung und trägt dem Umstand Rechnung, dass die grundrechtliche Gewährleistung des Datenschutzes sich nicht auf Art. 8 GRCh beschränkt. Dazu bereits oben, Teil 1, C., II., 2.

[22] Vgl. Art. 16 Abs. 2 AEUV bzw. Art. 39 EUV für den Bereich der GASP. Zur Gesetzgebungskompetenz der Union im Bereich des Datenschutzes s. bereits oben, Teil 1, C., I.

[23] Zum Begriff *Schneider*, Die Verwaltung, 2011, 499 (499).

trags von Lissabon oder gar der DSGVO. Sie hat bereits die Datenschutzrichtlinie geprägt[24] und reicht tatsächlich noch weiter zurück.[25]

Die Pluralität der Schutzziele wirft die Frage nach deren Verhältnis zueinander auf. Insoweit ergibt sich aus der weiteren Struktur von Art. 1 DSGVO zunächst, dass Datenschutz und freier Datenverkehr im EU-Datenschutzrecht nicht lose nebeneinanderstehen, sondern sie vielmehr miteinander verklammert werden: Abs. 2 legt fest, dass die Verordnung die Grundrechte und Grundfreiheiten natürlicher Personen, insbesondere deren Recht auf Schutz personenbezogener Daten schützt. Im Anschluss, systematisch nachgeschaltet, heißt es in Abs. 3, dass der freie Datenverkehr aus diesen Gründen, also *insbesondere* aus Gründen des Schutzes natürlicher Personen bei der Verarbeitung personenbezogener Daten, weder eingeschränkt noch verboten werden darf. Demnach stehen die beiden Zielsetzungen in einem funktionalen Stufenverhältnis:[26] Auf der ersten Stufe wird mit den Vorschriften der DSGVO der Schutz der Grundrechte und Grundfreiheiten natürlicher Personen hinsichtlich der Verarbeitung der sie betreffenden Daten realisiert. Auf zweiter Stufe werden deshalb ungerechtfertigte nationale Beschränkungen (als Hemmnisse) des freien Datenverkehrs aus Gründen des Datenschutzes verboten.

Diese unionsrechtsspezifische Verklammerung ist nicht gänzlich unproblematisch. Zwar müssen die beiden Zielsetzungen keinesfalls immer gegenläufig sein; sie können einander mitunter sogar bedingen: Ein starkes Datenschutzrecht kann z. B. durch abgestufte Verbote umfassender Datensammlungen verhindern, dass einzelne besonders dominante Marktteilnehmer sich gegenüber anderen Wettbewerbsvorteile verschaffen.[27] Gleichwohl sind in der Verklammerung auch Zielkonflikte angelegt.[28] Dies zeigt sich, wenn man

[24] Die Struktur von Art. 1 DSGVO geht auf Art. 1 DSRL zurück, der als Schutzgegenstände der Richtlinie ebenfalls den Datenschutz und den freien Datenverkehr auswies. Die Verklammerung der Zielsetzungen in Art. 1 DSRL ist nicht zuletzt auch dem seinerzeitigen Kompetenzregime geschuldet, dazu bereits oben, Teil 1, C., I., 1.

[25] Zu den Ursprüngen in der Datenschutzkonvention s. bereits oben, Teil 1, A., II.

[26] Für den grundsätzlichen, aber nicht absoluten Vorrang des Schutzes personenbezogener Daten hingegen *Hornung/Spiecker Döhmann*, in: Simitis/Hornung/Spiecker gen. Döhmann, 2019, Datenschutzrecht, Art. 1, Rn. 28 ff.

[27] S. etwa, mit weiteren Beispielen, *Hornung/Spiecker Döhmann*, in: Simitis/Hornung/Spiecker gen. Döhmann, 2019, Datenschutzrecht, Art. 1, Rn. 21. Hier zeigen sich Überschneidungen von Datenschutz- und Wettbewerbsrecht, die auf die oben angesprochenen Koordinierungs- und Abstimmungserfordernisse verweisen, s. dazu Teil 2, C., I., 1., a).

[28] Zu erwarteten Zielkonflikten bereits unter der DSRL s. *Kilian*, Europäisches Datenschutzrecht – Persönlichkeitsrecht und Binnenmarkt, in: Tinnefeld/Philipps/Heil, Informationsgesellschaft und Rechtskultur in Europa, 1995, 98 (100 ff.). Zum ambivalenten Verhältnis von Binnenmarkt und Datenschutz s. a. *Hustinx*, „EU-Datenschutzrecht: Die Überprüfung der Richtlinie 95/46/EG und die vorgeschlagene Datenschutz-Grundver-

einen spezifischen Aspekt des freien Datenverkehrs betrachtet und ihn den Charakteristika und Anforderungen des Regelungsgegenstands Datenschutz gegenüberstellt: Der freie Verkehr personenbezogener Daten wird im Rahmen der Datenschutz-Grundverordnung, anders als das Ziel des Datenschutzes, weniger durch den Regelungsgehalt der einzelnen Vorschriften realisiert, als über den grundsätzlichen vollharmonisierenden Ansatz des Rechtsakts. Vor allem über das in Art. 1 Abs. 3 DSGVO verankerte Verbot nationaler Abweichungen,[29] den Handlungsformenwechsel zu einer (Grund-)Verordnung in Verbindung mit dem Vorrang des Unionsrechts[30] und verschiedene institutionelle Mechanismen[31] soll ein gleichwertiges Datenschutzniveau in allen Mitgliedstaaten erreicht und vor allem der binnenmarktrelevante grenzüberschreitende Austausch personenbezogener Daten frei von Hemmnissen ermöglicht werden.[32] Dieser Anspruch eines einheitlichen Rechtsrahmens kann allerdings mit den Flexibilitäts- und Vielfaltserforder-

---

ordnung", https://edps.europa.eu/sites/edp/files/publication/14-09-15_article_eui_de.pdf, (53 ff.) (zuletzt abgerufen am 31.3.2022). Aus der Rechtsprechung: *EuGH* Urteil, 6.11.2003 – C-101/01, *Lindqvist*, Rn. 79 ff.: „Nach der dritten Begründungserwägung der Richtlinie 95/46 muss die Harmonisierung dieser nationalen Regelungen nicht nur auf den freien Verkehr dieser Daten zwischen Mitgliedstaaten, sondern auch auf die Wahrung der Grundrechte der Personen abzielen. Diese Ziele können offenkundig miteinander in Konflikt geraten."; *EuGH* Urteil, 9.3.2010 – C-518/07, *Kommission/Deutschland*, Rn. 21.

[29] Für die Einordnung der DSRL als Vollharmonisierungsmaßnahme aufgrund von Art. 1 DSRL, auch in Abgrenzung zu sonstigen Typen der Harmonisierung, s. *Obwexer*, Harmonisierung und Optionalität – stehen Öffnungsklauseln der Verwirklichung des Binnenmarkts entgegen?, in: König/Uwer, Grenzen europäischer Normgebung, 2015, 54 (58). Dazu, dass die Freiverkehrsklausel ihre integrierende Wirkung nur im System einer Vollharmonisierung entfalten kann, ebenfalls noch in Bezug auf die DSRL, *Brühann*, EuZW, 2009, 639 (644).

[30] Vgl. EG 13 DSGVO: „Damit in der Union ein gleichmäßiges Datenschutzniveau für natürliche Personen gewährleistet ist und Unterschiede, die den freien Verkehr personenbezogener Daten im Binnenmarkt behindern könnten, beseitigt werden, ist eine Verordnung erforderlich […]".

[31] Der Schutz des freien Datenverkehrs ist auch jenseits von Art. 1 Abs. 3 DSGVO in einigen (vor allem die institutionelle Dimension betreffenden) Vorschriften positiviert. So dient die Einrichtung der Aufsichtsbehörden gem. Art. 51 Abs. 1 DSGVO ausdrücklich der Erleichterung des freien Datenverkehrs. Ferner sollen etwa die Einrichtung des Europäischen Datenschutzausschusses sowie das Kohärenzverfahren im Kern die – für den freien Datenverkehr bedeutsame (vgl. EG 123 S. 1) – einheitliche *Anwendung* des Datenschutzrechts gewährleisten, vgl. EG 139 S. 1 bzw. EG 135 S. 1. S. zum Baustein des Datenschutzes durch Institutionen noch unten, Teil 3, A., II., 5. Zu den neu eingeführten Verfahren der Zusammenarbeit und Kohärenz und ihrer Rolle für das Verhältnis von Einheit und Vielfalt s. Teil 4, B.

[32] Vgl. übergreifend EG 9 und 10 DSGVO. Der Unionsgesetzgeber versteht das Ziel des freien Verkehrs personenbezogener Daten also vor allem als ein der Verwirklichung des Binnenmarkts dienendes.

nissen kollidieren, denen bei der Regulierung des Datenschutzes – zumal im Mehrebenensystem der Union – Rechnung zu tragen ist, um einen funktionalen effektiven Schutz der von der Verarbeitung personenbezogener Daten Betroffenen zu gewährleisten.[33] Die Ziele des Datenschutzes und des freien Datenverkehrs (soweit letzteres mit dem Anspruch der Schaffung eines einheitlichen europäischen Datenschutzrechts identisch ist)[34] können sich insofern gegenüberstehen.[35]

Hier zeigt sich das Potenzial und die Notwendigkeit von Öffnungen für mitgliedstaatliches Recht, die gerade nicht per se als zu vermeidende Hemmnisse für das Harmonisierungsziel gesehen werden dürfen, sondern vielmehr eine zentrale Ventilfunktion erfüllen.[36] Gerade diese Öffnungen zeigen, dass der freie Datenverkehr kein „überbordendes" Ziel ist, sondern in vielen Fällen im Sinne der Effektivität des Datenschutzes (und auch der kompetenziellen Grenzen) zurückstehen muss. Freilich bilden sie zugleich Ausgangspunkte für Konflikte um die Reichweite des Harmonisierungsziels bzw. der mitgliedstaatlichen Gestaltungsmöglichkeiten. Dieses Konfliktpotenzial hat sich wiederholt in der Rechtsprechung des EuGH manifestiert, wie noch zu zeigen ist.[37]

---

[33] S. dazu im Einzelnen oben, Teil 2, C.

[34] *Marsch*, Das europäische Datenschutzgrundrecht, 2018, S. 319 f. etwa versteht den freien Datenverkehr als „Chiffre für einen Binnenmarktraum, in dem grenzüberschreitende Datenverarbeitungsvorgänge nicht durch divergierende mitgliedstaatliche Regelungen gehemmt werden, sondern einer einheitlichen europäischen Regulierung unterliegen."

[35] Auch wenn die Ziele grundsätzlich auf unterschiedlichen Stufen liegen, kann es aufgrund der Funktionsanforderungen des Datenschutzes dazu kommen, dass der Harmonisierungsanspruch des EU-Datenschutzrechts in bestimmten Bereichen zugunsten mitgliedstaatlicher Vielfalt zurückstehen muss. Man mag dagegen einwenden, dass in Kontexten, in denen Flexibilitäts- und Vielfaltserfordernisse ausgeprägt sind (und in Form von Öffnungen auch zum Ausdruck kommen), der Harmonisierungsanspruch ohnehin schon nicht besteht. Jedenfalls aber greift es zu kurz, anzunehmen, dass die Schutzziele „mitnichten gegenläufig sind", so aber – allerdings noch in Bezug auf die DSRL, die eine andere Kompetenzgrundlage hatte – *Marsch*, Das europäische Datenschutzgrundrecht, 2018, S. 317.

[36] Zur zentral-dezentralen Regelungsstruktur als Lösungsansatz bereits oben, Teil 2, C., III. Art. 1 Abs. 3 DSGVO schließt deshalb freilich jene Beschränkungen *nicht* aus, die von der DSGVO durch Öffnungen explizit zugelassen werden. So zutreffend auch *Roßnagel*, in: Simitis/Hornung/Spiecker gen. Döhmann, 2019, Datenschutzrecht, Art. 2 DSGVO, Rn. 48; *Sydow*, in: Sydow, 2. Aufl., 2018, Europäische Datenschutz-Grundverordnung, Art. 1, Rn. 22; schon zur DSRL: *Albers*, Informationelle Selbstbestimmung, 2005, S. 316. Die Mitgliedstaaten sind bei der Ausfüllung der Öffnungen, nicht zuletzt aufgrund von Art. 4 Abs. 3 EUV, aber dazu verpflichtet, größtmöglich auf die Harmonisierungsziele des EU-Datenschutzrechts Rücksicht zu nehmen.

[37] Zur uneinheitlichen Maßstabentwicklung des EuGH im Hinblick auf die Auslegung und Anwendung des Datenschutzsekundärrechts s. im Einzelnen noch unten, Teil 4, A., II., 2.

2. Breiter, sektorübergreifender Anwendungsbereich: Verarbeitung personenbezogener Daten

Ein prägendes Merkmal des unionalen Datenschutzrechts ist sein sehr weiter sachlicher und räumlicher Anwendungsbereich. Der sachliche Anknüpfungspunkt der DSGVO ist gemäß Art. 2 Abs. 1 DSGVO die „ganz oder teilweise automatisierte Verarbeitung personenbezogener Daten".[38] Beide sachlichen Bezugspunkte der Datenschutz-Grundverordnung, sowohl der Verarbeitungsbegriff als auch das Konzept „personenbezogener Daten", werden vom Rechtsakt definiert.

Die „Verarbeitung" schließt viele Verarbeitungsphasen ein, ohne dass diesen eine feste Reihenfolge zugeordnet würde.[39] Auch ist die Bestimmung nicht abschließend formuliert. Dies trägt zum einen dem Umstand Rechnung, dass Datenverarbeitungsprozesse und relevante Phasen nicht von vornherein und aus sich heraus feststehen, sondern im Einzelfall – insbesondere unter Berücksichtigung des Kontexts – zu bestimmen sind und ihre Rechtmäßigkeit im Verarbeitungszusammenhang zu beurteilen ist.[40] Zum anderen reflektiert der Abstraktionsgrad der Definition die Dynamik technischer Entwicklungen und führt zu einem weiten, lernfähigen Anwendungsbereich.

Auch der Begriff der *personenbezogenen Daten* ist weit definiert. Er umfasst „alle Informationen, die sich auf eine identifizierte oder identifizierbare natürliche Person [...] beziehen".[41] Der Unionsgesetzgeber hält am Perso-

---

[38] Die nichtautomatisierte Verarbeitung ist nur für solche personenbezogenen Daten erfasst, die „in einem Dateisystem gespeichert sind oder gespeichert werden sollen." Zum Begriff der Datei, allerdings noch unter Geltung der DSRL, s. *EuGH* Urteil, 10.7.2018 – C-25/17, *Jehovan todistajat*, Rn. 52 ff.

[39] Gem. Art. 4 Nr. 2 DSGVO meint „Verarbeitung" „jeden mit oder ohne Hilfe automatisierter Verfahren ausgeführten Vorgang oder jede solche Vorgangsreihe im Zusammenhang mit personenbezogenen Daten wie das Erheben, das Erfassen, die Organisation, das Ordnen, die Speicherung, die Anpassung oder Veränderung, das Auslesen, das Abfragen, die Verwendung, die Offenlegung durch Übermittlung, Verbreitung oder eine andere Form der Bereitstellung, den Abgleich oder die Verknüpfung, die Einschränkung, das Löschen oder die Vernichtung".

[40] Zum Prozesscharakter von Datenverarbeitungsvorgängen und Informationsflüssen s. bereits oben, Teil 2, B., III. Zur Schwierigkeit der Beurteilung von Rechtswidrigkeitszusammenhängen im Ablauf von Datenverarbeitungsprozessen s. a. *Albers/Veit*, in: Wolff/Brink, 38. Edition, 2021, BeckOK Datenschutzrecht, Art. 6 DSGVO, Rn. 116 ff.

[41] Vgl. Art. 4 Nr. 1 DSGVO, der im Weiteren noch das Kriterium der Identifizierbarkeit näher definiert. Die Begriffsdefinition ist sehr weit und zugleich flexibel gestaltet. Damit trägt sie dem Umstand Rechnung, dass einzelne Verarbeitungsphasen häufig nicht (mehr) eindeutig zu trennen sind und auch nicht (immer) linear ablaufen. Um das in einem Sachverhalt jeweils passende Defintionsmerkmal zu ermitteln, muss man die Schutzziele des Datenschutzrechts mitdenken. Insbesondere kann auf diese Weise auch herausgearbeitet

nenbezug bzw. an der Personenbeziehbarkeit als zentralem Kriterium fest, um normativ relevante von irrelevanten Daten zu unterscheiden. Angesichts der europäischen Datenstrategie, in deren Zuge verschiedene Rechtsakte auf den Weg gebrachten wurden (und werden), die die Regelung des freien Verkehrs von nicht-personenbezogenen Daten zum Gegenstand haben, wird das Konzept als Abgrenzungskriterium in Zukunft noch weiter an Bedeutung gewinnen.[42]

Die Probleme, die seit jeher mit dem Personenbezug als Differenzierungsmerkmal verbunden sind, sind vielfältig.[43] Aus der Perspektive der Schutzziele des Datenschutzes ist er zugleich zu weit und zu eng. Denn einerseits begründet das bloße Verweisen von Informationen und Daten auf eine Person nicht bereits für sich genommen einen Schutzbedarf, sondern dieser wird normativ erst angesichts potenzieller negativer Folgen begründet. Andererseits können Schutzerfordernisse auch mit Blick auf die Verarbeitung von Daten entstehen, die (zunächst) nicht personenbezogen sind: Es kann normativ gerade erwünscht sein, mögliche zukünftige Verknüpfungen, die einen Personenbezug herstellen würden, ex-ante zu unterbinden.[44] Denkbar ist das etwa im Kontext von modernen Big-Data-Analysetechniken, die häufig mit großen, aggregierten Mengen nicht-personenbezogener Daten operieren. Sich an solche Analysen anschließende Entscheidungen, etwa im Kontext des Versicherungs- oder Kreditwesens, sind deshalb aber nicht notwendigerweise mit weniger Risiken für die Rechte und Interessen der dann Betroffenen behaftet.

Ein weiteres, damit verwobenes Problem betrifft die Frage, welche Anforderungen man an die Identifizierbarkeit von Personen[45] bzw. an die Qua-

---

werden, ob der normative Schutzbedarf auf der Informations- oder der Datenebene liegt. Zur Differenz von Informationen und Daten s. bereits oben, Teil 2, B., I.

[42] S. dazu bereits oben im Kontext der Koordinierungs- und Abstimmungserfordernisse mit anderweitigen daten- und informationsbezogenen Rechtsregimen. Dies kommt auch darin zum Ausdruck, dass der Verkehr nicht-personenbezogener Daten anderen Vorschriften unterworfen wird. Vgl. in diesem Zusammenhang die Verordnung (EU) 2018/1807 des Europäischen Parlaments und des Rates vom 14. November 2018 über einen Rahmen für den freien Verkehr nicht-personenbezogener Daten in der Europäischen Union, die sog. „Datenlokalisierungsauflagen" für nicht-personenbezogene Daten im Recht oder der Verwaltungspraxis der Mitgliedstaaten grundsätzlich verbietet.

[43] Dazu eingehend *Schwartz/Solove*, New York University Law Review, 2011, 1814 (1836 ff.) mit einem differenzierenden Gegenvorschlag. Monografisch: *Haase*, Datenschutzrechtliche Fragen des Personenbezugs, 2015, S. 240 ff. Zu resultierenden Problemen in der Grundrechtsdimension s. bereits oben, Teil 1, C., II., 1., a).

[44] Auch auf solche Daten findet die DSGVO Anwendung, vgl., in Bezug auf pseudonymisierte Daten, EG 26 S. 2.

[45] Zu den „Extrempositionen" des relativen und des absoluten Verständnisses der Personenbezogenheit s. *Herbst*, NVwZ, 2016, 902 (904 ff.).

lität der Beziehung zwischen Daten und Personen stellt.[46] Versteht man die Personenbeziehbarkeit zu eng, werden möglicherweise Kontexte mit großem Gefährdungspotenzial nicht erfasst. Legt man das Kriterium sehr weit aus und lässt jede überhaupt denkbare Verknüpfungsmöglichkeit bzw. jede noch so lose (sachliche und/oder zeitliche) Beziehung zwischen einer Angabe und einer Person ausreichen, büßt es hingegen jegliche Steuerungswirkung ein; man gelangte zu einem allumfassenden Anwendungsbereich[47] bzw. wäre eben doch „Alles nur Datenschutz".[48] Das Verständnis des Personenbezugs bildet also auch einen möglichen Anknüpfungsunkt, um das Datenschutzrecht mit anderen informations- und datenbezogenen Rechtsregimes zu koordinieren und abzustimmen.[49] Jedenfalls bei einem weiteren Verständnis, wie es der EuGH in ständiger Rechtsprechung zugrunde legt,[50] geht also auch der sachliche Bezugspunkt „personenbezogene Daten" mit einer erheblichen Breitenwirkung des sachlichen Anwendungsbereichs des EU-Datenschutzrechts einher.

Aufgrund dieser sachlichen Anknüpfungspunkte erstrecken sich die Vorschriften der DSGVO – im Rahmen ihres sachlichen Anwendungsbereichs – sektorunabhängig auf jede Verarbeitung personenbezogener Daten in den und durch die Mitgliedstaaten, und zwar grundsätzlich im öffentlichen und privaten Bereich gleichermaßen.[51] Als „omnibus regime"[52] bzw. Quer-

---

[46] Zum Ganzen auch *Albers*, § 22 Umgang mit personenbezogenen Informationen und Daten, in: Voßkuhle/Eifert/Möllers, Grundlagen des Verwaltungsrechts, 2022, 1–113 (16 ff.).

[47] Zur Bezeichnung als „law of everything" s. *Purtova*, Law, Innovation and Technology, 2018, 40 (72 ff.), dort mit der Einschätzung, dass das Konzept gegenwärtig noch tragfähig sei, für die Zukunft aber alternative Ansätze entwickelt werden müssten.

[48] Kritisch mit Blick auf Big-Data-Anwendungen *Broemel/Trute*, Alles nur Datenschutz?, in: Ritschel/Müller, Big data als Theorieersatz, 2016, 50.

[49] Zu diesem Erfordernis s. bereits oben, Teil 2, C., I., 1., a).

[50] Vgl. nur *EuGH* Urteil, 19.10.2016 – C-582/14, *Breyer*, Rn. 31 ff.

[51] Zum kaum differenzierenden Regelungsansatz bereits in der DSRL s. *Brühann*, in: Groeben/Schwarze/Hatje, 7. Aufl., 2015, Europäisches Unionsrecht, Art. 16 AEUV, Rn. 46. Die sachliche Anknüpfung allein an die „Verarbeitung personenbezogener Daten" sollte nicht den Blick dafür verstellen, dass das EU-Datenschutzrecht mit gewissen Instrumenten auch andere Bezugspunkte des Datenschutzes reflektiert. Die in den Art. 12 ff. DSGVO geregelten Informationspflichten und Auskunftsrechte dienen der Transparenz hinsichtlich des Wissens anderer über einen selbst und adressieren somit die Strukturdimension. Art. 25 DSGVO etwa nimmt die Bedeutung der Techniken, Netze und Infrastrukturen in den Blick und statuiert technikspezifische Verpflichtungen. Zu diesen Komponenten und ihren Funktionen sogleich.

[52] Zum EU-Datenschutzrecht als „omnibus regime" sowie für eine Gegenüberstellung mit sektorspezifischen Regelungsansätzen vor allem in den USA s. *Lynskey*, The foundations of EU data protection law, 2015, S. 15 ff., die als Charakteristika den umfassenden Ansatz, die parallele Regulierung von öffentlichem und privatem Bereich sowie die insti-

schnittsmaterie ist das EU-Datenschutzrecht also, im Unterschied zu anderem Sekundärrecht, *prima facie* nicht auf spezifische Kontexte wie etwa eine bestimmte Ware oder Dienstleistung beschränkt.[53] Vom Anwendungsbereich ausgeklammert sind gemäß Art. 2 Abs. 2 DSGVO Verarbeitungen im Rahmen von Tätigkeiten, die nicht in den Anwendungsbereich des Unionsrechts fallen,[54] solche, die in den Bereich der GASP fallen, solche durch natürliche Personen zur Ausübung ausschließlicher persönlicher oder familiärer Tätigkeiten sowie solche im Kontext von Straftatenbekämpfung und Gefahrenabwehr.[55]

Der räumliche Anwendungsbereich wird von Art. 3 DSGVO abgesteckt und erstreckt sich vor allem über das in Abs. 2 neu eingeführte „Marktortprinzip" mitunter auf extraterritoriale Sachverhalte.[56]

---

tutionalisierte Kontrolle herausarbeitet. Oft wird das unionale Datenschutzrecht auch als „comprehensive model" mit anderen Regulierungsmodellen („piecemeal") kontrastiert, vgl. etwa *Terwangne*, Is a Global Data Protection Regulatory Model Possible?, in: Hert/Gutwirth/Poullet u. a., Reinventing Data Protection?, 2009, 175 (178 ff.).

[53] Die Dienstleistungsrichtlinie (EG) 2006/123 etwa hat zwar auch einen sehr weitreichenden Anwendungsbereich. Sie enthält in Art. 2 aber einen umfangreichen Katalog an ausgenommenen Sektoren, der insbesondere von dem Bedürfnis getragen ist, der nationalen Autonomie Rechnung zu tragen. S. dazu *Brink*, Cambridge Yearbook of European Legal Studies, 2017, 211 (230). Dort auch zu der extensiven Auslegung dieser Ausnahmen durch den EuGH, die damit begründet wird, dass der Gesetzgeber einen Ausgleich zwischen dem freien Dienstleistungsverkehr und dem Schutzbedürfnis der Charakteristika spezifischer Sektoren geschaffen habe.

[54] Mit Art. 2 Abs. 2 lit. a DSGVO trägt der Rechtsakt der begrenzten Kompetenz der Union für den Datenschutz Rechnung und nimmt seinen Geltungsanspruch entsprechend zurück. Zur Vorgängerregelung, Art. 3 Abs. 2 DSRL, hatte der EuGH in ständiger Rechtsprechung festgestellt, dass diese eng auszulegen sei, vgl. nur *EuGH* Urteil, 14.2.2019 – C-345/17, *Buivids*, Rn. 41 m. w. N. S., in Bezug auf Art. 2 Abs. 2 lit. a DSGVO, nunmehr auch *EuGH* Urteil, 9.7.2020 – C-272/19, *VQ*, Rn. 68 sowie *EuGH* Urteil, 22.6.2021 – C-439/19, *B*, Rn. 62 m. w. N. Dass die Vorschrift auf den Wortlaut von Art. 16 Abs. 2 AEUV Bezug nimmt bzw. diesen klarstellend wiederholt, die DSGVO gleichzeitig aber auch Bereiche regelt, die (überwiegend) nicht in den Anwendungsbereich des Unionsrechts fallen (s. nur Art. 23 und 85 DSGVO), ist geeignet, Verwirrung zu provozieren. Dieser scheinbare Widerspruch erklärt sich allerdings mit der überschießenden Dynamik von Art. 16 Abs. 2 AEUV, s. dazu bereits oben, Teil 1, C., I., 2., b).

[55] Das Datenschutzrecht im Kontext von Tätigkeiten zur Straftatenbekämpfung und Gefahrenabwehr wird von einem bereichsspezifischen Rechtsakt, der JI-RL, geregelt. Dies bedeutet indes nicht, dass sämtliche Verarbeitungen von personenbezogenen Daten durch Justiz- und Polizeibehörden unter die JI-RL fallen, s. zum Verhältnis von DSGVO und JI-RL jüngst auch *EuGH* Urteil, 22.6.2021 – C-439/19, *B*, Rn. 69 f. mit Bezug auf EG 19.

[56] Hinzu tritt das gegenüber der DSRL deutlich ausgebaute Drittstaatendatenübermittlungsregime in den Art. 45 ff. DSGVO. Für eine Analyse des extraterritorialen Anwendungsbereichs der DSGVO im Einzelnen *Veit*, Safeguarding regional data protection rights on the global Internet – The European approach under the GDPR, in: Albers/Sarlet, Personality and Data Protection Rights on the Internet, 2022, 445 (463 ff.).

3. Umfassende rechtliche Determination der Datenverarbeitung

Ein weiteres zentrales Charakteristikum des EU-Datenschutzrechts und der Datenschutz-Grundverordnung ist der Ansatz der umfassenden rechtlichen Determinierung der Verarbeitung personenbezogener Daten. Das unionale Datenschutzrecht folgt, mit anderen Worten, gerade keinem Schutzkonzept, das sich darauf beschränkt, Ausgleichsmechanismen für Schäden zu schaffen, die durch den Missbrauch von Informationen und Daten entstanden sind. Vielmehr wird der gesamte Umgang mit personenbezogenen Informationen und Daten präventiv mit rechtlichen Anforderungen flankiert.[57] Besonders deutlich kommt dieser Regelungsansatz in Kapitel II der Datenschutz-Grundverordnung, insbesondere in Art. 5 und Art. 6 ff. DSGVO, zum Ausdruck.

Die in Art. 5 Abs. 1 DSGVO aufgelisteten „Principles" waren überwiegend schon in der DSRL bzw. sogar bereits in der Datenschutzkonvention des Europarats enthalten. Ein fundamentaler Unterschied gegenüber der bisherigen Rechtslage besteht aber darin, dass die Grundsätze unter der DSGVO direkte Geltung beanspruchen und die Verantwortlichen selbst unmittelbar binden. Diese Konsequenz des Handlungsformenwechsels ist in ihrer Wirkung für die Funktionalität des Datenschutzrechts insgesamt nicht zu unterschätzen.[58] Art. 5 Abs. 2 DSGVO verpflichtet den Verantwortlichen dazu, die Einhaltung der Grundsätze nachzuweisen. Inhaltlich formulieren die Grundsätze Rechtmäßigkeitsbedingungen für die Verarbeitung personenbezogenen Daten im weiteren Sinne. Sie bilden zum Teil Elemente unterschiedlicher Bausteine des unionalen Datenschutzrechts ab.[59] Art. 5 Abs. 1

[57] Dieser Regelungsansatz ist, wie bereits gezeigt, auch mit den Pfadabhängigkeiten des EU-Datenschutzrechts zu erklären, s. dazu bereits oben, Teil 2, A. Zu den Hintergründen der seinerzeitigen Entscheidung des *deutschen* Gesetzgebers für dieses Konzept s. m. w. N. *Simitis/Hornung/Spiecker gen. Döhmann*, in: Simitis/Hornung/Spiecker gen. Döhmann, 2019, Datenschutzrecht, Einleitung, Rn. 17. Für eine Regulierung konkreter Gefährdungslagen anstatt eines vorsorglichen „Verbot[s] mit Erlaubnisvorbehalt" *Bull*, Hat die „informationelle Selbstbestimmung" eine Zukunft?, in: Stiftung Datenschutz, Zukunft der informationellen Selbstbestimmung, 2016, 13 (14 ff.) Für ein enges Verständnis des Datenschutzrechts i. S. eines Missbrauchsschutzes s. a. *Schoch*, Das Recht auf informationelle Selbstbestimmung in der Informationsgesellschaft, in: Sachs/Siekmann, Der grundrechtsgeprägte Verfassungsstaat, 2012, 1491 (1507 ff.). Kritisch auch *Schmidt-Jortzig*, DÖV, 2018, 10 (11 ff.).

[58] Mit dem Wechsel zu einer allgemein und unmittelbar geltenden Verordnung ist ein nicht unerheblicher Verlust an Flexibilität verbunden. Anders als noch unter der DSRL ist es den Mitgliedstaaten unter Geltung der DSGVO nur in eng begrenztem Maße (vgl. z. B. Art. 23 Abs. 1 DSGVO) möglich, die verschiedenen Grundsätze entsprechend den jeweiligen Gegebenheiten im nationalen Recht auszugestalten und anzupassen.

[59] Das gilt insbesondere für die Phasenregulierung und die System- und Technikgestaltung. Vgl. dazu im Einzelnen noch unten im Rahmen der Analyse der Bausteine, Teil 3, A., II., 1. und 2.

lit. a) DSGVO verpflichtet zur rechtmäßigen, fairen und transparenten Verarbeitung und setzt damit primärrechtliche Vorgaben aus Art. 8 Abs. 2 S. 1 GRCh um.[60] Der von diesem Grundsatz verwendete Begriff der „Rechtmäßigkeit" lässt sich dabei sowohl weit im Sinne einer programmatischen Erklärung, dass die Verarbeitung personenbezogener Daten rechtlichen Bedingungen unterliegt[61] (und der Rechtsakt dem Ansatz der umfassenden rechtlichen Determinierung folgt) als auch eng im Sinne der von Art. 6 DSGVO adressierten Rechtmäßigkeit verstehen.[62]

Art. 6 Abs. 1 DSGVO legt fest, dass die Verarbeitung personenbezogener Daten nur rechtmäßig ist, wenn einer der in der Bestimmung genannten Tatbestände erfüllt ist. Demnach muss jede Verarbeitung auf die Einwilligung des Betroffenen oder eine der sonstigen gesetzlichen Grundlagen gestützt werden können. Jede automatisierte Datenverarbeitung wird dadurch unter den Vorbehalt eines Rechtmäßigkeitsgrundes gestellt. Dieses Regelungsprinzip wird in der deutschen Literatur oft als „Verbot mit Erlaubnisvorbehalt"[63] bezeichnet und häufig mit dem Ansatz der umfassenden rechtlichen Determination der Datenverarbeitung gleichgesetzt. Art. 6 Abs. 1 regelt die Rechtmäßigkeitsgründe abschließend, öffnet sich über die Abs. 2, 3 und 4 jedoch in großem Maße für die nähere Ausgestaltung (auch) durch das mitgliedstaatliche Recht.[64] Mit der Verankerung dieses Regelungsansatzes konkretisiert der Gesetzgeber den in Art. 5 Abs. 1 lit. a) DSGVO normierten Grundsatz und setzt auch damit die primärrechtlichen Maßgaben aus Art. 8 Abs. 2 S. 1 GRCh um. Die Überschrift von Art. 6 DSGVO ist insofern irreführend, als sich die Rechtmäßigkeit der Verarbeitung (im weiteren Sinne) nicht allein nach Art. 6 DSGVO beurteilt.[65] Vielmehr wird die Bestimmung von vielen weiteren materiellen Anforderungen wie den Betroffenenrechten (Art. 12 ff.), Dokumentationspflichten (z.B Art. 30) oder Datensicherheitsmaßnahmen (Art. 32 ff.) flankiert.[66]

---

[60] Zu den Inhalten der einzelnen Komponenten näher *Roßnagel*, in: Simitis/Hornung/Spiecker gen. Döhmann, 2019, Datenschutzrecht, Art. 5, Rn. 31 ff.

[61] *Reimer*, in: Sydow, 2. Aufl., 2018, Europäische Datenschutz-Grundverordnung, Art. 5, Rn. 13.

[62] Zum „Streit" mit guten Argumenten für ein enges Verständnis *Herbst*, in: Kühling/Buchner, 3. Aufl., 2020, Datenschutz-Grundverordnung BDSG, Art. 5, Rn. 8 ff.

[63] S. etwa *Buchner/Petri*, in: Kühling/Buchner, 3. Aufl., 2020, Datenschutz-Grundverordnung BDSG, Art. 6, Rn. 11. Diese Bezeichnung ist dogmatisch nicht treffend. Dazu etwa *Albers/Veit*, in: Wolff/Brink, 38. Edition, 2021, BeckOK Datenschutzrecht, Art. 6 DSGVO, Rn. 11.

[64] Zu den Öffnungen in Art. 6 Abs. 2 und 3 DSGVO und ihren datenschutzspezifischen Funktionen im Einzelnen noch unten, Teil 3, B., III., 2., a), bb).

[65] Wie bereits gesagt, ist der Begriff der datenschutzrechtlichen Rechtmäßigkeit umstritten, s.o. Fn. 62.

[66] *Albers/Veit*, in: Wolff/Brink, 38. Edition, 2021, BeckOK Datenschutzrecht, Art. 6 DSGVO, Rn. 1.

Die allgemeinen Rechtmäßigkeitsanforderungen im engen Sinne aus Art. 6 Abs. 1 DSGVO werden in den Art. 7 ff. DSGVO weiter ausdifferenziert. Hervorzuheben ist in diesem Zusammenhang Art. 9 DSGVO, der für die Verarbeitung sog. „sensibler Daten" ein eigenständiges Rechtmäßigkeitsregime aufstellt und Art. 6 DSGVO insoweit überlagert. Art. 9 Abs. 1 DSGVO statuiert ein grundsätzliches Verbot für die Verarbeitung personenbezogener Daten, „aus denen die rassische und ethnische Herkunft, politische Meinungen, religiöse oder weltanschauliche Überzeugungen oder die Gewerkschaftszugehörigkeit hervorgehen, sowie die Verarbeitung von genetischen Daten, biometrischen Daten zur eindeutigen Identifizierung einer natürlichen Person, Gesundheitsdaten oder Daten zum Sexualleben oder der sexuellen Orientierung einer natürlichen Person". Die verschärften Anforderungen (prima-facie-Verbot) für die Verarbeitung dieser „Datenkategorien" werden mit den erhöhten Risiken für die Grundrechte und Grundfreiheiten gerechtfertigt.[67] Der Katalog des Art. 9 Abs. 1 DSGVO ist gewiss nicht unproblematisch. Er wird zurecht als willkürlich und unvollständig kritisiert[68] und lässt insgesamt eine Reflexion der Bedeutung des Kontexts für die normative Bewertung einer Datenverarbeitung vermissen.[69] Zugleich stellt sich insbesondere in Bezug auf die Tatbestandsalternative „aus denen [...] hervorgehen"[70] die Frage, wie das „Hervorgehen", also die Ableitbarkeit solch sensibler Informationen aus personenbezogenen Daten – und damit die Anwendbarkeit von Art. 9 DSGVO – bestimmt wird.[71] Dem strikten Verarbeitungsverbot in Art. 9 Abs. 1 DSGVO sind in den Abs. 2, 3 und 4 mannigfaltige Ausnahmetatbestände zugeordnet, bei deren Vorliegen eine Verarbeitung „sensibler" Daten ausnahmsweise rechtmäßig ist. Diese Bestimmungen

---

[67] Vgl. EG 51 DSGVO.

[68] Zur Kritik vgl. m. w. N. *Albers/Veit*, in: Wolff/Brink, 38. Edition, 2021, BeckOK Datenschutzrecht, Art. 9 DSGVO, Rn. 20.

[69] Auch die Verarbeitung von i. S. von Art. 9 Abs. 1 DSGVO unsensiblen Daten wie Alter, Finanzen oder Wohnort kann – kontextabhängig – u. U. sehr risikobehaftet sein. Ein Blick auf die Entstehungsgeschichte des EU-Datenschutzrechts offenbart, dass die Aufnahme des Ansatzes, „besondere Kategorien" unter einen stärkeren Schutz zu stellen und sich damit an konkreten „Inhalten" von Daten zu orientieren, dem Erfordernis geschuldet war, verschiedene nationale Regelungsmuster zusammenzuführen. Zur Herkunft dieses Ansatzes *Simitis*, Vom Markt zur Polis: Die EU-Richtlinie zum Datenschutz, in: Tinnefeld/Philipps/Heil, Informationsgesellschaft und Rechtskultur in Europa, 1995, 51 (54 f.).

[70] Zu der zweigliedrigen Struktur von Art. 9 Abs. 1 DSGVO s. *Albers/Veit*, in: Wolff/Brink, 38. Edition, 2021, BeckOK Datenschutzrecht, Art. 9 DSGVO, Rn. 27.

[71] Werden die Anforderungen zu gering angesetzt, so besteht die Gefahr, dass Art. 9 Abs. 1 DSGVO – entgegen seiner Konzeption als Sonderregime – ebenfalls einen sehr breiten Anwendungsbereich erhält. Zu den unterschiedlichen Ansätzen *Albers/Veit*, in: Wolff/Brink, 38. Edition, 2021, BeckOK Datenschutzrecht, Art. 9 DSGVO, Rn. 29 ff.

sind mit zahlreichen Öffnungen für das Recht der Mitgliedstaaten verknüpft.[72] Es obliegt also vor allem den Mitgliedstaaten, die Zulässigkeit der Verarbeitung sensibler Daten entsprechend den jeweiligen sachlichen Gegebenheiten zu gestalten. Art. 9 Abs. 4 DSGVO sieht bezüglich der Verarbeitung von genetischen, biometrischen und Gesundheitsdaten gar die Möglichkeit vor, im nationalen Recht „zusätzliche Bedingungen, einschließlich Beschränkungen" einzuführen oder aufrechtzuerhalten. Mit diesen Öffnungen trägt der Unionsgesetzgeber den bereits erörterten Flexibilitäts- und Vielfaltserfordernissen Rechnung. Sie ermöglichen u. a. eine differenzierte Gestaltung der Rechtmäßigkeitstatbestände und eine Abwägung mit kollidierenden Rechtspositionen und Interessen, vor allem in Sachbereichen, die überwiegend in den Kompetenzbereich der Mitgliedstaaten fallen, wie das Arbeits-, das Gesundheits- oder das Sozialrecht.

Durch seine Koppelung an den breiten sachlichen Anwendungsbereich hat der Ansatz der umfassenden rechtlichen Determination zur Konsequenz, dass der Umgang mit personenbezogenen Informationen und Daten – bis auf die vorgesehenen Bereichsausnahmen – umfassend und sektorübergreifend unter den Vorbehalt differenzierter Rechtmäßigkeitsbedingungen gestellt wird. Weil praktisch alle Lebens-, Wirtschafts- und Verwaltungsbereiche vom Umgang mit personenbezogenen Informationen und Daten geprägt sind, greifen die DSGVO-Vorschriften weit in andere Sachmaterien aus. Die resultierenden Koordinierungs- und Abstimmungserfordernisse sind bereits erörtert worden.[73]

Auch wenn der Ansatz der umfassenden rechtlichen Determinierung, wie gezeigt, besonders deutlich in den Vorgaben der Art. 5 und Art. 6 ff. DSGVO zum Ausdruck kommt, prägt er die gesamte Datenschutz-Grundverordnung und spiegelt sich in verschiedenen Bausteinen und deren normativen Verankerungen wider.

II. Funktionale Analyse der Bausteine

In diesem Abschnitt werden die Bausteine des EU-Datenschutzrechts in ihrer Manifestation in der Datenschutz-Grundverordnung betrachtet. Diese Bausteine dienen der Systembildung und damit dem besseren Verständnis der Vorschriften in ihrem Gesamtkontext. Sie spiegeln sich in Regelungsansätzen, allgemeinen Instituten und Figuren, Rechtsgrundsätzen oder übergreifenden Rechtsbegriffen wider[74] und sind mit Blick auf ihre jeweiligen Funk-

[72] S. konkret zu Art. 9 Abs. 2 lit. g DSGVO näher noch unten, Teil 3 B., III., 2., a), cc).

[73] S. bereits oben, Teil 2, C., I.

[74] Zum Bausteinbegriff im datenschutzrechtlichen Kontext *Albers*, § 62 Datenschutzrecht, in: Ehlers/Fehling/Pünder, Besonderes Verwaltungsrecht, 2019, 1–84 (31). Übergreifend zu Sinn, Zweck und Aufgaben der Systembildung im Verwaltungsrecht *Schmidt-Aßmann*, Die Verwaltung, 1994, 137 (137 ff.).

tionen, die sie im Gesamtsystem des EU-Datenschutzrechts erfüllen, zu verstehen. Aus dieser funktionsbezogenen Perspektive erklärt sich auch, dass die DSGVO-Vorschriften, in denen die Bausteine zum Ausdruck kommen, häufig mit Öffnungen für die Mitgliedstaaten verbunden sind. Denn ihre Funktionen lassen sich meist nur über kontextspezifische Ausgestaltung und wechselseitige Koordinierung realisieren. Auch die Öffnungen werden im Zuge der nachfolgenden Analyse herauskristallisiert.

1. Phasenregulierung

Die differenzierte rechtliche Regulierung und Gestaltung der Phasen der Verarbeitung personenbezogener Daten in Gestalt von teils übergreifenden, teils phasenbezogenen Rechtmäßigkeitsanforderungen gehört zu den ursprünglichen Bausteinen des Datenschutzrechts. Der Sinn der Phasenregulierung erklärt sich aus ihrem historischen Entstehungskontext heraus, der von linearen Verarbeitungsprozessen (Erhebung, Speicherung, Veränderung, Nutzung und Löschung von Daten) durch Großrechenanlagen geprägt war.[75] Dass Verarbeitungsprozesse indes nicht notwendigerweise linear verlaufen,[76] wird auch von der DSGVO reflektiert, die verschiedene Schritte (vgl. die umfassende, allerdings nicht abschließende Definition in Art. 4 Nr. 2 DSGVO) flexibel dem Begriff der Verarbeitung zuweist. Damit wird der Fokus richtigerweise weg von der alleinigen Bedeutung einzelner Phasen hin zu den in ihrer Gesamtheit und insbesondere auch unter Berücksichtigung möglicher Handlungs- und Entscheidungskontexte zu betrachtenden Verarbeitungszusammenhängen und -prozessen gerichtet.

Dem Baustein der Phasenregulierung lassen sich gleichermaßen phasenübergreifende und phasenbezogene Elemente zuweisen. Zu den Komponenten, die den Umgang mit personenbezogenen Informationen und Daten phasen*übergreifend* regulieren, zählen der unionsrechtliche Grundsatz der „Zweckbindung" sowie die Rechtmäßigkeitsbedingung der Erforderlichkeit.

a) Zweckbindung: Zweckfestlegung und Zweckkompatibilität

Eines der wichtigsten Instrumente der Phasenregulierung ist der in Art. 5 Abs. 1 lit. b) DSGVO verankerte Grundsatz der Zweckbindung. Danach dürfen personenbezogene Daten nur für festgelegte, eindeutige und legitime Zwecke erhoben werden und zudem nicht in einer mit diesen Zwecken nicht zu vereinbarenden Weise weiterverarbeitet werden. Der unionsrechtliche Begriff der „Zweckbindung" umfasst also das – primärrechtlich von Art. 8

---

[75] Vgl. *Albers*, § 22 Umgang mit personenbezogenen Informationen und Daten, in: Hoffmann-Riem/Schmidt-Aßmann/Voßkuhle, Grundlagen des Verwaltungsrechts, 2012, 1–169 (121 f.).

[76] S. zur Bedeutung der Prozessdimension bereits oben, Teil 2, B., III.

Abs. 2, S. 1. GRCh vorgegebene – Erfordernis der Zweckfestlegung sowie den Grundsatz der Zweckbindung in Gestalt des Erfordernisses der Zweckkompatibilität.[77]

Durch die Verpflichtung zur Festlegung von eindeutigen und legitimen Zwecken sowie die angesichts des Kompatibilitätserfordernisses nur eingeschränkte Weiterverarbeitungsmöglichkeit wird für die betroffene Person überhaupt erst absehbar, wofür und in welchen Kontexten personenbezogene Daten als Informationsbasis verwendet werden sollen. Der Kontext erhält durch die festgelegten Zwecke Konturen, die es erlauben zu beschreiben, welche Informationen und welches Wissen über eine Person entstehen soll und kann und mit welchen u. a. beeinträchtigenden Folgen zu rechnen ist.[78] Die festgelegten Zwecke bieten ferner einen übergreifenden Orientierungspunkt, von dem aus die einzelnen Schritte der Verarbeitung entweder zu einem einheitlichen Verarbeitungszusammenhang zusammengeführt oder aber auch in einzeln zu beurteilende Verarbeitungskontexte untergliedert werden können.[79] Im Verwaltungsrecht wird über die Zweckfestlegung außerdem die Verarbeitung personenbezogener Informationen und Daten mit den sachlichen Kompetenzen der Verwaltung verklammert. Dies geschieht auf einer ersten Ebene dergestalt, dass sich der Gesetzgeber bei den gesetzlich zu verankernden legitimen Zwecken an den jeweiligen Verwaltungsaufgaben und -typen zu orientieren hat.[80] Auf einer zweiten Ebene ist diese gesetzliche

[77] Damit gibt es auf Unionsebene keine strikte Zweck*bindung* bzw. ist der Begriff der Zweckbindung im EU-Datenschutzrecht anders konnotiert als im bisherigen deutschen Datenschutzrecht. Zu Argumenten für die Zweckvereinbarkeit statt einer strikten Zweckbindung sowie zu resultierenden Kompensationsnotwendigkeiten mit Blick auf andere Bausteine *Eifert*, Zweckvereinbarkeit statt Zweckbindung als Baustein des modernisierten Datenschutzes, in: Gropp/Lipp/Steiger, Rechtswissenschaft im Wandel, 2007, 139 (144 ff.).

[78] *Albers*, § 62 Datenschutzrecht, in: Ehlers/Fehling/Pünder, Besonderes Verwaltungsrecht, 2019, 1–84 (48).

[79] *Albers*, § 22 Umgang mit personenbezogenen Informationen und Daten, in: Voßkuhle/Eifert/Möllers, Grundlagen des Verwaltungsrechts, 2022, 1–113 (83).

[80] Dabei können – je nach Grundrechtssensibilität des jeweiligen Sachbereichs – mehr oder weniger enge Zweckfestlegungen oder auch Zweckbündelungen sinnvoll sein. Die sachlichen Aufgaben ziehen zwar nicht die äußerste Grenze, sie bilden aber einen Orientierungspunkt für legitime Zwecke, weil die Zwecke als datenschutzspezifische Ausprägungen des Bestimmtheitsgrundsatzes an den grundrechtlichen Schutzerfordernissen zu orientieren sind. Dies verweist auf die Handlungs- und Entscheidungsebene, die wiederum von den jeweiligen sachlichen Aufgaben bestimmt ist. Die Zwecke sind also nur unter Berücksichtigung der Anforderungen und Gegebenheiten des jeweiligen Sachbereichs regelbar; Wissensstrukturen, eingesetzte Techniken oder auch Verfahren können sich mitunter stark unterscheiden. Entsprechend der Aufgabenvielfalt der Verwaltung gestalten sich auch die Zwecke mannigfaltig. Sie können also nicht abstrakt und für alle denkbaren Konstellationen einheitlich gesetzlich verankert werden. Deshalb schreibt Art. 6 Abs. 3 S. 2 DSGVO vor, dass der Verarbeitungszweck in der Rechtsgrundlage im (auch) mitglied-

Zweckbestimmung durch die jeweils verantwortliche Stelle im Hinblick auf die jeweiligen Schutzerfordernisse und unter Beachtung der verfassungsrechtlichen Bindungen zu konkretisieren.[81] Die materiellen Anforderungen an die Zweckfestlegung sind auf den beiden Ebenen dabei keinesfall vollkommen kongruent.[82] Für den privaten Bereich ist es überzeugend, den Zweckfestlegungsgrundsatz dahingehend zu verstehen, dass mit ihm eine Pflicht zur Generierung solchen Wissens verbunden ist, das die Aufdeckung und damit die Abwehr konkreter Bedrohungen für die Rechtsgüter der Betroffenen überhaupt möglich macht.[83] Die Zweckfestlegung verklammert hier die personenbezogenen Informationen und Daten mit den Handlungszielen der privaten Verantwortlichen.

Über das nachgeschaltete Erfordernis der Zweckkompatibilität wird eine phasenübergreifende Rückkopplung an die gesetzlich festgelegten bzw. durch die Verantwortlichen konkretisierten Erhebungszwecke sichergestellt, mit der gewährleistet werden soll, dass die betroffene Person abschätzen kann, in welchen Kontexten die einst erhobenen Informationen und Daten künftig verwendet werden können.[84] Das Kompatibilitätserfordernis schließt Verarbeitungen zu geänderten Zwecken ein, soweit die neuen Zwecke nach Maßgabe von Art. 6 Abs. 4 DSGVO mit den Erhebungszwecken vereinbar sind. Nach Art. 6 Abs. 4, 1. Hs. DSGVO können darüber hinaus auch zweck-

---

staatlichen Recht festgelegt sein oder für die öffentliche Aufgabenerfüllung (i. S. v. Art. 6 Abs. 1 UAbs. 1 lit. e DSGVO) erforderlich sein muss. Vor allem die Öffnung in Art. 6 Abs. 3 DSGVO reflektiert damit die notwendige Flexibilität sowie das Erfordernis der sachnahen und schutzbedarfsorientierten Zweckfestlegung. Hinzu tritt die Möglichkeit und z. T. die Notwendigkeit, dass die jeweilige Stelle den Zweck bei der Anwendung der Rechtsgrundlage, die ggf. eine abstrakte Zweckbestimmung enthält, noch weiter konkretisiert. Zur Verknüpfung des Zwecks der Datenverarbeitung im Anwendungsbereich von Art. 7 lit. e DSRL (nunmehr Art. 6 Abs. 1 UAbs. 1 lit. e DSGVO) mit der Aufgabe, die dem Verantwortlichen jeweils übertragen wurde, auch *EuGH* Urteil, 27.9.2017 – C-73/16, *Puškár*, Rn. 110.

[81] Zum Ganzen, inklusive (aufgrund der Datenschutz-Umsetzungs- und Anpassungsgesetze [1. Und 2. DSAnpUG-EU] freilich teilweise überholter) bereichsspezifischer Beispiele für die Ausgestaltung von gesetzlichen Zweckfestlegungen, s. *Albers*, § 22 Umgang mit personenbezogenen Informationen und Daten, in: Hoffmann-Riem/Schmidt-Aßmann/Voßkuhle, Grundlagen des Verwaltungsrechts, 2012, 1–169 (124 ff.).

[82] Zur eigenständigen Funktion der Zweckfestlegung durch den Verantwortlichen s. *Spies*, ZD, 2022, 75 (75 ff.).

[83] Zu diesem Ansatz näher *Grafenstein*, Die Auswirkungen des Zweckbindungsprinzips auf Innovationsprozesse in Startups, in: Taeger, Smart World – Smart Law?, 2016, 233 (239) sowie umfassend *Grafenstein*, The Principle of Purpose Limitation in Data Protection Laws, 2018, S. 325 ff.

[84] Damit korrespondieren die in Art. 13 Abs. 1 lit. c bzw. Art. 14 Abs. 1 lit. c DSGVO geregelten Informationspflichten der Verantwortlichen bezüglich der Verarbeitungszwecke.

ändernde Weiterverarbeitungen in Fällen, in denen die Zwecke nicht kompatibel sind, unter engen Voraussetzungen rechtmäßig sein. Das Zusammenspiel von Art. 5 Abs. 1 lit. b und Art. 6 Abs. 4 DSGVO wirft im Einzelnen schwierige und deshalb sehr umstrittene Auslegungsfragen auf.[85] Ungeachtet dessen bleibt festzuhalten, dass ganz ohne eine solche – wenn auch flexible – Bindung an die Erhebungszwecke das Erfordernis der Zweckfestlegung freilich leerliefe, weil die vor oder bei Erhebung festgelegten Zwecke für den weiteren Prozess der Verarbeitung unerheblich wären.

b) Erforderlichkeit

Neben den Grundsatz der Zweckbindung tritt das Regelungselement der Erforderlichkeit als weitere phasenübergreifende Komponente des Bausteins der Phasenregulierung. Beinahe alle Rechtmäßigkeitstatbestände in Art. 6 Abs. 1 und 9 Abs. 2 DSGVO knüpfen die Zulässigkeit der Verarbeitung an die zusätzliche Voraussetzung, dass diese „erforderlich" ist. Diese Erforderlichkeit im datenschutzrechtlichen Sinne ist nicht gleichbedeutend mit dem Erforderlichkeitsbegriff im Rahmen des Verhältnismäßigkeitsgrundsatzes im Sinne des „mildesten Mittels".[86] Es handelt sich vielmehr um ein datenschutzspezifisches Element, mit dem eine Abhängigkeitsbeziehung zwischen den Verarbeitungsvorgängen und den festgelegten Zwecken bzw., im Falle der öffentlichen Verwaltung, der Wahrnehmung der sachlichen Aufgaben und Befugnisse hergestellt wird.[87] Die Erforderlichkeit bildet den Maßstab für den Grad der Abhängigkeit, mit dem ein Verarbeiter auf die jeweilige Verarbeitung angewiesen ist.[88] Sowohl der konkrete Verarbeitungsschritt als auch die Verarbeitung gerade der in Rede stehenden personenbezogenen Informationen und Daten müssen erforderlich, also notwendig sein, um die festgelegten Zwecke bzw. (im öffentlichen Bereich) Aufgaben zu erfüllen. Die

[85] S. sazu *Albers/Veit*, in: Wolff/Brink, 38. Edition, 2021, BeckOK Datenschutzrecht, Art. 6 DSGVO, Rn. 102 ff. Zur Funktion von Zweckänderungstatbeständen als Aufmerksamkeitsregeln anstelle von der üblichen Konzeption als „Ausnahmetatbestände" *Albers*, Informationelle Selbstbestimmung, 2005, S. 509 ff.

[86] Der Erforderlichkeitsbegriff i. S. des „mildesten Mittels" passt schon deshalb nicht, weil es nicht um die Beurteilung der Verhältnismäßigkeit eines Grundrechtseingriffs geht. Das gilt jedenfalls dann, wenn man den grundrechtlichen Datenschutz seinem Gegenstand angemessen mehrdimensional konzipiert und nicht primär abwehrrechtlich, s. zur Multidimensionalität von Art. 8 GRCh oben, Teil 1, C., II, 1., b).

[87] *Albers*, § 62 Datenschutzrecht, in: Ehlers/Fehling/Pünder, Besonderes Verwaltungsrecht, 2019, 1–84 (49).

[88] In bereichsspezifischen Regelungen kann dieser Abhängigkeitsgrad entsprechend den jeweiligen normativen Anforderungen freilich unterschiedlich „scharf" bestimmt werden und ggf. durch die entsprechende Gestaltung anderer Regelungskomponenten kompensiert werden. S. dazu übergreifend unten, Teil 3, A., II., 7.

Vergleichsbasis ist dabei nicht ein alternatives Mittel, sondern die Zweck- bzw. Aufgabenerfüllung ohne die Verarbeitung.[89] Weil häufig zu Beginn eines Datenverarbeitungsprozesses, insbesondere im privaten Bereich, noch gar nicht feststeht, welche personenbezogenen Informationen und Daten später benötigt werden,[90] kann das Erforderlichkeitskriterium mitunter auch hochgradig ungewisse Prognosen provozieren.[91] Zudem ist das Merkmal der Erforderlichkeit das zentrale normative Scharnier, um die respektiven Anwendungsbereiche der Rechtmäßigkeitsgründe in Art. 6 Abs. 1 UAbs. 1 lit. a, b und f DSGVO, also diejenigen, die vor allem den privaten Bereich betreffen, (im Hinblick auf die Schutzziele des „privaten Datenschutzrechts") sinnvoll voneinander abzugrenzen – insbesondere im Kontext der (verbraucher-) rechtsgeschäftlichen Datenverarbeiterung.[92]

Die Erforderlichkeit im datenschutzrechtlichen Sinne und ihre funktionale Verklammerung mit den Verarbeitungszwecken kommt – vor die Klammer gezogen – im in Art. 5 Abs. 1 lit. c) DSGVO verankerten Grundsatz der Datenminimierung zum Ausdruck. Danach müssen personenbezogene Daten dem Erhebungszweck angemessen, für diesen erheblich und auf das für die Zwecke notwendige Maß beschränkt sein. In zeitlicher Hinsicht ergänzend tritt Art. 5 Abs. 1 lit. e) DSGVO hinzu, der dazu verpflichtet, personenbezogene Daten in einer Form zu speichern, die die Identifizierung der betroffenen Person nur so lange ermöglicht, wie es *für die Verarbeitungszwecke erforderlich* ist. Art. 5 Abs. 1 lit. d) DSGVO sieht zusätzlich vor, dass personenbezogene Daten sachlich richtig und erforderlichenfalls auf dem neuesten Stand sein müssen. Die Verantwortlichen müssen also alle angemessenen Maßnahmen treffen, damit personenbezogene Daten, die im Hinblick auf die Zwecke ihrer Verarbeitung unrichtig sind, unverzüglich gelöscht oder berichtig werden.[93] Die Richtigkeit von Daten kann freilich nur mit Blick auf ihren Informationsgehalt und mit Rücksicht auf den Kontext der Verarbeitung beurteilt werden. Strittig ist, ob sich der Grundsatz der Richtigkeit nur auf Tatsachen[94] oder auch auf Werturteile bezieht.[95]

---

[89] *Albers*, Informationelle Selbstbestimmung, 2005, S. 517.

[90] Dazu sowie zur Folge, dass der Grundsatz der Zweckfestlegung im privaten Sektor stärkere begrenzende Effekte entfaltet als im öffentlichen Bereich, *Grafenstein*, The Principle of Purpose Limitation in Data Protection Laws, 2018, S. 295 ff.

[91] *Albers*, § 22 Umgang mit personenbezogenen Informationen und Daten, in: Voßkuhle/Eifert/Möllers, Grundlagen des Verwaltungsrechts, 2022, 1–113 (89).

[92] S. dazu näher *Albers/Veit*, in: Wolff/Brink, 38. Edition, 2021, BeckOK Datenschutzrecht, Art. 6 DSGVO, Rn. 44.

[93] Mit dieser Verpflichtung korrespondiert ein Recht der Betroffenen auf Berichtigung, vgl. Art. 16 DSGVO.

[94] So *Roßnagel*, in: Simitis/Hornung/Spiecker gen. Döhmann, 2019, Datenschutzrecht, Art. 5, Rn. 140.

[95] Dafür, mit dem Verweis auf Profiling, *Schantz*, in: Wolff/Brink, 38. Edition, 2021, BeckOK Datenschutzrecht, Art. 5 DSGVO, Rn. 27.

Weil der EuGH in Bezug auf den grundrechtlichen Datenschutz meist eine eingriffsabwehrrechtliche Perspektive wählt, hat er das Erforderlichkeitskriterium dahingehend spezifiziert, dass sich die Ausnahmen und Einschränkungen in Bezug auf den Schutz personenbezogener Daten auf das absolut Notwendige beschränken müssen.[96] Es handele sich um einen autonomen Begriff des Unionsrechts, der in den einzelnen Mitgliedstaaten keinen variablen Inhalt haben dürfe.[97] Letzterem ist (nur) insoweit zuzustimmen, als es darum geht, dass die Erforderlichkeit als phasenübergreifendes Regelungselement in allen Mitgliedstaaten dieselbe Funktion erfüllen muss. Das schließt allerdings nicht aus, dass die Mitgliedstaaten – im Bereich der öffentlichen Verwaltung – hoheitliche Aufgaben und Befugnisse entsprechend den jeweiligen Anforderungen in den Sachbereichen gestalten – und damit mittelbar auf die datenschutzrechtliche Erforderlichkeit Einfluss nehmen. Dass dies gerade auch im Sinne eines effektiven Datenschutzrechts notwendig ist, kommt auch in den querschnittsartigen Öffnungen für mitgliedstaatliches Recht in Art. 6 Abs. 2 und 3 DSGVO zum Ausdruck.

c) Phasenbezogene Regulierungselemente

Teil der Phasenregulierung sind zudem phasenbezogene Regulierungskomponenten, die spezifische Probleme in bestimmten Verarbeitungsphasen adressieren. Weil die Verarbeitungskontexte von besonderer Bedeutung für die Herausarbeitung von Schutzerfordernissen und dementsprechend auch für die angemessene Regulierung sind, lässt sich die phasenbezogene Regulierung vor allem über bereichsspezifische Vorschriften realisieren.[98] Mögliche Instrumente des Gesetzgebers sind dabei etwa die (phasenbezogene und/oder sektorspezifische) Spezifizierung von Zwecken sowie der Arten von Daten, die Festlegung kontextspezifischer sachlicher und/oder personeller Tatbestandsvoraussetzungen, die nähere Beschreibung bzw. die Untersagung von Verarbeitungsvorgängen oder auch die Festlegung von Prüffristen sowie das Vorsehen von technischen Schutzvorkehrungen. Die Notwendigkeit phasenbezogener Regulierung wird vom Unionsgesetzgeber schon in den Erwägungsgründen anerkannt.[99] Art. 6 Abs. 3 S. 3 DSGVO zählt als Bei-

---

[96] Vgl. zuletzt etwa *EuGH* Urteil, 4.5.2017 – C-13/16, *Rīgas*, Rn. 30.

[97] *EuGH* Urteil, 16.12.2008 – C-524/06, *Huber*, Rn. 52.

[98] Beispiele für phasenbezogene Regelungselemente in der DSGVO und im BDSG, inklusive funktionaler Einordnung, finden sich bei *Albers*, § 22 Umgang mit personenbezogenen Informationen und Daten, in: Voßkuhle/Eifert/Möllers, Grundlagen des Verwaltungsrechts, 2022, 1–113 (91).

[99] Vgl. insbesondere EG 10 S. 4: „In Verbindung mit den allgemeinen und horizontalen Rechtsvorschriften über den Datenschutz zur Umsetzung der Richtlinie 95/46/EG gibt es in den Mitgliedstaaten mehrere sektorspezifische Rechtsvorschriften in Bereichen, die spezifischere Bestimmungen erfordern.“

spiele für Konkretisierungen, die in einer (sektorspezifischen) mitgliedstaatlichen Rechtsgrundlage hinsichtlich der Verarbeitung gemäß Art. 6 Abs. 1 UAbs. 1 lit. c und e DSGVO vorgesehen werden können, u. a. auf: Allgemeine Bedingungen der Rechtmäßigkeit, Arten von Daten, betroffene Personen, Zwecke, für welche personenbezogene Daten offengelegt werden dürfen, Zweckbindung sowie Speicherfristen. Es ist Aufgabe der jeweiligen Gesetzgeber, von diesen Öffnungen im Sinne eines effektiven Datenschutzrechts Gebrauch zu machen. Die bloße Wiederholung der Vorgaben aus der DSGVO in bereichsspezifischen nationalen Vorschriften wäre freilich ein Negativbeispiel. Zum einen, weil das unionsrechtliche Wiederholungsverbot derartige Wiederholungen grundsätzlich verbietet.[100] Zum anderen, weil die bloße Kopie allgemeiner Vorgaben in bereichsspezifischen Vorschriften in den seltensten Fällen zu einem effektiven (weil bedarfsadäquaten) Datenschutzrecht beitragen dürfte. Vielmehr führt dieser Ansatz unweigerlich in die häufig kritisierte „Verrechtlichungsfalle". Hinzu kommt, dass die bloße Wiederholung (unbestimmter) Vorgaben der DSGVO im mitgliedstaatlichen Ausfüllungsrecht auch nationalverfassungsrechtlich unzulässig sein kann.[101]

2. *System- und Technikgestaltung*

Zwei weitere wichtige Bausteine des Datenschutzrechts, die der Phasenregulierung vorgeschaltet sind, sie aber auch teilweise miteinschließen, sind jene der System- und der Technikgestaltung. Zwischen den beiden Komponenten bestehen Überschneidungen, weshalb sie gemeinsam analysiert werden.

Der Baustein der Systemgestaltung schließt die mit den Topoi „Systemdatenschutz"[102] bzw. „data protection by design"[103] assoziierten Inhalte

[100] Für die DSGVO wird das Wiederholungsverbot in EG 8 relativiert.

[101] So hat etwa der französische Conseil Constitutionnel eine nationale Ausfüllungsvorschrift für mit der Verfassung unvereinbar erklärt, weil sie lediglich den Wortlaut von Art. 10 DSGVO – der eine Öffnung enthält – wiederholte und damit nicht den Anforderungen von Art. 34 der französischen Verfassung entsprach, vgl. Décision n° 2018–765 DC vom 12.6.2018, Rn. 44 ff.

[102] Zum Begriff und den Ursprüngen des Konzepts *Dix*, 3.5 Konzepte des Systemdatenschutzes, in: Roßnagel, Handbuch Datenschutzrecht, 2003, 1–54 (1 ff.). Der Terminus wurde ursprünglich zur Abgrenzung vom Individualdatenschutz verwendet, s. dazu, mit einer Aufzählung der Kernprinzipien, *Podlech*, Individualdatenschutz – Systemdatenschutz, in: Brückner/Dalichau, Beiträge zum Sozialrecht, 1982, 451 (454 ff.). S. a. *Roßnagel/Pfitzmann/Garstka*, Modernisierung des Datenschutzrechts, S. 39 ff.

[103] Dieser Topos wird an verschiedenen Stellen von der DSGVO selbst verwendet, so etwa in Art. 25 DSGVO, und ist an den international etablierten Begriff „privacy by design" angelehnt, vgl. dazu *Cavoukian/Taylor/Abrams*, IDIS, 2010, 405 (409 f.). Systemdatenschutz und „privacy by design" werden häufig als Synonyme verstanden, s. etwa *Thies/Knote/Jandt u. a.*, Anforderungs- und Entwurfsmuster als Instrumente des Privacy by

ein. Sofern man mit den genannten Begrifflichkeiten – wie in der Literatur üblich – allein die Verpflichtungen der Verantwortlichen bezüglich des „eingebauten Datenschutzes" meint, geht er aber funktional darüber hinaus. Kurzgefasst ist das Ziel des Bausteins ein in (keinesfalls nur technische) Systeme und Verfahren *eingebauter* Datenschutz. Hinter dem Baustein steht die Idee, dass ein Datenschutzkonzept, das sich auf die Regulierung allein der Verarbeitungsphasen beschränkt, nicht ausreicht.[104] Weil Kommunikationstechniken und Kommunikations- und Entscheidungsverfahren den Kontext des Umgangs mit personenbezogenen Informationen und Daten mitprägen, muss vielmehr die sachliche, organisatorische und technische Ausgestaltung der Kommunikationssysteme ebenfalls einen wesentlichen Bestandteil der Datenschutzregulierung bilden.[105]

Mit dem „System" als Bezugspunkt ist der Baustein der Systemgestaltung auf höchster Abstraktionsebene angesiedelt und beschränkt sich gerade nicht auf Verpflichtungen der Verantwortlichen.[106] Vielmehr ist er auch durch den Gesetzgeber zu realisieren, der auf erster Stufe – im Rahmen der verfassungsrechtlichen Möglichkeiten – die regulatorischen Komponenten wählt, bei denen er ansetzt und damit die Kontexte prägt.[107] Auf zweiter Stufe ist die Systemgestaltung dann auch durch die Verantwortlichen vorzunehmen. Dafür sieht die DSGVO im Einzelnen verschiedene Instrumente vor, die von den Verantwortlichen ergänzt werden können. Allgemein-übergreifende Elemente der Systemgestaltung bilden die Vorschriften zur Datensicherheit,[108]

Design, in: Roßnagel/Friedewald/Hansen, Die Fortentwicklung des Datenschutzes, 2018, 175 (179).

[104] Hier zeigt sich, dass der Ansatz der umfassenden rechtlichen Determination der Datenverarbeitung sich eben nicht nur in den in Art. 6 DSGVO verankerten Rechtmäßigkeitsanforderungen i. e. S. äußert.

[105] *Albers*, § 22 Umgang mit personenbezogenen Informationen und Daten, in: Voßkuhle/Eifert/Möllers, Grundlagen des Verwaltungsrechts, 2022, 1–113 (70).

[106] Zu den Grenzen eines Datenschutzrechts, das sich darauf konzentriert sowie zu alternativen Instrumenten rechtlicher Techniksteuerung im Informations- und Kommunikationsbereich *Richter*, DuD, 2016, 89 (89 ff.).

[107] Dies schließt die bereichsspezifische Gestaltung nicht nur ein, sondern setzt diese notwendig voraus, weil sich Gestaltungsmöglichkeiten und -anforderungen vor allem im jeweiligen Regelungskontext erschließen, was wiederum auch auf potenzielle allgemeine Vorgaben zurückwirken kann, etwa insoweit, als das Erfordernis letzterer entfällt. Die präzisiere oder differenziertere Gestaltung der sachlichen Aufgaben und Befugnisse von öffentlichen Stellen bildet einen möglichen Ansatzpunkt für die Systemgestaltung durch den Gesetzgeber, vgl. dazu und übergreifend zum „System" als Regelungsgegenstand *Albers*, Informationelle Selbstbestimmung, 2005, S. 544 ff.

[108] Vgl. Art. 32 DSGVO, der den Grundsatz der Integrität und Vertraulichkeit in Art. 5 Abs. 1 lit. f. DSGVO konkretisiert und die generellen Anforderungen von Art. 25 DSGVO für den Bereich der Datensicherheit spezifiziert. Dazu *Hansen*, in: Simitis/Hornung/Spiecker gen. Döhmann, 2019, Datenschutzrecht, Art. 32 DSGVO, Rn. 1.

die Grundsätze der Datenvermeidung und Speicherbegrenzung[109] oder auch Anonymisierungs- und Pseudonymisierungverpflichtungen.[110] Freilich sind diese Komponenten nicht in allen Regelungskontexten gleichermaßen sinnvoll, sondern sollten – auch dies ist Teil der Systemgestaltung – in dem jeweils erforderlichen Maße dort zum Einsatz kommen, wo sie zu einer schutzbedarfsorientierten Gestaltung des Umgangs mit personenbezogenen Informationen und Daten beitragen.[111] Die sachliche, organisatorische und technische Ausgestaltung der Kommunikationssysteme lässt sich abstrakt-übergreifend kaum umsetzen. Auf dieser Ebene können generalklauselartige Verpflichtungen mit weiten Spielräumen zur Anpassung an die konkreten, sachgebietsabhängigen Bedürfnisse geschaffen werden. Vor allem im Rahmen von bereichsspezifischen Vorschriften kann indes den jeweiligen sachgebietsbezogenen Anforderungen durch präzisierende oder differenzierende Vorgaben zur Gestaltung von Techniken und Infrastrukturen oder bezüglich der Organisation und der Abläufe von Verfahren Rechnung getragen werden.[112] Für den privaten Bereich sieht die DSGVO zudem die Möglichkeit vor, Verhaltensregeln (codes of conduct) zu erarbeiten, die auf die Besonderheiten der jeweiligen Verarbeitungsbereiche zugeschnitten sind und in denen auch die Anforderungen hinsichtlich der Systemgestaltung näher präzisiert werden können.[113]

Der Baustein der Technikgestaltung bildet einen Teil der Systemgestaltung und ist deshalb im Zusammenhang mit diesem zu sehen. Er erklärt sich in seiner ursprünglichen Form aus dem genetischen Code des Datenschutzrechts heraus: Es wurde in Antizipation von Gefahren und Risiken geschaffen, die von dem vermehrten Einsatz von Techniken, die automatisierte Datenverarbeitungen erlauben, erwartet wurden.[114] Technikgestaltung beschränkte sich zu Beginn darauf, die rechtlich determinierte Verarbeitung personenbezogener Daten mit technischen Vorgaben zu flankieren.[115] Schon

[109] Vgl. Art. 5 Abs. 1 lit. c) und e) DSGVO.

[110] Sowohl Art. 25 DSGVO als auch Art. 32 DSGVO nennen die Pseudonymisierung als Beispiel für eine „geeignete technische und organisatorische Maßnahme". S. zu zentralen Komponenten der Systemgestaltung auch *Roßnagel/Pfitzmann/Garstka*, Modernisierung des Datenschutzrechts, S. 39 f. S. nunmehr auch *EDSA*, Guidelines 4/2019 on Article 25 Data Protection by Design and by Default, S. 6 ff.

[111] Dieser risikoorientierte Ansatz wird gerade auch tatbestandlich von den Art. 24, 25 und 32 DSGVO reflektiert.

[112] Allgemein zum Erfordernis von bereichsspezifischen Vorschriften bereits oben, Teil 2, C., I., 3.

[113] Vgl. Art. 40 Abs. 1, Abs. 2 lit. h DSGVO.

[114] S. zu den Anfängen des Datenschutzes bereits oben, Teil 1, A., I.

[115] Zur Entwicklung der Technikgestaltung im Datenschutzrecht s. etwa *Bizer*, Datenschutz durch Technikgestaltung, in: Bäumler/Mutius, „Datenschutzgesetze der dritten Generation", 1999, 28 (50 ff.).

bald stellte sich in der datenschutzrechtlichen Diskussion aber die Erkenntnis ein, dass Datenschutz nicht gegen Technik und die damit assoziierten Gefahren, sondern vor allem auch *durch* Technik erreicht werden kann und muss.[116] Teil dessen bildete die Einsicht, dass die Entwicklung eines wirksamen Schutzkonzepts zwangsläufig voraussetzt, dass man die jeweiligen Sachbereiche analysiert und die zur Verfügung stehenden Erfahrungen und Prognosen über die technischen Entwicklungen und die aus ihnen resultierenden Gefährdungen von Rechtsgütern berücksichtigt.[117] Das Datenschutzrecht ist dadurch zu einem Referenzgebiet des Technikrechts avanciert.[118]

Der Baustein der Technikgestaltung setzt auf verschiedenen Ebenen an.[119] Auf der ersten Stufe geht es im Rahmen der Technik*entwicklung* darum, diese derart zu steuern, dass überhaupt Techniken zur Datenverarbeitung und Kommunikation existieren, deren Nutzung die Umsetzung der normativen Anforderungen an den Umgang mit personenbezogenen Informationen und Daten ermöglichen.[120] Dabei gilt es insbesondere zu beachten, dass die Techniken so beschaffen sind, dass sie für die Verwender Gestaltungsoptionen bieten, damit diese sie flexibel an die normativen Anforderungen des Datenschutzrechts anpassen können. Mögliche Maßnahmen auf dieser Ebene schließen die Vergabe von Zertifikaten und Datenschutzsiegeln,[121] staatliche Förderungen wie Steuererleichterungen für entsprechend datenschutzermöglichende und -fördernde Technologien oder auch institutionalisierte Verfahren zur Entwicklung sog. *Privacy Enhancing Technologies (PETs)*[122] ein. Die zweite Stufe betrifft die Gestaltung von Anforderungen an die Auswahl,

---

[116] *Roßnagel/Pfitzmann/Garstka*, Modernisierung des Datenschutzrechts, S. 35 ff. m. w. N. aus der frühen Diskussion. Für eine Analyse von DSGVO-Vorschriften, in denen der Baustein der Technikgestaltung zum Ausdruck kommt, *Thies/Knote/Jandt u. a.*, Anforderungs- und Entwurfsmuster als Instrumente des Privacy by Design, in: Roßnagel/Friedewald/Hansen, Die Fortentwicklung des Datenschutzes, 2018, 175 (178 ff.).

[117] *Bizer*, Datenschutz durch Technikgestaltung, in: Bäumler/Mutius, „Datenschutzgesetze der dritten Generation", 1999, 28 (30 f.).

[118] Vgl. *Federrath/Pfitzmann*, 2.2 Technische Grundlagen, in: Roßnagel, Handbuch Datenschutzrecht, 2003, 1–84 (1 ff.).

[119] Hierzu *Albers*, § 62 Datenschutzrecht, in: Ehlers/Fehling/Pünder, Besonderes Verwaltungsrecht, 2019, 1–84 (34). In Bezug auf die Pflichten des Verantwortlichen gem. Art. 25 DSGVO *Hansen*, in: Simitis/Hornung/Spiecker gen. Döhmann, 2019, Datenschutzrecht, Art. 25 DSGVO, Rn. 1. S. a. *Bizer*, Datenschutz durch Technikgestaltung, in: Bäumler/Mutius, „Datenschutzgesetze der dritten Generation", 1999, 28 (45 ff.), der eine Neukonzeptionalisierung des Datenschutzrechts als Technikgestaltungsrecht vorschlägt.

[120] *Bizer*, Datenschutz durch Technikgestaltung, in: Bäumler/Mutius, „Datenschutzgesetze der dritten Generation", 1999, 28 (46 f.), allerdings mit Fokus auf die Entwicklung von datenvermeidenden und „datenschutzfreundlichen" Technologien.

[121] Vgl. Art. 42 DSGVO i. V. m. Art. 25 Abs. 3 DSGVO.

[122] *Hansen*, 3.3 Privacy Enhancing Technologies, in: Roßnagel, Handbuch Datenschutzrecht, 2003, 1–136 (1 ff.).

den Einsatz und die Konfiguration von Datenverarbeitungstechniken (Netzwerke, Anlagen, Programme, Speichermedien etc.) im *Vorfeld* konkreter Prozesse, um sicherzustellen, dass die rechtlichen Vorgaben technisch bereits verankert oder jedenfalls erfüllbar sind.[123] Es geht hier also darum, „data protection by design/by default" auch in technischer Hinsicht zu realisieren, was den Grundsatz der Datenvermeidung sowie die sonstigen Bezugspunkte der Systemgestaltung einschließt.[124] Auf der letzten Stufe ist die Technikgestaltung darauf gerichtet, technische Anforderungen in die rechtliche Ausformung der Anforderungen an den Umgang mit personenbezogenen Informationen und Daten zu integrieren,[125] etwa indem bestimmte Verarbeitungsvorgänge an technische Bedingungen geknüpft werden.[126] Die angemessene Gestaltung der inneradministrativen Informationsbeziehungen lässt sich gleichermaßen der System- und der Technikgestaltung zuordnen.[127]

Das Potenzial des Bausteins der Technikgestaltung, also des „in die Technik eingebauten Datenschutzes", liegt insbesondere in bereichsspezifischen Vorschriften – oder in Formen regulierter Selbstregulierung, wie sie Art. 40 ff. DSGVO vorsehen.[128] Wie auch für die Systemgestaltung gilt, dass ein sinnvoller Einsatz von Technik zur Realisierung von Datenschutz voraussetzt, dass die technischen Anforderungen auf die jeweiligen sachlichen Gegebenheiten und normativen Erfordernisse ausgerichtet sind, was sich über eine allgemeine Vorgabe nur begrenzt rechtssicher erreichen lässt.

Allgemein-übergreifende Vorgaben hinsichtlich der System- und Technikgestaltung macht Art. 5 Abs. 1 lit. f) DSGVO. Der Grundsatz der Vertraulichkeit und Integrität verpflichtet zur Verarbeitung in einer Weise, die eine angemessene Sicherheit der personenbezogenen Daten gewährleistet, ein-

---

[123] *Albers*, § 22 Umgang mit personenbezogenen Informationen und Daten, in: Voßkuhle/Eifert/Möllers, Grundlagen des Verwaltungsrechts, 2022, 1–113 (78).

[124] Vgl. auch EG 78 S. 3, wo mögliche Maßnahmen aufgezählt werden. Hier besteht eine zentrale Überschneidung mit der Systemgestaltung.

[125] *Roßnagel/Pfitzmann/Garstka*, Modernisierung des Datenschutzrechts, S. 36. Zu Beispielen für entsprechende Konzepte, die bereits im Datenschutzrecht eingesetzt werden, *Richter*, DuD, 2016, 89 (91 ff.). Kritisch zur Technologieneutralität der DSGVO etwa *Sydow/Kring*, ZD, 2014, 271.

[126] § 18 Abs. 2 S. 3 PAuswG etwa legt fest, dass bei der Übermittlung von Daten aus dem elektronischen Speicherungs- und Verarbeitungsmedium des Personalausweises zwecks elektronischen Identitätsnachweises Verschlüsselungstechniken anzuwenden sind. Dies gilt jedenfalls dann, wenn allgemein zugängliche Netze verwendet werden. Eine mögliche *Technikgestaltung* wäre es demnach auch, auf die Nutzung geschlossener Netze auszuweichen.

[127] Mit Betonung auf der Technikgestaltung *Wischmeyer*, § 24 Informationsbeziehungen in der Verwaltung, in: Voßkuhle/Eifert/Möllers, Grundlagen des Verwaltungsrechts, 2022, 1–97 (95).

[128] Dazu sogleich, Teil 3, A., II., 3.

schließlich Schutz vor unbefugter oder unrechtmäßiger Verarbeitung und vor unbeabsichtigtem Verlust, unbeabsichtigter Zerstörung oder unbeabsichtigter Schädigung. Damit geht der Grundsatz über das Ziel der Datensicherheit im engeren Sinne hinaus und ist begrifflich („Integrität und Vertraulichkeit") zu eng gefasst. Die Vorschrift zielt auf die Sicherung der anderen Verarbeitungsgrundsätze und der datenschutzrechtlichen Vorgaben insgesamt durch technische und organisatorische Maßnahmen.[129]

3. Verantwortlichkeit und Selbstregulierung

Ein datenschutzrechtlicher Baustein, der mit der Datenschutz-Grundverordnung erheblich ausgebaut wurde, betrifft das Konzept der Verantwortlichkeit und die Mechanismen der (regulierten) Selbstregulierung. Weil der Umgang mit personenbezogenen Informationen und Daten meist außerhalb des Einflussbereichs des Betroffenen erfolgt, bilden die vielgestaltigen Pflichten der Verantwortlichen, die die Generierung von Wissens- und Einflusschancen über die Betroffenenrechte hinaus ergänzen und mit denen nicht notwendig individuelle Rechte korrespondieren, eine wichtige datenschutzrechtliche Komponente.[130] Dies nicht zuletzt auch deshalb, weil sie (bzw. ihre Verletzung) die Grundlage der Haftung des Verantwortlichen bilden.[131]

Das Prinzip der „Accountability", das an zahlreichen Stellen in der DSGVO in Form konkreter Pflichten präzisiert wird,[132] kommt zentral und „vor die Klammer gezogen" in Art. 5 Abs. 2 und Art. 24 DSGVO zum Ausdruck. Die Vorschriften verpflichten den Verantwortlichen erstens zur Einhaltung der Datenschutzgrundsätze bzw. der materiellen Vorgaben der DSGVO insgesamt sowie zweitens diese Einhaltung nachweisen zu können. Die allgemeine in Art. 24 DSGVO verankerte Pflicht zur Umsetzung geeigneter technischer und organisatorischer Maßnahmen, um die Einhaltung der DSGVO-Vorgaben sicherzustellen und nachweisen zu können, wird in den Folgevorschriften durch spezifischere Pflichten wie z. B. die Dokumentationspflicht,[133] die Pflicht zur Gewährleistung der Sicherheit der Verarbeitung[134] oder auch die Pflicht zur Durchführung einer Datenschutzfolgeab-

[129] So zutreffend *Roßnagel*, in: Simitis/Hornung/Spiecker gen. Döhmann, 2019, Datenschutzrecht, Art. 5, Rn. 168.

[130] Vgl. auch *Albers*, § 62 Datenschutzrecht, in: Ehlers/Fehling/Pünder, Besonderes Verwaltungsrecht, 2019, 1–84 (35). Der Ausbau der Verantwortlichkeit sowie jener der Rechenschaftspflicht der Verarbeiter war bereits im Vorfeld der Datenschutzrechtsreform durch die Art. 29-Gruppe angeregt worden, s. *Art. 29 Datenschutzgruppe*, WP 173, 13.7.2010.

[131] Vgl. zum Haftungsregime noch unten, Teil 3, A., II., 6.

[132] *Veil*, ZD, 2018, 9 (9) macht 46 Bestimmungen aus, die dem Verantwortlichen Pflichten auflegen.

[133] Art. 30 DSGVO.

[134] Art. 32 DSGVO.

schätzung[135] konkretisiert. Die Mehrzahl der Verpflichtungen ist dabei durch eine risikoorientierte Gestaltung des Verbindlichkeitsgrads gekennzeichnet.[136] Es handelt sich also nicht um starre Vorgaben, die stets und unabhängig von der konkreten Gefährdungslage greifen. Es war gerade ein zentrales Anliegen des Gesetzgebers der DSGVO, den risikobasierten Ansatz auszubauen und die Eigenverantwortung der Verantwortlichen in den Vordergrund zu rücken.[137] Angesichts der Vielgestaltigkeit möglicher Kontexte, Verarbeitungsformen und -techniken sowie Tätigkeitsfelder gerade im privaten Bereich[138] ist dieser abgestufte, flexible Ansatz – in seinen verschiedenen Ausprägungen – im Grundsatz gegenstandsgerecht. Vor allem die Verpflichtung zur Möglichkeit der Nachweiserbringung über die Einhaltung der materiellen Vorschriften hat das Potenzial, bisherigen Durchsetzungsdefiziten entgegenzuwirken. Denn zum einen wird sie seitens des Verantwortlichen die Einrichtung eines Datenschutzmanagements erfordern[139] und zum anderen bieten sie den Aufsichtsbehörden eine fundiertere Entscheidungsgrundlage. Den aus den Interdependenzen mit den sachlichen Regelungsfeldern erwachsenden Flexibilitätserfordernissen wird im Kontext der datenschutzrechtlichen Verantwortlichkeit vor allem auf Anwendungsebene Rechnung getragen und weniger durch Öffnungen für mitgliedstaatliches Recht.[140] Fragen ergeben sich indes im Hinblick auf die tatbestandlichen Voraussetzungen für die Verantwortlichkeit: sie wird dadurch begründet, dass eine Stelle allein

[135] Art. 35 DSGVO.

[136] Die Abstufung erfolgt dabei über unterschiedliche Gestaltungen. Überwiegend kommen unbestimmte Tatbestandsmerkmale zum Einsatz, die ausdrücklich auf das konkrete Risiko abstellen („unter Berücksichtigung der Art, des Umfangs, der Umstände und der Zwecke der Verarbeitung sowie der unterschiedlichen Eintrittswahrscheinlichkeit und Schwere der Risiken für die Rechte und Freiheiten natürlicher Personen“, vgl. Art. 24 und ähnlich Art. 25, 32 und 35 DSGVO). Teilweise wird eine Abstufung auch über Bereichsausnahmen erreicht (s. etwa Art. 30 Abs. 5 DSGVO, der kleine und mittlere Unternehmen ausnimmt, dann aber auch zusätzlich auf das konkrete Risiko abstellt). Ein wieder anderer Ansatz ist die Differenzierung nach Tätigkeitsfeldern, vgl. Art. 37 Abs. 1 DSGVO.

[137] S. etwa *Albrecht/Jotzo*, Das neue Datenschutzrecht der EU, 2017, S. 55 f. Zur Entwicklung im Rahmen des Gesetzgebungsverfahrens s. bereits oben, Teil 1, B., III., 1.

[138] S. zu den unterschiedlichen Anforderungen im öffentlichen und privaten Bereich und daraus resultierenden Flexibilitätserfordernissen bereits oben, Teil 2, C., I., 2.

[139] Schon längst haben sich verschiedene Unternehmen auf die Entwicklung von Datenschutzmanagement-Software spezialisiert, die den Verantwortlichen die Einhaltung der Pflichten erleichtern soll.

[140] Teilweise finden sich Öffnungen, die Ausnahmen von eigentlichen Verpflichtungen des Verantwortlichen durch nationales Recht zulassen, dabei aber meist solches voraussetzen (und insoweit auf Art. 6 Abs. 1 UAbs. 1 lit. c/e i.V.m. Abs. 2, 3 DSGVO verweisen bzw. an Ausfüllungsrecht, das auf diesen Öffnungen basiert, anknüpfen), anstatt es selbst zu ermöglichen. Vgl. etwa Art. 26 Abs. 1 S. 2, Art. 28 Abs. 3 S. 2 lit. a und g bzw. Abs. 4 S. 1, Art. 29 2. Halbsatz, Art. 32 Abs. 4 oder Art. 35 Abs. 10 DSGVO. Insoweit erfolgt eine Binnendifferenzierung zwischen öffentlichen und privaten Sektoren.

oder gemeinsam mit anderen über die Zwecke und Mittel der Verarbeitung von personenbezogenen Daten entscheidet.[141] Ob die Entscheidungsmacht über die Zwecke und Mittel ein taugliches Differenzierungskriterium ist, ist vor allem in Konstellationen fraglich, in denen – wie typischerweise im Bereich von Social Media-Plattformen – unterschiedliche Akteure jeweils bestimmte Entscheidungen im Hinblick auf die Verarbeitungszwecke und -mittel treffen, mit der Folge einer Gemengelage von Verantwortlichkeiten.[142]

Die ausdifferenzierte Verantwortlichkeit wird in der Datenschutz-Grundverordnung von Instrumenten der Selbstregulierung ergänzt. Schon früh ist in der datenschutzrechtlichen Diskussion auf die Leistungsfähigkeit von Selbstregulierungsmechanismen insbesondere im privaten Sektor hingewiesen worden.[143] Zu den Mechanismen, die die DSGVO vorsieht, gehört die Benennung von unabhängigen behörden- und betriebsinternen Datenschutzbeauftragten. Diese ist in vielen Fällen (insbesondere im öffentlichen Sektor) verbindlich, in den nicht verpflichtenden Fällen steht es den Verantwortlichen jedoch frei, einen Datenschutzbeauftragen zu benennen.[144] Der unterschiedlichen organisatorischen Struktur von Behörden sowohl in den vielen Sachbereichen als auch in den verschiedenen Mitgliedstaaten wird insoweit Rechnung getragen, als die Möglichkeit vorgesehen ist, entsprechend der Organisationsstruktur und Größe der öffentlichen Stellen auch gemeinsame Datenschutzbeauftragte zu benennen.[145] Die Mitgliedstaaten haben zudem die Möglichkeit, im nationalen Recht die Benennung eines Datenschutzbeauftragten verpflichtend vorzusehen,[146] was freilich auch die Möglichkeit einschließt, diese Verpflichtung risikoorientiert und branchenspezifisch ent-

---

[141] Vgl. Art. 4 Nr. 7, 1. Halbsatz DSGVO. Zur Öffnung im 2. Halbsatz und ihrer funktionalen Einordnung s. unten, Teil 3, B., III., 2., a), aa). Darüber können die Mitgliedstaaten für den Bereich der administrativen Datenverarbeitung Verantwortlichkeiten oder andere Kriterien in nationalem Recht festlegen.

[142] Vgl. *Albers*, § 22 Umgang mit personenbezogenen Informationen und Daten, in: Voßkuhle/Eifert/Möllers, Grundlagen des Verwaltungsrechts, 2022, 1–113 (95) mit Verweis auf *EuGH* Urteil, 5.6.2018 – C-210/16, *Fanpages*, Rn. 29 ff. Der EDSA hat sich in Gestalt von Richtlinien jüngst dahingehend geäußert, dass die Verantwortlichkeit ein funktionaler Begriff sei, sodass die Entscheidungsmacht eher an faktischen Kriterien als an formellen festzumachen sei, s. *EDSA*, Guidelines 07/2020 on the concepts of controller and processor in the GDPR, 7.7.2021, S. 11 ff. Zu der hier angesprochenen Konstellation äußern sich die Richtlinien indes nicht.

[143] *Roßnagel/Pfitzmann/Garstka*, Modernisierung des Datenschutzrechts, S. 153 ff. m. w. N. aus der seinerzeitigen Diskussion.

[144] Vgl. Art. 37 Abs. 1 bzw. Abs. 4 DSGVO.

[145] Vgl. Art. 37 Abs. 3 DSGVO. Zwar wird hier nicht ausdrücklich Bezug auf das Recht der Mitgliedstaaten genommen. Allerdings wird auf dieses mittelbar über die tatbestandliche Erwähnung der Organisationsstrukturen verwiesen. Auch hier öffnet sich die DSGVO also für das mitgliedstaatliche (Verwaltungsorganisations-)Recht.

[146] Vgl. Art. 37 Abs. 4 S. 1 letzter HS. DSGVO.

sprechend den jeweiligen sachlichen Gegebenheiten zu regeln. Die Datenschutzbeauftragten ergänzen die behördliche Aufsicht und sind als eine weitere Kontrollinstanz gedacht, die durch ihr Vertrautsein mit den jeweiligen internen Abläufen (oder auch Unternehmenszielen) und ihr Fachwissen die Verantwortlichen bei der Datenschutzcompliance sachnah unterstützen können.[147] Angesichts des nicht abschließenden Aufgabenkatalogs stellt sich die Frage, ob und inwieweit für die Verantwortlichen die Möglichkeit besteht, neben den Beratungs- und Kontrollkompetenzen sowie der Funktion als Kontaktstelle für die Aufsichtsbehörden[148] zusätzliche auf den jeweiligen Bedarf abgestimmte Aufgaben vorzusehen.[149] Jedenfalls ist der Katalog insoweit offen gestaltet, als er mit dem Umgang des (auch mitgliedstaatlichen) Datenschutzrechts „wächst".[150] Dies reflektiert die Koordinierungs- und Abstimmungserfordernisse.

Ein weiteres Instrument der Selbstregulierung ist die Möglichkeit der Schaffung von Verhaltensregeln im privaten Sektor. Die DSGVO ermöglicht es Verbänden und anderen Branchenvertretern, sog. *codes of conduct* zu erarbeiteten, mit denen die materiellen Vorgaben der DSGVO „nach Maßgabe der Besonderheiten der einzelnen Verarbeitungsbereiche" präzisiert werden.[151] Inhaltlich können diese beispielsweise die berechtigten Interessen der Verantwortlichen in bestimmten Verarbeitungskontexten konkretisieren oder mögliche technische und organisatorische Maßnahmen im Sinne von Art. 24 und 25 DSGVO festlegen. Sie können zudem insoweit eine „Entlastungswirkung" für die Verantwortlichen entfalten, als ihre Einhaltung sich positiv auf die Anforderungen verschiedener DSGVO-Pflichten auswirkt.[152] Die ausgearbeiteten Verhaltensregeln sind durch die zuständigen Aufsichtsbehörden zu genehmigen,[153] es handelt sich also um eine spezifische Form der regulierten Selbstregulierung.

---

[147] Vgl. auch EG 97.

[148] Vgl. Art. 39 DSGVO.

[149] Dies ist umstritten. Teilweise wird in der Vorschrift eine Öffnung für die Mitgliedstaaten gesehen (s. *Drewes*, in: Simitis/Hornung/Spiecker gen. Döhmann, 2019, Datenschutzrecht, Art. 39, Rn. 5), teilweise wird dies hingegen verneint und eine Erweiterung der Aufgaben nur innerhalb der Vorschriften der DSGVO oder anderer unionsrechtlicher Datenschutzbestimmungen für möglich gehalten, so etwa bei *Helfrich*, in: Sydow, 2. Aufl., 2018, Europäische Datenschutz-Grundverordnung, Art. 39, Rn. 58 ff. Jedenfalls ist zu bedenken, dass öffentliche Stellen sich aufgrund des Vorbehalts des Gesetzes – zumindest in Deutschland – nicht ohne Weiteres selbst neue Aufgaben zuweisen können, sondern stets einer gesetzlichen Rechtsgrundlage bedürfen.

[150] Vgl. Art. 39 Abs. 1 lit. a) und b) DSGVO, die den Aufgabenkreis (vor allem Beratung und Überwachung der Einhaltung) jeweils auch auf die sonstigen Datenschutzvorschriften der Union bzw. der Mitgliedstaaten erstrecken und ihn damit öffnen.

[151] Vgl. Art. 40 f. DSGVO.

[152] Vgl. nur Art. 28 Abs. 5, Art. 32 Abs. 3 oder Art. 35 Abs. 8 DSGVO.

[153] Art. 40 Abs. 5 DSGVO.

Die in Art. 42 f. DSGVO vorgesehene Möglichkeit der Einführung von datenschutzspezifischen Zertifizierungsverfahren sowie von Datenschutzsiegeln und -prüfzeichen ist ebenfalls dem Komplex der Selbstregulierungskonzepte zuzuordnen. Sie unterscheiden sich von dem Instrument der Verhaltensregeln dadurch, dass sie nicht auf Verarbeitungs"branchen", sondern auf ein bestimmtes Produkt (z. B. „smart watches") bzw. eine konkrete Dienstleistung (etwa Cloudanwendungen) bezogen sind. Man kann sie auch als Elemente eines „markwirtschaftlichen Datenschutzes"[154] sehen, weil sie auf der Idee fußen, dass als datenschutzkonform ausgewiesene Produkte und Dienstleistungen mit Blick auf beim Verbraucher gesteigerte Akzeptanz und Vertrauen einen Wettbewerbsvorteil haben.[155]

4. Betroffenenrechte: Information, Partizipation und Einflussnahme

Ein weiterer zentraler Baustein des Datenschutzrechts sind die Rechte der betroffenen Person.[156] Sie sind Ausdruck des Transparenzgrundsatzes aus Art. 5 Abs. 1 lit. a) DSGVO, wonach die Verarbeitung in einer für die betroffene Person nachvollziehbaren Weise erfolgen muss.[157] Sie lassen sich grob in Informations- und in Partizipations- bzw. Einflussnahmerechte untergliedern, wobei Erstere den Letzteren notwendigerweise vorgeschaltet sind. Teilaspekte dieses Bausteins, nämlich das Auskunfts- und das Berichtigungsrecht, sind von Art. 8 Abs. 2 S. 2 GRCh verfassungsrechtlich vorgegeben.[158]

Die in den Art. 13–15 DSGVO differenziert geregelten Informations- und Auskunftsrechte des Betroffenen erfüllen verschiedene Funktionen. Zunächst geben sie der betroffenen Person die Chance, Informationen darüber zu erhalten, welches Wissen aus welchen Wissensgrundlagen Andere über sie haben. Sie versetzen die Person in die Lage, (besser) einschätzen zu können,

---

[154] *Bäumler*, Marktwirtschaftlicher Datenschutz, in: Bizer/Lutterbeck/Rieß, Umbruch von Regelungssystemen in der Informationsgesellschaft, 2002, 105 (105 ff.).

[155] Ob dieses Ziel eines „Wettbewerbs datenschutzfreundlicher Angebote" angesichts des auf die Einhaltung der DSGVO-Vorschriften beschränkten Prüfungsmaßstabs tatsächlich zu erreichen ist, wird bisweilen bezweifelt. S. etwa *Sydow*, in: Sydow, 2. Aufl., 2018, Europäische Datenschutz-Grundverordnung, Einleitung, Rn. 92, der Konkretisierungsbedarf sieht.

[156] Die DSGVO stellt in Art. 12 DSGVO den konkreten Rechten der Betroffenen eine generelle Pflicht der Verantwortlichen voran, geeignete Maßnahmen zu treffen, um die Wahrnehmung der in den Art. 13 ff. DSGVO geregelten Rechte zu ermöglichen.

[157] Vgl. auch EG 39 S. 2 ff.

[158] Das Erfordernis von Informationsrechten der betroffenen Person ist zudem über die Vorgabe der Verarbeitung nach Treu und Glauben in Art. 8 Abs. 2 S. 1 GRCh verfassungsrechtlich verankert. S. dazu auch *Marsch*, Das europäische Datenschutzgrundrecht, 2018, S. 170 ff.

welchen Umfang und welche Bedeutung eine konkrete Verarbeitung hat bzw. haben kann, und sind Voraussetzung für eine informierte Entscheidung darüber, ob man von den nachgeschalteten Partizipations- und Einflussnahmerechten Gebrauch machen möchte.[159] In der weiteren Konsequenz sind die Informationsrechte auch eine notwendige Vorbedingung für einen effektiven individuellen Rechtsschutz des oder der Betroffenen.[160] Für die Verarbeitung durch die öffentliche Verwaltung entfalten die Informations- und Auskunftsrechte zudem eine nicht zu unterschätzende Legitimationswirkung, indem ihre Verankerung das Vertrauen in ordnungsgemäße Verwaltungsabläufe stärkt, ganz unabhängig davon, ob von den Rechten in der Praxis tatsächlich Gebrauch gemacht wird.[161]

Freilich können Informationsrechte, auch mit Blick auf ihre Funktionen, nicht umfassend gewährleistet werden. Sie müssen vielmehr abgestuft und kontextorientiert geregelt werden.[162] Zum einen ist zu berücksichtigten, dass den Funktionen der Informationsrechte im Kontext von Verarbeitungen durch öffentliche Stellen prinzipiell mehr Bedeutung zukommt respektive dass diese Funktionen im privaten Bereich grundsätzlich mit gegenläufigen Interessen und Rechten kollidieren.[163] Zum anderen ist zu bedenken, dass es bisweilen sogar normativ unerwünscht sein kann, dass der Betroffene uneingeschränkte Kenntnis über die Datenverarbeitung durch Andere erhält.[164] Zu

---

[159] Vgl. auch EG 39 S. 5.

[160] Vgl. etwa *EuGH* Urteil, 21.12.2016 – C-203/15 und C-698/15, *Tele2 Sverige AB*, Rn. 121 m. w. N.

[161] Zum Ganzen *Albers*, § 22 Umgang mit personenbezogenen Informationen und Daten, in: Voßkuhle/Eifert/Möllers, Grundlagen des Verwaltungsrechts, 2022, 1–113 (97 ff.).

[162] S. dazu näher *Albers*, Informationelle Selbstbestimmung, 2005, S. 562 ff.

[163] Aktuell wird diskutiert, inwieweit die Betroffenenrechte das Recht einschließen, über den Einsatz und die Funktionsweise von Algorithmen informiert zu werden, s. dazu etwa *Temme*, European Data Protection Law Review, 2017, 473 (480 ff.). Die Überlegungen gelten freilich ebenso für den Einsatz von Algorithmen durch den Staat bzw. die Verwaltung.

[164] Denkt man etwa an geheime Überwachungen zur Gefahrenabwehr und/oder Straftatenbekämpfung sowie im Kontext der Tätigkeiten von Nachrichtendiensten, so leuchtet es nicht ohne Weiteres ein, dass die betroffene Person unmittelbar über ihre Überwachung informiert wird. Insbesondere die Öffnung in Art. 23 Abs. 1 DSGVO ermöglicht entsprechende Beschränkungen (auch) des Informationsrechts durch mitgliedstaatliche Rechtsvorschriften. Kompensationswirkungen können sich über andere Mechanismen ergeben, wie etwa eine striktere Zweckbindung, strenge und kurze Löschfristen oder ein erweitertes Rechtsschutzinstrumentarium. Andere Konstellationen, in denen die Informierung des Betroffenen (im nationalen Recht) normativ unerwünscht ist, werden von der Öffnung in Art. 14 Abs. 5 lit. d) DSGVO reflektiert. Demnach ist ein Arzt, der dem Berufsgeheimnis unterliegt und dem ein Patient über eine genetische Krankheit berichtet, nicht verpflichtet, vom Patienten erwähnte Verwandte mit der gleichen Veranlagung über die Datenerhebung zu informieren, vgl. *Art. 29 Datenschutzgruppe*, WP 260 rev. 01, 11.4.2018, S. 41.

der abgestuften Regulierung gehört auch, dass das normative Erfordernis einer zusätzlichen Information durch den Verantwortlichen gänzlich entfallen kann, soweit die Erlangung bzw. Offenlegung personenbezogener Daten ausdrücklich in einer (unionalen oder mitgliedstaatlichen) Bestimmung vorgeschrieben ist und der Betroffene schon dadurch hinreichende Kenntnis von der Datenverarbeitung haben kann.[165] Weiterhin ist bei der Regulierung zu beachten, inwieweit sich die Funktionen der Informations- und Auskunftsrechte über übergreifend-allgemeine Vorgaben oder aber besser durch schutzerfordernisbezogene, sektorspezifische Vorschriften erfüllen lassen.

In den Art. 16 ff. DSGVO sind verschiedene Partizipations- und Einflussnahmerechte für die Betroffenen normiert, u. a. das Recht auf Berichtigung, auf Löschung und „Vergessenwerden" sowie das Recht auf Einschränkung der Verarbeitung.[166] Die differenziert gestalteten Rechtsfolgen der subjektiven Rechte reflektiert die Vielfalt der möglichen Kontexte; u. U. mag eine sofortige Löschung nicht sachgerecht oder eine Berichtigung nicht möglich sein, sodass eine Einschränkung der Verarbeitung angemessen ist. Sie sind den Informations- und Auskunftsrechten notwendigerweise nachgeschaltet, denn sie bauen auf diesen auf, haben aber zugleich auch eine Ergänzungsfunktion. Sie gewährleisten den Betroffenen die Chance, auf den Umgang mit den Informationen, Daten und dem Wissen, das die Verantwortlichen über sie haben, Einfluss zu nehmen und damit auch auf potenzielle Handlungen und Entscheidungen einzuwirken. Die Einflussnahme- und Partizipationsrechte können zudem insoweit als Aufmerksamkeitsregeln verstanden werden, als sie die Verarbeiter dazu anhalten, die Vollständigkeit und Aktualität ihrer Informationsgrundlagen sicherzustellen.[167] Auch für diese Rechte gilt freilich das oben Gesagte hinsichtlich des Erfordernisses der kontextorientierten, abgestuften Regulierung.[168] Zu beachten ist dabei, dass es

[165] So etwa, wenn eine Steuerbehörde im nationalen Recht dazu verpflichtet wird, personenbezogene Daten über einen Arbeitnehmer bei dessen Arbeitgeber zu erlangen. Dies ist ein Beispiel für die geschilderten Koordinierungs- und Abstimmungserfordernisse des Datenschutzrechts mit den sachlichen Strukturen. Dies wird von der Öffnung in Art. 14 Abs. 5 lit. c) DSGVO reflektiert.

[166] Das Recht auf Berichtigung hat in Art. 8 Abs. 2, S. 2 GRCh eine primärrechtliche Grundlage.

[167] Vgl. *Albers*, § 22 Umgang mit personenbezogenen Informationen und Daten, in: Hoffmann-Riem/Schmidt-Aßmann/Voßkuhle, Grundlagen des Verwaltungsrechts, 2012, 1–169 (156).

[168] Dazu gehört auch, dass Einflusschancen nicht allein über die in Art. 16 ff. DSGVO vorgesehen Rechte sichergestellt werden. Die kontextorientierte Integration dieser Rechte bildet zwar einen wichtigen Aspekt dieses Bausteins. Einfluss- und Partizipationsmöglichkeiten ergeben sich aber auch auf verschiedenen Ebenen durch den (ggf. interpretativ zu ermittelnden) Individualschutzcharakter eigentlich objektiv-rechtlicher Datenschutzvorschriften, vgl. *Albers*, § 62 Datenschutzrecht, in: Ehlers/Fehling/Pünder, Besonderes Verwaltungsrecht, 2019, 1–84 (37).

sich – wie bei den Informations- und Auskunftsrechten – um Mindestrechtspositionen handelt, die von den Verarbeitern durch weitergehende, ggf. sachnähere Beteiligungs- und Einflussformen ergänzt werden können. Sie müssen deshalb auch mit bereits bestehenden Beteiligungsrechten, etwa § 28 VwVfG als Beispiel aus dem allgemeinen Verwaltungsrecht, koordiniert werden.[169]

Den umfassenden Betroffenenrechten in den Art. 12 ff. DSGVO ist mit Art. 23 DSGVO ein Tatbestand nachgeschaltet, der aus bestimmten Gründen – insbesondere für die Sicherstellung öffentlicher Interessen – weitreichende Beschränkungen (vor allem) dieser Rechte zulässt. Diese Einschränkungsoption reflektiert im Ansatz die Kontextabhängigkeit von datenschutzbezogenen Schutzbedürfnissen und ermöglicht eine flexible Ausgestaltung der Betroffenenrechte entsprechend den jeweiligen sachbereichsspezifischen Anforderungen. Die Begrenzung auf bestimmte legitime Ziele (Abs. 1 lit. a–j) sowie die strikten inhaltlichen Anforderungen an die Gestaltung der beschränkenden Rechtsvorschriften (Abs. 2) dienen der Kompensation für die infolge der Rechtebeschränkung eingebüßten Transparenz für die Betroffenen. Im Detail stellt sich die Frage, inwieweit die Ausnahmetatbestände bestimmt genug sind und wie sie sich zu anderen Öffnungen, die Beschränkungen der Betroffenenrechte zulassen, verhalten.[170]

5. *Datenschutz durch Institutionen*

Einen weiteren wesentlichen Baustein des EU-Datenschutzrechts bildet der Datenschutz durch Institutionen.[171] Eine spezifische Ausprägung dieser Komponente, die Überwachung der Einhaltung des Datenschutzsekundärrechts durch eine unabhängige Stelle bzw. Behörde, wird von Art. 8 Abs. 3 GRCh bzw. Art. 16 Abs. 2 UAbs. 2 AEUV primärrechtlich vorgegeben.[172]

---

[169] Allgemein-übergreifend zu den Koordinierungs- und Abstimmungserfordernissen der datenschutzrechtlichen Vorschriften mit den sachlichen Regelungsfeldern bereits oben, Teil 2, C., I., 1. Hierzu passen Überlegungen, die behördliche Datenverarbeitung (zumindest teilweise) in das allgemeine Verwaltungsrecht zu integrieren, s. dazu *Reimer*, DÖV, 2018, 881 (882 ff.).

[170] Insbesondere stellt sich die Frage, in welchem Verhältnis Art. 23 Abs. 1 DSGVO zu den bereits in den Art. 12 ff. DSGVO selbst enthaltenen Ausnahmen sowie zu den Art. 85 und 89 DSGVO steht. Übergreifend zum Problem der inneren Kohärenz der Öffnungen sowie für eine funktionale Einordnung von Art. 23 DSGVO s. noch unten, Teil 3, B., III., 2.

[171] Vgl. ausdrücklich EG 117 S. 1:“ Die Errichtung von Aufsichtsbehörden in den Mitgliedstaaten, die befugt sind, ihre Aufgaben und Befugnisse völlig unabhängig wahrzunehmen, ist ein wesentlicher Bestandteil des Schutzes natürlicher Personen bei der Verarbeitung personenbezogener Daten.“

[172] Der EuGH hat wiederholt die wesentliche Bedeutung der institutionellen Kontrolle der Einhaltung des materiellen Datenschutzrechts für den Datenschutz herausgestellt, s. nur *EuGH* Urteil, 9.3.2010 – C-518/07, *Kommission/Deutschland*, Rn. 23 ff., *EuGH* Urteil, 8.4.2014 – C-293/12 und C-594/12, *Digital Rights Ireland*, Rn. 68, *EuGH* Urteil, 6.10.2015

Die institutionelle Kontrolle der Einhaltung der materiellen Datenschutzvorschriften war bereits in den 1970er Jahren Bestandteil fast aller Überlegungen zum Datenschutz und bildete den Angelpunkt vieler der frühen Datenschutzgesetze.[173] Die Einrichtung dieser Kontrolle soll, ähnlich wie die Betroffenenrechte, dem Umstand Rechnung tragen, dass der Umgang mit personenbezogenen Informationen und Daten weitestgehend vom Einflussbereich der Betroffenen entkoppelt ist. Die bloße Existenz einer (ex-ante-) Überwachung der Einhaltung des materiellen Datenschutzrechts durch eine vom Verantwortlichen unabhängige Stelle kann in großem Maße zur praktischen Effektivität datenschutzrechtlicher Anforderungen beitragen.[174] Sie wirkt auch dem grundsätzlichen Durchsetzungsdefizit des Datenschutzrechts entgegen, das auch daraus resultiert, dass Rechtsverletzungen von Betroffenen häufig schon gar nicht wahrgenommen werden.[175] Die Unabhängigkeit der mitgliedstaatlichen Kontrollinstanzen war bereits mehrfach Verfahrensgegenstand vor dem EuGH, wobei die Richter stets die herausragende Bedeutung der Unabhängigkeit für die Erfüllung der Funktionen der Aufsichtsbehörden herausgestellt haben. Die vom Gerichtshof aufgestellten Anforderungen an die Unabhängigkeit wurden dabei teilweise als Eingriff in die organisationsrechtliche Souveränität der Mitgliedstaaten gewertet.[176]

In der Datenschutz-Grundverordnung ist die Realisierung des institutionellen Datenschutzes in den Kapiteln VI und VII vor allem den Aufsichtsbehörden und dem neu eingeführten Europäischen Datenschutzausschuss zugewiesen. Die Aufsichtsbehörden sind entsprechend der organisatorisch-strukturellen Konfiguration der EU, in der der Vollzug des Unionsrechts

– C-362/14, *Schrems*, Rn. 41 oder *EuGH* Urteil, 21.12.2016 – C-203/15 und C-698/15, *Tele2 Sverige AB*, Rn. 123. S. a. *Albrecht/Jotzo*, Das neue Datenschutzrecht der EU, 2017, S. 113, für die die Kapitel VI und VII der DSGVO „die wohl [W]ichtigsten" der DSGVO sind. *Marsch*, Das europäische Datenschutzgrundrecht, 2018, S. 237 ff. erkennt in dieser Komponente eine organisatorische Dimension des Datenschutzgrundrechts.

173 S. in Bezug auf den öffentlichen Bereich *Dammann*, Die Kontrolle des Datenschutzes, 1977, S. 72.

174 Vgl. bereits BVerfGE 65, 1 (46) in Bezug auf das deutsche Verfassungsrecht: „Wegen der für den Bürger bestehenden Undurchsichtigkeit der Speicherung und Verwendung von Daten unter den Bedingungen der automatischen Datenverarbeitung und auch im Interesse eines vorgezogenen Rechtsschutzes durch rechtzeitige Vorkehrungen ist die Beteiligung unabhängiger Datenschutzbeauftragter von erheblicher Bedeutung für einen effektiven Schutz des Rechts auf informationelle Selbstbestimmung".

175 S. bereits *Dammann*, Die Kontrolle des Datenschutzes, 1977, S. 96 f. Zu anderen Durchsetzungsdefiziten vgl., auf empirischer Grundlage, *European Agency for Fundamental Rights*, Access to data protection remedies in the EU Member States, 2013, S. 37 ff.

176 S. zur Rechtsprechung und der Kritik daran noch unten, Teil 4, A., II., 2., a), dd).

grundsätzlich den Mitgliedstaaten obliegt,[177] nach den Maßgaben der Art. 51 ff. DSGVO von den Mitgliedstaaten einzurichten und auszugestalten.[178] Die zentrale Funktion der Behörden ist nach wie vor die „Überwachung der Anwendung" der materiellen Vorschriften des Rechtsakts.[179] Der Baustein des institutionellen Datenschutzes ist allerdings nicht auf die Kontrolle der *Datenschutzcompliance* seitens der Verantwortlichen beschränkt. Ein wirksamer institutioneller Datenschutz muss bereits an Stellen und zu Zeitpunkten greifen, die einer konkreten Rechtsverletzung noch vorgelagert sind,[180] und dementsprechend breit ist das funktionale Spektrum des Bausteins. Dies wird auch vom umfassenden Aufgaben- und Befugniskatalog der Aufsichtsbehörden reflektiert.[181] Danach sind die Institutionen neben der Kontrolle der Einhaltung des materiellen Datenschutzrechts zur allgemeinen Sensibilisierung und Aufklärung bezüglich möglicher Risiken, Rechte und Pflichten berufen[182] und werden auch umfassend beratend tätig.[183] Ferner schließen die Aufgaben Konkretisierungen und Weiterentwicklungen der materiellen Vorgaben und Instrumente ein, etwa die Festlegung von Standardvertragsklauseln[184] oder die Einführung von Zertifizierungsmechanismen und Datenschutzsiegeln.[185]

Im Aufgabenkatalog manifestiert sich, dass ein Schwerpunkt der mit der Datenschutz-Grundverordnung realisierten Reform auf der Prozeduralisierung des Datenschutzrechts liegt. Diese bildet eine wichtige Facette des institutionellen Datenschutzes, denn sie reagiert auf die Dynamik der Veränderungen im Sachbereich und trägt dem dadurch ausgelösten Erfordernis einer reflexiven, lernfähigen Ausgestaltung des Datenschutzrechts Rech-

[177] Der Grundsatz des Vollzugs durch die Mitgliedstaaten kommt etwa in Art. 291 Abs. 1 oder Art. 197 AEUV zum Ausdruck.

[178] Mit dieser Zuweisung der Errichtung und Ausgestaltung der Aufsichtsbehörden auf dezentraler Ebene trägt die DSGVO zudem den unterschiedlichen verfassungsmäßigen, administrativen und organisatorischen Strukturen der Mitgliedstaaten Rechnung, vgl. auch EG 117 S. 2. Zu der Heterogenität der Mitgliedstaaten und korrespondierenden Flexibilitäts- bzw. Vielfaltserfordernissen s. bereits oben, Teil 2, C., II., 2.

[179] Vgl. Art. 51 Abs. 1 und Art. 57 Abs. 1 lit. a) DSGVO.

[180] Auch die institutionelle Dimension muss den Querschnittscharakter des Datenschutzes reflektieren und auf verschiedenen Ebenen greifen. Zum Gegenstand des Datenschutzes und seinen Bezugspunkten oben, Teil 2, B.

[181] Vgl. Art. 57 und 58 DSGVO.

[182] Vgl. nur Art. 57 Abs. 1 lit. b), d), e) und f) DSGVO.

[183] Dies schließt Beratungen nationaler Parlamente und Regierungen mit Blick auf legislative und administrative Maßnahmen und Beratungen von Verantwortlichen bei der Auslegung bestimmter Vorschriften gleichermaßen ein. Vgl. Art. 57 Abs. 1 lit. c) respektive lit. l) DSGVO.

[184] Art. 57 Abs. 1 lit. j) DSGVO.

[185] Art. 57 Abs. 1 lit. n).

nung. Diesem ausgedehnten Aufgabenkatalog sind ebenso umfassende Befugnisse zugeordnet, die es den Behörden ermöglichen sollen, ihre Aufgaben wirksam wahrnehmen zu können.[186] Sie lassen sich grob in Untersuchungs-, Abhilfe- bzw. Genehmigungs- und Beratungsbefugnisse untergliedern und setzen jeweils auf unterschiedlichen (inhaltlichen und zeitlichen) Ebenen an.[187] Hinsichtlich ihrer Intensität sind die Abhilfebefugnisse abgestuft und reichen von Warnungen über Verwarnung bis hin zur Verhängung von Verarbeitungsverboten und Geldbußen. Diese flexible Ausgestaltung ist der Vielgestaltigkeit und Kontextabhängigkeit des Kontrollgegenstands angemessen. Gleiches gilt für die Möglichkeit der Mitgliedstaaten, den Aufsichtsbehörden im nationalen Recht weitere Befugnisse zuzuweisen.[188] Dies trägt zum einen der organisationsrechtlichen Heterogenität der Mitgliedstaaten Rechnung und zum anderen wird so gewährleistet, dass auch (sektorspezifische) Befugnisse geschaffen werden können, etwa weil sie nur in bestimmten Sachbereichen sinnvoll und wirksam sind oder weil sie auf neuartige Probleme reagieren. Die Funktionalität des Datenschutzrechts muss allerdings sowohl bei der Wahrnehmung der bestehenden Befugnisse durch die Aufsichtsbehörden als auch bei der (ggf. auch bereichsspezifischen) Schaffung weiterer Befugnisse auf nationaler Ebene die oberste Maxime sein.[189]

Die Aufwertung der institutionellen Dimension mit der Datenschutz-Grundverordnung kommt auch im Ausbau der formellen Instrumente zur Gewährleistung einer unionsweit *einheitlichen Anwendung* zum Ausdruck.[190] Mit dem Europäischen Datenschutzausschuss wurde ein zentrales Organ geschaffen, dessen Hauptaufgabe die Sicherstellung der einheitlichen Anwendung der DSGVO ist.[191] Zu diesem Zweck sind dem Ausschuss einerseits

---

[186] Vgl. Art. 58 DSGVO.

[187] Die Befugnisse in Abs. 1 betreffen überwiegend die Phase der Ermittlung von Verstößen, Abs. 2 gestattet verwaltungsrechtliche Maßnahmen bei festgestellten Verstößen und zur Gewährleistung der künftigen Einhaltung und die in Abs. 3 normierten Befugnisse betreffen überwiegend die Prävention von Verstößen. S. im Einzelnen näher *Polenz*, in: Simitis/Hornung/Spiecker gen. Döhmann, 2019, Datenschutzrecht, Art. 58, Rn. 3 ff.

[188] Vgl. Art. 58 Abs. 6 S. 1 DSGVO.

[189] Umfassenden und undifferenzierten Einwirkungsbefugnissen in Gestalt von Unterlassungs- und Löschungsanordnungen, so wie sie Art. 58 Abs. 1 lit. f), g) und j) vorsehen, steht entgegen, dass der Umgang mit Informationen und Daten sowohl die Tätigkeitsfelder Privater als auch die Aufgabenwahrnehmung des öffentlichen Sektors prägen, s. *Albers*, Informationelle Selbstbestimmung, 2005, S. 476. S. zu den unterschiedlichen strukturellen Anforderungen an den Umfang und die Gestaltung der Kontrolle im öffentlichen und privaten Bereich auch bereits *Roßnagel/Pfitzmann/Garstka*, Modernisierung des Datenschutzrechts, S. 194 ff.

[190] Dies entspricht dem zentralen Anliegen der DSGVO, auch die Einheitlichkeit der *Anwendung und Durchsetzung* des Datenschutzrechts sicherzustellen, vgl. nur EG 9.

[191] Art. 70 Abs. 1 S. 1 DSGVO.

vielfältige Kompetenzen zur Bereitstellung von Leitlinien, Empfehlungen und Stellungnahmen hinsichtlich der Anwendung bestimmter Vorschriften sowie zur Beratung der Kommission und Konkretisierung von materiellen Vorschriften zugewiesen.[192] Andererseits kommt dem Ausschuss eine zentrale Rolle im neu geschaffenen Kohärenzverfahren zu, indem er Stellungnahmen abgeben und verbindliche Beschlüsse fassen kann, um Streitigkeiten zwischen verschiedenen Behörden im Rahmen der neuen Zusammenarbeits- und Kohärenzmechanismen beizulegen und die einheitliche Anwendung zu gewährleisten.[193] Diese Mechanismen, die auf eine einheitliche *Anwendung* der DSGVO-Vorschriften gerichtet sind, spielen für das Verhältnis von Einheit und Vielfalt im europäischen Datenschutzrecht eine große Rolle. Der Ausschuss muss bei der Wahrnehmung seiner – überwiegend – auf eine Unitarisierung ausgerichteten Aufgaben und Befugnisse die Flexibilitäts- und Vielfaltserfordernisse, die der Datenschutz mit sich bringt und die auch an vielen Stellen von der DSGVO reflektiert werden, berücksichtigen, um die Funktionalität des Datenschutzrechts zu gewährleisten.[194]

6. Rechtsschutz-, Haftungs- und Sanktionsmechanismen

Einen weiteren Baustein des EU-Datenschutzrechts bilden die in Kapitel VIII der DSGVO vorgesehenen Rechtsbehelfs-, Haftungs- und Sanktionsmechanismen. Sie wurden mit der Datenschutz-Grundverordnung erheblich ausgebaut und werden nicht selten als Grund für die gegenüber der DSRL gesteigerte Sensibilität der Privatwirtschaft für das Datenschutzrecht genannt. Sie haben die Funktion, die Einhaltung der materiell-rechtlichen Vorgaben sicherzustellen und den Schutz betroffener Personen zu gewährleisten. Gegenüber der Datenschutzrichtlinie sieht die DSGVO verschiedene Neuerungen vor. Den von einer Datenverarbeitung Betroffenen räumt die DSGVO zunächst ein Recht auf Beschwerde bei der lokalen Aufsichtsbehörde ein.[195] Gegen verbindliche Beschlüsse und gegen die Untätigkeit einer Aufsichtsbehörde hat jede natürliche und juristische Person zusätzlich das Recht auf einen wirksamen gerichtlichen Rechtsbehelf.[196] Den von einer Datenverarbeitung Betroffenen steht daneben zur Rüge etwaiger Rechtsverletzungen der Zivilgerichtsweg offen, auf dem sie auch Schadensersatz für materielle und immaterielle Schäden geltend machen können.[197] Eine zentrale

---

[192] Vgl. Art. 70 Abs. 1 S. 2 lit. b)-s) sowie lit. u)-x).

[193] Vgl. Art. 64, 65 i.V.m. Art. 70 Abs. 1 lit. a), lit. t) und lit y).

[194] Zur institutionellen Aufsicht und ihrer Rolle für das Verhältnis von Einheit und Vielfalt im europäischen Datenschutzrecht s. noch näher unten, Teil 4, B.

[195] Art. 77 DSGVO.

[196] Art. 78 Abs. 1 und 2 DSGVO.

[197] Vgl. Art. 79 und 82 DSGVO.

Neuerung der DSGVO besteht darin, dass betroffene Personen daneben auch gemeinnützige Verbände mit der Wahrnehmung ihrer Beschwerde- und Klagerechte beauftragen können.[198] Über eine Öffnung wird den Mitgliedstaaten die Möglichkeit eingeräumt, zusätzlich im nationalen Recht bestimmte eigenständige Beschwerde- und Klagerechte für diese Verbände vorzusehen.[199] Bei der Gestaltung der von den Aufsichtsbehörden bei Verstößen gegen die DSGVO zu verhängenden Sanktionen differenziert die Verordnung zwischen öffentlichen und nicht behördlichen Verarbeitern. Für letztere gilt ein einheitlicher Bußgeldkatalog, für das „Ob" und „Wie" der Sanktionierung von Verstößen durch Behörden und sonstige öffentliche Stellen sind hingegen die Mitgliedstaaten zuständig.[200] Auch die Festlegung von sonstigen Sanktionen, die über die in Art. 83 DSGVO festgelegten Geldbußen hinausgehen – insbesondere strafrechtliche Konsequenzen – obliegt entsprechend der Kompetenzverteilung den nationalen Gesetzgebern.[201] Hier bietet sich den Mitgliedstaaten also die Option, risiko- und damit bereichsspezifisch Fehlverhalten unter Strafe zu stellen.

7. Die Kontingenz der Koordination und Ausgestaltung der Bausteine

Die vorstehende Analyse der datenschutzrechtlichen Bausteine sollte deutlich gemacht haben, dass diese nicht isoliert zu verstehen, sondern vielmehr im Zusammenhang zu sehen sind und in Wechselwirkung miteinander stehen. Vor allem aus entstehungsgeschichtlichen Gründen stehen die Bausteine des EU-Datenschutzrechts, auch in der DSGVO, aber eher nebeneinander, als dass sie funktional auf- und miteinander abgestimmt wären.[202] Für ein wirksames Datenschutzrecht, das die Charakteristika seines Regelungsgegenstands angemessen reflektiert, müssen die Bausteine und ihre einzelnen Elemente aber gerade unter Berücksichtigung der jeweiligen (auch übergrei-

---

[198] Art. 80 Abs. 1 DSGVO.

[199] Art. 80 Abs. 2 DSGVO.

[200] Vgl. 81 Abs. 1–6 bzw. 7 DSGVO.

[201] Art. 84 Abs. 1 DSGVO. Strittig ist, ob und inwieweit den Mitgliedstaaten durch diese Öffnung die Möglichkeit eröffnet ist, über Art. 83 DSGVO hinausgehende Bußgeldtatbestände zu schaffen. S. hierzu *Bergt*, in: Kühling/Buchner, 3. Aufl., 2020, Datenschutz-Grundverordnung BDSG, Art. 84, Rn. 8a.

[202] Diese Beobachtung findet sich schon mit Blick auf das Datenschutzrecht unter Geltung der DSRL bei *Albers*, § 22 Umgang mit personenbezogenen Informationen und Daten, in: Hoffmann-Riem/Schmidt-Aßmann/Voßkuhle, Grundlagen des Verwaltungsrechts, 2012, 1–169 (166). Dieses unkoordinierte Nebeneinander der Bausteine fußt vermutlich auch auf der zu kurzschlüssigen Vorstellung, dass ein Datenschutzgesetz umso effektiver ist, je mehr Komponenten es abstrakt-übergreifend und undifferenziert für alle Verarbeitungskontexte vorschreibt. Zur Pfadabhängigkeit des EU-Datenschutzrechts s.o. Teil 2, A.

fenden) Kontexte koordiniert und ausgestaltet werden, wobei im Mehrebenensystem der EU zusätzlich die vertikale Dimension zu berücksichtigen ist.[203] Dabei gilt es verschiedene Aspekte zu beachten.

Einerseits geht es darum, die Bausteine nur in jenen Regelungskontexten und dort auch nur in dem Maße einzusetzen, wie sie wirksam ihre datenschutzbezogenen Funktionen entfalten können. Andererseits ist zu berücksichtigten, dass die Ausgestaltung eines spezifischen Bausteins nicht isoliert, sondern nur unter Berücksichtigung der Ausgestaltung anderer Bausteine realisiert werden kann. Denn die nähere Gestaltung eines konkretes Bausteins in einem spezifischen Kontext kann auf der einen Seite Folgeregelungsbedarf auslösen, auf der anderen Seite kann sie ebendiesen über Substitutions- und Kompensationswirkungen gerade auch entfallen lassen.[204] Durch eine kontextorientierte Koordination entsprechend der jeweiligen sachlichen Strukturen und Schutzbedürfnisse können dysfunktionale Dynamiken wie ein „Tappen in die Verrechtlichungsfalle" bzw. eine „Überregulierung" des Datenschutzrechts[205] vermieden werden. Die Koordinierung und Ausgestaltung der Bausteine sind somit relativ kontingent. Sie sind zugleich auch Grund dafür, dass sich das „Schutzniveau" des Rechts auf Schutz personenbezogener Daten im Sinne von Art. 8 GRCh nicht abstrakt-übergreifend ermitteln lässt.[206]

[203] Diese kommt zum Teil auch in den Erwägungsgründen der Datenschutz-Grundverordnung zum Ausdruck. Vgl. etwa EG 8 oder EG 10 S. 3 ff.

[204] Dazu *Albers*, § 22 Umgang mit personenbezogenen Informationen und Daten, in: Voßkuhle/Eifert/Möllers, Grundlagen des Verwaltungsrechts, 2022, 1–113 (69). Zu Kompensationserfordernissen, die – im nationalen Recht – mit der Umstellung von Zweckbindung auf Zweckvereinbarkeit verbunden sind, *Eifert*, Zweckvereinbarkeit statt Zweckbindung als Baustein des modernisierten Datenschutzes, in: Gropp/Lipp/Steiger, Rechtswissenschaft im Wandel, 2007, 139 (147 ff.). Zu Kompensationsmöglichkeiten im Hinblick auf die häufig fehlende Möglichkeit der genauen Zweckfestlegung im Forschungskontext: *EDSA*, Leitlinien 05/2020 zur Einwilligung gemäß Verordnung 2016/679, 4.5.2020, S. 37 f.

[205] Zur Verrechtlichung als zweiter Entwicklungsphase des deutschen Datenschutzrechts *Bizer*, Datenschutz durch Technikgestaltung, in: Bäumler/Mutius, „Datenschutzgesetze der dritten Generation", 1999, 28 (33 f.). Kritisch zur Verrechtlichung und Überregulierung *Bull*, Mehr Datenschutz durch weniger Verrechtlichung – Zur Überarbeitung von Form und Inhalt der Datenschutzvorschriften, in: Bäumler/Arens, „Der neue Datenschutz" – Datenschutz in der Informationsgesellschaft von morgen, 1998, 25 (30 ff.); s. a., konkret am Beispiel des Gesundheitsdatenschutzrechts, *Kingreen/Kühling*, JZ, 2015, 213.

[206] In der Diskussion um die Anwendungsbereiche der nationalen und unionalen Grundrechtsmaßstäbe wird als maßgebliches Kriterium häufig auf das „Schutzniveau" abgestellt. Das dürfte auf ein unterkomplexes, eindimensionales Verständnis von Art. 8 GRCh als (nur) subjektives Abwehrrecht gegen Persönlichkeitsverletzungen zurückzuführen sein. S. zu der Diskussion und zu einem alternativen Ansatz, um den konkurrierenden Grundrechtsschutz adäquat zu gestalten, unten, Teil 4, A., I., 2.

Dies alles verweist auf die geschilderten Interdependenzen zwischen Datenschutzrecht und den sachlichen Regelungsfeldern und die resultierenden Flexibilitäts- und Vielfaltserfordernisse, denen (vor allem) die Gesetzgeber bei der Gestaltung des Rechts des Umgangs mit personenbezogenen Informationen und Daten mit Blick auf dessen Effektivität Rechnung zu tragen haben.[207] Mit diesen lässt sich erklären, warum – wie in der vorstehenden Analyse der Bausteine deutlich geworden sein sollte – viele der zentralen Bausteine in der Datenschutz-Grundverordnung mit Öffnungen (auch) für das Recht der Mitgliedstaaten versehen sind: Die Koordination und Ausgestaltung lässt sich in der notwendigen Differenziertheit und Tiefe nur auf mitgliedstaatlicher Ebene realisieren und ist den Mitgliedstaaten zudem auch primärrechtlich überwiegend zugewiesen.

Im öffentlichen Bereich obliegt die Koordination neben dem Gesetzgeber auch der Exekutive im Rahmen der konkretisierenden Anwendung der Normen. Dies zeigt sich nicht zuletzt am weit zu verstehenden Begriff „Recht der Mitgliedstaaten“,[208] der in den DSGVO-Öffnungen meist den Bezugspunkt bildet. Es muss dabei den Mitgliedstaaten – im Rahmen der jeweiligen verfassungsrechtlichen Grenzen – freistehen, hinsichtlich der Ausgestaltung und Koordination der Bausteine eine funktional sinnvolle Aufgabenteilung zwischen Legislative und Exekutive zu finden. Das hieße konkret, dass ein nationaler Gesetzgeber entscheiden kann, in welchem Maße z. B. der Baustein der Phasenregulierung schon auf abstrakt-genereller Ebene ausgestaltet wird, etwa durch die Vorgabe enger zulässiger Zwecke, oder aber der Exekutive (in Gestalt der einzelfallbezogenen Zweckfestlegung) überlassen werden soll.[209]

Im privaten Bereich geschieht die Ausgestaltung und Koordinierung der Bausteine ebenfalls in großem Maße auf der Ebene der Anwendung, sie kann aber auch im Rahmen branchen- bzw. produktspezifischer Verhaltensregeln oder Zertifizierungen erfolgen. Auch hier sieht die DSGVO allerdings Öffnungen zugunsten des Rechts der Mitgliedstaaten vor, wenn auch in vergleichsweise geringem Umfang.[210] Die Öffnungen werden im Folgenden näher betrachtet.

---

[207] S. dazu bereits oben, Teil 2, C.

[208] Weil es sich nicht um ein homogenes Bezugsobjekt handelt, wäre die Bezugnahme auf die „Rechte der Mitgliedstaaten“ bzw. die „Rechtsordnungen der Mitgliedstaaten“ präziser. Zur Folgefrage, welches nationale Recht jeweils anwendbar ist, *Laue*, ZD, 2016, 463 (463 ff.); s. a. *Chakarova*, EU Law Working Papers No. 41, Stanford-Vienna Transatlantic Technology Law Forum, 2019, 1 (78 ff.).

[209] Dieses Verständnis wird auch von der DSGVO selbst gestützt. Gem. EG 19 „sollten die Mitgliedstaaten spezifischere Bestimmungen beibehalten oder einführen können, um die *Anwendung* der Vorschriften dieser Verordnung anzupassen.“ (Herv. d. Verf.). S. a. EG 41 S. 1.

[210] Dies lässt sich auch darauf zurückführen, dass es im „privaten Datenschutzrecht“ primär darum geht, ein funktionales (im Sinne von: die selbstbestimmte Teilhabe an Kom-

B. Die Öffnungen in der Datenschutz-Grundverordnung

In Abhängigkeit von der Zählweise werden in der Datenschutz-Grundverordnung bis zu 70 Bestimmungen identifiziert, mit denen sich der Rechtsakt für das Recht der Mitgliedstaaten öffnet.[211] Bei den überwiegend als „Öffnungsklauseln" bzw. „opening clauses" bezeichneten Vorschriften handelt es sich allerdings nicht um normsetzungstechnische Innovationen oder um eine datenschutzspezifische Regelungsfigur, die eine Partikularität der DSGVO bildet (I.).

Ungeachtet dessen sind die Anzahl und die mit ihr verbundenen Regelungsmöglichkeiten der Mitgliedstaaten gemessen an den insgesamt 99 Artikeln des Rechtsakts – insbesondere für eine Verordnung – beachtlich und mögen es rechtfertigen, die DSGVO als regulatorisches Novum zu bewerten. Diese Beobachtung lässt sich allerdings nicht vom Kopf auf die Füße stellen, um sie argumentativ fruchtbar zu machen: Die Wahl der Handlungsform bzw. die Bezeichnung eines Rechtsakts als „Grundverordnung" entfaltet keine normative Wirkung dergestalt, dass sich die zentral-dezentrale Regelungsstruktur allein darauf zurückführen ließe. Die in der Literatur zu findende Deutung der Öffnungen als Resultate der Handlungsformenwahl überzeugt schon deshalb nicht (II.).

Dafür spricht nicht zuletzt auch, dass die Regelungsstruktur DSGVO nicht nur durch die Anzahl, sondern gerade auch durch die mannigfaltige Gestaltung ihrer Öffnungen zugunsten des Rechts der Mitgliedstaaten hervorsticht. Diese sind keinesfalls alle identisch gestaltet, sondern man kann vielmehr in verschiedener Hinsicht zwischen ihnen unterscheiden, wodurch sich verschiedene Systematisierungsmöglichkeiten ergeben (III.). Bisher stand dabei die Perspektive des mitgliedstaatlichen Gesetzgebers im Mittelpunkt und die Bestimmungen wurden dementsprechend vor allem nach ihren Regelungsmodi (z. B. optional vs. obligatorisch) kategorisiert. Wenn man bei der Analyse der Öffnungen allerdings die Flexibilitäts- und Vielfaltserfordernisse mitdenkt, gerät besonders in den Blick, dass sie sich auch in funktionaler Hinsicht unterscheiden lassen. Für ihre Auslegung und Anwendung

---

munikationszusammenhängen ermöglichendes) Wechselverhältnis von privater Selbstorganisation und staatlicher Intervention zu finden, s. dazu *Bunnenberg*, Privates Datenschutzrecht, 2020, S. 216 ff.

[211] Von „ca. 70 Öffnungsklauseln" spricht *Roßnagel*, § 1 Einleitung: Das künftige Datenschutzrecht in Europa, in: Roßnagel, Das neue Datenschutzrecht, 2018, 1–62 (52), so auch in der Begründung zum 1. DSAnpUG-EU, *BT-Drs.*, 18/11325, S. 73. Eine Tabelle mit „all 69 provisions with opening clauses" finden sich bei *Chakarova*, EU Law Working Papers No. 41, Stanford-Vienna Transatlantic Technology Law Forum, 2019, 1 (11 ff.). *Kühling/Martini*, EuZW, 2016, 448 (448 f.) zählen hingegen „rund vier Dutzend" bzw. „45 Bestimmungen des verfügenden Teils".

durch die Gesetzgeber und die Gerichte ist das von nicht zu unterschätzender Bedeutung.

I. „Öffnungsklauseln" als Partikularität der DSGVO?

Zur Bezeichnung der Bestimmungen in der Datenschutz-Grundverordnung, mit denen sich der Rechtsakt für das mitgliedstaatliche Recht öffnet, ist der Begriff der „Öffnungsklausel"[212] bzw. „opening clause"[213] sehr verbreitet. Dies mag den Eindruck erwecken, es handele sich bei ihnen um normsetzungstechnische Neuschöpfungen, die erst im Kontext der Datenschutz-Grundverordnung aufgekommen sind und mit denen eine (DSGVO-)spezifische dogmatische Figur beschrieben wird. Beides trifft nicht zu. Zum einen ist der Begriff der Öffnungsklausel in der deutschen Rechtswissenschaft in verschiedensten Zusammenhängen schon lange gebräuchlich,[214] insbesondere auch in Bezug auf mitgliedstaatliche Regelungsmöglichkeiten im Rahmen von EU-Rechtsakten.[215] Zum anderen ist die Terminologie für die

---

[212] Vgl. exemplarisch nur *Benecke/Wagner*, DVBl., 2016, 600; *Kühling/Martini*, Die Datenschutz-Grundverordnung und das nationale Recht, 2016, S. 1 ff. oder *Leucker*, PinG, 2015, 195 (196), die Öffnungsklauseln gar definiert als alle Regelungen, „durch die es den Mitgliedstaaten erlaubt wird, im jeweiligen mitgliedstaatlichen Recht spezifischere und/oder von der DS-GVO abweichende Regelungen vorzusehen, sowie solche Regelungen, die einen an die Mitgliedstaaten gerichteten Regelungsauftrag enthalten und die so ebenfalls zu einer Fragmentierung des EU-Datenschutzrechts führen können." Auch in der Begründung des Entwurfs des DSAnpUG-EU wurde der Begriff verwendet, vgl. *BT-Drs.*, 18/11325, S. 1.

[213] Vgl. aus der internationalen Literatur nur *Tambou*, Opening Remarks, in: Mc Cullagh/Tambou/Bourton, National Adaptations of the GDPR, 2019, 24 (25) oder *Chakarova*, EU Law Working Papers No. 41, Stanford-Vienna Transatlantic Technology Law Forum, 2019, 1 (8 ff.).

[214] In der deutschen Rechtsordnung sind *gesetzliche* Öffnungsklauseln in vielen Rechtsgebieten zu beobachten. Verwendung findet der Terminus beispielsweise im Kontext des Verwaltungsprozessrechts (für § 80 Abs. 2 S. 1 Nr. 3 VwGO *Schoch*, in: Schoch/Schneider/Bier, Ergänzungslieferung 41, 2021, Verwaltungsgerichtsordnung, Kommentar, § 80 VwGO, Rn. 176 ff.), des Tarifvertragsrechts (*Drohsel*, Vereinbarkeit gesetzlicher Öffnungsklauseln mit der Koalitionsfreiheit aus Art. 9 Abs. 3 GG, 2010, S. 17 ff.), des Rechts der WEG (*Rapp*, § 3. Wohnungseigentum, in: Heckschen/Herrler/Münch u. a., Beck'sches Notar-Handbuch, 2019, 443 (523 ff.)) oder des (Lebensmittel-)Strafrechts (für § 62 Abs. 1 LFGB *Dannecker/Bülte*, 2. Teil, 2. Kapitel Lebensmittelstrafrecht, in: Achenbach/Ransiek/Rönnau, Handbuch Wirtschaftsstrafrecht, 2019, 1–184 (49 ff.)). In allen genannten Beispielen wird der Terminus „Öffnungsklausel" zur Beschreibung von Textpassagen in Normen gebraucht, die eine (legislatorische oder rechtsgeschäftliche) Modifikation eines vorgegebenen gesetzlichen Rahmens – also Flexibilität – ermöglichen.

[215] *Obwexer*, Harmonisierung und Optionalität – stehen Öffnungsklauseln der Verwirklichung des Binnenmarkts entgegen?, in: König/Uwer, Grenzen europäischer Normgebung, 2015, 54 (58) definiert Öffnungsklauseln als Bestimmungen, die bei einer Teilhar-

DSGVO-Öffnungen innerhalb der Fachdiskussion keinesfalls einheitlich. Neben „Öffnungsklauseln“ werden die einschlägigen Bestimmungen u. a. auch als „Konkretisierungsklauseln“[216] oder, vor allem seitens (Vertretern) der Europäischen Kommission, als „Spezifizierungs-“ respektive „Spezifikationsklauseln“ bezeichnet.[217] Soweit zur Beschreibung einschlägiger Bestimmungen der Spielraumbegriff verwendet wird,[218] ist damit die jeweilige Rechtsfolge gemeint. „Öffnungsklausel“ bildet dann den Oberbegriff, „Spielraum“ bezeichnet die spezifische Gestalt der Öffnung.[219]

Auch jenseits der DSGVO hat sich für Bestimmungen in Richtlinien und Verordnungen, die für die Mitgliedstaaten ausdrücklich die Möglichkeit eröffnen, ergänzendes, konkretisierendes, präzisierendes oder gar abweichendes nationales Recht beizubehalten oder zu erlassen, keine einheitliche allgemeingültige Nomenklatur herausgebildet. Entsprechend dem ubiquitären Charakter von Spielräumen im Recht[220] sind neben „Öffnungsklausel“ etwa

---

monisierungsmaßnahme den Mitgliedstaaten gestatten, „für Inlandssachverhalte andere Vorschriften aufrecht[zu]erhalten bzw. ein[zu]führen“; zu mitgliedstaatlichen Öffnungsklauseln im Kontext von Grundrechtsschutz s. *Lindner*, EuZW, 2007, 71; s. a. *Matz-Lück*, Europäische Rechtsakte und nationaler Grundrechtsschutz, in: Matz-Lück/Hong, Grundrechte und Grundfreiheiten im Mehrebenensystem – Konkurrenzen und Interferenzen, 2012, 161 (169 f.).

[216] *Gola/Klug*, NJW, 2016, 2786 (2789).

[217] Für fakultative und obligatorische „Spezifizierungs-“, „Verstärkungs-“ sowie „Abschwächungsklauseln“ s. *Selmayr/Ehmann*, in: Ehmann/Selmayr, 2. Aufl., 2018, Datenschutz-Grundverordnung/DS-GVO, Einführung, Rn. 83 ff. Auch Paul Nemitz, seinerzeit Direktor für Grundrechte und Unionsbürgerschaft bei der Europäischen Kommission, Generaldirektion Justiz, verwendet diese Terminologie, vgl. *Kipker*, ZD-aktuell, 2017, 4247. S. auch *Jourová*, Antwort im Namen der Europäische Kommission auf parlamentarische Anfrage, P-003121/2018(ASW), https://www.europarl.europa.eu/doceo/document/P-8-2018-003121-ASW_DE.html (zuletzt abgerufen am 31.3.2022).

[218] „Spielräume für den nationalen Gesetzgeber“ bei *Schantz*, NJW, 2016, 1841 (1842). *Roßnagel/Kroschwald*, ZD, 2014, 495 (496) bezeichnen Art. 6 Abs. 3 DSGVO-LIBE als „Umsetzungsspielraum“.

[219] Synonyme Verwendung von „Öffnungsklausel“ bzw. „Spielraum“ in Bezug auf Art. 88 DSGVO etwa bei *Düwell/Brink*, NZA, 2016, 665 (666 bzw. 667).

[220] Der Begriff des Spielraums löst in der Welt des Rechts unterschiedliche Assoziationen aus und erschöpft sich semantisch keinesfalls in der Beschreibung einer konkreten rechtlichen Figur. In der deutschen Rechtswissenschaft ist der Spielraumbegriff insbesondere im Kontext aller drei Staatsgewalten zu finden. Mit Blick auf die *Legislative* gibt es neben normativen Spielräumen in Gesetzen etwa auch von der Judikative zugestandene Spielräume des Gesetzgebers. Das BVerfG wählt zur Beschreibung ebendieser verschiedene Begriffe, darunter Einschätzungs-, Prognose-, Entscheidungs-, Wertungs-, Beurteilungs-, Gestaltungs-, Handlungs- und Regelungsspielraum, s. dazu im Einzelnen mit weiteren Beispielen *Alexy*, Verfassungsrecht und einfaches Recht – Verfassungsgerichtsbarkeit und Fachgerichtsbarkeit, in: VVDStRL, 61: Verfassungsrecht und einfaches Recht – Verfassungsgerichtsbarkeit und Fachgerichtsbarkeit. Primär- und Sekundärrechtsschutz

„Regelungsspielraum“,[221] „Gestaltungsspielraum“[222] oder auch „Ermessensspielraum“[223] gebräuchlich. Insbesondere in Bezug auf Richtlinien wird der Spielraumbegriff allerdings auch für jene Regelungsmöglichkeiten verwendet, die sich für Mitgliedstaaten in einem von einem Sekundärrechtsakt determinierten Sachbereich *jenseits expliziter Öffnungen* ergeben,[224] was die Differenzierung zusätzlich erschwert.

Soweit ersichtlich hat sich weder für die DSGVO noch für das Sekundärrecht allgemein eine einheitliche Terminologie für unterschiedlich gestaltete Öffnungen für das Recht der Mitgliedstaaten herausgebildet.[225] Die jeweilige Bezeichnung ist also nicht zwingend, etwa weil mit den Begriffen unterschiedliche, feststehende rechtssetzungstechnische Figuren beschrieben und/oder assoziiert würden;[226] häufig werden sie willkürlich und/oder synonym verwendet. Lediglich im Kontext von Richtlinien findet man wiederholt die Differenzierung zwischen handlungsformbedingten Umsetzungsspiel-

---

im Öffentlichen Recht, 2002, 7 (15 f.) und *Da Silva*, Grundrechte und gesetzgeberische Spielräume, 2003, S. 121 f. Die *Exekutive* ist, wie die Legislative, in ihren Handlungen nicht vollkommen determiniert, sondern hat beim Vollzug von Gesetzen weitreichende (Konkretisierungs-)Spielräume sowohl auf Tatbestands- als auch auf Rechtsfolgenseite. Dass der *Judikative* bei ihrer Entscheidungsfindung – in den Grenzen des Rechts – ein Spielraum zukommt, ist mit der richterlichen Unabhängigkeit in Art. 97 Abs. 1 GG verfassungsrechtlich verankert und einfach-rechtlich beispielsweise in § 286 ZPO angelegt.

[221] In Bezug auf die Regelungsmöglichkeiten der Mitgliedstaaten im Rahmen der Umwelthaftungsrichtlinie *Knopp*, EuZW, 2009, 561 (562).

[222] Synonyme Verwendung von Ermessens- und Gestaltungsspielraum bei *Jarass*, in: Jarass, 4. Aufl., 2021, Charta der Grundrechte der Europäischen Union, Art. 51 GRCh, Rn. 26.

[223] Vgl. *EuGH* Urteil, 12.12.2019 – C-519/18, *Bevándorlási*, Rn. 40 in Bezug auf Art. 10 Abs. 2 der Richtlinie 2003/86; *Pirker*, Grundrechtsschutz im Unionsrecht zwischen Subsidiarität und Integration, 2018, S. 403 ff., wobei diese in Verordnungen weiter in „Handlungsoptionen“ und „Handlungspflichten“, in Richtlinien weiter in „Umsetzungsspielräume“ und „Spielräume bei der richtlinienkonformen Auslegung des nationalen Rechts“ eingeteilt werden.

[224] Meist werden diese im Zusammenhang mit Mindestharmonisierungsmaßnahmen thematisiert, s. etwa *Lohse*, Rechtsangleichungsprozesse in der Europäischen Union, 2017, S. 329 ff. Zur Frage, welche Spielräume den Mitgliedstaaten jenseits der Sperrwirkung des Umweltsekundärrechts verbleiben, soweit dieses keine expliziten Regelungsbefugnisse statuiert, *Schlösser*, Die Sperrwirkung sekundären Gemeinschaftsrechts, 2002 S. dazu auch *Himmelmann*, EG-Umweltrecht und nationale Gestaltungsspielräume, 1997

[225] Eine Typologie von „Öffnungsklauseln“ in EU-Sekundärrecht nach ihrer Regelungsstruktur findet sich bei *Müller*, Die Öffnungsklauseln der Datenschutzgrundverordnung, 2018, S. 95 ff.

[226] So, in Bezug auf die unterschiedlichen Begrifflichkeiten zur Beschreibung der Öffnungen in der DSGVO, auch *Sandhu*, Grundrechtsunitarisierung durch Sekundärrecht, 2021, S. 239.

räumen einerseits und (darüber hinaus gehenden, expliziten) Öffnungsklauseln andererseits.[227]

Die Betonung seitens der EU-Kommission, die DSGVO enthalte keine Öffnungs-, sondern Spezifizierungs- bzw. Spezifikationsklauseln, dürfte vor diesem Hintergrund eher als politisch motiviert denn als Bemühen um rechtsdogmatische Präzision zu bewerten sein. Zur Bezeichnung entsprechender Bestimmungen ist der Terminus „Öffnung“ als Oberbegriff gegenüber „Öffnungsklausel“ jedenfalls dann vorzugswürdig, wenn mit „Öffnungsklauseln“ erschöpfend alle Vorschriften beschrieben werden sollen, mit denen sich die DSGVO für das Recht (bzw. die Rechte) der Mitgliedstaaten öffnet. Denn neben den expliziten Verweisen auf das Recht der Mitgliedstaaten enthält die Datenschutz-Grundverordnung auch implizite Öffnungen, die gerade nicht als „Klauseln“ im Wortlaut zu erkennen sind und wohl deshalb in den bisherigen Analysen auch wenig Beachtung gefunden haben.[228]

II. Die Öffnungen als Resultate der Handlungsform „Grundverordnung“?

In der Debatte um die Regelungsstruktur der DSGVO und die damit einhergehende Harmonisierungswirkung wird bisweilen versucht, der gewählten Handlungsform bzw. der Bezeichnung als „Grundverordnung“ einen normativen Gehalt in Bezug auf das Verhältnis von Einheit und Vielfalt zuzuweisen. Konkret wird versucht, die Betitelung des Rechtsakts in einen Zusammenhang mit seiner Regelungsstruktur zu bringen, indem die Öffnungen als Resultate der bewussten Gestaltung als „Grundverordnung“ interpretiert werden.[229] In diese Richtung geht auch die Erwägung, dass sich aus

[227] S. etwa *Streinz/Michl*, EuZW, 2011, 384 (386), die grundsätzlich zwischen „Umsetzungsspielräumen“ und „Öffnungsklauseln zugunsten der Regelungskompetenz der Mitgliedstaaten“ in Richtlinien unterscheiden. S. a. *Matz-Lück*, Europäische Rechtsakte und nationaler Grundrechtsschutz, in: Matz-Lück/Hong, Grundrechte und Grundfreiheiten im Mehrebenensystem – Konkurrenzen und Interferenzen, 2012, 161 (168 ff.) sowie *Funke*, Umsetzungsrecht, 2011, S. 203 f. Konkret für die DSRL s. *Schneider*, Einrichtungsübergreifende elektronische Patientenakten, 2016, S. 439 ff.

[228] S. zum Unterschied von expliziten und impliziten Öffnungen noch unten i.R. der Systematisierungen, Teil 3, B., III., 1.

[229] *Selmayr/Ehmann*, in: Ehmann/Selmayr, 2. Aufl., 2018, Datenschutz-Grundverordnung/DS-GVO, Einführung, S. 82 behaupten, die DSGVO eröffne gerade deshalb gewisse Spielräume für die Mitgliedstaaten, weil sie bewusst als Grundverordnung formuliert worden sei. Auch der deutsche Gesetzgeber scheint dieses Verständnis seinem Handeln zugrunde zu legen. In der Begründung zum ersten deutschen Datenschutzanpassungs- und Umsetzungsgesetz (DSAnpUG-EU) heißt es: „Die Verordnung ist *als Grund-Verordnung* ergänzungsbedürftig und regelt den Datenschutz nur im Grundsatz abschließend“, s. *BT-Drs.*, 18/11325, S. 73 (Herv. d. Verf.).

der Bezeichnung Rückschlüsse auf die Reichweite etwaiger mitgliedstaatlicher Regelungsbefugnisse ziehen lassen.[230]

Entsprechende Erwägungen haben prima facie insofern ihre Berechtigung, als der Unionsgesetzgeber das Erfordernis einer Verordnung zur Vereinheitlichung der mitgliedstaatlichen Datenschutzvorschriften ausdrücklich hervorhebt[231] und gleichzeitig betont, die Datenschutz*richtlinie* habe nicht verhindern können, dass der Datenschutz in der Union unterschiedlich gehandhabt wurde.[232] Denn auch wenn die derartige Herausstellung der Erforderlichkeit einer Verordnung primärrechtlichen Begründungsanforderungen an die Handlungsformenwahl geschuldet sein dürfte,[233] provoziert sie in der Tat die Frage, weshalb der Rechtsakt die bereits im Kommissionsentwurf vorgesehene Bezeichnung als „Datenschutz-Grundverordnung" erhalten hat. Der Begriff *Grund*verordnung erweckt den Eindruck, als solle er auf gewisse Besonderheiten der DSGVO gegenüber einer „gewöhnlichen", idealtypischen Verordnung im Sinne von Art. 288 Abs. 2 AEUV hinweisen.

Der Schluss von der Handlungsformenwahl bzw. der Bezeichnung des Rechtsakts auf die Regelungsstruktur ist zunächst einmal nicht fernliegend, zumal die Wahl einer Handlungsform – zumindest im Grundsatz – mit gewissen Implikationen verbunden ist: Art. 288 AEUV benennt die Handlungsformen der EU und weist den verschiedenen Typen jeweils charakteristische Merkmale zu, wobei sich die Differenzierung insbesondere über die Kategorie der Verbindlichkeit und den Adressatenkreis ergibt. Vor diesem Hintergrund ist die Bezeichnung eines Rechtsakts etwa als „Richtlinie" bzw. „Verordnung" also grundsätzlich geeignet, spezifische Erwartungen an seine jeweilige Regelungsstruktur auszulösen.[234] Dementsprechend wird die Verordnung meist als Instrument der Rechts*vereinheitlichung*, die Richtlinie hingegen als Instrument der Rechts*angleichung* bezeichnet.[235]

---

[230] *Benecke/Wagner*, DVBl., 2016, 600 (606) erwägen, ob sich schon aus der Bezeichnung die Zulässigkeit nationaler Vorschriften wiederholenden Inhalts ergeben könnte, verneinen dies aber im Ergebnis.

[231] Vgl. EG 13 S. 1: „Damit in der Union ein gleichmäßiges Datenschutzniveau für natürliche Personen gewährleistet ist und Unterschiede, die den freien Verkehr personenbezogener Daten im Binnenmarkt behindern könnten, beseitigt werden, ist eine Verordnung erforderlich".

[232] Vgl. EG 9 S. 1.

[233] Vgl. Art. 296 Abs. 1 und 2 AEUV.

[234] Vgl. hierzu auch im Zusammenhang mit der Frage, ob eine unionsrechtliche Regelung vollständig vereinheitlicht ist oder nicht, *BVerfG* Beschluss, 6.11.2019 – 1 BvR 276/17, *Recht auf Vergessen II*, Rn. 79.

[235] Ein Blick auf die Rechts(setzungs)praxis offenbart allerdings eine zunehmende Annäherung der Handlungsformen Richtlinie und Verordnung, die die Aussagekraft der Handlungsformenwahl für die Regelungsstruktur erheblich relativiert. Es finden sich gleichermaßen sehr detaillierte Richtlinien ohne mitgliedstaatliche Regelungsmöglichkeiten

1. Die Grundverordnung in der bisherigen Rechtssetzungspraxis

Die *Grund*verordnung ist als Rechtsakttypus allerdings ersichtlich nicht im Katalog des Art. 288 AUEV genannt. Auch an anderer Stelle taucht der Begriff im europäischen Primärrecht nicht auf. Was also ist eine Grundverordnung und wodurch zeichnet sie sich (normstrukturell) aus? Ein Blick auf die Rechtssetzungspraxis offenbart, dass die Europäischen Union bereits in verschiedenen Handlungsfeldern von dem Begriff „Grundverordnung" zur Bezeichnung von Rechtsakten Gebrauch gemacht. Anders als die Datenschutz-Grundverordnung tragen die jeweiligen Rechtssetzungsmaßnahmen die Bezeichnung „Grundverordnung" indes nicht selbst in ihrem Titel, sondern ihnen wird dieser Charakter in der Regel von sog. Durchführungsverordnungen zugewiesen. Bei diesen handelt es sich um Rechtsakte, die ihrerseits von EU-Organen verabschiedet wurden.[236] Beispiele für diese Rechtssetzungstechnik finden sich etwa im Agrarrecht,[237] im Sozialrecht,[238] im Zoll-

---

wie Verordnungen, die sich für das Recht der Mitgliedstaat öffnen. Zu Gründen dafür, dass sich Richtlinien im Bereich des Umweltrechts normstrukturell zunehmend an Verordnungen annähern *Schlösser*, Die Sperrwirkung sekundären Gemeinschaftsrechts, 2002, S. 109. Zur historischen Entwicklung der Richtlinie als Rechtsangleichungsinstrument, einschließlich ihrer Annäherung an die Verordnung, und zu den (rechts-)politischen Hintergründen, s. monografisch *Herok*, Rechtsangleichung durch Richtlinien, 2021. S. mit Beispielen auch *Brink*, Cambridge Yearbook of European Legal Studies, 2017, 211 (217 f.), der daran anknüpfend resümiert, dass die Wahl der Handlungsform keine Bedeutung für die Bestimmung des Einflusses des Unionsrechts auf nationale Rechtsordnungen habe. Dazu, dass die nationale Handlungsfähigkeit weniger von der Handlungsform als von den konkret eingeräumten Spielräumen abhängt *Klar*, DÖV, 2013, 103 (111), der zudem die DSRL als Beispiel für die Aufweichung der Grenzen zwischen Richtlinie und Verordnung anführt.

[236] Grundverordnungen waren auch bereits Verfahrensgegenstand vor dem EuGH, s. etwa *EuGH* Urteil, 27.3.1990 – C-315/88, *Pennacchiotti*.

[237] Vgl., konkret anhand der sog. Milchquote, *Snyder*, The use of legal acts in EC agricultural policy, in: Winter, Sources and categories of European Union law, 1996, 347 (375 f.).

[238] Verordnung 883/2004, die die Systeme der sozialen Sicherheit koordiniert. Sie ist nicht selbst als Grundverordnung bezeichnet; die Verordnung EG Nr. 987/2009 nimmt aber auf sie als „Grundverordnung" Bezug, vgl. EG 1 der Verordnung (EU) Nr. 182/2011 des Europäischen Parlaments und des Rates vom 16. Februar 2011 zur Festlegung der allgemeinen Regeln und Grundsätze, nach denen die Mitgliedstaaten die Wahrnehmung der Durchführungsbefugnisse durch die Kommission kontrollieren, ABl. L 55 vom 28.2.2011, S. 13–18. S. dazu auch *Kocher*, in: Pechstein/Nowak/Häde, 2017, Frankfurter Kommentar zu EUV, GRC und AEUV, Art. 48 AEUV, Rn. 9 ff.; s. a. *Leopold*, in: Rolfs/Giesen/Kreikebohm u. a., 63. Edition, 2021, BeckOK Sozialrecht, Art. 8 VO (EG) Nr. 883/2004, Rn. 5 ff.

recht[239] oder im Sortenschutzrecht.[240] Neben der Gemeinsamkeit, dass mit „Grundverordnung" keine Rechtssetzungsbefugnisse zugunsten von Mitgliedstaaten angedeutet werden, vereint diese Beispiele auch, dass sie in anderen Sprachfassungen als „basic regulation" bzw. „règlement de base" bezeichnet werden. Die offizielle Fassung der DSGVO wird hingegen im Englischen mit „general data protection regulation" bzw. „règlement général sur la protection des données" im Französischen übersetzt.[241] Demgegenüber kennt das deutschsprachige Unionssekundärrechtrecht auch die Figur des „Basisrechtsakts".[242]

Dass die EU-Organe Sekundärrechtsakte auch abweichend von den im Handlungsformenkatalog definierten „Idealtypen" gestalten und bezeichnen können, ist Ausfluss des Ermessens hinsichtlich der Handlungsformenwahl[243] und -gestaltung.[244] Die Handlungsformen des Unionsrecht bilden ein ent-

---

[239] VO (EG) Nr. 1186/2009 über das gemeinschaftliche System der Zollbefreiungen ist die Grundverordnung; deren Artikel 42–52 sowie 57 und 58 werden von der Durchführungsverordnung (EG) Nr. 1225/2011 (der Kommission) sowie der Durchführungsverordnung (EG) Nr. 1224/2011 (der Kommission) durchgeführt. Art. 1 der Durchführungsverordnung Nr. 1225/201 lautet: „Diese Verordnung legt die Durchführungsvorschriften zu den Artikeln 42 bis 52 sowie der Artikel 57 und 58 der Verordnung (EG) Nr. 1186/2009, nachstehend „Grundverordnung" genannt, fest.". Die VO (EG) Nr. 1186/2009 ist nicht selbst als Grundverordnung bezeichnet, wird aber als solche von anderen Rechtsakten in Bezug genommen.

[240] Die (Durchführungs-)Verordnung (EG) Nr. 874/2009 definiert in Art. 1 lit. b) die Verordnung (EG) Nr. 2100/94 als „Grundverordnung".

[241] Die in der englischen Fassung „General block exemption Regulation" bezeichnete Verordnung (EG) Nr. 800/2008 wird in der deutschen Fassung mit „allgemeine Gruppenfreistellungsverordnung" übersetzt.

[242] Vgl. EG 1 der Verordnung (EU) Nr. 182/2011 des Europäischen Parlaments und des Rates vom 16. Februar 2011 zur Festlegung der allgemeinen Regeln und Grundsätze, nach dem die Mitgliedstaaten die Wahrnehmung der Durchführungsbefugnisse durch die Kommission kontrollieren, ABl. L 55 vom 28.2.2011, S. 13–18. Bisweilen werden die Begriffe „Basisrechtsakt" und „Grundverordnung" auch synonym verwendet, s. etwa *Härtel*, Handbuch europäische Rechtsetzung, 2006, S. 212 f.

[243] Vgl. dazu nur *Calliess*, in: Calliess/Ruffert, 6. Aufl., 2022, EUV/AEUV, Art. 296 AEUV, Rn. 5; *Nettesheim*, in: Grabitz/Hilf/Nettesheim, 65. Ergänzungslieferung, 2018, Das Recht der Europäischen Union, Art. 288 AEUV, Rn. 81 f. Für überzeugende, insbesondere historische Argumente gegen die konträre Position, wonach die Kompetenznorm auch die zu wählende Handlungsform festlege, *Bast*, Grundbegriffe der Handlungsformen der EU, 2006, S. 33 ff. Einschränkungen hinsichtlich der Wahlfreiheit können sich, jenseits von Art. 296 UAbs. 1 AEUV, aus den einzelnen sachgebietsspezifischen Kompetenzgrundlagen in den EU-Verträgen ergeben. Diese treffen im Regelfall allerdings lediglich Aussagen zum inhaltlichen Umfang der Regelungsbefugnis und zum jeweils anwendbaren Gesetzgebungsverfahren, wie auch z. B. Art. 16 Abs. 2 AEUV.

[244] Es dürfte mittlerweile wohl der allgemeinen Meinung entsprechen, dass Art. 288 AEUV gerade *keinen* Numerus clausus der Handlungsformen vorgibt. S. nur *Ruffert*, in:

wicklungsoffenes System,[245] wie auch die Herausbildung neuer Typen wie den Mitteilungen der Kommission[246] oder den interinstitutionellen Vereinbarungen[247] belegt. Dieses Ermessen schließt nicht nur die Möglichkeit ein, (Grund-)Verordnungen zu erlassen, die trotz ihrer grundsätzlich allgemeinen und unmittelbaren Geltung Durchführungsmaßnahmen seitens der Unionsorgane ermöglichen oder solche sogar voraussetzen. Es umfasst auch die Verabschiedung solcher Verordnungen, die entsprechende Maßnahmen der Mitgliedstaaten ermöglichen bzw. erfordern.[248]

Für Verordnungen, die für ihre innerstaatliche Anwendbarkeit (sowohl exekutiver als auch legislativer) Maßnahmen auf Ebene der *Mitgliedstaaten* bedürfen, hat sich der Begriff der „hinkenden Verordnung" bzw. „limping regulation" etabliert.[249] Auch derartig strukturierte Verordnungen bilden keine seltene Besonderheit, sondern sind in praktisch allen politischen Handlungsfeldern der Europäischen Union zu finden.[250]

2. Die Datenschutz-Grundverordnung als Handlungsform sui generis?

Wie aber ist die Datenschutz-Grundverordnung in dieses Handlungsformensystem bzw. in diese Terminologie einzuordnen? Nach dem oben Gesagten ist die DSGVO keine „konventionelle" Grundverordnung, soweit man damit zwingend eine zweistufige Struktur dergestalt verbindet, dass eine Basis-,

---

Calliess/Ruffert, 6. Aufl., 2022, EUV/AEUV, Art. 288 AEUV, Rn. 100 m. w. N. Für eine empirische Analyse der Handlungsformen s. etwa *Bogdandy/Bast/Arndt*, ZaöRV, 2002, 77.

[245] Für die Hauptargumente s. instruktiv *Bast*, Grundbegriffe der Handlungsformen der EU, 2006, S. 43 ff. m. w. N. Ausdrücklich gegen ein „Typenerfindungsrecht" *Oppermann/Classen/Nettesheim*, Europarecht, 8. Aufl., 2018, S. 123, die im Ergebnis aber die Existenz von Rechtsakten „sui generis" anerkennen.

[246] Vgl. nur *Adam*, Die Mitteilungen der Kommission: Verwaltungsvorschriften des Europäischen Gemeinschaftsrechts?, 1999

[247] Dazu *Alemann*, Die Handlungsform der interinstitutionellen Vereinbarung, 2006

[248] Vgl. aus der Rechtsprechung nur *EuGH* Urteil, 27.9.1979 – C-230/78, *SpA Eridania*, Rn. 34; *EuGH* Urteil, 11.1.2001 – C-403/98, *Monte Arcosu*, Rn. 26. Für eine flexible, bedarfsorientierte Interpretation der Kriterien der allgemeinen und unmittelbaren Geltung in Art. 288 Abs. 2 AEUV s. a. *Adam/Winter*, Framework elements in regulations, in: Winter, Sources and categories of European Union law, 1996, 507 (517 ff.).

[249] Der Begriff geht – soweit ersichtlich – zurück auf *Constantinesco*, Das Recht der Europäischen Gemeinschaften, 1977, S. 562 f. S. dazu. *Berkemann/Halama/Siebert*, Handbuch zum Recht der Bau- und Umweltrichtlinien der EG, 2008, S. 49 f. m. w. N. aus der Rechtsprechung. *Adam/Winter*, Framework elements in regulations, in: Winter, Sources and categories of European Union law, 1996, 507 (511 ff.) schlagen indes die Bezeichnung als „framework regulations" vor.

[250] S. etwa *Král*, European Law Review, 2008, 243 (245 ff.) mit einer Systematisierung mitgliedstaatlicher Umsetzungserfordernisse im Rahmen von Verordnungen sowie sachgebietsübergreifenden Beispielen. Konkret für das Umweltrecht s. *Berkemann/Halama/Siebert*, Handbuch zum Recht der Bau- und Umweltrichtlinien der EG, 2008, S. 49 f.

Rumpf- oder eben *Grund*verordnung erlassen wird und diese anschließend durch Durchführungsmaßnahmen (allein) der *Union* näher konkretisiert wird. Zwar sind in der DSGVO vereinzelt Kommissionsbefugnisse verblieben. Man kann allerdings nicht (mehr) davon sprechen, dass sie konzeptionell auf die Konkretisierung durch die Kommission angelegt ist.

Die Datenschutz-Grundverordnung lässt sich indes auch nicht als *klassische* „hinkende Verordnung" in dem Sinne einstufen, dass sie grundsätzlich einer (mitglied-)staatlichen Vollzugsmaßnahme bedürfte, um überhaupt innerstaatlich anwendbar zu sein. Die DSGVO gilt grundsätzlich unmittelbar in allen Mitgliedstaaten. Ihre Öffnungen für das Recht der Mitgliedstaaten sind mannigfaltig gestaltet[251] und tragen verschiedenen gegenstandsspezifischen Flexibilitäts- und Vielfaltserfordernissen Rechnung.[252] Sie sind funktional also gerade nicht darauf beschränkt, die innerstaatliche Anwendbarkeit des Rechtsakts zu ermöglichen, auch wenn dies auf einige der Bestimmungen zutreffend mag. Viele der Öffnungen gewährleisten die Funktionalität und Effektivität des unionalen Datenschutzrechts insgesamt, ohne dabei eine konkrete Vollzugsmaßnahme zwingend vorzuschreiben.

Vor diesem Hintergrund dürfte die Bezeichnung als Datenschutz-*Grund*verordnung ein Rudiment des Kommissionsentwurfs sein, der – anders als die Endfassung – auf Konkretisierung seitens der Kommission angelegt war und zu diesem Zweck in großem Maße zum Erlass von Tertiärrecht ermächtigte.[253] Man mag die Betitelung deshalb für inzwischen irreführend halten.[254] Es fällt jedoch ins Auge, dass auch die nunmehr geltende Endfassung eine Regelungsstruktur aufweist, die von dem Begriff „*Grund*verordnung" semantisch gut eingefangen wird:[255] Die DSGVO ermöglicht in großem Maße die Konkretisierung und Ausgestaltung sowohl durch die Mitgliedstaaten als auch durch die Union bzw. setzt diese voraus oder verpflichtet dazu. Wollte man ihrer Bezeichnung also einen normativen Eigenwert zuweisen, könnte man die Datenschutz-Grundverordnung als Ausprägung einer neuen Handlungsform sui generis verstehen, die sich dadurch auszeichnet, dass sie zum einen auf eine Vollharmonisierung gerichtet ist, zum anderen aber regelungs-

---

[251] Zu verschiedenen Systematisierungsmöglichkeiten s. sogleich unten, Teil 3, B., III.

[252] Dies ist teilweise bereits im Rahmen der Analyse der Bausteine herausgearbeitet worden, s. oben Teil 3., A., II. Im Übrigen wird dies noch im Rahmen einer funktionalen Analyse einzelner Öffnungen gezeigt, s. unten, Teil 3, B., III., 2.

[253] S. zum DSGVO-E bereits oben, Teil 1, B., III., 1., a).

[254] So *Kühling/Martini*, EuZW, 2016, 448 (449); daran anknüpfend *Paal/Pauly*, in: Paal/Pauly, 3. Aufl., 2021, Datenschutz-Grundverordnung, Bundesdatenschutzgesetz, Einleitung, Rn. 2.

[255] Vgl. etwa *Sydow*, in: Sydow, 2. Aufl., 2018, Europäische Datenschutz-Grundverordnung, Einleitung, Rn. 29, der die Bezeichnung des Rechtsakts auf das hohe Abstraktionsniveau der DSGVO-Vorschriften und den daraus resultierenden Konkretisierungsbedarf zurückführt.

gegenstandsbedingten Flexibilitäts- und Vielfaltserfordernissen Rechnung trägt, indem sie sich für die Konkretisierung und Ausgestaltung durch die Mitgliedstaaten und den „vollständigen" EU-Gesetzgeber öffnet.[256] Dieser neue Handlungsformentyp könnte ggf. Modellcharakter für andere Regelungsfelder haben, innerhalb derer ähnliche Flexibilitäts- und Vielfaltserfordernisse bestehen, gleichzeitig aber auch ausgeprägter Bedarf an Harmonisierung besteht. Dies würde eine genaue Analyse der jeweiligen Sachgebiete erfordern.[257]

Ungeachtet dessen sollte jedenfalls deutlich geworden sein, dass die Wahl einer Handlungsform respektive die Bezeichnung eines Rechtsakts nicht zwingend auf seine Regelungsstruktur bzw. seinen Harmonisierungsgrad (und damit die Reichweite etwaiger Öffnungen) schließen lassen.[258] Dies erfordert vielmehr eine Betrachtung des Rechtsakts in seiner Gesamtheit, insbesondere seiner einzelnen Bestimmungen aber auch der erklärten Regelungsziele und der Erwägungsgründe.[259] Systematisierungen der jeweiligen Öffnungen können dabei hilfreich sein.

III. Systematisierung – Systematisierungsmöglichkeiten

Nicht nur die Anzahl der Öffnungen in der Datenschutz-Grundverordnung ist beachtlich. Auch die qualitative Diversität der Bestimmungen, mit denen sich der Rechtsakt (auch) für das Recht der Mitgliedstaaten öffnet, fällt bei

---

[256] Zur zentral-dezentralen Regelungsstruktur als Lösungsansatz für den Konflikt von Harmonisierungszielen und Flexibilitäts- und Vielfaltserfordernissen im EU-Datenschutzrecht s. bereits oben, Teil 2, C., III. Gegen die Einordnung der DSGVO als eigenständige, neuartige Handlungsform *Müller*, Die Öffnungsklauseln der Datenschutzgrundverordnung, 2018, S. 266 ff.

[257] Zu überlegen wäre etwa, ob und inwieweit eine solche zentral-dezentrale Regelungstechnik auch im Bereich des Klimaschutzrechts tragfähig ist. Dort wird aktuell diskutiert, in welchem Maße die Regulierung durch allgemein-übergreifende Maßstäbe bzw. durch sektorbezogene Vorgaben erfolgen soll. Bei der Festlegung strenger allgemein-gültiger Klimaschutzziele, könnten Öffnungen hier gewährleisten, dass die Mitgliedstaaten diese materiellen Ziele auf unterschiedliche Art und Weise – insbesondere in Abstimmung mit den sich national ggf. anteilsmäßig unterscheidenden Emmissionsquellen – umsetzen könnten.

[258] So in Bezug auf die DSGVO auch *Wagner*, Datenschutz in der EU, 2015, S. 183, der die Grundverordnung als besondere Erfindung der Kommission bezeichnet, mit der jedoch keine weiteren Konsequenzen im Sinne einer abgestuften Hierarchie innerhalb des Sekundärrechts verbunden seien.

[259] Dazu und zur Differenzierung verschiedener Methoden der Harmonisierung s. *Obwexer*, Harmonisierung und Optionalität – stehen Öffnungsklauseln der Verwirklichung des Binnenmarkts entgegen?, in: König/Uwer, Grenzen europäischer Normgebung, 2015, 54 (57 ff.). Für eine entsprechende Analyse und Einordnung der DSRL s. *Brühann*, EuZW, 2009, 639 (641).

der Lektüre ins Auge: Sie sind keinesfalls allesamt identisch gestaltet. Vielmehr kann man zwischen ihnen in verschiedener Hinsicht differenzieren. In der Literatur finden sich dementsprechend auch unterschiedliche Systematisierungsansätze.[260] Diese sind überwiegend von dem Erkenntnisinteresse geleitet, in welchem Maße unter Geltung der DSGVO Räume für nationale Rechtsetzung bzw. nationales Datenschutzrecht verbleiben und/oder eröffnet werden.[261] Ähnliche Systematisierungen fanden sich bereits zuvor in Bezug auf die entsprechenden Bestimmungen in der DSRL.[262]

Die Systematisierung der Öffnungen hängt von der Perspektive und den Beschreibungsmustern ab, die man wählt. Je breiter sie angelegt werden, desto mehr Ertrag kann man gewinnen. Die Ordnung nach mitgliedstaatlichen Regelungsoptionen und -pflichten ist dabei nur eine Variante. Sie liegt nahe und ist ertragreich, wenn die Analyse mit dem Erkenntnisinteresse mitgliedstaatlicher Regelungsmöglichkeiten erfolgt. Werden bei der Analyse der Bestimmungen indessen die oben geschilderten Flexibilitäts- und Vielfaltserfordernisse mitgedacht, so drängen sich andere Systematisierungsmöglichkeiten auf.

---

[260] Bereits für den Kommissionsentwurf wurde in Bezug auf die Öffnungen für mitgliedstaatliches Recht zwischen verschiedenen Arten unterschieden, so etwa vom Europäischen Datenschutzbeauftragten in dessen Stellungnahme, s. *EDSB*, Opinion of the European Data Protection Supervisor on the data protection reform package, 7.3.2012, S. 9 ff., der die Öffnungen in vier Kategorien einteilt. Daran anknüpfend *Lynskey*, The foundations of EU data protection law, 2015, S. 71 ff. sowie *Hijmans*, The European Union as Guardian of Internet Privacy, 2016, S. 281 ff., der allerdings eine fünfte Kategorie ergänzt.

[261] *Kühling/Martini*, Die Datenschutz-Grundverordnung und das nationale Recht, 2016, S. 9 ff. haben im Rahmen eines Gutachtens für das Bundesinnenministerium eine ausführliche Analyse der Öffnungen vorgenommen und dabei die Bestimmungen in verschiedener Hinsicht typologisiert, insbesondere nach Spezifität, Verbindlichkeit, „Öffnungsmodi" (Konkretisierung, Ergänzung, Abweichung) sowie „Echt-/Unechtheit". In diese Richtung geht auch die Typologie von *Müller*, Die Öffnungsklauseln der Datenschutzgrundverordnung, 2018, S. 175 ff. Für andere Systematisierungen s. a. *Benecke/Wagner*, DVBl., 2016, 600; *Roßnagel* (Hrsg.), Europäische Datenschutz-Grundverordnung: Vorrang des Unionsrechts – Anwendbarkeit des nationalen Rechts, 2017; *Selmayr/Ehmann*, in: Ehmann/Selmayr, 2. Aufl., 2018, Datenschutz-Grundverordnung/DS-GVO, Einführung, Rn. 82 ff.; *Veil*, One continent, one data protection law?, CR-online.de Blog, https://www.cr-online.de/blog/2016/02/01/one-continent-one-data-protection-law/ (zuletzt abgerufen am 31.3.2022). S. demgegenüber aber auch die Differenzierung aus der Perspektive des anwendbaren nationalen Rechts bei *Laue*, ZD, 2016, 463 (464 ff.).

[262] Aus der Literatur s. etwa *Brühann*, EuZW, 2009, 639 (644), nach dem die DSRL den Mitgliedstaaten einen Spielraum eingeräumt habe, der sich aus „allgemeinen Rechtsbegriffen, Ausnahmen, Optionen und Regelungsaufforderungen" ergebe und dessen Weite anhand der jeweiligen Richtlinienvorschrift und für den Einzelfall zu prüfen sei. S. a. *Schneider*, Einrichtungsübergreifende elektronische Patientenakten, 2016, S. 439 ff. Der EuGH differenziert zwischen Regelungsoptionen und Regelungspflichten, vgl. am Beispiel von Art. 13 Abs. 1 bzw. 9 DSRL *EuGH* Urteil, 7.11.2013 – C-473/12, *IPI*, Rn. 31 ff.

Zum einen gerät in den Blick, dass sich neben den expliziten, als solche erkennbaren Öffnungen auch implizite Öffnungen identifizieren lassen (1). Diese Bestimmungen setzten mitgliedstaatliches Recht voraus oder knüpfen an dieses an, ohne dass dies im Tatbestand oder in der Rechtsfolge zum Ausdruck käme. Zum anderen und vor allem wird deutlich, dass sich die Öffnungen für das Recht der Mitgliedstaaten auch funktional unterscheiden (2.).

1. Explizite und implizite Öffnungen

Wie bereits erwähnt, ist der Großteil der in der Literatur zu findenden Systematisierungsansätze von dem Erkenntnisinteresse geleitet, ob und inwieweit die DSGVO Raum für nationales Recht belässt. Die Analysen unterscheiden sich freilich in ihrem Differenzierungs- und Detailgrad, woraus sich auch die abweichenden Angaben bezüglich der Anzahl der Bestimmungen erklären. Den Untersuchungen gemein ist indes der Fokus auf die expliziten Öffnungen, also auf jene Bestimmungen der Datenschutz-Grundverordnung, die ausdrücklich auf das Recht bzw. die Rechte der Mitgliedstaaten verweisen bzw. dieses in Tatbestand und/oder Rechtsfolge in Bezug nehmen. Die Differenzierung dieser expliziten Öffnungen erfolgt dann häufig über die Kategorie der Verbindlichkeit bzw. den Anpassungs- und Umsetzungsmodus: Ist eine Öffnung mit einem zwingenden Regelungsauftrag verbunden oder gibt sie den Mitgliedstaaten lediglich die Möglichkeit des Tätigwerdens?[263] Aus der Perspektive des mitgliedstaatlichen Gesetzgebers ist dies eine naheliegende Kategorisierung, insbesondere angesichts möglicher drohender Vertragsverletzungsverfahren bei Verstößen gegen etwaige Regelungs*pflichten*.

Denkt man allerdings die Flexibilitäts- und Vielfaltserfordernisse bei der Betrachtung der Vorschriften der Datenschutz-Grundverordnung mit, so offenbaren sich Öffnungen auch an Stellen, die nicht ausdrücklich auf das Recht bzw. die Rechte der Mitgliedstaaten verweisen. In verschiedenen Bestimmungen erwähnt die DSGVO zwar nicht ausdrücklich das Recht der Mitgliedstaaten, setzt mit ihnen aber implizit einen Rechtsrahmen bzw. rechtliche Strukturen in den Mitgliedstaaten voraus, an den bzw. die sie materielle Wirkungen anknüpft. Die Öffnung für das Recht der Mitgliedstaaten ergibt sich in diesen Fällen daraus, dass die DSGVO-Vorschriften nur

[263] Vgl. etwa *Kühling/Martini*, Die Datenschutz-Grundverordnung und das nationale Recht, 2016, S. 10. Der deutsche Gesetzgeber etwa versteht z. B. Art. 6 Abs. 3 DSGVO als Regelungsgebot, vgl. BR-Drs. 110/17, S. 68. Auch der EuGH hat in Bezug auf die Bestimmungen der DSRL zwischen verpflichtenden und nicht verpflichtenden Öffnungen unterschieden, s. etwa zum optionalen Charakter von Art. 13 DSRL *EuGH* Urteil, 7.11.2013 – C-473/12, *IPI*, Rn. 32.

mit Hilfe nationaler Regelungen Wirksamkeit entfalten können, sei es, weil sie die Vorgaben der DSGVO in die nationalen Systematiken/dogmatischen Strukturen einordnen, sei es, weil sie die DSGVO-Vorschriften komplettieren bzw. näher bestimmen und dadurch erst anwendbar machen.[264]

Als Beispiel für eine solche implizite Öffnung sei Art. 6 Abs. 1 UAbs. 1 lit. b DSGVO genannt. Die Norm öffnet sich nicht ausdrücklich für das Recht der Mitgliedstaaten. Durch die tatbestandliche Inbezugnahme von Verträgen bzw. vorvertraglichen Maßnahmen stellt sie aber einen Bezug zum allgemeinen Zivilrecht her. Denn für die Stützung einer Verarbeitung personenbezogener Daten auf Art. 6 Abs. 1 UAbs. 1 lit. b DSGVO muss ein gültiger Vertrag bestehen.[265] Die Vorschrift setzt damit notwendigerweise einen mitgliedstaatlichen Rechtsrahmen voraus. Das Zustandekommen und die Gültigkeit eines Vertrags bemessen sich nämlich allein nach dem jeweiligen nationalen Recht. Auch an anderen Stellen setzt die DSGVO die Existenz eines (nationalen) Zivilrechts voraus und öffnet sich damit implizit, etwa im Zusammenhang mit der Frage nach der Stellvertretung von nicht einsichtsfähigen Minderjährigen bei der Einwilligung in Datenverarbeitungen.[266]

Ein weiteres Beispiel für eine implizite Öffnung bilden etwa die Tatbestandsmerkmale „geeignete Garantien“ bzw. „angemessene Maßnahmen“, wie sie in vielen der (expliziten) Öffnungen von Art. 9 Abs. 2 oder auch Art. 10 S. 1 DSGVO Verwendung finden. Sie verweisen auf den Baustein der System- und Technikgestaltung.[267] Es handelt sich um Relationsbegriffe, mit denen den adressierten Gesetzgebern aufgegeben wird, bei der Gestaltung des (Ausfüllungs-)Rechts genau zu analysieren, welche spezifischen Risiken für die Schutzgüter des Datenschutzrechts im jeweiligen Regelungskontext bestehen (u. a. auch mit Rücksicht auf die dort jeweils typischerweise eingesetzten Verarbeitungsverfahren und -techniken), um im zweiten Schritt zu eruieren, welche Garantien bzw. Maßnahmen jeweils geeignet respektive angemessen sind, um den resultierenden Gefährdungslagen entgegenzuwirken.[268] Soweit diese Tatbestandsmerkmale im nationalen (Ausfüllungs-)

---

[264] Zu impliziten Spielräumen in der DSGVO auch *Roßnagel*, § 1 Einleitung: Das künftige Datenschutzrecht nach Geltung der Datenschutz-Grundverordnung, in: Roßnagel, Europäische Datenschutz-Grundverordnung: Vorrang des Unionsrechts – Anwendbarkeit des nationalen Rechts, 2017, 1–54 (34) sowie *ders.* mündlich am 17.5.2017 auf dem 17. Datenschutzkongress in Berlin.

[265] *EDSA*, Leitlinien 2/2019 zur Verarbeitung personenbezogener Daten gemäß Artikel 6 Absatz 1 Buchstabe b DSGVO im Zusammenhang mit der Bereitstellung von Online-Diensten für betroffene Personen, 8.10.2019, S. 10.

[266] Das ist im Einzelnen umstritten. Dafür, die Ausgestaltung der Stellvertretung im Einzelnen den Mitgliedstaaten zu überlassen, *Schimke*, NZFam, 2019, 851 (853).

[267] Dazu und zu seinen Funktionen s. bereits oben, Teil 3, A., II., 2.

[268] *Albers/Veit*, in: Wolff/Brink, 38. Edition, 2021, BeckOK Datenschutzrecht, Art. 9 DSGVO, Rn. 106.

Recht (ggf. auch bereits um Konkretisierungen ergänzt) übernommen werden, wie etwa in §§ 22 Abs. 2, 48 Abs. 2 BDSG, verlagert sich die (freilich sehr anforderungsreiche) Aufgabe der kontextbezogenen (d.h. für den jeweiligen Kontext *geeigneten* bzw. *angemessenen*) Gestaltung auf den Normanwender. Die Entscheidung, in welchem Maße jeweils geeignete Garantien bzw. angemessene Maßnahmen schon durch den Gesetzgeber festgelegt werden oder aber dem normanwendenden Verantwortlichen zur Konkretisierung im Einzelfall überantwortet wird, ist ihrerseits Teil der Systemgestaltung. Der EDSA hat in verschiedenen Zusammenhängen konkretisierende Vorschläge für mögliche geeignete Garantien bzw. angemessene Maßnahmen gemacht.[269]

Implizite Öffnungen sind in der Datenschutz-Grundverordnung naturgemäß deutlich schwieriger zu identifizieren. Im Hinblick auf EU-Richtlinien ist darauf hingewiesen worden, dass die bewusste Verwendung von Generalklauseln und unbestimmten Rechtsbegriffen mit Spielräumen für die Mitgliedstaaten verbunden sein kann, dies allerdings nicht immer zwingend sei.[270] Die mitunter schwierige Abgrenzung von impliziten legislativen Spielräumen und konkretisierungsbedürftigen (unbestimmten) Tatbestandsmerkmalen[271] betrifft letztlich auch die Frage des Adressaten der Öffnung: Ist mit einem unbestimmten Rechtsbegriff tatsächlich eine Handlungsbefugnis für die nationalen Gesetzgeber intendiert oder handelt es sich vielmehr um einen bloßen normhierarchisch-funktionalen Spielraum für die Rechtsanwendung im Einzelfall?[272]

Bei der Annahme von impliziten Öffnungen in Gestalt von unbestimmten Tatbestandsmerkmalen und Generalklauseln ist angesichts des ausgeprägten Harmonisierungsanspruchs der DSGVO in besonderem Maße Zurückhaltung geboten. Die Konkretisierung unbestimmter Vorschriften ist – neben der Europäischen Gerichtsbarkeit – vor allem auch dem Datenschutzausschuss zugewiesen, vgl. Art. 70 Abs. 1 DSGVO. Die mitgliedstaatliche Ausgestaltung der allgemeinen, nunmehr in Art. 6 Abs. 1 UAbs. 1 lit. f DSGVO

---

[269] Für die videogestützte Verarbeitung biometrischer Daten s. *EDSA*, Leitlinien 3/2019 zur Verarbeitung personenbezogener Daten durch Videogeräte, 29.1.2020, S. 22 f.; in Bezug auf das Digitale Grüne Impfzertifikat *EDSA*, Gemeinsame Stellungnahme 04/2021 des EDSA und des EDSB zu dem Vorschlag für eine Verordnung des Europäischen Parlaments und des Rates über einen Rahmen für die Ausstellung, Überprüfung und Anerkennung interoperabler Zertifikate zur Bescheinigung von Impfungen, Tests und der Genesung mit der Zielsetzung der Erleichterung der Freizügigkeit während der COVID-19-Pandemie (Digitales Grünes Zertifikat), 8.4.2021, S. 13 ff.

[270] *Lohse*, Rechtsangleichungsprozesse in der Europäischen Union, 2017, S. 323 ff., mit allgemein-übergreifenden Kriterien zur Abgrenzung, allerdings bezogen auf Richtlinien.

[271] Mit Bezug auf die DSRL s. schon *Britz*, EuGRZ, 2009, 1 (5).

[272] Zum Begriff „normhierarchisch-funktionaler Spielräume" s. *Bäcker*, EuR, 2015, 389 (396).

geregelten Interessenabwägungsklausel in Gestalt von Regelungen zu typischen Interessenkonflikten, wie etwa mit § 4 Abs. 1 Nr. 3 BDSG geschehen, ist vor diesem Hintergrund problematisch.[273] Auf der anderen Seite ist in Rechnung zu stellen, dass viele unbestimmte Rechtsbegriffe, die schon in der DSRL enthalten waren und in die DSGVO übernommen wurden, gerade in den unterschiedlichen Rechtstraditionen der Mitgliedstaaten ihren Ursprung haben.[274]

Sowohl hinsichtlich der Frage, ob eine DSGVO-Bestimmung eine (implizite) Öffnung enthält, als auch bei der Bestimmung der Reichweite einer Öffnung kann die Betrachtung aus funktionaler Perspektive aufschlussreich sein.

2. Funktionale Systematisierung

Nähert man sich den Öffnungen in der Datenschutz-Grundverordnung nicht (allein) mit dem Erkenntnisinteresse, ob und inwieweit unter dem Rechtsakt Raum für nationales Datenschutzrecht verbleibt, sondern betrachtet man sie vor der Folie der oben herausgearbeiteten Flexibilitäts- und Vielfaltserfordernisse, so gerät besonders in den Blick, dass sich die Bestimmungen auch in gegenstandsspezifisch-funktionaler Hinsicht differenzieren lassen. Die Bedeutung der konkreten Formulierung einer Öffnung, etwa als bloße Möglichkeit des Tätigwerdens der Mitgliedstaaten (z. B. „die Mitgliedstaaten können") oder aber als entsprechende Verpflichtung (z. B. „die Mitgliedstaaten [...] bringen durch Rechtsvorschriften [...] in Einklang"), rückt dadurch in den Hintergrund. Im Zentrum steht dann vielmehr die Untersuchung, ob und inwieweit welche Öffnungen welchen Flexibilitäts- und Vielfaltserfordernissen Rechnung trägt. Dabei kann bereits die Lektüre der Erwägungsgründe aufschlussreich sein.[275]

Durch die Erweiterung der Perspektive und der Beschreibungsmuster gewinnt der Zugriff auf die Öffnungen seinerseits an Flexibilität und die Bedeutung der Bestimmungen für die Gestaltung des EU-Datenschutzrechts zwischen Einheit und Vielfalt wird aus dem bloß legislativen Kontext gelöst. Auch für diesen sind die funktionalen Hintergründe interessant, weil die Gesetzgeber ihnen im Sinne eines wirksamen und effizienten Datenschutz-

---

[273] Unter der Geltung von Art. 7 lit. e DSRL hatte der EuGH eine Konkretisierung durch die Mitgliedstaaten in gewissen Grenzen noch anerkannt, s. *EuGH* Urteil, 24.11.2011 – C-468/10 und C-469/10, *ASNEF*, Rn. 46.

[274] *Blume/Svanberg*, Cambridge Yearbook of European Legal Studies, 2013, 27 (38).

[275] Gemäß Art. 296 UAbs. 2 AEUV sind die Rechtsakte der Europäischen Union mit einer Begründung zu versehen. Erwägungsgründe dienen dem Europäischen Gerichtshof als Auslegungshilfe, entfalten jedoch keine Bindungskraft. S. dazu etwa *GA Colomer* Schlussanträge, 6.9.2007 – C-267/06, *Maruko*, Rn. 76, der im konkreten Fall feststellt, dass die Erwägungsgründe deshalb in ihrer Bedeutung nicht zu überschätzen seien.

rechts bei der Ausgestaltung Rechnung tragen müssen. Etwaige flexibilitäts- und vielfaltsbezogene Funktionen der Bestimmungen sind darüber hinaus aber auch für die institutionellen Strukturen von Bedeutung. Wie noch zu zeigen ist, bedarf es etwa im Rahmen der gerichtlichen Kontrolle des zentral-dezentralen Datenschutzrechts der Entwicklung gegenstandsgerechter Spielraumtechniken. Für ein effektives Datenschutzrecht sind etwaige funktionale Hintergründe der Öffnungen dabei unbedingt zu berücksichtigen.[276]

Grundsätzlich ist es nicht so, als ließe sich jede Bestimmung stets eindeutig ein- bzw. zuordnen. Die Öffnungen sind nicht immer mono-, sondern im Zweifel gerade multifunktional. Vor allem jene Bestimmungen, die einen besonders breiten, querschnittsartigen Anwendungsbereich haben, tragen häufig mehreren Flexibilitäts- und Vielfaltserfordernissen Rechnung – dies nicht zuletzt schon deshalb, weil Öffnungen im Mehrebenensystem grundsätzlich immer das Potenzial haben, zur Lernfähigkeit des Rechts beizutragen, indem sie es den mitgliedstaatlichen Gesetzgebern ermöglichen, flexibel (und ggf. unter Rückgriff auf bewährte mitgliedstaatliche Regelungsmuster und -institute) auf neue Gefährdungslagen sowie neue Koordinierungs- und Differenzierungserfordernisse zu reagieren.[277]

Neben der (potenziellen) Multifunktionalität ist bei der funktionalen Analyse außerdem zu beachten, dass sich die Öffnungen teilweise überschneiden, sodass es zu Doppelungen kommen kann. Insbesondere weil manche Bestimmungen sehr spezifische inhaltliche Vorgaben machen und dadurch nur eng begrenzte Regelungsmöglichkeiten eröffnen, andere hingegen sehr weitläufig formuliert sind und querschnittsartig wirken, kann es erforderlich sein, die jeweiligen Anwendungsbereiche voneinander abzugrenzen bzw. sie in ein funktional sinnvolles Verhältnis zueinander zu setzen.[278] Ferner können Abstimmungsbedürfnisse entstehen, wenn eine sehr weit gefasste Öffnung grundsätzlich Bereiche einschließt, die von der DSGVO an anderer Stelle verbindlich geregelt werden.[279] Hinzu kommt, dass einige Öffnungen

---

[276] S. dazu noch unten, Teil 4, A., III.

[277] Zur Richtlinienumsetzung als Lernmöglichkeit im (Umwelt-)Europarecht *Roßnagel*, NVwZ, 1997, 122 (124 f.). Zur Zukunftsgerichtetheit konkret von Art. 6 Abs. 2 DSGVO s. a. *Roßnagel*, in: Simitis/Hornung/Spiecker gen. Döhmann, 2019, Datenschutzrecht, Art. 6 Abs. 2, Rn. 31.

[278] Heftig umstritten ist etwa das Verhältnis von Art. 6 Abs. 2 zu Abs. 3 DSGVO, s. dazu – mit dem Vorschlag eines jeweils partiell eigenständigen Anwendungsbereichs – *Albers/Veit*, in: Wolff/Brink, 38. Edition, 2021, BeckOK Datenschutzrecht, Art. 6 DSGVO, Rn. 73 ff. m. w. N. S. auch *Roßnagel*, in: Simitis/Hornung/Spiecker gen. Döhmann, 2019, Datenschutzrecht, Art. 6 Abs. 3, Rn. 7 ff. Zum Verhältnis von Art. 23 Abs. 1 DSGVO zu den Ausnahmen, die in den Vorschriften zu den Betroffenenrechten selbst enthaltene sind, etwa *Dix*, in: Simitis/Hornung/Spiecker gen. Döhmann, 2019, Datenschutzrecht, Art. 23, Rn. 2.

[279] So wird in Deutschland diskutiert, ob über die Öffnung in Art. 88 Abs. 1 DSGVO für

auf andere verweisen.[280] Vor diesem Hintergrund ist es zumindest vorschnell zu behaupten, die Öffnungen stünden je für sich und wiesen keine innere Verbindung auf.[281] Mit Blick auf die mannigfaltigen Flexibilitäts- und Vielfaltserfordernisse gilt es, die Bestimmungen hinsichtlich ihrer Funktionen zu untersuchen und gerade nicht – ohne nähere Begründung – generell von einem weiten bzw. engen Verständnis auszugehen.[282]

Trotz dieser Umstände lassen sich grobe Kategorien bilden, um die Vorschriften funktional zu differenzieren. Dies soll im Folgenden unter Einschluss einer exemplarischen Einordnung ausgewählter Öffnungen umrissen werden. Die Kategorien werden dabei möglichst abstrakt gewählt und an den oben herausgearbeiteten Flexibilitäts- und Vielfaltserfordernissen orientiert. Es besteht daher Ausdifferenzierungspotenzial.

a) Koordinierung und Ausgestaltung der Bausteine entsprechend sachbereichspezifischer Gegebenheiten und (Norm-)Strukturen

Ein sehr großer Teil der Öffnungen in der Datenschutz-Grundverordnung dient vor allem der Koordination der datenschutzrechtlichen Vorgaben mit bzw. deren Einpassung in die jeweiligen Gegebenheiten und (Norm-)strukturen der vielfältigen Sachgebiete in den mitunter divers strukturierten Mitgliedstaaten. Dies schließt insbesondere auch die bereichsspezifische und bedarfsorientierte Koordinierung und Ausgestaltung der datenschutzrechtlichen Bausteine durch die jeweiligen nationalen Gesetzgeber ein.

---

die Verarbeitung auf Grundlage einer Einwilligung im Beschäftigtenkontext abweichend von Art. 7 DSGVO ein Schriftformerfordernis vorgesehen werden kann. § 26 Abs. 2, S. 3 BDSG a. F. schrieb dies angesichts der einschlägigen BAG-Rechtsprechung vor. Diese Ausgestaltungsentscheidung (vor dem Hintergrund von EG 155) für zulässig erachtend *Seifert*, in: Simitis/Hornung/Spiecker gen. Döhmann, 2019, Datenschutzrecht, Art. 88, Rn. 215; ohne weitere Begründung auch *Kort*, ZD, 2017, 319 (321). Kritisch demgegenüber *Maschmann*, in: Kühling/Buchner, 3. Aufl., 2020, Datenschutz-Grundverordnung BDSG, Art. 88, Rn. 49. Mit dem 2. DSAnpUG-EU wurde dieses strikte Erfordernis relativiert, vgl. die jetzige Fassung des § 26 Abs. 2, S. 3 BDSG. Zu damit verbundenen Fragen s. *Kirchert*, PinG, 2020, 82 (82 f.).

[280] *Kühling/Martini*, Die Datenschutz-Grundverordnung und das nationale Recht, 2016, S. 11 unterscheiden zwischen „echten" und „unechten" Öffnungsklauseln, wobei jene „unecht" seien, die lediglich auf andere verweisen.

[281] So etwa *Hornung*, Sind neue Technologien datenschutzrechtlich regulierbar? Herausforderungen durch „Smart Everything", in: Roßnagel/Friedewald/Hansen, Die Fortentwicklung des Datenschutzes, 2018, 315 (332).

[282] Für ein generell restriktives Verständnis, um das Harmonisierungsziel nicht zu gefährden *Albrecht/Janson*, CR, 2016, 500 (501); im Anschluss daran *Culik/Döpke*, ZD, 2017, 226 (229). S. a. *Selmayr/Ehmann*, in: Ehmann/Selmayr, 2. Aufl., 2018, Datenschutz-Grundverordnung/DS-GVO, Einführung, Rn. 79 ff.

Hervorzuheben sind in diesem Zusammenhang etwa Art. 4 Nr. 7, 2. Halbsatz, Art. 6 Abs. 2, 3 und 4, Art. 9 Abs. 2–4, Art. 23 Abs. 1, Art. 35 Abs. 10, Art. 37 Abs. 4 S. 1, 2. Halbsatz oder auch Art. 58 Abs. 4 und 6 DSGVO. Die Bestimmungen flexibilisieren verschiedene datenschutzrechtliche Bausteine, namentlich die Phasenregulierung, die System- und Technikgestaltung, die Betroffenenrechte und den institutionellen Datenschutz. Die genannten Bestimmungen flexibilisieren deren Koordinierung und Ausgestaltung, indem sie es vor allem der mitgliedstaatlichen Legislative ermöglichen, entsprechend den jeweiligen Anforderungen (bereichsspezifische) Rechtsgrundlagen, in denen u. a. Zwecke, Zweckbindung, Datenarten und Speicherdauer festgelegt werden können, zu schaffen bzw. beizubehalten (Art. 6 Abs. 2, 3), die Verarbeitung „sensibler Datenkategorien" kontextspezifisch zuzulassen (Art. 9 Abs. 2–4), die Verantwortlichen flexibel zu benennen (Art. 4 Nr. 7 2. HS.), die Betroffenenrechte einzuschränken (Art. 23 Abs. 1), die grundsätzlich erforderliche Datenschutzfolgeabschätzung für bestimmte Verarbeitungstätigkeiten auszuklammern (Art. 35 Abs. 10), die Benennung eines Datenschutzbeauftragten (verpflichtend) vorzuschreiben (Art. 37 Abs. 4 S. 1, 2. Halbsatz) oder zusätzliche Befugnisse für die Aufsichtsbehörden vorzusehen (Art. 58 Abs. 6). Bei der Ausgestaltung der Aufsichtsbehörden berücksichtigt die DSGVO die verfassungsmäßige und administrativ-strukturelle Vielfalt der Mitgliedstaaten und Strukturen.[283] Gewiss gibt es viele weitere Öffnungen, die ebenfalls dem Erfordernis der kontextorientierten Koordinierung und Ausgestaltung der Bausteine Rechnung tragen. Im Folgenden soll zur Veranschaulichung lediglich exemplarisch auf einige Öffnungen vertieft eingegangen werden.

aa) Art. 4 Nr. 7, 2. Halbsatz DSGVO

Die Öffnung in Art. 4 Nr. 7, 2. Hs. DSGVO ermöglicht es den Gesetzgebern der Mitgliedstaaten, den Verantwortlichen bzw. die bestimmten Kriterien seiner Benennung festzulegen, soweit die Zwecke und Mittel der Verarbeitung personenbezogener Daten durch das Recht der Mitgliedstaaten vorgegeben sind. Der Begriff des Verantwortlichen wird in Art. 4 Nr. 7, 1. Hs. DSGVO als diejenige „natürliche oder juristische Person, Behörde, Einrichtung oder andere Stelle, die allein oder gemeinsam mit anderen über die

[283] Hinsichtlich der Ausgestaltung der Aufsichtsbehörden kommt an verschiedenen Stellen zum Ausdruck, dass der Unionsgesetzgeber die verfassungsmäßige und administrativ-strukturelle Vielfalt der Mitgliedstaaten im Blick hatte. EG 117, S. 2 etwa lautet: „Die Mitgliedstaaten sollten mehr als eine Aufsichtsbehörde errichten können, wenn dies ihrer verfassungsmäßigen, organisatorischen und administrativen Struktur entspricht.". Die Öffnungen in Art. 58 Abs. 1 lit. f und Abs. 4 DSGVO reflektieren die verfahrensrechtliche Autonomie der Mitgliedstaaten und die daraus resultierende Tatsache, dass das (Verwaltungs-)Verfahrensrecht sich in den Mitgliedstaaten durchaus verschieden gestaltet.

Zwecke und Mittel der Verarbeitung von personenbezogenen Daten entscheidet", definiert.

Wer „Verantwortlicher" im Sinne des Datenschutzes ist, ist von zentraler Bedeutung. Zum einen stellt die DSGVO umfangreiche Pflichten für die Verantwortlichen auf (Art. 25 ff.) und verpflichtet diese zum Nachweis über die Verarbeitung gemäß des Rechtsakts, vgl. nur Art. 5 Abs. 2 und Art. 24 DSGVO. Zum anderen sind die Verantwortlichen diejenigen Stellen, bei denen Betroffene ihre (Wissens- und Partizipations-)Rechte sowie Schadensersatzansprüche durchsetzen können. Bei Verstößen drohen daneben jeweils erhebliche Bußgelder, vgl. Art. 83 Abs. 4 und 5 DSGVO.

Der Sinn und die Funktion der Öffnung in Art. 4 Nr. 7 2. Hs. DSGVO erschließt sich in Zusammenschau mit Art. 6 DSGVO.[284] Art. 6 Abs. 3 S. 2 DSGVO ordnet an, dass Union bzw. Mitgliedstaaten bei der Inanspruchnahme der Öffnung aus Art. 6 Abs. 3 S. 1 DSGVO den Zweck der Verarbeitung in der jeweils geschaffenen Rechtsgrundlage festlegen müssen. Art. 4 Nr. 7 2. Hs. DSGVO knüpft daran an, indem er seinerseits voraussetzt, dass die Mitgliedstaaten die Zwecke und Mittel der Verarbeitung rechtlich festlegen. Dort, wo das mitgliedstaatliche Recht die Zwecke und Mittel vorgibt, soll es den Mitgliedstaaten auch möglich sein, die Verantwortlichkeit der zuständigen Stellen entsprechend abzustimmen. Mit der Öffnung geht also eine nicht zu unterschätzende Steuerungsmöglichkeit einher. Sofern der Gesetzgeber sich entscheidet, vorzugeben, dass mehrere Stellen gemeinsam die Zwecke und Mittel der Verarbeitung festlegen, so ermöglicht die Öffnung in Art. 26 Abs. 1 S. 2 letzter Hs. DSGVO zudem die Option, auch die (gemeinsam) einzuhaltenden Verpflichtungen durch nationales Recht zu verteilen.

Mit Blick auf Art. 6 Abs. 1 UAbs. 1 lit. e i. V. m. Abs. 2 und 3 weist die DSGVO zudem den Mitgliedstaaten und der Union die Befugnis zu, selbst festzulegen, ob die verantwortliche Stelle eine Behörde oder ein privater Akteur ist.[285] Die Öffnung in Art. 4 Nr. 7 2. Hs. DSGVO betrifft also nicht nur den öffentlichen Sektor, auch wenn sie primär auf diesen zugeschnitten ist.

Ein mögliches Szenario für die Anwendung der Öffnung ist, dass eine staatliche Datenbank per Gesetz eingerichtet und eine zentrale Behörde damit beauftragt wird, sie zu betreiben, während andere Stellen dort ihre Daten einspeisen und weiter für diese Einspeisung verantwortlich sein sollen. Es kann in dieser Konstellation sinnvoll sein, die Verantwortlichkeit mit Blick auf die vielen Anforderungen der DSGVO auf die entsprechenden Behörden aufzuteilen, sodass etwa die zentrale Betreiberbehörde für die technisch-organisatorischen Maßnahmen, die einspeisenden Behörden hingegen An-

---

[284] Dafür, dass die Bestimmung sich nur auf den Anwendungsbereich von Art. 6 Abs. 1 UAbs. 1 lit. c und lit. e DSGVO bezieht *Petri*, in: Simitis/Hornung/Spiecker gen. Döhmann, 2019, Datenschutzrecht, Art. 4 Nr. 7, Rn. 24.

[285] Vgl. EG 45 S. 6.

sprechpartner für die betroffenen Personen mit Blick auf deren Informations- und Einflussrechte sind.[286] Art. 4 Nr. 7 2. Hs. DSGVO trägt also auch den unterschiedlichen Strukturen der Mitgliedstaaten Rechnung und ermöglicht eine flexible Einpassung der datenschutzrechtlichen Pflichten.

bb) Art. 6 Abs. 2 und 3 DSGVO

Art. 6 Abs. 2 und 3 DSGVO enthalten besonders weitreichende, querschnittsartige Öffnungen für das Recht der Mitgliedstaaten.[287] Sie ermöglichen den Mitgliedstaaten den Erlass bzw. die Beibehaltung von spezifischeren Bestimmungen zur Anpassung der Anwendung der Vorschriften der DSGVO in Bezug auf die Verarbeitung auf Grundlage von Art. 6 Abs. 1 UAbs. 1 lit. c und e (Abs. 2) sowie die Festlegung der Rechtsgrundlage für die Verarbeitung gemäß diesen Rechtmäßigkeitstatbeständen (Abs. 3). Ihr weiter Anwendungsbereich ist auch ein Resultat des Handlungsformenwechsels zu einer (Grund-)Verordnung: Die Möglichkeit der Mitgliedstaaten, die abstrakten Rechtmäßigkeitskriterien aus Art. 7 DSRL schon angesichts der Umsetzungsbedürftigkeit der Datenschutz*richtlinie* flexibel in die mitgliedstaatlichen Rechtsordnungen einzupassen und dabei den Interdependenzen der datenschutzrechtlichen Vorschriften mit den vielen (nationalen) Sachbereichen Rechnung zu tragen, ist angesichts der grundsätzlich unmittelbaren Geltung der Rechtmäßigkeitstatbestände in Art. 6 Abs. 1 DSGVO entfallen. Am Bedarf der *kontextbezogenen* Begrenzung und Gestaltung des Umgangs mit personenbezogenen Informationen und Daten hat der Wechsel zu einer Verordnung indes nichts geändert; dies kommt gerade in den Öffnungen zum Ausdruck.

Wie die jeweiligen Verweise erahnen lassen, erschließen sich die funktionale Bedeutung und Tragweite der Öffnungen in Art. 6 Abs. 2 und 3 DSGVO nur bei einer Zusammenschau mit dessen Abs. 1. Abschließend legt Art. 6 Abs. 1 UAbs. lit. a–f DSGVO die Gründe fest, die eine Verarbeitung personenbezogener Daten tragen können.[288] Die Öffnungen in Art. 6 Abs. 2

---

[286] Das Beispiel findet sich bei *Schantz/Wolff*, Das neue Datenschutzrecht, 2017, S. 119.

[287] Vgl. hierzu auch *Roßnagel*, in: Simitis/Hornung/Spiecker gen. Döhmann, 2019, Datenschutzrecht, Art. 6 Abs. 3, Rn. 7: „Im Ergebnis decken beide [Abs. 2 und Abs. 3] zusammen den gesamten Bereich des Datenschutzes ab, der sich auf die ‚inneren Angelegenheiten' eines Mitgliedstaats bezieht und den europäischen Binnenmarkt nicht unmittelbar berührt."

[288] Die Überschrift „Rechtmäßigkeit der Verarbeitung" ist insoweit missverständlich, als sich die Rechtmäßigkeit einer Datenverarbeitung nicht allein nach Art. 6 DSGVO richtet. Die Norm wird vielmehr von weiteren materiellen Anforderungen flankiert, s. *Albers/Veit*, in: Wolff/Brink, 38. Edition, 2021, BeckOK Datenschutzrecht, Art. 6 DSGVO, Rn. 1. Der Rechtmäßigkeitsbegriff, der auch von Art. 5 Abs. 1 lit. a DSGVO aufgegriffen wird, kann allerdings auch eng verstanden werden, sodass er sich nur auf die

und 3 DSGVO beziehen sich jeweils „nur“ auf die Zulässigkeitstatbestände in Art. 6 Abs. 1 UAbs. 1 lit. c (Verarbeitung zur Erfüllung einer rechtlichen Verpflichtung, der der Verantwortliche unterliegt) und lit. e (Verarbeitung, die für die Wahrnehmung einer Aufgabe erforderlich ist, die im öffentlichen Interesse liegt oder in Ausübung öffentlicher Gewalt erfolgt, die dem Verantwortlichen übertragen wurde).

Durch ihren identischen Bezugspunkt überschneiden sich die beiden Öffnungen inhaltlich. Ihr Verhältnis zueinander ist in der Literatur deshalb sehr umstritten.[289] Angesichts der konkreten Maßgaben des Art. 6 Abs. 3 S. 2 DSGVO spricht einiges dafür, Abs. 3 S. 1 hinsichtlich der Gestaltung der Rechtsgrundlagen als die speziellere Bestimmung gegenüber Abs. 2 anzusehen.[290] Eine solche Interpretation wird auch von dem Umstand gestützt, dass Art. 6 Abs. 3 S. 3 und Abs. 2 weitestgehend identisch formuliert sind, Abs. 3 S. 3 allerdings beispielhaft Ausgestaltungsmöglichkeiten spezifiziert. Bei diesem Verständnis verbleibt Art. 6 Abs. 2 DSGVO allerdings eine eigenständige Funktion: in der Öffnung kommt zum Ausdruck, dass es – neben der von Abs. 3 in Bezug genommenen Gestaltung der Rechtsgrundlagen – weitere Anknüpfungspunkte für die Koordinierung des Datenschutzrechts mit den mannigfaltigen sachlichen Strukturen des Verwaltungsrechts durch die Mitgliedstaaten gibt.

Für die hiesigen Zwecke ist die dogmatisch präzise Abgrenzung der beiden Öffnungen allerdings weniger interessant als die Herausarbeitung der hinter ihnen stehenden Intention: Für den Unionsgesetzgeber ist es schwierig nachzuvollziehen, wie Regelungen, die den Kern des Verwaltungsrechts mit seiner nationalstaatlichen Prägung und seiner Verzahnung mit dem nationalen Rechtssystem betreffen, im Einzelnen funktionieren.[291] Zuständigkeiten, Aufgaben und Befugnisse öffentlicher Stellen, die Definition „öffentlicher Interessen“ oder rechtliche Pflichten zur Verarbeitung gestalten sich von Mitgliedstaat zu Mitgliedstaat unterschiedlich. Auch angesichts der Diversität der Sachbereiche, etwaiger dortiger Schutzbedürfnisse sowie aber auch der organisationellen und verfahrensbezogenen Strukturen sind Koordinations- und Ausdifferenzierungserfordernisse in diesem Zusammenhang vor

---

in Art. 6 DSGVO genannten Anforderungen bezieht, dazu *Herbst*, in: Kühling/Buchner, 3. Aufl., 2020, Datenschutz-Grundverordnung BDSG, Art. 5, Rn. 8 ff.

[289] Für einen Überblick s. *Albers/Veit*, in: Wolff/Brink, 38. Edition, 2021, BeckOK Datenschutzrecht, Art. 6 DSGVO, Rn. 73 ff.

[290] Art. 6 Abs. 3 S. 2 wurde auf Bestreben der dänischen Delegation im Rahmen der Ratsverhandlungen eingeführt, vgl. Rat der Europäischen Union, Dok. 11640/14 v. 7.7.2014, S. 5. Für ein Spezialitätsverhältnis, allerdings in anderer Hinsicht, *Roßnagel*, in: Simitis/Hornung/Spiecker gen. Döhmann, 2019, Datenschutzrecht, Art. 6 Abs. 3, Rn. 7 f.

[291] So auch treffend: *Blume*, Journal of Data Protection & Privacy, 2016, 53 (60).

allem im öffentlichen Sektor offensichtlich. Die Öffnungen in Art. 6 Abs. 2 und 3 DSGVO tragen genau diesen Flexibilitäts- und Vielfaltserfordernissen Rechnung.

Konkret ist es für den Unionsgesetzgeber etwa kaum möglich, die „Erforderlichkeit für die Wahrnehmung einer Aufgabe im öffentlichen Interesse" (Art. 6 Abs. 1 UAbs. 1 lit. e) auf Unionsebene einheitlich und abschließend zu konkretisieren. Zum einen kann es im mitgliedstaatlichen (Fach-)Recht Details geben, die den Abhängigkeitsgrad zwischen festgelegten Zwecken bzw. Aufgaben einerseits und Datenverarbeitung andererseits beeinflussen.[292] Zum anderen würde eine Konkretisierung auf Unionsebene die Sichtung der Kompetenzen sämtlicher Behörden in allen Mitgliedstaaten und entsprechende Kodifikationen auf Unionsebene voraussetzen. Es wären Regelungen notwendig wie etwa: „Erforderlich ist die Verarbeitung personenbezogener Daten, wenn einer Behörde X in einem Sozialversicherungssystem der Ausgestaltung Y die Aufgaben A, B, C zugewiesen sind und es zu Fall Z kommt."[293]

Anhand von Art. 6 Abs. 2 DSGVO wird zudem deutlich, dass es den Mitgliedstaaten (schon aufgrund ihrer Sachnähe und der relativen Heterogenität untereinander) freistehen soll, zu wählen, ob sie zur Koordination die sachliche Ebene, etwa die Verwaltungskompetenzen, gestalten („sonstige Maßnahmen") oder Vorgaben des Datenschutzrechts präzisieren („spezifische Anforderungen für die Verarbeitung"),[294] solange sie dabei den (kontextspezifisch zu ermittelden) datenschutzrechtlichen Schutzerfordernissen Rechnung tragen. Gäbe es die Öffnungen in Abs. 2 und Abs. 3 nicht, wären allein die sehr unbestimmten Generalklauseln der Art. 6 Abs. 1 UAbs. 1 lit. e DSGVO für die Rechtmäßigkeit des Umgangs mit personenbezogenen Informationen und Daten zur Erfüllung öffentlicher Aufgaben maßgeblich. Wenn also etwa ein Mitgliedstaat in einer Vorschrift festlegte: „Behörde X führt ein Melderegister", könnte diese Behörde sämtliche Verarbeitungen personenbezogener Informationen und Daten vornehmen, die zur Erfüllung

[292] Ein anschauliches Beispiel bilden etwa sog. „Mitziehregelungen" im Polizeirecht, wie etwa in § 35 Abs. 3 S. 2 HmbPolDVG (wenngleich sie in den Anwendungsbereich der JI-RL fallen). Derartige Regelungen legen fest, dass z. B. im Falle einer erneuten Straffälligkeit einer bereits erfassten Person die Löschfrist für sämtliche diese Person betreffenden straffälligkeitsrelevanten Daten neu anläuft. Dies kann etwa *erforderlich* sein, um zu beurteilen, welche polizei- und/oder straf(verfahrens)rechtlichen Maßnahmen (vgl. etwa § 66 Abs. 1 Nr. 2 StGB) anwendbar sind. Regelmäßige Prüffristen können als prozedurale Mechanismen vorgesehen werden, um der damit verbundenen Perpetuierung entgegenzuwirken.

[293] Dafür, dass der gesamte Bereich der sozialen Sicherheit im Bereich der Öffnungen in Art. 6 Abs. 2 und 3 DSGVO liegt sowie zur Reichweite des mitgliedstaatlichen Gestaltungsspielraums *Roßnagel/Hoidn*, DuD, 2018, 487 (490 f.).

[294] Eine weitere Steuerungsmöglichkeit der Mitgliedstaaten über die Gestaltung der Exekutivkompetenzen kommt auch in EG 19 S. 4 DSGVO zum Ausdruck.

dieser – ebenfalls sehr unbestimmten – Aufgabe erforderlich sind. Um die Verarbeitungsbefugnisse nicht grenzenlos werden zu lassen, wäre der nationale Gesetzgeber gezwungen, die Aufgaben- und Befugnisnormen im Sachbereich deutlich spezifischer zu gestalten. Ob dies jedoch im Einzelfall sinnvoller ist als die Ausgestaltung der datenschutzrechtlichen Bausteine, sollte gerade im Ermessen der nationalen Legislative stehen, um flexible und bedarfsgerechte Regelungen schaffen zu können. Das wird über die Öffnungen gewährleistet.

Auf die Rechtmäßigkeitstatbestände in Art. 6 Abs. 1 UAbs. 1 lit. c bzw. e DSGVO wird neben Art. 6 Abs. 2 und 3 auch von verschiedenen anderen Bestimmungen der Datenschutz-Grundverordnung Bezug genommen. Teilweise enthalten diese ihrerseits Öffnungen. Daraus ergeben sich zum einen Abstimmungserfordernisse hinsichtlich der jeweiligen Anwendungsbereiche bzw. Klärungsbedarf bezüglich etwaiger Vorrang-/Nachrangverhältnisse. Zum anderen wird deutlich, dass die Nutzung der Öffnungen in Art. 6 Abs. 2 und 3 DSGVO potenziell auch auf andere DSGVO-Vorschriften zurückwirkt. Hier zeigt sich die Wechselwirkung der datenschutzrechtlichen Bausteine.

Ein Beispiel ist Art. 35 Abs. 10 DSGVO. Die Bestimmung enthält eine Öffnung, die es in das Ermessen der Mitgliedstaaten stellt, ob sie das Erfordernis einer Datenschutz-Folgeabschätzung (Art. 35 Abs. 1–7) vorsehen, soweit eine Verarbeitung auf einer (über Art. 6 Abs. 2 und 3 DSGVO erlassenen) Rechtsgrundlage im Recht der Mitgliedstaaten beruht. Hinter der Öffnung steht der Gedanke, dass bereits im Zusammenhang mit dem Erlass einer Rechtsgrundlage eine allgemeine Folgenabschätzung vorgenommen wird. Anhand dieser Norm zeigt sich, wie umfassend der Baustein der Systemgestaltung zu verstehen ist.[295] Ein weiteres Beispiel ist Art. 17 Abs. 3 lit. b DSGVO, wonach u. a. die Löschpflicht nach Art. 17 Abs. 1 DSGVO nicht greift, soweit die Verarbeitung auf Grundlage von Art. 6 Abs. 1 UAbs. 1 lit. c oder e DSGVO erfolgt.

cc) Art. 9 Abs. 2 lit. g DSGVO

Eine weitere Öffnung, die zwar multifunktional ist, aber eben *auch* der Koordinierung und Ausgestaltung der Bausteine dient, ist in Art. 9 Abs. 2 lit. g DSGVO enthalten. Art. 9 Abs. 2 DSGVO ist eine umfangreiche Bestimmung, die das in Art. 9 Abs. 1 enthaltende grundsätzliche Verbot der Verarbeitung sog. „besonderer Kategorien personenbezogener Daten“ erheblich relativiert. Die Vorschrift ist „hybrider Natur“, denn sie enthält teilweise unmittelbar selbst Zulässigkeitstatbestände, auf die eine entsprechende Verarbeitung gestützt werden kann (z. B. Abs. 2 lit. e), teilweise verweist sie in

[295] Zum Baustein der Systemgestaltung und seinen verschiedenen Stufen s. bereits oben Teil 3, A., II., 2.

Gestalt von Öffnungen aber auch auf mitgliedstaatliche bzw. unionale Vorschriften, die die Verarbeitung „sensibler" Datenkategorien in bestimmten Konstellationen gestatten können.[296] Art. 9 Abs. 2 lit. g DSGVO ist der zweiten Kategorie zuzuordnen. Der Rechtmäßigkeitstatbestand setzt eine Verarbeitung auf Grundlage des Unionsrechts oder des Rechts der Mitgliedstaaten voraus, er enthält also eine Öffnung.[297] Er ist an die Stelle des allgemeinen mitgliedstaatlichen Regelungsspielraums für die Verarbeitung sensibler Datenkategorien getreten, wie er noch in Art. 8 Abs. 4 DSRL vorgesehen war.[298]

Konkret gestattet Art. 9 Abs. 2 lit. g DSGVO die Abweichung vom Verbot der Verarbeitung besonderer Kategorien personenbezogener Daten, soweit dies für eine Verarbeitung auf Grundlage (auch) des Rechts eines Mitgliedstaats aus Gründen eines erheblichen öffentlichen Interesses erforderlich ist. Die Vorschrift überschneidet sich mit Art. 6 Abs. 1 UAbs. 1 lit. e, der u. a. die Verarbeitung zur einer im öffentlichen Interesse liegenden Aufgabe legitimiert. Über Art. 9 Abs. 2 lit. g DSGVO können die Mitgliedstaaten im nationalen Recht erhebliche öffentliche Interessen festlegen und aus diesen Gründen die Verarbeitung „sensibler Datenkategorien" zulassen. Die Öffnung ist tatbestandlich auf keinen Sachkontext beschränkt und hat dadurch, ähnlich wie Art. 6 Abs. 2 und Abs. 3, einen sehr weiten, querschnittsartigen Anwendungsbereich.[299] Gleichzeitig wird sie allerdings durch verschiedene materielle Bedingungen begrenzt. Neben dem Erfordernis der *Erheblichkeit* eines öffentlichen Interesses zählen dazu die Anforderungen, die Verhältnismäßigkeit und den Wesensgehalt des Datenschutzgrundrechts zu wahren, und die Notwendigkeit, angemessene und spezifische Maßnahmen zur Wahrung der Grundrechte und Interessen des Betroffenen vorzusehen. Bei letzterem Erfordernis handelt es sich – wie bei der in Art. 9 Abs. 2 häufig anzutreffenden Anforderung, „geeignete Garantien" bzw. „angemessene Maßnahmen" vorzusehen[300] – seinerseits um eine (implizite) Öffnung (auch) für

[296] Zum hybriden Charakter *Weichert*, DuD, 2017, 538 (541).

[297] Die explizite Erwähnung des mitgliedstaatlichen Rechts geht auf einen entsprechenden Vorschlag der dänischen Delegation in den Ratsverhandlungen zurück, s. Rat der Europäischen Union, Dok. 11640/14 v. 7.7.2014, S. 4. Im Kommissionsentwurf setzte der entsprechende EG 42 lediglich eine „gesetzliche Grundlage" voraus.

[298] S. dazu *Schneider*, Einrichtungsübergreifende elektronische Patientenakten, 2016, S. 446 ff.

[299] Gerade weil der Unionsgesetzgeber diese ausfüllungsbedürftigen Begriffe zur Konkretisierung den Mitgliedstaaten überlassen hat, ist nicht unproblematisch, dass der EuGH Suchmaschinenbetreiber dazu verpflichtet, im Rahmen eines Antrags auf Auslistung unmittelbar anhand der in Art. 9 Abs. 2 lit. g DSGVO genannten Gründe eines wichtigen bzw. erheblichen öffentlichen Interesses zu prüfen, ob die Aufnahme eines Links in die Ergebnisliste unbedingt erforderlich ist *EuGH* Urteil, 24.9.2019 – C-136/17, *GC u. a.*, Rn. 68.

[300] Dieses Tatbestandsmerkmal findet sich bei vielen der in Art. 9 Abs. 2 DSGVO enthaltenen (expliziten) Öffnungen, vgl. etwa Art. 9 Abs. 2 lit. b, g, h, i, und j.

das Recht der Mitgliedstaaten, die zur kontextspezifischen und bedarfsadäquaten Gestaltung der Bausteine verpflichtet.[301]

Der querschnittsartige Charakter der Vorschrift trägt dem Umstand Rechnung, dass auch die in Art. 9 Abs. 1 DSGVO definierten sog. besonderen Datenkategorien in verschiedensten Kontexten verarbeitet werden.[302] Mit anderen Worten kommt in Abs. 2 lit. g zum Ausdruck, dass der geschilderte Koordinierungs- und Abstimmungsbedarf auch in Bezug auf die „sensiblen" Kategorien personenbezogener Daten besteht.[303] Dies schließt freilich auch die Abstimmung mit den entsprechend vielfältigen gegenläufigen Rechten und Interessen ein. Weil auch die *erheblichen* öffentlichen Interessen sich von Mitgliedstaat zu Mitgliedstaaten unterscheiden können, ist ein mitgliedstaatlicher Regelungsspielraum zur Konkretisierung notwendig, um ein funktionales Datenschutzrecht zu ermöglichen.

Dass, wie oben geschildert,[304] die Aufgabe der Ausgestaltung und Koordination der datenschutzrechtlichen Bausteine nicht nur der Legislative, sondern auch den Verarbeitern obliegt, kommt gut in der deutschen Ausfüllungsvorschrift § 22 BDSG zum Ausdruck: Zum einen hat der deutsche Gesetzgeber u. a. die Öffnung aus Art. 9 Abs. 2 lit. g DSGVO genutzt und in § 22 Abs. 1 Nr. 1 lit. d, Nr. 2 lit. a–c BDSG selbst erhebliche öffentliche Interessen definiert. Zum anderen wird gerade der die Vorschrift anwendenden Stelle die Aufgabe zugewiesen, im Einzelfall a) zu prüfen, ob die Interessen der betroffenen Person überwiegen, sowie b), gemäß § 22 Abs. 2 angemessene und spezifische Maßnahmen zur Wahrung der Interessen vorzusehen, wobei die in Abs. 2 S. 2 aufgezählten Beispiele nicht abschließend sind.

dd) Art. 23 Abs. 1 DSGVO

Art. 23 Abs. 1 DSGVO enthält wie Art. 6 Abs. 2 und 3 DSGVO eine sehr weitreichende Öffnung für das Recht der Mitgliedstaaten. Die Bestimmung legt fest, dass durch Rechtsvorschriften (u. a.) der Mitgliedstaaten, denen der Verantwortliche unterliegt, zu bestimmten Zwecken Beschränkungen der Pflichten und Rechte gemäß Art. 12–22, Art. 34 und (in Grenzen) Art. 5 DSGVO vorgesehen werden können. Die Vorschrift ermöglicht also im Wesentlichen[305] die Koordination und Ausgestaltung des Bausteins der Betrof-

---

[301] Dazu bereits oben, Teil 3, B., III., 1.

[302] Angesichts der Bedeutung der Verarbeitungs*kontexte* ist jeder Versuch, vermeintlich besonders grundrechtssensible Datenkategorien einem Sonderregime zu unterstellen, voraussetzungsvoll und birgt die Gefahr, zu kontraproduktiven Ergebnissen zu führen. Zur Kritik s. nur *Albers/Veit*, in: Wolff/Brink, 38. Edition, 2021, BeckOK Datenschutzrecht, Art. 9 DSGVO, Rn. 20 ff.

[303] Kritisch zur tatbestandlichen Weite der Vorschrift angesichts des Vollharmonisierungsziels: *Mathes/Krohm*, PinG, 2015, 49 (54).

[304] S. o. Teil 3, A., II., 7.

[305] Bedeutung erlangt die Vorschrift über Art. 6 Abs. 4, 1. Hs. DSGVO auch für die

fenenrechte: Im Wege von Gesetzgebungsmaßnahmen *können* die mitgliedstaatlichen Gesetzgeber die Informations- und Einflussnahmerechte sowie korrespondierende Pflichten aus den Art. 12–22 DSGVO entsprechend der jeweiligen sachbereichsspezifischen Strukturen und Bedürfnisse anpassen. Wie die fakultative Formulierung der Öffnung erkennen lässt, sollen etwaige Ausnahmen und Beschränkungen also gerade nicht statisch gestaltet werden, sondern kontextbezogen.[306] Dies korrespondiert mit den unterschiedlichen Funktionen und Wirkungsweisen der Betroffenenrechte.[307]

Bei der Inanspruchnahme der Regelungsbefugnis aus Art. 23 Abs. 1 DSGVO sind die Mitgliedstaaten indes nicht völlig frei. Die Öffnung wird durch mehrere materielle Bedingungen eingeengt.[308] So sind die Gesetzgeber der Mitgliedstaaten hinsichtlich der Ziele des Ausfüllungsrechts an den (tatbestandlich sehr weit gefassten) Katalog des Art. 23 Abs. 1 lit. a–j DSGVO gebunden. Beschränkungen der Betroffenenrechte durch nationale Gesetzgebungsmaßnahmen müssen also zwingend z. B. dem Schutz der nationalen oder öffentlichen Sicherheit, dem Schutz sonstiger öffentlicher Interessen, dem Schutz der betroffenen Person, der Rechte und Freiheiten anderer Personen oder der Durchsetzung zivilrechtlicher Ansprüche dienen.[309] Die tatbestandliche Breite der Katalogtatbestände wird durch das zusätzliche Erfordernis eingeengt, dass etwaiges Ausfüllungsrecht den Wesensgehalt der Grundrechte und Grundfreiheiten achten und in einer demokratischen Gesellschaft eine notwendige und verhältnismäßige Maßnahme darstellen muss. Darüber hinaus stellt Art. 23 Abs. 2 zusätzliche materielle Anforderungen an das mitgliedstaatliche Ausfüllungsrecht. Demnach muss nationales Ausfüllungsrecht „insbesondere gegebenenfalls" spezifische Vorschriften zumindest in Bezug auf u. a. die Verarbeitungszwecke, die Verarbeitungs- und Datenkategorien, den Umfang der Beschränkungen oder auch Speicherfristen enthalten. Die Vorschrift trägt dem breiten Spektrum möglicher Kontexte auf zweierlei Weise Rechnung: zum einen, indem der Katalog der Anforderungen nicht abschließend ist („insbesondere"), und zum anderen,

---

Frage der Rechtmäßigkeit von zweckändernden Verarbeitungen. Der Umfang der über Art. 6 Abs. 4 i. V. m. Art. 23 Abs. 1 DSGVO ermöglichten Weiterverarbeitungen zu anderen Zwecken als dem Erhebungszweck ist allerdings im Einzelnen höchst umstritten, s. dazu *Albers/Veit*, in: Wolff/Brink, 38. Edition, 2021, BeckOK Datenschutzrecht, Art. 6 DSGVO, Rn. 110 ff.

[306] Zum fakultativen Charakter der Vorgängervorschrift Art. 13 DSRL vgl. *EuGH* Urteil, 7.11.2013 – C-473/12, *IPI*, Rn. 31 f.

[307] S. dazu bereits oben, Teil 3., A., II., 4.

[308] Der Europäische Datenschutzausschuss hat sich in Leitlinien zu diesen materiellen Anforderungen, insb. auch zum Katalog in Art. 23 Abs. 1 lit. a-j DSGVO, geäußert, s. *EDSA*, Guidelines 10/2020 on restrictions under Article 23 GDPR, 13.10.2021, S. 7 ff.

[309] Zur Problematik der vertikalen Kompetenz bzw. der Funktion von Art. 23 Abs. 1, diese zu entschärfen, s. sogleich unten, Teil 3, B., III., 2., b), aa).

indem nicht alle Anforderungen in jedem Fall verbindlich sind, sondern den Gesetzgebern vielmehr ermöglicht wird, diese flexibel entsprechend der jeweiligen Bedürfnisse anzupassen („gegebenenfalls"). In den Anforderungen aus Art. 23 Abs. 2 DSGVO kommt die Kontingenz der Ausgestaltung der datenschutzrechtlichen Bausteine, insbesondere mögliche Kompensationswirkungen, besonders deutlich zum Ausdruck.[310]

Art. 23 Abs. 1 lit. g) DSGVO dürfte es einem Mitgliedstaat beispielsweise erlauben, im nationalen Recht die Möglichkeit vorzusehen, dass Privatdetektive geheim operieren dürfen (also unter Beschränkung der Informationspflicht und des korrespondierenden Informationsrechts des Betroffenen), um Verstöße gegen die berufsständischen Regelungen eines reglementierten Berufs aufzuspüren.[311] Eine angemessene Ausgestaltung der Bausteine würde freilich voraussetzen, dass der Mitgliedstaat dann prüft, ob und inwieweit gleichzeitig spezifische Vorschriften im Sinne von Abs. 2 erlassen werden können/müssen. Im hier geschilderten Szenario wäre etwa eine sehr enge Zweckbindung, die Nennung der zulässigen Verarbeitungstätigkeiten und der zulässigen Kategorien personenbezogener Daten denkbar.

b) Ermöglichung der Abstimmung mit gegenläufigen Rechten und Interessen, die im Kompetenzbereich der Mitgliedstaaten liegen

In einigen der Öffnungen für das Recht der Mitgliedstaaten kommt besonders deutlich die begrenzte Kompetenz der Union für bestimmte Regelungsfelder, die mit dem Datenschutz in Einklang zu bringen sind, zum Ausdruck. Dass die Union Sachbereiche, die eigentlich im Zuständigkeitsbereich der Mitgliedstaaten liegen, überhaupt in der Datenschutz-Grundverordnung – wenn auch in Gestalt breiter Öffnungen – mitregeln kann, ist auf die überschießenden Dynamiken sowohl der Datenschutzkompetenz als auch des grundrechtlichen Ausgestaltungsauftrags zurückzuführen.[312] Neben den querschnittsartigen Öffnungen wie jenen in Art. 6 Abs. 2 und 3 oder Art. 9 Abs. 2 lit. g DSGVO[313] sind als Beispiele vor allem Art. 23 Abs. 1 DSGVO sowie die Bestimmungen in den Art. 85 ff. DSGVO zu nennen.

---

[310] Zum gegenseitigen Kompensationsverhältnis der in Abs. 2 erwähnten materiellen Anforderungen s. a. *Bäcker*, in: Kühling/Buchner, 3. Aufl., 2020, Datenschutz-Grundverordnung BDSG, Art. 23, Rn. 45.

[311] Vgl. zur Vorgängervorschrift Art. 13 Abs. 1 lit. d DSRL *EuGH* Urteil, 7.11.2013 – C-473/12, *IPI*, Rn. 47 ff.

[312] S. dazu bereits oben Teil 1, C., I., 2., b), bb) bzw. Teil 1, C., II., 1., b) und c). Insoweit ist die grundsätzlich zutreffende Einschätzung, Spielräume könnten nur in Bereichen gesehen werden, in denen von einer (grundsätzlich bestehenden) Kompetenz nicht vollständig Gebrauch gemacht wird, s. *Funke*, Umsetzungsrecht, 2011, S. 204, für den Bereich des Datenschutzrechts zu modifizieren.

[313] Zur kompetenzsichernden Funktion von Art. 6 Abs. 2 und 3 DSGVO konkret im Kontext des Sozialdatenschutzes s. *Roßnagel/Hoidn*, DuD, 2018, 487 (490 f.).

aa) Art. 23 Abs. 1 DSGVO

Die bereits erwähnte Öffnung in Art. 23 Abs. 1 DSGVO dient nicht nur der Koordination und Ausgestaltung der Bausteine. Wie schon anhand der in Abs. 1 aufgezählten Zwecke deutlich wird, trägt sie auch dem Erfordernis Rechnung, den Datenschutz mit verschiedenen potenziell gegenläufigen Rechten und Interessen in Einklang zu bringen, die in den Kompetenzbereich der Mitgliedstaaten fallen.

Dass die Datenschutz-Grundverordnung an einigen Stellen kompetenziell überschießend gestaltet ist, kommt in den Katalogtatbeständen des Art. 23 Abs. 1 DSGVO besonders stark zum Ausdruck: Vor allem Abs. 1 lit. a, b, c und d betreffen hoheitliche Tätigkeitsbereiche, die im unional-mitgliedstaatlichen Kompetenzgefüge weit überwiegend den Mitgliedstaaten zugewiesen sind.[314] Der grundsätzliche Anspruch der Einheitlichkeit des Datenschutzrechts ist im Bereich dieser Vorschriften also nur gering, der Bedarf an Flexibilität und Vielfalt hingegen sehr stark ausgeprägt. Dies gestehen selbst Vertreter eines allumfassenden Verständnisses von Art. 16 Abs. 2 AEUV zu.[315] Aus diesem Grund ist der Ermessens- und Gestaltungsspielraum der Mitgliedstaaten hier besonders weit zu ziehen und auch die Europäische Gerichtsbarkeit muss sich bei der Maßstabsetzung im Hinblick auf die Auslegung und Anwendung der Vorschrift in Zurückhaltung üben. Andernfalls würde dieser funktionale Hintergrund der Öffnung unterlaufen.

Auch im bereichsspezifischen EU-Datenschutzrecht finden sich Öffnungen, die funktionale Äquivalente zu Art. 23 Abs. 1 DSGVO bilden. So ermöglicht Art. 15 Abs. 1 ePrivacyRL den Mitgliedstaaten, von zentralen Datenschutzvorgaben für den Bereich der elektronischen Kommunikation abzuweichen. Die materiellen Anforderungen an etwaiges Ausfüllungsrecht entsprechen weitgehend jenen aus Art. 23 Abs. 1 lit. a–j DSGVO. Art. 15 Abs. 1 S. 2 ePrivacyRL gestattet ausdrücklich, dass die Mitgliedstaaten durch Rechtsvorschriften vorsehen, dass Daten während einer begrenzten Zeit aufbewahrt werden. Im Kontext der Debatte um die Zulässigkeit einer

---

[314] Für Art. 23 Abs. 1 lit. a) ergibt sich das bereits aus Art. 2 Abs. 2 lit. a DSGVO i. V. m. Art. 4 Abs. 2 S. 3 EUV. S. a. Art. 23 Abs. 1 lit. d, der über Art. 2 Abs. 2 lit. d DSGVO gar vom Anwendungsbereich der DSGVO ausgenommen ist. Für diesen Bereich gilt gerade die JI-RL als lex specialis, vgl. auch EG 19 DSGVO. Ginge man davon aus, dass die Tatbestände der lit. a, b und c vollständig unter Art. 2 Abs. 2 fallen, dann bliebe ihr Hauptanwendungsfall die Beschränkung bei zweckändernden Aufbewahrungen oder Übermittlungen personenbezogener Daten, s. dazu *Bäcker*, in: Kühling/Buchner, 3. Aufl., 2020, Datenschutz-Grundverordnung BDSG, Art. 23, Rn. 13 f.

[315] Selbst Vertreter einer Interpretation von Art. 16 Abs. 2 AEUV als allumfassende Kompetenzgrundlage für den Bereich des Datenschutzes räumen ein, dass den Mitgliedstaaten im Kontext von „Kernaufgaben des Staates“ Abweichungsbefugnisse verbleiben müssen, s. *Hijmans*, The European Union as Guardian of Internet Privacy, 2016, S. 289 ff.

Vorratsdatenspeicherung hat diese Öffnung in jüngerer Zeit eine zentrale Rolle gespielt.[316]

Die durch die Öffnungen ermöglichte Fragmentierung des Sicherheitsrechts innerhalb der Mitgliedstaaten ist für die EU in außen(rechts)politischer Hinsicht nicht unproblematisch. Denn es ist in der Tat nur schwierig nachvollziehbar, weshalb die EU ein starkes Datenschutzrecht auch von staatlichen Stellen in Nicht-EU-Ländern einfordert, während unter den Mitgliedstaaten kein Konsens gefunden werden kann.[317]

bb) Art. 85 ff. DSGVO

Im 9. Kapitel der Datenschutz-Grundverordnung, den Art. 85–91, hat der EU-Gesetzgeber verschiedene spezifische Verarbeitungskontexte besonders geregelt. Jede der Vorschriften ist dabei mit Öffnungen für das Recht der Mitgliedstaaten versehen. Die Artikel sind multifunktional, sie dienen überwiegend aber zumindest *auch* dem Ausgleich des unionalen Datenschutzrechts mit potenziell gegenläufigen Rechten und Interessen und weisen diese Aufgabe (vor allem) den Mitgliedstaaten zu. Dies erklärt sich damit, dass die sachlichen Kompetenzen für die geregelten Verarbeitungskontexte im unional-mitgliedstaatlichen Kompetenzgefüge weitestgehend bei den Mitgliedstaaten verblieben sind. Art. 85 DSGVO gibt den Mitgliedstaaten beispielsweise auf, das Datenschutzrecht mit verschiedenen Kommunikationsfreiheiten, namentlich der Meinungsäußerungsfreiheit und Informationsfreiheit, in Einklang zu bringen. Zu diesem Zweck dürfen die Mitgliedstaaten von dem Großteil der DSGVO-Vorschriften abweichen bzw. entsprechende Ausnahmen vorsehen. Art. 86 DSGVO ermöglicht es den Mitgliedstaaten, einen Ausgleich zwischen den Belangen des Datenschutzes und dem Recht auf Zugang zu amtlichen Dokumenten herzustellen. Die Mitgliedstaaten können demnach Vorschriften vorsehen, die die Behörden zur Gewährleistung des Zugangs der Öffentlichkeit zu amtlichen Dokumenten verpflichtet.[318] Als weiteres Beispiel sei Art. 90 Abs. 1 DSGVO genannt, wonach die Mitgliedstaaten namentlich die von der DSGVO vorgesehenen Informations- und

---

[316] Zur (nicht unproblematischen) Rechtsprechung des EuGH s. unten Teil 4, A., II., 2., a), cc).

[317] Zu dieser Problematik *Veit*, Safeguarding regional data protection rights on the global Internet – The European approach under the GDPR, in: Albers/Sarlet, Personality and Data Protection Rights on the Internet, 2022, 445 (477 f.).

[318] Erhebliche Zweifel an der Kompetenz des europäischen Gesetzgebers im Hinblick auf Art. 86 DSVGO äußert *Schnabel*, in: Simitis/Hornung/Spiecker gen. Döhmann, 2019, Datenschutzrecht, Art. 86, Rn. 9 ff. Zum von Art. 86 DSGVO vorgesehenen Ausgleich zwischen Datenschutz und dem Recht auf Zugang zu amtlichen Dokumenten s. a. *EuGH* Urteil, 22.6.2021 – C-439/19, *B*, Rn. 119 f. mit gewohnt knappen Ausführungen im Rahmen der Abwägung.

räumlichen Zugangsbefugnisse der Aufsichtsbehörden mit etwaigen Berufsgeheimnissen oder anderen Geheimhaltungspflichten aus dem nationalen Recht in Einklang bringen können. Schon weil all diese Vorschriften kompetenziell überschießend sind, sind die Öffnungen für das Recht der Mitgliedstaaten weit zu verstehen. Die Flexibilitäts- und Vielfaltserfordernisse hinter den Bestimmungen sind sehr stark ausgeprägt, weshalb der Anspruch der Einheitlichkeit im Bereich dieser besonderen Verarbeitungskontexte nicht eingelöst werden kann.

Aufgrund seines großen Anwendungsbereichs und seiner praktischen Bedeutung ist Art. 85 DSGVO besonders hervorzuheben. Art. 85 Abs. 1 und Abs. 2, deren Verhältnis zueinander äußerst strittig ist,[319] betreffen inhaltlich das Verhältnis von Datenschutzrecht zu Kommunikationsfreiheiten, namentlich zur Meinungsäußerungs- und Informationsfreiheit. Vor dem Hintergrund entsprechender möglicher Spannungslagen ermöglicht Art. 85 Abs. 2 DSGVO es den Mitgliedstaaten, über weitreichende Abweichungsbefugnisse Verarbeitungen zu journalistischen, wissenschaftlichen, künstlerischen und literarischen Zwecken zu privilegieren. Die Tatbestandsvariante der „journalistischen Zwecke" ist bereits angesichts der Entwicklung der medialen Kommunikation(-sformen) sehr weit zu verstehen und keinesfalls auf journalistisch-redaktionelle Tätigkeiten zu beschränken.[320] Ein solches weites Verständnis der Öffnung ist deshalb notwendig und sachgerecht, weil die Regulierung der grundrechtlich geschützten öffentlichen (auch medial vermittelten) Kommunikation mangels einschlägiger Kompetenznormen der EU nach wie vor weit überwiegend den Mitgliedstaaten obliegt. Auch Art. 85 ist kompetenziell überschießend und die hinter der Bestimmung stehenden Flexibilitäts- und Vielfaltserfordernisse sind sehr ausgeprägt.[321] Der

[319] Insbesondere die Funktion von Abs. 1 ist strittig. Teilweise wird darin eine eigenständige, über Abs. 2 hinausgehende Öffnung gesehen, die den Mitgliedstaaten weitreichend Gestaltungsmöglichkeiten eröffne. Andere interpretieren Abs. 1 „lediglich" als Anpassungsauftrag an das Niveau der DSGVO, der das Abwägungsergebnis verbindlich vorgebe. Für eine umfassende Aufarbeitung der Literatur mit – gerade auch vor dem Hintergrund der Flexibilitäts- und Vielfaltserfordernisse – überzeugendem Fazit *Cornils*, Das datenschutzrechtliche Medienprivileg unter Behördenaufsicht?, 2018, S. 36 ff. Für einen Überblick über die Diskussion s. nunmehr auch *Sandhu*, Grundrechtsunitarisierung durch Sekundärrecht, 2021, S. 276 ff.

[320] Vgl. EG 153 S. 7. S. a. *EuGH* Urteil, 14.2.2019 – C-345/17, *Buivids*, Rn. 53: Journalistische Tätigkeiten seien solche, „die zum Zweck haben, Informationen, Meinungen oder Ideen, mit welchem Übertragungsmittel auch immer, in der Öffentlichkeit zu verbreiten". Die Rechtsprechung zur Auslegung von Art. 9 DSRL ist allerdings keinesfalls widerspruchsfrei. S. noch unten Teil 3, B., III., 2., c), cc).

[321] Aufgrund der Kompetenzakzessorietät der Grundrechte muss auch die grundrechtliche Abwägung den Mitgliedstaaten (anhand nationaler Maßstäbe) obliegen. Für diese Funktion der Öffnung auch *Bilz*, Margin of appreciation der EU-Mitgliedstaaten, 2020,

Befund, dass die Vorgängervorschrift, Art. 9 DSRL, zu großer Divergenz in den mitgliedstaatlichen Rechtsordnungen geführt hat,[322] ist gerade eine Konsequenz dessen und kann keinesfalls als Argument herangezogen werden, um die Bestimmung restriktiv zu verstehen.

Die Öffnungen in Art. 85 DSGVO sind gute Beispiele für die enge Verzahnung der horizontalen und vertikalen Dimension: Die Vorschrift trägt zum einen dem Umstand Rechnung, dass datenschutzrechtliche Vorgaben mit verschiedenen Interessen am Umgang mit Informationen und Daten in Einklang zu bringen sind. Zum anderen reflektiert sie die Tatsache, dass dieser Ausgleich in den Mitgliedstaaten anhand unterschiedlicher grundrechtlicher Maßstäbe verschieden gehandhabt wird.

c) Koordinierung und Abstimmung mit anderen Rechtsregimen

Eine weitere funktionale Kategorie bilden Öffnungen in der DSGVO, die die Koordinierung und Abstimmung der Vorgaben für den Umgang mit personenbezogenen Informationen und Daten mit den Vorschriften anderer Rechtsgebiete im nationalen Recht ermöglichen, die ggf. ähnliche und gar identische Schutzziele wie das Datenschutzrecht verfolgen. Es geht dabei weniger um Detailfragen, die die konkrete Gestaltung von Datenschutzvorschriften in den jeweiligen Bereichen betreffen (z. B. „welche Bausteine, werden wo in welcher Gestalt eingesetzt"). Vielmehr betrifft die Koordinierung mit anderen Rechtsregimen die vorgeschaltete Frage des „Ob" des Datenschutzrechts. Denn soweit bereits Rechtsrahmen existieren, die ähnliche oder identische Schutzziele verfolgen, stellt sich die Frage, ob es in diesen Bereichen jeweils zusätzlich noch datenschutzrechtlicher Maßstäbe bedarf bzw. in welchem Maße das Datenschutzrecht von seiner Struktur her die für ein Regelungsfeld geeigneteren oder weniger geeigneten Instrumente bereithält. Sofern keine vollständige Überlappung gegeben ist, kann fraglich sein, wie vergleichbare Wertungen in anderen Rechtsgebieten der nationalen Rechtsordnungen mit jenen des Datenschutzrechts abzustimmen sind.

aa) Art. 6 Abs. 1 UAbs. 1 lit. b DSGVO

Ein anschauliches Beispiel für eine Öffnung, die entsprechenden Koordinierungserfordernissen Rechnung trägt, ist Art. 6 Abs. 1 UAbs. 1 lit. b DSGVO.

S. 241. S. a. *BVerfG* Beschluss, 6.11.2019 – 1 BvR 16/13, *Recht auf Vergessen I*, Rn. 51; 74. Übergreifendend zu den Einsatzbereichen der Grundrechte in Öffnungskonstellationen s. noch unten, Teil 4, A., I. Zur Funktion der Öffnung als Koordinationsmechanismus im Hinblick auf die Tatbestandsvariante der „journalistischen Zwecke" noch unten, Teil 3, B., III., c), cc).

[322] Eine ausführliche Analyse, die die Gesetze aller Mitgliedstaaten einbezieht, findet sich bei *Erdos*, International and Comparative Law Quarterly, 2016, 139.

Die Vorschrift regelt, dass die Verarbeitung personenbezogener Daten rechtmäßig ist, u. a. wenn sie für die Erfüllung eines Vertrags, dessen Vertragspartei die betroffene Person ist, erforderlich ist. Sie enthält keine ausdrückliche Öffnung für das Recht der Mitgliedstaaten. Über das Tatbestandsmerkmal des „Vertrags" stellt sie aber eine Verbindung zum jeweiligen nationalen Zivilrecht der Mitgliedstaaten her und öffnet die DSGVO implizit auf diese Weise.[323] Die Verarbeitung auf Grundlage von Art. 6 Abs. UAbs. 1 lit b DSGVO setzt nämlich im ersten Schritt voraus, dass ein Vertrag besteht und dieser nach dem jeweils anwendbaren Zivilrecht wirksam ist. Nur wenn nach nationalrechtlichen Maßstäben ein wirksamer Vertrag existiert, stellt sich im zweiten Schritt die datenschutzrechtliche Frage des Umfangs der Erforderlichkeit von Verarbeitungstätigkeiten für die Erfüllung dieses Vertrags.[324] Welcher Maßstab bei der Prüfung der Erforderlichkeit anzulegen ist, ist strittig. Teilweise wird eine typisierend-wertende Betrachtung vorgeschlagen, bei der danach gefragt wird, was typischerweise den Kern des jeweiligen Vertragstypus ausmacht. Jene Verarbeitungstätigkeiten, die gerade nicht der Erfüllung dieses Kerns dienen, die also über diesen hinaus gehen, wären danach nicht erforderlich und somit rechtswidrig.[325] Nach anderer Ansicht ist auf den konkret vereinbarten Vertrag, also die dort vorgesehenen wechselseitigen Pflichten abzustellen. Die zu erfüllenden Leistungspflichten bestimmen dann den Umfang der erforderlichen Verarbeitungstätigkeiten. In der Konsequenz würde über die Vertragsgestaltung die Steuerung der datenschutzrechtlichen Erforderlichkeit ermöglicht. Gleichzeitig würde sich die Prüfung der Rechtmäßigkeit von Datenverarbeitungen im Kontext von Vertragsverhältnissen im großen Maße ins Zivilrecht verlagern.[326]

Anhand dieser unterschiedlichen Ansätze wird besonders deutlich, dass in der Konzeption des Erforderlichkeitsmaßstabs im Hinblick auf die Verarbeitung auf Grundlage von Verträgen ein zentrales Scharnier für die Koordination des Datenschutzrechts mit der zivilrechtlichen Privatautonomie, konkret mit dem allgemeinen, einzelstaatlichen Vertragsrecht besteht: Erstere Ansicht hätte eine datenschutzrechtliche Überlagerung der von der Privatautonomie gewährleisteten freien Vertragsgestaltung zur Folge.[327] Ver-

---

[323] Übergreifend zum Spannungsverhältnis zwischen Vertragsrecht und Datenschutzrecht *Bunnenberg*, Privates Datenschutzrecht, 2020, S. 49 ff.

[324] S. *EDSA*, Leitlinien 2/2019 zur Verarbeitung personenbezogener Daten gemäß Artikel 6 Absatz 1 Buchstabe b DSGVO im Zusammenhang mit der Bereitstellung von Online-Diensten für betroffene Personen, 8.10.2019, S. 10.

[325] Vgl. *EDSA*, Leitlinien 2/2019 zur Verarbeitung personenbezogener Daten gemäß Artikel 6 Absatz 1 Buchstabe b DSGVO im Zusammenhang mit der Bereitstellung von Online-Diensten für betroffene Personen, 8.10.2019, S. 10 ff.

[326] S. *Engeler*, ZD, 2018, 55 (57 f.); in diese Richtung auch *Indenhuck/Britz*, Betriebs Berater, 2019, 1091 (1093 ff.).

[327] Hierzu kritisch *Indenhuck/Britz*, Betriebs Berater, 2019, 1091 (1093 ff.).

träge, die nach zivilrechtlichen Kriterien (inklusive AGB-Kontrolle und verbraucherschutzrechtlichen Maßstäben) wirksam wären, könnten aufgrund datenschutzrechtlicher Erwägungen nicht realisiert werden. Nach zweitgenannter Ansicht würde sich die Überprüfung des Vertrags auf etwaige Ungleichgewichte im Austauschverhältnis weitestgehend auf das Zivilrecht beschränken. In welchem Maße etwa ein Betroffener eine „take-it-or-leave-it-Situation" zu akzeptieren hat bzw. generell vor Fremdbestimmung zu schützen ist, würde sich dann nicht nach einer wertenden datenschutzrechtlichen Betrachtung, sondern vor allem nach den Maßstäben einer Inhaltskontrolle der Vertragsklauseln bemessen. Bei der Auslegung des Begriffs der „Erforderlichkeit" in Art. 6 Abs. 1 UAbs. 1 lit. b DSGVO geht es also im Ergebnis um die funktional sinnvolle Koordination von zivilrechtlichen und datenschutzrechtlichen Instrumenten, die jeweils darauf gerichtet sind, Ungleichgewichten entgegenzuwirken und Einflusschancen zu sichern. Weiterführend ist vor diesem Hintergrund – nicht zuletzt auch mit Blick auf das Erfordernis der inneren Kohärenz zwischen den in Art. 6 DSGVO vorgesehenen Legitimationsgründen (insbesondere im Bereich der „privaten Datenverarbeitung") – die Beurteilung der Erforderlichkeit nicht rein vertragsinhaltsakzessorisch, sondern auch objektiv-normativ vorzunehmen. Dabei wäre zu berücksichtigen, ob es dem Verarbeiter zumutbar ist, die Verarbeitung auf den an strengere Voraussetzungen geknüpften Rechtmäßigkeitsgrund der Einwilligung stützen zu müssen.[328]

bb) Art. 8 Abs. 1 UAbs. 2 und Abs. 3 DSGVO

Koordinierungserfordernisse zwischen dem Datenschutzrecht und dem (mitunter heterogen gestalteten) nationalen Zivilrecht kommen auch in Art. 8 DSGVO zum Ausdruck. Die Vorschrift regelt die Bedingungen für die Einwilligung eines Kindes in Bezug auf Dienste der Informationsgesellschaft. Abs. 1 S. 1 spezifiziert die allgemeinen Anforderungen aus Art. 6 Abs. 1 UAbs. 1 lit. a DSGVO dahingehend, dass bei einem „Angebot der Informationsgesellschaft" die Einwilligung eines Kindes (nur dann) rechtmäßig ist, wenn das Kind das sechzehnte Lebensjahr vollendet hat. Die in Art. 8 Abs. 1 UAbs. 2 enthaltene Öffnung erlaubt es den Mitgliedstaaten, die Altersgrenze für die Einwilligungsfähigkeit bis zur Vollendung des dreizehnten Lebensjahrs abzusenken. Durch diese Öffnung wird den Mitgliedstaaten ermöglicht, das Mindestalter für die Einwilligungsfähigkeit an vergleichbare Altersgrenzen im nationalen Recht anzupassen, etwa um Wertungswidersprüche innerhalb der eigenen Rechtsordnung zu vermeiden. So wurde etwa in Frankreich die Öffnung genutzt, um die Altersgrenze an das Schutzalter

---

[328] S. *Bunnenberg*, Privates Datenschutzrecht, 2020, S. 60 f.; s. a. *Albers/Veit*, in: Wolff/Brink, 38. Edition, 2021, BeckOK Datenschutzrecht, Art. 6 DSGVO, Rn. 44.

für sexuelle Handlungen Minderjähriger sowie an das Mindestalter für die Einwilligungsfähigkeit hinsichtlich der Verarbeitung von Gesundheitsdaten anzupassen.[329] Auch in Irland wurde die Altersgrenze kontrovers diskutiert und schließlich bei 16 Jahren festgelegt, auch, um sie mit jener der Einwilligungsfähigkeit bezüglich medizinischer Eingriffe abzustimmen.[330]

Ob neben Abs. 1 S. 2 auch Abs. 3 eine Öffnung zugunsten des Rechts der Mitgliedstaaten enthält, ist indessen umstritten. Gemäß dieser Bestimmung lässt Art. 8 Abs. 1 das allgemeine Vertragsrecht der Mitgliedstaaten unberührt. Teilweise wird die Vorschrift als Befugnis der Mitgliedstaaten gelesen, von den in Abs. 1 vorgesehenen Altersgrenzen nach Maßgabe des jeweiligen nationalen Vertragsrechts abzuweichen. Dies wird u. a. damit begründet, dass der nationale Gesetzgeber den besonderen Anforderungen an den Minderjährigenschutz bereits im Rahmen des nationalen Zivilrechts (in Deutschland: dem Geschäftsfähigkeitsrecht, §§ 104 ff. BGB) Rechnung trage.[331] Nach dieser Lesart würde Abs. 3, ähnlich wie Art. 6 Abs. 1 UAbs. 1 lit. b DSGVO, als Öffnung der Koordination von datenschutzrechtlichen Anforderungen und Maßgaben des nationalen Zivilrechts dienen. Überzeugender ist es indessen, Art. 8 Abs. 3 DSGVO als Klarstellung der Tatsache zu interpretieren, dass die datenschutzspezifischen Anforderungen an die Einwilligungsfähigkeit von den nationalrechtlichen Voraussetzungen für die Wirksamkeit von Verträgen zu unterscheiden sind.[332] Denn die normativen Erwägungen hinter dem Minderjährigenschutz im Zivilrecht und den Altersgrenzen der datenschutzrechtlichen Einwilligungsfähigkeit sind schlicht nicht deckungsgleich und müssen deshalb auch nicht einheitlichen Anforderungen unterstellt werden. Aus diesem Grund geht von dieser Vorschrift aber auch kein Impuls für eine Harmonisierung des nationalen Vertragsrechts aus.[333] Die Bestimmung ist aus der Perspektive der Flexibilitäts- und Vielfaltserfordernisse dennoch interessant, weil sie Sensibilität des Unionsgesetzgebers für die Interdependenzen des Datenschutzrechts mit den sonstigen sachlichen Regelungsfeldern erkennen lässt, wenn auch nur deklaratorischer Art.

---

[329] Hierzu *Tambou*, EDPL, 2018, 88 (93).

[330] Zur Diskussion *McLaughlin*, EDPL, 2018, 227 (229 ff.).

[331] *Schulz*, in: Gola, 2. Aufl., 2018, Datenschutz-Grundverordnung, Art. 8, Rn. 23 f. Für ein Verständnis von Art. 8 Abs. 3 DSGVO als Begrenzung des sachlichen Anwendungsbereichs der DSGVO bzw. als „Ermächtigungsnorm" *Funke*, Dogmatik und Voraussetzungen der datenschutzrechtlichen Einwilligung im Zivilrecht, 2017, S. 225 ff.

[332] So etwa auch *Klement*, in: Simitis/Hornung/Spiecker gen. Döhmann, 2019, Datenschutzrecht, Art. 8, Rn. 31.

[333] So aber *Klement*, in: Simitis/Hornung/Spiecker gen. Döhmann, 2019, Datenschutzrecht, Art. 8, Rn. 33.

cc) Art. 85 Abs. 2 DSGVO

Eine weitere Bestimmung, die die DSGVO für das Recht der Mitgliedstaaten öffnet und dabei funktional die Koordinierung mit anderen, nationalrechtlichen Rechtsgebieten ermöglicht, ist Art. 85 Abs. 2 DSGVO. Oben ist herausgearbeitet worden, dass Art. 85 DSGVO dem Abstimmungserfordernis mit gegenläufigen Interessen, die kompetenziell den Mitgliedstaaten zugeordnet sind, Rechnung trägt.[334] Darauf ist die Vorschrift allerdings nicht beschränkt.

Art. 85 Abs. 2 DSGVO gibt den Mitgliedstaaten auf, u. a. für die Verarbeitung zu journalistischen Zwecken Abweichungen und Ausnahmen von den Vorschriften der DSGVO vorzusehen, sofern dies für den Ausgleich mit der Meinungs- und der Informationsfreiheit erforderlich ist. Seinem Wortlaut nach eröffnet die Vorschrift den Mitgliedstaaten also die Möglichkeit, den Umgang mit personenbezogenen Informationen und Daten, sofern er zu *journalistischen Zwecken* erfolgt, vom Anwendungsbereich der DSGVO (oder einzelnen ihrer Kapitel) auszuklammern. Sinn und Zweck von Art. 85 Abs. 2 DSGVO ist erkennbar der Schutz der Meinungs- und Informationsfreiheit. Im Hinblick auf typische journalistisch-redaktionelle Tätigkeiten der klassischen Massenmedien Rundfunk und Presse, wie etwa Recherche sowie die Auswertung der gesammelten (oft auch personenbezogenen) Informationen und Daten, leuchtet die Regelung freilich ein. Denn diese Tätigkeiten würden bei der Anwendbarkeit zentraler Instrumente der DSGVO, wie dem Zweckbindungsgrundsatz oder den Informationspflichten, erheblich beeinträchtigt, wenn nicht unmöglich gemacht. Das Verständnis der Vorschrift als binärer „Schalter“, als Interessenausgleich, wird durch die Entstehung neuer Medien im Rahmen des Web 2.0 allerdings herausgefordert.[335] Aufgrund der Mannigfaltigkeit der neuen Kommunikationsformate, die weder untereinander identisch noch in ihrer Funktionsweise durchweg mit den klassischen Medien vergleichbar sind, stellt sich die Frage, ob der Begriff der „journalistischen Zwecke“ noch geeignet ist, um die Kommunikationsinteressen der Medien mit den Privatheitsinteressen der von medialer Datenverarbeitung Betroffenen in Einklang zu bringen.

Der Blick auf Praxis und wissenschaftliche Diskussion offenbart, dass keinesfalls Klarheit darüber besteht, welche Arten von medialer Kommunikation (unter Einschluss des Umgangs mit personenbezogenen Informationen und Daten) von Art. 85 Abs. 2 DSGVO (bzw. ehemals Art. 9 DSRL) erfasst sind. Angesichts der gewandelten Kommunikationsbedingungen im

---

[334] S. o., Teil 3, B., III., 2., b), bb).

[335] Hierzu *Schimke*, Das Medienprivileg als Koordinationsmechanismus. Zum Verhältnis von Datenschutz- und Äußerungsrecht im Internet, in: Albers/Katsivelas, Recht & Netz, 2018, 155 (160 f.).

und durch das Internet erscheint eine Privilegierung nur der klassischen, journalistisch-redaktionell arbeitenden Medien jedenfalls schwierig zu begründen. Der EuGH geht grundsätzlich von einem weiten Verständnis der in der deutscher Fachliteratur häufig als „Medienprivileg" bezeichneten Vorschrift aus.[336] Die Rechtsprechungslinie ist allerdings nicht konsistent und sie bietet auch keine ausdifferenzierten, stabilisierten Auslegungskriterien für den Begriff „journalistisch" und damit für den Anwendungsbereich der Bestimmung.[337]

Weiterführend ist in diesem Zusammenhang das Verständnis der Öffnung als Mechanismus, der eine Koordination zwischen dem Datenschutzrecht und etwaigen nationalen Rechtsregimes ermöglicht, die ihrerseits den Umgang mit personenbezogenen Informationen und Daten durch Medien regeln.[338] Dies würde im ersten Schritt voraussetzen, dass man Art. 85 Abs. 2 DSGVO in der Tatbestandsvariante „journalistische Zwecke" nicht als bloßen Schalter für das Verhältnis von Datenschutzrecht und Kommunikationsfreiheiten versteht. Vielmehr ist das Schutzgut der Vorschrift in der Gewährleistung eines möglichst freien Kommunikationsprozesses unter Teilhabe selbstbestimmter Individuen zu sehen.[339] Ausgehend von dieser normativen Basis lässt sich die dogmatische Funktion der Bestimmung beschreiben als Koordinationsmechanismus, der darauf zielt, dasjenige Rechtsregime (Datenschutzrecht oder einen nationalen Rechtsrahmen) zur Anwendung zu bringen, das den Interessen an einer zumindest teilöffentlichen Kommunikation im jeweiligen medienspezifischen Kontext größtmög-

[336] Genauer gesagt ist es die unionsrechtliche Öffnung, die nationale Regelungen ermöglicht, die in ihrer Gesamtheit zum Begriff des Medienprivilegs zusammengefasst werden.

[337] Wie oben bereits angedeutet, hat der EuGH die Vorgängervorschrift, Art. 9 DSRL, wiederholt weit ausgelegt, s. nur *EuGH* Urteil, 16.12.2008 – C-73/07, *Satamedia*, Rn. 58 ff. Zu Art. 85 DSGVO s. *EuGH* Urteil, 14.2.2019 – C-345/17, *Buivids*, Rn. 51 ff.: „[…] solche Tätigkeiten, die zum Zweck haben, Informationen, Meinungen oder Ideen, mit welchem Übertragungsmittel auch immer, in der Öffentlichkeit zu verbreiten.". Allerdings haben die Richter im Widerspruch dazu die Anwendbarkeit von Art. 9 DSRL (nunmehr Art. 85 Abs. 2 DSGVO) auf die Erstellung von Suchergebnislisten durch Internet-Suchmaschinen ohne Begründung verneint, s. *EuGH* Urteil, 13.5.2014 – C-131/12, *Google Spain*, Rn. 85.

[338] So – mit Blick auf das Verhältnis von Datenschutzrecht und Äußerungsrecht in Deutschland – der Vorschlag von *Schimke*, Das Medienprivileg als Koordinationsmechanismus. Zum Verhältnis von Datenschutz- und Äußerungsrecht im Internet, in: Albers/Katsivelas, Recht & Netz, 2018, 155 (155 ff.).

[339] *Schimke*, Das Medienprivileg als Koordinationsmechanismus. Zum Verhältnis von Datenschutz- und Äußerungsrecht im Internet, in: Albers/Katsivelas, Recht & Netz, 2018, 155 (162 f.). In diese Richtung geht auch die Rechtsprechung des BGH hinsichtlich der Kriterien für die Anwendbarkeit von § 41 BDSG a. F. auf Telemedien. Demnach sei maßgeblich, ob die *meinungsbildende Wirkung für die Allgemeinheit prägender Bestandteil* der Verarbeitung ist, vgl. *BGHZ 181*, *Spickmich*, S. 335.

lich Rechnung trägt.[340] Diese Funktion kann gewiss nur dort greifen, wo entsprechende konkurrierende Rechtsregime existieren.[341]

Im Hinblick auf die deutsche Rechtsordnung lässt sich die Bedeutung der beschriebenen Funktion anhand der Überlappung von Datenschutzrecht und dem sog. Äußerungsrecht gut veranschaulichen: Sowohl das Medienzivilrecht als auch das Datenschutzrecht betreffen die Regulierung des Umgangs mit personenbezogenen Informationen und Daten durch Medien. Zwar ist oben herausgearbeitet worden, dass das Datenschutzrecht vielfältigen Schutzgütern dient.[342] Soweit es sich in seinem Anwendungsbereich mit dem Äußerungsrecht überschneidet, schützt allerdings auch das Datenschutzrecht die Persönlichkeit der von der Datenverarbeitung Betroffenen. Die beiden Rechtsregime operieren zur Gewährleistung dieses Schutzes aber mit unterschiedlichen Instrumenten und unterscheiden sich strukturell: Während das Datenschutzrecht, wie oben herausgearbeitet, auf einer grundlegenden, konkreten Gefahren vorgelagerten Ebene angesiedelt ist und auf die Transparenzsicherung und Strukturierung von Datenverarbeitungsprozessen zielt, setzt das (kasuistisch ausdifferenzierte) Äußerungsrecht eher punktuell ex post an und bildet zudem die Multipolarität der rechtlichen Beziehungen ab.[343] Diese Strukturmerkmale sind bei der Auslegung des Begriffs „journalistische Zwecke“ in Art. 85 Abs. 2 DSGVO heranzuziehen, um zu bestimmen, ob in einem bestimmten (medialen) Verarbeitungskontext die Instrumente des Datenschutz- oder eben jene des Äußerungsrechts besser passen, um eine möglichst freie Kommunikation unter Teilhabe von Indivi-

---

[340] *Schimke*, Das Medienprivileg als Koordinationsmechanismus. Zum Verhältnis von Datenschutz- und Äußerungsrecht im Internet, in: Albers/Katsivelas, Recht & Netz, 2018, 155 (163).

[341] In Mitgliedstaaten, in denen das nicht Fall ist, muss das indes nicht zwingend zur Folge haben, dass die DSGVO in ihrer Gesamtheit Geltung behält. Vielmehr steht es den Mitgliedstaaten nach Abs. 2 frei, einzelne Kapitel oder auch die dort jeweils zum Ausdruck kommenden Bausteine unangewendet zu lassen, soweit „dies erforderlich ist, um das Recht auf Schutz der personenbezogenen Daten mit der Freiheit der Meinungsäußerung und der Informationsfreiheit in Einklang zu bringen.“ Wie stets bei der Ausfüllung der Öffnungen, sind die Mitgliedstaaten über Art. 4 Abs. 3 EUV dabei nicht ungebunden, sondern müssen den Schutzzielen des EU-Datenschutzrechts größtmöglich Rechnung tragen und dürfen auch etwa die in Art. 2 EUV niedergelegten Gründungswerte der Union nicht missachten.

[342] S. für Art. 8 GRCh oben Teil 1, C., II., 1., a).

[343] S. zum Ganzen, konkret zur Überlappung der Schutzgüter (im deutschen Recht) sowie zu den Strukturelementen von Datenschutzrecht und Äußerungsrecht, *Schimke*, Das Medienprivileg als Koordinationsmechanismus. Zum Verhältnis von Datenschutz- und Äußerungsrecht im Internet, in: Albers/Katsivelas, Recht & Netz, 2018, 155 (173 ff.; 178 ff.). In diese Richtung, freilich für die verfassungsrechtliche Ebene, nunmehr auch *BVerfG* Beschluss, 6.11.2019 – 1 BvR 16/13, *Recht auf Vergessen I*, Rn. 89 ff. Zu den strukturellen Unterschieden konkret zwischen Datenschutz- und Kunsturheberrecht s. *Lauber-Rönsberg/Hartlaub*, NJW, 2017, 1057 (1059).

duen zu gewährleisten.[344] Ein solches funktionales Verständnis der Öffnung ermöglicht die gegenstandsangemessene Reaktion auf die Vielfalt der medialen Kommunikationsformate und deren Umgangsarten mit personenbezogenen Informationen und Daten. Konkret könnte durch eine solche flexible Interpretation des Tatbestandsmerkmals der journalistischen Zwecke auch eine adäquate Antwort auf die Frage gefunden werden, ob und inwieweit die Öffnung auch für Veröffentlichungen von Bildnissen zu rein privaten Zwecken gilt. In diesem Bereich ist das Verhältnis von Datenschutzrecht und dem Kunsturhebergesetz, gerade auch mit Blick auf Art. 85 DSGVO, sehr umstritten.[345]

d) Reflexion der Differenz von öffentlichem und privatem Bereich

Eine weitere Kategorie bilden Öffnungen in der Datenschutz-Grundverordnung, die die geschilderten strukturellen Unterschiede zwischen dem öffentlichen und privaten Bereich bzw. die daraus resultierenden divergierenden datenschutzrechtlichen Anforderungen reflektieren.[346] Dabei trägt die DSGVO schon im Grundsatz der unterschiedlichen Konstitution der Bereiche Rechnung: Die Differenzierung zwischen den Sektoren innerhalb der Vorschriften ist gegenüber der DSRL erheblich ausgebaut worden, was auch auf den Handlungsformenwechsel zurückzuführen sein dürfte. Der Rechtsakt enthält viele Regelungen, die explizit entweder nur für den öffentlichen oder nur für den privaten Bereich gelten bzw. die respektiven Sektoren ausdrücklich von ihrer Geltung ausnehmen.[347] In dem Maße, in dem die Sektor-

[344] Überzeugende Beispiele für mögliche Einsatzbereiche beider Rechtsregime finden sich bei *Schimke*, Das Medienprivileg als Koordinationsmechanismus. Zum Verhältnis von Datenschutz- und Äußerungsrecht im Internet, in: Albers/Katsivelas, Recht & Netz, 2018, 155 (183 ff.). Bei der Betrachtung sollte ausdrücklich auch die Rechtsfolgenseite miteinbezogen werden. Dort ergeben sich aufgrund der in Art. 85 Abs. 2 DSGVO fehlenden Abweichungsmöglichkeit hinsichtlich des VIII. Kapitels spezifische Probleme, dazu *Lauber-Rönsberg/Hartlaub*, NJW, 2017, 1057 (1060 f.).

[345] Für eine Lösung des Konflikts über eine Interpretation von Art. 85 Abs. 1 DSGVO als eigenständige Öffnung *Lauber-Rönsberg/Hartlaub*, NJW, 2017, 1057 (1061 f.). Mit der Befürchtung einer „grenzenlose[n] Rechtszersplitterung" dagegen etwa *Buchner/Tinnefeld*, in: Kühling/Buchner, 3. Aufl., 2020, Datenschutz-Grundverordnung BDSG, Art. 85 DSGVO, Rn. 12. S. a. *Klein*, Personenbilder im Spannungsfeld von Datenschutzgrundverordnung und Kunsturhebergesetz, 2017, S. 137 ff.; *Krüger/Wiencke*, MMR, 2019, 76 (76 ff.). Ausdrücklich offengelassen wurde das Verhältnis vom *LG Frankfurt aM* Urteil, 13.9.2018 – 2-03 O 283/18, Rn. 25.

[346] Zu den Anforderungen an die Datenschutzregulierung angesichts der Differenz zwischen öffentlichem und privatem Bereich s. o., Teil 2, C., I., 2.

[347] Als Beispiele seien etwa Art. 6 Abs. 1 UAbs. 2, Art. 27 Abs. 2 lit. b, Art. 37 Abs. 1 lit. a, Art. 41 Abs. 2, Art. 41 Abs. 6, Art. 49 Abs. 3 oder Art. 79 Abs. 2 S. 2 letzter Halbsatz genannt.

spezifizität ausgebaut wurde, reduziert sich natürlich auch das aus strukturellen Unterschieden zwischen öffentlichem und privatem Bereich resultierende Bedürfnis nach einer Öffnung für das Recht der Mitgliedstaaten zwecks Flexibilisierung und Vielfaltsermöglichung.

Gleichwohl gibt es aber auch Öffnungen, die wesentlich zu einer Flexibilisierung des grundsätzlich sektorübergreifenden Ansatzes des unionalen Datenschutzrechts beitragen. Die Sektorbezogenheit von DSGVO-Vorgaben wird dabei über verschiedene „Öffnungsformen" erreicht: Teilweise sind Vorschriften tatbestandlich auf Verarbeitungskontexte zugeschnitten, die ausschließlich oder vornehmlich im öffentlichen bzw. privaten Bereich vorkommen. Andere Öffnungen gelten ausdrücklich nur für einen Sektor, etwa indem sie explizit nur „Behörden" oder „öffentliche Stellen" adressieren.

Als Beispiele für die erstgenannte Form der Öffnung zur Reflexion der Differenzen zwischen öffentlichen und privaten Bereichen sind an erster Stelle erneut die Öffnungen Art. 6 Abs. 2 und 3 DSGVO zu nennen, jeweils i. V. m. Abs. 1 UAbs. 1 lit. c und e. Die Regelungen sind primär auf den öffentlichen Sektor zugeschnitten.[348] Sie tragen aber zugleich auch dem Umstand Rechnung, dass sich die Trennlinien zwischen „öffentlich" und „privat" in den Mitgliedstaaten heterogen gestalten – und dass die Grenzen zunehmend diffuser werden. Denn die Art. 6 Abs. 1 lit. c und e DSGVO finden auch im privaten Sektor Anwendung, wenn und soweit privaten Akteuren rechtliche Verpflichtungen auferlegt oder ihnen im öffentlichen Interesse liegende Aufgaben bzw. hoheitliche Befugnisse übertragen werden. Nach dem Willen des Unionsgesetzgebers obliegt es gerade (auch) den Mitgliedstaaten, zu bestimmen, ob es sich bei dem Verantwortlichen, der im Sinne von Art. 6 Abs. 1 UAbs. lit. e DSGVO eine Aufgabe wahrnimmt, die im öffentlichen Interesse liegt oder in Ausübung öffentlicher Gewalt erfolgt, um eine öffentliche oder eine private Stelle handelt.[349]

Viele andere Bestimmungen nehmen tatbestandlich auf Art. 6 Abs. 1 UAbs. 1 lit. c und e DSGVO (und damit auch Art. 6 Abs. 2 und 3) Bezug und werden dadurch zu Einfallstoren für das Recht der Mitgliedstaaten oder

---

[348] S. zur Entstehungsgeschichte von Art. 6 Abs. 2 DSGVO, der im Gegensatz zu Abs. 3 S. 1 erst im Laufe der Ratsverhandlungen als Folge der Forderung nach mehr Flexibilität im öffentlichen Sektor eingeführt wurde, bereits oben, Teil 1, B., III., 1., c). Für Art. 6 Abs. 3 DSGVO als „zentrale Norm für das öffentliche Recht" *Wolff*, BayVBl., 2017, 797 (799).

[349] Vgl. EG 45 S. 6. So wird den unterschiedlichen Strukturen (insb. der jeweiligen Trennung von öffentlichem und privatem Bereich) in den Mitgliedstaaten Rechnung getragen. Zu verschiedenen Ansätzen, wie „hybrid bodies" einzuordnen sind, die sowohl öffentliche als auch private Funktionen wahrnehmen, *Butler*, European Public Law, 2018, 555 (559 f.). Kritisch dazu, dass die Begriffe des öffentlichen Interesses bzw. der hoheitlichen Befugnisse sich in den Mitgliedstaaten entsprechend der verfassungsrechtlichen Traditionen unterscheiden: *Ehmann*, ZD, 2015, 6 (8).

enthalten gar ihrerseits eigenständige Öffnungen. Dies trifft z. B. zu auf Art. 17 Abs. 3 lit. b, Art. 20 Abs. 3 S. 2, Art. 35 Abs. 10 oder Art. 55 Abs. 2 DSGVO. Auch gibt es Öffnungen, die – ähnlich wie Art. 6 Abs. 1 UAbs. 1 lit. c und e DSGVO – Bereiche betreffen, die überwiegend dem öffentlichen Sektor zuzuordnen sind, so etwa Art. 36 Abs. 5 DSGVO.[350] Beispiele für Öffnungen, die demgegenüber ausdrücklich nur auf einen Sektor zugeschnitten sind, finden sich u. a. in Art. 23 Abs. 1,[351] Art. 37 Abs. 3, Art. 83 Abs. 7 und Art. 86 DSGVO.

Insgesamt ist die Anzahl der Vorschriften in der DSGVO, die – auf unterschiedliche Art und Weise – sektorspezifisch gestaltet sind, beachtlich. Der grundsätzliche „omnibus-Ansatz" des unionalen Datenschutzrechts wird durch sie erheblich relativiert. Vor diesem Hintergrund muss man tatsächlich von einer relativen Trennung von öffentlichem und privatem Bereich in der Datenschutz-Grundverordnung sprechen. Eine Zusammenschau der Bestimmungen einschließlich der Öffnungen, die diese Trennung gewährleisten, offenbart, dass der Bedarf an Flexibilität und Vielfalt im öffentlichen Bereich grundsätzlich stärker ausgeprägt ist als im privaten Bereich.

---

[350] Die Öffnung trägt auch dem Umstand Rechnung, dass in einigen Mitgliedstaaten eine Konsultation einer Behörde notwendig ist, bevor bestimmte Arten von Datenverarbeitungen vorgenommen werden dürfen.

[351] Art. 23 Abs. 1 DSGVO betrifft zwar nicht insgesamt nur den öffentlichen Sektor. Dies trifft aber auf die Mehrzahl der von der Vorschrift genannten Ziele zu. Zu dieser Einschätzung kommt auch *Blume*, Journal of Data Protection & Privacy, 2016, 53 (61): „[T]his is a very broad exemption and the public sector is placed in a separate and special situation."

Teil 4

Das EU-Datenschutzrecht zwischen Einheit und Vielfalt in den institutionellen Strukturen

Angesichts der zentral-dezentralen Konzeption der Datenschutz-Grundverordnung wird das Datenschutzrecht künftig auf zwei Ebenen gestaltet: Neben die zentrale Ebene der Union treten die verschiedenen Mitgliedstaaten als politische Entscheidungsträger – und damit als Gestalter der Vorgaben für den Umgang mit personenbezogenen Informationen und Daten. Zu diesem Modus der „Ko-Regulierung“[1] hat sich der Unionsgesetzgeber durch die Öffnung der DSGVO für das Recht der Mitgliedstaaten entschieden, und der Modus ist – das ist bereits erörtert worden[2] – mit Blick auf die Flexibilitäts- und Vielfaltserfordernisse auch weitestgehend sachgerecht. Insbesondere präsentieren sich die Öffnungen in diesem Licht gerade nicht als mitunter willkürliche Resultate eines politischen Konsensfindungsprozesses, sondern bilden (zumindest partiell) funktional notwendige Regelungselemente in einem Datenschutzsekundärrechtsakt mit umfassendem Regelungsanspruch in allen Mitgliedstaaten.

Für die Wirksamkeit des Datenschutzrechts genügt es indes nicht, dass die Flexibilitäts- und Vielfaltserfordernisse durch den Unionsgesetzgeber in Gestalt von Öffnungen berücksichtigt werden. Damit das zentral-dezentral gestaltete europäische Datenschutzrecht auch in der Rechtspraxis effektiv ist, müssen die vielgestaltigen (funktionalen) Hintergründe der Öffnungen auch in der institutionellen Dimension zum Tragen kommen und dürfen dort nicht undifferenzierten, unitarisierenden Strukturen zum Opfer fallen. Dies herauszuarbeiten ist Gegenstand dieses vierten Teils.

Vor diesem Hintergrund wird zunächst die gerichtliche Kontrolle des zentral-dezentralen Datenschutzrechts im Hinblick auf ihre Rolle für das Verhältnis von Einheit und Vielfalt betrachtet (A.). Das die Analyse anleitende Erkenntnisinteresse ist dabei, ob sich die institutionellen Strukturen zwischen dem EuGH und dem Unionsgesetzgeber sowie zwischen dem EuGH

---

[1] Zum Begriff: *Roßnagel*, § 1 Einleitung: Das künftige Datenschutzrecht nach Geltung der Datenschutz-Grundverordnung, in: Roßnagel, Europäische Datenschutz-Grundverordnung: Vorrang des Unionsrechts – Anwendbarkeit des nationalen Rechts, 2017, 1–54 (26).

[2] S. oben Teil 2, C. sowie Teil 3.

und den mitgliedstaatlichen Gesetzgebern, Behörden und Gerichten jeweils derart gestalten, dass die hinter den Öffnungen stehenden Flexibilitäts- und Vielfaltserfordernisse zur Geltung kommen. Denn wenn die Flexibilitäts- und Vielfaltserfordernisse nicht auch in der Rechtsprechung der Gerichte[3] angemessen abgebildet werden, liefe die (gegenstandsgerechte) legislative Ausgestaltung des EU-Datenschutzrechts zwischen Einheit und Vielfalt ins Leere. Konkret wird erörtert, ob und inwieweit datenschutzadäquate „Spielraumtechniken" existieren.

An- und abschließend wird kurz noch die institutionelle Datenschutzaufsicht in den Blick genommen (B.). Die institutionelle Dimension des EU-Datenschutzrechts ist mit der Datenschutz-Grundverordnung erheblich ausgebaut worden. Die institutionelle Aufsicht, insbesondere in ihrer Einbettung in die neuen Verfahren der Zusammenarbeit und Kohärenz, hat künftig einen noch größeren Einfluss darauf, wie einheitlich bzw. vielfältig sich das Datenschutzrecht in den Mitgliedstaaten gestaltet. Auch in diesem Zusammenhang müssen die Flexibilitäts- und Vielfaltserfordernisse berücksichtigt werden.

A. Einheit und Vielfalt in der gerichtlichen Kontrolle des Datenschutzrechts

Im Kontext der gerichtlichen Kontrolle gibt es verschiedene „Stellschrauben" für das Verhältnis von Einheit und Vielfalt im europäischen Datenschutzrecht – und damit unterschiedliche Anknüpfungspunkte für die Berücksichtigung der Flexibilitäts- und Vielfaltserfordernisse. Die Wichtigsten werden in diesem Abschnitt, auch unter Einbeziehung der einschlägigen Rechtsprechung, beleuchtet und mit Blick darauf untersucht, ob und inwieweit sie die geschilderten Erfordernisse reflektieren. Dabei ist es nicht so, als ließen sich die Stellschrauben immer strikt voneinander trennen. Vielmehr sind sie teilweise miteinander verzahnt bzw. stehen in Wechselwirkung zueinander.

---

[3] Auf die Verwendung der Topoi „Verfassungsgerichtsverbund" bzw. „Rechtsprechungsverbund" wird bewusst verzichtet, um eine Engführung zu vermeiden. Denn der Verbundsbegriff wird meist (allein) zur Beschreibung des Verhältnisses der (Verfassungs-) Gerichte respektive der Grund- und Menschenrechtsgewährleistungen in Europa zueinander verwendet, s. zu den Begriffen noch unten Teil 4, A., I. Im Rahmen dieses Abschnitts geht es aber gerade darum aufzuzeigen, dass nicht nur das Verhältnis der Gerichte untereinander, sondern auch deren funktionale Abgrenzung zur sonstigen öffentlichen Gewalt, insbesondere der Legislative, für das Verhältnis von Einheit und Vielfalt im unionalen Datenschutzrecht von Bedeutung ist. Deshalb wird der breitere Passus „Rechtsprechung der Gerichte" gewählt.

Zu nennen ist in diesem Zusammenhang zunächst die – in der wissenschaftlichen Diskussion bisher ganz im Zentrum stehende – Frage nach den respektiven (exklusiven oder kumulativen) Einsatzbereichen der unionalen bzw. nationalen Grundrechte in Öffnungskonstellationen (I.). Diese Frage insoweit für das Verhältnis von Einheit und Vielfalt von Bedeutung, als eine weitreichende, exklusive Anwendbarkeit der Unionsgrundrechte (vor allem als Kontrollmaßstab) auch in den Bereichen, in denen das Sekundärrecht sich für das Recht der Mitgliedstaaten öffnet bzw. dieses von jenem nicht vollständig determiniert ist, mit einem erheblichen Unitarisierungsdruck auf das nationale Ausfüllungsrecht und dessen Anwendung einhergehen würde.

Ein weiteres zentrales Ventil für das Verhältnis von Einheit und Vielfalt in der gerichtlichen Kontrolle und Einfallstor für die Flexibilitäts- und Vielfaltserfordernisse ist die Kontrolldichte des Europäischen Gerichtshofs in Bezug auf das Datenschutzsekundärrecht (II.). Dies betrifft zum einen die Maßstabentwicklung im Hinblick auf die Primärrechtskonformität von Öffnungen zugunsten des Rechts der Mitgliedstaaten in Datenschutzsekundärrechtsakten. Hierbei geht es letztlich um die *legislative* Verantwortlichkeit für die Grundrechtskonformität von nationalem Ausfüllungsrecht. Denn soweit der EuGH den Unionsgesetzgeber verpflichtet, schon bei der Gestaltung des Sekundärrechts – etwa in Form von strikten Vorgaben für die Ausgestaltung von Öffnungen – sicherzustellen, dass durch die Ausfüllung keine (Unions-) Grundrechte verletzt werden, kann dies zur Konsequenz haben, dass die EU-Legislative die Öffnungen enger zieht – und damit eigentlich notwendige Regelungsmöglichkeiten der Mitgliedstaaten deutlich zurückdrängt.

Auswirkungen auf die Gestaltung des europäischen Datenschutzrechts zwischen Einheit und Vielfalt hat daneben auch die Maßstabentwicklung im Hinblick auf die Auslegung und Anwendung des Datenschutzsekundärrechts. Eine Auslegung seitens des EuGH, die nicht die Flexibilitäts- und Vielfaltserfordernisse reflektiert, etwa indem sie zu starre unionsrechtliche Maßstäbe für die legislative Ausfüllung vorgibt und damit die Öffnungen verengt oder aber Abwägungsergebnisse mit gegenläufigen Rechten und Interessen unionsweit einheitlich vorzeichnet, kann den notwendigen, legislativ intendierten Freiraum der Mitgliedstaaten unangemessen beschränken und dadurch die Gestaltung eines effektiven Datenschutzrechts beeinträchtigen. Letzteres betrifft im Ergebnis die Frage, auf welcher Ebene die Abwägungsprozesse zu erfolgen haben. Soweit der EuGH zur Maßstabentwicklung hinsichtlich sekundärrechtlicher Öffnungen die Unionsgrundrechte heranzieht, bestehen Überschneidungen mit der Frage nach den Einsatzbereich der Grundrechte in „Öffnungskonstellationen“.

I. Einsatzbereiche der Grundrechtsmaßstäbe in Öffnungskonstellationen

Wenn sich EU-Sekundärrecht, wie die Datenschutz-Grundverordnung, für mitgliedstaatliche Rechtssetzung öffnet und die Öffnungen in Gestalt von einzelstaatlichem Ausfüllungsrecht genutzt werden, stellt sich im Kontext der gerichtlichen Kontrolle des Ausfüllungsrechts bzw. dessen Anwendung im Einzelfall die Frage, welche grundrechtlichen Maßstäbe heranzuziehen sind.[4]

Klärungsbedarf besteht insoweit auf Grund der Pluralität grund- und menschenrechtlicher Gewährleistungen im europäischen Rechtsraum, die ihrerseits von einer oftmals mit „Verfassungsgerichtsverbund"[5] oder „Rechtsprechungsverbund"[6] betitelten institutionellen Gemengelage überformt ist: Neben (eventuelle) sich vielfach voneinander unterscheidende nationalverfassungsrechtliche Bindungen,[7] deren Beachtung meist von den jeweiligen Verfassungsgerichten überwacht wird, treten die Verbürgungen der Europäischen Menschenrechtskonvention, deren Einhaltung der EGMR sicherstellt, sowie die vom EuGH interpretierten Bestimmungen der EU-Grundrechtecharta. Teil des institutionellen Verbundes sind freilich auch die mitgliedstaatlichen Fachgerichte, die das Sekundärrecht sowie das Ausfüllungsrecht anwenden und dabei zum einen nationalverfassungsrechtlich gebunden, zum anderen zur unions(grund)rechtskonformen Auslegung berufen und bei Zweifelsfragen gegenüber dem EuGH vorlagepflichtig sind.[8]

---

[4] Schon im Vorfeld der gerichtlichen Kontrolle kann man fragen, an welche Gewährleistungen die nationalen Gesetzgeber beim Erlass des Ausfüllungsrechts gebunden sind, s. dazu bereits oben im Kontext von Art. 8 GRCh, Teil 1, C., II., 1., c). Um diese legislatorische Dimension miteinzubeziehen könnte man die zentrale Frage also auch wie folgt formulieren: „Wie sind die sekundärrechtlichen Öffnungen grundrechtlich auszufüllen?"

[5] Zum Begriff des Verfassungsverbunds und der Rolle der Gerichte s. *Pernice*, Das Verhältnis europäischer zu nationalen Gerichten im europäischen Verfassungsverbund, 2006, S. 6 ff. S. a. *Oeter*, Rechtsprechungskonkurrenz zwischen nationalen Verfassungsgerichten, Europäischem Gerichtshof und Europäischem Gerichtshof für Menschenrechte, in: VVDStRL, 66: Bundesstaat und Europäische Union zwischen Konflikt und Kooperation, 2007, 362 (375 ff.). Zum Begriff des Verfassungsgerichtsverbunds *Voßkuhle*, NVwZ, 2010, 1.

[6] Zur Vielschichtigkeit des Topos *Albers*, Höchstrichterliche Rechtsfindung und Auslegung gerichtlicher Entscheidungen, in: VVDStRL, 71: Grundsatzfragen der Rechtsetzung und Rechtsfindung, 2012, 258 (287 ff.).

[7] Vgl. zu diesem Aspekt *BVerfG* Beschluss, 6.11.2019 – 1 BvR 276/17, *Recht auf Vergessen II*, Rn. 44 aE.

[8] Das deutsche Bundesverfassungsgericht hat kürzlich hervorgehoben, dass es die spezifische Verantwortung der Fachgerichte sei, die Unionsgrundrechte im Einzelfall konkretisierend anzuwenden, die sich nicht durch eine Vorlage an den EuGH verlagern lasse, *BVerfG* Beschluss, 6.11.2019 – 1 BvR 276/17, *Recht auf Vergessen II*, Rn. 64 f.

Während die EMRK als menschenrechtlicher Mindeststandard (auch) für die EU-Mitgliedstaaten eine bedeutsame, aber relativ gefestigte Rolle einnimmt,[9] ist es insbesondere das sich im Fluss befindende Verhältnis zwischen den einzelstaatlichen Gewährleistungen der Mitgliedstaaten einerseits und den Unionsgrundrechten andererseits, das – gerade im Bereich sekundärrechtlicher Öffnungen – in großem Maße Einfluss auf das Verhältnis von Einheit und Vielfalt im europäischen Datenschutzrecht nimmt. Hier finden sich Einfallstore für die Berücksichtigung der Flexibilitäts- und Vielfaltserfordernisse.

Dies betrifft zum einen das Verständnis von Art. 51 GRCh bzw. konkret die Reichweite der Bindungswirkung der Unionsgrundrechte gegenüber den Mitgliedstaaten bei (der Kontrolle) der Ausfüllung von Öffnungen und der Anwendung des Ausfüllungsrechts (1.). Dies betrifft zum anderen die Frage, ob die Unionsgrundrechte innerhalb ihres Anwendungsbereichs exklusive Geltung beanspruchen oder aber die Anwendung nationaler Schutzstandards zulassen und wenn ja, wie der resultierende Bereich konkurrierender Grundrechtsmaßstäbe adäquat zu gestalten ist (2.). Beide Aspekte stehen insoweit miteinander in Zusammenhang, als letzterer umso mehr an Bedeutung gewinnt, je weniger den Flexibilitäts- und Vielfaltserfordernissen im Rahmen von ersterem Rechnung getragen wird.

1. Die Reichweite der Unionsgrundrechte: Ausfüllungsrecht und seine Anwendung als Durchführung von Unionsrecht?

Ein möglicher dogmatischer Anknüpfungspunkt für die Berücksichtigung der Flexibilitäts- und Vielfaltserfordernisse im Rahmen der gerichtlichen Kontrolle nationalen Ausfüllungsrechts und dessen Anwendung ist die Konzeption des Anwendungsbereichs der Unionsgrundrechte. Wäre dieser in Konstellationen, in denen der Unionsgesetzgeber Öffnungen für das Recht der Mitgliedstaaten vorgesehen hat (auch „Spielraumkonstellation" genannt[10]), zurückhaltend gestaltet, bestünde schon deshalb kein Anlass zur Befürchtung, dass über die Unionsgrundrechte als Kontrollmaßstab – entgegen der legislatorischen Konzeption – das einzelstaatliche Ausfüllungs-

[9] Freilich ist die Stellung der EMRK und ihr Einfluss auf das jeweilige nationale Recht der Konventionsstaaten im Einzelnen komplex und vielschichtig, s. mit Beispielen und einer Typologie dazu *Grabenwarter/Pabel*, Europäische Menschenrechtskonvention, 6. Aufl., 2016, S. 15 ff. Nicht zuletzt aufgrund ihrer Funktion als Rechtserkenntnisquelle für den EuGH sowie der Möglichkeit der Individualbeschwerde zum EGMR mag man zweifeln, ob die Einstufung als Mindeststandard noch passend ist. Auch EGMR-Urteile können angesichts der faktischen Bindungswirkung über den Einzelfall hinaus unitarisierend wirken. S. dazu und zur konträren Stoßrichtung der Figur der margin of appreciation s. *Masing*, JZ, 2015, 477 (479 f.).

[10] Vgl. *Franzius*, ZaöRV, 2015, 383 (387).

recht und dessen Anwendung auf den unions(grund)rechtlichen Standard vereinheitlicht würde. Dann nämlich wären die Organe der Mitgliedstaaten bei der Ausfüllung von Öffnungen bzw. der Anwendung des Ausfüllungsrechts im Einzelfall sowie der jeweiligen gerichtlichen Kontrolle allein an nationale Grundrechtsmaßstäbe gebunden und könnten den Flexibilitäts- und Vielfaltserfordernissen insoweit Rechnung tragen.

Der normative Ausgangspunkt für die Bestimmung der vertikalen Reichweite der Unionsgrundrechte ist Art. 51 Abs. 1, S. 1 GRCh.[11] Diese Vorschrift stellt klar, dass die Mitgliedstaaten an die Unionsgrundrechte ausschließlich „bei der Durchführung des Rechts der Union" gebunden sind. Damit rückt das Verständnis des Begriffs der „Durchführung" in den Mittelpunkt. Konkret stellt sich die Frage, ob die Mitgliedstaaten Unionsrecht durchführen, wenn sie unter Nutzung sekundärrechtlicher Öffnungen nationales Ausfüllungsrecht schaffen bzw. dieses anwenden und welche Konsequenzen dies für die gerichtliche Kontrolle hat.

In der Literatur wird diese Frage schon lange diskutiert.[12] Teilweise wird die intendierte Funktion von Art. 51 GRCh als *kompetenzielle Trennwand* der Grundrechtssphären betont und eine Geltung der Unionsgrundrechte im Bereich mitgliedstaatlicher Spielräume abgelehnt[13] oder zumindest unter den

---

[11] Teilweise wird behauptet, im Kontext von sekundärrechtlich ausgestaltetem Grundrechtsschutz, wie dem Datenschutzrecht, sei die Interpretation von Art. 51 GRCh weniger relevant. Vielmehr stünde der Unionsgesetzgeber, der durch eine expansive Ausgestaltung auch den Anwendungsbereich der Unionsgrundrechte weit abstecke, im Fokus, s. insoweit kritisch in Bezug auf das Antidiskriminierungsrecht *Kingreen*, EuR, 2010, 338 (352 ff.). Die intendierte Begrenzungsfunktion von Art. 51 GRCh läuft aber nicht schon durch eine umfassende sekundärrechtliche Ausgestaltung leer. Denn *solange sich der Unionsgesetzgeber dabei im Rahmen der EU-Kompetenzen bewegt*, ist dies primärrechtlich zulässig, vgl. Art. 51 Abs. 2 GRCh, und die Begrenzungsfunktion greift ihrem Telos nach schon nicht. Erst im Bereich v. a. kompetenziell bedingter Öffnungen in diesem Sekundärrecht kann diese Funktion zum Tragen kommen. Nimmt man mit dem EuGH indes auch hier eine Bindung an die Unionsgrundrechte an, würde Art. 51 Abs. 1 S. 1 GRCh in der Tat erheblich zurückgedrängt. Dies würde auf der Kehrseite, gerade im kompetenziell zum Teil überschießend geregelten EU-Datenschutzrecht, umso mehr das Erfordernis richterlicher Zurückhaltung bei der Auslegung der Öffnungen (auch im Lichte der Grundrechte) begründen, um – schon aus kompetenziellen Gründen – Raum für nationale Grundrechtsmaßstäbe – und damit Flexibilität und Vielfalt – zu schaffen. S. dazu noch unten, Teil 4, A., II. Auf die Bedeutung der Auslegung des Sekundärrechts durch den EuGH in den Bereichen sekundärrechtlicher Grundrechtsausgestaltung, konkret für das Datenschutzrecht, hinweisend auch *Marsch*, Das europäische Datenschutzgrundrecht, 2018, S. 307 f. Mit Betonung der Funktion des EuGH als Kompetenzwächter *Britz*, EuGRZ, 2015, 275 (281).

[12] Für eine Übersicht der unterschiedlichen Ansichten schon zum Zeitpunkt des Inkrafttretens der Charta s. etwa *Calliess*, JZ, 2009, 113 (117 ff.).

[13] Der unionsrechtliche Determinationsgrad des kontrollgegenständlichen nationalen Rechts wird dabei zum entscheidenden Kriterium erhoben: Eine Durchführung des Uni-

Vorbehalt klarer Anforderungen gestellt.[14] Ein solches Verständnis von Art. 51 GRCh böte einen Hebel für die Berücksichtigung der Flexibilitäts- und Vielfaltserfordernisse im Rahmen der gerichtlichen Kontrolle.[15] Denn würde Ausfüllungsrecht und/oder dessen Anwendung im Einzelfall (fach- oder verfassungs-)gerichtlich überprüft, könnten nationale statt unionale Grundrechte den Kontrollmaßstab bilden. Dann bestünde nicht die Gefahr, dass etwaige hinter den Öffnungen stehende Flexibilitäts- und Vielfaltserfordernisse durch einheitliche unionsgrundrechtliche Maßstäbe überspielt werden. In der Fachliteratur dürfte die Ausfüllung von Öffnungen und die Anwendung von Ausfüllungsrecht durch die Mitgliedstaaten allerdings unterschiedslos überwiegend als Durchführung von Unionsrecht gewertet werden.[16]

---

onsrechts liege demnach nur vor, soweit die Mitgliedstaaten zwingendes Unionsrecht anwenden, soweit ihnen sekundärrechtlich also kein Spielraum bleibt. Dadurch werden die Chartarechte auf ihre historisch intendierte Funktion reduziert, dort Schutz zu bieten, wo nationale Gewährleistungen angesichts des Einheitlichkeitsanspruchs nicht gelten (können). Zu dieser möglichen Lesart *Masing*, JZ, 2015, 477 (481 f.). S. in Bezug auf Öffnungen in Richtlinien auch *Calliess*, JZ, 2009, 113 (120): „[D]ort wo den Mitgliedstaaten explizite oder durch unbestimmte Rechtsbegriffe Umsetzungsspielräume überlassen werden, können nationale Grundrechte Prüfungsmaßstab sein", sowie *Ziegenhorn*, NVwZ, 2010, 803 (807 f.) m. w. N. Für eine Geltung der mitgliedstaatlichen Grundrechte konkret bei der Ausfüllung verschiedener Öffnungen in der DSGVO *Lewinski*, DuD, 2012, 564 (568; 565 ff.), allerdings noch in Bezug auf den Kommissionsentwurf. Für eine nach Öffnungen differenzierende Betrachtung konkret in Bezug auf die DSGVO *Sandhu*, Grundrechtsunitarisierung durch Sekundärrecht, 2021, S. 248 ff.

[14] *Masing*, JZ, 2015, 477 (485) mit einer differenzierenden Betrachtung von Öffnungen und der Forderung nach einer Bindung des Begriffs der „Durchführung" an „inhaltlich anspruchsvolle Voraussetzungen", wie den Schutzzweck des jeweiligen Fachrechts oder das Maß, mit dem materiell eine Vereinheitlichung intendiert ist. In diese Richtung auch *Britz*, EuGRZ, 2015, 275 (281). Unter Berücksichtigung der Perspektive nationaler Fachgerichte für die Entwicklung einer gefestigten Dogmatik ausgehend von einer einzelfallorientierten Betrachtung („gradual building of a casuistry doctrine") statt einer allgemeinen Formel („hand-off approach") *Fontanelli*, Human Rights Law Review, 2014, 231 (263 ff.).

[15] Gegen eine solche Konzeption etwa *Bäcker*, EuR, 2015, 389 (405) m. w. N.: „Das Verhältnis von Unionsrechtsakten und mitgliedstaatlichen Vollzugshandlungen ist zu vielfältig und zu komplex, um es mit pauschalen Regeln zur Grundrechtsbindung der Mitgliedstaaten zu bewältigen."

[16] S. etwa *Jarass*, in: Jarass, 4. Aufl., 2021, Charta der Grundrechte der Europäischen Union, Art. 51 GRCh, Rn. 26. Für eine umfassende Bindung der Mitgliedstaaten an Unionsgrundrechte bei der Nutzung von unterschiedlich gestalteten „Ermessensspielräumen" in Verordnungen einerseits und Richtlinien andererseits s. a. *Pirker*, Grundrechtsschutz im Unionsrecht zwischen Subsidiarität und Integration, 2018, S. 403 ff., jeweils mit Nachweisen aus Rechtsprechung und Literatur. Für zahlreiche Nachweise zu den verschiedenen Ansichten s. auch *Matz-Lück*, Europäische Rechtsakte und nationaler Grundrechts-

Die letztere, weite Interpretation von Art. 51 GRCh korrespondiert freilich mit der *insoweit* eindeutigen Rechtsprechung des EuGH. Nach Ansicht der Luxemburger Richter sind die (drei Gewalten der) Mitgliedstaaten nicht nur bei der Anwendung zwingenden Unionsrechts, sondern auch bei der Umsetzung von Richtlinien bzw. der Ausfüllung von Öffnungen in Sekundärrechtsakten sowie der (sekundärrechtskonformen) Anwendung des Umsetzungs- und Ausfüllungsrechts an die Unionsgrundrechte gebunden.[17] Der EuGH erstreckt die Bindungswirkung der Chartagrundrechte also auch auf solche Bereiche, in denen der Unionsgesetzgeber den Mitgliedstaaten bewusst Freiräume gelassen hat, in denen nationales Recht und seine Anwendung also nicht vollständig vom Unionsrecht determiniert sind.

Wenn die Flexibilitäts- und Vielfaltserfordernisse aber nicht über eine restriktive bzw. differenzierende Interpretation von Art. 51 GRCh im Rahmen der gerichtlichen Kontrolle zur Berücksichtigung kommen, etwa durch klare Kriterien zur Abgrenzung der vertikalen Reichweite der Unionsgrundrechte,[18] müssen andere Wege gefunden werden. Dies verweist auf mögliche andere Stellschrauben. Zu denken ist insbesondere an die Frage nach einem etwaigen verbleibenden Anwendungsbereich der nationalen Grundrechte *innerhalb* des Geltungsbereichs der Unionsgrundrechte, dazu sogleich, sowie an die Konzeption der Kontrolldichte des EuGH in Bezug auf das Daten-

---

schutz, in: Matz-Lück/Hong, Grundrechte und Grundfreiheiten im Mehrebenensystem – Konkurrenzen und Interferenzen, 2012, 161 (184 f.).

[17] Für Öffnungen in Verordnungen *EuGH* Urteil, 13.7.1989 – Rs. 5/88, *Wachauf*, Rn. 19; *EuGH* Urteil, 21.12.2011 – C-411/10 und C-493/10, *N. S. und M.E.*, Rn. 64 ff.; für Öffnungen in Richtlinien *EuGH* Urteil, 27.6.2006 – C-540/30, *Familienzusammenführungsrichtlinie*, Rn. 104 f.; für die Umsetzung von Richtlinien s. nur *EuGH* Urteil, 26.9.2013 – C-418/11, *Texdata*, Rn. 71 ff. und *EuGH* Urteil, 29.7.2019 – C-476/17, *Pelham*, Rn. 79; in Bezug auf die Anwendung nationalen Rechts, das in Ausfüllung von Art. 15 Abs. 1 ePrivacyRL ergangen ist, *EuGH* Urteil, 21.12.2016 – C-203/15 und C-698/15, *Tele2 Sverige AB*, Rn. 91. Dass sich jenseits der Kategorien *Anwendung von zwingendem Unionsrecht*, *Umsetzung von Sekundärrecht/Ausfüllung von Öffnungen* und *Beschränkung von Grundfreiheiten* noch keine eindeutigen Kriterien zur Bestimmung des notwendigen Zusammenhangs zwischen nationalem und unionalem Recht für die Begründung der Bindung an die Unionsgrundrechte herausgebildet haben, soll damit nicht bestritten werden. Für eine Nachzeichnung der jüngeren einschlägigen Rechtsprechung s. *Bilz*, Margin of appreciation der EU-Mitgliedstaaten, 2020, S. 15 ff.

[18] Das deutsche BVerfG hat jüngst festgestellt, dass Art. 51 GRCh auch solches nationales Recht erfassen könne, wofür das Unionsrecht Spielräume vorsieht (also auch Ausfüllungsrecht), sofern das jeweilige Unionsrecht für die Gestaltung der Spielräume einen *gehaltvollen Rahmen* setzt, der erkennbar auch unter Beachtung der Unionsgrundrechte konkretisiert werden soll, *BVerfG* Beschluss, 6.11.2019 – 1 BvR 16/13, *Recht auf Vergessen I*, Rn. 44. Demnach richtet sich in Spielraumkonstellationen schon die Anwendbarkeit der Unionsgrundrechte i. S. v. Art. 51 GRCh nach der konkreten Gestaltung der jeweiligen Öffnung.

schutzsekundärrecht.[19] Zwischen den beiden Aspekten gibt es Schnittmengen.

2. Gegenstandsadäquate Ausgestaltung konkurrierenden Grundrechtsschutzes

Geht man mit dem EuGH davon aus, dass die Mitgliedstaaten auch bei der Ausfüllung sekundärrechtlicher Öffnungen und bei der Anwendung von Ausfüllungsrecht umfassend an die Unionsgrundrechte gebunden sind, ist damit noch keine Aussage darüber verbunden, ob *im Rahmen dieser Bindung* auch Raum für die Anwendung der mitgliedstaatlichen Gewährleistungen bleibt, und bejahendenfalls, in welchem Umfang. Bei einem weiten Verständnis von Art. 51 GRCh rückt die Bedeutung dieser Frage nach der Exklusivität der Geltung indes in den Mittelpunkt, gerade auch mit Blick auf das Verhältnis von Einheit und Vielfalt im Rahmen der gerichtlichen Kontrolle. Denn wenn die Kontrolle durch die mitgliedstaatlichen Gerichte *allein* anhand der (einheitlich durch den EuGH ausgelegten) Charta-Grundrechte statt (auch) anhand der (mitunter unterschiedlich geprägten) nationalen Grundrechte erfolgte, würde das Ausfüllungsrecht aller Mitgliedstaaten und seine Anwendung im Umfang der Reichweite von Art. 51 GRCh auf den unionsgrundrechtlichen Standard vereinheitlicht.[20] Der Geltungsanspruch der Unionsgrundrechte würde dann nicht nur weit auf nationale Entscheidungsebenen ausgreifen, sondern diese in dem Maße, das der EuGH in seiner Rechtsprechung vorgibt, abschließend determinieren.[21] Mit Blick auf die sich auch in den DSGVO-Öffnungen manifestierenden Flexibilitäts- und Vielfaltserfordernisse, insbesondere der – überwiegend in den Kompetenzbereich der Mitgliedstaaten fallenden – Koordinierungs- und Differenzierungsbedürfnisse sowie der Abwägungserfordernisse mit gegenläufigen Rechten und Interessen im Einzelfall, ist dies freilich kein tragfähiger Ansatz.

---

[19] S. dazu noch unten, Teil 4, A., II.

[20] Dazu und zu weiteren Konsequenzen einer Sperrwirkung der Unionsgrundrechte im Sinne eines Exklusivitätsverhältnisses, insbesondere auch aus der Perspektive des deutschen BVerfG, *Matz-Lück*, Europäische Rechtsakte und nationaler Grundrechtsschutz, in: Matz-Lück/Hong, Grundrechte und Grundfreiheiten im Mehrebenensystem – Konkurrenzen und Interferenzen, 2012, 161 (189 f.).

[21] Die unitarisierende Wirkung einer exklusiven Anwendbarkeit ließe sich nur noch durch richterliche Zurückhaltung seitens des EuGH zugunsten eines größtmöglichen Freiraums der nationalen Gesetzgeber, Behörden und Gerichte bei der Konkretisierung der unions(grund-)rechtlichen Anforderungen relativieren. Zur Kontrolldichte in Bezug auf das Datenschutzsekundärrecht als (weitere) Stellschraube für das Verhältnis von Einheit und Vielfalt, s. noch unten, Teil 4, A, II.

a) Doppelgeltung in Öffnungskonstellationen: Schutzniveau, Vorrang, Einheit und Wirksamkeit des Unionsrechts als Schranken

Eine Analyse der einschlägigen Rechtsprechung offenbart indes, dass der EuGH im Bereich sekundärrechtlicher Öffnungen für das Recht der Mitgliedstaaten keine exklusive Geltung der Unionsgrundrechte beansprucht. Vielmehr haben die Richter in Luxemburg wiederholt betont, dass dort, wo eine mitgliedstaatliche Vorschrift oder Maßnahme zwar als Durchführung von Unionsrecht im Sinne von Art. 51 Abs. 1 GRCh zu werten ist, *dabei aber nicht vollständig durch das Unionsrecht bestimmt wird*, also vor allem in Öffnungs- bzw. Spielraumkonstellationen, den nationalen Behörden und Gerichten die Heranziehung nationaler Schutzstandards freistehe.[22] Der EuGH gesteht den mitgliedstaatlichen Gerichten also grundsätzlich zu, bei der Kontrolle von nicht unionsrechtlich determiniertem Ausfüllungsrecht und dessen Anwendung nationale Gewährleistungen als Maßstab anzulegen. Zu beachten ist allerdings, dass der Gerichtshof diese Selbstbeschränkung unter den Vorbehalt stellt, dass dadurch weder das Schutzniveau der Charta noch der Vorrang, die Einheit und die Wirksamkeit des Unionsrechts beeinträchtig werden.[23]

b) Erfordernis der Präzisierung der Schranken im Bereich datenschutzsekundärrechtlicher Öffnungen

Mit Blick auf die Berücksichtigung der Flexibilitäts- und Vielfaltserfordernisse stellt sich die Frage, ob und inwieweit dieser Vorbehalt auch im Bereich sekundärrechtlicher Öffnungen greifen soll bzw. wie die Formel für Öffnungskonstellationen zu konkretisieren ist. Auch wenn sich, gerade in jüngerer Zeit, erste Konturen herauszuschälen beginnen, kann man in Bezug auf diesen Aspekt noch nicht von einer klaren, gefestigten Rechtsprechungslinie sprechen.[24] Würde der EuGH indes tatsächlich auch in nicht determinierten

---

[22] *EuGH* Urteil, 26.2.2013 – C-617/10, *Åkerberg Fransson*, Rn. 29; mit Betonung von Art. 53 GRCh *EuGH* Urteil, 26.2.2013 – C-399/11, *Melloni*, Rn. 60; *EuGH* Urteil, 29.7.2019 – C-476/17, *Pelham*, Rn. 80. Man mag diese Selbstbeschränkung auch als Kompensat für das weite Verständnis des Begriffs der „Durchführung" werten, vgl. etwa *Thym*, JZ, 2015, 53 (55): „Spielraum gibt Luxemburg nicht durch eine restriktive Deutung des Art. 51 GRCh, sondern mittels einer bedingten Doppelgeltung der nationalen Grundrechte."

[23] S. nur *EuGH* Urteil, 26.2.2013 – C-617/10, *Åkerberg Fransson*, Rn. 29 aE; *EuGH* Urteil, 26.2.2013 – C-399/11, *Melloni*, Rn. 60 aE; *EuGH* Urteil, 11.9.2014 – C-112/13, *A*, Rn. 44; *EuGH* Urteil, 5.12.2017 – C-42/17, *M.A.S.*, Rn. 47. *EuGH* Urteil, 29.7.2019 – C-476/17, *Pelham*, Rn. 80; *EuGH* Urteil, 29.7.2019 – C-516/17, *Spiegel Online GmbH*, Rn. 21.

[24] Einerseits hat der Gerichtshof entschieden, dass Art. 53 GRCh nicht als Meistbegünstigungsklausel verstanden werden dürfe, und damit den Anwendungsbereich der na-

Bereichen undifferenziert auf den „Schranken“ von Schutzniveau, Vorrang, Einheitlichkeit und Wirksamkeit beharren, bliebe von der grundsätzlichen Zurückhaltung zugunsten nationaler Schutzstandards wenig übrig, weil im Falle unterschiedlicher Schutzniveaus die nationalen Grundrechte als Kontrollmaßstab für das Ausfüllungsrecht stets zurücktreten müssten.[25] Mitgliedstaatliche Ausgestaltungs- und Abwägungsentscheidungen, auch zugunsten kollidierender Rechte und Interessen wie etwa der Meinungsfreiheit bzw. der öffentlichen Kommunikation insgesamt oder der nationalen Sicherheit, könnten dann – in Abhängigkeit vom durch den EuGH vorgegebenen unionsgrundrechtlichen Schutzniveau – keinen Bestand haben. Dies würde den funktionalen Hintergründen vieler der Öffnungen in der DSGVO nicht gerecht. Die angemessene (schonende) Ausgestaltung des konkurrierenden Grundrechtsschutzes bildet gerade eine zentrale Stellschraube für das Verhältnis von Einheit und Vielfalt in der gerichtlichen Kontrolle. Soll diese nicht ungenutzt bleiben, gilt es, die Grundrechtsräume, soweit sie sich überlappen, *auch unter Berücksichtigung der jeweiligen gegenstandsbedingten Anforderungen* funktional zu koordinieren. Es geht also nicht um die Entwicklung einer allgemein-übergreifenden „Spielraumdogmatik“ in dem Sinne, dass verallgemeinerbare, auf alle Rechtsgebiete anwendbare Kriterien dafür herauskristallisiert werden sollen, wann und in welchem Maße nationale Grundrechte bei einer Doppelgeltung zur Anwendung kommen können, un-

---

tionalen Grundrechte, auch soweit sie ein höheres Schutzniveau gewährleisten, geschmälert, s. *EuGH* Urteil, 26.2.2013 – C-399/11, *Melloni*, Rn. 55 ff. (nach Ansicht des EuGH ging es im zugrunde liegenden Fall allerdings um eine zwingende Vorschrift). An anderer Stelle haben die Luxemburger Richter den Mitgliedstaaten weite (grundrechtliche) Spielräume belassen, *EuGH* Urteil, 5.12.2017 – C-42/17, *M.A.S.*, Rn. 29 ff. S. a. schon *EuGH* Urteil, 26.2.2013 – C-617/10, *Åkerberg Fransson*, Rn. 35 ff. Gerade in jüngeren Judikaten lässt sich eine Tendenz dahingehend erkennen, dass der Gerichtshof eine Einzelbetrachtung der jeweils in Rede stehenden unionsrechtlichen Vorschrift vornimmt, um den Geltungsbereich der nationalen Grundrechte im Rahmen von Art. 51 GRCh abzustecken. Der Grad der Vereinheitlichung des Sekundärrechts scheint als Abgrenzungskriterium anerkannt zu werden, s. etwa *EuGH* Urteil, 29.7.2019 – C-476/17, *Pelham*, Rn. 77 ff.; *EuGH* Urteil, 29.7.2019 – C-516/17, *Spiegel Online GmbH*, Rn. 18 ff.; *EuGH* Urteil, 29.7.2019 – C-469/17, *Funke Medien*, Rn. 29 ff.

[25] Nicht nur die Rechtsprechung des EuGH zu den Grundrechten, sondern auch seine Maßstabentwicklung im Hinblick auf die Auslegung und Anwendung des jeweiligen Sekundärrechts – häufig wird beides vermengt – würde auf mitgliedstaatliche Ausgestaltungs- und Abwägungsentscheidungen zurückwirken. Denn würde der Vorbehalt undifferenziert auch in nicht-determinierten Bereichen gelten, könnten nationale Grundrechte nur nach Maßgabe der dann vorrangigen DSGVO-Vorgaben zur Geltung kommen. Die Kontrolldichte des EuGH im Hinblick auf die Auslegung und Anwendung des Datenschutzsekundärrechts würde dann als Stellschraube für die Berücksichtigung der Flexibilitäts- und Vielfaltserfordernisse umso mehr an Bedeutung gewinnen. Zu dieser noch unten, Teil 4, A., II., 2.

ter welchen Voraussetzungen also den Mitgliedstaaten *generell* ein grundrechtlicher Beurteilungsspielraum bleibt. Vielmehr wird hier am Beispiel des Datenschutzrechts dafür eingetreten, dass die Entwicklung einer solchen Spielraumdogmatik nicht in der notwendigen Differenziertheit ohne Rücksicht auf den konkreten Regelungsgegenstand und dessen Anforderungen erfolgen kann.

Ausgehend davon darf der Vorbehalt des Schutzniveaus, des Vorrangs, der Einheitlichkeit und der Wirksamkeit – jedenfalls im Bereich des zentral-dezentralen Datenschutzrechts – im Rahmen der Grundrechtskontrolle von nicht determiniertem nationalen Recht und dessen Anwendung, gerade mit Blick auf die Flexibilitäts- und Vielfaltserfordernisse, kein absoluter Ausschlussgrund für (grundrechtliche) Spielräume der Mitgliedstaaten sein.[26] Das Erfordernis der adäquaten Präzisierung dieser Schranken zugunsten eines Primats nationaler Grundrechte als Kontrollmaßstäbe von nationalem Ausfüllungsrecht und dessen Anwendung, auch soweit sie vom Schutzstandard der Unionsgrundrechte abweichen bzw. zu unterschiedlichen Abwägungsergebnissen führen, lässt sich primärrechtlich zum einen auf Art. 53 GRCh stützen.[27] Dies gilt jedenfalls für die Kontrolle von mitgliedstaatlichen Vorschriften (und deren Anwendung), die in Ausfüllung solcher DSGVO-Öffnungen ergangen sind und die den Abstimmungserfordernissen mit gegenläufigen Rechtspositionen und Interessen Rechnung tragen,[28] weil es vor allem hier zu unterschiedlichen Abwägungsergebnissen kommen kann.

Im Übrigen und für andere Konstellationen ist zu beachten, dass Art. 8 GRCh in seinem grundrechtsdogmatischen Kern einen objektiv-rechtlichen

---

[26] Bei einem „niedrigere[n] Schutzniveau" der nationalen Grundrechte a. A. statt vieler *Bilz*, Margin of appreciation der EU-Mitgliedstaaten, 2020, S. 347 f.

[27] *Matz-Lück*, Europäische Rechtsakte und nationaler Grundrechtsschutz, in: Matz-Lück/Hong, Grundrechte und Grundfreiheiten im Mehrebenensystem – Konkurrenzen und Interferenzen, 2012, 161 (194 f.) versteht diese Lesart von Art. 53 GRCh als Konsequenz der Ausweitung der Bindungswirkung auf Spielraumkonstellationen durch den EuGH. Nach *Franzius*, ZaöRV, 2015, 383 (396 f.) stellt Art. 53 GRCh den Vorrang unionsrechtlicher Maßnahmen unter den Vorbehalt, dass sie den gemeinsamen Verfassungsüberlieferungen Rechnung tragen, mit Verweis auf *Lenaerts*, EuR, 2012, 3 (15), der indes auf die Grenzen dieses Vorbehalts („Beeinträchtigung wesentlicher Interessen der Union") hinweist. Dazu, dass Art. 53 GRCh in Bereichen, in denen das Sekundärrecht sich für das Recht der Mitgliedstaaten öffnet (bzw. „selbst Vielfalt vorsieht"), den Mitgliedstaaten weitergehenden Grundrechtsschutz eröffnet, einschließlich unterschiedlicher Abwägungsergebnisse, auch *Masing*, JZ, 2015, 477 (486). S. a. *Britz*, EuGRZ, 2015, 275 (280 f.). Vgl nunmehr auch *BVerfG* Beschluss, 6.11.2019 – 1 BvR 16/13, *Recht auf Vergessen I*, Rn. 54. Zu Art. 53 GRCh und weiteren primärrechtlichen Vorgaben, die eine Berücksichtigung nationaler Grundrechte vorsehen, *Bilz*, Margin of appreciation der EU-Mitgliedstaaten, 2020, S. 119 ff.

[28] Für Beispiele s. bereits oben, Teil 3, B., III., 2., b).

Ausgestaltungsauftrag statuiert.[29] Ein statisches, abstrakt-übergreifend bestimmbares „Schutzniveau", das einem Vergleich mit den nationalen Grundrechten zugänglich wäre,[30] lässt sich der Bestimmung deshalb nicht entnehmen.[31] Es geht um die kontextbezogen notwendige Ergänzung und Spezifizierung der Schutzziele von Art. 8 GRCh, die sich je nach Mitgliedstaat und in Abhängigkeit von den Gegebenheiten im jeweiligen Sachbereich vollkommen unterschiedlich gestalten können. Das „Schutzniveau" ist im Bereich des Datenschutzrechts schon deshalb als Kriterium zur Bestimmung des anwendbaren Grundrechtsmaßstabs nur bedingt geeignet.[32] Dies spiegelt sich auch in den datenschutzrechtlichen Bausteinen wider, die sich auch in der DSGVO manifestieren: Diese sind gerade nicht starr und verbindlich für alle Regelungsfelder zu verstehen, sondern in ihrer Ausgestaltung kontingent.[33]

---

[29] S. zu den multiplen Schutzdimensionen von Art. 8 GRCh im Einzelnen oben, Teil 1, C., II., 1., b).

[30] Klassischerweise wird das Schutzniveau grund- und menschenrechtlicher Bestimmungen anhand des Umfangs des von ihnen gewährleisteten *subjektiv-abwehrrechtlichen* Schutzes ermittelt und verglichen. Ein die Religionsausübung schützendes Grundrecht etwa, das vorbehaltslos das Tragen religiöser Symbole durch Staatsvertreter in ihrer hoheitlichen Funktion gewährleistet, hätte demnach ein höheres Schutzniveau als eine Bestimmung, deren Schutzumfang dieses Verhalten im Einzelfall – nach einer Abwägung mit anderen verfassungsrechtlichen Belangen – nicht erfasst.

[31] Die häufig anzutreffende Inbezugnahme des „Schutzniveaus" von Art. 8 GRCh dürfte auf ein unterkomplexes, eindimensionales Verständnis des Grundrechts als subjektives Abwehrrecht, das die Persönlichkeit und Privatheit schützt, zurückzuführen sein. Wird die Gewährleistung – gegenstandsangemessen – primär als objektiv-rechtlicher Ausgestaltungsauftrag verstanden, ließe sich ein „Schutzniveau" allenfalls über den Umfang der normativen Schutzziele, denen bei der Ausgestaltung Rechnung zu tragen ist, konstruieren: Je mehr Schutzziele zu berücksichtigen sind, desto höher das Schutzniveau. Eine andere Möglichkeit, den Begriff zu interpretieren, läge darin, den jeweils in Rede stehenden Kontext zu betrachten und die dortigen datenverarbeitungsbezogenen Risiken sowie die daraus resultierenden Schutzerfordernisse herauszuarbeiten. Damit hätte man einen Bezugspunkt, von dem ausgehend man vergleichen könnte, welches Grundrecht die zur Regelung dieses Kontexts besser geeigneten Maßstäbe vorgibt.

[32] Hinzu kommt, dass das Schutzniveau als Kriterium zur Bestimmung des maßgeblichen Grundrechtsmaßstabs in mehrpoligen Grundrechtsverhältnissen untauglich ist. S. dazu nur *Hoffmann-Riem*, EuGRZ, 2006, 492 (492 ff.).

[33] Dazu oben Teil 3, A., II., 7. Die grundrechtliche Beurteilung einer mitgliedstaatlichen Ausfüllungsvorschrift bzw. ihrer Anwendung erfordert deshalb eine Betrachtung in ihrem Gesamtkontext. Bei der Bewertung muss insbesondere überprüft werden, ob sich im mitgliedstaatlichen Recht ggf. Kompensationsmechanismen für ein – bei isolierter Betrachtung der gegenständlichen Vorschrift – scheinbar „geringeres" Schutzniveau finden. So könnte eine etwaige gelockerte Zweckbindung in der gegenständlichen Vorschrift durch stärkere Informationspflichten und Einflussnahmerechte im Sinne der Schutzbedürfnisse des Datenschutzrechts ausgeglichen werden.

Die Notwendigkeit der Ausdifferenzierung des EuGH-Vorbehalts im Bereich datenschutzsekundärrechtlicher Öffnungen besteht indes auch angesichts der Spezifitäten des EU-Datenschutzrechts (und lässt sich dogmatisch mit diesen begründen): Der Ausgestaltungsauftrag aus Art. 8 GRCh ist, parallel zu Art. 16 Abs. 2 AEUV, kompetenziell teilweise überschießend-dynamisch, was gerade auch in verschiedenen (insoweit kompensatorisch wirkenden) Öffnungen der DSGVO zum Ausdruck kommt.[34] Gerade deshalb ist das Postulat des Vorrangs und der Einheitlichkeit des Unionsrechts in diesen Bereichen aber weniger legitimiert.[35] Dies gilt allerdings nicht für den Anspruch der Wirksamkeit, der ebenfalls Teil des EuGH-Vorbehalts ist. Zwar erwachsen die überschießenden Dynamiken von Art. 16 Abs. 2 AEUV bzw. Art. 8 GRCh ja gerade auch aus dem Erfordernis der praktischen Wirksamkeit.[36] Die Funktionalität des Datenschutzrechts (und damit die praktische Wirksamkeit im Hinblick auf seine Schutzziele) setzt aber, wie gezeigt,[37] eine schutzbedarfs- und sachkontextorientierte Regulierung – und damit im Unionskontext gerade Flexibilität und Vielfalt voraus.

Die Prüfung sämtlicher Schranken ergibt also, dass im Bereich datenschutzsekundärrechtlicher Öffnungen, die Flexibilitäts- und Vielfaltserfordernissen Rechnung tragen, der EuGH-Vorbehalt nicht durchgreift.

Für die Ebene der gerichtlichen Kontrolle folgt daraus, dass bei der Ermittlung des einschlägigen Kontrollmaßstabs die jeweils durch das nationale Ausfüllungsrecht respektive dessen Anwendung ausgefüllte(n) Öffnung(en) mit Blick auf ihre datenschutzspezifische(n) Funktion(en) zu untersuchen ist/sind.[38] Je stärker die datenschutzspezifischen Flexibilitäts- und Vielfalts-

---

[34] Vgl. etwa Art. 9 Abs. 2–4, Art. 85 Abs. 2 oder auch Art. 23 Abs. 1 DSGVO, die mitgliedstaatliche Regelungsmöglichkeiten jeweils in Bereichen vorsehen, die (überwiegend) in den Kompetenzbereich der Mitgliedstaaten fallen und demnach – grundsätzlich – nicht von Art. 16 Abs. 2 AEUV erfasst sind. Auch weniger sachmaterienbezogene, querschnittsartige Öffnungen wie Art. 6 Abs. 2 und 3 DSGVO, die nationale Bestimmungen in verschiedensten Sachbereichen ermöglichen, tragen (auch) dem Umstand Rechnung, dass die Vorschriften der DSGVO weit in Regelungsfelder ausgreifen, die in den Zuständigkeitsbereich der Mitgliedstaaten fallen. Der Rahmen, den Art. 8 GRCh (kompetenziell überschießend) auszugestalten vorgibt, erschöpft sich hier in Regelungen, die mit Öffnungen für das mitgliedstaatliche Recht verknüpft werden müssen.

[35] Dies gilt insbesondere auch für den Vorrang der Unionsgrundrechte als Ausgestaltungs- und Kontrollmaßstäbe, weil sie kompetenzakzessorisch sind, vgl. Art. 6 Abs. 1 UAbs. 2 EUV, Art. 51 Abs. 2 GRCh.

[36] Zur überschießenden Dynamik von Art. 16 Abs. 2 AEUV s. o., Teil 1, C., I., 2., b), bb).

[37] S. oben, Teil 2, C. Vgl. auch etwa EG 10 S. 3–5 DSGVO.

[38] Übergreifend für die Maßgeblichkeit des mit dem jeweiligen Sekundärrecht intendierten Maßes an Vereinheitlichung bzw. Vielfaltsgewährleistung *Masing*, JZ, 2015, 477 (481 f., 485). In diese Richtung nun auch *BVerfG* Beschluss, 6.11.2019 – 1 BvR 276/17, *Recht auf Vergessen II*, Rn. 77 ff., das die Begriffe der „Flexibilität" und „Vielfalt" aller-

erfordernisse hinter einer Öffnung sind, desto weniger stark ausgeprägt sind *insoweit* die Harmonisierungsziele und desto geringer auch die Legitimität des – durch den Vorrang abgesicherten – Anspruchs der Einheitlichkeit des Unionsrechts.[39] Im Gegenteil ist es dann im Sinne der Funktionalität und Wirksamkeit des (unionalen) Datenschutzrechts erforderlich, dass die Mitgliedstaaten die (legislativ konsentierten) Öffnungen entsprechend den sich aus den Interdependenzen der datenschutzrechtlichen Vorschriften mit den sachlichen Strukturen ergebenden Anforderungen ausfüllen können respektive resultierende nationale Ausgestaltungs- und Abwägungsentscheidungen nicht durch einen einheitlichen unions(grund)rechtlichen Standard „glatt gebügelt" werden.[40] Der Vorrang und die Einheitlichkeit des Unionsrechts sind schon deshalb nicht beeinträchtigt, weil der Gesetzgeber in diesen Bereichen gerade Flexibilität und Vielfalt vorgesehen hat und das nationale Ausfüllungsrecht die von den Öffnungen gezogenen, sekundärrechtlichen Grenzen beachten muss.[41]

Das heißt gleichwohl nicht, dass die Unionsgrundrechte als Kontrollmaßstäbe in diesen Bereichen keinerlei Rolle spielten. Mit Blick auf nationales Ausfüllungsrecht, das den Flexibilitäts- und Vielfaltserfordernissen Rechnung trägt, könnte Art. 8 GRCh, entsprechend seiner vertikalen Begrenztheit,[42] den grundrechtlichen Rahmen dergestalt setzen, dass die Mitgliedstaaten bei der Ausfüllung, einschließlich der Koordinierung der DSGVO-Bausteine, die Schutzziele des EU-Datenschutzrechts so weit wie möglich verwirklichen müssen. Die Ausgestaltung im Einzelnen (und auf der Kehr-

---

dings als Gegensätze konzipiert. S. a. *Britz*, EuGRZ, 2015, 275 (279) mit Betonung auf der Schwierigkeit der Ermittlung des intendierten Grades an Vereinheitlichung im Bereich von unbestimmten Rechtsbegriffen.

[39] Grundsätzlich dürften die Harmonisierungsziele im privaten Bereich stärker ausgeprägt sein als im öffentlichen Bereich. Dies ist jedoch anhand einer Betrachtung der jeweiligen sekundärrechtlichen Bestimmung herauszuarbeiten. Dafür, dass der vollharmonisierende Charakter zumindest der DSRL aus kompetenziellen Gründen auf das private Datenschutzrecht zu beschränken ist *Marsch*, Das europäische Datenschutzgrundrecht, 2018, S. 328 ff.

[40] Aus diesem Grund ist freilich auch richterliche Zurückhaltung bei der Gestaltung der Kontrolldichte und -reichweite bezüglich des Datenschutzsekundärrechts, insbesondere im Bereich von Öffnungen, angezeigt. Zu dieser Stellschraube für das Verhältnis von Einheit und Vielfalt s. noch unten, Teil 4, A., II.

[41] Dazu am Beispiel von § 23 Abs. 1 BDSG und Art. 6 Abs. 4 i. V. m. Art. 23 Abs. 1 DSGVO *Albers/Veit*, in: Wolff/Brink, 38. Edition, 2021, BeckOK Datenschutzrecht, § 23 BDSG, Rn. 19 ff. Dies bedeutet allerdings nicht, dass insoweit angesichts der Flexibilitäts- und Vielfaltserfordernisse keine richterliche Zurückhaltung bei der Auslegung bzw. Grenzziehung der Spielräume geboten wäre. Zur Kontrolldichte bei der Auslegung des Sekundärrechts als Stellschraube s. noch unten, Teil 4, A., II, 2.

[42] S. zu den vertikalen Grenzen des Ausgestaltungsauftrags bereits oben, Teil 1, C., II., 1., c).

seite deren gerichtliche Kontrolle) würde indes, auch als Kompensation der kompetenziell überschießenden Ausgestaltung der DSGVO, im sekundärrechtlich festgelegten Rahmen anhand der nationalen Gewährleistungen erfolgen.[43] Bei der Beantwortung der Frage, ob eine DSGVO-Bestimmung Einheitlichkeit oder Vielfalt bezweckt, müssen also mit anderen Worten die datenschutzspezifischen Anforderungen berücksichtigt werden.

Eine solche einzelfallbezogene Betrachtung entspräche zum einen einer Konzeption der Grundrechtsbindung und -kontrolle als Annex zur Ebene der politischen Entscheidungsverantwortung, die entsprechend dem mit dem jeweiligen Fachrecht intendierten Maß an Vereinheitlichung bzw. Vielfaltsermöglichung variiert. Zum anderen würde diese Konzeption der – pragmatischen – Erwägung entgegenkommen, dass es der EuGH im Rahmen seiner Judikatur nicht leisten kann, „grundrechtliches Mikromanagement" dergestalt zu betreiben, dass den Besonderheiten aller Mitgliedstaaten und den daraus resultierenden Anforderungen an die Regulierung Rechnung getragen wird.[44] Zu vielfältig und divers sind die Sachbereiche und die Gliederung in öffentliche und private Bereiche sowie die damit jeweils verbundenen Schutzbedürfnisse, die spezifisch in den teilweise sehr heterogenen Rechtsordnungen der Mitgliedstaaten bestehen und ggf. Koordinierungs- und Differenzierungsbedarfe begründen.

II. Kontrolldichte des EuGH in Bezug auf Datenschutzsekundärrecht

Wie vorstehend bereits mehrfach angedeutet worden ist, bildet die Konzeption der Kontrolldichte des EuGH in Bezug auf das Datenschutzsekundärrecht eine weitere zentrale Stellschraube für das Verhältnis von Einheit und Vielfalt. Gleichermaßen konstituiert sie ein weiteres Einfallstor für die Berücksichtigung der Flexibilitäts- und Vielfaltsverhältnisse im Rahmen der gerichtlichen Kontrolle. Dies lässt sich mit der Funktion des Europäischen Gerichtshofs erklären: Gemäß Art. 19 Abs. 1 S. 2 EUV sichert er die Wahrung des Rechts bei der Auslegung und Anwendung der Verträge. Ausgehend davon ist die Rechtmäßigkeitskontrolle von *mitgliedstaatlichem* Recht, auch von solchem, das in Ausfüllung sekundärrechtlicher Öffnungen ergangen ist,

[43] Weil der sekundärrechtliche Rahmen, also die materiell-rechtlichen Grenzen der Öffnungen, durch den EuGH bei der Auslegung des Sekundärrechts abgesteckt werden, ist es wichtig, dass der EuGH auch im Rahmen der Konzeption seiner Kontrolldichte in Bezug auf das Datenschutzsekundärrecht die Flexibilitäts- und Vielfaltserfordernisse berücksichtigt. Je ausgeprägter diese hinter einer sekundärrechtlichen Bestimmung sind, desto größer sollte die richterliche Zurückhaltung ausfallen. Zur Kontrolldichte als Stellschraube sogleich, Teil 4, A., II., 2.

[44] Vgl. *Thym*, JZ, 2015, 53 (58), nach dem der EuGH „weder die Kapazität für noch das Interesse an einem grundrechtlichen Mikromanagement" habe.

dem direkten jurisdiktionellen Zugriff des Spruchkörpers zwar entzogen.[45] Gleichwohl kann die Rechtsprechung des EuGH zum Sekundärrecht mittelbar Auswirkungen auf mitgliedstaatliches Recht haben – und damit auf die Gestaltung des Datenschutzrechts zwischen Einheit und Vielfalt.

Dies kann zum einen (1.) über die Kontrolle der Primärrechtskonformität von datenschutzbezogenem Sekundärrecht erfolgen. Insbesondere wenn dieses Öffnungen zugunsten des Rechts der Mitgliedstaaten vorsieht, kann sich die Maßstabentwicklung des EuGH gegenüber den Unionsgesetzgebern hinsichtlich der primärrechtlichen Anforderungen an die Ausgestaltung auf das Verhältnis von Einheit und Vielfalt im Datenschutzrecht auswirken. Dabei geht es im Ergebnis um die Frage nach der legislativen Verantwortlichkeit für die grundrechtskonforme Ausfüllung von Öffnungen: Je stärker der Gerichtshof bereits den Unionsgesetzgeber dazu verpflichtet, sicherzustellen, dass durch die Ausfüllung sekundärrechtlicher Öffnungen keine Grundrechte verletzt werden, desto enger werden notwendigerweise die Gestaltungsmöglichkeiten der Mitgliedstaaten.

Auswirkungen auf das Verhältnis von Einheit und Vielfalt im Datenschutzrecht hat daneben insbesondere die Maßstabentwicklung des EuGH im Hinblick auf die Auslegung und Anwendung des Datenschutzsekundärrechts (2.). Wenn der Gerichtshof, vor allem im Rahmen von Vertragsverletzungs- und Vorabentscheidungsverfahren, über die Auslegung von Datenschutzsekundärrecht, insbesondere den Anwendungsbereich und den Harmonisierungsgrad, zu entscheiden hat, kann das resultierende „Interpretationsergebnis" etwaigem nationalen Recht entgegenstehen. Aufgrund des Vorrangs des Unionsrechts entsteht dann ein Anpassungsdruck auf das nationale Recht, der – sofern es um die Auslegung von Öffnungen geht – auch nationales Ausfüllungsrecht betreffen kann. Soweit der Gerichtshof zur Interpretation und Konkretisierung von (nicht vereinheitlichtem) Sekundärrecht auch die Unionsgrundrechte heranzieht,[46] wirken diese ebenfalls mittelbar auf das nationale (Ausfüllungs-)Recht sowie die Frage des Anwendungsbereichs nationaler Grundrechtsmaßstäbe und Erwägungen im Rahmen der Abwägung zurück.[47] Je umfangreicher und detaillierter dabei die von

---

[45] S. ausdrücklich *EuGH* Urteil, 5.10.2010 – C-400/10 PPU, *McB*, Rn. 52. Aus der Kommentarliteratur vgl. nur *Schwarze/Wunderlich*, in: Schwarze/Becker/Hatje u. a., 4. Aufl., 2019, EU-Kommentar, Art. 19 EUV, Rn. 44 ff.

[46] Der EuGH hat in seiner Rechtsprechung das Datenschutzsekundärrecht wiederholt als Konkretisierung des Grundrechts auf Schutz personenbezogener Daten, also als den Grundrechtsschutz gewährleistendes Sekundärrecht verstanden. Dies erklärt auch, weshalb Aussagen zu grundrechtlichen Gehalten häufiger im Kontext der Auslegung von Sekundärrecht als im Zusammenhang mit Gültigkeitsfragen getätigt werden.

[47] Vgl. hierzu *EuGH* Urteil, 30.4.2014 – C-390/12, *Pfleger*, Rn. 33: Sobald eine nationale Rechtsvorschrift „in den Geltungsbereich des Unionsrechts fällt, hat der im Rahmen eines Vorabentscheidungsersuchens angerufene Gerichtshof dem vorlegenden Gericht alle Aus-

den Luxemburger Richtern aufgestellten Maßstäbe im Hinblick auf die Auslegung und Anwendung des Datenschutzsekundärrechts ausfallen, desto weniger Raum bleibt freilich für die Berücksichtigung der Flexibilitäts- und Vielfaltserfordernisse auf mitgliedstaatlicher Ebene.

1. Maßstabentwicklung im Hinblick auf die Primärrechtskonformität sekundärrechtlicher Öffnungen: die legislative Verantwortlichkeit für deren grundrechtskonforme Ausfüllung

Eine wichtige Stellschraube für das Verhältnis von Einheit und Vielfalt, die in der Rechtsprechungspraxis bisher nicht viel Bedeutung gehabt hat, ist die Maßstabentwicklung des EuGH im Hinblick auf die Primärrechtskonformität sekundärrechtlicher Öffnungen. Der Unionsgesetzgeber ist beim Erlass von (Datenschutz-)Rechtsakten umfassend an die Unionsgrundrechte gebunden, vgl. Art. 51 Abs. 1, S. 1 GRCh. Aus dieser Bindung resultiert die Pflicht, dafür Sorge zu tragen, dass jegliche Handlungen – negativ – keine Chartagrundrechte verletzen und – positiv – den grundrechtlichen Anforderungen an die Ausgestaltung entsprechen. Der EuGH hat die ihm von Art. 19 EUV zugewiesene Verantwortung, über die Einhaltung dieser Pflichten zu wachen, im Bereich des Datenschutzrechts wiederholt in Anspruch genommen und verschiedene Datenschutzrechtsakte aufgrund ihrer Unvereinbarkeit mit den Unionsgrundrechten für nichtig erklärt.[48]

Die Prüfung der Primärrechtskonformität verkompliziert sich allerdings, wenn der Unionsgesetzgeber in Sekundärrechtsakten Öffnungen für mitgliedstaatliche Rechtssetzung vorsieht. Sofern diese Öffnungen von der mitgliedstaatlichen Legislative genutzt werden, treten mit den nationalen Gesetzgebern weitere Akteure hinzu, die beim Erlass des „Ausfüllungsrechts" ihrerseits grundrechtsgebunden sind.[49] Aus der gerichtlichen Kontrollperspektive stellt sich dann die Frage nach der legislativen Verantwortlichkeit für die Grundrechtskonformität des nationalen Ausfüllungsrechts. Anders formuliert ist zu fragen: In welchem Maße ist bereits die EU dazu verpflichtet, bei der Gestaltung von Öffnungen dafür zu sorgen, dass durch deren Ausfüllung keine Grundrechte verletzt werden (können) bzw. inwieweit ist es Aufgabe der Mitgliedstaaten, die Grundrechtskonformität des Ausfüllungsrechts zu gewährleisten?

---

legungshinweise zu geben, die es benötigt, um die Vereinbarkeit dieser Regelung mit den Grundrechten beurteilen zu können, deren Wahrung er sichert".

[48] S. insbesondere *EuGH* Urteil, 9.11.2010 – C-92/09 und C-93/09, *Schecke & Eifert*; *EuGH* Urteil, 6.10.2015 – C-362/14, *Schrems*; *EuGH* Urteil, 16.7.2020 – C-311/18, *Schrems II*, Rn. 168 ff. sowie *EuGH* Urteil, 8.4.2014 – C-293/12 und C-594/12, *Digital Rights Ireland*. Hinsichtlich des letzteren Falles stellt sich die Situation aber komplizierter dar, s. sogleich.

[49] S. zur Reichweite der Bindung der Mitgliedstaaten an Unionsgrundrechte bereits oben, Teil 4, A., I., 1.

Diese Frage ist deshalb für das Verhältnis von Einheit und Vielfalt im unionalen Datenschutzrecht relevant, weil sich die Reichweite der mitgliedstaatlichen Regelungsmöglichkeiten in dem Maße reduziert, in dem der EuGH bereits den Unionsgesetzgeber auch zur Gewährleistung der Grundrechtskonformität von etwaigem *Ausfüllungsrecht* verpflichtet. Eine solche Verantwortlichkeit der EU-Legislative hätte den Ausbau der unionsrechtlichen Determination des Sekundärrechts zur Folge. Als Konsequenz würden Öffnungen zugunsten des Rechts der Mitgliedstaaten enger gezogen, etwa indem sie mit strikteren materiellen Anforderungen verknüpft würden. Soweit die Öffnungen Flexibilitäts- und Vielfaltserfordernissen Rechnung tragen, würde diesen dadurch weniger Raum gegeben.

Im Hinblick auf die legislative Verantwortlichkeit für den Grundrechtsschutz bei der Ausfüllung von sekundärrechtlichen Öffnungen hat sich in der Rechtsprechung des Europäischen Gerichtshofs noch keine einheitliche Linie etabliert. In früheren Judikaten stellte der EuGH bei der Gültigkeitskontrolle von Öffnungen darauf ab, ob diese derart gestaltet sind, dass sie den Mitgliedstaaten einen Ermessensspielraum belassen, der eine grundrechtskonforme Ausfüllung ermöglicht.[50] Negativ formuliert dürften Öffnungen danach nicht so angelegt sein, dass ihre Ausfüllung seitens der Mitgliedstaaten gegen Unionsgrundrechte verstoßen *muss*.[51] Soweit dies aber gewährleistet ist, sei es die Aufgabe der Mitgliedstaaten, bei der Ausfüllung die Grundrechtskonformität zu gewährleisten.

Weniger Gestaltungsspielraum hinsichtlich der Delegation des Grundrechtsschutzes an die Mitgliedstaaten gewährte der Gerichtshof den Uni-

[50] Vgl. *EuGH* Urteil, 27.6.2006 – C-540/30, *Familienzusammenführungsrichtlinie*, Rn. 104. Konkret in Bezug auf Art. 8 RL 2003/86/EG, der den Mitgliedstaaten die Möglichkeit eröffnet, eine Wartefrist für die Nachreise von Familienangehörigen von zwei oder drei Jahren vorzusehen, stellte der EuGH zunächst fest, dass nichts dafür ersichtlich sei, dass der Unionsgesetzgeber die „von den Grundrechten vorgegebenen Grenzen überschritten hätte, indem er es den Mitgliedstaaten […] erlaubt hat, bestimmte Aspekte des Rechts auf Zusammenführung abzuwandeln." Im Anschluss führten die Richter aus, dass Art. 8 der RL demnach „weder als solcher noch insofern, als der die Mitgliedstaaten ausdrücklich oder implizit zu einem derartigen Vorgehen ermächtigt", gegen Grundrechte verstoße und dass die Mitgliedstaaten bei der Ausfüllung der Vorschriften die Unionsgrundrechte zu beachten hätten, vgl. *EuGH* Urteil, 27.6.2006 – C-540/30, *Familienzusammenführungsrichtlinie*, Rn. 102, 103 und 105. S. zuvor bereits *EuGH* Urteil, 13.7.1989 – Rs. 5/88, *Wachauf*, Rn. 22. In dieser Rechtssache begründet der Gerichtshof die Grundrechtskonformität einer Verordnung damit, dass diese den Mitgliedstaaten einen Ermessensspielraum belasse, „der weit genug ist, um ihnen die Anwendung dieser Regelung in einer mit den Erfordernissen des Grundrechtsschutzes im Einklang stehender Weise zu ermöglichen".

[51] S. a. *Matz-Lück*, Europäische Rechtsakte und nationaler Grundrechtsschutz, in: Matz-Lück/Hong, Grundrechte und Grundfreiheiten im Mehrebenensystem – Konkurrenzen und Interferenzen, 2012, 161 (173).

onsgesetzgebern indes in der datenschutzbezogenen Rechtssache *Digital Rights Ireland*. In der Entscheidung erklärten die Luxemburger Richter die Vorratsdatenspeicherungsrichtlinie[52] für nichtig. In der Urteilsbegründung führten sie aus, Art. 7 und 8 GRCh statuierten die Pflicht des Unionsgesetzgebers, „klare und präzise Regeln für die Tragweite und die Anwendung der fraglichen Maßnahme vor[zu]sehen und Mindestanforderungen auf[zu]stellen",[53] damit die betroffenen Personen über ausreichende Garantien für einen wirksamen Schutz „ihrer" personenbezogenen Daten verfügen. Anhand dieses Maßstabs prüften die Richter dann einzelne Bestimmungen der Richtlinie und kamen zu dem Ergebnis, der EU-Gesetzgeber habe diese Pflicht verletzt.[54] Die strikte Kontrolldichte gegenüber der EU-Legislative *auch in vertikaler Hinsicht* rechtfertigte der EuGH schlicht mit der „besonderen Bedeutung des Schutzes personenbezogener Daten" und der Schwere des Eingriffs.[55]

Vergleicht man die ältere Rechtsprechungslinie mit dem Urteil zur Vorratsdatenspeicherungsrichtlinie, so fällt auf, dass der Gerichtshof in letzterer Entscheidung weniger Sensibilität für die vertikale Aufgabenverteilung zwischen Union und Mitgliedstaaten hinsichtlich des Grundrechtsschutzes gezeigt hat.[56] Anstatt dessen Gewährleistung (zumindest partiell) den Mitgliedstaaten zu überlassen, forderten die EuGH-Richter selbst in Bezug auf den Aspekt des Zugangs der nationalen Behörden zu den gespeicherten Daten (auf sekundärrechtlicher Ebene) ein „objektives Kriterium, das es ermöglicht, den Zugang [...] zu beschränken".[57] Art. 4 der VorratsdatenspeicherungsRL hatte den Mitgliedstaaten hinsichtlich dieses Punktes einen weiten Gestaltungsspielraum belassen. Dass diese Bestimmung, wie die Richter bemängelten, kein objektives Kriterium zur Beschränkung des Zugangs enthielt, dürfte allerdings weniger auf mangelnde Grundrechtssensibilität des Unionsgesetzgebers als vielmehr auf die fehlende Gesetzgebungskompetenz der EU zurückzuführen sein.[58] Schließlich wurde die Richtlinie mangels (in der ehemaligen dritten Säule erforderlichen) Einstimmigkeit auf die Binnenmarktquerschnittskompetenz in Art. 114 AEUV gestützt.[59] Ob unionsein-

---

[52] Richtlinie 2006/24/EG des Europäischen Parlaments und des Rates vom 15. März 2006 über die Vorratsspeicherung von Daten, die bei der Bereitstellung öffentlich zugänglicher elektronischer Kommunikationsdienste erzeugt oder verarbeitet werden, und zur Änderung der Richtlinie 2002/58/EG.

[53] *EuGH* Urteil, 8.4.2014 – C-293/12 und C-594/12, *Digital Rights Ireland*, Rn. 54.

[54] Vgl. *EuGH* Urteil, 8.4.2014 – C-293/12 und C-594/12, *Digital Rights Ireland*, Rn. 65.

[55] *EuGH* Urteil, 8.4.2014 – C-293/12 und C-594/12, *Digital Rights Ireland*, Rn. 47 f.

[56] Zurecht kritisch zum Urteil unter diesem Gesichtspunkt auch *Teetzmann*, EuR, 2016, 90 (90 ff.), der – auch mit Verweis auf das Subsidiaritätsprinzip – im Ergebnis eine Rückkehr zur älteren Rechtsprechungslinie vorschlägt.

[57] *EuGH* Urteil, 8.4.2014 – C-293/12 und C-594/12, *Digital Rights Ireland*, Rn. 60.

[58] Vgl. *Classen*, EuR, 2017, 347 (352 f.).

[59] S. ausdrücklich *GA Cruz Villalón* Schlussanträge, 12.12.2013 – C-293/12, *Digital*

heitliche Vorschriften auch über den behördlichen Zugang zu den Vorratsdaten für die „Errichtung und das Funktionieren des Binnenmarkts" erforderlich sind, wie diese Kompetenzgrundlage es fordert, mag man durchaus bezweifeln.[60] Das Fehlen entsprechender Regelungen wurde im ersten Verfahren zur VorratsdatenspeicherungsRL gerade als Argument herangezogen, um deren Kompetenzgemäßheit zu begründen.[61] Umso mehr hätte es für den EuGH aber nahegelegen, sich in richterlicher Zurückhaltung zu üben und die Ausgestaltung insoweit, wie von der Richtlinie kompetenzbedingt vorgesehen, den Mitgliedstaaten zu überlassen. Denn über die Unionsgrundrechte dürfen gerade keine neuen Kompetenzen der Union begründet werden.[62] Andererseits ist zu berücksichtigen, dass es sich bei Datenverarbeitungen und Informationsflüssen um Prozesse handelt, die – auch für die Beurteilung ihrer Rechtmäßigkeit insgesamt – im (zeitlichen) Zusammenhang zu sehen sind.[63] Es ist ein spezifisch unionsrechtliches Phänomen, dass im Bereich des Sicherheitsrechts innerhalb eines zusammenhängenden Datenverarbeitungsprozesses einzelne Verarbeitungsschritte (z. B.: Erhebung, Speicherung, Übermittlung und Verwendung) aus kompetenziellen Gründen u. U. an unterschiedlichen (insb.: unionalen oder nationalen) Maßstäben zu beurteilen sein können. Vor diesem Hintergrund kann die Rechtsprechung des EuGH auch als ein Versuch gewertet werden, zusammenhängende Sachverhalte einem einheitlichen Rechtmäßigkeitsregime zu unterstellen.[64]

Die Maßstabentwicklung im Hinblick auf die Primärrechtskonformität sekundärrechtlicher Öffnungen hat, insbesondere in ihrer vorstehenden entfalteten Funktion als Stellschraube für das Verhältnis von Einheit und Vielfalt, bisher wenig Beachtung gefunden. Dass sie auch in der Rechtsprechungspraxis des EuGH bisher nicht im Mittelpunkt stand, dürfte vor allem

Rights Ireland, Rn. 121. Von einem „Umgehungsmanöver" spricht vor diesem Hintergrund nicht zu Unrecht *Terhechte*, EuZW, 2009, 199 (200). Dort auch zu weiteren Nachweisen für kritische Stimmen aus der Literatur.

[60] S. etwa *Classen*, EuR, 2014, 441 (445). Dafür offenbar *Marsch*, Das europäische Datenschutzgrundrecht, 2018, S. 325, der zur Begründung darauf verweist, es handele sich um eine „Figur einer grundrechtswahrenden Annexkompetenz" und diese sei als „datenschutzrechtliche Sonderdogmatik ohne Erweiterungspotentiale" verkraftbar. Dies überzeugt ebenso wenig wie der gezogene Vergleich zum Urteil des BVerfG zum deutschen Umsetzungsgesetz. Die Europäische Union ist, anders als die Bundesrepublik Deutschland, gerade (noch) kein Bundesstaat. Mit Blick auf Art. 15 Abs. 1 ePrivacyRL hat der EuGH dies mit dem Argument der praktischen Wirksamkeit bejaht, s. dazu noch unten, Teil 4, A., II., 2., a), cc).

[61] Vgl. *EuGH* Urteil, 10.2.2009 – C-301/06, *Irland vs. Europäisches Parlament und Rat*, Rn. 79 ff.

[62] Vgl. Art. 51 Abs. 2 GRCh und Art. 6 Abs. 1 UAbs. 2 EUV.

[63] S. bereits oben, Teil 2, B., III.

[64] S. dazu noch näher unten, Teil 4, A., II., 2., a), cc).

prozessual bedingt sein: Zumindest innerhalb der datenschutzbezogenen Entscheidungen ist das Vorabentscheidungsverfahren mit Abstand die dominierende Verfahrensart. Die Primärrechtskonformität von datenschutzsekundärrechtlichen Öffnungen für das Recht der Mitgliedstaaten ist von den vorlegenden Gerichten aber bisher nicht in Frage gestellt worden. Dabei handelt es sich hierbei um einen entscheidenden Punkt, der einer etwaigen Auslegung notwendigerweise vorgelagert ist. Er sollte zukünftig stärker in den Blick genommen werden, weil er voraussetzt, dass man sich mit den funktionellen Hintergründen der Öffnungen beschäftigt. Die Auseinandersetzung mit der Primärrechtskonformität von Öffnungen verspricht deshalb einen Erkenntnisgewinn auch für die Maßstabentwicklung im Hinblick auf die Auslegung und Anwendung des Datenschutzsekundärrechts. Diese steht in der bisherigen einschlägigen Rechtsprechung des EuGH ganz im Zentrum.

2. Maßstabentwicklung im Hinblick auf die Auslegung und Anwendung des Datenschutzsekundärrechts

Die Maßstabentwicklung des EuGH im Hinblick auf die Auslegung und Anwendung des Datenschutzsekundärrechts, vor allem im Bereich von Öffnungen für das Recht der Mitgliedstaaten, kann erhebliche Auswirkungen auf das Verhältnis von Einheit und Vielfalt im Datenschutzrecht haben. Je detaillierter und starrer die im Rahmen der Auslegung gemachten Vorgaben für die Ausfüllung durch die nationalen Gesetzgeber einerseits respektive für die Anwendung und Abwägung durch die Behörden und Gerichte der Mitgliedstaaten im Einzelfall andererseits, desto enger werden die legislatorisch konsentierten Öffnungen gezogen und desto weniger können auch etwaige dahinterstehende Flexibilitäts- und Vielfaltserfordernisse auf mitgliedstaatlicher Ebene umgesetzt werden. Soweit der Gerichtshof bei der Maßstabsetzung im Hinblick auf sekundärrechtliche Öffnungen auf Unionsgrundrechte zurückgreift, ergeben sich Überschneidungen mit der Frage nach den Einsatzbereichen der Grundrechte in Spielraumkonstellationen.[65] Dabei gilt,

[65] Zu letzterem s. oben, Teil 4, A., I. Zu Überschneidungen der Grundrechtsbereiche kommt es insbesondere, wenn Öffnungen zugunsten des Rechts der Mitgliedstaaten mit materiellen Anforderungen verknüpft werden, wie etwa Art. 9 Abs. 2 lit. g, Art. 23 Abs. 1 und Abs. 2 DSGVO oder auch Art. 15 Abs. 1 ePrivacyRL. Die materiellen Anforderungen sind – als Unionsrecht – grundsätzlich durch den EuGH auszulegen, der dabei auch auf die Unionsgrundrechte zurückgreifen kann. Im Ergebnis obliegt dem Gerichtshof damit die Vermessung der mitgliedstaatlichen Spielräume. Eine Gestaltung des konkurrierenden Grundrechtsschutzes dergestalt, dass innerhalb des so vermessenen Spielraums die nationalen Grundrechte zur Anwendung kommen, ist nur dann gegenstandsangemessen, wenn der EuGH schon bei der Auslegung der materiellen Anforderungen des Sekundärrechts etwaigen Flexibilitäts- und Vielfaltserfordernissen Rechnung trägt und sich erforderlichenfalls in richterlicher Zurückhaltung übt. Vgl. dazu, ohne die hier postulierte

dass je weniger den Flexibilitäts- und Vielfaltserfordernissen schon durch eine restriktive Handhabung des Anwendungsbereichs der Unionsgrundrechte oder aber eine schonende Ausgestaltung des konkurrierenden Grundrechtsschutzes Rechnung getragen wird, desto weiter reicht der grundrechtliche Zugriff des EuGH und desto mehr rückt die Bedeutung der Kontrolldichte als Stellschraube für das Verhältnis von Einheit und Vielfalt in den Mittelpunkt.[66]

Im Sinne der Wirksamkeit und Funktionalität des Datenschutzrechts auch im Rahmen der gerichtlichen Kontrolle ist es wichtig, dass der EuGH seine Kontrolldichte – auch jenseits grundrechtlicher Fragen – mit Rücksicht auf die Flexibilitäts- und Vielfaltserfordernisse gestaltet und sich erforderlichenfalls in richterlicher Zurückhaltung übt, anstatt materielle Maßstäbe für die legislative Ausgestaltung bzw. für die behördliche und richterliche Anwendung und Abwägung abschließend vorzugeben.

Eine differenzierende Konzeption der Kontrolldichte, die sich an der konkreten Gestaltung der jeweiligen sekundärrechtlichen Bestimmung orientiert, wäre dabei sachgerecht. Konkret wäre als Ansatz auch in diesem Zusammenhang denkbar, dass die Intensität der Prüfung mit steigenden Flexibilitäts- und Vielfaltserfordernissen im Hintergrund einer sekundärrechtlichen Vorschrift abnimmt und mit steigenden Harmonisierungszielen im Hintergrund zugunsten eines unionsweit einheitlichen Standards zunimmt.[67] Mögliche zu beachtende Kriterien könnten dabei auch sein, ob und inwieweit eine Öffnung als Kompensat für die überschießende Dynamik von Daten-

---

Selbstbeschränkung, auch *Britz*, EuGRZ, 2015, 275 (280 f.); im Anschluss daran *Franzius*, ZaöRV, 2015, 383 (389): Das (unions-)grundrechtlich konkretisierte Sekundärrecht stelle die einheitliche Anwendung des Unionsrechts sicher, im Übrigen blieben nationale Grundrechte anwendbar. S. a. *Bäcker*, EuR, 2015, 389 (403): „Die Unionsgrundrechte bestimmen also mit über die Grenzen des mitgliedstaatlichen Gestaltungsspielraums". Dazu, dass es für die Anwendbarkeit nationaler Grundrechtsstandards darauf ankomme, ob durch den Unionsgesetzgeber definierte einheitliche Grundrechtsstandards existieren oder nicht, *Lenaerts*, EuR, 2015, 3 (24) mit Beispielen aus der Rechtsprechung.

[66] Dies auch und schon deshalb, weil viele Bestimmungen in der DSGVO Ausdruck der überschießenden Dynamiken der Datenschutzkompetenz der EU und des Ausgestaltungsauftrags sind, was auf grundrechtlicher Ebene freilich reflektiert werden muss. Die richterliche Zurückhaltung in diesen Bereichen hat daher eine Kompensationsfunktion für die überschießende Regulierung des Datenschutzrechts.

[67] Mit Blick auf Art. 4 Abs. 2 und Art. 5 Abs. 3 EUV für eine abgestufte Kontrollkonzeption dergestalt, dass der EuGH bei der Überprüfung der *Gültigkeit* von Unionsrechtsakten vollständig anhand der Unionsgrundrechte entscheidet, sich bei der *Auslegung* desselben aber auf allgemeine, im Einzelfall konkretisierbare Vorgaben und in *Spielraumbereichen* auf Mindeststandards beschränkt, *Bäcker*, EuR, 2015, 389 (406 f.) m. w. N. Zum Erfordernis der richterlichen Zurückhaltung auch bei der Gültigkeitskontrolle von Sekundärrecht, soweit sie Öffnungen für mitgliedstaatliches Recht betrifft, s. bereits oben, Teil 4, A., II., 1.

schutzkompetenz und Ausgestaltungsauftrag fungiert[68] oder ob sie eher der Regulierung des privaten bzw. öffentlichen Sektors dient.[69]

Die nachfolgende Analyse der datenschutzbezogenen einschlägigen Rechtsprechung des EuGH – die überwiegend noch die DSRL und die ePrivacyRL betrifft – offenbart Ambivalenzen in der Kontrolldichtekonzeption. Diese mögen *zumindest auch* auf verschiedene institutionelle und funktionale Partikularitäten der Europäischen Gerichtsbarkeit zurückzuführen sein. So dürfte, soweit die Urteile im Rahmen von Vorabentscheidungsverfahren ergangen sind, die jeweilige Formulierung der Vorlagefrage(n) eine nicht zu unterschätzende Rolle für den Umfang der Urteilsbegründung gespielt haben.[70]

Im Hinblick auf die inhaltlichen Aussagen der Rechtsprechung soll im Folgenden zwischen Vorgaben zur Reichweite legislativer Gestaltungsmöglichkeiten der Mitgliedstaaten (a) und Vorgaben für die exekutive und judizielle Entscheidung im Einzelfall, insbesondere die Abwägung mit gegenläufigen Rechten und Interessen (b), unterschieden werden. Diese Kategorien lassen sich indes nur grob voneinander abgrenzen, weil Vorgaben für die Gesetzgeber zur Ausfüllung einerseits und Maßstäbe für die einzelfallbezogene Anwendung und Abwägung andererseits in EuGH-Entscheidungen häufig miteinander vermengt werden. Der Gerichtshof zieht bei der Auslegung und Konkretisierung des Sekundärrechts oft die Unionsgrundrechte heran. Das so (unionsgrundrechtlich) konkretisierte Sekundärrecht bildet dann den Prüfungsmaßstab für das nationale Ausfüllungsrecht und/oder dessen Anwendung im Einzelfall. Oft bleibt aber unklar, an welche Gewalt die richterlichen Feststellungen gerichtet sind, vor allem, wenn im Urteil pauschal „die Mitgliedstaaten" adressiert werden.

a) Vorgaben zur Reichweite legislativer Gestaltungsmöglichkeiten der Mitgliedstaaten

In seiner Rechtsprechung hatte der EuGH bereits vielfach die Gelegenheit, sich zum Harmonisierungsgrad der Datenschutzrichtlinie und der ePrivacyRL bzw. konkret zur Reichweite legislativer Gestaltungsmöglichkeiten der Mitgliedstaaten im Rahmen dieser Rechtsakte zu äußern. Den Urteilen lagen dabei häufig Vorlagefragen betreffend die Vereinbarkeit einer nationalen (Ausgestaltungs-)Vorschrift mit dem Datenschutzsekundärrecht zugrunde. Der Gerichtshof hatte also mittelbar über die Zulässigkeit mitgliedstaatlicher

---

[68] S. dazu oben Teil 1, C., I., 2., b), bb) bzw. Teil 2, C., II., 1., c).

[69] Wie bereits erwähnt, dürften die Harmonisierungsziele im privaten Sektor stärker ausgeprägt sein, allerdings ist die Kompetenz der Union auch hier nicht unbegrenzt, s. o. Teil 1, C., I., 2. b).

[70] Vgl. hierzu etwa *EuGH* Urteil, 5.12.2017 – C-42/17, *M.A.S.*, Rn. 24.

Ausfüllungsentscheidungen zu befinden, hat damit aber unmittelbar auf das Verhältnis von Einheit und Vielfalt im europäischen Datenschutzrecht zurückgewirkt.

Eine eindeutige Linie im Hinblick auf die Konzeption der Kontrolldichte gegenüber den Gesetzgebern der Mitgliedstaaten lässt sich dabei kaum erkennen. Anhand ausgewählter Entscheidungen soll im Folgenden gezeigt werden, dass der EuGH – jedenfalls unter Geltung der DSRL – von einem grundsätzlich weiten, aber bedingten Gestaltungsspielraum der Legislative ausging (aa). In einigen Entscheidungen kam zudem ein besonders ausgeprägtes Bewusstsein des Gerichtshofs für den Querschnittscharakter des Datenschutzes und daraus resultierende Flexibilitäts- und Vielfaltserfordernisse zum Ausdruck (bb). In anderen Urteilen haben die Richter hingegen das Datenschutzsekundärrecht weit ausgelegt und strenge Vorgaben für die Ausgestaltung gemacht, wodurch es zu einer starken unionsrechtlichen Determination auch solcher Bereiche kam, die kompetenziell eher den Mitgliedstaaten zugeordnet sind. Besonders anschaulich ist dies in den Konfliktbereichen Datenschutz und nationale Sicherheit (cc) sowie Datenschutz und mitgliedstaatliche Staats- und Verwaltungsorganisation (dd).

aa) Bedingtes Ermessen: Herstellung eines Gleichgewichts zwischen freiem Datenverkehr und Datenschutz

Mit der Reichweite der Gestaltungsmöglichkeiten der mitgliedstaatlichen Legislative im Rahmen der Datenschutzrichtlinie hatte sich der Gerichtshof erstmals in der Rechtssache *Lindqvist* zu befassen. Das vorlegende schwedische Gericht fragte u. a., ob es den Mitgliedstaaten freistehe, ein über das Schutzniveau der DSRL hinausgehendes Datenschutzrecht vorzusehen.[71] Indem der EuGH in seiner Entscheidung ausführte, dass die Bestimmungen der DSRL „notwendig verhältnismäßig allgemein gehalten“ seien, „da sie auf viele ganz unterschiedliche Situationen Anwendung finden soll“ und die Richtlinie es *daher* in vielen Fällen den Mitgliedstaaten überlasse, die Einzelheiten zu regeln oder zwischen Optionen zu wählen,[72] ließ er Bewusstsein für den Querschnittscharakter des Datenschutzrechts und die Interdependenzen mit den sachlichen Regelungsfeldern erkennen. Passend dazu stellte der Gerichtshof konkret in Bezug auf die Vorlagefrage zunächst fest, dass der Rechtsakt den Mitgliedstaaten einen weiten Handlungsspielraum in bestimmten Bereichen einräume und sie ermächtige, „für bestimmte Fälle besondere Regelungen beizubehalten oder einzuführen“. Allerdings sei dieser Spielraum in zweifacher Weise beschränkt: Die Mitgliedstaaten müssten von

[71] *EuGH* Urteil, 6.11.2003 – C-101/01, *Lindqvist*, Rn. 91. S. zur grundrechtsbezogenen Vorlagefrage noch unten, Teil 4, A., II., 1., b), aa).

[72] *EuGH* Urteil, 6.11.2003 – C-101/01, *Lindqvist*, Rn. 83.

diesen Möglichkeiten erstens in der in der DSRL vorgesehenen Art und Weise sowie zweitens im Einklang mit dem Ziel der Herstellung eines Gleichgewichts zwischen freiem Datenverkehr und Datenschutz Gebrauch machen.[73] Der Gerichtshof konstruierte die Harmonisierungsziele und das Ziel des Datenschutzes also als mitunter gegensätzliche Pole, die von den Mitgliedstaaten einem Ausgleich zuzuführen seien. Die nationalen Gesetzgeber seien beim Erlass von Ausfüllungsrecht demnach in doppelter Weise gebunden: einerseits durch die Bestimmungen der Richtlinie und andererseits durch die Zielsetzung, den Schutz der betroffenen Personen mit dem freien Datenverkehr in Einklang zu bringen.

An diese Linie knüpften die Richter in den späteren Entscheidungen *ASNEF* und *Breyer* an, in deren Rahmen der EuGH nach der Auslegung von Art. 7 lit. f DSRL bzw. dessen Vereinbarkeit mit nationalen Ausfüllungsvorschriften gefragt wurde. Sie präzisierten die Ausführungen dahingehend, dass die Mitgliedstaaten bei der Ausübung des ihnen *von Art. 5 DSRL* eingeräumten Ermessens die Zielsetzung der DSRL zu berücksichtigen hätten, die Ziele der Binnenmarktintegration und des Grundrechtsschutzes in ein Gleichgewicht zu bringen.[74]

In *ASNEF* ging es um die Unionsrechtskonformität einer spanischen Vorschrift, nach der die Datenverarbeitung bzw. -übermittlung bei fehlender Einwilligung (Art. 7 lit. a DSRL) aber überwiegendem Interesse des Verarbeiters (Art. 7 lit. f DSRL) zusätzlich von der Bedingung abhängig gemacht wurde, dass die betroffenen Daten aus öffentlich zugänglichen Quellen erhoben wurden. Die nationale Bestimmung erweiterte also gegenüber Art. 7 lit. f DSRL die Anforderungen an die Rechtmäßigkeit der Verarbeitung. Im Rahmen der Beantwortung der Vorlagefrage wiederholte der Gerichtshof zunächst, dass die Vorschriften der DSRL von einer gewissen Flexibilität gekennzeichnet seien und es in vielen Fällen den Mitgliedstaaten überließen, die Einzelheiten zu regeln. Aus dieser Beschaffenheit der DSRL schloss der EuGH indes konkretisierend die Notwendigkeit, zwischen unzulässigen zusätzlichen Bedingungen und zulässigen, vom Ermessen aus Art. 5 DSRL gedeckten Konkretisierungen seitens der Mitgliedstaaten zu unterscheiden.[75] In Bezug auf Art. 7 DSRL zog der Gerichtshof die Grenze für zulässiges mitgliedstaatliches Ausfüllungsrecht dort, wo dieses die Tragweite eines der in

[73] *EuGH* Urteil, 6.11.2003 – C-101/01, *Lindqvist*, Rn. 97. Kritisch zur Entscheidung *Simitis/Hornung/Spiecker gen. Döhmann*, in: Simitis/Hornung/Spiecker gen. Döhmann, 2019, Datenschutzrecht, Einleitung, Rn. 147, nach denen der EuGH in seiner Entscheidungsbegründung EG 9 DSRL übergangen habe, der die vom Gerichtshof betonten Überlegungen relativiert und die Spielräume der Mitgliedstaaten betont habe.

[74] *EuGH* Urteil, 24.11.2011 – C-468/10 und C-469/10, *ASNEF*, Rn. 34; *EuGH* Urteil, 19.10.2016 – C-582/14, *Breyer*, Rn. 58.

[75] *EuGH* Urteil, 24.11.2011 – C-468/10 und C-469/10, *ASNEF*, Rn. 35.

der Bestimmung enthaltenen Grundsätze verändert, etwa indem das nationale Recht gegenüber der DSRL zusätzliche Bedingungen vorsieht. Solche Ergänzungen seien mit dem Harmonisierungsziel der Datenschutzrichtlinie unvereinbar, während mitgliedstaatliche Regelungen, die die Grundsätze in Art. 7 DSRL lediglich näher bestimmen, angesichts der vom Rechtsakt eingeräumten Regelungsspielräume, zulässig seien.[76] Im konkreten Fall sei die Umsetzung von Art. 7 DSRL im spanischen Recht dergestalt, dass Daten aus nicht öffentlich zugänglichen Quellen generell nicht auf Grundlage überwiegender Interessen des Verantwortlichen verarbeitet werden dürfen, keine zulässige nähere Bestimmung mehr, weil sie keinen Raum für ein Ergebnis zuließe, das die Umstände des Einzelfalls berücksichtigt.[77] Als ein Beispiel für eine noch zulässige Ausübung des mitgliedstaatlichen Ausgestaltungsermessens nennt der Gerichtshof, dass die Mitgliedstaaten Leitlinien für die Abwägung aufstellen könnten, ohne jedoch ein verbindliches Ergebnis vorzugeben.[78]

Diese Differenzierung zwischen unzulässigen zusätzlichen Bedingungen und zulässigen Präzisierungen bestätigte der EuGH in seiner Entscheidung in *Breyer*, in der es in ähnlicher Weise um die Vereinbarkeit des deutschen § 15 TMG mit Art. 7 lit. f DSRL ging. Die Luxemburger Richter kamen zu dem Schluss, dass die Vorschrift, wenn sie eng ausgelegt würde, enger als Art. 7 lit. f DSRL gefasst wäre, weil sie einem Telekommunikationsdiensteanbieter die Verarbeitung personenbezogener Daten eines Nutzers nur dann gestatten würde, soweit dies erforderlich ist, um die konkrete Inanspruchnahme elektronischer Medien zu ermöglichen und abzurechnen. Eine Berücksichtigung des Zwecks der Gewährleistung der generellen Funktionsfähigkeit des Onlinedienstes im Rahmen der Interessenabwägung würde dadurch von vornherein ausgeschlossen, sodass die Tragweite von Art. 7 lit. f DSRL unzulässig eingeschränkt würde.[79] Art. 7 lit. f DSRL hindere einen Mitgliedstaat gerade daran, kategorisch und ganz allgemein die Verarbeitung bestimmter Kategorien personenbezogener Daten auszuschließen, ohne Raum für eine Abwägung der im konkreten Einzelfall einander gegenüberstehenden Rechte und Interessen zu lassen.[80]

In den genannten Entscheidungen hat der EuGH also der mitgliedstaatlichen Legislative zum einen ein weites Ermessen zugestanden, dies allerdings unter den Vorbehalt der Herstellung eines Gleichgewichts zwischen freiem Datenverkehr und Datenschutz gestellt. Zum anderen haben die Richter die flexible Gestaltung der DSRL zum Anlass genommen, zumindest in Bezug

---

[76] *EuGH* Urteil, 24.11.2011 – C-468/10 und C-469/10, *ASNEF*, Rn. 35 f.
[77] *EuGH* Urteil, 24.11.2011 – C-468/10 und C-469/10, *ASNEF*, Rn. 47.
[78] *EuGH* Urteil, 24.11.2011 – C-468/10 und C-469/10, *ASNEF*, Rn. 46.
[79] *EuGH* Urteil, 19.10.2016 – C-582/14, *Breyer*, Rn. 59 ff.
[80] *EuGH* Urteil, 19.10.2016 – C-582/14, *Breyer*, Rn. 62.

auf Art. 7 lit. f DSRL Leitlinien zur Abgrenzung zulässiger Konkretisierungen und unzulässiger Erweiterungen im nationalen Recht aufzustellen. Inwieweit diese auf andere Bestimmungen übertragbar sind, bleibt offen. Gleiches gilt für die Frage der Übertragbarkeit auf die Nachfolgerbestimmungen der Datenschutz-Grundverordnung. Die binäre Differenzierung ist zumindest dann unterkomplex, wenn die mitgliedstaatliche Ausgestaltungsvorschrift isoliert betrachtet wird und etwaige Kompensations- und/oder Substitutionsmechanismen im nationalen Recht nicht berücksichtigt werden. Auf diese hinzuweisen bzw. sie in die Vorlagen hinreichend einzuweben ist indes Aufgabe der sachnäheren vorlegenden Gerichte.

bb) Reflexion des Querschnittscharakters des Datenschutzes

Während ein grundsätzliches Bewusstsein des EuGH für den Querschnittscharakter des Datenschutzes und damit einhergehende Flexibilitäts- und Vielfaltserfordernisse bereits in den vorstehend geschilderten Urteilen angeklungen sein mag, so gibt es einige datenschutzrechtliche Entscheidungen, in denen dies noch deutlicher zum Ausdruck kommt.

Im Urteil *Rijkeboer* etwa hatte der EuGH über die Vereinbarkeit einer nationalen Vorschrift u. a. mit Art. 12 lit. a und Art. 6 lit. e DSRL zu befinden, die den Umfang des Auskunftsrechts über vom Verantwortlichen verarbeitete personenbezogene Daten in zeitlicher Hinsicht rückwirkend auf ein Jahr ab Antragstellung begrenzte. Im Ausgangsverfahren hatte ein niederländischer Staatsbürger bei einer Behörde beantragt, ihm die Identität aller Dritter mitzuteilen, an die ihn betreffende Angaben aus der Gemeindeverwaltung übermittelt worden waren, sowie den Inhalt dieser Angaben. Die Behörde hatte dem Antrag in zeitlicher Hinsicht nur bedingt stattgegeben und dies damit begründet, dass alle Angaben, die ab dem Zeitpunkt der Antragstellung älter als ein Jahr waren, entsprechend dem nationalen Recht automatisch gelöscht worden seien.

In seiner Antwort erörterte der EuGH zunächst die Funktionen des Auskunftsrechts gemäß Art. 12 lit. a DSRL, die u. a. darin lägen, die Wahrnehmung der Einflussnahmerechte aus Art. 12 lit. b, c und Art. 14 DSRL zu ermöglichen, weshalb es zwingend in die Vergangenheit zurückreichen müsse.[81] Hinsichtlich der Zulässigkeit einer zeitlichen Begrenzung im nationalen Recht für die Aufbewahrung der Daten über die Empfänger sowie den Inhalt der übermittelten Daten verwies der EuGH zunächst auf die flexible Gestaltung der DSRL und die Handlungsoptionen der Mitgliedstaaten und stellte daran anknüpfend fest, dass eine Aufbewahrungsfrist so festgelegt werden müsse, dass die genannten Einflussnahmerechte ausgeübt werden können.[82] Für die Bemessung der Angemessenheit der Frist könne die Dauer

[81] *EuGH* Urteil, 7.5.2009 – C-553/07, *Rijkeboer*, Rn. 51 ff.
[82] *EuGH* Urteil, 7.5.2009 – C-553/07, *Rijkeboer*, Rn. 56 f.

der Aufbewahrung der Basisdaten nicht der entscheidende Faktor sein, weil diese – in Abhängigkeit von den Verarbeitungszwecken – variieren könne.[83] Im Ergebnis sei es die Aufgabe der Mitgliedstaaten, das Datenschutzrecht so zu gestalten, dass ein Ausgleich zwischen den Datenschutzinteressen und der Belastung, die die Pflicht zur Aufbewahrung von Daten für den Verantwortlichen darstellt, hergestellt wird.[84] Dabei könnten die Mitgliedstaaten neben der Wirksamkeit der Einflussnahmerechte mehrere Umstände in Betracht ziehen, wie etwa die nationalen Rechtsvorschriften für die Rechtsbehelfsfristen, die Sensibilität der Basisdaten, die Dauer der Aufbewahrung dieser Daten und die Zahl der betroffenen Empfänger.[85] Die vom EuGH aufgestellten Kriterien sind dabei offen gehalten und der Ausgestaltungsspielraum der Mitgliedstaaten damit sehr weit. Dadurch trägt der Gerichtshof der Vielfalt möglicher Konfliktlagen in den verschiedenen Mitgliedstaaten und der Kontingenz der Ausgestaltung der Bausteine Rechnung.

Ein ausgeprägtes Bewusstsein für die Interdependenzen des Datenschutzrechts mit den sachlichen Regelungsfeldern und deren Heterogenität innerhalb der Mitgliedstaaten hat der EuGH auch im Urteil *Manni* gezeigt. In dem zugrundeliegenden Fall ging es um einen italienischen Staatsbürger, der die Löschung von Daten aus dem nationalen Unternehmensregister begehrte, aus denen sich ergab, dass er alleiniger Geschäftsführer einer insolventen Gesellschaft gewesen war. Zur Begründung trug er vor, er könne Immobilien, die von einer anderen von ihm betriebenen Gesellschaft gebaut wurden, aufgrund dieser Einträge nicht verkaufen. Der vorlegende Kassationsgerichtshof wandte sich an den EuGH u. a. mit der Frage, ob sich aus Art. 6 Abs. 1 lit. e DSRL eine Verpflichtung für die mit der Führung des Registers betraute nationale Stelle ergebe, nach Ablauf einer bestimmten Frist nach Einstellung der Tätigkeiten einer Gesellschaft auf Antrag der betroffenen Person die personenbezogenen Daten entweder zu löschen oder zu anonymisieren oder deren Offenlegung einzuschränken.[86] Im Rahmen seiner Antwort erweiterte der EuGH zunächst den Prüfungsmaßstab um Art. 12 lit. b und Art. 14 lit. a DSRL.[87] Im Anschluss stellte er fest, dass in Anbetracht der Vielzahl der möglichen Szenarien, in denen Akteure in mehreren Mitgliedstaaten beteiligt sein können, sowie der erheblichen Unterschiede in den Verjährungsfristen der verschiedenen nationalen Rechtsordnungen für die verschiedenen Rechtsgebiete es derzeit nicht möglich erscheine, eine einheitliche Frist festzulegen, die mit der Auflösung einer Gesellschaft zu laufen beginnt und nach deren Ablauf die Eintragung der Daten im Register und ihre Of-

[83] *EuGH* Urteil, 7.5.2009 – C-553/07, *Rijkeboer*, Rn. 58 f.
[84] *EuGH* Urteil, 7.5.2009 – C-553/07, *Rijkeboer*, Rn. 64.
[85] *EuGH* Urteil, 7.5.2009 – C-553/07, *Rijkeboer*, Rn. 63.
[86] *EuGH* Urteil, 9.3.2017 – C-398/15, *Manni*, Rn. 44.
[87] *EuGH* Urteil, 9.3.2017 – C-398/15, *Manni*, Rn. 46 f.

fenlegung nicht mehr notwendig wären.[88] Zu dem in Art. 14 Abs. 1 lit. a DSRL vorgesehenen Widerspruchsrecht der Betroffenen stellt der Gerichtshof fest, dass die dort vorgesehene Interessenabwägung eine Zugangsbeschränkung zu den Registerdaten ermögliche, die endgültige Entscheidung darüber aber – entsprechend dem Wortlaut – Sache des nationalen Gesetzgebers sei.[89] In dieser Entscheidung spricht der EuGH ausdrücklich die Grenzen der Harmonisierungswirkung des Datenschutzsekundärrechts an und verweist zur Begründung auf die in den Mitgliedstaaten sich mitunter heterogen gestaltenden Interdependenzen.

Im Urteil *Puškár* ging es um einen slowakischen Staatsbürger, der u. a. der nationalen Finanzdirektion sowie dem Amt der Finanzverwaltung für Verbrechensbekämpfung untersagen wollte, seinen Namen in eine behördlich geführte Liste von „Strohmännern" aufzunehmen. Der Oberste Gerichtshof der Slowakischen Republik legte in diesem Zusammenhang dem EuGH u. a. die Frage vor, ob das unionale Datenschutzrecht, insbesondere Art. 7 lit. e DSRL, dahingehend auszulegen sei, dass es den Mitgliedstaaten untersage, ohne Einwilligung der Betroffenen Listen personenbezogener Daten für Zwecke der Steuerverwaltung und Betrugsbekämpfung zu erstellen bzw. darauf zurückzugreifen.

Im Rahmen seiner Antwort befand der Gerichtshof zunächst, dass die Erstellung einer solchen Liste möglicherweise unter Art. 7 lit. e DSRL falle, weil die Steuererhebung und die Bekämpfung von Steuerbetrug im öffentlichen Interesse liegende Aufgaben seien. Ob den nationalen Behörden, die die Liste erstellt haben, oder denjenigen, denen sie übermittelt wurde, diese Aufgaben durch das nationale Recht übertragen wurden, sei allerdings vom vorlegenden Gericht zu prüfen.[90] Der Zweck der Datenverarbeitung sei im Anwendungsbereich von Art. 7 lit. e DSRL aber untrennbar mit der Aufgabe verbunden, die dem für die Verarbeitung Verantwortlichen übertragen wurde. Deshalb müsse die (Norm der) Aufgabenübertragung den Zweck der jeweiligen Verarbeitung eindeutig umfassen.[91] Die Beurteilung, ob die Verarbeitung (hier: Erstellung der Liste und Aufnahme des Namens in die Liste) für die im öffentlichen Interesse liegenden, im Verfahren in Rede stehenden Aufgaben (Steuerverwaltung und Betrugsbekämpfung) *erforderlich* war, sei

[88] *EuGH* Urteil, 9.3.2017 – C-398/15, *Manni*, Rn. 55.

[89] *EuGH* Urteil, 9.3.2017 – C-398/15, *Manni*, Rn. 60 f.

[90] *EuGH* Urteil, 27.9.2017 – C-73/16, *Puškár*, Rn. 107 ff. Deutlicher noch in den Schlussanträgen: *GA Kokott* Schlussanträge, 30.3.2017 – C-73/16, *Puškár*, Rn. 104: „Welche Aufgaben nach diesen Bestimmungen in der Slowakei welcher Behörde zukommen, können nur die innerstaatlichen Gerichte entscheiden. Das Gleiche gilt für die Frage, ob eine oder beide Regelungen dahin auszulegen sind, dass sie den jeweils genannten Behörden die Erstellung der fraglichen Liste erlauben."

[91] *EuGH* Urteil, 27.9.2017 – C-73/16, *Puškár*, Rn. 110.

hingegen ebenfalls vom nationalen Gericht zu prüfen.[92] Auch an dieser Stelle nimmt sich der Gerichtshof also zurück und beweist damit Bewusstsein für die Interdependenzen des Datenschutzrechts mit den sachlichen Strukturen und für resultierende Flexibilitäts- und Vielfaltserfordernisse.

cc) Vollharmonisierung auch des national geprägten Sicherheitsrechts?

In Kontrast zu dem vorstehend geschilderten bedingten Ermessensspielraum der Mitgliedstaaten bei der Umsetzung der Vorgaben der DSRL und der Entscheidungen, in denen die Interdependenzen des Datenschutzrechts mit sachlichen Strukturen reflektiert werden, steht die Rechtsprechung des EuGH zur Reichweite legislativer Gestaltungsmöglichkeiten der Mitgliedstaaten in Bezug auf das Verhältnis von Datenschutzrecht und dem kompetenziell nach wie vor weitgehend national geprägten Sicherheitsrecht.[93] Dazu hat sich der Gerichtshof mittlerweile wiederholt geäußert, insbesondere im Zusammenhang mit der Frage nach der Zulässigkeit der Vorratsdatenspeicherung, und dabei fehlendes Bewusstsein vor allem für die kompetenziellen Grenzen der Union gezeigt. Dies soll anhand der Entscheidungen *Tele2 Sverige*, *Ministerio Fiscal* und *Privacy International* aufgezeigt werden.

Den normativen Ausgangspunkt der Judikate bildete stets Art. 15 Abs. 1 ePrivacyRL.[94] Diese Vorschrift gestattet den Mitgliedstaaten Beschränkungen von zentralen Bestimmungen der ePrivacyRL, die die Harmonisierung der mitgliedstaatlichen Vorschriften zum Zwecke eines gleichwertigen Datenschutzes im Bereich der elektronischen Kommunikation und eines freien Datenverkehrs zum Ziel hat.[95] Zu diesen (beschränkbaren) zentralen Bestimmungen der Richtlinie gehört insbesondere ihr Art. 5 Abs. 1, der die Mitgliedstaaten zur Sicherstellung der Vertraulichkeit der elektronischen Kommunikation verpflichtet.[96] Art. 15 Abs. 1, S. 1 ePrivacyRL knüpft die Be-

---

[92] *EuGH* Urteil, 27.9.2017 – C-73/16, *Puškár*, Rn. 111.

[93] *Kotzur*, EuGRZ, 2011, 105 (105) weist zurecht darauf hin, dass es insoweit um einen doppelten Balanceakt geht: Zum einen um Konkordanz zwischen den Schutzgütern, zum anderen um eine Koordinierung der schutzgüterrelevanten unionalen und nationalen Rechtsregime bzw. deren Geltungsansprüchen.

[94] Bis zur ihrer Ungültigkeitserklärung durch den EuGH im Urteil *Digital Rights* bildete die VorratsdatenspeicherungsRL den sekundärrechtlichen Maßstab für die Rechtmäßigkeit der Vorratsdatenspeicherung in den Mitgliedstaaten. Zu dem Urteil und seinen Implikationen für das Verhältnis von Einheit und Vielfalt im unionalen Datenschutzrecht s. bereits oben, Teil 4., A., II., 1.

[95] Vgl. Art. 1 Abs. 1 ePrivacyRL. Zum Inhalt der Richtlinie s. bereits oben, Teil 1, B., II., 1.

[96] Nach Art. 5 Abs. 1 S. 2 ePrivacyRL untersagen die Mitgliedstaaten insbesondere „das Mithören, Abhören und Speichern sowie andere Arten des Abfangens oder Überwachens von Nachrichten und der damit verbundenen Verkehrsdaten durch andere Personen als die Nutzer, wenn keine Einwilligung der betroffenen Nutzer vorliegt […]."

schränkungsmöglichkeit allerdings an die Bedingung, dass die entsprechende nationale Vorschrift „gemäß Artikel 13 Absatz 1 der Richtlinie 95/46/EG für die nationale Sicherheit, (d. h. die Sicherheit des Staates), die Landesverteidigung, die öffentliche Sicherheit sowie die Verhütung, Ermittlung, Feststellung und Verfolgung von Straftaten oder des unzulässigen Gebrauchs von elektronischen Kommunikationssystemen in einer demokratischen Gesellschaft notwendig, angemessen und verhältnismäßig ist." Daneben sieht Art. 15 Abs. 1 S. 2 ePrivacyRL explizit vor, dass die Mitgliedstaaten zu diesem Zweck u. a. auch die Verpflichtung zur Vorratsdatenspeicherung während einer begrenzten Zeit vorsehen können. Die Öffnung in Art. 15 Abs. 1 ePrivacyRL bildet also erkennbar eine zentrale Schnittstelle für das bereichsspezifische unionale Datenschutz- und das national geprägte Sicherheitsrecht. Die Auslegung der Vorschrift betrifft daher unmittelbar das Verhältnis von Einheit und Vielfalt im Datenschutzrecht.

In *Tele2 Sverige* wurde der EuGH u. a. nach der Vereinbarkeit von Art. 15 Abs. 1 ePrivacyRL mit nationalen Regelungen gefragt, die eine Pflicht von Telekommunikationsdiensteanbietern zur Vorratsspeicherung von Verkehrs- und Standortdaten respektive die Zugriffsmöglichkeiten nationaler Behörden auf die so gespeicherten Daten regelten. Der Gerichtshof nutzte die Vorlagen nicht nur, um sich ausführlich zu den Anforderungen von Art. 15 ePrivacyRL zu äußern, sondern auch, um den Anwendungsbereich der ePrivacyRL näher zu bestimmen. Im Vorfeld hatten verschiedene nationale Regierungen in Frage gestellt, dass nationale Regelungen über die Vorratsspeicherung von Verkehrs- und Standortdaten sowie den Zugang nationaler Behörden zu diesen Daten für Zwecke der Kriminalitätsbekämpfung in den Geltungsbereich des Rechtsakts fallen.[97]

Die Luxemburger Richter traten diesem Einwand entgegen und verwiesen zur Begründung zunächst auf den systematischen Zusammenhang der Bestimmungen der Richtlinie. Zwar deckten sich die Zweckbestimmungen, denen das nach Art. 15 Abs. 1 ePrivacyRL ermöglichte nationale Recht entsprechen muss, im Wesentlichen mit den Zielen der Verarbeitungstätigkeiten, die Art. 1 Abs. 3 ePrivacyRL vom Anwendungsbereich des Rechtsakts ausnimmt.[98] Wären jedoch Rechtsvorschriften im Sinne des Art. 15 Abs. 1 ePrivacyRL vom Geltungsbereich der Richtlinie ausgenommen, so würde der Vorschrift nach Ansicht des EuGH jegliche praktische Wirksamkeit genommen. Weil Art. 15 Abs. 1 ePrivacyRL die Öffnung mit materiellen Anforderungen verknüpfe, setze die Richtlinie vielmehr voraus, dass nationales Recht, das aufgrund der Öffnung erlassen wurde, in ihren Geltungsbereich falle.[99] Weil der von Art. 5 ePrivacyRL gewährleistete Schutz der Vertraulich-

[97] *EuGH* Urteil, 21.12.2016 – C-203/15 und C-698/15, *Tele2 Sverige AB*, Rn. 64 ff.
[98] *EuGH* Urteil, 21.12.2016 – C-203/15 und C-698/15, *Tele2 Sverige AB*, Rn. 67–72.
[99] *EuGH* Urteil, 21.12.2016 – C-203/15 und C-698/15, *Tele2 Sverige AB*, Rn. 73.

keit der Verkehrsdaten unterschiedslos für Maßnahmen Privater und solcher des Staates gelte, seien nicht nur solche nationale Vorschriften, die zur Vorratsdatenspeicherung verpflichten, sondern auch solche, die den behördlichen Zugang zu diesen Daten regeln, vom Anwendungsbereich des Rechtsakts erfasst.[100]

Im Anschluss daran äußerte sich der EuGH zur Auslegung von Art. 15 Abs. 1 ePrivacyRL und zu seiner Vereinbarkeit mit den verfahrensgegenständlichen nationalen Vorschriften.[101] Nach Ansicht der Luxemburger Richter gestatte die Öffnung zwar Ausnahmen von den in den Art. 5 ff. der Richtlinie aufgestellten Pflichten. Sie sei aber eng auszulegen, weil sie es den Mitgliedstaaten erlaube, die Tragweite der grundsätzlichen Verpflichtung, die Vertraulichkeit elektronischer Kommunikationen zu gewährleisten, einzuschränken; anderenfalls würde insbesondere Art. 5 ePrivacyRL ausgehöhlt.[102] Die in Art. 15 Abs. 1 ePrivacyRL (inklusive Art. 13 DSRL) aufgezählten Zwecke seien abschließend und die Vorschrift sei, wie aus Abs. 1 S. 3 hervorgehe, im Lichte der Art. 7, 8 und 11 GRCh auszulegen.[103] Der Gerichtshof kam schließlich zu dem Schluss, dass eine nationale Vorschrift wie die verfahrensgegenständliche, die eine allgemeine und unterschiedslose Vorratsspeicherung sämtlicher Verkehrs- und Standortdaten aller Teilnehmer in Bezug auf alle elektronischen Kommunikationsmittel vorsehe, die Grenzen des absolut Notwendigen überschreite und nicht als in einer demokratischen Gesellschaft gerechtfertigt angesehen werden könne, wie es indes Art. 15 Abs. 1 ePrivacyRL im Lichte der Art. 7, 8 und 11 sowie 52 Abs. 2 GRCh verlangten.[104]

---

[100] *EuGH* Urteil, 21.12.2016 – C-203/15 und C-698/15, *Tele2 Sverige AB*, Rn. 75 ff. Der EuGH differenziert im Hinblick auf seinen jurisdiktionellen Zugriff also nicht zwischen der von Art. 15 Abs. 1 S. 2 ePrivacyRL ausdrücklich vorgesehenen Möglichkeit, Daten zu den in Abs. 1 S. 1 genannten Zwecken *aufzubewahren* (bzw. eine entsprechende Verpflichtung durch nationales Recht) einerseits und dem *Zugriff* nationaler (Sicherheits-)Behörden auf diese Daten andererseits. Weshalb es die praktische Wirksamkeit erfordern soll, diesen (möglichen) Verarbeitungszusammenhang unter ein einheitliches *unionales* Rechtmäßigkeitsregime zu stellen, wird im Urteil nicht begründet.

[101] Eine Prüfung der Primärrechtskonformität von Art. 15 Abs. 1 ePrivacyRL nahm der EuGH hingegen nicht vor. Wie gezeigt, liegt darin aber bereits eine zentrale Stellschraube für die Berücksichtigung von Flexibilitäts- und Vielfaltserfordernissen, s. oben, Teil 4, A., II., 1.

[102] *EuGH* Urteil, 21.12.2016 – C-203/15 und C-698/15, *Tele2 Sverige AB*, Rn. 89.

[103] *EuGH* Urteil, 21.12.2016 – C-203/15 und C-698/15, *Tele2 Sverige AB*, Rn. 90–93. Der EuGH spricht sich also für eine Geltung der Unionsgrundrechte im Bereich der Öffnung aus. Inwieweit daneben nationale Grundrechtsmaßstäbe anwendbar bleiben, bleibt offen. Nach Ansicht des BVerfG genügt ein Verweis im Sekundärrecht auf die Achtung der Grundrechtecharta gerade nicht, um die Vermutung zu entkräften, dass nationale Grundrechtsmaßstäbe die Chartagrundrechte mitgewährleisten, vgl. *BVerfG* Beschluss, 6.11.2019 – 1 BvR 16/13, *Recht auf Vergessen I*, Rn. 68.

[104] *EuGH* Urteil, 21.12.2016 – C-203/15 und C-698/15, *Tele2 Sverige AB*, Rn. 97–107.

Der EuGH beschränkte sich allerdings nicht auf diese auf die Vorlagefragen zugeschnittene Feststellung, sondern zeigt den Gesetzgebern der Mitgliedstaaten darüber hinaus positiv auf, welche Art von Regelungen Art. 15 Abs. 1 ePrivacyRL zulasse. Nicht untersagt seien demnach solche nationalen Bestimmungen, die zur Bekämpfung schwerer Straftaten vorbeugend die gezielte Vorratsdatenspeicherung ermöglichen, sofern sie hinsichtlich Datenkategorien, Kommunikationsmitteln, betroffenen Personen und der Dauer auf das absolut Notwendig beschränkt sind.[105] Daran anschließend stellte der EuGH noch detaillierte materielle Kriterien auf, die entsprechende nationale Regelungen zu erfüllen hätten, um den Erfordernissen von Art. 15 Abs. 1 ePrivacyRL zu genügen.[106]

Im Rahmen der Beantwortung anderer Vorlagefragen stellte der Gerichtshof fest, dass die im Urteil *Digital Rights* dem Unionsgesetzgeber gegenüber aufgestellten Anforderungen auch von der mitgliedstaatlichen Legislative bei der Ausfüllung von Art. 15 Abs. 1 ePrivacyRL zu beachten seien. Erforderlich seien demnach u. a. die Begrenzung des behördlichen Zugangs zu den Vorratsdaten im Bereich der Verhütung, Ermittlung, Feststellung und Verfolgung von Straftaten auf die Bekämpfung schwerer Straftaten, die Festlegung materiell- und verfahrensrechtlicher Voraussetzungen für den Zugang der zuständigen nationalen Behörden zu den Vorratsdaten, die vorherige Kontrolle entweder durch ein Gericht oder eine unabhängige Verwaltungsstelle, die Inkenntnissetzung der betroffenen Person, sobald dies die behördlichen Ermittlungen nicht mehr beeinträchtigen kann, die Sicherstellung der Speicherung der Daten auf dem Unionsgebiet sowie die Überwachung der Einhaltung der Vorschriften durch eine unabhängige Stelle.[107]

Insbesondere durch die verbindliche Vorgabe der detaillierten materiellen Kriterien für die mitgliedstaatliche Legislative missachtet der Gerichtshof die kompetenziellen Grenzen der EU-Datenschutzkompetenz und judiziert weit

---

Dabei sind die Maßstäbe, anhand derer die Rechtmäßigkeit der nationalen Vorschrift gemessen wird, nicht immer klar. Zunächst wird überprüft, ob die nationale Vorschrift den Anforderungen aus Art. 15 Abs. 1 ePrivacyRL genügt (Rn. 9–99). Anschließend wird resümiert, dass der mit einer solchen nationalen Vorschriften verbundene Eingriff in die Grundrechte aus Art. 7, 8 und 11 GRCh (!) schwer sei und allein durch den Zweck der Bekämpfung schwerer Kriminalität gerechtfertigt werden könne (Rn. 100–102).

[105] *EuGH* Urteil, 21.12.2016 – C-203/15 und C-698/15, *Tele2 Sverige AB*, Rn. 108. Art. 15 Abs. 1 S. 2 ePrivacyRL sieht allein die zeitliche Begrenzung vor.

[106] *EuGH* Urteil, 21.12.2016 – C-203/15 und C-698/15, *Tele2 Sverige AB*, Rn. 109–111, u. a. seien „klare und präzise Regelungen über die Tragweite und die Anwendung“ der Maßnahme notwendig, die Vorratsspeicherung der Daten müsse „stets objektiven Kriterien genügen, die einen Zusammenhang zwischen den zu speichernden Daten und dem verfolgten Ziel herstellen“, und hinsichtlich der betroffenen Personenkreise und Situationen müsse sich die nationale Regelung auf „objektive Anknüpfungspunkte“ stützen.

[107] *EuGH* Urteil, 21.12.2016 – C-203/15 und C-698/15, *Tele2 Sverige AB*, Rn. 114–123.

in das politische Handlungsfeld der nationalen Sicherheit hinein. Der mit der Öffnung verbundene Gestaltungsspielraum wird damit erheblich eingeengt. Angesichts des im Bereich von Art. 15 Abs. 1 ePrivacyRL wenig legitimierten Einheitlichkeitsanspruchs und der ausgeprägten Flexibilitäts- und Vielfaltserfordernisse wäre insoweit richterliche Zurückhaltung angebracht gewesen.[108] Diese These wird auch vom eindeutigen Wortlaut von Art. 1 Abs. 3 ePrivacyRL gestützt, wonach die Richtlinie *„auf keinen Fall* für Tätigkeiten betreffend die öffentliche Sicherheit, [...] die Sicherheit des Staates [...] und die Tätigkeiten des Staates im strafrechtlichen Bereich [gilt]."[109] Dass der EuGH dennoch derart detaillierte Vorgaben macht, lässt sich auf fehlendes Bewusstsein für den Konflikt zwischen den Kompetenzgrenzen einerseits und dem Prozesscharakter von Informationsflüssen und Datenverarbeitungsprozessen andererseits zurückzuführen. Die verschiedenen Phasen der Datenverarbeitung sind mitunter interdependent, sodass sich schwierige Probleme bei der Beurteilung von Rechtswidrigkeitszusammenhängen im Ablauf eines Datenverarbeitungsvorgangs stellen können, die durch die vertikale Trennung der Kompetenzsphären zusätzlich verkompliziert werden.[110]

Ein weiteres Mal hatte der EuGH über die Auslegung von Art. 15 Abs. 1 ePrivacyRL im Rahmen der Rechtssache *Ministerio Fiscal* zu entscheiden. In dem Ausgangsverfahren ging es um einen spanischen Staatsbürger, der wegen des Raubs seiner Brieftasche und seines Mobiltelefon Strafanzeige erstattet hatte. Der daraufhin von der Kriminalpolizei beim Ermittlungsrichter gestellte Antrag, verschiedenen Betreibern elektronischer Kommunikations-

---

[108] S. hierzu oben, Teil 4, A., II., 1. In diese Richtung dürfte auch *Sandhu*, EuR, 2017, 453 (458) zu verstehen sein, die Art. 15 Abs. 1 ePrivacyRL als eine „die Kompetenzgrenzen markierende Öffnungklausel" qualifiziert. *Dies.*, aaO (469) weist zudem darauf hin, dass „die Frage, ob die Vorratsdatenspeicherung erforderlich bzw. im unionsrechtlichen Sinne ‚absolut notwendig' ist, in jedem Mitgliedstaat je nach vorhandenen Ermittlungsinstrumenten differenziert beantwortet werden kann." Dies verweist ebenfalls auf die (relative) strukturelle Heterogenität der Mitgliedstaaten und resultierende Flexibilitäts- und Vielfaltserfordernisse.

[109] Herv. d. Verf.

[110] Dazu näher sogleich im Kontext des Urteils zur Rs. *Privacy International*, S. 229 f. Im Urteil des deutschen Bundesverfassungsgerichts hat die Unterscheidung zwischen den Verarbeitungsphasen der Speicherung und des Zugriffs (sowie der Verwendung) eine zentrale Rolle in der Argumentation gespielt, wobei das Gericht im Ergebnis die grundsätzliche Zulässigkeit der (anlasslosen) Speicherung auch mit den materiellen Anforderungen an einen etwaigen späteren (anlassbezogenen) Zugriff begründet hat, vgl. *BVerfG* Urteil, 2.3.2010 – E 125, *Vorratsdatenspeicherung*, S. 320 ff. Auch das BVerfG hat die rechtlichen Anforderungen an die Rechtmäßigkeit der verschiedenen Phasen also in gewisser Weise „miteinander verklammert". Sollte der EuGH sich bei seiner Urteilsfindung – ganz im Sinne eines kooperativen Verfassungsgerichtsverbunds – an dieser Konzeption orientiert haben, so hätte er dabei das spezifische Problem der kompetenziellen Grenzen bedenken müssen, das einer undifferenzierten Übertragung auf Unionsebene entgegensteht.

dienste aufzugeben, für einen Zeitraum von elf Tagen ab dem Tag der Tat die mit der internationalen Mobilfunkgerätekennung (IMEI) des geraubten Telefons aktivierten Telefonnummern sowie die Namen und Adressen der Inhaber der dazugehörigen SIM-Karten zu übermitteln, wurde abgelehnt. Der Richter trug u. a. vor, dass das nationale Gesetz 25/2007 die Übermittlung der von den Telekommunikationsdiensteanbietern gespeicherte Daten auf schwere Straftaten beschränke, worunter Raub nach dem spanischen Strafrecht nicht falle. Das vorlegende Gericht, das über die darauffolgende Beschwerde der Staatsanwaltschaft zu befinden hatte, führte indessen aus, dass das nationale Strafrecht und auch die Kriterien für die Schwere einer Tat geändert worden seien.

Die vom EuGH leicht umformulierten Vorlagefragen lauteten, ob Art. 15 Abs. 1 ePrivacyRL dahin auszulegen sei, dass der Zugang öffentlicher Stellen zu den genannten Daten (Name, Vorname und ggf. Adresse der Inhaber der SIM-Karten, mit denen das gestohlene Telefon aktivierte wurde) zu den genannten Zwecken (Identitätsfeststellung zwecks Strafverfolgung) einen derart schwerwiegenden Eingriff in Art. 7 und 8 GRCh darstellt, dass dieser Zugang auf die Bekämpfung schwerer Kriminalität beschränkt werden muss, und nach welchen Kriterien bejahendenfalls die Schwere der Straftat zu beurteilen ist.[111]

Wie bereits im Rahmen von *Tele2 Sverige* äußerte sich der EuGH auch in dieser Entscheidung zunächst zu seiner Zuständigkeit respektive zur Eröffnung des Geltungsbereichs der Richtlinie, die von mitgliedstaatlichen Regierungen erneut mit Blick auf Art. 1 Abs. 3 ePrivacyRL in Zweifel gezogen worden waren. Der Gerichtshof trat diesem Einwand erneut entgegen und griff dabei auf die in *Tele2 Sverige* entwickelte Argumentation zurück.[112] Er fügte präzisierend hinzu, dass die in Art. 1 Abs. 3 ePrivacyRL genannten Tätigkeiten allesamt „spezifische Tätigkeiten der Staaten oder staatlicher Stellen [betreffen], die nichts mit den Tätigkeitsbereichen von Privatpersonen zu tun haben".[113] Weil sowohl nationale Vorschriften, die Telekommunikationsdiensteanbietern die Vorratsspeicherung von personenbezogenen Daten vorschreiben, als auch solche, die nationalen Behörden Zugang zu diesen Daten gewähren, zwangsläufig die Verarbeitung dieser Daten durch Betreiber zur Folge hätten, könnten sie nicht den in Art. 1 Abs. 3 ePrivacyRL genannten Tätigkeiten gleichgestellt werden.[114]

---

[111] *EuGH* Urteil, 2.10.2018 – C-207/16, *Ministerio Fiscal*, Rn. 48.

[112] Vgl. *EuGH* Urteil, 2.10.2018 – C-207/16, *Ministerio Fiscal*, Rn. 29 ff.

[113] *EuGH* Urteil, 2.10.2018 – C-207/16, *Ministerio Fiscal*, Rn. 32. Die gleiche Aussage machte der EuGH zuvor wohlgemerkt in Bezug Art. 15 Abs. 1 ePrivacyRL, vgl. *EuGH* Urteil, 21.12.2016 – C-203/15 und C-698/15, *Tele2 Sverige AB*, Rn. 72.

[114] *EuGH* Urteil, 2.10.2018 – C-207/16, *Ministerio Fiscal*, Rn. 37.

In inhaltlicher Hinsicht nutzte der Gerichtshof das Urteil, um seine bisherige Linie auszubauen. In Beantwortung der Vorlagefragen stellte er zunächst fest, dass Maßstab der zulässigen Zwecke einer nationalen Maßnahme (wie der in Rede stehenden) Art. 15 Abs. 1 ePrivacyRL sei und dass der dort genannte Zweck der Verhütung, Ermittlung, Feststellung und Verfolgung von Straftaten dem Wortlaut nach nicht auf schwere Straftaten beschränkt sei.[115] Im Anschluss präzisierte der Spruchkörper die in seiner bisherigen Rechtsprechung aufgestellten Anforderungen im Sinne eines graduellen Maßstabs: Die Feststellung in *Tele2 Sverige*, dass nur die Bekämpfung schwerer Kriminalität einen Zugang öffentlicher Stellen zu den gespeicherten Daten rechtfertigen könne, sei darauf gestützt worden, dass der mit einer solchen Zugangsregelung verfolgte Zweck *im Verhältnis zur Schwere des damit einhergehenden Eingriffs in die betroffenen Grundrechte* stehen muss.[116] Ein (mit einer nationalen Vorschrift verbundener) schwerer Eingriff in Art. 7 und 8 GRCh im Bereich der Straftatenbekämpfung könne nur durch einen Zweck der Bekämpfung von ebenfalls als „schwer" einzustufender Kriminalität gerechtfertigt sein, während ein weniger schwerer Eingriff den Zugang auch zum Zwecke der Straftatenbekämpfung im Allgemeinen rechtfertigen könne.[117]

Im Anschluss beurteilte der EuGH den Grundrechtseingriff durch die im Ausgangsverfahren in Rede stehende Maßnahme und kam zu dem Schluss, dass es sich nicht um einen schweren Eingriff gehandelt habe, u. a. weil es sich um eine zeitlich begrenzte Maßnahme gehandelt habe und sich mangels Möglichkeit einer Abgleichung der Daten mit der erfolgten Kommunikation und der Standortdaten keine genauen Rückschlüsse auf das Privatleben der betroffenen Personen hätten ziehen lassen.[118]

In dieser Entscheidung hat der EuGH die mit Art. 15 Abs. 1 ePrivacyRL verbundenen Anforderungen an die Gestaltung mitgliedstaatlichen Rechts zwar ausdifferenziert und damit flexibilisiert. Es bleibt allerdings die Frage, weshalb er die Prüfung der konkreten nationalen Maßnahme anhand der präzisierten Maßstäbe selbst vorgenommen hat, anstatt dies den nationalen Gerichten zu überlassen. Die politische Entscheidungshoheit darüber, in welchem Maße welche Maßnahmen für die genuin mitgliedstaatlichen Aufgaben der Gefahrenabwehr und Straftatenbekämpfung erforderlich und angemessen sind, liegt in der kompetenziellen Sphäre der Mitgliedstaaten. Angesichts der kompetenziellen Grenzen wäre auch hier richterliche Zurückhaltung angezeigt gewesen.

---

[115] *EuGH* Urteil, 2.10.2018 – C-207/16, *Ministerio Fiscal*, Rn. 52 f.

[116] *EuGH* Urteil, 2.10.2018 – C-207/16, *Ministerio Fiscal*, Rn. 54 f.

[117] *EuGH* Urteil, 2.10.2018 – C-207/16, *Ministerio Fiscal*, Rn. 57 f.

[118] *EuGH* Urteil, 2.10.2018 – C-207/16, *Ministerio Fiscal*, Rn. 60.

In der Rechtssache *Privacy International* hatte der EuGH kürzlich erneut Gelegenheit, seine Rechtsprechung zum Verhältnis von Datenschutzrecht und nationaler Sicherheit im Kontext der ePrivacyRL, insbesondere deren Art. 15 Abs. 1, zu präzisieren. Im der Entscheidung zugrundeliegenden Ausgangsverfahren hatte die Nichtregierungsorganisation Privacy International gegen die 2015 publik gewordenen Praktiken verschiedener britischer Behörden, namentlich GCHQ, MI5 und MI6, Massenkommunikationsdaten zu sammeln und zu nutzen, geklagt und deren Rechtmäßigkeit angegriffen. Wie die Behörden eingeräumt hatten, gehörte zu den Praktiken auch die Nutzung solcher Daten, die sie von Betreibern elektronischer Kommunikationsdienste erlangten, u. a. auf Grundlage von entsprechenden Weisungen des Secretary of State, wie sie Section 94 des 1984 Act gestattet. Das vorlegende Investigatory Powers Tribunal hatte zuvor die Vereinbarkeit der Praktiken mit dem nationalem Recht und mit Art. 8 EMRK festgestellt. Mit Blick auf die Vereinbarkeit mit dem Unionsrecht legte es dem Gerichtshof im Rahmen eines Vorabentscheidungsverfahren zwei Fragen vor.

Mit der ersten Frage wollte das Gericht wissen, ob die Weisung des Secretary of State an den Betreiber eines elektronischen Kommunikationsnetzwerks, Massenkommunikationsdaten nationalen Sicherheitsbehörden und Nachrichtendiensten zur Verfügung zu stellen, unter Berücksichtigung von Art. 4 EUV und Art. 1 Abs. 3 ePrivacyRL in den Anwendungsbereich des Unionsrechts fielen. Zweitens fragte das vorlegende Gericht, inwieweit das Unionsrecht (einschließlich der Feststellungen in *Tele2 Sverige*) bejahendenfalls Anforderungen an solch eine Weisung des Secretary of State stellt, die über jene der EMRK hinausgehen, und, soweit solche existieren, in welchem Maße sie anzuwenden sind mit Rücksicht auf die Tatsache, dass die nationalen Sicherheitsbehörden und Nachrichtendienste auf die massenweise Sammlung und automatisierte Verarbeitung angewiesen seien, um die nationale Sicherheit zu schützen.[119] Die zweite Frage war also noch grundsätzlicherer Natur, weil sie das Verhältnis von Unionsrecht und EMRK einerseits und unionalem Datenschutzrecht und nationaler Sicherheit andererseits betraf.

Im Rahmen seiner Antwort auf die erste Frage präzisierte der EuGH die Auslegung von Art. 1 Abs. 3 bzw. Art. 15 Abs. 1 ePrivacyRL. Zunächst knüpften die Richter an die Feststellungen in *Tele2 Sverige* und *Ministerio Fiscal* an und kamen zu dem Ergebnis, dass eine Regelung wie die verfahrensgegenständliche in den Geltungsbereich der ePrivacyRL falle.[120] Dem Einwand verschiedener Mitgliedstaaten, der Gerichtshof habe in einem vergangenen Urteil eine Art. 1 Abs. 3 ePrivacyRL vergleichbare Regelung weit aus-

---

[119] *EuGH* Urteil, 6.10.2020 – C-623/17, *Privacy International*, Rn. 29.

[120] *EuGH* Urteil, 6.10.2020 – C-623/17, *Privacy International*, Rn. 30–43.

gelegt und festgestellt, dass die Übermittlung von Fluggastdaten an nationale Sicherheitsbehörden nicht von Art. 3 Abs. 2 DSRL erfasst sind,[121] trat der EuGH mit zwei Argumenten entgegen. Zum einen sei Art. 3 Abs. 2 DSRL weiter formuliert und differenziere nicht danach, *wer* die Datenverarbeitung durchführt, während eine solche Differenzierung im Kontext von Art. 1 Abs. 3 ePrivacyRL aus den geschilderten (systematischen) Gründen erforderlich sei.[122] Zum anderen sei zu beachten, dass die DSRL mittlerweile von der DSGVO abgelöst wurde und aus Art. 23 Abs. 1 lit. d und h DSGVO hervorgehe, dass die Verarbeitung u. a. zu Zwecken der Prävention von Gefahren für die öffentliche Sicherheit, soweit sie durch Individuen geschieht, vom Rechtsakt erfasst sei, der wiederum von der ePrivacyRL spezifiziert werde.[123] Nach all dem unterfielen mitgliedstaatliche Vorschriften, mit denen *direkt* von dem in der ePrivacyRL verankerten Grundsatz der Vertraulichkeit der elektronischen Kommunikation abgewichen wird, ohne dass dabei Anbieter elektronischer Kommunikationsdienste verpflichtet würden, nicht der ePrivacyRL, sondern allein dem nationalen Datenschutzrecht im Rahmen der JI-RL.[124]

In der Antwort auf die zweite Frage traf der Gerichtshof zunächst Feststellungen zum Umfang der Daten, auf die die britischen Behörden auf Grundlage der verfahrensgegenständlichen nationalen Vorschriften (potenziell) Zugriff haben und zu den Schutzzielen und Schutzinhalten der ePrivacyRL, insbesondere deren Art. 5.[125] Unter Rückgriff auf bisherige Entscheidungen stellte der EuGH im Anschluss klar, dass Art. 15 Abs. 1 ePrivacyRL, der Ausnahmen von einigen Vorschriften der Richtlinie zulasse, im Lichte der Art. 7, 8 und 11 GRCh auszulegen sei und die Ausnahme der Abweichung von den Schutzinhalten der Richtlinie nicht zur Regel werden dürfe.[126] Bei der sich anschließenden Erörterungen möglicher (grundrechtlicher) Gefährdungslagen sowie der durch die nationalen Gesetzgeber bei Ausfüllung von Art. 15 Abs. 1 ePrivacyRL zu beachtenden materiellen Maßstäbe verwies der EuGH überwiegend auf vorangegangene Urteile.[127]

---

[121] Vgl. *EuGH* Urteil, 30.5.2006 – verb. Rs. C-317/04 und C-318/04, *PNR-Beschluss*, Rn. 54–59.

[122] *EuGH* Urteil, 6.10.2020 – C-623/17, *Privacy International*, Rn. 46.

[123] *EuGH* Urteil, 6.10.2020 – C-623/17, *Privacy International*, Rn. 47.

[124] *EuGH* Urteil, 6.10.2020 – C-623/17, *Privacy International*, Rn. 48. Nach Ansicht des EuGH habe dies zur Konsequenz, dass entsprechende nationale Vorschriften u. a. dem nationalen Verfassungsrecht und den Anforderungen der EMRK genügen müssen. Zur Bindungswirkung der Unionsgrundrechte in diesem Bereich äußerte sich der Gerichtshof nicht.

[125] *EuGH* Urteil, 6.10.2020 – C-623/17, *Privacy International*, Rn. 50–57.

[126] *EuGH* Urteil, 6.10.2020 – C-623/17, *Privacy International*, Rn. 58–62.

[127] *EuGH* Urteil, 6.10.2020 – C-623/17, *Privacy International*, Rn. 63–73. Neu war allein die Feststellung, dass bereits die bloße Speicherung der Verkehrs- und Standortdaten auf

Neu und beachtenswert sind indessen die Ausführungen der Luxemburger Richter hinsichtlich möglicher Ziele, die derartige Grundrechtseingriffe rechtfertigen könnten. In diesem Zusammenhang stellt der Gerichtshof nämlich heraus, dass die nationale Sicherheit gem. Art. 4 Abs. 2 EUV zwar in die alleinige Verantwortung der einzelnen Mitgliedstaaten falle. Der davon erfasste Bereich betreffe aber (nur) fundamentale Interessen der Gesellschaft und umfasse die Prävention und Verfolgung von Aktivitäten, die das Potenzial haben, fundamentale verfassungsrechtliche, politische, ökonomische oder soziale Strukturen eines Staates ernsthaft zu destabilisieren, wie terroristische Aktivitäten.[128] Die Bedeutung solcher Ziele des Schutzes der nationalen Sicherheit im Sinne von Art. 4 Abs. 2 EUV gehe aber über die in Art. 15 Abs. 1 ePrivacyRL genannten Belange hinaus, die u. a. die Bekämpfung von (auch schwerer) Kriminalität und die Gewährleistung der öffentlichen Sicherheit beträfen.[129] Nach Ansicht des EuGH ist also zu differenzieren zwischen den in Art. 15 Abs. 1 ePrivacyRL genannten weniger schwerwiegenden Belangen und solchen, die von Art. 4 Abs. 2 EUV erfasst werden. Nur Letztere seien geeignet – im Rahmen der von Art. 52 Abs. 1 GRCh aufgestellten Anforderungen – nationale Maßnahmen zu rechtfertigen, die schwerwiegende Eingriffe in die Grundrechte nach sich ziehen können.[130] Auch in diesen Fällen fordere indes der Grundsatz der Verhältnismäßigkeit, dass bei der Gestaltung des nationalen Rechts die in ständiger Rechtsprechung aufgestellten Anforderungen, wie die Festlegung materiell- und verfahrensrechtlicher Voraussetzungen für die Verwendung der Daten und die Orientierung an objektiven Kriterien bei der Festlegung der Umstände und Voraussetzungen des behördlichen Zugangs, berücksichtigt werden.[131]

Vorrat durch die Diensteanbieter das Risiko eines Missbrauchs und unrechtmäßigen Zugriffs berge, vgl. Rn. 73.

[128] *EuGH* Urteil, 6.10.2020 – C-623/17, *Privacy International*, Rn. 74. Dafür, dass Art. 4 Abs. 2 S. 3 EUV nur einen Kernbereich wesentlicher, existenzieller Sicherheitsinteressen des Staats erfasse, auch *Karpenstein/Sangi*, GSZ, 2020, 162 (166 f.).

[129] *EuGH* Urteil, 6.10.2020 – C-623/17, *Privacy International*, Rn. 75.

[130] *EuGH* Urteil, 6.10.2020 – C-623/17, *Privacy International*, Rn. 75. In einem am gleichen Tag ergangenen Urteil führten die Richter indes aus, dass Art. 15 Abs. 1 ePrivacyRL in den von Art. 4 Abs. 2 EUV erfassten Konstellationen grundsätzlich keine nationalen Maßnahmen verbiete, die nationalen Behörden die Weisung an Diensteanbieter ermöglicht, Verkehrs- und Standortdaten aller Nutzer für einen begrenzten Zeitraum zu speichern, solange ausreichend Grund zur Annahme besteht, dass die nationale Sicherheit der Mitgliedstaaten (im erläuterten, über Art. 15 Abs. 1 hinausgehenden Sinne) einer „als real und aktuell oder vorhersehbar einzustufenden ernsten Bedrohung" ausgesetzt ist, vgl. *EuGH* Urteil, 6.10.2020 – C-511/18, C-512/18 und C-520/18, *La Quadrature du Net u. a.*, Rn. 137.

[131] Vgl. *EuGH* Urteil, 6.10.2020 – C-623/17, *Privacy International*, Rn. 76 ff.

Mit dieser Feststellung missachtet der EuGH vollständig die absolute kompetenzielle Grenze der Union, die in Art. 4 Abs. 2 EUV zum Ausdruck kommt. Selbst darauf gestützte nationale Vorschriften werden unionsgrundrechtlich eingehegt („[v]orbehaltlich der Erfüllung der übrigen Anforderungen von Art. 52 Abs. 1 der Charta") und materiellen Anforderungen unterstellt. Damit aber judiziert der Gerichtshof in einen Bereich hinein, der von den Unionsverträgen ausdrücklich exklusiv dem Verantwortungsbereich der Mitgliedstaaten zugewiesen ist. Der Harmonisierungsanspruch der ePrivacyRL endet spätestens hier, wie auch in Art. 1 Abs. 3 ePrivacyRL zum Ausdruck kommt. Gleiches gilt aufgrund der Kompetenzakzessorietät für den Anwendungsbereich der Unionsgrundrechte und etwaige aus ihnen abgeleitete Ausgestaltungsmaßstäbe. Dies alles spricht grundsätzlich für eine deutliche Zurücknahme des Jurisdiktionsanspruchs.

Allerdings zeigt sich auch an dieser Stelle das aus dem Prozesscharakter von Informationsflüssen und Datenverarbeitungen[132] resultierende Grundproblem der Interdependenzen zwischen den verschiedenen Phasen der Datenverarbeitung, das der EuGH in spezifischer Gestalt zu bewältigen hat: Eine (den Anbietern von Telekommunikationsdiensten) vorgeschriebene Speicherungspflicht kann – isoliert betrachtet – rechtmäßig sein und erst durch eine etwaige daran anknüpfende, umfassende und unbegrenzte Zugriffsmöglichkeit nationaler Sicherheitsbehörden nach Maßgabe des nationalen Rechts unzulässig werden. Die Grenzlinien zwischen den Kompetenzen der Union und denen der Mitgliedstaaten verlaufen nicht immer zwingend parallel zu den Informationsflüssen und Verarbeitungsprozessen.[133] Vielmehr können sie die Informationsflüsse und Verarbeitungsprozesse „kreuzen", mit der Folge, dass sich die Rechtmäßigkeit eines Datenverarbeitungsprozesses – je nach Verarbeitungsphase – nach unionalen oder nach nationalen Maßstäben richten kann. Diese Interdependenz zwischen den Verarbeitungsphasen erfordert neue, komplexere Lösungs- bzw. Kooperationsansätze für das jurisdiktionelle Geflecht von EuGH und nationalen Gerichten. Ein möglicher Ansatz wäre, verstärkt auf die Dialektik im Rechtsprechungsverbund zu setzen. Konkret wäre für Fälle, in denen die Beurteilung der Unionsrechtmäßigkeit einer nationalen Ausfüllungsvorschrift aus kompetenziellen Gründen die Klärung national(verfassungs-)rechtlicher Vorfragen voraussetzt, eine Vorlagepflicht des EuGH an die nationalen (Verfassungs-)Gerichte aus Art. 4 Abs. 3 EUV denkbar. Die bisherige Rechtsprechungslinie zeigt für die geschilderte Problematik indessen keinerlei Sensibilität.

---

[132] S. dazu bereits oben, Teil 2., B., III.

[133] Dazu, dass Art. 16 Abs. 2 AEUV einen Kompetenzrahmen vorfindet, in den er sich einfügt, oben, Teil 1, C., I., 2., b), bb).

Zusammenfassend ist festzuhalten, dass der EuGH den mitgliedstaatlichen Gesetzgebern im Konfliktbereich von Datenschutzrecht und nationaler Sicherheit detaillierte materielle Kriterien für die Ausgestaltung vorgibt. Konkret mit Blick auf das Problemfeld der Vorratsdatenspeicherung werden gar die gegenüber den EU-Gesetzgebern aufgestellten strikten Maßstäbe auf die nationale Ebene übertragen.[134] Diese Vorgaben des EuGH sind mit Blick auf die hinter Art. 15 Abs. 1 ePrivacyRL stehenden Flexibilitäts- und Vielfaltserfordernisse alles andere als unproblematisch. Sie haben faktisch eine weitreichende Harmonisierung des nationalen Sicherheitsrechts im Bereich Vorratsdatenspeicherung zur Folge. Angesichts der eindeutigen Formulierung von Art. 1 Abs. 3 ePrivacyRL ist mehr als fraglich, ob diese Harmonisierungstiefe legislativ intendiert war. Gerade die Abstimmung der datenschutzrechtlichen Vorgaben mit Belangen der nationalen Sicherheit sollte den Gesetzgebern der Mitgliedstaaten ermöglicht werden, ohne dass sie dabei durch starre materielle Vorgaben in ihrer Gestaltungsfreiheit zu sehr beeinträchtigt werden. Dies gilt umso mehr, als der Bereich der nationalen Sicherheit gem. Art. 4 Abs. 2 EUV in der alleinigen Verantwortung der Mitgliedstaaten verbleibt.[135] Das „Recht auf Sicherheit" des Einzelnen ist zudem auch unionsrechtlich in Art. 6 GRCh garantiert,[136] dem darüber hinaus auch eine legislative Handlungspflicht entnommen werden kann.[137] Indem der EuGH über das (im Lichte der Unions-(!)grundrechte ausgelegte) Datenschutzsekundärrecht Maßstäbe aufstellt, drängt er etwaige Belange der nationalen Sicherheit zurück und judiziert weit in ein politisches Handlungsfeld hinein, das auch nach den EU-Verträgen gerade überwiegend den Mitgliedstaaten zugewiesen ist. Hier sind neue, gegenstandsangemessene Rechtsprechungsansätze erforderlich, die die Interdependenzen zwischen den Phasen

[134] Zu den Auswirkungen strenger grundrechtlicher Ausgestaltungsmaßstäbe für den EU-Gesetzgeber auf das Verhältnis von Einheit und Vielfalt s. bereits oben, Teil 4, A., II., 1.

[135] Vgl. auch die Erwägungen des BVerwG im Rahmen der Vorlage an den EuGH, *BVerwG* Vorlagebeschluss, 25.9.2019 – 6 C 12/18, *Vorratsdatenspeicherung*, Rn. 35.

[136] Vgl. hierzu *EuGH* Urteil, 8.4.2014 – C-293/12 und C-594/12, *Digital Rights Ireland*, Rn. 42.

[137] Das ist umstritten. Für Nachweise aus der Literatur s. nur *Streinz*, in: Streinz, 3. Aufl., 2018, EUV/AEUV, Art. 6 GRCh, Rn. 6. Das deutsche BVerwG geht – unter Bezugnahme auf die Rechtsprechung des EuGH – ausdrücklich von einer Handlungspflicht aus und hat diese Erwägung im Rahmen seiner Vorlage an den EuGH als Argument gegen die Unvereinbarkeit von Art. 15 Abs. 1 ePrivacyRL mit den deutschen Vorschriften zur Vorratsdatenspeicherung (§§ 113a Abs. 1. S. 1 i. V. m. 113b TKG) vorgebracht, vgl. *BVerwG* Vorlagebeschluss, 25.9.2019 – 6 C 12/18, *Vorratsdatenspeicherung*, Rn. 31 ff. In seinen kürzlich veröffentlichten Schlussanträgen, in welchen er sich gegen die Vereinbarkeit ausspricht, geht der Generalanwalt auf dieses Argument nicht ein, s. *GA Campos Sánchez-Bordona* Schlussanträge, 18.11.2021 – C-793/19 und C-794/19, *SpaceNet AG*, Rn. 53 ff.

der Datenverarbeitung und die Grenzlinien zwischen den Kompetenzen der EU und der Mitgliedstaaten gleichermaßen berücksichtigen.

dd) Keine Sensibilität für vielfältige Verwaltungs- und Staatsorganisationen der Mitgliedstaaten

Wenig Sensibilität für Flexibilitäts- und Vielfaltserfordernisse, konkret für die kompetenziellen Grenzen der EU und die rechtskulturelle Heterogenität der Mitgliedstaaten, hat der EuGH bisher auch im Zusammenhang mit der Einpassung der datenschutzsekundärrechtlichen Vorgaben in die nationalen Staats- und Verwaltungsorganisationsstrukturen gezeigt. In der Rechtssache *Kommission/Deutschland* hatte der EuGH über die Auslegung des von Art. 28 Abs. 1 UAbs. 2 DSRL (nunmehr Art. 52 Abs. 1 DSGVO) verlangten Kriteriums der „völlige[n] Unabhängigkeit" der nationalen Kontrollstellen zu befinden. Die EU-Kommission hatte gegenüber der Bundesrepublik Deutschland ein Vertragsverletzungsverfahren eingeleitet, weil sie die deutsche Gestaltung der für die Überwachung der Verarbeitung personenbezogener Daten im nichtöffentlichen Bereich zuständigen Kontrollstellen für mit dieser sekundärrechtlichen Anforderung unvereinbar erachtete.

In seiner rechtlichen Würdigung äußerte sich der Gerichtshof zunächst zu den Anforderungen, die der Begriff der „völligen Unabhängigkeit" mit sich bringe. Demnach schließe die Unabhängigkeit nicht nur jegliche Einflussnahme seitens der kontrollierten Stellen aus, sondern auch jede äußere Einflussnahme, durch die in Frage gestellt werden könnte, dass die genannten Kontrollstellen ihre Aufgabe, den Datenschutz und den freien Datenverkehr ins Gleichgewicht zu bringen, erfüllen.[138] Diesen Anforderungen habe die seinerzeitige institutionelle Gestaltung in der Bundesrepublik, wonach die Kontrollstellen für den nichtöffentlichen Bereich der staatlichen Aufsicht unterlagen, nicht genügt, weil sich nicht habe ausschließen lassen, dass die Aufsichtsstellen nicht zu objektivem Vorgehen in der Lage waren.[139]

Damit wirkte der EuGH freilich weit in den Bereich der Staats- und Verwaltungsorganisation hinein, der kompetenziell naturgemäß den (insoweit heterogen strukturierten) Mitgliedstaaten zugewiesen ist.[140] Dies kam auch

---

[138] *EuGH* Urteil, 9.3.2010 – C-518/07, *Kommission/Deutschland*, Rn. 17–30.

[139] *EuGH* Urteil, 9.3.2010 – C-518/07, *Kommission/Deutschland*, Rn. 31 ff.

[140] Vgl. hierzu auch *Frenzel*, DÖV, 2010, 925 (931), der das Urteil kritisch sieht, weil es die organisationsrechtliche Souveränität der Mitgliedstaaten und die organisationsrechtliche Vielfalt in Europa verkenne. Kritisch auch *Bull*, EuZW, 2010, 488 (488 ff.). Die Datenschutz-Grundverordnung reflektiert die verfassungsmäßige, organisatorische und administrative Heterogenität der Mitgliedstaaten vor allem in ihren Erwägungsgründen an verschiedenen Stellen, vgl. etwa EG 19 S. 6 sowie EG 117 S. 2. Kritisch sehen mag man indessen den Detailgrad der Vorgaben für die organisatorische Gestaltung der Aufsichtsbehörden. Übergreifend zum Konflikt und mit differenzierender Betrachtung *Kröger*, Un-

im Vortrag der Bundesrepublik zum Ausdruck, ein unionsrechtlicher Zwang, ein bewährtes und effektives System der Aufsicht über die Kontrollstellen aufzugeben, verstoße gegen das Demokratieprinzip, das Prinzip der begrenzten Einzelermächtigung sowie gegen die Grundsätze der Subsidiarität und Verhältnismäßigkeit.[141] Insbesondere den letztgenannten Argumenten trat der EuGH kaum überzeugend entgegen, indem er schlicht darauf verwies, dass die Unabhängigkeit ein im Hinblick auf die Ziele der DSRL wesentliches Element sei.[142] Eine fundierte materielle Auseinandersetzung mit den Verfassungsprinzipien blieb der Gerichtshof schuldig. Dass das nationale Verfassungsrecht ggf. unterschiedlich strikte Anforderungen an die institutionelle Kontrolle der Einhaltung des Datenschutzrechts im öffentlichen bzw. privaten Bereich stellt und dass insoweit also ein spezifisches Flexibilitäts- und Vielfaltserfordernis besteht, wird von der Entscheidung nicht reflektiert. Vor diesem Hintergrund naheliegend gewesen wäre ein Gestaltungsauftrag an die Legislative der Mitgliedstaaten in Verbindung mit einem weiten Ermessensspielraum hinsichtlich der Umsetzung der Zielvorgabe, einen Ausgleich zwischen den heterogenen nationalen Verwaltungssystemen (sowie deren nationalverfassungsrechtlichen Hintergründen) und den unionsrechtlichen Vollzugsbedürfnissen herzustellen.[143] Auch in seinem Urteil in der Rechtssache *Kommission/Österreich* erklärte der EuGH nationale Organisationsstrukturen für unvereinbar mit der Anforderung der Unabhängigkeit. Hervorzuheben ist, dass der EuGH u. a. auch eine Regelung des österreichischen Verfassungsrechts für unionsrechtswidrig erklärte, welche dem Bundeskanzler das Recht zusprach, sich beim Vorsitzenden und beim geschäftsführenden Mitglied der österreichischen Datenschutzkommission jederzeit über alle Gegenstände ihrer Geschäftsführung zu unterrichten.[144]

---

abhängigkeitsregime im europäischen Verwaltungsverbund, 2020, S. 242 ff. Zur Kollision des Unabhängigkeitspostulats mit dem Demokratieprinzip des deutschen Grundgesetzes s. *Kibler*, Datenschutzaufsicht im europäischen Verbund, 2021, S. 166 ff.

[141] *EuGH* Urteil, 9.3.2010 – C-518/07, *Kommission/Deutschland*, Rn. 39, 47 und 52. Eine Bewertung der Argumente findet sich bei *Kröger*, Unabhängigkeitsregime im europäischen Verwaltungsverbund, 2020, S. 258 ff. Zu den Friktionen der von Rechtsprechung aufgestellten Anforderungen mit dem deutschen Organisationsrecht s. a. *Schantz/Wolff*, Das neue Datenschutzrecht, 2017, S. 305 ff.

[142] Vgl. *EuGH* Urteil, 9.3.2010 – C-518/07, *Kommission/Deutschland*, Rn. 50 bzw. 55.

[143] Zum Erfordernis der Herstellung eines Ausgleichs, insbesondere mit Blick auf Art. 4 Abs. 3 EUV, s. auch *Kröger*, Unabhängigkeitsregime im europäischen Verwaltungsverbund, 2020, S. 260 f.

[144] *EuGH* Urteil, 16.10.2012 – C-614/10, *Kommission/Österreich*, Rn. 62 ff.

b) Vorgaben für die exekutive und judizielle Entscheidung, insbesondere für die Abwägung im Einzelfall

Neben Aussagen zur Reichweite der *legislativen* Gestaltungsmöglichkeiten der Mitgliedstaaten finden sich in der EuGH-Rechtsprechung auch Vorgaben für die nationalen Behörden und Gerichte im Hinblick auf die Anwendung des Datenschutzsekundärrechts und etwaige damit verbundene Abwägungserfordernisse mit gegenläufigen Rechten und Interessen im Einzelfall.

Wie bereits angedeutet worden ist, lässt sich den Urteilen allerdings nicht immer eindeutig entnehmen, an welche öffentliche Gewalt in den Mitgliedstaaten die richterlichen Vorgaben adressiert sind. In der Rechtsprechung wird weder eindeutig klar, auf welcher Ebene im Mehrebenensystem die Gestaltung des Datenschutzrechts unter Berücksichtigung kollidierender Rechte und Interessen erfolgen soll noch welcher Gewalt diese Aufgabe nach Vorstellung des Gerichtshofs primär zugewiesen ist. (aa). Insbesondere gegenüber den nationalen Gerichten hat der EuGH indessen wiederholt Spielräume bei der Anwendung des Datenschutzrechts und damit verbundenen Abwägungen mit kollidierenden Belangen im Einzelfall anerkannt. Allerdings werden diese regelmäßig mit materiellen Vorgaben bzw. Auslegungshinweisen verknüpft, die in ihrem Umfang und ihrem Verbindlichkeitsgrad variabel und auch nicht immer ganz klar sind (bb).

aa) Abwägung mit gegenläufigen Interessen als primäre Aufgabe der mitgliedstaatlichen Behörden und Gerichte?

Die Frage, auf welcher Ebene (EU oder Mitgliedstaaten) und durch welche Gewalt (Legislative oder Behörden und Gerichte) etwaige kollidierende Rechtspositionen und Interessen mit den Vorgaben des Datenschutzrechts in Einklang zu bringen sind, wird in der Rechtsprechung des EuGH nicht einheitlich beantwortet.

In *Lindqvist* stellte der Gerichtshof hinsichtlich des Abwägungserfordernisses zwischen Datenschutz und u. a. der Meinungsfreiheit fest, dass die Mechanismen, die diese ermöglichen, einerseits in der DSRL selbst festgelegt seien, soweit deren Vorschriften die Rechtmäßigkeit der Verarbeitung regeln, sie sich andererseits aber auch aus dem nationalen Umsetzungsrecht und dessen Anwendung durch die nationalen Behörden ergäben.[145] Während hier zunächst noch die mitgliedstaatlichen Gesetzgeber adressiert wurden, führten die Richter im Anschluss aus, dass ein angemessener Ausgleich zwischen den Rechten und Interessen „eher auf nationaler Ebene im Stadium der Anwendung der die Richtlinie 95/46 umsetzenden Regelung auf konkrete Fälle

[145] *EuGH* Urteil, 6.11.2003 – C-101/01, *Lindqvist*, Rn. 82.

gefunden werden" müsse.[146] Die „Behörden und Gerichte der Mitgliedstaaten" müssten deshalb darauf achten, das nationale Recht im Einklang mit der DSRL auszulegen und sich auf eine Auslegung dieser zu stützen, die nicht mit den Unionsgrundrechten kollidiert.[147] Im Ergebnis sei es Sache der nationalen Behörden und Gerichte, bei der Anwendung des Ausfüllungsrechts ein angemessenes Gleichgewicht zwischen den betroffenen Rechten und Interessen einschließlich der durch die Unionsrechtsordnung geschützten Grundrechte sicherzustellen.[148] Zu dem Erfordernis und/oder der Möglichkeit, Abwägungen mit gegenläufigen Rechten und Interessen schon bei der Ausfüllung bzw. Umsetzung des Sekundärrechts vorzunehmen, äußert sich der EuGH nicht näher.

Anders war dies im Urteil zur Rechtssache *Promusicae*. In deren Ausgangsfall ging es um eine Interessenvereinigung von Musikproduzenten, die von einem Internetzugangsanbieter die Übermittlung der Daten verschiedener Nutzer verlangte, um gegen Verletzungen des geistigen Eigentums zivilgerichtlich vorgehen zu können. Rechtlich ging es im Kern um die Frage, ob und inwieweit die nationalen Gesetzgeber im Rahmen der Ausfüllung von Art. 15 Abs. 1 ePrivacyRL die Zulässigkeit der Übermittlung von Nutzerdaten durch die Betreiber von Telekommunikationsdiensten auf Zwecke der strafrechtlichen Untersuchung, des Schutzes der öffentlichen Sicherheit und der nationalen Verteidigung beschränken können.

In seiner Urteilsbegründung bekräftigte der EuGH zunächst seine Feststellung in *Lindqvist* und führte in Bezug auf die insoweit notwendige Abwägung zwischen Datenschutzrecht einerseits und geistigem Eigentum sowie dem Recht auf einen effektiven Rechtsbehelf andererseits zunächst aus, dass die Mechanismen für die Abwägung sowohl in der ePrivacyRL und in den mit den gegenläufigen Rechten korrespondierenden Richtlinien als auch im mitgliedstaatlichen Umsetzungsrecht enthalten seien.[149] Im Unterschied zu *Lindqvist* adressierten die Richter im Anschluss aber sowohl die Legislative als auch die Behören und Gerichte: Die Mitgliedstaaten hätten auch *bei der Umsetzung der Richtlinie* darauf zu achten, dass sie sich auf eine Auslegung derselben stützen, die die Herstellung eines angemessenen Gleichgewichts zwischen den genannten Grundrechten ermöglicht.[150]

Auch in den bereits oben geschilderten Entscheidungen in den Rechtssachen *Rijkeboer* und *Manni* hat der EuGH betont, dass die Abwägung mit den gegenläufigen Interessen (Interesse des Verantwortlichen, personenbezogene Daten nicht unendlich aufbewahren zu müssen respektive Interesse an In-

---

[146] *EuGH* Urteil, 6.11.2003 – C-101/01, *Lindqvist*, Rn. 84 f.
[147] *EuGH* Urteil, 6.11.2003 – C-101/01, *Lindqvist*, Rn. 87.
[148] *EuGH* Urteil, 6.11.2003 – C-101/01, *Lindqvist*, Rn. 90.
[149] *EuGH* Urteil, 29.1.2008 – C-275/06, *Promusicae*, Rn. 66.
[150] *EuGH* Urteil, 29.1.2008 – C-275/06, *Promusicae*, Rn. 68.

formationen über die finanzielle Vertrauenswürdigkeit eines Vertragspartners) bereits auf legislativer Ebene zu treffen sei.[151]

bb) Determination der Abwägungsspielräume durch materielle Vorgaben

In der weit überwiegenden Zahl seiner Entscheidungen hat der EuGH die Abwägung im Einzelfall an die mitgliedstaatlichen Behörden und insbesondere die Gerichte zurückverwiesen und diesen dafür Spielräume zugestanden. Eine einheitliche Konzeption hinsichtlich der Kontrolldichte lässt sich dabei allerdings nicht erkennen. Vielmehr werden die Spielräume häufig mit materiellen Kriterien verknüpft, die in ihrem Verbindlichkeitsgrad und ihrer inhaltlichen Klarheit erheblich variieren.

Im Fall *Österreichischer Rundfunk* wurde der EuGH vom Österreichischen Verfassungsgerichtshof u. a. nach der Vereinbarkeit der DSRL mit einer nationalen Vorschrift gefragt, die bestimmte Stellen (u. a. Gebietskörperschaften und öffentliche Unternehmen) zur Übermittlung von Einkommensdaten ihrer Beschäftigten an den Rechnungshof verpflichtete.[152] Zweck der österreichischen Vorschrift war die umfassende Information der Öffentlichkeit als Kontrollmechanismus im Sinne eines sparsamen Einsatzes öffentlicher Mittel.

In seinem Urteil wies der EuGH zunächst darauf hin, dass Art. 6 und 7 DSRL umfassende Rechtmäßigkeitsanforderungen an die Verarbeitung personenbezogener Daten aufstellten, dass Art. 13 DSRL den Mitgliedstaaten aber Abweichungen von Art. 6 DSRL gestatte, und zwar u. a. auch wenn dies für ein wirtschaftliches oder finanzielles Interesse eines Mitgliedstaats oder für Kontroll-, Überwachungs- und Ordnungsfunktionen, die mit der Ausübung öffentlicher Gewalt für besondere Zwecke verbunden sind, notwendig ist.[153] Im Anschluss betonte der Gerichtshof, dass die Vorschriften der DSRL, soweit sie die Verarbeitung personenbezogener Daten betreffen, die zu Grundrechtsbeeinträchtigungen führen kann, im Lichte der Grundrechte, insbesondere Art. 8 EMRK, auszulegen seien.[154] Für die Anwendung der maßgeblichen Vorschriften der DSRL (insbesondere der Art. 6 Abs. 1 lit c, 7 lit. c und e und Art. 13 DSRL) sei deshalb zunächst zu prüfen, ob eine Regelung wie die gegenständliche österreichische einen Grundrechtseingriff in Art. 8 EMRK darstellt und ob dieser gerechtfertigt ist.[155] Der Prüfung der

---

[151] *EuGH* Urteil, 7.5.2009 – C-553/07, *Rijkeboer*, Rn. 64 bzw. *EuGH* Urteil, 9.3.2017 – C-398/15, *Manni*, Rn. 61.

[152] *EuGH* Urteil, 6.11.2003 – C-101/01, *Lindqvist*, Rn. 48 ff.

[153] *EuGH* Urteil, 20.5.2003 – C-465/00, C-138/01 und C-139/01, *Österreichischer Rundfunk*, Rn. 66 f.

[154] *EuGH* Urteil, 6.11.2003 – C-101/01, *Lindqvist*, Rn. 68 ff.

[155] *EuGH* Urteil, 20.5.2003 – C-465/00, C-138/01 und C-139/01, *Österreichischer Rundfunk*, Rn. 72.

Vereinbarkeit der nationalen Vorschrift mit den Vorgaben der DSRL wurde also eine Grundrechtsprüfung vorgeschaltet. Im Rahmen dieser Prüfung legte der Gerichtshof die Schrankenregelung des Art. 8 Abs. 2 EMRK aus und maß die gegenständliche Regelung an deren Anforderungen.[156] Dabei ging er auch ausführlich auf das mit dem Datenschutzrecht kollidierende öffentliche Interesse an der Budgettransparenz ein.[157] Die konkrete Prüfung, ob der mit der Anwendung der nationalen Maßnahme verbundene Eingriff in einem angemessenen Verhältnis zum Ziel steht und die Auslegung durch das vorlegende Gericht den Anforderungen der Vorhersehbarkeit entspricht, verweist der EuGH dann zwar an die vorlegenden Gerichte zurück.[158] Die Luxemburger Richter verknüpfen diese Rückverweisung allerdings mit Kriterien, die von den vorlegenden Gerichten im Rahmen der Prüfung der Erforderlichkeit zu berücksichtigen seien.[159]

Erst im Anschluss an diese grundrechtliche Prüfung kommt der Gerichtshof auf die „Auswirkungen auf die Bestimmungen der Richtlinie 95/46“ zu sprechen und stellt dazu fest, dass, soweit die nationale Regelung vom vorlegenden Gericht für unvereinbar mit Art. 8 EMRK erklärt wird, diese Regelung auch nicht dem Erfordernis der Verhältnismäßigkeit nach Art. 6, 7 und 13 DSRL entsprechen könne.[160]

Zusammengefasst hat der EuGH in seiner Entscheidung *Österreichischer Rundfunk* also grundsätzlich Spielräume der mitgliedstaatlichen (Fach-)Gerichte bei der einzelfallbezogenen Anwendung des Datenschutzrechts und der Abwägung mit kollidierenden Rechten und Interessen anerkannt. Diese wurde indes mit zwingend zu berücksichtigenden materiellen Kriterien für die Prüfung der Erforderlichkeit verknüpft, die aus Art. 8 EMRK abgeleitet werden. Der Spielraum der mitgliedstaatlichen Gerichte bei der Abwägung der kollidierenden Belange wurde dadurch wieder eingeengt.

In ähnlicher Weise ging der EuGH in der Entscheidung *Satamedia* vor, die u. a. den Ausgleich von Datenschutzinteressen und der Meinungs- bzw. Pressefreiheit betraf. Im Ausgangsverfahren ging es um finnische Medienunternehmen, die öffentlich zugängliche Steuerdaten (Vor- und Nachnamen, Ein-

---

[156] *EuGH* Urteil, 20.5.2003 – C-465/00, C-138/01 und C-139/01, *Österreichischer Rundfunk*, Rn. 76–87.

[157] *EuGH* Urteil, 20.5.2003 – C-465/00, C-138/01 und C-139/01, *Österreichischer Rundfunk*, Rn. 85–87.

[158] *EuGH* Urteil, 20.5.2003 – C-465/00, C-138/01 und C-139/01, *Österreichischer Rundfunk*, Rn. 88 bzw. 79. Zuvor wiesen die Luxemburger Richter noch – ohne näheren Zusammenhang – auf den Ermessensspielraum der Behörden hin, vgl. *EuGH* Urteil, 20.5.2003 – C-465/00, C-138/01 und C-139/01, *Österreichischer Rundfunk*, Rn. 83.

[159] *EuGH* Urteil, 20.5.2003 – C-465/00, C-138/01 und C-139/01, *Österreichischer Rundfunk*, Rn. 88.

[160] *EuGH* Urteil, 6.11.2003 – C-101/01, *Lindqvist*, Rn. 91 f.

kommen und Besteuerung) finnischer Staatsbürger systematisch sammelten und anschließend in Regionalausgaben einer Zeitschrift in Listen geordnet veröffentlichten bzw. diese über einen Kurznachrichtendienst verbreiteten. Das vorlegende finnische Gericht wandte sich an den EuGH u. a. mit der Frage, ob Art. 9 DSRL dergestalt auszulegen sei, dass er die geschilderten Tätigkeiten der Unternehmen erfasst.[161] Art. 9 DSRL ermöglichte es den Mitgliedstaaten, zum Schutz der Meinungsfreiheit im nationalen Recht Abweichungen und Ausnahmen von den Vorgaben der DSRL für die Datenverarbeitung zu u. a. journalistischen Zwecken vorzusehen.[162]

In seinem Urteil stellte der Gerichtshof zunächst fest, dass die Vorschrift den Einklang des Grundrechtsschutzes bei der Verarbeitung personenbezogener Daten mit der Freiheit der Meinungsäußerung zum Gegenstand habe und dass diese Aufgabe den Mitgliedstaaten obliege.[163] Unklar blieb dabei allerdings, welche öffentliche Gewalt damit gemeint war.[164] Im Folgenden stellte der Gerichtshof gleichwohl verschiedene Kriterien auf, die im Rahmen der Auslegung des Begriffs der „journalistischen Zwecke" – und damit bei der Abwägung – zu berücksichtigen seien, wobei er insgesamt ein weites Begriffsverständnis postulierte. So gälten die in Art. 9 DSRL vorgesehenen Ausnahmen nicht nur für Medienunternehmen, sondern für jeden, der journalistisch tätig ist.[165] Für die Einschlägigkeit der Vorschrift sei insbesondere maßgeblich, ob die jeweiligen Verarbeitungstätigkeiten zum Zweck haben, Informationen, Meinung oder Ideen in der Öffentlichkeit zu verbreiten.[166] Die Prüfung, ob diese Kriterien im Einzelfall gegeben sind, verwies der EuGH allerdings erneut an die nationalen (vorlegenden) Gerichte zurück.[167]

Auch in der Entscheidung zur Rechtssache *Buivids*, die ebenfalls den Konflikt von Meinungsfreiheit und Datenschutzinteressen betraf, verband der EuGH den grundsätzlich eingeräumten Spielraum der nationalen Gerichte mit detaillierten Kriterien für die Abwägung. Im Ausgangsverfahren ging es um die datenschutzrechtliche Zulässigkeit der Aufnahme eines Videos bzw. dessen Veröffentlichung auf *www.youtube.com*, auf dem Polizisten bei der Aufnahme von Aussagen im Rahmen eines Ordnungswidrigkeitenverfahrens in einer Polizeidienststelle zu sehen waren. Der Oberste Gerichtshof

[161] *EuGH* Urteil, 16.12.2008 – C-73/07, *Satamedia*, Rn. 50.

[162] Unter Geltung der DSGVO ist die Vorschrift durch Art. 85 Abs. 2 DSGVO ersetzt worden.

[163] *EuGH* Urteil, 16.12.2008 – C-73/07, *Satamedia*, Rn. 54.

[164] Der Wortlaut „Die Mitgliedstaaten sehen […] Abweichungen und Ausnahmen […] vor" legte freilich eine Adressierung der mitgliedstaatlichen Legislative nahe.

[165] *EuGH* Urteil, 16.12.2008 – C-73/07, *Satamedia*, Rn. 58.

[166] Dazu und zu anderen Faktoren, die eine journalistische Tätigkeit nicht zwingend ausschlössen, *EuGH* Urteil, 16.12.2008 – C-73/07, *Satamedia*, Rn. 59–61.

[167] Vgl. *EuGH* Urteil, 16.12.2008 – C-73/07, *Satamedia*, Rn. 62 a.E.

Lettlands legte dem EuGH zur Vorabentscheidung u. a. die Frage vor, ob die DSRL dahingehend auszulegen sei, dass die genannten Tätigkeiten als Datenverarbeitung zu journalistischen Zwecken im Sinne von Art. 9 DSRL angesehen werden können.[168]

Im Rahmen seiner Antwort bekräftigte der EuGH zunächst die in der Rechtssache *Satamedia* aufgestellten Anforderungen an die Auslegung von Art. 9 DSRL, insbesondere den Begriff der „journalistischen Zwecke".[169] Auch in diesem Urteil betonte der Gerichtshof sodann, dass die Prüfung, ob die Datenverarbeitung im konkreten Fall zu – so verstandenen – journalistischen Zwecken erfolgt ist, Aufgabe des vorlegenden Gerichts sei. Allerdings gestanden sich die Luxemburger Richter in dieser Entscheidung ausausdrücklich die Kompetenz zu, „diesem Gericht die für die ihm obliegende Beurteilung erforderlichen Auslegungshinweise [zu] geben."[170] Daran anknüpfend machte der EuGH erneut verschiedene Vorgaben, die bei der Beurteilung des konkreten Falls durch das vorlegenden Gericht zu berücksichtigen seien und verwies dabei ausdrücklich auch auf die vom EGMR entwickelten Kriterien für die Zwecke der Abwägung zwischen Art. 8 EMRK und Art. 10 EMRK.[171]

Zurückhaltender und durchaus überzeugend ging der EuGH in seiner Entscheidung zur Rechtssache *Ryneš* vor. Den Richtern wurde die Frage vorgelegt, ob der Betrieb eines Kamerasystems, das an einem Einfamilienhaus zum Zweck des Schutzes des Eigentums, der Gesundheit und des Lebens der Hausbesitzer angebracht ist, unter den Ausnahmetatbestand von Art. 3 Abs. 2 DSRL falle (Verarbeitung zur Ausübung ausschließlich persönlicher oder familiärer Tätigkeiten, nunmehr Art. 2 Abs. 2 lit. c DSGVO), auch wenn dieses System auch den öffentlichen Raum überwacht. Der Gerichtshof verneinte diese Frage zwar und sprach sich insoweit für eine enge Auslegung des Ausnahmetatbestands aus.[172] Er gab dem vorlegenden Gericht aber den Hinweis, dass die Anwendung der Bestimmungen der Datenschutzrichtlinie, insbesondere Art. 7 lit. f, Art. 11 Abs. 2 und Art. 13 Abs. 1 lit. d und g DSRL, zugleich ermöglichte, ggf. die berechtigten Interessen des für die Verarbeitung Verantwortlichen zu berücksichtigen.[173] Damit wiesen die EuGH-Richter dem mitgliedstaatlichen Gericht einen erheblichen Spielraum für die Abwägung von Datenschutzinteressen einerseits und dem Schutz des Eigentums, der Gesundheit und des Lebens andererseits zu.

[168] Vgl. *EuGH* Urteil, 14.2.2019 – C-345/17, *Buivids*, Rn. 48 ff.
[169] *EuGH* Urteil, 14.2.2019 – C-345/17, *Buivids*, Rn. 49–53.
[170] *EuGH* Urteil, 14.2.2019 – C-345/17, *Buivids*, Rn. 54.
[171] *EuGH* Urteil, 14.2.2019 – C-345/17, *Buivids*, Rn. 55–58; 60 ff.
[172] *EuGH* Urteil, 11.12.2014 – C-212/13, *Ryneš*, Rn. 20–33.
[173] *EuGH* Urteil, 11.12.2014 – C-212/13, *Ryneš*, Rn. 34.

Im Kontrast zu den bisher geschilderten Entscheidungen steht die Kontrolldichtekonzeption des EuGH gegenüber den mitgliedstaatlichen Gerichten im Urteil zur Rechtssache *Google Spain*. Sie zeichnet sich dadurch aus, dass der EuGH die Abwägung mit gegenläufigen Interessen weitestgehend selbst vornimmt und den nationalen Gerichten nur sehr geringe Beurteilungsspielräume lässt. Im Fall wurde der Gerichtshof u. a. zur Auslegung von Art. 12 lit. b bzw. Art. 14 Abs. 1 lit. a DSRL angerufen. Konkret fragte das vorlegende Gericht erstens, ob und unter welchen Voraussetzungen diese Bestimmungen die Pflicht eines Suchmaschinenbetreibers begründen können, Links zu von Dritten veröffentlichten Internetseiten mit personenbezogenen Informationen und Daten von Ergebnislisten zu löschen, und zweitens, ob und inwieweit die Bestimmungen ein korrespondierendes subjektives Recht auf Löschung vermitteln.

Hinsichtlich des Umfangs der Pflichten des Suchmaschinenbetreibers führte der EuGH aus, dass die betroffene Person Anträge nach Art. 12 lit. b bzw. Art. 14 lit. a DSRL unmittelbar an den Suchmaschinenbetreiber – als Verantwortlichen – richten könne und dieser dann sorgfältig deren Begründetheit zu prüfen (insbesondere die Einhaltung der Anforderungen aus Art. 6 und 7 lit. f DSRL) und ggf. die Verarbeitung zu beenden habe.[174] Sollte er den Anträgen nicht stattgeben, könne sich die betroffene Person an die nationalen Kontrollstellen oder Gerichte wenden, die dann die Bestimmungen der Datenschutzrichtlinie im Lichte der vom EuGH aufgestellten Erwägungen auszulegen und anzuwenden und ggf. den Verantwortlichen zur Löschung anzuweisen hätten.[175] Dabei sei zu beachten, dass der mit der von einem Suchmaschinenbetreiber ausgeführten Verarbeitung verbundene Eingriff in die Grundrechte des Betroffenen aus Art. 7 und 8 GRCh potenziell besonders schwer sei, weshalb er nicht allein mit dessen wirtschaftlichem Interesse gerechtfertigt werden könne.[176] Auch gegenüber dem Interesse von potenziell am Zugang zu der Information interessierten Internetnutzern überwögen die Datenschutzinteressen grundsätzlich, allerdings sei ggf. im Einzelfall eine Abwägung erforderlich, bei der u. a. die Sensibilität der betreffenden Daten respektive ein etwaiges Interesse der Öffentlichkeit am Zugang zu der Information zu prüfen seien.[177] Mit dieser Feststellung setzten die Luxemburger Richter zum einen voraus, dass auch die Verarbeitungstätigkeiten Privater Eingriffe in die genannten Grundrechte konstituieren können und zum an-

[174] *EuGH* Urteil, 13.5.2014 – C-131/12, *Google Spain*, Rn. 70–77.

[175] *EuGH* Urteil, 13.5.2014 – C-131/12, *Google Spain*, Rn. 77–79; 82.

[176] *EuGH* Urteil, 13.5.2014 – C-131/12, *Google Spain*, Rn. 80 f. Der EuGH legt das Datenschutzsekundärrecht also im Lichte der Grundrechte aus und gibt den nationalen Kontrollstellen und Gerichten auf, im Falle einer Befassung mit einem entsprechenden Antrag, das so (unionsgrundrechtlich) konkretisierte Sekundärrecht anzuwenden.

[177] *EuGH* Urteil, 13.5.2014 – C-131/12, *Google Spain*, Rn. 81.

deren statuierten sie eine Regelvermutung zugunsten des Überwiegens der Datenschutzinteressen.

Gestützt auf die gleichen Erwägungen bejahten die EuGH-Richter auch ein subjektives Recht der betroffenen Person, die Entfernung der Links mit sie betreffenden Daten und Informationen aus der Ergebnisliste zu verlangen. Dieses Recht wird zum einen aus den Grundrechten aus Art. 7 und 8 GRCh,[178] zum anderen aus den Art. 12 lit. b und Art. 14 Abs. 1 lit. a DSRL hergeleitet.[179] Hinsichtlich des Umfangs stellen die Richter mit Verweis auf ihre Ausführungen zu den korrespondierenden Pflichten des Suchmaschinenbetreibers fest, dass grundsätzlich davon auszugehen sei, dass die Interessen der betroffenen Person an der Entfernung sowohl den (wirtschaftlichen) Interessen des Suchmaschinenbetreibers als auch dem Interesse der Öffentlichkeit an der Erhaltung des Zugangs zu den betreffenden Informationen gegenüber überwiegen. Ob allerdings im konkreten Fall besondere Gründe vorliegen, die ein überwiegendes Interesse der Öffentlichkeit an der Auffindung der Informationen über die Suche per Suchmaschine rechtfertigen, wie etwa die Rolle der betreffenden Person im öffentlichen Leben, sei von dem vorlegenden Gericht zu prüfen.[180]

Zusammenfassend ist festzuhalten, dass der EuGH in dieser Entscheidung die Abwägung der kollidierenden Rechte und Interessen zwar grundsätzlich auch den nationalen Aufsichtsbehörden bzw. Gerichten zugewiesen hat. Er hat die Verantwortung für die Abwägung allerdings zugleich – zumindest auf einer ersten Ebene – dem Suchmaschinenbetreiber zugewiesen.[181] Ferner haben die Luxemburger Richter in diesem Fall zum einen vorgegeben, dass die (grundrechtlich geschützten) wirtschaftlichen Interessen per se kein anderes Ergebnis rechtfertigen könnten, und den Abwägungsspielraum mit Blick auf das Informationsinteresse der Öffentlichkeit sehr eng gezogen,[182] zum anderen haben sie andere ebenfalls betroffene Grundrechtspositionen gar nicht in die Abwägung eingestellt. Zu berücksichtigen gewesen wären möglicherweise die Meinungsfreiheit des Suchmaschinenbetreibers[183] sowie die grundrechts-

[178] *EuGH* Urteil, 13.5.2014 – C-131/12, *Google Spain*, Rn. 97.

[179] *EuGH* Urteil, 13.5.2014 – C-131/12, *Google Spain*, Rn. 98.

[180] *EuGH* Urteil, 13.5.2014 – C-131/12, *Google Spain*, Rn. 97 f.

[181] Diese Verpflichtung des Suchmaschinenbetreibers zur Abwägung, auch soweit sensible Kategorien von Daten betroffen sind, hat der EuGH mit Blick auf die nunmehr geltenden einschlägigen DSGVO-Bestimmungen kürzlich bestätigt und präzisiert, vgl. *EuGH* Urteil, 24.9.2019 – C-136/17, *GC u. a.*, Rn. 66.

[182] *EuGH* Urteil, 13.5.2014 – C-131/12, *Google Spain*, Rn. 98: „Da im vorliegenden Fall offenbar keine besonderen Gründe vorliegen, die ein überwiegendes Interesse der Öffentlichkeit […] rechtfertigen".

[183] Dafür, dass Suchmaschinenergebnisse sowohl von Art. 5 Abs. 1, 1. HS GG als auch von Art. 11 Abs. 1, 1 GRCh und Art. 10 Abs. 1 S. 1 EMRK geschützt sind, *Milstein/Lippold*, NVwZ, 2013, 182 (183 ff.).

geschützten Interessen der Inhaltanbieter daran, dass ihre Inhalte über die Suchmaschine aufgefunden werden. Eine angemessene methodische Alternative wäre in der Tat gewesen, den nationalen Gesetzgebern normative Vorgaben für die nähere legislative Ausgestaltung der (mehrpoligen) grundrechtlichen Konfliktlage zu machen.[184] Dieser Ansatz hätte auch im Einklang mit dem Wortlaut der Art. 12 („Die Mitgliedstaaten garantieren [...]") und 14 DSRL („Die Mitgliedstaaten erkennen [...] an"), die jeweils die Mitgliedstaaten und eben nicht den Verantwortlichen adressieren, gestanden. Eine weitere Möglichkeit, den Konflikt dogmatisch zu lösen, bestünde darin, Art. 9 DSRL (bzw. nunmehr Art. 85 DSGVO) weit zu fassen, sodass auch die Tätigkeiten von Suchmaschinenbetreibern vom Anwendungsbereich des Datenschutzrechts auszunehmen wären, und darüber die Ausgestaltung und Abwägung an die mitgliedstaatliche Legislative zu überantworten.[185]

In der Rechtssache *CNIL* hatte der EuGH die Gelegenheit, seine in *Google Spain* etablierte Rechtsprechungslinie zu präzisieren. Der französische Conseil d'État hatte den Gerichtshof u. a. zur räumlichen Reichweite des „Rechts auf Auslistung" befragt, konkret, ob dieses die Verpflichtung zur Auslistung der Ergebnisse auf sämtlichen Domains der Suchmaschine umfasse oder sich diese nur auf die Versionen sämtlicher Mitgliedstaaten respektive die Version des Wohnsitzmitgliedstaats beschränke.

Eine Verpflichtung zur Auslistung über das Hoheitsgebiet der Union hinaus verneinte der EuGH mit Blick auf die derzeitige Rechtslage, wobei sowohl Art. 12 lit. b und Art. 14 Abs. 1 lit. DSRL als auch der nunmehr geltenden Art. 17 DSGVO als Prüfungsmaßstab heranzogen wurden.[186] Hinsichtlich der räumlichen Reichweite des Rechts auf Auslistung im Übrigen weist der EuGH zwar zunächst darauf hin, dass sich aus der Handlungsformenwahl der (Grund-)Verordnung grundsätzlich die gesetzgeberische Intention einer verstärken Harmonisierungswirkung ergebe, sodass die Auslistung grundsätzlich in allen Mitgliedstaaten erfolgen sollte.[187] Im Anschluss daran lassen die Richter jedoch Sensibilität für die Flexibilitäts- und Vielfaltserfordernisse erkennen, indem sie – unter Bezugnahme auf Art. 85 DSGVO –

---

[184] Vgl. *Reinhardt*, AöR, 2017, 528 (563 f.), der auch zutreffend auf die Mehrpoligkeit des Grundrechtskonflikts hinweist. In diese Richtung auch *Schneider*, in: Wolff/Brink, 38. Edition, 2021, BeckOK Datenschutzrecht, Syst. B. Völker- und unionsrechtliche Grundlagen, Rn. 32.

[185] Weiterführende Gedanken dazu finden sich bei *Schimke*, Das Medienprivileg als Koordinationsmechanismus. Zum Verhältnis von Datenschutz- und Äußerungsrecht im Internet, in: Albers/Katsivelas, Recht & Netz, 2018, 155 (157 ff.).

[186] *EuGH* Urteil, 24.9.2019 – C-507/17, *CNIL*, Rn. 61–65. Der doppelte Prüfungsmaßstab war dem Umstand geschuldet, dass die Vorlage zu einem Zeitpunkt einging, als noch die Datenschutzrichtlinie galt, das Urteil aber nach Wirksamwerden der DSGVO erging.

[187] *EuGH* Urteil, 24.9.2019 – C-507/17, *CNIL*, Rn. 66.

anerkennen, dass das in die Abwägung einzustellende öffentliche Interesse am Zugang zu den Suchergebnissen von Mitgliedstaat zu Mitgliedstaat variieren kann und damit auch die Abwägung jeweils unterschiedlich ausfallen könne.[188] Unklar bleibt, durch welche öffentliche Gewalt dieses grundrechtliche Gleichgewicht nach Ansicht des Gerichtshofs hergestellt werden soll. Jedenfalls weisen die EuGH-Richter den nationalen Aufsichtsbehörden insoweit eine zentrale Rolle zu, indem sie ausführen, dass diesen u. a. mit den Verfahren der Zusammenarbeit und der Kohärenz die notwendigen Instrumente zur Verfügung stünden, um den Grundrechtskonflikt mitgliedstaatsübergreifend aufzulösen.[189] Abschließend gesteht der Gerichtshof den Behörden und Gerichten der Mitgliedstaaten noch einen weiten Spielraum hinsichtlich der Bestimmung der räumlichen Reichweite des Rechts auf Auslistung zu: Diese seien befugt, anhand von nationalen Grundrechtsstandards die Abwägung zwischen den Datenschutzinteressen der betroffenen Person und dem „Recht auf freie Information" vorzunehmen und den Suchmaschinenbetreiber ggf. zur Auslistung auf allen seinen Domains zu verpflichten.[190]

In diesem Urteil hat der Europäische Gerichtshof sich in richterlicher Zurückhaltung geübt und den Mitgliedstaaten weitreichende Abwägungsspielräume zugewiesen und zudem die Rolle der institutionellen Aufsicht für die Gestaltung des Datenschutzrechts zwischen Einheit und Vielfalt deutlich hervorgehoben. Beides ist mit Blick auf die datenschutzspezifischen Flexibilitäts- und Vielfaltserfordernisse sachgerecht. Kaum nachvollziehbar ist indessen, weshalb der grundrechtliche Spielraum der mitgliedstaatlichen Behörden und Gerichte auf eine „Abwägung nach oben" beschränkt ist. Diese Begrenzung ist auch deshalb unverständlich, weil der Gerichtshof im selben Urteil betont hat, dass das öffentliche Interesse am Zugang zu den Ergebnissen in den Mitgliedstaaten variieren könne und dabei auch auf Art. 85 DSGVO hingewiesen hat.

III. Fazit: Angemessene Spielraumtechniken für das zentral-dezentrale Datenschutzrecht?

Die im vorstehenden Abschnitt A vorgenommene Analyse verschiedener bedeutsamer Stellschrauben für das Verhältnis von Einheit und Vielfalt in der gerichtlichen Kontrolle des zentral-dezentralen Datenschutzrechts hat offenbart, dass Ansätze für Spielraumtechniken, die die datenschutzspezifischen Flexibilitäts- und Vielfaltserfordernisse reflektieren, in verschiedenen Berei-

[188] *EuGH* Urteil, 24.9.2019 – C-507/17, *CNIL*, Rn. 67.
[189] *EuGH* Urteil, 24.9.2019 – C-507/17, *CNIL*, Rn. 68 f.
[190] *EuGH* Urteil, 24.9.2019 – C-507/17, *CNIL*, Rn. 72.

chen existieren. Man kann aber keinesfalls von einer übergreifenden gefestigten dogmatischen Linie sprechen. Sowohl hinsichtlich der Gestaltung der Einsatzbereiche der Grundrechtsmaßstäbe als auch bei der Kontrolldichtekonzeption in Bezug auf das Datenschutzsekundärrecht bestehen Stabilisierungs- und Ausdifferenzierungsbedarfe. Die Aufgabe der Entwicklung von Spielraumtechniken ist dabei freilich nicht allein an den EuGH gerichtet, sondern betrifft den gesamten gerichtlichen Verbund, also insbesondere auch die mitgliedstaatlichen Fach- und Höchst- bzw. Verfassungsgerichte.

1. Einsatzbereiche der Grundrechtsmaßstäbe: das Verhältnis zwischen EuGH und BVerfG als anknüpfungsfähige Grundlage

Hinsichtlich der Stellschraube der Einsatzbereiche der nationalen respektive unionalen Grundrechtsstandards in Öffnungskonstellationen ist zunächst festzuhalten, dass der Europäische Gerichtshof sich für einen weiten Anwendungsbereich der Unionsgrundrechte ausspricht. Allerdings gestehen die Richter den Mitgliedstaaten innerhalb dieses Anwendungsbereichs die Heranziehung nationaler Grundrechte zu, soweit das unionsrechtliche Fachrecht einen Bereich nicht vollständig vereinheitlicht. Hinsichtlich der Frage, wann dies der Fall ist, hat der EuGH in der jüngeren Rechtsprechung die Tendenz zu einer differenzierenden Betrachtung der jeweiligen sekundärrechtlichen Bestimmung im Hinblick auf ihren Harmonisierungsgrad erkennen lassen. Dabei hat er ausdrücklich auch den mitgliedstaatlichen Anspruch anerkannt, im Falle sekundärrechtlicher Umsetzungsspielräume nationale Schutzstandards anzuwenden.[191]

Für die Zukunft wäre eine dogmatische Stabilisierung dieser Rechtsprechungslinie wünschenswert, vor allem auch für den Bereich des Datenschutzrechts. Hilfreich wäre dabei, wenn der EuGH sich bei der Beurteilung, ob eine Bestimmung des *Datenschutz*sekundärrechts vollständig vereinheitlichend ist oder nicht (und damit darüber, ob für korrespondierendes Ausfüllungsrecht unionale oder nationale Schutzstandards den Maßstab bilden), sowohl mit den datenschutzspezifischen Flexibilitäts- und Vielfaltserfordernissen als auch mit den Harmonisierungszielen eingehend auseinandersetzen würde.[192] Denn nur so lässt sich eine Spielraumtechnik entwickeln, die der

---

[191] Vgl. nur *EuGH* Urteil, 29.7.2019 – C-476/17, *Pelham*, Rn. 76–81. Ausführlich zum Ganzen bereits oben, Teil 4, A., I., 2. Auch im Hinblick auf Art. 85 DSGVO haben die Richter die Möglichkeit der Heranziehung nationaler Schutzstandards anerkannt, allerdings nur im Falle der Abweichung „nach oben" und auch nur hinsichtlich der Frage der räumlichen Reichweite des Rechts auf Auslistung, vgl. *EuGH* Urteil, 24.9.2019 – C-507/17, *CNIL*, Rn. 72.

[192] Verkürzt wäre es demgegenüber, zur Bestimmung des Determinationsgrads, statt (auch) einer „sektorale[n] Analyse unter Betrachtung eines ganzen Rechtsbereichs", eine „Mikro-Analyse in Bezug auf eine spezifische Vorschrift" zum alleinigen Prüfkriterium zu

funktionalen Mannigfaltigkeit der (expliziten wie impliziten) Öffnungen gerecht wird.[193] Die bisherige Rechtsprechung lässt insoweit Fragen offen. So ist etwa unklar, wieso das laut Gerichtshof „innerhalb der Union von Mitgliedstaat zu Mitgliedstaat" variierende öffentliche Interesse an einer Information nur eine Abweichung vom Schutzniveau „nach oben", nicht aber im Einzelfall auch die Versagung des Rechts auf Auslistung rechtfertigen können soll.[194] Bei der Entwicklung von präzisen Abgrenzungskriterien für die respektiven Anwendungsbereiche der Grundrechte als Kontrollmaßstäbe in Öffnungskonstellationen bietet sich zudem eine enge Kooperation mit den nationalen Höchst- bzw. Verfassungsgerichten an.

Das deutsche Bundesverfassungsgericht hat mit seinen Beschlüssen in den Rechtssachen *Recht auf Vergessen I* und *II* für eine solche Kooperation im Hinblick auf die Stellschraube der Einsatzbereiche der Grundrechte in Öffnungskonstellationen eine dogmatische Grundlage geschaffen. Denn auch nach Ansicht des BVerfG ist es der Unionsgesetzgeber, der den Rahmen für die Anwendung der mitgliedstaatlichen Grundrechte in einer föderativen Balance festlegt.[195] Zur Bestimmung des maßgeblichen grundrechtlichen Kontrollmaßstabs für nationales Ausfüllungs- und Umsetzungsrecht und dessen Anwendung sei demnach eine differenzierte Betrachtung des dahinterstehenden unionsrechtlichen Fachrechts erforderlich.[196] Während im Bereich zwingender, vollständig vereinheitlichter Regelungen die Unionsgrundrechte den alleinigen Prüfungsmaßstab bildeten,[197] sollen im Be-

---

erheben, so aber der Vorschlag von *GA Bobek* Schlussanträge, 25.7.2018 – C-310/16, *Dzivev*, Rn. 73 f.

[193] Dafür, dass es für die Entwicklung sachgerechter Spielraumtechniken – bzw. Kriterien eines „Spielraumtests" – „vor allem um eine genaue, kleinteilige und methodengerechte Arbeit am jeweiligen EU-Fachrecht" ankomme, *Wendel*, EuR 2022, 327 (328 f.), der aber auch zugesteht, dass es um einen „Ausgleich zwischen übergreifender Spielraumlehre und fachspezifischer Partikularität" geht.

[194] In seiner Entscheidung in der Rechtssache *CNIL* scheint der EuGH Art. 85 DSGVO als eine Bestimmung anzusehen, die gestaltungsoffen ist und damit die Anwendung nationaler Schutzstandards zulässt, vgl. *EuGH* Urteil, 24.9.2019 – C-507/17, *CNIL*, Rn. 67 bzw. 72. Offen und unbegründet bleibt aber, wieso den Mitgliedstaaten nur eine Abweichung „nach oben" ermöglicht wird. Entsprechende Begründungserfordernisse würden durch eine vertiefte inhaltliche Auseinandersetzung mit den Flexibilitäts- und Vielfaltserfordernissen deutlicher zutage treten.

[195] *BVerfG* Beschluss, 6.11.2019 – 1 BvR 16/13, *Recht auf Vergessen I*, Rn. 53 a.E.

[196] *BVerfG* Beschluss, 6.11.2019 – 1 BvR 276/17, *Recht auf Vergessen II*, Rn. 77 ff. Für die Prüfung auch unmittelbar von Ausfüllungsrecht, soweit es nicht vollständig vom Unionsrecht determiniert ist, *BVerfG* Beschluss, 6.11.2019 – 1 BvR 16/13, *Recht auf Vergessen I*, Rn. 42.

[197] *BVerfG* Beschluss, 6.11.2019 – 1 BvR 276/17, *Recht auf Vergessen II*, Rn. 42 ff. Die Grenzen bilden dabei die Reservevorbehalte der Ultra-vires-Kontrolle und der Wahrung der Verfassungsidentität, vgl. Rn 49. Die zentrale Neuerung dieses Beschlusses liegt in der

reich mitgliedstaatlicher Spielräume „primär" die nationalen Grundrechte maßgeblich sein.[198] Freilich bilden auch hier die Kriterien zur Abgrenzung dieser beiden Konstellationen den dogmatischen Angelpunkt. Die vom BVerfG zur Berücksichtigung durch die Fachgerichte aufgestellten Kriterien zur Bestimmung, ob Sekundärrecht gestaltungsoffen oder vereinheitlichend ist, sind dabei im Grundsatz für das zentral-dezentrale Datenschutzrecht anknüpfungsfähig, bedürfen aber einer Konkretisierung und Ausdifferenzierung.[199] Insbesondere ist die binäre Unterscheidung zwischen unionsrechtlichen Normen, die „auf die Ermöglichung von Vielfalt und die Geltendmachung verschiedener Wertungen angelegt" sind, und solchen, die nur dazu dienen sollen, „besonderen Sachgegebenheiten hinreichend flexibel Rechnung zu tragen, dabei aber von dem Ziel der gleichförmigen Rechtsanwendung getragen [sind]",[200] kaum operabel. Dies gilt jedenfalls für den Bereich des zentral-dezentralen Datenschutzrechts. Angesichts der Einbettung der aus den Interdependenzen der Datenschutzvorschriften mit den sachlichen Regelungsfeldern resultierenden Flexibilitätserfordernissen in das Mehrebenensystem der EU lassen sich die vom BVerfG als Gegenpole konstruierten Kategorien „Vielfalt" und „Flexibilität" gerade nicht immer eindeutig trennen, sondern sind vielmehr eng miteinander verzahnt.[201] Notwendig ist vor diesem Hintergrund eine Konkretisierung der Begriffe „Vielfalt" bzw. „Wertungen". Sind damit auch dogmatische und/oder regelungsstrukturelle Spezifika eines Mitgliedstaats gemeint, mit denen datenschutzrechtliche Vorgaben zu koordinieren sind, also Vielfalt im rechtssystemischen Sinne?[202]

Erweiterung des eigenen Prüfungsmaßstabs um die Unionsgrundrechte durch das BVerfG.

[198] *BVerfG* Beschluss, 6.11.2019 – 1 BvR 16/13, *Recht auf Vergessen I*, Rn. 45 ff. Begründet wird dies institutionell mit der Funktion des BVerfG und materiell mit einer Vermutung der Mitgewährleistung des Chartaniveaus durch die nationalen Grundrechte im Bereich gestaltungsoffenen Unionsrechts. Im Falle von entsprechenden konkreten und hinreichenden Anhaltspunkten bilden auch im Bereich gestaltungsoffenen Fachrechts die Unionsgrundrechte den Maßstab, *BVerfG* Beschluss, 6.11.2019 – 1 BvR 16/13, *Recht auf Vergessen I*, Rn. 67 ff. Im Unterschied zum EuGH nimmt das BVerfG eine erste Weichenstellung schon bei der Absteckung des Anwendungsbereichs der Unionsgrundrechte vor: Im Bereich mitgliedstaatlicher Spielräume für die Gestaltung des innerstaatlichen Rechts träten die Unionsgrundrechte als Prüfungsmaßstab (nur) dann hinzu, soweit das unionsrechtliche Fachrecht hinsichtlich dieser Gestaltung einen hinreichend gehaltvollen Rahmen setzt, der erkennbar auch unter Beachtung der Unionsgrundrechte konkretisiert werden soll, s. *BVerfG* Beschluss, 6.11.2019 – 1 BvR 16/13, *Recht auf Vergessen I*, Rn. 44.

[199] Zu den Kriterien s. *BVerfG* Beschluss, 6.11.2019 – 1 BvR 276/17, *Recht auf Vergessen II*, Rn. 78 ff.

[200] *BVerfG* Beschluss, 6.11.2019 – 1 BvR 276/17, *Recht auf Vergessen II*, Rn. 80.

[201] S. dazu ausführlich oben, Teil 2, C.

[202] Im Ergebnis zutreffend aber ohne nähere Auseinandersetzung mit den selbst aufgestellten Abgrenzungskriterien geht Karlsruhe in Bezug auf Art. 6 Abs. 2 und Abs. 3

Wenn die Begriffe derart abstrakt zu verstehen sein sollten, welcher Raum bleibt dann für den Kontrastbegriff der Flexibilität?

Mit Blick auf die Stellschraube der Einsatzbereiche der Grundrechte in Öffnungskonstellationen ist zusammenfassend festzuhalten, dass sich in der Rechtsprechung der Gerichte erste Ansätze für eine gegenstandsangemessene Spielraumtechnik herauszubilden beginnen: Die differenzierende, einzelfallbezogene Betrachtung des jeweiligen unionalen Fachrechts im Hinblick auf den jeweils mit ihm intendierten Harmonisierungsgrad bildet einen geeigneten Anknüpfungspunkt für die sachgerechte Gestaltung des konkurrierenden Grundrechtsschutzes im Bereich des Datenschutzrechts. Im Einzelnen besteht jedoch noch ein erheblicher Konkretisierungsbedarf bezüglich der Abgrenzungskriterien. Dabei muss vor allem die Vielschichtigkeit der datenschutzspezifischen Anforderungen an die rechtliche Gestaltung zwischen Einheit und Vielfalt noch stärker in den Blick rücken.

2. Kontrolldichte: Stabilisierungs- und Ausdifferenzierungsbedarf

Die Analyse der einschlägigen Rechtsprechung hat offenbart, dass sich weder im Kontext der Kontrolle der Primärrechtskonformität von sekundärrechtlichen Öffnungen noch bei der Maßstabentwicklung im Hinblick auf die Auslegung und Anwendung des Datenschutzsekundärrechts eindeutige, einheitliche Muster erkennen lassen. Hinsichtlich beider Stellschrauben findet man gegenstandsangemessene Spielraumtechniken allenfalls in Ansätzen. Soweit sie existieren, bedürfen sie der Stabilisierung und Ausdifferenzierung.

Die Stellschraube der primärrechtlichen Kontrolle sekundärrechtlicher Öffnungen hat bisher im Allgemeinen keine große Rolle in der Rechtsprechungspraxis des EuGH gespielt. Die VorratsdatenspeicherungsRL hatte den Anlass geboten, sich erstmals im Kontext des Datenschutzrechts damit zu beschäftigen. In seiner Entscheidung zur Rechtssache *Digital Rights Ireland* hat der Gerichtshof indes kein Bewusstsein für die kompetenziellen Hintergründe der vom Unionsgesetzgeber vorgesehenen Regelungsmöglichkeiten der Mitgliedstaaten gezeigt. Er hat dem Unionsgesetzgeber vielmehr strenge materielle Vorgaben gemacht und bewusst eingeräumte mitgliedstaatliche Gestaltungsräume dadurch eingeengt. Die legislative Verantwortlichkeit für die Grundrechtskonformität des Ausfüllungsrechts haben die EuGH-Richter damit im Wesentlichen der EU-Legislative zugewiesen. Das ist mit Blick auf die Flexibilitäts- und Vielfaltserfordernisse zu undifferenziert.

DSGVO von gestaltungsoffenem Fachrecht aus, s. *BVerfG* Beschluss, 27.5.2020 – 1 BvR 1873/13, 1 BvR 2618/13, *Bestandsdatenauskunft II*, Rn. 86. Das spricht für ein weites Verständnis des Vielfaltsbegriffs, wie er auch hier zugrunde gelegt wird.

Für die Entwicklung einer gegenstandsgerechten Spielraumtechnik wäre zum einen erforderlich, dass die Bedeutung der Kontrolle der Primärrechtskonformität sekundärrechtlicher Öffnungen für das Verhältnis von Einheit und Vielfalt stärker in den Blick gerät. Denn schon hier können etwaige funktionale Hintergründe erörtert werden. Zum anderen sollte der EuGH diese bei der Gültigkeitskontrolle der Öffnungen berücksichtigen und dementsprechend seine Kontrolldichte gegenüber dem Unionsgesetzgeber ggf. zurückhaltend gestalten. Ein entsprechender Ansatz, wonach die Verantwortlichkeit für die Grundrechtskonformität der Ausfüllung den Mitgliedstaaten zugewiesen wird, findet sich in älteren Urteilen des Gerichtshofs (*Wachauf* und *Familienzusammenführung*).

Deutlich reichhaltiger und daher aussagekräftiger ist die EuGH-Rechtsprechung zur Auslegung und Anwendung des Datenschutzsekundärrechts. Die einschlägigen Entscheidungen sind allerdings von einer großen Variabilität sowohl in der Kontrolldichte als auch im Hinblick auf das Bewusstsein der Richter für die Flexibilitäts- und Vielfaltserfordernisse gekennzeichnet. Dies gilt insbesondere im Verhältnis zu den mitgliedstaatlichen Gesetzgebern: Während einige Urteile den nationalen Parlamenten ein grundsätzlich weites – wenn auch bedingtes – Ermessen einräumen (*Lindqvist*, *ASNEF*, *Breyer*) und/oder den Querschnittscharakter des Datenschutzes reflektieren (*Rijkeboer*, *Manni*, *Puškár*), grenzt der EuGH die legislativen Gestaltungsmöglichkeiten in anderen Judikaten – gerade auch in kompetenziell eher national geprägten Bereichen – stark ein (insbesondere *Tele2 Sverige*, *Privacy International*, *Kommission/Deutschland*).

Uneinheitlich ist auch die Gestaltung der Spielräume der Exekutive und Judikate bei der Anwendung des Datenschutzrechts, insbesondere der Abwägung mit gegenläufigen Interessen und Rechten im Einzelfall. Im Grundsatz weisen die Luxembuger Richter den Behörden und Gerichten der Mitgliedstaaten die Aufgabe zu, die Abwägungen im Einzelfall selbst vorzunehmen. Allerdings wird diese Delegierung häufig mit materiellen Vorgaben verknüpft, die in ihrem inhaltlichen Umfang und ihrem Verbindlichkeitsgrad mal stärker (z. B. *Google Spain*, *Buivids*) und mal weniger stark (z. B. *Satamedia*, *Ryneš*) determiniert sind. Hinzu kommt, dass im Rahmen dieser Vorgaben nicht immer alle tangierten Rechtspositionen in die Abwägung eingestellt werden (*Google Spain, CNIL*).[203]

Für die Entwicklung angemessener Spielraumtechniken wäre wichtig, dass der EuGH sich auch bei der Konzeption der Kontrolldichte gegenüber den Mitgliedstaaten an der Funktionalität des zentral-dezentral gestalteten

---

[203] Dies dürfte in der Tat (auch) damit zu erklären sein, dass der EuGH die Interessenabwägung in Drittwirkungskonstellationen nach dem Muster der Rechtfertigung staatlicher Eingriffe in Freiheitsrechte vornimmt, s. *Reinhardt*, AöR, 2017, 528 (561 f.).

Datenschutzrechts orientiert. Dies erfordert eine differenzierende Betrachtung der jeweils in Rede stehenden datenschutzsekundärrechtlichen Vorschrift mit Blick auf etwaige dahinterstehende Flexibilitäts- und Vielfaltserfordernisse bzw. Harmonisierungsziele. Entsprechende Ansätze, die die Mitgliedstaaten zur Herstellung eines Gleichgewichts verpflichten, finden sich bereits in der Rechtsprechung zur DSRL (*Lindqvist, ASNEF, Breyer*). Angesichts der Regelungsstruktur der Datenschutz-Grundverordnung dürften für die Zukunft Konkretisierungen dieser abstrakt formulierten Verpflichtung zu erwarten sein. Die präzise Herausarbeitung etwaiger im Hintergrund einer DSGVO-Vorschrift stehenden Flexibilitäts- und Vielfaltserfordernisse würde freilich dazu beitragen, dass der Gerichtshof hinsichtlich der Grenzziehung zwischen zulässigen und unzulässigen Ausgestaltungsentscheidungen zu Kriterien gelangen könnte, die in ihrem Differenzierungsgrad über die Dichotomie von „Präzisierungen" und „Veränderungen der Tragweite" einer Sekundärrechtsvorschrift hinausgehen.[204] Konkret könnte etwa bei der Prüfung der Vereinbarkeit von Art. 23 Abs. 1 DSGVO mit einer nationalen Vorschrift, die in einem spezifischen Sachbereich die Informationsrechte beschränkt, in Rechnung gestellt werden, ob sich in der sonstigen nationalen Ausgestaltung Kompensationsmechanismen wie z. B. deutlich erhöhte Anforderungen an die Zweckbindung und (zweckändernde) Weiterverarbeitung, strikte Speicher- und Löschfristen oder verschärfte Sanktionen finden.

Hinsichtlich der Abwägungserfordernisse mit gegenläufigen Belangen muss der EuGH ein größeres Bewusstsein für deren Einbettung ins Kompetenzgefüge und in die (relative) Heterogenität der Mitgliedstaaten entwickeln. Das bisherige Vorgehen der Zuweisung der Abwägung an die Mitgliedstaaten in Verbindung mit mehr oder minder detaillierten materiellen Kriterien ist nicht konsistent. Die Vorgabe von Abwägungsmaßstäben durch den EuGH ist freilich dort angemessen, wo die jeweils konfligierenden Belange in den Kompetenzbereich der Union fallen. Je deutlicher hingegen die kollidierenden Rechte und Interessen der Zuständigkeit der Mitgliedstaaten zugewiesen sind, desto mehr richterliche Zurückhaltung ist angebracht und

[204] Vgl. dazu, im Kontext von 7 und 5 DSRL, nur *EuGH* Urteil, 24.11.2011 – C-468/10 und C-469/10, *ASNEF*, Rn. 35. Das Argument der Veränderung der Tragweite mag in diesem konkreten Fall (Erweiterung der Rechtmäßigkeitsanforderungen über Art. 7 DSRL hinaus) getragen haben. Dies nicht zuletzt auch deshalb, weil die Flexibilitäts- und Vielfaltserfordernisse hinter Art. 7 lit. f DSRL weniger stark ausgeprägt waren. Wird indes der gleiche Passus bemüht, um die Öffnung in Art. 15 Abs. 1 ePrivacyRL einzuengen, ohne dass eine vertiefte Auseinandersetzung mit den gegenläufigen Belangen erfolgt, wird dadurch verkannt, dass die Bestimmung gerade die Funktion hat, das Recht auf Vertraulichkeit der elektronischen Kommunikation für bestimmte, im mitgliedstaatlichen Kompetenzbereich liegende Zwecke zu beschränken. S. aber *EuGH* Urteil, 21.12.2016 – C-203/15 und C-698/15, *Tele2 Sverige AB*, Rn. 89.

desto weniger materielle Vorgaben für die Abwägung sollten den Mitgliedstaaten gemacht werden.

Insgesamt ist also festzuhalten, dass sich bisher hinsichtlich keiner der in den Blick genommenen Stellschrauben für das Verhältnis von Einheit und Vielfalt in der gerichtlichen Kontrolle gefestigte Spielraumtechniken herauskristallisiert haben. Die Gründe hierfür dürften vielfältig sein. Zum einen ist der spezifische Modus der Entscheidungsfindung und -begründung des Europäischen Gerichtshofs zu bedenken. Der EuGH hat erkennbar nicht den Anspruch, Grundsatzentscheidungen zu fällen, die möglichst auch schon zukünftige (Folge-)Fragestellungen antizipieren und insofern belastbar sind. Die Richter gehen bei der Entwicklung ihrer Rechtsprechung vielmehr inkrementell vor.[205] Die Stabilisierung, aber auch Präzisierung und Ausdifferenzierung vorheriger Judikate erfolgt vor allem mittels Selbstreferenzialität. Die Entscheidungen des Gerichtshofs sind zudem durch verhältnismäßig knappe Begründungen gekennzeichnet. Beides wird auf gerichtsinterne Konsensfindungszwänge zurückgeführt.[206]

Neben diesen formalen Gesichtspunkten ist in institutionell-funktionaler Hinsicht zu bedenken, dass der EuGH eine Hybridstellung zwischen Fach- und Verfassungsgericht einnimmt.[207] Diese besondere Stellung liefert eine Erklärung dafür, dass in den EuGH-Urteilen die Auslegung von Sekundärrecht häufig mit der Grundrechtsinterpretation vermengt wird und unklar bleibt, auf welcher Ebene welche Maßstäbe „hergeholt" werden.

Wie insbesondere die Analyse der Rechtsprechung zur Kontrolldichte deutlich gemacht haben sollte, ist zudem die prozessuale Dimension von Bedeutung für die zu erwartenden inhaltlichen Aussagen: Im Rahmen von Vorabentscheidungsverfahren hat die Formulierung der Vorlagefragen einen großen Einfluss darauf, zu welchen Aspekten sich der Gerichtshof in welchem Umfang äußert. Dies verweist auf die Funktion des Vorabentscheidungsverfahrens als Instrument des Dialogs und der Zusammenarbeit und die damit verbundene Rolle der „sachnäheren" mitgliedstaatlichen Fachge-

---

[205] *Thym*, DÖV, 2014, 941 (942) gesteht zu, dass dieses Vorgehen keine direkte Rechtssicherheit mit sich bringt, sieht in ihr aber auch den Vorteil von mehr „Raum für einen kommunikativen Prozess innerhalb des Gerichtshofs sowie mit anderen Akteuren."

[206] Dazu, dass die EuGH-Urteile gerade nach und nach („stone-by-stone") ihre Überzeugungskraft entwickelten und dies u. a. auf das Erfordernis der Erreichung eines Konsens unter den Richtern zurückzuführen sei, *Lenaerts*, The Court's Outer and Inner Selves: Exploring the External and Internal Legitimacy of the European Court of Justice, in: Adams/Waele/Meeusen u. a., Judging Europe's Judges, 2015, 13 (46 ff.). In Bezug auf die knappen Begründungsmuster s. a. *Albers*, Höchstrichterliche Rechtsfindung und Auslegung gerichtlicher Entscheidungen, in: VVDStRL, 71: Grundsatzfragen der Rechtsetzung und Rechtsfindung, 2012, 258 (281) m. w. N.

[207] Zu diesen beiden Funktionen des EuGH s. etwa *Lenaerts*, Common Market Law Review, 2007, 1625 (1651 f.).

richte für die Entwicklung angemessener Spielraumtechniken. Diesen kommt die Aufgabe zu, die jeweiligen nationalen Besonderheiten jeglicher Art in die Vorlagefragen einzuweben und dadurch den EuGH für ggf. existierende mitgliedstaatsspezifische Flexibilitäts- und Vielfaltserfordernisse zu sensibilisieren.[208] Der Gerichtshof hat wiederholt seine Bindung an den von den vorlegenden Fachgerichten vorgegebenen tatsächlichen und rechtlichen Rahmen betont, in den sich die Vorlagefragen einfügen.[209] Die Bedeutung und die Einflussnahmemöglichkeiten der Vorlagegerichte ist nicht zu unterschätzen. Je detaillierter der in der Vorlageentscheidung umrissene rechtliche Rahmen und je differenzierter die Vorlagefragen, desto vollständiger fallen in der Regel auch die EuGH-Urteile aus. Wenn der Gerichtshof mit flexibilitäts- und vielfaltsbezogenen Erwägungen konfrontiert wird, setzt er sich in den Urteilsgründen mit ihnen auch auseinander, wie insbesondere die jüngsten Entscheidungen zur Zulässigkeit nationaler Bestimmungen über die Vorratsdatenspeicherung gezeigt haben.[210]

3. Ausblick

Mit Blick auf die Zukunft ist abzuwarten, inwieweit der Europäische Gerichtshof an seine bisherige Rechtsprechung zum Verhältnis von Einheit und Vielfalt im Datenschutzrecht anknüpft. Diese hat sich größtenteils auf die Datenschutz- und die ePrivacy-Richtlinie bezogen. Die Datenschutzrichtlinie ist allerdings von der Datenschutz-Grundverordnung abgelöst worden und auch das Reformvorhaben zur ePrivacyRL in Gestalt des Entwurfs einer ePrivacy-Verordnung hat kürzlich wieder an Fahrt aufgenommen.[211] Angesichts der unterschiedlichen Regelungsstruktur von DSRL und DSGVO ist insbesondere unklar, ob und in welchem Maße die bisherigen richterlichen Feststellungen zu den legislativen Gestaltungsmöglichkeiten der Mitglied-

---

[208] In diese Richtung geht etwa der Vorlagebeschluss des deutschen BVerwG im Zusammenhang mit der Rechtmäßigkeit nationaler Vorratsdatenspeicherungsvorschriften. S. für die umfangreichen Erwägungen *BVerwG* Vorlagebeschluss, 25.9.2019 – 6 C 12/18, *Vorratsdatenspeicherung*, Rn. 26 ff. Die Vorlagen sind beim EuGH unter den Aktenzeichen C-793/19 und C-794/19 anhängig und werden derzeit verhandelt. GA Campos Sánchez-Bordona hat dem EuGH in seinen Schlussanträgen empfohlen, auf die Vorlage des BVerwG zu antworten, dass das Unionsrecht den deutschen Regelungen im TKG und in der StPO zur Vorratsdatenspeicherung entgegensteht, s. *GA Campos Sánchez-Bordona* Schlussanträge, 18.11.2021 – C-793/19 und C-794/19, *SpaceNet AG*.

[209] Vgl. nur *EuGH* Urteil, 5.12.2017 – C-42/17, *M.A.S.*, Rn. 24.

[210] Für die jeweiligen Vorlagefragen s. *EuGH* Urteil, 6.10.2020 – C-623/17, *Privacy International*, Rn. 29 sowie *EuGH* Urteil, 6.10.2020 – C-511/18, C-512/18 und C-520/18, *La Quadrature du Net u. a.*, Rn. 68, 73 und 79.

[211] Auf Grundlage des neuen Entwurfs des Ministerrats vom 10.2.2021 wurden neue Trilog-Verhandlungen gestartet. Der Ratsentwurf ist online abrufbar unter: https://data.consilium.europa.eu/doc/document/ST-6087-2021-INIT/en/pdf.

staaten auf das reformierte Datenschutzrecht übertragbar sind.[212] Der EuGH hat erkennen lassen, dass er der Handlungsformenwahl der EU bei der Ermittlung des intendierten Harmonisierungsgrads grundsätzlich Bedeutung bemisst.[213] Im gleichen Urteil haben die Richter allerdings auch auf die Bedeutung der – mit der Datenschutz-Grundverordnung erheblich ausgebauten – institutionellen Aufsicht verwiesen. Inwieweit deren neue Gestaltung die Möglichkeit bietet, die Flexibilitäts- und Vielfaltserfordernisse zu berücksichtigen, soll im Folgenden zum Abschluss umrissen werden.

B. Einheit und Vielfalt in der institutionellen Aufsicht

Mit der Datenschutz-Grundverordnung soll nicht nur ein möglichst einheitlicher Rechtsrahmen für die EU-Mitgliedstaaten geschaffen werden. Der Rechtsakt weist ausdrücklich auch die Gewährleistung der einheitlichen *Anwendung* des unionalen Datenschutzrechts als eine seiner zentralen Zielsetzungen aus.[214] Zu diesem Zweck sind mit der (Grund-)Verordnung institutionelle Neuerungen eingeführt worden, die der besseren und einheitlicheren Durchsetzung ihrer materiellen Vorschriften einschließlich der Koordination der Aufsichtsbehörden innerhalb aller Mitgliedstaaten dienen sollen. Dabei handelte es sich namentlich um die Einbettung der mitgliedstaatlichen Aufsichtsbehörden in die neuen Verfahren der Zusammenarbeit und der Kohärenz in den Art. 60 ff. DSGVO sowie die Einrichtung des Europäischen Datenschutzausschusses (EDSA) in den Art. 68 ff. DSGVO, der vor allem als Koordinierungsgremium fungieren soll.

Es liegt auf der Hand, dass neben der gerichtlichen Kontrolle auch die institutionelle Aufsicht einen erheblichen Einfluss auf die Gestaltung des Datenschutzrechts zwischen Einheit und Vielfalt haben wird. Angesichts der eindeutig unitarisierenden Stoßrichtung der neu eingeführten Mechanismen gilt dies umso mehr.[215] Es ist bereits herausgearbeitet worden, dass und weshalb die Gewährleistung spezifischer institutioneller Kontrollen einen zentralen, verfassungsrechtlich verankerten Baustein des unionalen Datenschutzrechts bildet.[216] Sie hat für die Wirksamkeit des Datenschutzrechts in

---

[212] Fraglich ist das z. B. mit Blick auf die Feststellungen in den Urteilen ASNEF und Breyer. Dort hat sich der EuGH jeweils explizit auf Art. 5 DSRL bezogen. Einen derart allgemein-übergreifenden Regelungsspielraum beinhaltet die DSGVO nicht.

[213] *EuGH* Urteil, 24.9.2019 – C-507/17, *CNIL*, Rn. 66.

[214] Vgl. EG 10 S. 2.

[215] Den neuen Mechanismen der Zusammenarbeit und Kohärenz wird eine zentrale Rolle bei der Abkehr von der bisher dezentralisierten Durchsetzung hin zu einer „Europäisierung" des Datenschutzrechts zugesprochen, vgl. *Lynskey*, Camb. Yearb. Eur. Legal Stud., 2017, 252.

[216] Für eine funktionale Analyse des Bausteins s. o. Teil 3, A., II., 5. Die Bedeutung des

der Praxis eine herausragende Bedeutung. Das Erfordernis effektiver Durchsetzungsmechanismen ist evident mit Blick auf einerseits die ökonomischen Anreize von Verantwortlichen, sich nicht immer an die Datenschutzvorschriften zu halten und andererseits etwaige (wirtschafts-)politische Interessen der Mitgliedstaaten, Verstöße nicht immer konsequent zu verfolgen und zu sanktionieren.[217] Die teils gravierenden Unterschiede bei der Wahrnehmung der Aufgaben und Befugnisse durch die Aufsichtsbehörden in den Mitgliedstaaten hatte unter der Datenschutzrichtlinie wiederholt zu Konflikten geführt.

Auf der anderen Seite besteht bei einer undifferenzierten Ausrichtung des institutionellen Datenschutzes auf Einheitlichkeit die Gefahr, dass die Mitgliedstaaten hinsichtlich ihrer Funktion als Koordinatoren von Datenschutzrecht und Sachgebieten ausgehebelt werden. Dies könnte der Fall sein, wenn auch unionsrechtlich installierte und mit umfassenden Befugnissen ausgestattete, im Wesentlichen mit der Kohärenzsicherung beauftragte Institutionen mit ihren Entscheidungen in Kompetenzbereiche der Mitgliedstaaten hinein"regierten" und dadurch legislativ konsentierte Flexibilität und Vielfalt unterliefen. Unabhängige Kontrollinstanzen sind allerdings auch gerade deshalb von so großer Bedeutung für die Wirksamkeit des Datenschutzrechts, weil die Verarbeitungszusammenhänge vielfältig und komplex sein können und sich für die Betroffenen deshalb – trotz der Informations-, Partizipations- und Einflussnahmerechte – oft nicht vollkommen erschließen.[218]

Vor diesem Hintergrund soll im Folgenden, ohne dies in aller Tiefe auszuarbeiten, ein Überblick über die in der Datenschutz-Grundverordnung vorgesehenen Mechanismen der aufsichtsbehördlichen Kooperation (I.) und des Europäischen Datenschutzausschusses (II.) gegeben werden. Sind diese in einer Art und Weise gestaltet, dass sie die datenschutzspezifischen Flexibilitäts- und Vielfaltserfordernisse reflektieren?

Bausteins kommt auch durch seine doppelte Verankerung im Primärrecht zum Ausdruck, vgl. Art. 8 Abs. 3 GRCh sowie Art. 16 Abs. 2 UAbs. 1, S. 2 AEUV.

[217] Damit ist indessen nicht gesagt, dass das mit der DSGVO fortgeführte System *behördlicher* Kontrollen in jeder Hinsicht den Anforderungen an einen effektiven Datenschutz gerecht wird. Kritisch zum Modell behördlicher Datenschutzkontrollen angesichts der Netzwerkstruktur des Internets *Ladeur*, Brazilian Journal of Public Policy, 2013, 282 (287), der alternative Streitbeilegungsmechanismen in Form von transsubjektiven Institutionen vorschlägt.

[218] *Albers*, § 22 Umgang mit personenbezogenen Informationen und Daten, in: Hoffmann-Riem/Schmidt-Aßmann/Voßkuhle, Grundlagen des Verwaltungsrechts, 2012, 1–169 (161).

I. Die Aufsichtsbehörden und ihre Kooperationsformen

Die Regelungen betreffend die Aufsichtsbehörden und die neu eingeführten Kooperationsmechanismen finden sich in den Kapiteln VI und VII der Datenschutz-Grundverordnung. Gemäß Art. 51 DSGVO sehen die Mitgliedstaaten vor, dass eine oder mehrere unabhängige Behörden für die Überwachung der Anwendung des Rechtsakts zuständig sind. Die Option der Einrichtung mehrerer Aufsichtsbehörden wurde für den Fall vorgesehen, dass dies der verfassungsmäßigen, organisatorischen oder administrativen Struktur eines Mitgliedstaats entspricht.[219] Damit wird es den Mitgliedstaaten ermöglicht, etwaigen territorialen Besonderheiten und sachbereichsbezogenen Partikularitäten Rechnung zu tragen.[220] Der Unionsgesetzgeber zeigt an dieser Stelle Bewusstsein für die strukturelle Heterogenität der Mitgliedstaaten. Dass er keine zentralisierte Kontrolle eingerichtet hat, dürfte zudem auf die Erkenntnis zurückzuführen sein, dass dezentrale, mitgliedstaatliche Aufsichtsbehörden besser positioniert sind, um einerseits die Einpassung und Einschränkung der DSGVO-Vorgaben mit Blick auf die jeweiligen nationalen Besonderheiten und um andererseits die Abwägung mit anderen Grundrechten vorzunehmen.[221]

Die nach Art. 51 DSGVO zu errichtenden Behörden werden von der Verordnung mit einer Aufgabe betraut, die zwei Zielsetzungen hat: Sie überwachen die Anwendung der DSGVO, damit die Grundrechte und Grundfreiheiten natürlicher Personen bei der Datenverarbeitung geschützt werden *und* der freie Datenverkehr in der Union erleichtert wird.[222] Art. 51 Abs. 2 DSGVO stellt zusätzlich heraus, dass jede Aufsichtsbehörde einen Beitrag zur einheitlichen Anwendung der DSGVO in der gesamten Union leistet. Die doppelte Finalität des EU-Datenschutzrechts[223] prägt also nicht nur seinen materiell-rechtlichen Gehalt, sondern erstreckt sich auch auf die institutionelle Kontrolle. Der Europäische Gerichtshof hat in diesem Zusammenhang hervorgehoben, dass es Aufgabe der Aufsichtsbehörden sei, „zum einen die Achtung des Grundrechts auf Privatsphäre und zum anderen die Interessen, die den freien Verkehr personenbezogener Daten verlangen, miteinander ins Gleichgewicht [zu] bringen."[224]

---

[219] Vgl. EG 117 S. 2.

[220] Für Beispiele s. *Lewinski*, NVwZ, 2017, 1483 (1485).

[221] Vgl. *Pereira Coutinho*, A Independência da Comissão Nacional de Proteção de Dados, in: Pereira Coutinho/Canto Moniz, Anuário da Proteção de Dados, 2020, 9 (15).

[222] Vgl. auch EG 123 S. 1.

[223] Zu den Ursprüngen s.o. Teil 1, A., zu der Ausprägung im Datenschutzsekundärrecht Teil 3, A., I., 1.

[224] *EuGH* Urteil, 9.3.2010 – C-518/07, *Kommission/Deutschland*, Rn. 24.

Die vom EuGH noch unter Geltung der DSRL aufgestellten Anforderungen an die Unabhängigkeit der Aufsichtsbehörden sind im Wesentlichen in Art. 52 DSGVO kodifiziert worden. Damit dürfte auch weiterhin kein Raum bleiben für mitgliedstaatliche Organisationsstrukturen, die – etwa auf Grund des verfassungsrechtlichen Gebots der demokratischen Legitimation staatlichen Handelns – grundsätzlich eine Eingliederung der Datenschutzaufsicht in die Staatsverwaltung, auch in Form einer Rechtsaufsicht, erfordern.[225] Die Unabhängigkeit dürfte indessen nicht so umfassend zu verstehen sein, dass sie auch in horizontaler Hinsicht, also gegenüber den Aufsichtsbehörden anderer Mitgliedstaaten gilt. Andernfalls lägen Konflikte mit den neu eingeführten Kooperationsmechanismen auf der Hand. Denn diese bringen notwendigerweise mit sich, dass es bei Meinungsverschiedenheiten zwischen Aufsichtsbehörden verschiedener Mitgliedstaaten zu einer Überstimmung kommen kann, was aus Perspektive der überstimmten Behörde als Eingriff in ihre Unabhängigkeit verstanden werden könnte.[226]

Abstimmungserfordernisse, die auf die Interdependenzen des Datenschutzrechts mit den Regelungs- und Verfahrensregimen anderer sachlicher Regelungsfelder verweisen, bestehen mit Blick auf Eingriffsbefugnisse anderer Behörden. So stellt sich etwa die Frage, ob und inwieweit die kartellrechtliche Missbrauchsaufsicht neben der (federführenden) Aufsichtsbehörde einen Verstoß von Vertragsbedingungen zur Datenverarbeitung gegen die DSGVO feststellen und Abhilfe verlangen kann.[227]

1. Die Verteilung der Zuständigkeiten

In den Art. 57 und 58 DSGVO werden die Behörden mit umfangreichen Aufgaben und Befugnissen ausgestattet. Den Mitgliedstaaten wird über eine Öffnung die Möglichkeit gegeben, die Befugnisse der nationalen Aufsichtsbehörden zu erweitern, sofern dadurch nicht die effektive Durchführung der Verfahren der Zusammenarbeit und Kohärenz beeinträchtigt wird.[228] Zu den Aufgaben gehört es, mit anderen Aufsichtsbehörden zusammenzuarbeiten, um die einheitliche Anwendung und Durchsetzung der DSGVO zu gewährleisten.[229] Für die Erfüllung der Aufgaben und Ausübung der Befugnisse ist grundsätzlich jede Aufsichtsbehörde im Hoheitsgebiet ihres eigenen Mit-

---

[225] Dies war bereits Verfahrensgegenstand vor dem EuGH, s. dazu oben, Teil 4, A., II., 2., a), dd).

[226] Zur Frage der horizontalen Unabhängigkeit *Schantz/Wolff*, Das neue Datenschutzrecht, 2017, S. 304 f.

[227] Diese Frage(n) hat das OLG Düsseldorf kürzlich dem EuGH zur Entscheidung vorgelegt, s. *OLG Düsseldorf* Vorlagebeschluss, 24. März 2021 – Kart 2/19 (V), *Facebook Ireland*.

[228] Vgl. Art. 58 Abs. 6 DSGVO.

[229] Art. 57 Abs. 1 lit. g DSGVO.

gliedstaats zuständig.[230] Die Wahrnehmung der Befugnisse erfolgt dabei, vorbehaltlich spezieller Vorschriften des Unionsrechts, nach dem jeweiligen nationalen Verfahrensrecht.[231] Vor der Durchführung der in Art. 64 Abs. 1 DSGVO genannten Maßnahmen muss die zuständige Aufsichtsbehörde eine Stellungnahme des EDSA einholen.[232]

Zu Besonderheiten bzgl. der Zuständigkeit kommt es zudem und vor allem bei grenzüberschreitenden Datenverarbeitungen im Sinne von Art. 4 Nr. 23 DSGVO. In diesen Fällen ist nach Maßgabe des Art. 60 DSGVO die sog. federführende Aufsichtsbehörde (engl. „lead supervisory authority") zuständig. Dabei handelt es sich gem. Art. 56 Abs. 1 DSGVO um diejenige Aufsichtsbehörde, in deren Zuständigkeitsbereich sich die Hauptniederlassung bzw. die einzige Niederlassung des Verantwortlichen oder Auftragsverarbeiters befindet, der die jeweilige grenzüberschreitende Datenverarbeitung durchführt.[233] Sie ist der einzige Ansprechpartner für den Verantwortlichen oder Auftragsverarbeiter (sog. „One-Stop-Shop"),[234] muss dabei allerdings den gebotenen Dialog mit anderen Aufsichtsbehörden führen und loyal und wirksam mit diesen zusammenarbeiten.[235] Auf der Kehrseite werden die Rechtsschutzmöglichkeiten für die Betroffenen optimiert, denn diese können sich stets an die ortsnahe Aufsichtsbehörde wenden, auch wenn es um die Verarbeitung durch ein grenzüberschreitend tätiges Unternehmen geht, dessen Hauptniederlassung in einem anderen Mitgliedstaat ist.

Von dieser Zuständigkeitsverteilung, die auf den Abbau von Bürokratie sowie die Vereinheitlichung der Anwendung und bessere Durchsetzung des Datenschutzrechts zielt, gibt es zu Gunsten von dezentraler Flexibilität Ausnahmen. So fällt die Verarbeitung auf Grundlage von Art. 6 Abs. 1 UAbs. 1 lit. c und e DSGVO, also vor allem die Verarbeitung im öffentlichen Bereich,

---

[230] Art. 55 Abs. 1 DSGVO. Zu den Grenzen dieser Befugnisse noch unter der DSRL s. *EuGH* Urteil, 1.10.2015 – C-230/14, *Weltimmo*, Rn. 56 f.

[231] Art. 58 Abs. 4 DSGVO.

[232] Sofern ein geplanter Beschluss der zuständigen Aufsichtsbehörde eine „Angelegenheit mit allgemeiner Geltung oder mit Auswirkungen in mehr als einem Mitgliedstaat" betrifft, muss der EDSA auf Antrag einer Aufsichtsbehörde, des Vorsitzes des Ausschusses oder der Kommission ebenfalls eine Stellungnahme abgeben, vgl. Art. 64 Abs. 2 DSGVO. Diese ist dann aber – anders als bei Art. 64 Abs. 1 DSGVO – keine Rechtmäßigkeitsvoraussetzung. Über Art. 65 Abs. 1 lit. c S. 1, 1. Alt. DSGVO kann die nach Art. 64 Abs. 2 DSGVO abgegebene Stellungnahme gleichwohl Verbindlichkeit erlangen.

[233] Bereits vor Geltung der DSGVO hat noch die Vorgängerinstitution des EDSA Leitlinien zur Bestimmung der federführenden Aufsichtsbehörde erarbeitet, s. *Art. 29 Datenschutzgruppe*, WP 244 rev. 01. Leitlinien für die Bestimmung der federführenden Aufsichtsbehörde eines Verantwortlichen oder Auftragsverarbeiters, 5.4.2017, S. 3 ff.

[234] Vgl. Art. 56 Abs. 6 DSGVO. Dazu näher sogleich, Teil 4, B., I., 2.

[235] S. *EuGH* Urteil, 15.6.2021 – C-645/19, *Facebook Ireland/Gegevensbeschermingsautoriteit*, Rn. 53; 63.

immer in den Zuständigkeitsbereich der jeweiligen nationalen Aufsichtsbehörde.[236] Eine weitere Dezentralisierung wird über Art. 56 Abs. 2 DSGVO erreicht. Demnach findet das Verfahren nach Art. 60 DSGVO keine Anwendung, wenn der Gegenstand nur mit der Niederlassung in einem bestimmten Mitgliedstaat zusammenhängt bzw. nur betroffene Personen eines bestimmten Mitgliedstaats erheblich beeinträchtigt. In diesen (lokalen) Konstellationen ist jeweils nur die lokale Aufsichtsbehörde zuständig. Allerdings hat die federführende Aufsichtsbehörde auch in diesen Fällen die Möglichkeit, die Angelegenheit an sich zu ziehen (Art. 56 Abs. 3–5 DSGVO).[237] Darüber hinaus kann eine Aufsichtsbehörde in dringlichen Fällen ihre Eilkompetenz annehmen, allerdings mit der Einschränkung, dass entsprechende Maßnahmen geografisch und zeitlich begrenzt sind.[238] Im Rahmen dieser engen Voraussetzungen steht daneben jeder (also auch einer nicht-federführenden) Aufsichtsbehörde nach Art. 58 Abs. 5 DSGVO die Befugnis zu, Verstöße gegen Vorgaben der DSGVO – auch in grenzüberschreitenden Sachverhalten – gerichtlich geltend zu machen.[239]

2. Die Formen der Zusammenarbeit der Aufsichtsbehörden

Um trotz der organisatorischen Zersplitterung der mitgliedstaatlichen Aufsichtsbehörden eine möglichst einheitliche Anwendung und Durchsetzung des Datenschutzrechts sicherzustellen, sieht die Datenschutz-Grundverordnung verschiedene Kooperationsformen vor.

Dazu gehört, dass die Aufsichtsbehörden einander zur Gewährung von Amtshilfe verpflichtet sind (Art. 61 DSGVO), was vor allem den Austausch von Informationen beinhaltet. Darüber hinaus besteht für sie die Möglichkeit, gemeinsame Maßnahmen, einschließlich gemeinsamer Untersuchungen und Durchsetzungsmaßnahmen, zu ergreifen (Art. 62 DSGVO). Teilnahmeberechtigt ist die Aufsichtsbehörde jedes Mitgliedstaats, in dem ein Verantwortlicher über Niederlassungen verfügt oder in dem die Verarbeitungsvorgänge des Verantwortlichen voraussichtlich auf eine bedeutende Zahl von

---

[236] S. Art. 55 Abs. 2 DSGVO. Hierbei handelt es sich um eine zentrale Differenzierung zwischen dem öffentlichen und dem privaten Sektor. Das Verfahren der Zusammenarbeit ist für den Bereich der Verarbeitung auf Grundlage von Art. 6 Abs. 1 UAbs. 1 lit. c und e DSGVO nicht anwendbar, sodass insoweit auch keine Unitarisierungszwänge entstehen können. Es dürfte daher auch vor allem im öffentlichen Bereich sein, in dem die Mitgliedstaaten die Befugnisse der Aufsichtsbehörden über Art. 58 Abs. 6 DSGVO erweitern können.

[237] Dazu auch *EuGH* Urteil, 15.6.2021 – C-645/19, *Facebook Ireland/Gegevensbeschermingsautoriteit*, Rn. 60 ff.

[238] Vgl. Art. 66 DSGVO.

[239] *EuGH* Urteil, 15.6.2021 – C-645/19, *Facebook Ireland/Gegevensbeschermingsautoriteit*, Rn. 65 ff.

betroffenen Personen Auswirkungen haben werden. Die Koordination erfolgt dabei in der Weise, dass die Behörde, in deren Mitgliedstaat eine Maßnahme vorgenommen werden soll, Mitglieder anderer Aufsichtsbehörden einlädt, die dann für sie – nach Maßgabe des jeweiligen nationalen Rechts und unter Leitung der einladenden Behörde – tätig werden. Nach außen werden die Handlungen sämtlicher Teilnehmer entsprechend dem Gedanken des One-Stop-Shops dem Mitgliedstaat der einladenden Aufsichtsbehörde zugerechnet.

Das Kooperationsverfahren nach Art. 60 DSGVO dient der Koordination des Nebeneinanders von mehreren Aufsichtsbehörden in grenzüberschreitenden Sachverhalten. Es sieht vor, dass die federführende Aufsichtsbehörde mit den anderen (von der grenzüberschreitenden Verarbeitung) *betroffenen* Aufsichtsbehörden zusammenarbeitet und sich bemüht, einen Konsens zu erzielen. Betroffen ist eine Aufsichtsbehörde, a) wenn ein Verantwortlicher oder Auftragsverarbeiter eine Niederlassung im Hoheitsgebiet ihres Mitgliedstaats hat, b) wenn die Verarbeitung erhebliche Auswirkung auf betroffene Personen mit Wohnsitz in ihrem Hoheitsgebiet hat sowie c) wenn bei ihr eine Beschwerde eingelegt wurde.[240] Die federführende Aufsichtsbehörde ist alleinbefugt, gegenüber dem grenzüberschreitend verarbeitenden Verantwortlichen tätig zu werden.[241] Im Innenverhältnis ist die federführende Aufsichtsbehörde bei der Wahrnehmung ihrer Befugnisse allerdings nicht ungebunden, sondern muss zum Zwecke der Konsensfindung die betroffenen Aufsichtsbehörden einbinden. Dies geschieht, indem sie diesen einen Beschlussentwurf zur Stellungnahme vorlegt und deren Standpunkten gebührend Rechnung trägt.[242] Hier findet die für das Verfahren entscheidende Weichenstellung statt: Wenn die Behörden untereinander einig werden, erlässt die federführende Aufsichtsbehörde den Beschluss, den der grenzüberschreitend Verarbeitende dann umzusetzen hat.[243] Das Kooperationsverfahren wäre damit erfolgreich abgeschlossen. Legt hingegen mindestens eine betroffene Aufsichtsbehörde fristgerecht einen maßgeblichen und begründeten Einspruch gegen den Beschlussentwurf ein (zu dessen inhaltlichen Anforderungen vgl. Art. 4 Nr. 24 DSGVO)[244] und wird diesem seitens der feder-

[240] Vgl. Art. 4 Nr. 22 sowie EG 124 S. 2.

[241] Art. 60 Abs. 7 und 9 DSGVO.

[242] Art. 60 Abs. 3 DSGVO. Zu den Anforderungen vgl. EG 130 S. 2.

[243] Vgl. Art. 60 Abs. 7 und 10 DSGVO. Wird indessen eine Beschwere abgelehnt oder abgewiesen, erlässt hingegen die Aufsichtsbehörde, bei der die Beschwere eingereicht wurde, den Beschluss, teilt ihn dem Beschwerdeführer mit und setzt den Verantwortlichen in Kenntnis, Art. 60 Abs. 8 DSGVO.

[244] S. dazu nunmehr auch *EDSA*, Leitlinien 09/2020 zum maßgeblichen und begründeten Einspruch im Sinne der Verordnung (EU) 2016/679, 9.3.2021, S. 4 ff.

führenden Aufsichtsbehörde nicht entsprochen, dann leitet letztere das sog. Kohärenzverfahren nach Art. 63 ff. DSGVO ein.[245]

3. Das Kohärenzverfahren

Das Kohärenzverfahren ist demnach der zentrale Mechanismus, um Meinungsverschiedenheiten und unterschiedliche Ansätze der mitgliedstaatlichen Aufsichtsbehörden – vor allem in Bezug auf grenzüberschreitende Sachverhalte – im Sinne eines einheitlichen Vollzugs miteinander zu harmonisieren.[246] Um dies zu ermöglichen, wird der Europäische Datenschutzausschuss als Koordinationsstelle eingeschaltet. Dieser kann – je nach Konstellation – entweder Stellungnahmen gemäß Art. 64 DSGVO abgeben oder verbindliche Beschlüsse nach Art. 65 DSGVO erlassen.[247] Die Einschaltung des EDSA entfaltet eine Art Sperrwirkung für die betroffenen Aufsichtsbehörden, die während des laufenden Kohärenzverfahrens – vorbehaltlich dringlicher Fälle – keine Beschlüsse in der verfahrensgegenständlichen Angelegenheit fassen dürfen.[248] Im Grundsatz kann das Kohärenzverfahren als eine prozedurale „Verlängerung" des Kooperations- oder Konsultationsverfahrens gesehen werden. In der Form des Streitbeilegungsverfahrens gemäß Art. 65 DSGVO unterscheidet es sich von diesem aber dadurch, dass dem EDSA die Befugnis zugewiesen wird, gegenüber den Aufsichtsbehörden verbindliche Entscheidungen zu treffen. Dies gilt gerade auch für den Fall, dass es im Rahmen des Kooperationsverfahrens wegen eines Einspruchs nicht zu einem Einvernehmen zwischen den Aufsichtsbehörden in Bezug auf eine grenzüberschreitende Datenverarbeitung gekommen ist.[249] Daneben kann der EDSA verbindlich entscheiden, wenn Uneinigkeit darüber besteht, welche Aufsichtsbehörde die federführende ist sowie im Falle, dass eine zuständige Aufsichtsbehörde gem. Art. 64 erforderliche Stellungnahmen nicht einholt oder bereits ergangenen Stellungnahmen nicht folgt.[250]

Hinter dem Streitbeilegungsverfahren nach Art. 65 steht ersichtlich die Absicht, in Fällen, in denen zwischen den Aufsichtsbehörden kein Konsens

[245] Vgl. Art. 60 Abs. 4 DSGVO. In diesem konkreten Fall kann der EDSA einen verbindlichen Beschluss erlassen und so den Streit beilegen, vgl. Art. 65 Abs. 1 lit. a DSGVO. Näher zu den Anforderungen im Verfahren *Weber/Dehnert*, ZD, 2021, 63 (64 f.).

[246] Vgl. zur gesetzgeberischen Intention EG 135.

[247] Näher zu diesen beiden „Spielarten" des Kohärenzverfahrens *Kibler*, Datenschutzaufsicht im europäischen Verbund, 2021, 243 ff.

[248] Vgl. Art. 64 Abs. 6 bzw. Art. 65 Abs. 4 DSGVO.

[249] Art. 65 Abs. 1 lit. a DSGVO. Zur Anwendung dieses Verfahrens hat der EDSA mittlerweile Leitlinien erlassen, in denen auch die einzelnen Verfahrensschritte detailliert erläutert werden, vgl. *EDSA*, Guidelines 03/2021 on the application of Article 65(1)(a) GDPR, 13.4.2021, S. 4 ff.

[250] Art. 66 Ans. 1 lit. b und c DSGVO.

in Bezug auf die Vorgehensweise in einem bestimmten Sachverhalt, insbesondere der Auslegung und Anwendung einer Vorschrift der DSGVO, gefunden werden konnte, die Letztentscheidungskompetenz einer EU-Behörde zuzuweisen.[251] Durch die Möglichkeit der federführenden und betroffenen Aufsichtsbehörden, gegen diesen Beschluss Nichtigkeitsklage gem. Art. 263 AEUV zu erheben, dürfte sich diese aber faktisch auf den Europäischen Gerichtshof verlagern.[252]

Mit Blick auf die Frage der Reflektion der Flexibilitäts- und Vielfaltserfordernisse ist bezüglich des Streitbeilegungsverfahrens zu bedenken, dass es die betroffenen Aufsichtsbehörden sind, die durch die Formulierung ihres Einspruchs den Gegenstand und folglich auch den Umfang der Prüfung durch den EDSA festlegen.[253] Mindestanforderungen insoweit ergeben sich daraus, dass ein Einspruch „maßgeblich und begründet" sein muss. Das bedeutet für die den Einspruch erhebende Aufsichtsbehörde, dass sie die Tragweite der Risiken, die von dem Beschlussentwurf für die Grundrechte der Betroffenen bzw. den freien Datenverkehr ausgehen, eindeutig bezeichnen muss.[254] Der Einspruch verschafft den betroffenen Aufsichtsbehörden eine den gem. Art. 267 AEUV vorlageberechtigen mitgliedstaatlichen Fachgerichten vergleichbare Position. Denn über das Mittel des Einspruchs können sie mitgliedstaatsspezifische Flexibilitäts- und Vielfaltserfordernisse, die ggf. eine andere Beurteilung der Rechtslage rechtfertigen, in einen der Justiz vorgelagerten supranationalen Konsensfindungsprozess hineintragen. Sie können gleichermaßen – aus ihrer Sicht – unbegründete „nationale Alleingänge" von federführenden Aufsichtsbehörden blockieren, indem sie Risiken rügen, die von dem Beschlussentwurf für den freien Datenverkehr ausgehen. Weil Datenverarbeitungen auf Grundlage von Art. 6 Abs. 1 UAbs. 1 lit. c und e DSGVO vom Anwendungsbereich der Kooperations- und Kohärenzverfahren ausgenommen sind, dürften etwaige Flexibilitäts- und Vielfaltsverhältnisse in verfahrensgegenständlichen Konstellationen regelmäßig weniger stark ausgeprägt sein.

Auf der Kehrseite dessen, dass die Aufsichtsbehörden den Gegenstand des verbindlichen Beschlusses bestimmen, steht, dass der EDSA an den von den

---

[251] *Marsch*, in: Wolff/Brink, 38. Edition, 2021, BeckOK Datenschutzrecht, Art. 65 DSGVO, Rn. 1 spricht vor diesem Hintergrund mit Blick auf Art. 65 von der „zentrale[n] Norm des Abschnitts".

[252] Vgl. dazu EG 143.

[253] Vgl. Art. 65 Abs. 1 lit. a S. 2 DSGVO: „Der verbindliche Beschluss betrifft alle Angelegenheiten, die Gegenstand des maßgeblichen und begründeten Einspruchs sind, insbesondere die Frage, ob ein Verstoß gegen diese Verordnung vorliegt".

[254] Vgl. Art. 4 Nr. 24 DSGVO. Näher zu den Anforderungen an die „Maßgeblichkeit" und die „Begründetheit" nunmehr auch *EDSA*, Leitlinien 09/2020 zum maßgeblichen und begründeten Einspruch im Sinne der Verordnung (EU) 2016/679, 9.3.2021, S. 7 ff.

Aufsichtsbehörden ermittelten Sachverhalt gebunden ist. Dies wirft die Frage auf, ob in Fällen, in denen sich die Aufsichtsbehörden über die Vollständigkeit und Korrektheit der Sachverhaltsermittlung seitens der federführenden Behörden streiten, der EDSA die federführende Aufsichtsbehörde durch verbindlichen Beschluss dazu verpflichten kann, die laufende Untersuchung zu unterbrechen und eine neue mit erweitertem Untersuchungsumfang zu starten.[255] In dem ersten abgeschlossenen Verfahren nach Art. 65 Abs. 1 lit. a DSGVO, bei dem es um eine Datenschutzverletzung durch die Twitter International Company ging, hatten verschiedene betroffene Aufsichtsbehörden eben die mangelnde Sachverhaltsermittlung durch die federführende irische Data Protection Commission gerügt.[256] Die Auffassung, dass der EDSA die federführende Aufsichtsbehörde in diesem Fall zu einer neuen Untersuchung mit erweitertem Umfang verpflichten muss, hat sich im EDSA in diesem Verfahren nicht durchsetzen können.[257] Sollte es bei dieser Praxis bleiben, drängt sich die Frage auf, inwieweit die Konzentration der Zuständigkeit bei der federführenden Aufsichtsbehörde einen Mehrwert für die effektive (und einheitliche) Durchsetzung des Datenschutzrechts innerhalb der EU bietet. Denn der Umfang der Verpflichtungen für grenzüberschreitend tätige Verantwortliche und Auftragsverarbeiter hängt so in großem Maße von der Qualität der Sachverhaltsermittlung einer einzigen Behörde ab. Zudem entfalten die Beschlüsse Verbindlichkeit stets nur für den konkreten Einzelfall.

Etwas anderes gilt für die Leitlinien, Empfehlungen und Stellungnahmen des Ausschusses. Diese sind zwar unverbindliches „soft law", sie gelten aber abstrakt-generell.

II. Die Rolle des Europäischen Datenschutzausschusses

Der gem. Art. 68 Abs. 1 DSGVO als Einrichtung der Union mit eigener Rechtspersönlichkeit installierte Europäische Datenschutzausschuss löst funktionell die bisherige Art. 29-Gruppe ab. Er unterscheidet sich von dieser vor allem durch einen deutlich detaillierteren Aufgabenkatalog und eigene Entscheidungsbefugnisse mit Bindungswirkung. Anders als seine Vorgän-

---

[255] Dazu, mit Gründen für eine solche Kompetenz des EDSA, *Weber/Dehnert*, ZD, 2021, 63 (66 f.). S. auch *EDSA*, Leitlinien 09/2020 zum maßgeblichen und begründeten Einspruch im Sinne der Verordnung (EU) 2016/679, 9.3.2021, S. 10.

[256] Für den Inhalt des verbindlichen Beschlusses s. *EDSA*, Beschluss 01/2020 zur Streitigkeit nach Artikel 65 Absatz 1 Buchstabe a der DSGVO über den Beschlussentwurf der irischen Aufsichtsbehörde bezüglich der Twitter International Company, 9.11.2020.

[257] Aus der Perspektive von Mitarbeitern des Niedersächsischen Landesbeauftragten für den Datenschutz, welcher im konkreten Verfahren Einspruch eingelegt hat: *Weber/Dehnert*, ZD, 2021, 63 (67 f.).

gerin ist das Gremium also gerade nicht auf eine Beratungsfunktion beschränkt. In personeller Hinsicht setzt sich der EDSA zusammen aus dem Leiter einer Aufsichtsbehörde jedes Mitgliedstaats und dem Europäischen Datenschutzbeauftragten (bzw. ihren jeweiligen Vertretern).[258] Letzterer ist bei Beschlüssen nach Art. 65 Abs. 1 DSGVO allerdings nur begrenzt stimmberechtigt.[259] In Mitgliedstaaten mit mehr als einer Aufsichtsbehörde muss ein gemeinsamer Vertreter benannt werden.[260] Die Kommission ist berechtigt, an den Sitzungen des Ausschusses teilzunehmen, hat aber kein Stimmrecht.[261] Dem Ausschuss steht ein Sekretariat zur Seite, das diesem analytische, administrative und logistische Unterstützung leistet.[262]

Die zentrale Aufgabe und Funktion der neuen Behörde besteht in der Sicherstellung der einheitlichen Anwendung der Datenschutz-Grundverordnung.[263] Diese Zielsetzung überlagert das gesamte dem Ausschuss in Art. 70 DSGVO zugewiesene breite und nicht abschließende Aufgabenspektrum. Dieses umfasst u. a. die oben beschriebene Funktion als zentrales Koordinations- und Kontrollorgan im Rahmen des sog. Kohärenzverfahrens i. S. v. Art. 63 ff. DSGVO,[264] die Bereitstellung von „soft law" in Gestalt von Leitlinien, Empfehlungen und bewährten Verfahren[265] und die Beratung der Kommission.[266]

Angesichts dieses umfassenden Katalogs bieten sich dem EDSA vielfältige Möglichkeiten, durch Konkretisierungen der DSGVO auf das Verhältnis von Einheit und Vielfalt in der Rechtsanwendung und Durchsetzung einzuwirken. Die Rolle des „soft laws" in Form von Stellungnahmen, Leitlinien, Empfehlungen oder bewährten Verfahren (engl.: „best practices") ist dabei

---

[258] Art. 68 Abs. 3 DSGVO.

[259] Art. 68 Abs. 6 DSGVO. Dies entspricht der Zuständigkeit des EDSB allein für die Kontrolle der Einhaltung des Datenschutzrechts durch die Organe und Stellen der EU.

[260] Art. 51 Abs. 3 DSGVO. Die Norm weist dem Gesetzgeber des Mitgliedstaats zu, die Abstimmungsprozesse unter den nationalen Aufsichtsbehörden zu regeln und dabei den Anforderungen des Kohärenzverfahrens Rechnung zu tragen. In Deutschland etwa ist dies in den §§ 17 ff. BDSG geregelt.

[261] Art. 68 Abs. 5 DSGVO.

[262] Vgl. Art. 75 DSGVO.

[263] Vgl. Art. 70 Abs. 1, S. 1 DSGVO. Im Einzelnen zu den Funktionen *Kibler*, Datenschutzaufsicht im europäischen Verbund, 2021, S. 200 ff.

[264] Vgl. Art. 70 Abs. 1 lit. a, lit. t DSGVO. Vor diesem Hintergrund weisen *Hert/Papakonstantinou*, Computer Law & Security Review, 2016, 179 (193) dem EDSA die Rolle des„consistency gatekeepers" zu.

[265] Die Generalklausel in Art. 70 Abs. 1 S. 2 lit. e wird in zahlreichen Aufgabentatbeständen näher konkretisiert.

[266] Vgl. die Generalklausel in Art. 70 Abs. 1 S. 2 lit. b: „in allen Fragen, die im Zusammenhang mit dem Schutz personenbezogener Daten in der Union stehen, einschließlich etwaiger Vorschläge zur Änderung dieser Verordnung".

nicht zu unterschätzen. Zwar mag es im Grundsatz unverbindlich sein und zu den Rechtsfolgen einer Abweichung äußert sich die die DSGVO nicht. Zu bedenken ist aber, dass die Nichtbeachtung etwaigen soft laws durch eine Aufsichtsbehörde – gerade, wenn es eine grundsätzliche Frage betrifft – häufig eine „Angelegenheit mit allgemeiner Geltung oder mit Auswirkungen in mehr als einem Mitgliedstaat" im Sinne von Art. 64 Abs. 2 DSGVO sein dürfte, sodass der Weg zu einer Prüfung durch den Ausschuss und dem Erlass eines bindenden Beschlusses nach Art. 65 Abs. 1 lit. c eröffnet wäre.[267]

In der Praxis hat sich der EDSA (zum Teil gemeinsam mit dem Europäischen Datenschutzbeauftragen) in Stellungnahmen und Leitlinien mittlerweile wiederholt mit Fragen auseinandergesetzt, in denen sich Flexibilitäts- und Vielfaltserfordernisse widerspiegelten. So hat er sich mit dem Zusammenspiel der DSGVO mit bereichsspezifischem (auch Datenschutz-)Sekundärrecht und auf diese Weise mit den aus den Interdependenzen resultierenden Koordinationserfordernissen (auf horizontaler Unionsebene) beschäftigt.[268] Auch hat sich der Ausschuss mit der Auslegung von Art. 6 Abs. 1 UAbs. 1 lit. b DSGVO befasst und sich dabei zu dessen Verhältnis zum nationalen Zivilrecht geäußert.[269] Darüber hinaus hat sich das Gremium auch schon Leitlinien für die Auslegung einzelner Öffnungen bereitgestellt.[270] Insgesamt werden die aus den Flexibilitäts- und Vielfaltserfordernissen resultie-

---

[267] Darauf zutreffend hinweisend: *Dix*, in: Kühling/Buchner, 3. Aufl., 2020, Datenschutz-Grundverordnung BDSG, Art. 70, Rn. 10.

[268] Vgl. *EDSA*, Stellungnahme 5/2019 zum Zusammenspiel zwischen der e-Datenschutz-Richtlinie und der DSGVO, insbesondere in Bezug auf die Zuständigkeiten, Aufgaben und Befugnisse von Datenschutzbehörden, 12.3.2019, S. 13 ff.; *EDSA*, Stellungnahme 3/2019 zu den Fragen und Antworten zum Zusammenspiel der Verordnung über klinische Prüfungen und der Datenschutz-Grundverordnung (DSGVO) (Artikel 70 Absatz 1 Buchstabe b), 23.1.2019., *EDSA*, Leitlinien 06/2020 zum Zusammenspiel zwischen der zweiten Zahlungsdiensterichtlinie und der DSGVO, 15.12.2020., *EDSA-EDSB*, Gemeinsame Stellungnahme 03/2021 des EDSA und des EDSB zum Vorschlag für eine Verordnung des Europäischen Parlaments und des Rates über europäische Daten-Governance (Daten-Governance-Gesetz), 9.6.2021, S. 20 ff. sowie *EDSA-EDSB*, Gemeinsame Stellungnahme 5/2021 zum Vorschlag für eine Verordnung des Europäischen Parlaments und des Rates zur Festlegung harmonisierter Vorschriften für künstliche Intelligenz (Gesetz über künstliche Intelligenz) und zur Änderung bestimmter Rechtsakte der Union, 18.6.2021, S. 20 ff.

[269] *EDSA*, Leitlinien 2/2019 zur Verarbeitung personenbezogener Daten gemäß Artikel 6 Absatz 1 Buchstabe b DSGVO im Zusammenhang mit der Bereitstellung von Online-Diensten für betroffene Personen, 8.10.2019. Dazu zu Recht kritisch: *Indenhuck/Britz*, Betriebs Berater, 2019, 1091.

[270] *EDSA*, Guidelines 10/2020 on restrictions under Article 23 GDPR, 13.10.2021, S. 7 ff. Insbesondere äußert sich das Gremium zur Konkretisierung der in Art. 23 Abs. 1 lit. a–j DSGVO genannten Beschränkungsgründe, die mitunter generalklauselartig formuliert sind.

renden Anforderungen an die Gestaltung des Datenschutzrechts im Rahmen der Stellungnahmen und Leitlinien allerdings noch nicht in der notwendigen Differenziertheit in den Blick genommen. Dennoch belegen diese Beispiele die Bedeutung des EDSA und des „soft law“ für die Frage nach dem Verhältnis von Einheit und Vielfalt in der Anwendung und Durchsetzung des EU-Datenschutzrechts. Für die Zukunft bleibt zu hoffen, dass der Ausschuss sich stärker mit der Kontingenz der Ausgestaltung der Bausteine auseinandersetzt und den Mitgliedstaaten konkrete Möglichkeiten aufzeigt, wie sie Öffnungen flexibel entsprechend ihren Funktionen, aber gleichzeitig im Sinne eines effektiven Datenschutzrechts ausfüllen können.[271]

III. Fazit

Der vorstehend gegebene Überblick hat die Annahme bestätigt, dass die neu eingeführten Verfahren der Zusammenarbeit und Kohärenz sowie der Europäische Datenschutzausschuss primär auf die Gewährleistung der einheitlichen Anwendung und Durchsetzung der DSGVO in den Mitgliedstaaten ausgerichtet sind. Das Streitbeilegungsverfahren gem. Art. 65 DSGVO als „scharfe“ Variante des Kohärenzverfahrens soll Meinungsverschiedenheiten zwischen Aufsichtsbehörden zu Gunsten einer einheitlichen Auslegung und Rechtsanwendung über verbindliche Beschlüsse beilegen. Auch wenn eine Aufsichtsbehörde einer (nicht-bindenden) Stellungnahme des EDSA nicht Folge leistet, kann das Gremium ins Streitbeilegungsverfahren wechseln und eine verbindliche Entscheidung treffen. Das Aufgabenspektrum des EDSA ist breit; ihm liegt jedoch insgesamt das Ziel der Sicherstellung der einheitlichen Anwendung der Datenschutz-Grundverordnung zu Grunde. Insbesondere die Bereitstellung von Leitlinien, Empfehlungen und bewährten Verfahren sowie die Abgabe von Stellungnahmen sind wichtige Instrumente, um die abstrakten DSGVO-Vorschriften zu konkretisieren und somit eine einheitliche Anwendung zu ermöglichen. Auf den ersten Blick bieten die institutionellen Neuerungen also kaum Anknüpfungspunkte für die Berücksichtigung der datenschutzspezifischen Flexibilitäts- und Vielfaltserfordernisse. Bei genauerer Betrachtung lassen sich innerhalb der Vorschriften aber Differenzierungen erkennen, die diesen Erfordernissen vereinzelt Rechnung tragen oder hierzu die Möglichkeiten bieten.

Hervorzuheben ist insoweit zunächst die Flexibilität, die den Mitgliedstaaten über Art. 51 Abs. 1 DSGVO hinsichtlich der Gestaltung der institu-

---

[271] Die Vorgabe, dass Art. 23 DSGVO als Ausnahme generell eng auszulegen sei, zeugt von einer fehlenden Sensibilität für die Funktion der Öffnung sowie für die Kontingenz der Ausgestaltung und Koordination der Bausteine, vgl. *EDSA*, Guidelines 10/2020 on restrictions under Article 23 GDPR, 13.10.2021, S. 5 f.

tionellen Aufsicht gegeben wird. Nach Vorstellung des Gesetzgebers sollen sie die Möglichkeit haben, entsprechend ihrer (heterogenen) verfassungsmäßigen, staatsorganisatorischen und administrativen Strukturen eine oder mehrere Behörden zu errichten. Grenzen werden insoweit allerdings durch das Kriterium der Unabhängigkeit gezogen, weshalb eine Integration in die Staatsverwaltung – sei sie auch aus nationalverfassungsrechtlicher Perspektive geboten – weiterhin unzulässig sein dürfte.

Auch im Kontext der Zuständigkeitsverteilung und des Befugniskatalogs der Aufsichtsbehörden schlägt sich die Sensibilität für Flexibilitäts- und Vielfaltserfordernisse seitens des Unionsgesetzgebers nieder. Konkret wird über Art. 55 Abs. 2 DSGVO die Verarbeitung auf Grundlage von Art. 6 Abs. 1 UAbs. 1 lit. c und e DSGVO vollständig vom Anwendungsbereich der Verfahren der Zusammenarbeit und Kohärenz ausgenommen; namentlich für behördliche Datenverarbeitungen bleiben also die nationalen Aufsichtsbehörden zuständig und es entsteht kein Unitarisierungsdruck. Die strukturell unterschiedliche Konstitution von öffentlichem und privatem Bereich wird so reflektiert. Flexibilität und Vielfalt wird den Mitgliedstaaten von Art. 58 Abs. 6 DSGVO zudem bei der Gestaltung der Befugnisse der Aufsichtsbehörden ermöglicht. Demnach können die Mitgliedstaaten im nationalen Recht zusätzlich Befugnisse vorsehen. Dieser Regelungsspielraum findet dort seine Grenze, wo die Ausübung der Befugnisse die effektive Durchführung des Kooperations- und Kohärenzverfahrens beeinträchtigt. Etwaige Befugnisse dürfen also nicht in Widerspruch zu den Art. 60 ff. DSGVO stehen. Das dürfte zur Konsequenz haben, dass etwaige zusätzliche Befugnisse vor allem im öffentlichen Bereich geschaffen werden, denn dieser ist wegen Art. 55 Abs. 2 DSGVO ohnehin überwiegend vom Anwendungsbereich des Kapitel VII ausgenommen. Der Unionsgesetzgeber trägt hiermit dem Umstand Rechnung, dass der Einheitlichkeitsanspruch im privaten Bereich grundsätzlich eine stärkere Rechtfertigungsgrundlage findet. Komplizierte Fragen ergeben sich indessen mit Blick auf das Verhältnis von federführender Aufsichtsbehörde und anderen (mitgliedstaatlichen) Fachbehörden, soweit letztere hinsichtlich eines (auch) datenschutzrechtlichen Sachverhalts aufgrund außerdatenschutzrechtlicher Befugnisse Entscheidungen treffen.[272]

Im Hinblick auf den EDSA ist festzuhalten, dass dessen zentrale Aufgabe in der Sicherstellung der einheitlichen Anwendung der DSGVO besteht, Art. 70 Abs. 1 S. 1 DSGVO. Diese Aufgabenzuweisung ist allerdings im Lichte der datenschutzspezifischen Anforderungen, zu denen auch die Flexibilitäts- und Vielfaltserfordernisse gehören, zu lesen. Sowohl bei der Wahr-

---

[272] S. dazu, am Beispiel der Kartellbehörden, *OLG Düsseldorf* Vorlagebeschluss, 24. März 2021 – Kart 2/19 (V), *Facebook Ireland*. Die Sache ist beim EuGH unter dem Aktenzeichen C-252/21 anhängig.

nehmung seiner Rolle als Koordinator der Aufsichtsbehörden im Rahmen des Kohärenzverfahrens als auch bei der Ausübung seiner sonstigen Aufgaben darf die Einheitlichkeit der Rechtsanwendung nicht die alleinige Zielsetzung sein. Vor allem das ihm von Art. 70 Abs. 1 S. 2 lit. e DSGVO zugewiesene Selbstinitiativrecht hinsichtlich der Prüfung von die Anwendung der Verordnung betreffende Fragen sowie den Erlass von Leitlinien, Empfehlungen und bewährten Verfahren zwecks Sicherstellung einer einheitlichen Anwendung bietet ihm die Möglichkeit, sich jederzeit auch zu Flexibilitäts- und Vielfaltserfordernissen zu äußern. Denkbar wären etwa Auslegungshinweise zu den Öffnungen sowie das Aufzeigen konkreter Ausgestaltungsmöglichkeiten für die Mitgliedstaaten. Erste Leitlinien und Stellungnahmen, die sich mit den Interdependenzen zwischen Datenschutzrecht und den Sachbereichen sowie mit konkreten Öffnungen beschäftigen, bleiben insoweit hinter ihren Möglichkeiten zurück.

Der EuGH hat jüngst die Bedeutung der Verfahren der Zusammenarbeit und Kohärenz zur Ermöglichung eines einheitlichen Abwägungsergebnisses zwischen Datenschutzrecht und konfligierenden Grundrechten betont.[273] Die Luxemburger Richter scheinen der institutionellen Aufsicht bei der Konkretisierung des Datenschutzrechts also eine gewichtige Rolle zuzuweisen. Zukünftig dürfte der Gerichtshof sich vermehrt sowohl mit unverbindlichem soft law als auch mit verbindlichen Beschlüssen des EDSA auseinanderzusetzen haben. Auch im Verhältnis zu diesem wird er eine Spielraumtechnik entwickeln müssen.

[273] *EuGH* Urteil, 24.9.2019 – C-507/17, *CNIL*, Rn. 68 f.

Thesenförmige Zusammenfassung der Ergebnisse

Teil 1: Das EU-Datenschutzrecht als eigenständige Materie im Spannungsverhältnis zwischen Einheit und Vielfalt

1. Das Spannungsverhältnis zwischen Einheit und Vielfalt im EU-Datenschutzrecht ist kein junges Phänomen, das erstmals mit der Verabschiedung der Datenschutz-Grundverordnung aufgetreten ist. Vielmehr bildet es seit dessen Anfängen eines der zentralen Charakteristika des unionalen Datenschutzes, das ihn zu einer eigenständigen Materie macht.

2. Die historischen Hintergründe dieses Spannungsverhältnisses sind teils unionsspezifisch, teils gegenstandsspezifisch. Unionsspezifisch sind sie insoweit, als der Datenschutz ursprünglich, auch vor dem Eindruck der Datenschutzkonvention, vor allem als Handelshemmnis wahrgenommen wurde und eine Angleichung der nationalen Vorschriften als alternativlos bewertet wurde. Gegenstandsspezifisch sind sie, weil der Datenschutz in seinen Anfängen mit viel Ungewissheit behaftet war und die Mitgliedstaaten deshalb teils völlig unterschiedliche Regelungsmodelle wählten, die dann zu den – aus EU-Perspektive abzubauenden – divergierenden Datenschutzniveaus führten.

3. Datenschutzrichtlinie und Datenschutz-Grundverordnung suggerieren, dass die Union bezüglich des Datenschutzes rechtssetzungstechnisch auf ganzheitliche Rechtsakte setzt. Bei genauerer Betrachtung der EU-Regelungslandschaft zeigt sich indessen, dass auch auf Unionsebene ein z. B. dem deutschen Ansatz entsprechendes Regelungsmodell gewählt wurde, das sich aus einem allgemein-übergreifenden Rechtsakt und vielen sektorspezifischen Ergänzungen und Differenzierungen zusammensetzt. Man kann insoweit von Einheit und Vielfalt im Datenschutzsekundärrecht sprechen.

4. Die Analyse des Gesetzgebungsverfahrens der DSGVO hat offenbart, wie die Konfliktpositionen, die schon die Genese der DSRL geprägt hatten, auch die Entstehung der Datenschutz-Grundverordnung und deren heutige zentral-dezentrale Regelungsstruktur erheblich beeinflusst haben. Auch wenn bereits der Kommissionsvorschlag viele Öffnungen enthielt, war es der Rat als Organ der Mitgliedstaaten, der ganz wesentlich zur Öffnung für das Recht der Mitgliedstaaten beigetragen hat.

5. Art. 16 Abs. 2 AEUV enthält eine dreigliedrige Kompetenzgrundlage für die EU zur Regelung des Datenschutzes in der EU und in den Mitgliedstaaten sowie zur Regelungen des freien Datenverkehrs. Die zweite Variante

ist eine zentrale Stellschraube für das Verhältnis von Einheit und Vielfalt im EU-Datenschutzrecht. Sie darf gerade nicht als umfassende Querschnittskompetenz verstanden werden, die auch Bereiche erfasst, die im supranationalen Kompetenzgefüge den Mitgliedstaaten zugewiesen sind. Vielmehr ist die Zuständigkeitsnorm grundsätzlich in horizontaler Hinsicht durch den Umfang der der EU in den EU-Verträgen übertragenen sachbereichsspezifischen Kompetenzen und in vertikaler Hinsicht zusätzlich durch Art. 4 und 5 EUV begrenzt.

6. Als Konsequenz der Charakteristika des Regelungsgegenstands Datenschutz sind Art. 16 Abs. 2 AEUV gewisse überschießende Dynamiken immanent, die es dem Unionsgesetzgeber in gewissen Grenzen erlauben, kompetenziell-überschießend zu regulieren. Dies ist allerdings bei der Rechtsanwendung, insbesondere durch die Gerichte, zu berücksichtigen.

7. Art. 8 GRCh ist nicht primär als subjektives Abwehrrecht des Einzelnen zu verstehen. In ihrem dogmatischen Kern enthält die Vorschrift einen objektiv-rechtlichen Ausgestaltungsauftrag für den Gesetzgeber, einen Rechtsrahmen zu schaffen, der den Umgang mit personenbezogenen Informationen und Daten strukturiert, begrenzt und transparent macht, um potenzielle Gefährdungslagen zu offenbaren. Dieser Gestaltungsauftrag ist indessen nicht umfassend, sondern in der vertikalen Dimension gegenüber den Mitgliedstaaten begrenzt. Die Grenzen resultieren teils aus kompetenzbedingten, teils aus gegenstandsspezifischen Flexibilitäts- und Vielfaltserfordernissen.

8. Soweit im Zusammenhang mit Art. 8 GRCh – wie man häufig liest – von dessen „Schutzniveau" die Rede ist, dürfte dies auf ein unterkomplexes, eindimensionales Verständnis des Grundrechts als (nur) subjektives Abwehrrecht, das die Persönlichkeit und Privatheit schützt, zurückzuführen sein.

9. Es greift deutlich zu kurz, den Datenschutz grundrechtlich auf Art. 8 GRCh zu reduzieren. Seine grundrechtliche Basis geht weit über diese Bestimmung hinaus. Neben Art. 7 GRCh enthalten viele andere grundrechtliche Gewährleistungen, einschließlich Art. 11 GRCh, subjektiv-abwehrrechtliche Schutzpositionen und objektiv-rechtliche Ausgestaltungsmaßstäbe im Hinblick auf den Umgang mit personenbezogenen Informationen und Daten. Auch insoweit sind stets die vertikalen Grenzen zu den Mitgliedstaaten zu beachten.

10. Informationsbezogene Grundrechte sind vom Gesetzgeber bei der Gestaltung des Rechtsrahmens sowie bei der Rechtsanwendung auch insoweit zu berücksichtigen, als sie Interessen am Umgang mit personenbezogenen Informationen und Daten schützen. Auch bei der Herstellung eines Gleichgewichts zwischen diesen und den Datenschutzinteressen stellt sich in der Union die spezifische Herausforderung der vertikalen Grenzen. Soweit kollidierende Grundrechte in den Kompetenzbereich der Mitgliedstaaten fallen, muss auch diesen überwiegend die konkrete Abwägung überlassen werden.

11. Art. 16 Abs. 2 AEUV verklammert den vertikal begrenzten Ausgestaltungsauftrag aus Art. 8 GRCh (in Verbindung mit entsprechenden Maßgaben aus anderen Grundrechten) mit dem Ziel der Gewährleistung des freien Datenverkehrs. Der Konflikt zwischen Harmonisierungszielen und den Flexibilitäts- und Vielfaltserfordernissen des Datenschutzes wird also vom Primärrecht vorgezeichnet.

Teil 2: Die Herausforderung der Regulierung des Datenschutzes auf Unionsebene

1. Das Datenschutzrecht der Europäischen Union ist von spezifischen Pfadabhängigkeiten geprägt, die mit der Datenschutzrichtlinie 95/46 begründet wurden. Die mit der DSRL eingeführten Regelungsmuster und Bausteine wurden in der Datenschutz-Grundverordnung zwar teilweise ergänzt und ausgebaut, aber im Kern übernommen. Eine konzeptionelle Neuausrichtung wurde im Rahmen des Gesetzgebungsverfahrens zur DSGVO zu keinem Zeitpunkt erwogen.

2. Datenschutz ist eine komplexe Regelungsmaterie, die sich allein mit Fokus auf den Begriff der Daten nicht hinreichend erfassen lässt. Um Schutzerfordernisse adäquat beschreiben und passende Regelungen schaffen zu können, ist eine Einbeziehung verschiedener Grundkategorien erforderlich. Dazu gehören Informationen, Wissen und Wissensgrundlagen ebenso wie die Berücksichtigung des Prozesscharakters von Datenverarbeitungen und Informationsflüssen sowie der infrastrukturellen Ebene und der Entscheidungs- und Handlungsdimension. Als Konsequenz bewegt sich der Regelungsgegenstand Datenschutz auf einer sehr hohen Abstraktionsebene und betrifft eine Querschnittsdimension des Rechts.

3. Diese Grundkategorien werden auch von den vielen Sachgebieten, in die das Datenschutzrecht ausgreift, auf verschiedene Art und Weise und in unterschiedlichem Maße angesteuert. Die Sachbereiche prägen die Kontexte des Umgangs mit personenbezogenen Informationen und Daten und damit die entsprechenden Schutzbedürfnisse und -ziele. Daraus ergeben sich Interdependenzen zwischen den Vorgaben für die sachgerechte und transparenzsichernde Strukturierung des Umgangs mit personenbezogenen Informationen und Daten und den in den jeweiligen Sachbereichen bereits vorhandenen anderweitigen Strukturen.

4. Diese Interdependenzen gehen mit verschiedenen Flexibilitätserfordernissen bezüglich der Gestaltung der Datenschutzvorschriften einher. Ohne ihre Berücksichtigung bereits durch den Gesetzgeber besteht die Gefahr, dass dysfunktionales Datenschutzrecht geschaffen wird, das ohne Rücksicht auf die jeweiligen Anforderungen und Gegebenheiten undifferenziert Geltung beansprucht. Das Resultat können redundante Doppelungen sein.

5. Zu diesen Flexibilitätserfordernissen zählt, dass die Datenschutzvorschriften mit den jeweiligen sachlichen Strukturen dogmatisch koordiniert und inhaltlich differenziert werden müssen, was insbesondere auch die bedarfsgerechte Ausgestaltung der datenschutzrechtlichen Bausteine einschließt. Darüber hinaus muss den strukturellen Unterschieden zwischen dem öffentlichen und dem privaten Bereich Rechnung getragen werden. All dies lässt sich im Ergebnis nur durch ein Zusammenspiel aus allgemeinübergreifenden und bereichsspezifischen Vorschriften gewährleisten.

6. Im Mehrebenensystem der Union verkompliziert sich diese (primär, aber nicht nur) legislative Aufgabe zusätzlich durch die vertikale Dimension: Neben die EU treten die Mitgliedstaaten als Gesetzgeber und damit Gestalter des Datenschutzrechts. Die beschriebenen Interdependenzen werden zum einen von der vertikalen Kompetenzverteilung überlagert, zum anderen ist zusätzlich die rechtskulturelle Heterogenität der Mitgliedstaaten zu beachten. Die Koordination muss deshalb in großem Umfang durch die Mitgliedstaaten erfolgen. Die Flexibilitätserfordernisse gehen auf Unionsebene also immer auch mit Vielfaltserfordernissen einher. Beide sind eng miteinander verwoben.

7. Diese Flexibilitäts- und Vielfaltserfordernisse lassen sich bei der Gestaltung des Rechts auf verschiedene Weise berücksichtigen, etwa auch durch eine differenzierte Gestaltung des sachlichen Anwendungsbereichs von Rechtsakten. Der Unionsgesetzgeber favorisiert allerdings die zentral-dezentrale Gestaltung des Datenschutzsekundärrechts, was zumindest auch mit Pfadabhängigkeiten zu erklären sein dürfte.

Teil 3: Die Manifestation der Flexibilitäts- und Vielfaltserfordernisse in der DSGVO

1. (Zugleich Kernthese) Die Öffnungen in der Datenschutz-Grundverordnung sind keine bloßen Resultate eines politischen Konsensfindungsprozesses und damit Ergebnisse einer gewissen Willkür. Vielmehr tragen sie – zumindest auch – den vielfältigen datenschutzspezifischen Flexibilitäts- und Vielfaltserfordernissen Rechnung. Soweit sie diese Funktion erfüllen, sind sie – zumal im gegenwärtigen verfassungsrechtlichen Rahmen – sogar im Sinne eines effektiven Rechts notwendige Elemente eines Datenschutzsekundärrechtsakts, der den Anspruch hat, den Umgang mit personenbezogenen Informationen und Daten umfassend in allen Mitgliedstaaten gleichermaßen mit unmittelbarer Geltung zu regeln.

2. Das EU-Datenschutzrecht ist von bestimmten Regelungsmustern und Bausteinen geprägt, die sich auch in der Datenschutz-Grundverordnung manifestieren. Sie sind Ausdruck der geschilderten Pfadabhängigkeiten und zum Teil nunmehr auch primärrechtlich vorgegeben.

3. Die Regelungsmuster haben in ihrer Kombination zur Konsequenz, dass der Umgang mit personenbezogenen Informationen und Daten präventiv und umfassend mit rechtlichen Vorgaben flankiert wird, die querschnittsartig in sämtliche Sachbereiche des Rechts ausgreifen und dabei zudem den Anspruch größtmöglicher Einheitlichkeit in allen Mitgliedstaaten verfolgen. Sie lösen die erörterten Koordinations- und Abstimmungserfordernisse aus und begründen damit die Notwendigkeit von Flexibilität und Vielfalt.

4. Die Bausteine des Datenschutzrechts sind mit Blick auf ihre jeweiligen Funktionen, die sie im Gesamtsystem des EU-Datenschutzrechts erfüllen, zu verstehen. Sie spiegeln sich in Regelungsansätzen, allgemeinen Instituten und Figuren, rechtsgrundsätzlichen oder übergreifenden Rechtsbegriffen wider und dienen der Systembildung – und damit einem besseren Verständnis der Datenschutzvorschriften in ihrem Gesamtkontext.

5. Um ihre Funktionen entfalten zu können (und ein effektives Datenschutzrecht zu gewährleisten), müssen die Bausteine und ihre einzelnen Elemente unter Berücksichtigung der jeweiligen (auch übergreifenden) Kontexte koordiniert und ausgestaltet werden. Dabei sind mögliche Substitutions- und Kompensationswirkungen zu berücksichtigen. Schon angesichts der Vielfalt möglicher Kontexte kann die Aufgabe der Ausgestaltung und Koordinierung im Unionskontext schlechterdings nicht zentral durch die EU realisiert werden. Sie obliegt vielmehr (weit überwiegend) den Mitgliedstaaten sowie – vor allem im privaten Bereich – mitunter auch den Verarbeitern.

6. Weil sich die Funktionen der Bausteine – wie gezeigt – meist nur über kontextspezifische Ausgestaltung und wechselseitige Koordinierung realisieren lassen, sind diejenigen DSGVO-Vorschriften, in denen die Bausteine besonders deutlich zum Ausdruck kommen, häufig mit Öffnungen für das Recht der Mitgliedstaaten verknüpft.

7. Die in der Literatur häufig als „Öffnungsklauseln" bezeichneten Bestimmungen, mit denen sich die Datenschutz-Grundverordnung (auch) für das Recht der Mitgliedstaaten öffnet, bilden keine normsetzungstechnische Innovation, die erstmals in diesem Rechtsakt das Licht erblickte. Der Begriff ist schon länger zur Bezeichnung für mitgliedstaatliche Regelungsmöglichkeiten in EU-Rechtsakten (auch Richtlinien) gebräuchlich. Zudem ist die Terminologie für die DSGVO-Öffnungen innerhalb der Literatur nicht einheitlich.

8. Der Begriff „Öffnung" ist gegenüber dem Terminus „Öffnungsklausel" jedenfalls dann vorzugswürdig, wenn unter „Öffnungsklauseln" sämtliche DSGVO-Vorschriften zusammengefasst werden sollen, mit denen sich der Rechtsakt (auch) für das Recht der Mitgliedstaaten öffnet. Denn es gibt neben den expliziten, als solche erkennbaren Öffnungen („Klauseln") auch implizite Verweise auf das Recht der Mitgliedstaaten, die mit Regelungsmöglichkeiten einhergehen.

9. Die Regelungsstruktur der DSGVO ist – entgegen der Behauptung einiger Stimmen in der Fachliteratur – kein Resultat der Bezeichnung des Rechtsakts als *Grund*verordnung. Wenn man der Betitelung aber einen normativen Gehalt zuweisen möchte, kann man sie als Handlungsform sui generis verstehen, die zur Eigenschaft hat, dass sie zum einen auf eine Vollharmonisierung gerichtet ist, zum anderen aber regelungsgegenstandsspezifischen Flexibilitäts- und Vielfaltserfordernissen durch Öffnungen Rechnung trägt.

10. Wenn man bei der Analyse der sich qualitativ zum Teil erheblich voneinander unterscheidenden Öffnungen der Datenschutz-Grundverordnung die Flexibilitäts- und Vielfaltserfordernisse mitdenkt, drängen sich Systematisierungsansätze auf, die nicht allein von dem Erkenntnisinteresse geleitet sind, in welchem Maße die Bestimmungen Raum für mitgliedstaatliche Rechtssetzung ermöglichen. Zum einen zeigt sich, dass man zwischen expliziten und impliziten Öffnungen differenzieren kann. Implizite Öffnungen lassen sich beim Mitdenken der Flexibilitäts- und Vielfaltserfordernisse leichter identifizieren. Zum anderen offenbart diese analytische Perspektive, dass die Öffnungen sich auch funktional kategorisieren lassen, wobei viele Bestimmungen gerade multifunktional sind.

11. Durch die funktionale Systematisierung werden die Öffnungen aus einem rein legislativen Kontext herausgerückt. Denn etwaige flexibilitäts- und vielfaltsermöglichende Funktionen der Öffnungen sind auch im Rahmen der institutionellen Strukturen zu berücksichtigen, insbesondere seitens der Gerichte im Zusammenhang mit der Entwicklung angemessener Spielraumtechniken.

Teil 4: Das EU-Datenschutzrecht zwischen Einheit und Vielfalt in den institutionellen Strukturen

1. Das Verhältnis von Einheit und Vielfalt im EU-Datenschutzrecht wird nicht allein von dessen gesetzgeberischen Gestaltung bestimmt. Auch die institutionellen Strukturen, namentlich die (neukonzipierte) institutionelle Datenschutzaufsicht und die Rechtsprechung der Gerichte, wirken in hohem Maße auf seine Einheitlichkeit bzw. Vielfältigkeit zurück.

2. Für die Wirksamkeit des Datenschutzrechts genügt es nicht, dass die Flexibilitäts- und Vielfaltserfordernisse durch den Unionsgesetzgeber in Gestalt von Öffnungen berücksichtigt werden. Damit das zentral-dezentral gestaltete unionale Datenschutzrecht auch in der Rechtspraxis effektiv ist, müssen die vielgestaltigen funktionalen Hintergründe der Öffnungen auch in dieser institutionellen Dimension zur Geltung kommen. Sie dürfen hier nicht undifferenzierten, unitarisierenden Impulsen zum Opfer fallen, da andernfalls die legislativ konsentierten Funktionen unterlaufen würden.

3. Im Rahmen der gerichtlichen Kontrolle des zentral-dezentralen Datenschutzrechts im Mehrebenensystem gibt es verschiedene Stellschrauben für das Verhältnis von Einheit und Vielfalt – und damit verschiedene Einfallstore für die Berücksichtigung von Flexibilitäts- und Vielfaltserfordernissen. Diese lassen sich nicht immer strikt voneinander trennen, sondern sind vielmehr miteinander verzahnt bzw. stehen in Wechselwirkung zueinander.

4. Zwei ganz zentrale Stellschrauben sind die dogmatische Konstruktion der Einsatzbereiche der unionalen bzw. nationalen Grundrechte in Öffnungskonstellationen und die Kontrolldichte des Europäischen Gerichtshofs in Bezug auf das Datenschutzsekundärrecht. Letztere lässt sich weiter ausdifferenzieren in die Maßstabentwicklung im Hinblick auf die Primärrechtskonformität sekundärrechtlicher Öffnungen und die Maßstabentwicklung im Hinblick auf die Auslegung und Anwendung des Datenschutzsekundärrechts.

5. In Bezug auf diese Stellschrauben bedarf es der Entwicklung von Spielraumtechniken, die den spezifischen Anforderungen des zentral-dezentralen Datenschutzrechts angemessen Rechnung tragen. Diese Aufgabe obliegt nicht allein dem EuGH, sondern dem gesamten gerichtlichen Verbund, also insbesondere auch den mitgliedstaatlichen Fach- und Höchst- bzw. Verfassungsgerichten.

6. Bei der dogmatischen Gestaltung der Einsatzbereiche der respektiven Grundrechtsordnungen bieten sich bei genauerer Betrachtung zwei Hebel für die Berücksichtigung der Flexibilitäts- und Vielfaltserfordernisse: Zum einen die Begrenzung des Anwendungsbereichs der Unionsgrundrechte in Öffnungskonstellationen. Zum anderen die gegenstandsadäquate funktionale Abgrenzung der Grundrechtsmaßstäbe, soweit sie sich überlappen.

7. Der EuGH hat in seiner Rechtsprechung erkennen lassen, dass er Flexibilität und Vielfalt über den zweitgenannten Hebel zuzulassen bereit ist, indem er den Mitgliedstaaten die Heranziehung nationaler Schutzstandards in Bereichen gestattet hat, in denen das EU-Fachrecht nicht vollständig vereinheitlicht ist. Stabilisierte Kriterien zur Bestimmung, wann dies der Fall ist, gibt es indes (noch) nicht. Der Gerichtshof stellt die Heranziehung nationaler Schutzmaßstäbe unter den Vorbehalt, dass dadurch weder das Schutzniveau der Charta noch Vorrang, Einheitlichkeit und Wirksamkeit des Unionsrecht unterlaufen werden. Für die Zukunft ist wünschenswert, dass sich die Luxemburger Richter bei der Bestimmung des Grades der Vereinheitlichung einer Datenschutzsekundärrechtsvorschrift stattdessen sowohl mit den Flexibilitäts- und Vielfaltserfordernissen als auch mit den Harmonisierungszielen auseinandersetzen.

8. Sollte der EuGH an den genannten „Schranken“ festhalten, so müssen diese für den Bereich datenschutzsekundärrechtlicher Öffnungen modifiziert bzw. ausdifferenziert werden. Zum einen ist das Abstellen auf das Schutzniveau zur Bestimmung der Einsatzbereiche der unionalen bzw. mitglied-

staatlichen Grundrechtsmaßstäbe – im Bereich des Datenschutzes – nicht zielführend. Denn Art. 8 GRCh wirkt in seiner Schutzdimension primär objektiv-rechtlich, sodass sich ein (abwehrrechtliches) Schutzniveau abstrakt kaum bestimmten lässt. Zum anderen ist das Postulat des Vorrangs und der Einheitlichkeit des Unionsrechts im Bereich von Öffnungen, die als Kompensate für die kompetenziell-überschießenden Wirkungen von Art. 8 GRCh fungieren, weniger legitimiert. Auch die Wirksamkeit des Unionsrechts erfordert im Hinblick auf die Charakteristika des EU-Datenschutzrechts gerade Flexibilität und Vielfalt.

9. Das deutsche Bundesverfassungsgericht hat in seiner jüngeren Rechtsprechung in diesem Zusammenhang Abgrenzungskriterien aufgestellt, die grundsätzlich anknüpfungsfähig sind. Für ihre Operabilität im Kontext des zentral-dezentralen Datenschutzrechts bedürfen sie aber einer Konkretisierung und Ausdifferenzierung. Die gewählte binäre Differenzierung zwischen „Flexibilität" und „Vielfalt" hilft im Bereich des Datenschutzrechts, angesichts dessen Charakteristika, nur bedingt weiter. Die Analyse der jeweiligen Vorschrift des Sekundärrechts dahingehend, ob und in welchem Maße in ihrem Hintergrund etwaige Flexibilitäts- und Vielfaltserfordernisse stehen, wäre insoweit zielführend.

10. Die Stellschraube der primärrechtlichen Kontrolle sekundärrechtlicher Öffnungen hat in der EuGH-Rechtsprechung bisher kaum eine Rolle gespielt. Für die Zukunft ist zu hoffen, dass sich dies ändert. Denn schon im Rahmen dieser Kontrolle können etwaige funktionale Hintergründe von Öffnungen erörtert werden, was dann auch bei der Kontrolldichte im Hinblick auf die Anwendung und Auslegung des Rechts zu berücksichtigen wäre.

11. Die Maßstabentwicklung des Europäischen Gerichtshofs im Hinblick auf die Anwendung und Auslegung des Datenschutzsekundärrechts ist von einer großen Variabilität gekennzeichnet, sowohl bezüglich der Kontrolldichte als auch im Hinblick auf die Reflexion der Flexibilitäts- und Vielfaltserfordernisse. Weder im Verhältnis zu den nationalen Gesetzgebern noch bei der Gestaltung der Abwägungsspielräume der Exekutive und Judikative im Einzelfall lässt sich eine einheitliche, dogmatisch stabilisierte Linie erkennen. Teilweise ist sogar unklar, welche mitgliedstaatliche Gewalt der EuGH adressiert.

12. Die Entwicklung einer den Anforderungen des Datenschutzes angemessenen Spielraumtechnik setzt voraus, dass sich der EuGH auch bei der Konzeption der Kontrolldichte gegenüber den Mitgliedstaaten die Funktionalität des zentral-dezentralen Datenschutzrechts zur Zielsetzung macht. Dies erfordert zum einen eine differenzierende Betrachtung der jeweils gegenständlichen Vorschrift des Datenschutzsekundärrechts mit Blick auf etwaige dahinterstehende Flexibilitäts- und Vielfaltserfordernisse bzw. Harmonisierungsziele. Zum anderen muss der Gerichtshof hinsichtlich des Ab-

wägungserfordernisses mit gegenläufigen Belangen deren Einbettung in das Kompetenzgefüge und die rechtskulturelle und strukturelle Heterogenität der Mitgliedstaaten stärker berücksichtigen. Je stärker gegenläufige Rechte und Interessen den Mitgliedstaaten zugeordnet sind, desto mehr sollte diesen auch die Abwägung überlassen werden.

13. Neben der gerichtlichen Kontrolle hat auch die institutionelle Datenschutzaufsicht, insbesondere in ihrer Einbettung in die Verfahren der Zusammenarbeit und Kohärenz, einen erheblichen Einfluss auf die Gestaltung des Datenschutzrechts zwischen Einheit und Vielfalt. Auch die Aufsichtsbehörden und der Europäische Datenschutzausschuss müssen bei der Wahrnehmung ihrer Aufgaben und Befugnisse sowohl die Flexibilitäts- und Vielfaltserfordernisse als auch die Harmonisierungsziele des EU-Datenschutzrechts im Blick haben. Andernfalls besteht die Gefahr, dass die Mitgliedstaaten in ihrer Funktion als Koordinatoren ausgehebelt werden, indem die unionsrechtlich installierten, im Wesentlichen mit der Kohärenzsicherung beauftragten Einrichtungen in Kompetenzbereiche der Mitgliedstaaten hineinentscheiden.

14. Die (neuen) Mechanismen der institutionellen Datenschutzaufsicht sind grundsätzlich darauf ausgelegt, die einheitliche Anwendung des Datenschutzrechts sicherzustellen. Bei genauerer Betrachtung ihrer gesetzlichen Ausgestaltung lassen sich aber vereinzelt Einfallstore für die Flexibilitäts- und Vielfaltserfordernisse bzw. Anknüpfungspunkte für deren Berücksichtigung durch die Aufsichtsbehörden und den Europäischen Datenschutzausschuss erkennen. Insbesondere der EDSA sollte allerdings bei der Wahrnehmung seiner Aufgaben noch mehr Bewusstsein für diese datenschutzspezifischen Anforderungen zeigen.

Ausblick

„Wie viel Diversität braucht/verträgt der europäische Datenschutz?“ Dieser Frage hat sich diese Arbeit ausgehend von den Charakteristika des Gegenstands Datenschutz in ihrer Einbettung im Mehrebenensystem der Europäischen Union gewidmet. Dabei hat sich gezeigt, dass sich ihre Beantwortung als äußert voraussetzungs- und damit anspruchsvoll darstellt. Die Herausarbeitung der Flexibilitäts- und Vielfaltserfordernisse soll dabei helfen, die Öffnungen in der Datenschutz-Grundverordnung funktional richtig einzuordnen, um so auch in der vertikalen Dimension zu einer effektiven und effizienten Gestaltung des Rechts des Umgangs mit personenbezogenen Informationen und Daten zu gelangen.

Die hier fokussierte Fragestellung nach dem Idealzustand der Gestaltung des unionalen Datenschutzrechts zwischen Einheit und Vielfalt ist freilich von jener zu unterscheiden, wie einheitlich bzw. vielfältig sich das Datenschutzrecht in den Mitgliedstaaten unter Geltung der Datenschutz-Grundverordnung angesichts ihrer vielen und mannigfaltig gestalteten Öffnungen tatsächlich gestaltet bzw. gestalten wird. In diesem Zusammenhang ist festzuhalten, dass mittlerweile alle 27 EU-Mitgliedstaaten die ihnen vom Rechtsakt zugewiesenen Gestaltungsmöglichkeiten und -pflichten wahrgenommen und (erste) Umsetzungs- bzw. Ausfüllungsgesetze erlassen haben.[1] Ob und inwieweit dabei jeweils im Sinne eines effektiven, funktionalen Datenschutzrechts die geschilderten Flexibilitäts- und Vielfaltserfordernisse berücksichtigt wurden oder aber die Öffnungen unzulässigerweise genutzt wurden, um in undifferenzierter Weise das von der EU angestrebte „Schutzniveau“ abzuschwächen, ist ein dringendes Forschungsdesiderat. Dabei ist es – wie im Rahmen dieser Arbeit aufgezeigt wurde – wichtig, im Blick zu behalten, dass sich ein etwaiges Abweichen vom DSGVO-Schutzniveau „nach unten“ nicht

---

[1] Vgl. den Überblick bei *Gabel/Hickman*, GDPR Guide to National Implementation, https://www.whitecase.com/publications/article/gdpr-guide-national-implementation# (zuletzt abgerufen am 31.3.2022). Vereinzelt sieht die DSGVO Notifizierungspflichten für die Mitgliedstaaten in Bezug auf nationales Ausfüllungsrecht vor, etwa in Art. 51 Abs. 4 oder Art. 85 Abs. 3 DSGVO. Soweit entsprechendes nationales Recht der Kommission aufgrund von Notifizierungspflichten mitgeteilt wird, veröffentlich die Kommission dieses auf ihrer Website, s. https://ec.europa.eu/info/law/law-topic/data-protection/data-protection-eu/eu-countries-gdpr-specific-notifications_en.

in isolierter Betrachtung der einzelnen Umsetzungs- bzw. Anpassungsvorschrift ermitteln lässt, sondern diese vielmehr in ihrer Einbettung im jeweiligen Regelungskontext zu betrachten ist.

Literaturverzeichnis

Abel, Ralf-Bernd, 2.7 Geschichte des Datenschutzrechts, in: Roßnagel, Alexander (Hrsg.), Handbuch Datenschutzrecht, Die neuen Grundlagen für Wirtschaft und Verwaltung, München, 2003, 1–54.

Abelshauser, Werner, Europa in Vielfalt einigen, in: Atkinson, Anthony B./Huber, Peter M./James, Harold u. a. (Hrsg.), Nationalstaat und Europäische Union, Eine Bestandsaufnahme, Baden-Baden, 2016, S. 275–293.

Achenbach, Jelena von, Verfassungswandel durch Selbstorganisation: Triloge im Europäischen Gesetzgebungsverfahren, Der Staat, 2016, 1–39.

dies., Triloge: Vom effizienten Geheimnis zum Normalverfahren der EU-Gesetzgebung, Zur Geschäftsordnung, 15.5.2018, http://zurgeschaeftsordnung.de/triloge-vom-effizienten-geheimnis-zum-normalverfahren-der-eu-gesetzgebung (zuletzt abgerufen am 31.3.2022).

Adam, Heike, Die Mitteilungen der Kommission: Verwaltungsvorschriften des Europäischen Gemeinschaftsrechts?, Eine Untersuchung zur rechtsdogmatischen Einordnung eines Instruments der Kommission zur Steuerung der Durchführung des Gemeinschaftsrechts, Baden-Baden, 1999.

Adam, Thomas/Winter, Gerd, Framework elements in regulations, in: Winter, Gerd (Hrsg.), Sources and categories of European Union law, A comparative and reform perspective, Baden-Baden, 1996, S. 507–519.

Albers, Marion, Information als neue Dimension im Recht, Rechtstheorie, 2002, 61–89.

dies., Informationelle Selbstbestimmung, Baden-Baden, 2005.

dies., § 22 Umgang mit personenbezogenen Informationen und Daten, in: Hoffmann-Riem, Wolfgang/Schmidt-Aßmann, Eberhard/Voßkuhle, Andreas (Hrsg.), Grundlagen des Verwaltungsrechts, Band II: Informationsordnung, Verwaltungsverfahren, Handlungsformen, 2. Aufl., München, 2012, 1–169.

dies., Höchstrichterliche Rechtsfindung und Auslegung gerichtlicher Entscheidungen, in: VVDStRL (Hrsg.), 71: Grundsatzfragen der Rechtsetzung und Rechtsfindung, 2012, S. 258–295.

dies., Realizing the Complexity of Data Protection, in: Gutwirth, Serge/Leenes, Ronald/Hert, Paul de (Hrsg.), Reloading Data Protection, Multidisciplinary Insights and Contemporary Challenges, Dordrecht, s.l., 2014, S. 213–235.

dies., Informationelle Selbstbestimmung als vielschichtiges Bündel von Rechtsbindungen und Rechtspositionen, in: Friedewald, Michael/Lamla, Jörn/Roßnagel, Alexander (Hrsg.), Informationelle Selbstbestimmung im digitalen Wandel, Wiesbaden, 2017, S. 11–35.

dies., L'effet horizontal des droits fondamentaux dans le cadre d'une conception à multiniveax, in: Hochmann, Thomas/Reinhardt, Jörn (Hrsg.), L'effet horizontal des droits fondamentaux, Paris, 2018, S. 177–216.

dies., § 62 Datenschutzrecht, in: Ehlers, Dirk/Fehling, Michael/Pünder, Hermann (Hrsg.), Besonderes Verwaltungsrecht, Band 2, Planungs-, Bau- und Straßenrecht, Umweltrecht, Gesundheitsrecht, Medien- und Informationsrecht, 4. Aufl., Heidelberg, 2019, 1–84.

dies., § 22 Umgang mit personenbezogenen Informationen und Daten, in: Voßkuhle, Andreas/Eifert, Martin/Möllers, Christoph (Hrsg.), Grundlagen des Verwaltungsrechts, Band II: Das Verwaltungsrecht als Informations- und Kommunikationsordnung, 3. Aufl., 2022, 1–113.
dies., Surveillance and Data Protection Rights: Data Retention and Access to Telecommunications Data, in: Albers, Marion/Sarlet, Ingo-Wolfgang (Hrsg.), Personality and Data Protection Rights on the Internet, 2022, S. 69–112.
Albrecht, Jan Philipp, Die EU-Datenschutzgrundverordnung rettet die informationelle Selbstbestimmung!, Ein Zwischenruf für einen einheitlichen Datenschutz durch die EU, ZD, 2013, 587–591.
ders., Das neue EU-Datenschutzrecht – von der Richtlinie zur Verordnung, CR, 2016, 88–98.
Albrecht, Jan Philipp/Janson, Nils J., Datenschutz und Meinungsfreiheit nach der Datenschutzgrundverordnung, Warum die EU-Mitgliedstaaten beim Ausfüllen von DSGVO-Öffnungsklauseln an europäische Grundrechte gebunden sind – am Beispiel von Art. 85 DSGVO, CR, 2016, 500–509.
Albrecht, Jan Philipp/Jotzo, Florian, Das neue Datenschutzrecht der EU, 2017.
Alemann, Florian von, Die Handlungsform der interinstitutionellen Vereinbarung, Eine Untersuchung des Interorganverhältnisses der europäischen Verfassung, Berlin, Heidelberg, 2006.
Alexy, Robert, Verfassungsrecht und einfaches Recht – Verfassungsgerichtsbarkeit und Fachgerichtsbarkeit, in: VVDStRL (Hrsg.), 61: Verfassungsrecht und einfaches Recht – Verfassungsgerichtsbarkeit und Fachgerichtsbarkeit. Primär- und Sekundärrechtsschutz im Öffentlichen Recht, Berichte und Diskussionen auf der Tagung der Vereinigung der Deutschen Staatsrechtslehrer in Würzburg vom 3. bis 6. Oktober 2001, 2002, S. 7–33.
Art. 29 Datenschutzgruppe, WP 173, Stellungnahme 3/2010 zum Grundsatz der Rechenschaftspflicht, 13.7.2010.
dies., WP 191, Opinion 01/2012 on the data protection reform proposals, 23.3.2012.
dies., WP 203, Opinion 03/2013 on purpose limitation, 2.4.2013.
dies., WP 244 rev. 01. Leitlinien für die Bestimmung der federführenden Aufsichtsbehörde eines Verantwortlichen oder Auftragsverarbeiters, 5.4.2017.
dies., WP 260 rev. 01, Leitlinien für Transparenz gemäß der Verordnung 2016/679, 11.4.2018.
Augsberg, Ino, Informationsverwaltungsrecht, Zur kognitiven Dimension der rechtlichen Steuerung von Verwaltungsentscheidungen, Tübingen, 2014.
Bäcker, Matthias, Grundrechtlicher Informationsschutz gegen Private, Der Staat, 2012, 91–116.
ders., Das Grundgesetz als Implementationsgarant der Unionsgrundrechte, EuR, 2015, 389–415.
Bast, Jürgen, Grundbegriffe der Handlungsformen der EU, Entwickelt am Beschluss als praxisgenerierter Handlungsform des Unions- und Gemeinschaftsrechts, Berlin, Heidelberg, 2006.
Bateson, Gregory, Steps to an ecology of mind, Chicago, 2000.
Bäumler, Helmut, Marktwirtschaftlicher Datenschutz, in: Bizer, Johann/Lutterbeck, Bernd/Rieß, Joachim (Hrsg.), Umbruch von Regelungssystemen in der Informationsgesellschaft, Freundesgabe für Alfred Büllesbach, Stuttgart, 2002, S. 105–114.
Benecke, Alexander/Wagner, Julian, Öffnungsklauseln in der Datenschutz-Grundverordnung und das deutsche BDSG – Grenzen und Gestaltungsspielräume für ein nationales Datenschutzrecht, DVBl., 2016, 600–608.

Berkemann, Jörg/Halama, Günter/Siebert, Karin, Handbuch zum Recht der Bau- und Umweltrichtlinien der EG, Bonn, 2008.

Bickenbach, Christian, Das Subsidiaritätsprinzip in Art. 5 EUV und seine Kontrolle, EuR, 2013, 523–549.

Bilz, Christopher, Margin of appreciation der EU-Mitgliedstaaten, Eine Untersuchung im Anwendungsbereich der Grundrechtecharta am Beispiel des Datenschutzgrundrechts, der Religionsfreiheit, der unternehmerischen Freiheit und des Rechts auf einen wirksamen Rechtsbehelf, Tübingen, 2020.

Birkinshaw, Patrick, European public law, The achievement and the challenge, Second Edition, Alphen aan den Rijn, 2014.

Bizer, Johann, Datenschutz durch Technikgestaltung, in: Bäumler, Helmut/Mutius, Albert von (Hrsg.), „Datenschutzgesetze der dritten Generation", Texte und Materialien zur Modernisierung des Datenschutzrechts, Neuwied, 1999, S. 28–59.

Blas, Diana Alonso, Ensuring effective data protection in the field of police and judicial activities: some considerations to achieve security, justice and freedom, ERA Forum, 2010, 233–250.

Blazek, Agnieszka, Einheit in Vielfalt: der Bologna-Prozess, Fachlexikologische und fachkommunikative Aspekte, 2018.

Blume, Peter, The Public Sector and the Forthcoming EU Data Protection Regulation, European Data Protection Law Review, 2015, 32–38.

ders., Impact of the EU General Data Protection Regulation on the public sector, Journal of Data Protection & Privacy, 2016, 53–63.

Blume, Peter/Svanberg, Christian Wiese, The Proposed Data Protection Regulation: The Illusion of Harmonisation, the Private/Public Sector Divide and the Bureaucratic Apparatus, Cambridge Yearbook of European Legal Studies, 2013, 27–46.

Böckenförde, Ernst-Wolfgang/Gosewinkel, Dieter, Wissenschaft, Politik, Verfassungsgericht, Berlin, 2011.

Bodenschatz, Nadine, Der europäische Datenschutzstandard, Frankfurt a. M., 2010.

Bogdandy, Armin von, European Law Beyond 'Ever Closer Union' Repositioning the Concept, its Thrust and the ECJ's Comparative Methodology, European Law Journal, 2016, 519–538.

Bogdandy, Armin von/Bast, Jürgen/Arndt, Felix, Handlungsformen im Unionsrechts, Empirische Analysen und dogmatische Strukturen in einem vermeintlichen Dschungel, ZaöRV, 2002, 77–161.

Bogdandy, Armin von/Schill, Stephan, Die Achtung der nationalen Identität unter dem reformierten Unionsvertrag, Zur unionsrechtlichen Rolle nationalen Verfassungsrechts und zur Überwindung des absoluten Vorrangs, ZaöRV, 2010, 701–734.

Brink, Ton van den, The Impact of EU Legislation on National Legal Systems: Towards a New Approach to EU – Member State Relations, Cambridge Yearbook of European Legal Studies, 2017, 211–235.

Britz, Gabriele, Europäisierung des grundrechtlichen Datenschutzes?, EuGRZ, 2009, 1–11.

dies., Grundrechtsschutz durch das Bundesverfassungsgericht und den Europäischen Gerichtshof, EuGRZ, 2015, 275–281.

Broemel, Roland/Trute, Hans-Heinrich, Alles nur Datenschutz?, Zur rechtlichen Regulierung algorithmenbasierter Wissensregulierung, in: Ritschel, Gregor/Müller, Thomas (Hrsg.), Big data als Theorieersatz, Potsdam, 2016, S. 50–65.

Brühann, Ulf, 2.4 Europarechtliche Grundlagen, in: Roßnagel, Alexander (Hrsg.), Handbuch Datenschutzrecht, Die neuen Grundlagen für Wirtschaft und Verwaltung, München, 2003, 1–84.

ders., Mindeststandards oder Vollharmonisierung des Datenschutzes in der EG, Zugleich ein Beitrag zur Systematik von Richtlinien zur Rechtsangleichung im Binnenmarkt in der Rechtsprechung des Europäischen Gerichtshofs, EuZW, 2009, 639–644.

BT-Drs., 18/11325.

Buchner, Benedikt, Informationelle Selbstbestimmung im Privatrecht, 2006.

ders., 2 Grundsätze des Datenschutzrechts, in: Tinnefeld, Marie-Theres/Buchner, Benedikt/Petri, Thomas u. a. (Hrsg.), Einführung in das Datenschutzrecht, 6. Aufl., 2018, S. 215–383.

Bull, Hans Peter, Mehr Datenschutz durch weniger Verrechtlichung – Zur Überarbeitung von Form und Inhalt der Datenschutzvorschriften, in: Bäumler, Helmut/Arens, Heinz-Werner (Hrsg.), „Der neue Datenschutz" – Datenschutz in der Informationsgesellschaft von morgen, Neuwied, Kriftel, Berlin, 1998, S. 25–34.

ders., Aus aktuellem Anlaß: Bemerkungen über Stil und Technik der Datenschutzgesetzgebung, RDV, 1999, 148–153.

ders., Die „völlig unabhängige" Aufsichtsbehörde, Zum Urteil des EuGH vom 9.3.2010 in Sachen Datenschutzaufsicht, EuZW, 2010, 488–494.

ders., Hat die „informationelle Selbstbestimmung" eine Zukunft?, in: Stiftung Datenschutz (Hrsg.), Zukunft der informationellen Selbstbestimmung, Berlin, 2016, S. 13–22.

Bunnenberg, Jan Niklas, Privates Datenschutzrecht, 2020.

Burchardt, Dana, The relationship between the law of the European Union and the law of its Member States – a norm-based conceptual framework, European Constitutional Law Review, 2019, 73–103.

Burkert, Herbert, Privacy-Data Protection – A German/European Perspective, in: Engel, Christoph/Keller, Kenneth H. (Hrsg.), Governance of global networks in the light of differing local values, Baden-Baden, 2000, S. 43–70.

ders., 2.3 Internationale Grundlagen, in: Roßnagel, Alexander (Hrsg.), Handbuch Datenschutzrecht, Die neuen Grundlagen für Wirtschaft und Verwaltung, München, 2003, 1–104.

Butler, Oliver, Obligations Imposed on Private Parties by the GDPR and UK Data Protection Law: Blurring the Public-Private Divide, European Public Law, 2018, 555–572.

Calliess, Christian, Europäische Gesetzgebung und nationale Grundrechte – Divergenzen in der aktuellen Rechtsprechung von EuGH und BVerfG?, JZ, 2009, 113–121.

ders., Rechtsangleichung in der EU – wie weit reicht die Einzelermächtigung zur Binnenmarktharmonisierung?, in: König, Doris/Uwer, Dirk (Hrsg.), Grenzen europäischer Normgebung, EU-Kompetenzen und Europäische Grundrechte, Hamburg, 2015, S. 13–34.

Calliess, Christian/Ruffert, Matthias (Hrsg.), EUV/AEUV, Das Verfassungrecht der Europäischen Union mit Europäischer Grundrechtecharta, Kommentar, 6. Aufl., München, 2022.

Caspar, Johannes, Das aufsichtsbehördliche Verfahren nach der EU-Datenschutz-Grundverordnung, Defizite und Alternativregelungen, ZD, 2012, 555–558.

Cavoukian, Ann/Taylor, Scott/Abrams, Martin E., Privacy by Design: essential for organizational accountability and strong business practices, IDIS, 2010, 405–413.

Chakarova, Kristina Yuliyanova, General Data Protection Regulation: Challenges Posed by the Opening Clauses and Conflict of Laws Issues, EU Law Working Papers No. 41, EU Law Working Papers No. 41, Stanford-Vienna Transatlantic Technology Law Forum, 2019, 1–90.

Chalmers, Damian/Jachtenfuchs, Markus/Joerges, Christian, The retransformation of Europe, in: Chalmers, Damian/Jachtenfuchs, Markus/Joerges, Christian (Hrsg.), The end of the Eurocrats' dream, Adjusting to European diversity, Cambridge, 2016, S. 1–28.

Classen, Claus Dieter, Datenschutz ja – aber wie?, Anmerkung zum Urteil des EuGH vom 8.4.2014, verb. Rs. EUGH Aktenzeichen C-293/12 und C-594/12 (Digital Rights Ireland u. a.), EuR, 2014, 441–448.

ders., Schwierigkeiten eines harmonischen Miteinanders von nationalem und europäischem Grundrechtsschutz, EuR, 2017, 347–367.

Constantinesco, Léontin-Jean, Das Recht der Europäischen Gemeinschaften, Baden-Baden, 1977.

Cornils, Matthias, Das datenschutzrechtliche Medienprivileg unter Behördenaufsicht?, Der unionsrechtliche Rahmen für die Anpassung der medienrechtlichen Bereichsausnahmen (in § 9c, § 57 RStV-E und den Landespressegesetzen) an die EU-Datenschutz-Grundverordnung, Tübingen, 2018.

Costa-Cabral, Francisco/Lynskey, Orla, Family ties: the intersection between data protection and competition in EU Law, Common Market Law Review, 2017, 11–50.

Craig, Paul, Competence: Clarity, Containment and Consideration, European Law Review, 2004, 323–344.

Culik, Nicolai/Döpke, Christian, Zweckbindungsgrundsatz gegen unkontrollierten Einsatz von Big Data-Anwendungen, Analyse möglicher Auswirkungen der DS-GVO, ZD, 2017, 226–230.

Da Silva, Virgílio Afonso, Grundrechte und gesetzgeberische Spielräume, Baden-Baden, 2003.

Dammann, Ulrich, Die Kontrolle des Datenschutzes, Eine Untersuchung zur institutionellen Kontrolle des Datenschutzes im öffentlichen Bereich, Frankfurt am Main, 1977.

Dammann, Ulrich/Simitis, Spiros (Hrsg.), EG-Datenschutzrichtlinie, Kommentar, Baden-Baden, 1997.

Dannecker, Gerhard/Bülte, Jens, 2. Teil, 2. Kapitel Lebensmittelstrafrecht, in: Achenbach, Hans/Ransiek, Andreas/Rönnau, Thomas (Hrsg.), Handbuch Wirtschaftsstrafrecht, 5. Aufl., Heidelberg, 2019, 1–184.

Danwitz, Thomas von/Paraschas, Katherina, A fresh start for the Charter: Fundamental questions on the application of the European Charter of Fundamental Rights, Fordham International Law Journal, 2012, 1396–1425.

Dauner, Matthias/Sohn, Klaus-Dieter, Gesetzgebung im Trilog, Das Ende der transparenten repräsentativen Demokratie?, https://www.cep.eu/Studien/cepInput_Trilog/cepInput_Gesetzgebung_im_Trilog.pdf (zuletzt abgerufen am 31.3.2022).

Dehmel, Susanna/Hullen, Nils, Auf dem Weg zu einem zukunftsfähigen Datenschutz in Europa?, Konkrete Auswirkungen der DS-GVO auf Wirtschaft, Unternehmen und Verbraucher, ZD, 2013, 147–153.

Dix, Alexander, 3.5 Konzepte des Systemdatenschutzes, in: Roßnagel, Alexander (Hrsg.), Handbuch Datenschutzrecht, Die neuen Grundlagen für Wirtschaft und Verwaltung, München, 2003, 1–54.

Drohsel, Franziska, Vereinbarkeit gesetzlicher Öffnungsklauseln mit der Koalitionsfreiheit aus Art. 9 Abs. 3 GG, Berlin, 2010.

Dupeyrix, Alexandre, Quelle finalité pour l'Union européenne? Habermas et le concept de démocratie transnationale, Allemagne d'aujourd'hui, 2014, 170–180.

Düwell, Franz Josef/Brink, Stefan, Die EU-Datenschutz-Grundverordnung und der Beschäftigtendatenschutz, NZA, 2016, 665–668.

EDSA, Stellungnahme 3/2019 zu den Fragen und Antworten zum Zusammenspiel der Verordnung über klinische Prüfungen und der Datenschutz-Grundverordnung (DSGVO) (Artikel 70 Absatz 1 Buchstabe b), 23.1.2019.

ders., Stellungnahme 5/2019 zum Zusammenspiel zwischen der e-Datenschutz-Richtlinie und der DSGVO, insbesondere in Bezug auf die Zuständigkeiten, Aufgaben und Befugnisse von Datenschutzbehörden, 12.3.2019.

ders., Leitlinien 2/2019 zur Verarbeitung personenbezogener Daten gemäß Artikel 6 Absatz 1 Buchstabe b DSGVO im Zusammenhang mit der Bereitstellung von Online-Diensten für betroffene Personen, 8.10.2019.
ders., Guidelines 4/2019 on Article 25 Data Protection by Design and by Default, 2020.
ders., Leitlinien 3/2019 zur Verarbeitung personenbezogener Daten durch Videogeräte, 29.1.2020.
ders., Leitlinien 05/2020 zur Einwilligung gemäß Verordnung 2016/679, 4.5.2020.
ders., Beschluss 01/2020 zur Streitigkeit nach Artikel 65 Absatz 1 Buchstabe a der DSGVO über den Beschlussentwurf der irischen Aufsichtsbehörde bezüglich der Twitter International Company, 9.11.2020.
ders., Leitlinien 06/2020 zum Zusammenspiel zwischen der zweiten Zahlungsdiensterichtlinie und der DSGVO, 15.12.2020.
ders., Leitlinien 09/2020 zum maßgeblichen und begründeten Einspruch im Sinne der Verordnung (EU) 2016/679, 2. Fassung, 9.3.2021.
ders., Gemeinsame Stellungnahme 04/2021 des EDSA und des EDSB zu dem Vorschlag für eine Verordnung des Europäischen Parlaments und des Rates über einen Rahmen für die Ausstellung, Überprüfung und Anerkennung interoperabler Zertifikate zur Bescheinigung von Impfungen, Tests und der Genesung mit der Zielsetzung der Erleichterung der Freizügigkeit während der COVID-19-Pandemie (Digitales Grünes Zertifikat), 8.4.2021.
ders., Guidelines 03/2021 on the application of Article 65(1)(a) GDPR, 13.4.2021.
ders., Guidelines 07/2020 on the concepts of controller and processor in the GDPR, 7.7.2021.
ders., Guidelines 10/2020 on restrictions under Article 23 GDPR, 13.10.2021.
EDSA-EDSB, Gemeinsame Stellungnahme 03/2021 des EDSA und des EDSB zum Vorschlag für eine Verordnung des Europäischen Parlaments und des Rates über europäische Daten-Governance (Daten-Governance-Gesetz), 9.6.2021.
dies., Gemeinsame Stellungnahme 5/2021 zum Vorschlag für eine Verordnung des Europäischen Parlaments und des Rates zur Festlegung harmonisierter Vorschriften für künstliche Intelligenz (Gesetz über künstliche Intelligenz) und zur Änderung bestimmter Rechtsakte der Union, 18.6.2021.
EDSB, Opinion of the European Data Protection Supervisor on the data protection reform package, 7.3.2012.
ders., Privatsphäre und Wettbewerbsfähigkeit im Zeitalter von „Big Data": das Zusammenspiel zwischen Datenschutz, Wettbewerbsrecht und Verbraucherschutz in der digitalen Wirtschaft, 26.3.2014, https://edps.europa.eu/sites/edp/files/publication/14-03-26_competitition_law_big_data_de.pdf (zuletzt abgerufen am 31.3.2022).
Ehmann, Eugen, Der weitere Weg zur Datenschutzgrundverordnung, Näher am Erfolg, als viele glauben?, ZD, 2015, 6–12.
Ehmann, Eugen/Selmayr, Martin (Hrsg.), Datenschutz-Grundverordnung/DS-GVO, Kommentar, 2. Aufl., München, 2018.
Eichenhofer, Johannes, „e-Privacy" im europäischen Grundrechtsschutz: Das „Schrems"-Urteil des EuGH, EuR, 2016, 76–90.
Eifert, Martin, Zweckvereinbarkeit statt Zweckbindung als Baustein des modernisierten Datenschutzes, in: Gropp, Walter/Lipp, Martin/Steiger, Heinhard (Hrsg.), Rechtswissenschaft im Wandel, Festschrift des Fachbereichs Rechtswissenschaft zum 400jährigen Gründungsjubiläum der Justus-Liebig-Universität Gießen, Tübingen, 2007, S. 139–152.
Eijsbouts, Willem Thomas./Claes, Monica, From Confederacy to Convoy: Thoughts about the Finality of the Union and Its Member States, European Constitutional Law Review, 2010, 1–5.

Ellger, Reinhard, Der Datenschutz im grenzüberschreitenden Datenverkehr, Baden-Baden, 1990.

Engeler, Malte, Das überschätzte Kopplungsverbot, Die Bedeutung des Art. 7 Abs. 4 DS-GVO in Vertragsverhältnissen, ZD, 2018, 55–62.

Erdos, David, European Union Data Protection Law and Media Expression: Fundamentally Off Balance, International and Comparative Law Quarterly, 2016, 139–183.

Europäische Kommission, Mitteilung der Kommission an das Europäische Parlament, den Rat, den Europäischen Wirtschafts- und Sozialausschuss und den Ausschuss der Regionen, Eine Digitale Agenda für Europa, 19.5.2010, https://eur-lex.europa.eu/legal-content/DE/TXT/HTML/?uri=CELEX:52010DC0245&from=DE.

dies., Mitteilung der Kommission an das Europäische Parlament, den Rat, den Europäischen Wirtschafts- und Sozialausschuss und den Ausschuss der Regionen, Gesamtkonzept für den Datenschutz in der Europäischen Union, 4.11.2010.

dies., Vorschlag für eine Richtlinie des Europäischen Parlaments und des Rates zum Schutz natürlicher Personen bei der Verarbeitung personenbezogener Daten durch die zuständigen Behörden zum Zwecke der Verhütung, Aufdeckung, Untersuchung oder Verfolgung von Straftaten oder der Strafvollstreckung sowie zum freien Datenverkehr, 25.1.2012.

dies., Vorschlag für eine Verordnung des Europäischen Parlaments und des Rates zum Schutz natürlicher Personen bei der Verarbeitung personenbezogener Daten und zum freien Datenverkehr (Datenschutz-Grundverordnung), 25.1.2012.

dies., Mitteilung der Kommission an das Europäische Parlament, den Rat, den Europäischen Wirtschafts- und Sozialausschuss, Eine Vision für den Binnenmarkt für Industrieprodukte, 22.1.2014.

dies., Mitteilung der Kommission an das Europäische Parlament, den Rat, den Europäischen Wirtschafts- und Sozialausschuss und den Ausschuss der Regionen, Strategie für einen digitalen Binnenmarkt für Europa, 6.5.2015.

dies., Agreement on Commission‘s EU data protection reform will boost Digital Single Market, Brüssel, 15.12.2015, http://europa.eu/rapid/press-release_IP-15-6321_en.htm (zuletzt abgerufen am 31.3.2022).

Europäische Union, Stockholmer Programm, Ein offenes und sicheres Europa im Dienste und zum Schutz der Bürger, 4.5.2010, https://eur-lex.europa.eu/legal-content/DE/TXT/HTML/?uri=CELEX:52010XG0504(01)&from=DE.

European Agency for Fundamental Rights, Access to data protection remedies in the EU Member States, Luxembourg, 2013.

Falkner, Gerda/Hartlapp, Miriam/Leiber, Simone/Treib, Oliver, Non-Compliance with EU Directives in the Member States: Opposition through the Backdoor?, West European Politics, 2004, 452–473.

Fazlioglu, Müge, What the GDPR Requires of and Leaves to the Member States, https://iapp.org/media/pdf/resource_center/GDPR-Derogations-Whitepaper-FINAL.pdf (zuletzt abgerufen am 31.3.2022).

Federrath, Hannes/Pfitzmann, Andreas, 2.2 Technische Grundlagen, in: Roßnagel, Alexander (Hrsg.), Handbuch Datenschutzrecht, Die neuen Grundlagen für Wirtschaft und Verwaltung, München, 2003, 1–84.

Fontanelli, Filippo, National Measures and the Application of the EU Charter of Fundamental Rights – Does curia.eu Know iura.eu?, Human Rights Law Review, 2014, 231–265.

Forgó, Nikolaus, Datenschutz in der EU: Nach dem Spiel ist vor dem Spiel, 17.12.2015, https://www.heise.de/newsticker/meldung/Datenschutz-in-der-EU-Nach-dem-Spiel-ist-vor-dem-Spiel-3045740.html (zuletzt abgerufen am 31.3.2022).

Franzen, Martin, Der Vorschlag für eine EU-Datenschutz-Grundverordnung und der Arbeitnehmerdatenschutz, DuD, 2012, 322–326.

Franzius, Claudio, Das Recht auf informationelle Selbstbestimmung, ZJS, 2015, 259–270.

ders., Grundrechtsschutz in Europa, Zwischen Selbstbehauptungen und Selbstbeschränkungen der Rechtsordnungen und ihrer Gerichte, ZaöRV, 2015, 383–412.

ders., Verfassungspluralismus – Was bedeutet das konkret?, Rechtswissenschaft, 2016, 62–89.

Frenzel, Eike Michael, „Völlige Unabhängigkeit" im demokratischen Rechtsstaat, DÖV, 2010, 925–931.

Fromont, Michel, § 55 Typen staatlichen Verwaltungsrechts in Europa, in: Bogdandy, Armin von/Cassese, Sabino/Huber, Peter Michael (Hrsg.), Handbuch Ius Publicum Europaeum, Band III: Verwaltungsrecht in Europa: Grundlagen, Heidelberg, 2010, 1–76.

Funke, Andreas, Umsetzungsrecht, Zum Verhältnis von internationaler Sekundärrechtsetzung und deutscher Gesetzgebungsgewalt, Tübingen, 2011.

Funke, Michael, Dogmatik und Voraussetzungen der datenschutzrechtlichen Einwilligung im Zivilrecht, Unter besonderer Berücksichtigung der Datenschutz-Grundverordnung, Baden-Baden, 2017.

Fuster González, Gloria/Gutwirth, Serge, Opening up personal data protection: a conceptual controversy, Computer Law & Security Review, 2013, 531–539.

Gabel, Detlev/Hickman, Tim, GDPR Guide to National Implementation, A practical guide to national GDPR compliance requirements across the EEA, 13.11.2019, https://www.whitecase.com/publications/article/gdpr-guide-national-implementation# (zuletzt abgerufen am 31.3.2022).

Gerpott, Torsten J., Neue Pflichten für große Betreiber digitaler Plattformen – Vergleich von § 19a GWB und DMA-Kommissionsvorschlag, NZKart, 2021, 273–279.

Giesen, Thomas, Imperiale und totalitäre Züge des Kommissionsentwurfs für eine europäische Datenschutzgrundverordnung, Eine grundsätzliche Betrachtung zur Regelungskompetenz der EU für den Datenschutz, CR, 2012, 550–556.

ders., Euphorie ist kein Prinzip des Rechtsstaats, in: Stiftung Datenschutz (Hrsg.), Zukunft der informationellen Selbstbestimmung, Berlin, 2016, S. 23–47.

Gola, Peter, Beschäftigtendatenschutz und EU-Datenschutz-Grundverordnung, EuZW, 2012, 332–336.

Gola, Peter (Hrsg.), Datenschutz-Grundverordnung, VO (EU) 2016/679: Kommentar, 2. Aufl., München, 2018.

Gola, Peter/Klug, Christoph, Die Entwicklung des Datenschutzrechts im ersten Halbjahr 2016, NJW, 2016, 2786–2789.

Grabenwarter, Christoph/Pabel, Katharina, Europäische Menschenrechtskonvention, Ein Studienbuch, 6. Aufl., München, Basel, Wien, 2016.

Grabitz, Eberhard/Hilf, Meinhard/Nettesheim, Martin (Hrsg.), Das Recht der Europäischen Union, EUV/EGV, 40. Aufl., 2009.

Grabitz, Eberhard/Hilf, Meinhard/Nettesheim, Martin (Hrsg.), Das Recht der Europäischen Union, 65. Aufl., München, 2018.

Grafenstein, Maximilian von, Das Zweckbindungsprinzip zwischen Innovationsoffenheit und Rechtssicherheit, DuD, 2015, 789–795.

ders., Die Auswirkungen des Zweckbindungsprinzips auf Innovationsprozesse in Startups, in: Taeger, Jürgen (Hrsg.), Smart World – Smart Law?, Weltweite Netze mit regionaler Regulierung, Edewecht, 2016, S. 233–246.

ders., The Principle of Purpose Limitation in Data Protection Laws, The Risk-based Approach, Principles, and Private Standards as Elements for Regulating Innovation, Baden-Baden, 2018.

Greenleaf, Graham, Renewing Convention 108: The CoE's 'GDPR Lite' Initiatives, University of New South Wales Law Research Series, 2017, 1–8.
Grimm, Dieter, Der Datenschutz vor einer Neuorientierung, JZ, 2013, 585–592.
ders., Europe's legitimacy problem and the courts, in: Chalmers, Damian/Jachtenfuchs, Markus/Joerges, Christian (Hrsg.), The end of the Eurocrats' dream, Adjusting to European diversity, Cambridge, 2016, S. 241–265.
Groeben, Hans von der/Schwarze, Jürgen/Hatje, Armin (Hrsg.), Europäisches Unionsrecht, Vertrag über die Europäische Union – Vertrag über die Arbeitsweise der Europäischen Union – Charta der Grundrechte der Europäischen Union, 7. Aufl., Baden-Baden, 2015.
Grohs, Stephan/Gröbe, Benjamin, Verwaltungsstile und die „Entdeckung" politisch-administrativer Gestaltungsspielräume bei der Implementierung von EU-Recht, in: Fraenkel-Haeberle, Cristina/Galetta, Diana-Urania/Sommermann, Karl-Peter (Hrsg.), Europäisierung und Internationalisierung der nationalen Verwaltungen im Vergleich, Deutsch-italienische Analysen, Berlin, 2017, S. 149–160.
Groß, Thomas, Beziehungen zwischen Allgemeinem und Besonderem Verwaltungsrecht, Die Verwaltung, Beiheft 2, 1999, 57–80.
Haase, Martin Sebastian, Datenschutzrechtliche Fragen des Personenbezugs, Eine Untersuchung des sachlichen Anwendungsbereiches des deutschen Datenschutzrechts und seiner europarechtlichen Bezüge, Tübingen, 2015.
Häberle, Peter, Europäische Rechtskultur, Versuch einer Annäherung in zwölf Schritten, Baden-Baden, 1994.
Hacker, Phlipp, Datenprivatrecht, 2021.
Haltern, Ulrich, Finalität, in: Bogdandy, Armin von/Bast, Jürgen (Hrsg.), Europäisches Verfassungsrecht, Theoretische und dogmatische Grundzüge, 2. Aufl., Dordrecht, 2009, S. 279–331.
Hanschmann, Felix, Das Verschwinden des Grundrechts auf Datenschutz gegen hoheitliche Maßnahmen in der Pluralität von Rechtsregimen, in: Matz-Lück, Nele/Hong, Mathias (Hrsg.), Grundrechte und Grundfreiheiten im Mehrebenensystem – Konkurrenzen und Interferenzen, Berlin, Heidelberg, 2012, S. 293–337.
Hansen, Marit, 3.3 Privacy Enhancing Technologies, in: Roßnagel, Alexander (Hrsg.), Handbuch Datenschutzrecht, Die neuen Grundlagen für Wirtschaft und Verwaltung, München, 2003, 1–136.
Haratsch, Andreas, Verweisungstechnik und gemeinschaftsgerichtete EG-Richtlinien – Anmerkungen zum neuen Datenschutzartikel des EG-Vertrages, EuR, 2000, 42–61.
ders., Nationale Identität aus europarechtlicher Sicht, EuR, 2016, 131–147.
Härtel, Ines, Handbuch europäische Rechtsetzung, Berlin, 2006.
Härting, Niko, Datenschutzreform in Europa: Einigung im EU-Parlament, Kritische Anmerkungen, CR, 2013, 715–721.
Härting, Niko/Schneider, Jochen, Das Ende des Datenschutzes – es lebe die Privatsphäre, Eine Rückbesinnung auf die Kern-Anliegen des Privatsphärenschutzes, CR, 2015, 819–827.
Hatje, Armin/Mankowski, Peter, „Nationale Unionsrechte", Sprachgrenzen, Traditionsgrenzen, Systemgrenzen, Denkgrenzen, EuR, 2014, 155–170.
Herbst, Tobias, Was sind personenbezogene Daten?, NVwZ, 2016, 902–906.
Herok, Joel, Rechtsangleichung durch Richtlinien, 2021.
Hert, Paul de/Papakonstantinou, Vagelis, The proposed data protection Regulation replacing Directive 95/46/EC: A sound system for the protection of individuals, Computer Law & Security Review, 2012, 130–142.
dies., Three Scenarios for International Governance of Data Privacy: Towards an International Data Privacy Organization, Preferably a UN Agency?, I/S: A Journal of Law and Policy for the Information Society, 2013, 271–324.

dies., The new General Data Protection Regulation: Still a sound system for the protection of individuals?, Computer Law & Security Review, 2016, 179–194.

Hijmans, Hielke, Recent developments in data protection at European Union level, ERA Forum, 2010, 219–231.

ders., The European Union as Guardian of Internet Privacy, The Story of Art 16 TFEU, Switzerland, 2016.

Hijmans, Hielke/Scirocco, Alfonso, Shortcomings in EU Data Protection in the Third and the Second Pillars. Can the Lisbon Treaty be Expected to help?, Common Market Law Review, 2009, 1485–1525.

Himmelmann, Steffen, EG-Umweltrecht und nationale Gestaltungsspielräume, Baden-Baden, 1997.

Hoffmann-Riem, Wolfgang, Informationelle Selbstbestimmung in der Informationsgesellschaft, Auf dem Weg zu einem neuen Konzept des Datenschutzes, AöR, 1998, 513–540.

ders., Kontrolldichte und Kontrollfragen beim nationalen und europäischen Schutz von Freiheitsrechten in mehrpoligen Rechtsverhältnissen, EuGRZ, 2006, 492–499.

ders., Rechtliche Rahmenbedingungen für und regulative Herausforderungen durch Big Data, in: Hoffmann-Riem, Wolfgang (Hrsg.), Big Data – Regulative Herausforderungen, 2018, S. 11–78.

Holmes, Oliver Wendell, The common law, Dover ed., New York, 1991.

Hornung, Gerrit, Eine Datenschutz-Grundverordnung für Europa?, Licht und Schatten im Kommissionsentwurf vom 25.1.2012, ZD, 2012, 99–106.

ders., Sind neue Technologien datenschutzrechtlich regulierbar? Herausforderungen durch „Smart Everything", in: Roßnagel, Alexander/Friedewald, Michael/Hansen, Marit (Hrsg.), Die Fortentwicklung des Datenschutzes, Zwischen Systemgestaltung und Selbstregulierung, Wiesbaden, 2018, S. 315–336.

Hustinx, Peter, „EU-Datenschutzrecht: Die Überprüfung der Richtlinie 95/46/EG und die vorgeschlagene Datenschutz-Grundverordnung", https://edps.europa.eu/sites/edp/files/publication/14-09-15_article_eui_de.pdf (zuletzt abgerufen am 31.3.2022).

Hwang, Shu-Perng, Der Europäische Verwaltungsverbund im Spannungsfeld zwischen nationaler Identität und europäischer Integration, DÖV, 2014, 681–690.

Indenhuck, Moritz/Britz, Thomas, Vom Datenschutzrecht zum Datenschuldrecht, Neue Leitlinien zur Verarbeitung personenbezogener Daten bei Online-Diensten, Betriebs Berater, 2019, 1091–1096.

Jacob, Joachim, Der Stand der EG-Datenschutzrichtlinie zu Beginn der deutschen Ratspräsidentschaft, DuD, 1994, 480–483.

Jarass, Hans D. (Hrsg.), Charta der Grundrechte der Europäischen Union, Unter Einbeziehung der vom EuGH entwickelten Grundrechte, der Grundrechtsregelungen der Verträge und der EMRK: Kommentar, 4. Aufl., München, 2021.

Jouanjan, Olivier, § 69 Die Belle époque des Verwaltungsrechts: Zur Entstehung der modernen Verwaltungsrechtswissenschaft in Europa (1880–1920), in: Bogdandy, Armin von/Cassese, Sabino/Huber, Peter Michael (Hrsg.), Handbuch Ius Publicum Europaeum, Band IV: Verwaltungsrecht in Europa: Wissenschaft, Heidelberg, 2011, 1–77.

Jourová, Věra, Antwort im Namen der Europäische Kommission auf parlamentarische Anfrage, P-003121/2018(ASW), 13.7.2018, https://www.europarl.europa.eu/doceo/document/P-8-2018-003121-ASW_DE.html (zuletzt abgerufen am 31.3.2022).

Kahler, Thomas, Die Europarechtswidrigkeit der Kommissionsbefugnisse in der Grundverordnung, RDV, 2013, 69–73.

Karpenstein, Ulrich/Sangi, Roya, Nationale Sicherheit im Unionsrecht: Zur Bedeutung von Art. 4 II 3 EUV, GSZ, 2020, 162–168.

Kellermann, Christian/Kammer, Andreas, Stillstand in der europäischen Steuerpolitik, Welche Wege aus dem Wettbewerb um die niedrigsten Steuern?, Berlin, April 2009, http://library.fes.de/pdf-files/id/ipa/06258.pdf (zuletzt abgerufen am 31.3.2022).

Kibler, Datenschutzaufsicht im europäischen Verbund, 2021.
Kilian, Wolfgang, Europäisches Datenschutzrecht – Persönlichkeitsrecht und Binnenmarkt, in: Tinnefeld, Marie-Theres/Philipps, Lothar/Heil, Susanne (Hrsg.), Informationsgesellschaft und Rechtskultur in Europa, Informationelle und politische Teilhabe in der Europäischen Union, Baden-Baden, 1995, S. 98–109.
Kingreen, Thorsten, Grundrechtsverbund oder Grundrechtsunion?, – Zur Entwicklung der subjektiv-öffentlichen Rechte im europäischen Unionsrecht –, EuR, 2010, 338–364.
Kingreen, Thorsten/Kühling, Jürgen, Weniger Schutz durch mehr Recht: Der überspannte Parlamentsvorbehalt im Datenschutzrecht – Eine Problemskizze am Beispiel des Gesundheitsdatenschutzrechts –, JZ, 2015, 213–221.
Kipker, Dennis-Kenji, EAID: Wie viel Diversität braucht/verträgt der europäische Datenschutz?, ZD-aktuell, 2017, 4247.
Kirchert, Katrin, Die Abkehr vom Schriftformerfordernis für Einwilligungen im Beschäftigungskontext, Die Einwilligung von Beschäftigten – nun auch per E-Mail möglich?, PinG, 2020, 82–83.
Kirchhof, Ferdinand, Nationale Grundrechte und Unionsgrundrechte, Die Wiederkehr der Frage eines Anwendungsvorrangs unter anderer Perspektive, NVwZ, 2014, 1537–1541.
Klar, Manuel, Privatsphäre und Datenschutz in Zeiten technischen und legislativen Umbruchs, DÖV, 2013, 103–113.
Klein, Florian, Personenbilder im Spannungsfeld von Datenschutzgrundverordnung und Kunsturhebergesetz, Bern, Schweiz, 2017.
Klement, Jan Henrik, Öffentliches Interesse an Privatheit, Das europäische Datenschutzrecht zwischen Binnenmarkt, Freiheit und Gemeinwohl, JZ, 2017, 161–170.
Knodel, Anne Christine, Medien und Europa, Regelungspraxis, Kompetenzen und Handlungsmöglichkeiten der Europäischen Union im Bereich der Medien, Baden-Baden, 2018.
Knopp, Lothar, Umsetzungsstand der europäischen Umwelthaftungsrichtlinie in den Mitgliedstaaten, EuZW, 2009, 561–565.
Kokott, Juliane/Sobotta, Christoph, The distinction between privacy and data protection in the jurisprudence of the CJEU and the ECtHR, International Data Privacy Law, 2013, 222–228.
Koós, Clemens, Das Vorhaben eines einheitlichen Datenschutzes in Europa, Aktueller Stand des europäischen Gesetzgebungsverfahrens, ZD, 2014, 9–15.
Körner, Marita, Wirksamer Beschäftigtendatenschutz im Lichte der Europäischen Datenschutz-Grundverordnung (DS-GVO), Frankfurt am Main, 2017.
Kort, Michael, Der Beschäftigtendatenschutz gem. § 26 BDSG-neu, Ist die Ausfüllung der Öffnungsklausel des Art. 88 DS-GVO geglückt?, ZD, 2017, 319–323.
Kotzur, Markus, Der Schutz personenbezogener Daten in der europäischen Grundrechtsgemeinschaft, Die korrespondierende Verantwortung von EuGH, EGMR und mitgliedstaatlichen Verfassungsgerichten, EuGRZ, 2011, 105–115.
Král, Richard, National normative implementation of EC Regulations: An exceptional or rather common matter?, European Law Review, 2008, 243–256.
Krisch, Nico, Beyond Constitutionalism, The Puralist Structure of Postnational Law, New York, 2010.
Kröger, Malte, Unabhängigkeitsregime im europäischen Verwaltungsverbund, Eine europa- und verfassungsrechtliche Untersuchung unionsrechtlicher Organisationsregelungen für Mitgliedstaaten anhand von Regulierungsagenturen, Datenschutzbehörden sowie statistischen Ämtern, Baden-Baden, 2020.
Krüger, Stefan/Wiencke, Julia, Bitte recht freundlich – Verhältnis zwischen KUG und DS-GVO, Herstellung und Veröffentlichung von Personenbildnissen nach Inkrafttreten der DS-GVO, MMR, 2019, 76–80.

Krüper, Julian, Kategoriale Unterscheidung von Öffentlichem Recht und Privatrecht?, in: VVDStRL (Hrsg.), 79: Öffentliches Recht und Privatrecht, 2020, S. 43–99.

Kugelmann, Dieter, § 4 Grundrechte, in: Niedobitek, Matthias/Gruber, Joachim (Hrsg.), Grundlagen der Union, Berlin, 2014, 1–129.

Kühling, Jürgen, Die Europäisierung des Datenschutzrechts, Gefährdung deutscher Grundrechtsstandards?, Baden-Baden, 2014.

Kühling, Jürgen/Buchner, Benedikt (Hrsg.), Datenschutz-Grundverordnung BDSG, Kommentar, 3. Aufl., München, 2020.

Kühling, Jürgen/Martini, Mario, Die Datenschutz-Grundverordnung und das nationale Recht, Erste Überlegungen zum innerstaatlichen Regelungsbedarf, Münster, 2016.

dies., Die Datenschutz-Grundverordnung: Revolution oder Evolution im europäischen und deutschen Datenschutzrecht?, EuZW, 2016, 448–454.

Kühling, Jürgen/Sackmann, Florian, Datenschutzordnung 2018 – nach der Reform ist vor der Reform?!, NVwZ, 2018, 681–686.

Kuhlmann, Sabine/Vollmann, Helmut, Verwaltung und Verwaltungsreformen in Europa, Einführung in die vergleichende Verwaltungswissenschaft, Wiesbaden, 2013.

Kuner, Christoph, The European Commission's Proposed Data Protection Regulation: A Copernican Revolution in European Data Protection Law, Bloomberg BNA Privacy and Security Law Report, 2012, 1–15.

Ladenburger, Clemens, Anmerkungen zu Kompetenzordnung und Subsidiarität nach dem Vertrag von Lissabon, ZEuS, 2011, 389–408.

Ladeur, Karl-Heinz, Das Recht auf informationelle Selbstbestimmung: Eine juristische Fehlkonstruktion?, DÖV, 2009, 45–55.

ders., New institutions for the protection of privacy and personal dignity in internet communication, „information broker", „private cyber courts" and network of contracts, Brazilian Journal of Public Policy, 2013, 282–296.

Lauber-Rönsberg, Anne/Hartlaub, Anneliese, Personenbildnisse im Spannungsfeld zwischen Äußerungs- und Datenschutzrecht, NJW, 2017, 1057–1062.

Laue, Philip, Öffnungsklauseln in der DS-GVO – Öffnung wohin?, Geltungsbereich einzelstaatlicher (Sonder-)Regelungen, ZD, 2016, 463–467.

Lenaerts, Koen, The Rule of Law and the Coherence of the Judicial System of the European Union, Common Market Law Review, 2007, 1625–1659.

ders., Die EU-Grundrechtecharta: Anwendbarkeit und Auslegung, EuR, 2012, 3–18.

ders., Kooperation und Spannung im Verhältnis von EuGH und nationalen Verfassungsgerichten, EuR, 2015, 3–28.

ders., The Court's Outer and Inner Selves: Exploring the External and Internal Legitimacy of the European Court of Justice, in: Adams, Maurice/Waele, Henri de/Meeusen, Johan u. a. (Hrsg.), Judging Europe's Judges, The Legitimacy of the Case Law of the European Court of Justice, Oxford and Porland, Oregon, 2015, S. 13–60.

Leucker, Franziska, Die zehn Märchen der Datenschutzreform, PinG, 2015, 195–202.

Lewinski, Kai von, Europäisierung des Datenschutzrechts, DuD, 2012, 564–570.

ders., Datenschutzaufsicht in Europa als Netzwerk, NVwZ, 2017, 1483–1490.

Lindner, Josef Franz, Grundrechtsschutz gegen gemeinschaftsrechtliche Öffnungsklauseln – zugleich ein Beitrag zum Anwendungsbereich der EU-Grundrechte, EuZW, 2007, 71–75.

Lohse, Eva Julia, Rechtsangleichungsprozesse in der Europäischen Union, Instrumente, Funktionsmechanismen und Wirkparameter effektiver Harmonisierung, Tübingen, 2017.

Ludwigs, Markus, Kooperativer Grundrechtsschutz zwischen EuGH, BVerfG und EGMR, EuGRZ, 2014, 273–285.

Lynskey, Orla, Deconstructing data protection: the 'Added-value' of a right to data protection in the EU legal order, International and Comparative Law Quarterly, 2014, 569–597.

dies., The foundations of EU data protection law, Oxford, 2015.

dies., The 'Europeanisation' of Data Protection Law, Camb. Yearb. Eur. Legal Stud., 2017, 252–286.

dies., At the crossroads of data protection and competition law: time to take stock, International Data Privacy Law, 2018, 179–180.

Maier, Natalie/Schaller, Fabian, ePrivacy-VO – alle Risiken der elektronischen Kommunikation gebannt?, Entwurf ohne datenschutzrechtliche Regelungen für P2P-Kommunikationsdienste, ZD, 2017, 373–377.

Mańko, Rafał, Zuständigkeit der EU im Bereich des Privatrechts, Der Vertragsrahmen für europäisches Privatrecht und Probleme mit der Kohärenz: eingehende Analyse, http://www.europarl.europa.eu/RegData/etudes/IDAN/2015/545711/EPRS_IDA%282015%29545711_DE.pdf (zuletzt abgerufen am 31.3.2022).

Marosi, Johannes, One (smart) size fits all?, Das (Datenschutz-)TMG heute – und morgen?, in: Taeger, Jürgen (Hrsg.), Smart World – Smart Law?, Weltweite Netze mit regionaler Regulierung, Edewecht, 2016, S. 435–451.

Marsch, Nikolaus, Das europäische Datenschutzgrundrecht, Grundlagen, Dimensionen, Verflechtungen, Tübingen, 2018.

Márton, Edina, Violations of personality rights through the Internet, Jurisdictional issues under European law, Baden-Baden, [Oxford], 2016.

Masing, Johannes, Gesetz und Gesetzesvorbehalt – zur Spannung von Theorie und Dogmatik am Beispiel des Datenschutzrechts, in: Hoffmann-Riem, Wolfgang (Hrsg.), Offene Rechtswissenschaft, Ausgewählte Schriften von Wolfgang Hoffmann-Riem mit begleitenden Analysen, Tübingen, 2010, S. 468–496.

ders., Herausforderungen des Datenschutzes, NJW, 2012, 2305–2311.

ders., Ein Abschied von den Grundrechten, Süddeutsche Zeitung, 9. Januar 2012, 10.

ders., Einheit und Vielfalt des Europäischen Grundrechtsschutzes, JZ, 2015, 477–487.

Mathes, Hanna/Krohm, Niclas, Der Schutz von Gesundheitsdaten im Gefüge rechtlicher Auslegungsspielräume auf nationaler und europäischer Ebene, PinG, 2015, 49–54.

Matz-Lück, Nele, Europäische Rechtsakte und nationaler Grundrechtsschutz, in: Matz-Lück, Nele/Hong, Mathias (Hrsg.), Grundrechte und Grundfreiheiten im Mehrebenensystem – Konkurrenzen und Interferenzen, Berlin, Heidelberg, 2012, S. 161–201.

Mayer, Franz, Verfassung im Nationalstaat: Von der Gesamtordnung zur europäischen Teilordnung?, 1. Referat, in: VVDStRL (Hrsg.), 75: Verfassung als Ordnungskonzept, Referate und Diskussionen auf der Tagung der Vereinigung der Deutschen Staatsrechtslehrer in Speyer vom 7. bis zum 10. Oktober 2015, Berlin, Boston, 2016.

Mayer-Schönberger, Viktor/Padova, Yann, Regime Change? Enabling Big Data through Europe's new Data Protection Regulation, The Columbia Science & Technology Law Review, 2016, 315–335.

McLaughlin, Sharon, Ireland: A Brief Overview of the Implementation of the GDPR, EDPL, 2018, 227–234.

Meßerschmidt, Klaus, Europäisches Umweltrecht, Ein Studienbuch, München, 2011.

Meyer, Jürgen/Hölscheidt, Sven (Hrsg.), Charta der Grundrechte der Europäischen Union, 5. Aufl., Baden-Baden, 2019.

Michl, Walther, Das Verhältnis zwischen Art. 7 und Art. 8 GRCh – zur Bestimmung der Grundlage des Datenschutzgrundrechts im EU-Recht, DuD, 2017, 349–353.

Milstein, Alexander/Lippold, Matthias, Suchmaschinenergebnisse im Lichte der Meinungsfreiheit der nationalen und europäischen Grund- und Menschenrechte, NVwZ, 2013, 182–187.

Moens, Gabriël A./Trone, John, The Principle Of Subsidiarity In EU Judicial And Legislative Practice: Panacea Or Placebo?, Journal of Legislation, 2015, 65–102.
Möstl, Markus, Grenzen der Rechtsangleichung im europäischen Binnenmarkt, Kompetenzielle, grundfreiheitliche und grundrechtliche Schranken des Gemeinschaftsgesetzgebers, EuR, 2002, 318–350.
Muir, Elise, The Fundamental Rights Implications of EU Legislation: Some Constitutional Challenges, Common Market Law Review, 2014, 219–245.
Müller, Marian, Die Öffnungsklauseln der Datenschutzgrundverordnung, Ein Beitrag zur Europäischen Handlungsformenlehre, Münster, Westf, 2018.
Nettesheim, Martin, Subsidiarität durch politische Verhandlung – Art. 5 Abs. 3 EUV als Verständigungsauftrag, in: König, Doris/Uwer, Dirk (Hrsg.), Grenzen europäischer Normgebung, EU-Kompetenzen und Europäische Grundrechte, Hamburg, 2015, S. 35–53.
Newman, Abraham, Protectors of Privacy, Regulating Personal Data in the Global Economy, 2008.
Nguyen, Alexander, Die Subsidiaritätsrüge des Deutschen Bundesrates gegen den Vorschlag der EU-Kommission für eine Datenschutz-Grundverordnung, ZEuS, 2012, 277–300.
Nyrén, Olof/Stenbeck, Magnus/Grönberg, Henrik, The European Parliament proposal for the new EU General Data Protection Regulation may severely restrict European epidemiological research, European Journal of Epidemiology, 2014, 227–230.
Obwexer, Walter, Harmonisierung und Optionalität – stehen Öffnungsklauseln der Verwirklichung des Binnenmarkts entgegen?, in: König, Doris/Uwer, Dirk (Hrsg.), Grenzen europäischer Normgebung, EU-Kompetenzen und Europäische Grundrechte, Hamburg, 2015, S. 54–76.
Oermann, Markus, Rechts(durch)setzung durch Informationsintermediäre: Big Data als Entscheidungs- und Handlungsressource, in: Hoffmann-Riem, Wolfgang (Hrsg.), Big Data – Regulative Herausforderungen, Baden-Baden, 2018, S. 145–156.
Oeter, Stefan, Rechtsprechungskonkurrenz zwischen nationalen Verfassungsgerichten, Europäischem Gerichtshof und Europäischem Gerichtshof für Menschenrechte, in: VVDStRL (Hrsg.), 66: Bundesstaat und Europäische Union zwischen Konflikt und Kooperation, Berichte und Diskussionen auf der Tagung der Vereinigung der Deutschen Staatsrechtslehrer in Rostock vom 4. bis 7. Oktober 2006, 2007, S. 362–391.
Oliveira, Inês, Os regimes especiais de proteção de dados pessoais: exemplos de poluição legislativa da União Europeia?, in: Pereira Coutinho, Francisco/Canto Moniz, Graça (Hrsg.), Anuário de Proteção de Dados, 2019, S. 157–172.
Oppermann, Thomas/Classen, Claus Dieter/Nettesheim, Martin, Europarecht, Ein Studienbuch, 8. Aufl., München, 2018.
Paal, Boris P./Pauly, Daniel A. (Hrsg.), Datenschutz-Grundverordnung, Bundesdatenschutzgesetz, 3. Aufl., München, 2021.
Pearce, Henry, Personality, Property and Other Provocations: Exploring the Conceptual Muddle of Data Protection Rights under EU Law, European Data Protection Law Review, 2018, 190–208.
Pechstein, Matthias/Nowak, Carsten/Häde, Ulrich (Hrsg.), Frankfurter Kommentar zu EUV, GRC und AEUV, Band II, Art. 1–100 AEUV, 2017.
Pechstein, Matthias/Nowak, Carsten/Häde, Ulrich (Hrsg.), Frankfurter Kommentar zu EUV, GRC und AEUV, Band IV, AEUV Artikel 216–358, Tübingen, 2017.
Peers, Steve (Hrsg.), The EU charter of fundamental rights, A commentary, Oxford, 2014.
Peifer, Markus, Die Datenschutz-Grundverordnung aus Sicht der öffentlichen Verwaltung, PinG, 2016, 222–227.

Pereira Coutinho, Francisco, A Independência da Comissão Nacional de Proteção de Dados, in: Pereira Coutinho, Francisco/Canto Moniz, Graça (Hrsg.), Anuário da Proteção de Dados, 2020, S. 9–47.
Pernice, Ingolf, Das Verhältnis europäischer zu nationalen Gerichten im europäischen Verfassungsverbund, Berlin, 2006.
Picod, Fabrice/Drooghenbroeck, Sébastien van (Hrsg.), Charte des droits fondamentaux de l'Union européenne, Commentaire article par article, Brüssel, 2018.
Pieper, Ulrich, Subsidiaritätsprinzip – Strukturprinzip der Europäischen Union, DVBl., 1993, 705–712.
Piltz, Carlo/Krohm, Niclas, Was bleibt vom Datenschutz übrig?, Nebenwirkungen der Datenschutz-Grundverordnung, PinG, 2013, 56–61.
Pirker, Benedikt, Grundrechtsschutz im Unionsrecht zwischen Subsidiarität und Integration, Zur Anwendung der Unionsgrundrechte auf die Mitgliedstaaten, Baden-Baden, 2018.
Podlech, Adalbert, Individualdatenschutz – Systemdatenschutz, in: Brückner, Klaus/Dalichau, Gerhard (Hrsg.), Beiträge zum Sozialrecht, Festgabe für Hans Grüner, Percha am Starnberger See, Kempfenhausen am Starnberger See, 1982, S. 451–462.
Pötters, Stephan, Primärrechtliche Vorgaben für eine Reform des Datenschutzrechts, RDV, 2015, 10–16.
Praesidium Note, Charte 4284/00 Convent 28, 5.5.2000.
Purtova, Nadezhda, The law of everything. Broad concept of personal data and future of EU data protection law, Law, Innovation and Technology, 2018, 40–81.
Raab, Johannes, Die Harmonisierung des einfachgesetzlichen Datenschutzes, Von der umsetzungsdefizitären Datenschutzrichtlinie 95/46/EG zur Datenschutz-Grundverordnung, Berlin, 2015.
Rapp, Manfred, § 3. Wohnungseigentum, in: Heckschen, Heribert/Herrler, Sebastian/Münch, Christof u. a. (Hrsg.), Beck'sches Notar-Handbuch, 7. Aufl., München, 2019, S. 443–594.
Ratti, Matilde, Personal-Data and Consumer Protection: What Do They Have in Common?, in: Bakhoum, Mor/Conde Gallego, Beatriz/Mackenrodt, Mark-Oliver u. a. (Hrsg.), Personal Data in Competition, Consumer Protection and Intellectual Property Law, Towards a Holistic Approach?, Berlin, 2018, S. 377–393.
Reding, Viviane, Sieben Grundbausteine der europäischen Datenschutzreform, ZD, 2012, 195–198.
dies., Outdoing Huxley: Forging a high level of data protection for Europe in the brave new digital world, Luxemburg, 18. Juni 2012.
Reding, Viviane/Heilmann, Thomas, Kleinstaaterei im Datenschutz muss aufhören, Die Welt, 6.9.2013, https://www.welt.de/wirtschaft/article119780583/Kleinstaaterei-im-Datenschutz-muss-aufhoeren.html (zuletzt abgerufen am 31.3.2022).
Reimer, Philipp, Verwaltungsdatenschutzrecht, DÖV, 2018, 881–890.
Reinhardt, Jörn, Konturen des europäischen Datenschutzgrundrechts, Zu Gehalt und horizontaler Wirkung von Art. 8 GRCh, AöR, 2017, 528–565.
Richter, Heiko, The Power Paradigm in Private Law, Towards a Holistic Regulation of Personal Data, in: Bakhoum, Mor/Conde Gallego, Beatriz/Mackenrodt, Mark-Oliver u. a. (Hrsg.), Personal Data in Competition, Consumer Protection and Intellectual Property Law, Towards a Holistic Approach?, Berlin, 2018, S. 527–577.
ders., Europäisches Datenprivatrecht: Lehren aus dem Kommissionsvorschlag für eine „Verordnung über europäische Daten-Governance", ZEuP, 2021, 634–667.
Richter, Philipp, Datenschutz zwecklos? – Das Prinzip der Zweckbindung im Ratsentwurf der DSGVO, DuD, 2015, 735–740.

ders., Instrumente zwischen rechtlicher Steuerung und technischer Entwicklung, DuD, 2016, 89–93.

Rogall-Grothe, Cornelia, Ein neues Datenschutzrecht für Europa, ZRP, 2012, 193–196.

Rolfs, Christian/Giesen, Richard/Kreikebohm, Ralf/Meßling, Miriam/Udsching, Peter (Hrsg.), BeckOK Sozialrecht, 63. Aufl., 2021.

Ronellenfitsch, Michael, Fortentwicklung des Datenschutzes, DuD, 2012, 561–563.

Rössler, Beate, Der Wert des Privaten, Frankfurt am Main, 2001.

Roßnagel, Alexander, Lernfähiges Europarecht – am Beispiel des europäischen Umweltrechts, NVwZ, 1997, 122–127.

ders., Konflikte zwischen Informationsfreiheit und Datenschutz?, MMR, 2007, 16–21.

ders., Die Novellen zum Datenschutzrecht – Scoring und Adresshandel, NJW, 2009, 2716–2722.

ders., Nicht mehr zeitgemäß, Das Datenschutzrecht ist unübersichtlich und widersprüchlich. Der traditionelle Schutz informationeller Selbstbestimmung steht in Frage., FAZ, 1. Juni 2011, 7.

ders., § 1 Einleitung: Das künftige Datenschutzrecht nach Geltung der Datenschutz-Grundverordnung, in: Roßnagel, Alexander (Hrsg.), Europäische Datenschutz-Grundverordnung: Vorrang des Unionsrechts – Anwendbarkeit des nationalen Rechts, Baden-Baden, 2017, 1–54.

ders., § 1 Einleitung: Das künftige Datenschutzrecht in Europa, in: Roßnagel, Alexander (Hrsg.), Das neue Datenschutzrecht, Europäische Datenschutz-Grundverordnung und deutsche Datenschutzgesetze, Baden-Baden, 2018, 1–62.

ders., § 9 Das europäische Datenschutzrecht zukunftsfähig weiterentwickeln, in: Roßnagel, Alexander (Hrsg.), Das neue Datenschutzrecht, Europäische Datenschutz-Grundverordnung und deutsche Datenschutzgesetze, Baden-Baden, 2018, 1–11.

ders., Nationale Anpassung des Datenschutzrechts, DuD, 2018, 471–472.

ders., Notwendige Schritte zu einem modernen Datenschutzrecht, in: Roßnagel, Alexander/Friedewald, Michael/Hansen, Marit (Hrsg.), Die Fortentwicklung des Datenschutzes, Zwischen Systemgestaltung und Selbstregulierung, Wiesbaden, 2018, S. 361–384.

ders., Kein „Verbotsprinzip" und kein „Verbot mit Erlaubnisvorbehalt" im Datenschutzrecht, NJW, 2019, 1–5.

Roßnagel, Alexander/Hoidn, Dominik, Anpassung des Sozialdatenschutzes, Spielräume im Rahmen der europäischen Datenschutzreform, DuD, 2018, 487–491.

Roßnagel, Alexander/Kroschwald, Steffen, Was wird aus der Datenschutzgrundverordnung?, Die Entschließung des Europäischen Parlaments über ein Verhandlungsdokument, ZD, 2014, 495–500.

Roßnagel, Alexander/Nebel, Maxi/Richter, Philipp, Was bleibt vom Europäischen Datenschutzrecht?, Überlegungen zum Ratsentwurf der DS-GVO, ZD, 2015, 455–460.

Roßnagel, Alexander/Pfitzmann, Andreas/Garstka, Hansjürgen, Modernisierung des Datenschutzrechts, Gutachten im Auftrag des Bundesministeriums des Innern, 2001.

Rothmann, Robert, Ungewollte Einwilligung? Die Rechtswirklichkeit der datenschutzrechtlichen Willenserklärung im Fall von Facebook, in: Roßnagel, Alexander/Friedewald, Michael/Hansen, Marit (Hrsg.), Die Fortentwicklung des Datenschutzes, Zwischen Systemgestaltung und Selbstregulierung, Wiesbaden, 2018, S. 59–75.

Rott, Peter, Data protection law as consumer law – How consumer organisations can contribute to the enforcement of data protection law, EuCML, 2017, 113–119.

Ruffert, Matthias, Die künftige Rolle des EuGH im europäischen Grundrechtsschutzsystem, Bemerkungen zum EuGH-Urteil v. 20.5.2003, Rechnungshof/ORF u. a., EuGRZ 2003, 232, EuGRZ, 2004, 466–471.

Rüpke, Giselher, Aspekte zur Entwicklung eines EU-Datenschutzrechts, ZRP, 1995, 185–190.

Rüpke, Giselher/Lewinski, Kai von/Eckhardt, Jens, Datenschutzrecht, Grundlagen und europarechtliche Neugestaltung, München, 2018.

Sander, Stefan, DS-GVO vs. PSD 2: Was dürfen die Betreiber von Kontoinformationsdiensten?, BKR, 2019, 66–76.

Sandhu, Aqilah, Die Tele2-Entscheidung des EuGH zur Vorratsdatenspeicherung in den Mitgliedstaaten und ihre Auswirkungen auf die Rechtslage in Deutschland und in der Europäischen Union, Anmerkung zum Urteil des EuGH vom 21.12.2016 in der Rs. C-203/15 (Tele2), EuR, 2017, 453–470.

dies., Grundrechtsunitarisierung durch Sekundärrecht, Zur Reichweite des mitgliedstaatlichen Grundrechtsschutzes im Anwendungsbereich von Öffnungsklauseln am Beispiel des europäischen Datenschutzsekundärrechts, Tübingen, 2021.

Schantz, Peter, Die Datenschutz-Grundverordnung – Beginn einer neuen Zeitrechnung im Datenschutzrecht, NJW, 2016, 1841–1847.

Schantz, Peter/Wolff, Heinrich Amadeus, Das neue Datenschutzrecht, Datenschutz-Grundverordnung und Bundesdatenschutzgesetz in der Praxis, München, 2017.

Scherzberg, Arno, Wissen, Nichtwissen und Ungewissheit im Recht, in: Engel, Christoph/Halfmann, Jost/Schulte, Martin (Hrsg.), Wissen, Nichtwissen, unsicheres Wissen, Baden-Baden, 2002, S. 113–144.

Schimke, Anna, Netz-Gedächtnis und Recht (MS).

dies., Das Medienprivileg als Koordinationsmechanismus. Zum Verhältnis von Datenschutz- und Äußerungsrecht im Internet, in: Albers, Marion/Katsivelas, Ioannis (Hrsg.), Recht & Netz, Baden-Baden, 2018, S. 155–186.

dies., Rechtliche Rahmenbedingungen der Veröffentlichung von Kinderfotos im Netz durch Eltern, NZFam, 2019, 851–857.

Schlacke, Sabine, Verschränkungen öffentlich-rechtlicher und privatrechtlicher Regime im Verwaltungsrecht, in: VVDStRL (Hrsg.), 79: Öffentliches Recht und Privatrecht, 2020, S. 170–216.

Schlösser, Jürgen P., Die Sperrwirkung sekundären Gemeinschaftsrechts, Mitgliedstaatliche Spielräume im „harmonisierten" Umweltrecht, Baden-Baden, 2002.

Schmidlin, Bruno, Der Vertrag im europäischen Zivilrecht, Le contrat en droit civil européen, Genève, 2011.

Schmidt, Manfred G., Europäische und nationale Sozialpolitik, in: Atkinson, Anthony B./Huber, Peter M./James, Harold u. a. (Hrsg.), Nationalstaat und Europäische Union, Eine Bestandsaufnahme, Baden-Baden, 2016, S. 201–227.

Schmidt-Aßmann, Eberhard, Zur Funktion des Allgemeinen Verwaltungsrechts, Die Verwaltung, 1994, 137–156.

ders., Das Allgemeine Verwaltungsrecht als Ordnungsidee, Grundlagen und Aufgaben der verwaltungsrechtlichen Systembildung, 2. überarbeitete und erweiterte Aufl., Berlin, Heidelberg, New York., 2006.

Schmidt-Jortzig, Edzard, IT-Revolution und Datenschutz, DÖV, 2018, 10–15.

Schneider, Jens-Peter, Stand und Perspektiven des Europäischen Datenverkehrs- und Datenschutzrechts, Die Verwaltung, 2011, 499–524.

Schneider, Jochen/Härting, Niko, Datenschutz in Europa – Plädoyer für einen Neubeginn, Zehn „Navigationsempfehlungen", damit das EU-Datenschutzrecht internettauglich und effektiv wird., CR, 2014, 306–312.

Schneider, Uwe Klaus, Einrichtungsübergreifende elektronische Patientenakten, Zwischen Datenschutz und Gesundheitsschutz, Wiesbaden, 2016.

Schoch, Friedrich, Das Recht auf informationelle Selbstbestimmung in der Informationsgesellschaft, in: Sachs, Michael/Siekmann, Helmut (Hrsg.), Der grundrechtsgeprägte Verfassungsstaat, Festschrift für Klaus Stern zum 80. Geburtstag, Berlin, 2012, S. 1491–1512.

Schoch, Friedrich/Schneider, Jens-Peter/Bier, Wolfgang (Hrsg.), Verwaltungsgerichtsordnung, Kommentar, 41. Aufl., München, 2021.
Schroeder, Werner, Nationale Maßnahmen zur Durchführung von EG-Recht und das Gebot der einheitlichen Wirkung, Existiert ein Prinzip der „nationalen Verfahrensautonomie"?, AöR, 2004, 3–37.
Schultze, Isabell, Europarechtliche Grenzen für die nationale Gesetzgebung im Bereich des Electronic Commerce, Eine Untersuchung anhand der deutschen Umsetzung der Fernabsatz-Richtlinien sowie der E-Commerce-Richtlinie, Baden-Baden, 2010.
Schwabenbauer, Thomas, G. Informationsverarbeitung im Polizei- und Strafverfahrensrecht, in: Bäcker, Matthias/Denninger, Erhard/Graulich, Kurt (Hrsg.), Handbuch des Polizeirechts, Gefahrenabwehr – Strafverfolgung – Rechtsschutz, 6. Aufl., München, 2018, 1–386.
Schwartz, Paul, The EU-U.S. Privacy Collision: A Turn to Institutions and Procedures, Harvard Law Review, 2013, 1966–2009.
Schwartz, Paul/Solove, Daniel, The PII Problem: Privacy and a New Concept of Personally Identifiable Information, New York University Law Review, 2011, 1814–1894.
Schwarze, Jürgen/Becker, Ulrich/Hatje, Armin/Schoo, Johann (Hrsg.), EU-Kommentar, Schwarze, 4. Aufl., Baden-Baden, Wien, Basel, 2019.
Semmelmann, Constanze, The Public-Private Divide in European Union Law or an Overkill of Functionalism, Maastricht Faculty of Law Working Paper, No. 2012/12, 1–35.
Senden, Hanneke, Interpretation of fundamental rights in a multilevel legal system, An analysis of the European Court of Human Rights and the Court of Justice of the European Union, Cambridge, 2011.
Siemen, Birte, Datenschutz als europäisches Grundrecht, Berlin, 2006.
Simitis, Spiros, Chancen und Gefahren der elektronischen Datenverarbeitung, NJW, 1971, 673–682.
ders., Datenschutz und Melderecht – Von der Abstraktion der Generalklauseln zur Konkretheit bereichsspezifischer Regelungen, in: Triffterer, Otto/Zezschwitz, Friedrich von (Hrsg.), Festschrift für Walter Mallmann, em. o. ö. Professor des öffentlichen Rechts an der Justus Liebig-Universität Giessen zum 70. Geburtstag, Baden-Baden, 1978, S. 259–281.
ders., Datenschutz und Europäische Gemeinschaft, RDV, 1990, 3–23.
ders., Vom Markt zur Polis: Die EU-Richtlinie zum Datenschutz, in: Tinnefeld, Marie-Theres/Philipps, Lothar/Heil, Susanne (Hrsg.), Informationsgesellschaft und Rechtskultur in Europa, Informationelle und politische Teilhabe in der Europäischen Union, Baden-Baden, 1995, S. 51–70.
ders., Die EU-Datenschutzrichtlinie – Stillstand oder Anreiz?, NJW, 1997, 281–288.
ders., Übermittlung der Daten von Flugpassagieren in die USA: Dispens vom Datenschutz?, NJW, 2006, 2011–2014.
Simitis, Spiros (Hrsg.), Bundesdatenschutzgesetz, 8. Aufl., 2014.
Simitis, Spiros/Hornung, Gerrit/Spiecker gen. Döhmann, Indra (Hrsg.), Datenschutzrecht, DSGVO mit BDSG, 2019.
Skouris, Vassilios, Leitlinien der Rechtsprechung des EuGH zum Datenschutz, NVwZ, 2016, 1359–1364.
Snyder, Francis, The use of legal acts in EC agricultural policy, in: Winter, Gerd (Hrsg.), Sources and categories of European Union law, A comparative and reform perspective, Baden-Baden, 1996, S. 347–384.
Somek, Alexander, Kategoriale Unterscheidung von Öffentlichem Recht und Privatrecht?, in: VVDStRL (Hrsg.), 79: Öffentliches Recht und Privatrecht, 2020, S. 7–42.
Spiecker gen. Döhmann, Indra, Wissensverarbeitung im Öffentlichen Recht, Rechtswissenschaft, 2010, 247–282.

Spiecker gen. Döhmann, Indra/Eisenbarth, Markus, Kommt das Volkszählungsurteil nun durch den EuGH?, Der Europäische Datenschutz nach Inkrafttreten des Vertrags von Lissabon, JZ, 2011, 169–177.

Spies, Ulrich, Zweckfestlegung der Datenverarbeitung durch den Verantwortlichen, Besteht eine datenschutzrechtliche Zweckbestimmung des Verantwortlichen trotz Zweckbenennung im Gesetz?, ZD, 2022, 75–81.

Spindler, Gerald, Schritte zur europaweiten Datenwirtschaft – der Vorschlag einer Verordnung zur europäischen Data Governance, CR, 2021, 98–108.

Stark, Alexander, Interdisziplinarität der Rechtsdogmatik, 2020.

Stentzel, Rainer, Das Grundrecht auf …?, Auf der Suche nach dem Schutzgut des Datenschutzes in der Europäischen Union, PinG, 2015, 185–190.

Stöbener de Mora, Patricia Sarah, Mehr Transparenz im EU-Trilog-Verfahren – Reichen die Vorschläge der Europäischen Bürgerbeauftragten für mehr Demokratie?, EuZW, 2016, 721–722.

Storr, Christine/Storr, Pam, Sweden: Quantitative (but Qualitative?) Changes in Privacy Legislation, European Data Protection Law Review, 2018, 97–103.

Streinz, Rudolf (Hrsg.), EUV/AEUV, Vertrag über die Europäische Union, Vertrag über die Arbeitsweise der Europäischen Union, Charta der Grundrechte der Europäischen Union, 3. Aufl., München, 2018.

Streinz, Rudolf/Michl, Walther, Die Drittwirkung des europäischen Datenschutzgrundrechts (Art. 8 GRCh) im deutschen Privatrecht, EuZW, 2011, 384–388.

Suerbaum, Joachim, Die Schutzpflichtdimension der Gemeinschaftsgrundrechte, EuR, 2003, 390–416.

Sydow, Gernot, Europäische exekutive Rechtsetzung zwischen Kommission, Komitologieausschüssen, Parlament und Rat, JZ, 2012, 157–165.

Sydow, Gernot (Hrsg.), Europäische Datenschutz-Grundverordnung, Handkommentar, 2. Aufl., 2018.

Sydow, Gernot/Kring, Markus, Die Datenschutzgrundverordnung zwischen Technikneutralität und Technikbezug, Konkurrierende Leitbilder für den europäischen Rechtsrahmen, ZD, 2014, 271–276.

Tambou, Olivia, France: The French Approach to the GDPR Implementation, EDPL, 2018, 88–94.

dies., Opening Remarks, in: Mc Cullagh, Karen/Tambou, Olivia/Bourton, Sam (Hrsg.), National Adaptations of the GDPR, Collection Open Access Book, 2019, S. 24–27.

Teetzmann, Constantin, Grundrechtsbindung des Unionsgesetzgebers und Umsetzungsspielräume, EuR, 2016, 90–105.

Temme, Merle, Algorithms and Transparency in View of the New General Data Protection Regulation, European Data Protection Law Review, 2017, 473–485.

Terhechte, Jörg Philipp, Rechtsangleichung zwischen Gemeinschafts- und Unionsrecht – die Richtlinie über die Vorratsdatenspeicherung vor dem EuGH, EuZW, 2009, 199–204.

Terwangne, Cécile de, Is a Global Data Protection Regulatory Model Possible?, in: Hert, Paul de/Gutwirth, Serge/Poullet, Yves u. a. (Hrsg.), Reinventing Data Protection?, s.l., 2009, S. 175–189.

Thieme, Werner, Über Verwaltungskultur. Ein Versuch, Die Verwaltung, 1987, 277–287.

Thies, Laura F./Knote, Robin/Jandt, Silke/Söllner, Matthias/Roßnagel, Alexander/Leimeister, Jan Marco, Anforderungs- und Entwurfsmuster als Instrumente des Privacy by Design, in: Roßnagel, Alexander/Friedewald, Michael/Hansen, Marit (Hrsg.), Die Fortentwicklung des Datenschutzes, Zwischen Systemgestaltung und Selbstregulierung, Wiesbaden, 2018, S. 175–191.

Thym, Daniel, § 5 Einheit in Vielfalt: Binnendifferenzierung der EU-Integration, in: Hatje, Armin/Braun, Dominik (Hrsg.), Europäisches Organisations- und Verfassungsrecht, Baden-Baden, 2014, 1–121.
ders., Blaupausenfallen bei der Abgrenzung von Grundgesetz und Grundrechtecharta, DÖV, 2014, 941–951.
ders., Vereinigt die Grundrechte!, JZ, 2015, 53–63.
Tinnefeld, Marie-Theres, Die Europäische Union – Entstehung, Tendenzen, Probleme, Fragen des Datenschutzes, DuD, 1995, 18–23.
Tomaszewski, John, „Opening Clauses" and the GDPR – It Might Not Be As Easy As We Thought, https://www.globalprivacywatch.com/2017/07/opening-clauses-and-the-gdpr-it-might-not-be-as-easy-as-we-thought/ (zuletzt abgerufen am 31.3.2022).
Traung, Peter, The Proposed New EU General Data Protection Regulation, Further Opportunities, CRi, 2012, 33–49.
Trute, Hans-Heinrich, Der Schutz personenbezogener Informationen in der Informationsgesellschaft, JZ, 1998, 822–831.
ders., 2.5 Verfassungsrechtliche Grundlagen, in: Roßnagel, Alexander (Hrsg.), Handbuch Datenschutzrecht, Die neuen Grundlagen für Wirtschaft und Verwaltung, München, 2003, 1–67.
ders., Wissen – Einleitende Bemerkungen, in: Röhl, Hans Christian (Hrsg.), Wissen – Zur kognitiven Dimension des Rechts, Berlin, 2010, S. 11–38.
Veil, Winfried, Risikobasierter Ansatz statt rigides Verbotsprinzip, Eine erste Bestandsaufnahme, ZD, 2015, 347–353.
ders., One continent, one data protection law?, CR-online.de Blog, 1.2.2016, https://www.cr-online.de/blog/2016/02/01/one-continent-one-data-protection-law/ (zuletzt abgerufen am 31.3.2022).
ders., Datenschutz in der Mehrebenenfalle, 18.5.2017, https://www.cr-online.de/blog/2017/05/18/datenschutz-in-der-mehrebenenfalle/ (zuletzt abgerufen am 31.3.2022).
ders., Accountability – Wie weit reicht die Rechenschaftspflicht der DS-GVO?, ZD, 2018, 9–16.
ders., Die Datenschutz-Grundverordnung: des Kaisers neue Kleider, Der gefährliche Irrweg des alten wie des neuen Datenschutzrechts, NVwZ, 2018, 686–696.
Veit, Raoul-Darius, Safeguarding regional data protection rights on the global Internet – The European approach under the GDPR, in: Albers, Marion/Sarlet, Ingo-Wolfgang (Hrsg.), Personality and Data Protection Rights on the Internet, 2022, 445–484.
Vesting, Thomas, Das Internet und die Notwendigkeit der Transformation des Datenschutzes, in: Ladeur, Karl-Heinz (Hrsg.), Innovationsoffene Regulierung des Internet, Neues Recht für Kommunikationsnetzwerke, Baden-Baden, 2003, S. 155–190.
ders., § 20 Die Bedeutung von Information und Kommunikation für die verwaltungsrechtliche Systembildung, in: Hoffmann-Riem, Wolfgang/Schmidt-Aßmann, Eberhard/Voßkuhle, Andreas (Hrsg.), Grundlagen des Verwaltungsrechts, Band II: Informationsordnung, Verwaltungsverfahren, Handlungsformen, 2. Aufl., München, 2012, 1–57.
ders., § 20 Die Bedeutung von Information und Kommunikation für die verwaltungsrechtliche Systembildung, in: Voßkuhle, Andreas/Eifert, Martin/Möllers, Christoph (Hrsg.), Grundlagen des Verwaltungsrechts, Band II: Das Verwaltungsrecht als Informations- und Kommunikationsordnung, 3. Aufl., 2022, 1–71.
Voßkuhle, Andreas, Der europäische Verfassungsgerichtsverbund, NVwZ, 2010, 1–8.
Wagner, Edgar, Der Entwurf einer Datenschutz-Grundverordnung der Europäischen Kommission, DuD, 2012, 676–678.
Wagner, Lorin-Johannes, Datenschutz in der EU, Wien, 2015.
Weber, Marc Philipp/Dehnert, Henning, Das Kooperations- und Kohärenzverfahren vor dem EDSA, Praktische Erfahrungen aus dem ersten Streitbeilegungsverfahren in Sachen Twitter, ZD, 2021, 63–68.

Weichert, Thilo, „Sensitive Daten" revisited, DuD, 2017, 538–543.
Weis, Allan H., Commercialization of the Internet, Electronic Networking, 1992, 7–16.
Weiß, Martin, Öffnungsklauseln in der DSGVO und nationale Verwirklichung im BDSG, „Vollharmonisierung light", Baden-Baden, 2022.
Wendel, Mattias, Permeabilität im europäischen Verfassungsrecht, Verfassungsrechtliche Integrationsnormen auf Staats- und Unionsebene im Vergleich, Tübingen, 2011.
ders., Europäischer Grundrechtsschutz und nationale Spielräume: Grundlagen und Grundzüge eines Spielraumtests im europäischen Grundrechtspluralismus, EuR, 2022, 327–367.
Wielsch, Dan, Medienregulierung durch Persönlichkeits- und Datenschutzrechte, JZ, 2020, 105–114.
Wischmeyer, Thomas, § 24 Informationsbeziehungen in der Verwaltung, in: Voßkuhle, Andreas/Eifert, Martin/Möllers, Christoph (Hrsg.), Grundlagen des Verwaltungsrechts, Band II: Das Verwaltungsrecht als Informations- und Kommunikationsordnung, 3. Aufl., 2022, 1–97.
Wolff, Heinrich Amadeus, Dogmatische Umsetzungsfragen der europäischen Datenschutzreform aus der Sicht der Länder, BayVBl., 2017, 797–801.
Wolff, Heinrich Amadeus/Brink, Stefan (Hrsg.), Datenschutzrecht in Bund und Ländern, Grundlagen. Bereichsspezifischer Datenschutz. BDSG; Kommentar, München, 2013.
Wolff, Heinrich Amadeus/Brink, Stefan (Hrsg.), BeckOK Datenschutzrecht, 38. Aufl., 2021.
Wuermeling, Joachim, Legislativer Trilog im institutionellen Dreieck der Europäischen Gemeinschaft: das Verfahren der Zusammenarbeit nach Artikel 149 Absatz 2 EWGV, 1990.
Wuermeling, Ulrich, Handelshemmnis Datenschutz, Die Drittländerregelung der Europäischen Datenschutzrichtlinie, Köln, 2000.
Wunderlich, Nina/Pickartz, Thomas, Hat die Richtlinie ausgedient? Zur Wahl der Handlungsform nach Art. 296 Abs. 1 AEUV, EuR, 2014, 659–671.
Ziegenhorn, Gero, Kontrolle von mitgliedstaatlichen Gesetzen „im Anwendungsbereich des Unionsrechts" am Maßstab der Unionsgrundrechte, NVwZ, 2010, 803–808.

Sachregister